Some Twentieth-Century Thomists
20세기 성 토마스 연구자들

Some Twentieth-Century Thomists
ed. & tr. by Rev. Jae-Ryong Lee, PhD
Korean Copyright ⓒ Saint Thomas Institute in Korea

Some Twentieth-Century Thomists
20세기 성 토마스 연구자들

교회인가 2025년 6월 20일(원주교구)
제1판 제1쇄 펴낸날 2025년 7월 25일

엮은이 | 이재룡
펴낸이 | 이재룡
펴낸곳 | 한국성토마스연구소

우편주소 | 25244 강원도 횡성군 우천면 경강로산전6길 28-53
전화번호 | 033) 344-1238
전자우편 | stik2019@naver.com
홈페이지 | http://www.stik.or.kr
출판등록 | 제2018-000003호 2018년 6월 19일
인쇄제작 | 오엘북스

ⓒ 한국성토마스연구소

보급 | 한국출판협동조합_가톨릭출판사, 교보문고, 알라딘, 예스24

값 32,000원

ISBN 979-11-990519-6-6 03160

이 책은 저작권법에 따라 보호를 받는 저작물이므로 무단전재와 복제를 금지하며, 이 책의 내용 전부 또는 일부를 이용하려면 반드시 저작권자인 한국성토마스연구소의 서면 동의를 받아야 합니다.

토미즘소책 08

20세기 성 토마스 연구자들

이재룡 엮음

한국성토마스연구소

| 차 례 |

머리말 … 8
출전 … 10

01. 현대 신토미즘 부흥운동　　　　　　　　　　　　15
　　이재룡(李在龍)

02. 19-20세기 그리스도교 철학: 회고와 전망　　　　71
　　에머리히 코레트(Emerich Coreth, SJ)

03. 세르티양주: 그리스도교 신앙과 근대 문화 사이에서　103
　　토마스 오미어러(Thomas F. O'Meara, OP)

04. 몬시뇰 잠보니: 구원(久遠) 철학의 중건자　　　　127
　　움베르토 델린노첸티(Umberto Degl'Innocenti, OP)

05. 주세페 잠보니(1875-1950)　　　　　　　　　　183
　　안나마리아 페르톨디(Annamaria Pertoldi)

06. 자크 마리탱(1882-1973)　　　　　　　　　　　195
　　랄프 맥키너니(Ralph McInerny)

07. 자크 마리탱의 선택　　　　　　　　　　　　　201
　　루이지 볼리올로(Luigi Bogliolo)

08. 마리탱과 존재직관　　　　　　　　　　　　　　221
　　매튜 퍼(Matthew S. Pugh)

09. 마리탱과 질송의 살아있는 토미즘　　　　　　　245
　　빅터 브레칙(Victor B. Brezik, CSB)

10. 에티엔 질송(1884-1978)　　　　　　　　　　　271
　　랄프 맥키너니(Ralph McInerny)

11. 1930년대 질송: 철학적 방법론 275
로렌스 수크(Lawrence Shook, CSB)

12. 에티엔 질송: 그리스도교 철학자 291
아먼드 마우러(Armand Maurer, CSB)

13. 질송의 실존 철학에서의 존재의 신비 333
안토니오 리비(Antonio Livi)

14. 질송과 파브로: 상충 노트 357
안드레아 로빌리오(Andrea Robiglio)

15. 파브로와 질송의 존재 인식 375
바티스타 몬딘(Battista Mondin, CMX)

16. 마리 도미니크 슈뉘, OP(1895-1990) 417
퍼거스 커(Fergus Kerr)

17. 슈뉘에 대한 짧은 회상 445
에드워드 스힐레벡스(Edward Schillebeeckx, OP)

18. 요셉 피퍼(1904-1997) 451
지그프리드 바티스티(Siegfried Battisti)

19. 우주적 은자(隱者) 요셉 피퍼 461
버나드 슈마커(Bernard N. Schumacher)

20. 세르베 핑케어스와 가톨릭 윤리신학의 쇄신 487
크랙 티터스(Craig S. Titus)

21. 현대 윤리신학 쇄신의 한 정점: 핑케어스 심포지엄   521
 윌리엄 매티슨 3세(William Mattison III) · 매튜 레버링(Matthew Levering)

22. 바티스타 몬딘: 그리스도교 철학자이자 문화 복음화의 선교사 541
 마리오 팡갈로(Mario Pangallo)

23. 몬딘의 형이상학적 증명은 성공했는가   553
 다리오 안티세리(Dario Antiseri)

24. 레오 엘더스(1926-2019)   559
 바티스타 몬딘(Battista Mondin, CMX)

25. 토렐의 성 토마스 연구   571
 토마스 오미어러(Thomas F. O'Meara, OP)

인명 색인 ⋯ 595

| 머리말 |

여기 소개하는 토미스트들은 지난 40년 가까이 토마스 아퀴나스를 읽고 번역하며 공부하는 데 도움을 주신 나의 고마운 선생님들이시다. 사실 가르쳐주신 분들이 훨씬 더 많지만, 이런저런 사정 때문에 이 자리에 선정된 분은 모두 열 분이 되었다. 각 논문의 주인공들뿐만 아니라 집필자들 역시 고마운 선생님들이시다. 또 다른 많은, 어쩌면 더 중요한 토마스 연구자들도 있지만, 여기 열한 분의 주인공과 그 두 배 가까운 집필자들은 나와 우연히 만나 나의 공부를 도와주었다는 특별한 인연으로 선정된 것이다. 따라서 체계적인 구성 같은 것은 처음부터 있을 수 없었다.

그동안 크고 작은 50여 권의 책을 번역하면서, 번역서나 저자를 다룬, 논문 분량의 글을 어렵지 않게 구할 수 있는 경우에 가능한 한 그것을 번역하여 부록으로 싣거나, 다른 학자들도 관심을 가질 만하다고 판단되는 경우에는 학술지에 발표하기도 했다. 어떤 때에는 별 어려움 없이 이 일을 해냈지만, 다른 경우에는 도저히 그럴 만한 겨를이 없어, 이와 같은 '부록' 첨부는커녕 '역자후기'조차 덧붙이지 못한 경우도 적지 않았다. 인생 역정에는 수많은 우연이 작용하여 흐름을 바꾸어놓는다는 것을 이 글들을 정리하며 새삼 확인하게 되었다. 그래서 학술지나 부록으로 발표했던 글들은 절반이 조금 못되는 11편이고, 나머지 글들의 다시 절반쯤은 미리 번역해 놓았던 것들이며, 그 밖의 글들은 새로 번역한 것들이다.

글들의 성격이 제각각이다. 어떤 것은 이론과 논쟁을 다루는 논문도 있지만, 생애 활동 등 역사적인 부분이 더 많은 경우도 있다. 자크 마리탱과 에티엔 질송에 관해, 유명한 탐정소설 작가답게 날카로운 평가를 하고 있는 랄프 맥키너리의 두 편의 짧은 글과 고희를 바라보는 에드워드 스힐레벡스가 추억하는 스승 마리 도미니크 슈뉘에 관한 짧은 회상도 있다. 그리고 윌리엄 매티슨과 매튜 레버링의 공동 글은 한 존경하는 신학자를 기념하는 심포지엄을 어떻게 시작하게 되었고, 누가 어떤 내용을 발표했는지를 총괄적으로 보고하는 글로, 학술대회에서 논문을 발표하고 그 글들을 다듬어 학술지에 싣는 우리 학자들의 중요한 일상 활동과 동일하기에 시사하는 바가 있어 선택했다.

이분들이 나의 진리 탐구 여정에 도움을 주었듯이, 이 책을 손에 들고 읽는 분들에게도 도움이 되었으면 좋겠다. 사실 번역을 하면서 몇 번이고 다시 확인하며 다듬는 작업을 하느라 제법 많은 시간과 무거운 수고가 있었지만, 그 시간 투자는 나 혼자로 충분하고, 독자들은 훨씬 짧은 시간에 동일한 내용을 가볍게 훑어볼 수 있기에, 나보다 더 복받은 분들이라 할 수 있겠다. 해묵은 원고들과 씨름하며 그 형식을 통일하고 매끄럽게 다듬어준 제자 손윤정 마리아와 오엘북스 편집진 여러분께 감사의 뜻을 전하고 싶다.

2025년 6월 예수성심대축일에
횡성 한국성토마스연구소에서 엮은이 이재룡

| 출 전 |

01. 현대 신토미즘 부흥운동
이재룡(李在龍), 「현대 신토미즘 부흥운동」, 『가톨릭 신학과 사상』 12 (1994/12), 176-220쪽.

02. 19-20세기 그리스도교 철학: 회고와 전망
Emerich Coreth, SJ, "Conclusioni e prospettive", in E. Coreth et als. (eds.), *La filosofia cristiana nei secoli XIX e XX, vol.III, Correnti moderne del XX secolo*, Roma, Citta Nuova, 1995, pp.1032-49[=국역본: 『가톨릭 신학과 사상』 31(2000/봄), 195-222쪽].

03. 세르티양주: 그리스도교 신앙과 근대문화 사이에서
Thomas F. O'Meara, OP, "Antonin-Gilbert Sertillanges: Between Christian Belief and Modern Culture", in ID. et al.(eds.), *Scanning the Signs of the Times: French Dominicans in the Twentieth Century*, Hindmarsh(SA), ATF Theology, 2013, pp.1-16.

04. 몬시뇰 잠보니: 구원(久遠) 철학의 중건자
Umberto Degl'Innocenti, OP, "Mons. Giuseppe Zamboni: Restauratore della filosofia Perenne", *Aquinas* 11(1968), pp.63-99[=국역본: 잠보니, 『토마스 아퀴나스의 인식론』, 가톨릭대학교출판부, 1996, 369-426쪽(부록)].

05. 주세페 잠보니(1875-1950)
Annamaria Pertoldi, "Giuseppe Zamboni", *Rivista di filosofia neoscolastica* 82(1990), 455-463.

06. 자크 마리탱(1882-1973)
Ralph McInerny, "Jacques Maritain", in ID., *Some Catholic Writers*, South Bend (IN), St. Augustine's 2007, pp.83-86.

07. 자크 마리탱의 선택
Luigi Bogliolo, "Introduzione", in Jacques Maritain, *Da Bergson a Tommaso d'Aquino*, Roma, Logos, 1982, pp.5-21.

08. 마리탱과 존재직관
Matthew S. Pugh, "Maritain, the Intuition of Being, and the Proper Starting Point for Thomistic Metaphysics", *The Thomist* 61(1997), 405-424.

09. 마리탱과 질송의 살아있는 토미즘
Victor Brezik, CSB, "Maritain and Gilson on the Question of a Living Thomism", in John F. Knasas(ed.), *Thomistic Papers*, vol.VI, Houston, Center for Thomistic Studies, 1994, pp.1-28[=국역본: 『가톨릭 신학과 사상』 45(2003/가을), 284-308쪽].

10. 에티엔 질송(1884-1978)
Ralph McInerny, "Étienne Gilson", in ID., *Some Catholic Writers*, South Bend(IN), St. Augustine's 2007, pp.61-64.

11. 1930년대 질송: 철학적 방법론
Lawrence Shook, CSB, "Le metodologie filosofiche: 1930-1939", in ID., *Étienne Gilson*, Milano, Jaca, 1991, pp.241-250.

12. 에티엔 질송: 그리스도교 철학자
Armand Maurer, CSB, "Étienne Gilson(1884-1978), in E. Coreth et als. (eds.), *La filosofia cristiana nei secoli XIX e XX, vol.III, Correnti moderne del XX secolo*, Roma, Citta Nuova, 1995, pp.598-625[=국역본: 『가톨릭 신학과 사상』 55(2005/봄), 330-355쪽].

13. 질송의 실존 철학에서의 존재의 신비
Antonio Livi, "Presentazion: Il mistero dell'essere nella filosofia esistenziale di Gilson", in É. Gilson, *L'essere e l'essenza*, Milano, Massimo, 1988, pp.v-xxiii.

14. 질송과 파브로: 상충 노트
Andrea Robiglio, "Gilson e Fabro: Appunti per un confronto", *Divus Thomas* 17(1997/2), 59-76.

15. 파브로와 질송의 존재 인식
Battista Mondin, CMX, "La conoscenza dell'essere in Fabro e Gilson", *Euntes*

Docete 50(1997/2), 85-115[=국역본: 『가톨릭철학』 42(2024/봄), 5-44쪽].

16. 마리 도미니크 슈뉘, OP(1895-1990)
Fergus Kerr, OP, "M.-D. Chenu, OP(1895-1990)", in ID., *Twentieth-Century Catholic Theologians*, Malden(MA), Blackwell, 2007, pp.17-33[=국역본: 슈뉘, 『성 토마스와 신학』, 한국성토마스연구소, 2024, 227-256쪽(부록4)].

17. 슈뉘에 대한 짧은 회상
Edward Schillebeeckx, OP, "A Ricordo di Marie Dominique (Marcel) Chenu, OP. (7 gennaio 1895-11 Febbraio 1990), in ID., *Sono Un Teologo Felice* (Colloqui con Francesco Strazzari), Bologna, Edizioni Dehoniane, 1993, pp.97-99[=국역본: 슈뉘, 『성 토마스와 신학』, 한국성토마스연구소, 2024, 221-226쪽(부록3)].

18. 요셉 피퍼(1904-1997)
Sigfried Battisti, "Josef Pieper(n.1904)", in E. Coreth et als.(eds.), *La filosofia cristiana nei secoli XIX e XX, vol.III, Correnti moderne del XX secolo*, Roma, Citta Nuova, 1994, pp.757-764.

19. 우주적 은자(隱者) 요셉 피퍼
Bernard N. Schumacher, "A Cosmopolitan Hermit: An Introduction to the Philosophy of Josef Pieper", in ID(ed.), *A Cosmopolitan Hermit: Modernity and Tradition in the Philosophy of Josef Pieper*, Washington, Catholic University of America Press, 2009, pp.1-23[=국역본: 피퍼, 『성 토마스의 침묵』, 한국성토마스연구소, 2023, 119-152쪽(부록)].

20. 세르베 핑케어스와 가톨릭 윤리신학의 쇄신
Craig S. Titus, "Servais Pinckaers and the Renewal of Catholic Moral Theology", *Journal of Moral Theology*, 1/1(2012), pp.43-68[=국역본: 핑케어스, 『정념과 덕』, 한국성토마스연구소, 2023, 165-203쪽(부록)].

21. 현대 윤리신학 쇄신의 한 정점: 핑케어스 심포지엄
William Mattison III et Matthew Levering, "A Peek at Renewal in Contemporary Moral Theology: The Pinckaers Symposium", *Journal of Moral Theology* 6 (2019), 1-12.

22. 바티스타 몬딘: 그리스도교 철학자이자 문화 복음화의 선교사
Mario Pangallo, "Padre Battista Mondin: Filosofo cristiano e missionario del Vangelo della cultura", *L'Osservatore Romano*, 6, giugno 2001.

23. 몬딘의 형이상학적 증명은 성공했는가

Dario Antiseri, "13. Ma Battista Mondin riesce davvero nelle sue dimostrazioni metafisiche?", ID., *Gloria o miseria della metafisica cattolica italiana*, Roma, Armando, 1987, pp.124-128.

24. 레오 엘더스(1926-2019)

Battista Mondin, CMX, "Leo Elders(1926-)", in ID., *La metafisica di s. Tommaso d'Aquino e i suoi interpreti*, Bologna, ESD, 2002, pp.150-159.

25. 토렐의 성 토마스 연구

Thomas F. O'Meara, OP, "Jean-Pierre Torrell's Reaserch on Thomas Aquinas", *Theological Studies* 62(2001), 787-801[=국역본: 토렐, 『아퀴나스의 신학대전: 배경, 구조, 영향』, 한국성토마스연구소, 2023, 165-190쪽(부록)].

01. 현대 신토미즘 부흥운동

이재룡

1. 머리말

'중세 사상, 특히 성 토마스 사상으로의 복귀 운동'은 교황 레오 13세의 회칙 『영원하신 아버지』(*Aeterni Patris*, 1879)에 의해서 공식적으로 천명되었고 본격적으로 전개되었다. 그러나 토마스의 사상 연구는 적어도 교회 계통 학교들에서는 꾸준히 이어져 왔고, 또 이 회칙 이전에도 토마스 사상을 부흥시키려는 크고 작은 움직임들이 있었다.

신토미즘(Neo-Thomism)이란 신스콜라학(Neo-scholasticism)의 중심을 차지하고 있는 사상 사조를 가리키는 용어다. 따라서 흔히는 구별 없이 혼용되기도 한다. 신스콜라학이란 19세기 중반부터 시작되어 20세기 전반에 전 세계에 광범위하게 퍼져 나간 가톨릭 사상 부흥 운동으로, 명칭 자체가 말해주듯이 이 운동의 일반적인 목표는 중세를 주도하던 위대한 스콜라 철학 및 신학자들의 사상을 오늘날에 되살리자는 것이다. 중세 스콜라학의 대표자로는 성 아우구스티누스, 성 안셀무스, 성 토마스 아퀴나스, 성 보나벤투라, 복자 둔스 스코투스, 오컴 등을 들 수 있을 것이다. 이들 가운데 철학적 엄정성과 체계화에 있어서 가장 뛰어난 인물은 말할 것도 없이 성 토마스 아퀴나스이다. 특별히 성 토마스의 사상을 주로 연구하는 학자들을 '토미스트'(thomist)라고 부른다.[1]

우리는 본고를 통해서 금세기 전반부에 폭발적으로 부흥되어, 현대철학의 가장 강력한 학파로 자리 잡게 된 신스콜라학 부흥운동 가운데서도 토미스트들의 활약에 초점을 맞추어 그 경과를 추적해 볼 것이다. 이렇게 하더라도 전 세계에 걸쳐 너무도 많은 학자가 참여하고 있는 활동이라 세부적으로 철저하게 추적할 수는 없을 것 같고, 다만 개략적인 스케치를 시도하는 데 불과하다. 최근 독일에서는 바로 이 주제를 방대한 세 권의 책으로 체계적으로 수집한 바 있다.[2] 그 작품의 이탈리아 번역본을 통해 얼마간은 참조했으나, 필자의 능력 부족과 본고의 지면 제약 때문에, 그저 개괄적인 흐름을 훑어보는 것으로 그칠 수밖에 없었다.

우리는 먼저 이 운동의 도화선이 된 레오 13세의 회칙 『영원하신 아버지』의 배경과 그 권고의 핵심적 내용 및 결실을 간추려본 다음, 교황의 권고에 따르면서도 서로 다른 방향으로 힘차게 전개되는 세 갈래 흐름을 하나하나 살펴볼 것이다.

2. 교황 레오 13세의 회칙 『영원하신 아버지』와 그 결실

현대 문화가 겪고 있는 총체적 위기[3]는 현대 사상이 딛고 설 토대와 방향을 상실한 데에 기인한다. 이러한 현대의 위기는 헤겔의 죽음과 더불어 찾아온 19세기의 반(反)형이상학적인 태도에 그 뿌리

---

1. Cf. G. Penati, "La neoscolastica", in AA.VV., *Questioni di storiografia filosofica*, Brescia, La Scuola, 1978, vol.V, pp.167-192.
2. E. Coreth · W. Neidl · G. Pfligersdorffer (edd.), *Christliche Philosophie im katholischen Denken des 19. und 20. Jahrhunderts*, 3 Bds., Graz-Wien-Köln, Verlag Styria 1987. Italian translation: G. Mura · G. Penzo(a cura di), *La filosofia cristiana nei secoli XIX e XX*, Roma, Citta Nuova, 1993-1994. 본고에서 이 작품을 인용할 때는 언제나 이탈리아어 번역본을 참조했다. 이하에서는 번거로움을 피하기 위하여 '*XIX-XX Catholic*'으로 표기한다.
3. 참조: 이동익, "교황 요한 바오로 2세가 바라보는 현대세계 안에서의 인간 위기", 『신학과 사상』 11(1994/6), 188-223쪽.

를 두고 있다. "헤겔의 죽음과 더불어, 소크라테스 이전 철학자들로 부터 시작해서 칸트 이후 철학자들에 이르기까지 형이상학적 탐구라는 줄로 연결되어 있던 서양의 철학 활동 전체가 각을 내리는 것 같았다. 그러자 추억이나 역사적인 사실로서 말하는 것이 아니라면 형이상학에 대해서 더 이상 진지하게 말할 수 없을 것만 같았다. 형이상학이 죽자 콩트, 마르크스, 니체, 하이데거 같은 헤겔 이후 철학자들은 장중하게 그 장례식을 치렀다."[4]

헤겔을 거슬러 쇼펜하우어는 절대자가 더 이상 이성이 아니라 맹목적이며 비합리적인 의지의 충동이라고 부르짖었다. 콩트는 과학의 이름으로 형이상학과 종교를 부인하고 대신 인류교(人類敎)를 세웠으며, 포이어바흐는 신학을 인간학으로 변형시켰고, 다윈은 기계론적이고 일원론적인 진화주의를 역설했다. 마침내 니체는 신의 죽음을 선언하며 인간 만세를 노래했고, 프로이트는 인간의 심리생활을 결정하며 움직이는 것은 맹목적 성욕인 리비도라고 주장했다. 실상 19세기 말경 서구세계 전체는 생활 전반에 걸친 총체적 위기에 빠졌다. 그 시대를 사로잡고 있던 진보적 진화주의와 순진한 낙관주의가 갑자기 더 이상 자명한 설득력을 상실하고 말았다. 이런 위기의 뿌리에는 후설에 따르면, '그릇된 이성주의', '이성에 대한 맹신', 그리고 '자기 자신에 대한 신뢰 상실'이 있었다.[5]

---

4. P. Henrici, "Per una rilettura del discorso metafisico", in AA.VV., *Metafisica oggi*, Brescia, Morcelliana, 1983, p.15.
5. E. Husserl, *La crisi delle scienze europee e la fenomenologia trascendentale*, Milano, Il Saggiatore, 1987, pp.42 e 349. 참조: I. M. 보헨스키, 『현대철학』, 한전숙 옮김, 정음사, 1983, 27쪽: "이와 같이 19세기 유럽 사상은 관념주의와 진화론적 과학주의, 그리고 이 두 조류의 동시 존재가 3단계로 변증법적으로 발전하였다고 말할 수 있다. 이 두 방향은 여러 가지로 대립되어 있으나, 다음과 같은 본질적 특징은 공통적이다. 그것은 체계화의 경향, 경험계에 대한 이성주의의 강조, 형상계를 초월한 실재계로 뛰쳐나가는 것에 대한 거부(또는 심하면 그런 실재계의 부정), 끝으로 인간의 인격 존재를 절대자나 보편적 발전 속에 해소시켜 버리고자 하는 일원론적 경향이 그것이다. 요컨대 이성주의, 현상주의, 진화론, 일원론적 반인격주의, 그리고 이런 입장에서의 큰 체계의 건설, 이것이 대체로 19세기의 특징을 이루고 있다."

20세기 초의 사상적 경향은 19세기 후반 서구사회를 지배하고 있던 실증주의에 대한 반동으로 특징지을 수 있다. 그 두 개의 동기는 1) 과학적 탐구가 심화됨에 따라 점차 노정되는 과학의 한계들, 2) 실증주의가 압살하려 부단히 노력했음에도 불구하고 끈질기게 남아있는 형이상학적이고 도덕적인 설득력들이었다.[6] 19세기가 끝나갈 무렵 철학 착수 자체에 근본적인 변화가 생긴다. 실증과학의 낙관주의 대신에, 실증주의가 무시하고 부인하던 구체적인 영성적 인간에 대한 다각도적인 심층 분석에 관심이 집중된다.[7] 19세기 후반을 지배한 철학이 물질주의와 실증주의였다면, 20세기 전반부를 지배한 철학은 인간학과 형이상학이었다.[8]

이러한 19세기 말의 위기로부터 20세기의 방향 전환에 커다란 영향력을 행사한 것이 바로 우리가 살펴보려고 하는 신토미즘 부흥운동이다.

교황 레오 13세는 침체되어 가던 가톨릭 사상에 하나의 새로운 자극을 줄 만한 포괄적이고 깊이 있는 사상 체계를 찾고 있었다. 당대에 널리 퍼져 있던 거짓된 문화를 비판하고 진정한 그리스도교 문화를 정착시키기 위해서는 (다른 학문들이 거기 의존하고 있는) 철학 쇄신이

---

6. B. Mondin, *Corso di storia della filosofia*, vol.3, Milano, Massimo, p.269.
7. Cf. F.L. Marcolungo, *Scienza e filosofia in Giuseppe Zamboni*, Padova, Antenore, 1975, p.13.
8. 베르나르드 델프가우, 『20세기 철학』, 강성위 옮김, 분도출판사, 1978, 211쪽. 참조: L. 란트그레베, 『현대철학』, 강영계·김익현 옮김, 서광사, 1990, 19쪽: "19세기 말에는 과학을 통하여 해석된 세계와 그 문화가 궁극적으로 의심의 여지 없는 소여성이었다면, 제1차 세계대전 이후 자리 잡기 시작한 움직임은 이러한 해석의 궁극적인 와해의 결과로 이해되어야 할 것이다. 그리하여 '형이상학의 부활'은 이중적 의미로 이해될 수 있었다. 한편으로 그것은 '객체로의 전환', 이를테면 (다양성과 본질 직관을 통하여 파악될 수 있는 현존재와 무관한 본질을 본래적인 주제로 삼을 수 있다는 의미에서) 본질 규정을 가지고 있는 존재자로의 전환을 의미한다. 다른 한편으로 그것은 '생동하는 주체로의 역행', 그리고 문화와 과학의 모든 형성물의 근거로서의 주체의 형성적 활동으로의 역행으로서 이해된다."(필자가 번역문의 모호한 부분을 약간 수정했음)

절실하다고 판단했다.[9] 당시 가톨릭 교수들은, 일반적으로 현대철학이 제기하고 있는 문제와 요구들에 직면해서 갈피를 잡지 못하고 있었고, 따라서 스콜라 철학과 데카르트 철학 및 관념주의 철학을 뒤범벅해 다루는 절충주의적 태도를 취하고 있었다.

그러나 이탈리아의 피아첸차, 나폴리, 로마 등지를 중심으로 가톨릭 교수들은 당시 신학생 양성에 활용되고 있던 절충주의적 이론들을 못마땅해했고, 또 칸트철학이나 헤겔철학, 그리고 전통주의자들의 비이성주의, 로스미니의 존재직관주의 등에 대해서도 비판적인 자세를 취하기 시작했다. 그들은 성 토마스 자신의 종합에 주의를 기울이기 시작했다. 19세기 초 부체티(V. Buzzetti)는, 나중에 예수회원들이 될 세라피노 소르디(Serafino Sordi)와 도메니코 소르디(Domenico Sordi) 형제와 훗날의 레오 13세의 형 주세페 페치(Giuseppe Pecci)로 하여금 토미즘 복원사업을 본격적으로 전개하도록 하는 데 큰 영향을 미쳤다. 여기에 다섯 권으로 된 『그리스도교 철학』(Philosophia christiana, Napoli, 1853)을 저술한 산세베리노(G. Sanseverino)가 가담했고, 영향력 있는 예수회 잡지 『가톨릭 문명』(La Civilta Cattolica, 1853년부터)이 지원에 나섰다. 이 운동은 제1차 바티칸 공의회(1869-1870)가 이성의 권리를 인정하고, 또 그레고리오대학의 리베라토레(M. Liberatore)와 클로이트겐(J. Kleutgen) 및 두 명의 추기경 토마소 칠리아라(Tommaso Zigliara, OP)와 곤잘레스(C. Gonzalez)의 지원을 받음으로써 더욱 큰 힘을 모을 수 있었다. 마침내 때가 무르익어 레오 13세의 회칙 『영원하신 아버지』가 근대의

---

9. 참조: 교황 레오 13세, 회칙 『영원하신 아버지』(1879, 이재룡 옮김), 『가톨릭 신학과 사상』, 11(1994/6), 3항(249쪽): "우리 시대의 서글픈 현실을 심각하게 바라보면서 공적으로든 사사롭게든 벌어지고 있는 것의 심층을 이해하고 있는 자라면, 우리에게 덮쳐와 우리를 가슴 아프게 만들고 있는 해악들의 원인은 바로 신적이고 인간적인 것들에 관한 불경건한 이론들에 있음을 어렵지 않게 발견할 수 있을 것입니다. 이런 불경건한 이론들은 철학 학파들로부터 출발해서 사회 구석구석까지 미치고 있으며 수많은 사람들이 그것을 무분별하게 받아들이고 있는 실정입니다."

요구들과 화해하기 위한 '토마스에게로의 복귀'를 호소하게 된다.[10]

교황 레오 13세의 25년간의 재위 기간은 교회사와 사상사에 하나의 결정적인 전기를 이룬다. 그의 웅장한 구상은 그리스도교 사상의 본질적인 요체들을 현대세계 속에서 재천명하고, 현대의 근본적인 문제들과 접촉시켜 그 타당성과 현실성을 입증하며 구원(久遠)의 원리들을 발전시켜 나가자는 것이고, 그리스도교 사상과 근대 사상의 역사적 발전의 적극적인 기여를 부각시키고 올바로 평가함으로써 긍정적 수렴점들을 밝혀내자는 것이었다. 교황은 페루지아의 추기경 시절부터 토마스 사상 연구를 부흥시키기 위한 결정적 가능성과, 동시에 토마스의 방법과 원리에 입각한 교육이 교회 계통 대학과 신학교에서 가르쳐져야 할 절박성을 깊이 느끼고 있었다.[11]

교황의 첫째 목표는 현대세계를 복음화해야 할 사제들을 올바로 또 효과적으로 양성하는 것이었고, 둘째 목표는 가톨릭 세계에 철학과 신학의 활력을 불어넣자는 것이었다. 그리고 셋째 목표는 철학으로부터 방향과 추진력을 얻게 되는 일반 과학과 예술을 증진시키는 것이었다. 그는 이런 요구들을 충족시켜줄 사상 체계를 찾기 위해 가톨릭 사상사를 면밀히 추적했다. 성 아우구스티누스는 위대하고 깊은 사상가임에 틀림이 없지만 그에게는 조화로운 체계적 종합이 결여되어 있었다. 그와 달리 성 토마스는 이성과 신앙, 철학과 신학 사이에서 어느 것도 격하시키지 않고 조화롭게 종합시켜 웅장한 체계화에 성공하고 있었다.[12]

---

10. Cf. P. Dezza · K. Riesenhuber · G. Santinello, "Neoscolastica e neotomismo", in *Enciclopedia filosofica*, Firenze, Sansoni, 1967, vol.4, coll.979-988.
11. Cf. R. Aubert, "L'enciclica 'Aeterni Patris' e le altre prese di posizione della Santa Sede sulla filosofia cristiana", in *XIX-XX Catholic*, II, pp.369-391; K. S. Latourette, *A History of Christianity*, New York, Harper & Row, 1975, vol.II, pp.1088, 1101-1104; A. Livi, "Il movimento neotomista", in AA.VV., *Le ragioni del tomismo. Dopo il centenario dell' (Aeterni Patris)*, Milano, Ares, 1979, pp.28-33; J. Macquarrie, *Twentieth-Century Religious Thought*, London, SCM, 2nd ed., 1981, pp.278-279.
12. 참조: 베르나르드 델프가우, 『20세기 철학』, 강성위 옮김, 분도출판사, 1978, 43-48쪽.

1879년 8월 4일에 반포된 회칙 『영원하신 아버지』의 원래 제목은 〈가톨릭 학교에서 성 토마스 아퀴나스의 정신에 따라 교육되어야 하는 그리스도교 철학에 관해서〉(*De philosophia christiana ad mentem sancti Thomae Aquinatis Doctoris Angelici in scholis catholicis instauranda*)이다. 교황은 '서론'에서 교회 교도권의 근대 과학 일반과 철학에 대한 호의적이고 개방적인 관심을 강조한 다음, '제1부'에서는 그리스도교 신학 속에서의 철학의 기능을 조명하고, '제2부'에서는 그리스도교권 내에서의 철학 전통을 묘사하면서 그중 특별히 성 토마스의 뛰어남을 부각한다. '제3부'에서는 가톨릭 학교들에서 이 귀중한 전통과 가르침이 전수되어야 한다는 사실을 역설하면서 권고의 타당성을 제시하는 것으로 회칙을 마무리 짓고 있다.

이 회칙에서 교황은, 당시에 일고 있던 토미즘 부흥운동을 격찬하면서 이렇게 권고하고 있다: "그러므로 더할 나위 없이 타당한 이유를 가지고 상당수의 철학자들이 철학을 쇄신하기 위해서는 토마스 아퀴나스의 놀라운 가르침을 (그 순수한 광채 속에서) 회복시켜야 한다고 믿고 헌신적으로 투신하였습니다. …나는 이 점을 높이 평가하고 있으며 동시에 그들이 그런 방향으로 끊임없이 매진해줄 것을 당부하는 바입니다. 그리고 나에게 있어서 '천사적 박사'(즉 성 토마스)라는 수원(水源)으로부터 영구히 풍부하게 흘러넘치는 가장 순수한 지혜의 강물을 온 세계 젊은이들에게 넉넉하게 마시게 하는 일보다 더 소중하고 바람직한 일은 없다는 점을 모든 이에게 확실하게 일러두는 바입니다."[13]

이 권고는 다음과 같은 교황의 개인적 확신에 근거를 둔 것이었다. "모든 스콜라 학자의 왕자요 단연 뛰어난 스승"(inter scholasticos Doctores, omnium princeps et magister, longe eminet)[14]인 성 토마스

---
13. 『영원하신 아버지』 30항(266쪽).
14. 『영원하신 아버지』 22항(261쪽). 교황은 성 토마스의 사람됨을 다음과 같이 평가하

의 "오늘날 방종으로 변질되고 있는 자유의 진정한 본성, 법칙과 그 힘, 자명한 원리들의 영역, 더 높은 권위에 대한 마땅한 복종, 인간 상호간의 사랑" 등에 대한 가르침은 "사회 질서의 평온과 대중의 안녕에 위험하기 짝이 없는 새로운 법의 원리들을 전복시킬 수 있는 대단히 강력하고 꺾일 수 없는 힘을 지니고 있습니다."[15]

그러기에 성 토마스에게로 돌아가 그의 원전들을 더욱 깊이 연구하고 그의 탁월한 가르침을 다른 사상적 조류들과 대조시켜 증거할 수 있어야 한다(36항). 성 토마스를 교회가 공식적으로 인정하는 유일한 '보편적 스승'(Doctor universalis)으로 선언하는 것이다.

레오 13세의 확신은 그의 후임자들에 의해서 거듭거듭 재천명되었다.[16] 1914년에는 교황청 교육성성이 교황 비오 10세의 인준을 받아 『성 토마스 사상의 24명제』를 발표하여 성 토마스 사상의 핵심적 골자를 압축적으로 제시했다.[17] 1917년 반포된 『교회법전』에서는 신학교에서 신학 수업을 하기 위해서는 먼저 적어도 2년간의 철학 공부를 하도록 명하고(1365조 1항), 이때 철학은 성 토마스의 정신에 따라 그의 가르침과 원리들을 깊이 습득할 수 있도록 가르쳐야 한다고 못 박고 있다(1366조 2항).[18] 그후 비오 11세의 회칙 『학

고 있었다: "성 토마스는 천품이 유순하고 통찰력이 날카로우며 무엇이든 쉽게 틀림없이 기억했으며, 더할 나위 없이 순결한 일생을 살았고 오직 진리만을 사랑하여 신적 학문과 인간적 학문을 두루 관통하여 통달하고 있었으며, 마치 태양처럼 자신의 높은 성덕으로 세상을 뜨겁게 하고 자기 학문의 광채로 세상을 가득 채웠습니다. 그가 날카로운 통찰력을 가지고 철저하게 다루지 않은 철학의 분야란 하나도 없습니다. 다시 말해, 그는 학문들의 규범들, 신과 영적 실체들, 인간, 감각적 사물들, 그리고 인간의 활동들과 그 원리들을 광범위하고 철저하게 다루었으며, 그래서 더 이상 방대한 어떤 문제들의 집약이나 더 적합한 문제 배열, 보다 나은 방법이나 더 탄탄한 어떤 원리나 논증, 더욱 명쾌한 논술방식이란 있을 수 없으며, 여하한 문제에 대해서도 토마스보다 더 알기 쉽게 이야기하는 것을 기대할 수 없습니다"(『영원하신 아버지』 22항: 262쪽).
15. 『영원하신 아버지』 32항(267쪽).
16. Cf. C. Fabro, *Introduzione a san Tommaso*, Milano, Ares, 1983, pp.156-177.
17. DS 3601-3624.
18. 1983년에 새로 개정된 『교회법전』에서도 역시 같은 점을 강조하고 있다(250조와 252조 3항).

문연구의 인도자』(1923)와 사도헌장 『학문들의 주인이신 하느님』 (1931), 비오 12세의 회칙 『인류』(1950)에서도 계속 성 토마스의 정신과 가르침을 교육할 필요와 중요성이 강조되었으며, 제2차 바티칸 공의회의 『사제양성 교령』에서도 역설되고 있다(16항: "…신학생들은 토마스 성인을 스승으로 삼아 사변의 도움으로 그 신비를 더욱 깊이 깨닫고, 그 신비들 사이의 연관성을 통찰하도록 배워야 한다").[19]

레오 13세는 회칙 반포에 이어 같은 해에 로마 성 토마스 연구소(Accademia Romana di S. Tommaso d'Aquino), 즉 안젤리쿰대학 창설을 명하고, 1880년 자의 칙서를 통해 살바토레 탈라모(Salvatore Talamo)에게 책임을 맡겨 특별히 성 토마스 작품들의 비판적 전집 간행을 위촉했다.[20] 한편 루뱅대학에는 (교황의 1880년 12월 회칙에 따라) 1882년 고등철학연구소(Institut Superieur de Philosophie)를 설치하고 데시레 메르시에(Désiré Mercier)를 첫 소장으로 삼았다. 메르시에는 1894년 『신스콜라 철학지』(Revue Neoscholastique de Philosophie)를 창간하는 한편 1892년부터는 〈철학 강좌 총서〉를 발간하기 시작했다: 논리학, 존재론, 심리학, 척도론에 대해서는 메르시에 자신이 직접 저술했고, 철학사와 자연철학에 대해서는 각각 모리스 드 불프(Maurice De Wulf)와 니스(D. Nys)가 보충했다. 그리고 미쇼트(A. Michotte), 티에리(A. Thiery) 등을 중심으로 한 실험심리학과 교육학 연구소, 또 나중에는 여기에 반 브레다(H. van Breda)가 관장하는 후설 연구의 중심인 후설문서고(Archives Husserl, 1939)와 드 불프와

---

19. 참조: 바오로 6세의 그레고리오대학 연설(AAS 56[1964], 365쪽); 요한 바오로 2세가 『영원하신 아버지』 회칙 반포 100주년 때 안젤리쿰대학에서 행한 훈화 E' con senso(AAS 71[1979]); 가톨릭 교육성성, 「사제양성 기본지침」 14장, 86항(한국천주교중앙협의회 편, 『사제 양성』, 1993, 111쪽); 요한 바오로 2세의 사도적 권고 『현대의 사제양성』(1992), 53조(한국천주교중앙협의회, 1993, 138쪽).
20. 참고로 말하면 프란치스코회에서는 이미 이탈리아의 콰라키(Quaracchi)를 중심으로 자기들의 위대한 스승들의 작품들, 특히 성 보나벤투라의 전집 간행을 서두르고 있었다. Cf. M. Koeck, "Quaracchi. Il contributo francescano allo studio del Medioevo", in XIX-XX Catholic, II, pp.454-460.

망시옹(S. Mansion)을 주축으로 한 중세사상연구소(Centre De Wulf-Mansion pour les Etudes Medievales, 1956) 같은 특별 연구소들이 들어서게 된다.[21]

교황의 권고에 따라 유럽 각처에서 중세 사상에 대한 심층적인 연구가 광범위하게 전개되어 그때까지 일반적으로 암흑시대라고 혹평받던 누명을 불식시키고 중세가 얼마나 당당하고 풍요로운 시기였는지를 입증했다. 그 대표적 인물로서는 성청의 고문서고 책임자 데니플(H. Denifle, OP), 바티칸 도서관 책임자 에를레(F. Ehrle, SJ)를 필두로 하여, 1891년부터 〈중세철학사 총서〉를 발간하기 시작한 보임커(C. Beaumker), 1921년부터 〈토미스트 서고(Bibliotheque thomiste) 총서〉를 발간하고 1924년에 『토미스트지(誌)』(*Bulletin Thomiste*)를 창간한 피에르 망도네(Pierre Mandonnet, OP), 1900년에 『중세철학사』(*Histoire de la philosophie medievale*)를 저술하고 1901년부터 〈벨기에 철학자들 총서〉를 발간하기 시작한 (메르시에의 제자) 드 불프, 마틴 그랍만(Martin Grabmann), 1926년 『중세사상사 서고 연보』를 내기 시작하고 〈중세철학 연구 총서〉를 발간하기 시작한 에티엔 질송(Étienne Gilson), 망시옹(A. Mansion), 르클레르(J. Leclerq), 페르낭 방 스텐베르겐(Fernand van Steenberghen) 등을 들 수 있을 것이다.

전 세계에 걸쳐 점차 확산적으로 설치 운영된 스콜라 철학(또는 토미즘) 연구소들과 그들을 중심으로 발간되는 스콜라 사상 잡지들로는 대체로 다음과 같은 것들을 들 수 있다:

이탈리아: 로마의 그레고리오대학(*Gregorianum*, 1920), 안젤리쿰대학, 라테란대학(*Lateranum*, 1914)과 바레세 지방의 알로이시아눔대학(갈라라테철학연구소, 1945), 피아첸차의 알베로니신학교(*Divus Thomas*, 1880); 예수회신학대학(*Civilta Cattolica*, 1850); 밀라노가톨릭대학

---

21. Cf. G. van Riet, "Il cardinal Mercier e l'Istituto di Filosofia di Lovanio", in *XIX-XX Catholic*, II, pp.264-296.

(*Rivista di Filosofia Neoscolastica*, 1909). 그밖에도 *Rivista Rosminiana*(1906), *Doctor Communis*(1947), *Sapienza*(1947), *Aquinas*(1957) 등의 잡지를 들 수 있을 것이다.

스페인과 포르투갈: 살라망카대학(*Ciencia Tomista*. 1910), 마드리드대학(*Razon y Fe. Revista Hispano-Americana de Cultura*, 1901; *Orientacion*, 1903; *Revista de Filosofia*, 1942), 리스본대학(*Revista Portoguesa de Filosofia*, 1945).

프랑스: 앙제, 리옹, 릴(*Melanges de Science Religieuse*, 1944), 툴루즈(*Bulletin de Litterature Ecclesiastique*, 1899), 르 솔슈아(*Bulletin Thomiste*, 1924), 파리(*Revue Thomiste*, 1893; *Revue de Metaphysique et de Morale*, 1893; *Revue des Sciences Philosophiques et Theologiques*, 1907; *Archives d'Histoire Doctrinale et Litteraire du Moyen-Age*, 1926; *Catholicisme*, 1948).

벨기에: 루뱅(*Bibliographie Academique*, 1834-1975; *Nouvelle Revue Theologique*, 1869; *Revue Neo-scolastique de Philosophie*, 1894-1945; *Revue Philosophique de Louvain*, 1946). 그리고 여기에는 드 불프-망시옹 중세사상연구소(1956)와 국제중세철학연구회(1958) 등이 있고, 후설문서고가 있다. 네덜란드에서는 네이머헨대학이 토미즘 연구의 중심이다.

스위스: 프리부르(*Divus Thomas*(Fr.), 1914-1953; *Freiburger Zeitschrift fuer Philosophie und Theologie*, 1954).

독일과 오스트리아: 빈-인스부르크(*Zeitschrift fuer Katholische Theologie*, 1876), 뮌스터(*Beitraege zur Geschichte der Philosophie und Theologie des Mittelalters*, 1891), 프라이부르크-바젤-빈(*Stimmen der Zeit*, 1915), 스트라스부르(*Revue d'Histoire et de Philosophie Religieuse*, 1921), 프라이부르크(*Scholastik*, 1926-1965), 뮌헨(*Münchener Theologische Zeitschrift*, 1950-1984). 그리고 알베르투스연구소(1926)와 성토마스연구소(쾰른대학, 1950), 중세철학회(1950), 『중세잡지』(*Miscellanea mediaevalia*, 1962), 그랍만연구소(1954, München, M. Schmaus) 등이 있다.

미국과 캐나다: 미국에서는 1880년대 『가톨릭세계』(*Catholic World*)와 『미국가톨릭계간평가』(*American Catholic Quarterly Review*)를 통해 토미즘 연구가 진행되었다. 케임브리지(미국중세학술연구소, 1925, *Speculum*), 워싱턴(미국가톨릭대학 가톨릭철학회. 1884; *New Scholasticism*, 1927; *The Thomist*, 1943), 뉴욕(포담대학과 노트르담대학이 중심. 여기에 마리탱연구소가 1958년에 설립되었다). 캐나다에는 오타와와 퀘벡의 가톨릭대학과 1929년 질송이 설립한 토론토의 중세연구소(*Medieval Studies*, 1939)가 중심이다.

남미에는 아르헨티나, 칠레, 콜롬비아, 브라질 등지의 가톨릭대학들이 연구 중심이다. 그리고 아시아에서는 마닐라의 성토마스대학과 일본 교토에 있는 성토마스연구소를 들 수 있을 것이다.[22]

코르넬리오 파브로(Cornelio Fabro, CSS)는 현대 토미즘의 폭발적인 부흥운동을 두고 다음과 같이 말한다: "그 어떤 사상가도, 심지어 플라톤, 아리스토텔레스, 성 아우구스티누스, 칸트 또는 헤겔조차도 20세기 전반에 토마스 아퀴나스만큼 광범위하고 체계적인 연구의 대상이 된 사람은 없다. 그리스도교권 내에서든 바깥에서든 현대 사상 자체가, 토마스 아퀴나스에게서 철학 및 신학의 근본적 입장들에 대한 과감한 쇄신, 인간과 신앙인 사이의 일종의 적극적인 변증법의 요구, 『토론집』(*Quaestiones Disputatae*)들과 『대전』(*Summa*)들의 체계적인 사변력, 사상의 원천인 학파와 사상가들을 수용하는 데서 보여주는 비판적 감각 등을 인정하기에 이르렀다. 이 모든 것이 토마스의 작품들에 대해서 행해지고 있는데, 그것은 모든 시대에 걸쳐 그 사변력에 있어서 가장 뛰어난 정신을 소유하고 있는 토

---

22. Cf. P. Dezza · K. Riesenhuber · G. Santinello, "Neoscolastica e neotomismo", in *Enciclopedia filosofica*, Firenze, Sansoni, 1967, vol.4, coll.979-988; W. Kluxen, "La ricerca storica della filosofia medievale e neoscolastica", in *XIX-XX Cathoic*, II, pp.424-453.

마스 아퀴나스가 현대인에게도 역시 진리와 방향을 가르쳐줄 위대한 스승이라는 확신 때문임이 틀림없다."[23]

파브로의 말은 결코 과장이 아니다. 러셀, 보헨스키, 델프가우, 힐쉬베르거 등 대부분의 현대철학 사가들도 한결같이 신토미즘 운동이 "현대의 가장 강력하고 중요한 철학적 운동"이라고 말하고 있다.[24] 실제로 신스콜라 철학이 관심을 기울이는 활동 범위는 그 어떤 단일 학파보다도 훨씬 넓다. 전 세계에 걸쳐 엄청난 수의 고등연구소들이 설치되어 있고 그 연구 실적을 50개가 넘는 전문 잡지들을 통해서 발표하고 있다. 예컨대 1924년부터 발간되는 문헌 목록 잡지인 『토미스트지(誌)』(*Bulletin Thomiste*)에서만도 매년 500개 이상의 신간 소개와 서평을 싣고 있다고 이미 1947년에 보헨스키는 보고하고 있다.

교황 레오 13세의 관심은 특별히 두 가지였다. 하나는 유일한 보편적 스승의 가르침을 충실히 익히기 위해 중세의 스콜라 사상, 특히 성 토마스의 철학적이고 신학적인 저작들을 깊이 연구하라는 것이고, 또 하나는 현대과학 발전의 적극적인 면들을 수용하라는 것이다.[25] 교황 권고의 이 두 방향은 각기, 이후에 전개되는 신스콜라 철학 또는 신토미즘 부흥운동의 대립적인 두 조류를 이루게 된다.

이제 우리는 20세기 신토미즘 부흥운동의 세 갈래 주요 흐름을 개괄하게 될 것이다. 먼저 이 부흥운동의 기점에 서 있는 메르시에와 루뱅대학의 온건 개방 노선을 살피고, 다음으로 조셉 마레샬과 그를 추종하는 급진적 개방 노선, 즉 '초월적 토미즘'을 살핀 다음,

---

23. C. Fabro, *Introduzione a san Tommaso*, Milano, Ares, 1983, pp.325-326.
24. 참조: I. M. 보헨스키, 『현대철학』, 한전숙 옮김, 정음사, 1983, 239쪽; B. 러셀, 『서양철학사(上)』, 최민홍 옮김, 집문당, 1973, 575쪽: "그러므로 성 토마스는 플라톤이나 아리스토텔레스, 칸트, 헤겔 등 오늘날 영향을 미치고 있는 인물 중 한 사람이다 — 그는 실제에 있어 칸트나 헤겔보다 더 많은 영향을 미치고 있다."
25. 참조: 『영원하신 아버지』, 33항(267-269쪽).

근대 사조의 내재주의적이고 무신론적인 위험을 직시하고 '순수 성 토마스에게로' 돌아가자는 자크 마리탱(Jacques Maritain), 에티엔 질송 등의 보수주의 노선을 살펴볼 것이다. 그리고 마지막으로 교황의 본래적인 영감을 따라 독특하게 온건 개방 노선을 걷고 있는 이탈리아의 두 대표적 토미스트, 잠보니와 파브로의 입장을 살피는 것으로 본고를 마감하려 한다.

3. 메르시에와 루뱅대학

데시레 메르시에의 관심은 근대의 경험주의, 실증주의, 칸트 비판주의 등과의 비판적 대화를 전개하면서 '실재주의적 형이상학'을 전개하자는 것이었다.[26] 그는 특별히 칸트의 비판 철학은 존중하고 있었지만, 칸트가 주관주의적 입장을 취하고 형이상학의 영역을 협소한 공간으로 한정한 점을 비판했다. 즉 인식 문제가 철학 탐구의 출발점이며 따라서 철학은 의식 탐구에서부터 시작해야 한다는 것을 인정함으로써 비판주의를 찬성했다. 칸트는 예전에 스콜라 철학의 불구대천의 원수로 여겨졌다. 그러나 메르시에는 토마스 이후에도 중대한 철학적 문제들이 제기되었기 때문에, 토미즘이 근대 철학자들 특히 칸트가 제기하는 철학적 물음들을 무시하고 그냥 지나쳐 간다는 것은 중대한 과오이고, 또 개방적이고 혁신적인 정신 자세로 사상 체계를 구축했던 성 토마스 자신의 학문 자세에도 위배되는 태도라고 보았다.[27] 메르시에의 이런 친(親)칸트적 자세는 나중에 마레샬에게 이어지게 된다.

---

26. Cf. F. Copleston, SJ, *A History of Philosophy*, Vol.IX, London, Search Press, 1975, p.251.
27. 참조: 델프가우, 앞의 책, 49-51쪽; G. van Riet, "Il cardinal Mercier e l'Istituo di Filosofia di Lovanio", in *XIX-XX Catholic*, II, pp.264-296; J. Macquarrie, *Twentieth-Century Religious Thought*, London, SCM, 2nd ed., 1981, pp.280-282.

메르시에는 강좌와 연구소를 맡으면서, 근대 사조에 의해 제기된 여러 문제에 대해 그저 존재직관주의(Ontologism)나 전통주의적 입장을 취하는 것은 바람직하지 못하다고 보고, 또 갈수록 심해지는 가톨릭교회의 학문적 고립을 깊이 염려하면서, 자기 학생들에게 다음과 같은 세 가지 지침을 제시했다: 1) 본격적인 진리 탐구에 피할 수 없이 수반되는 오류에 대해 지나치게 염려하지 말라. 2) 피상적으로 우겨대기만 한다면 오히려 우리 신앙을 위험에 빠뜨릴 수도 있다는 점을 명심하고, 근면하고 또 철저하게 진리 탐구에 매진하라. 3) 따라서 진리 탐구에 있어서 온갖 호교론적 자세를 버리고, 각자 스스로의 힘으로 굳건히 설 토대를 마련하라. 이런 개방적인 자세에서부터 메르시에의 다음 두 가지 근본 방향이 정해지게 된다: 토미즘을 근대 철학 및 근대 과학과 대화하게 만들자. 그리고 '확실성'(certitudo) 문제를 해결하고 인간이 영적 존재임을 근거 있게 제시하기로 하자.[28]

그래서 메르시에는 자신의 『일반 척도론』(*Criteriologie generale*) 구상에 따라 스콜라 철학을 쇄신하고자 했다. 이런 쇄신의 요구는, 스콜라 전통 바깥에서 근대 사상이 성취한 것들에 대한 편견 없는 인정과, 이런 적극적 공헌들로써 스콜라 철학을 풍요롭게 만들어보겠다는 열망에서부터 피어난 것이었다.[29]

'척도론'이라는 말로 메르시에가 의도한 것은, 진리에 대한 확실한 인식을 오류로부터 갈라낼 수 있는 '척도'(criterion)의 탐구였다.[30] 물론 이 구상의 목적은 '성찰', 즉 '비판'을 통해서 스콜라 실재주의

---

28. Cf. M. Mangiagalli, "Il problema della certezza e la spiritualita dell'uomo: Psicologia, logica e teoria della scienza nel pensiero di D. Mercier", *Rivista di Filosofia Neoscolastica* 76(1984), pp.57-59.
29. Cf. G. Giulietti, *Zamboni o della filosofia come sapere rigoroso*, Roma, Studium, 1983, p.66.
30. D. Mercier, *Criteriologia generale*, tr.di A. Messia · P. Maccarione, Roma, Federioco Pustet (pref. 1910), p.1.

를 탄탄하게 정초하자는 것이다. 이 작품의 두드러진 특성은, 근대 철학에 대한 놀랄 만큼 해박한 이해와 그중 특히 칸트 철학과의 대결이다. '확실성'이란 '학문적 인식', 즉 '정초된 인식'의 특성이기 때문에, 척도론은 '정초된 인식론'을 가리키게 된다. 그리고 확실성은 지성 활동의 한 특성이기에, 또한 지성 활동에 대한 탐구는 심리학의 영역이기에, 메르시에는 척도론을 심리학의 한 분과로 간주한다.[31]

메르시에가 구상하고 있는 인식론은 "인간 정신이 진리를 인식할 수 있는지를 추적한다. 그것은 즉발적으로 확실한 인식들을 탐구 대상으로 삼고, 이성이 성찰 행위를 통해서 그들의 진리성에 대한 확신을 취득할 수 있는지, 그리고 그것들을 당당히 확실하다고 주장할 수 있는지를 보기 위해서, 비판적으로 검토하는 것이다."[32] 이런 탐구는 어떤 '방법적 회의'로부터 출발해야 한다. 그러나 보편적 회의는 아니다. 회의는 결코 보편적일 수 없기 때문이다. 방법적이면서도 동시에 보편적이려는 데카르트의 회의 개념은 자기모순적 개념이다.[33] 우리는 인식 활동들을 연구하기 전에는 우리가 어떤 인식 기관(facultas)들을 가지고 있는지 비판적으로 근거 있게 말할 수 없다. 그런데 우리가 인식 기관의 가치를 인정할 수 있기 위해서는 그 활동들, 특히 참과 거짓이 가능한 장(場)인 '판단 활동'을 분석하는 길밖에 없다.

메르시에는 이렇게 '관념 질서의 진술들', 즉 필연 진리를 표현하는 판단을 검토하는 것으로부터 시작한다. 왜냐하면 그는 그것이야말로 현실적 실재들과는 무관하게 검토할 수 있는 것이라고 생각했고, 또 모든 실재 질서의 진리는 관념 질서의 근본 진리들 가운데 하

---

31. Ibid., p.4.
32. Ibid., p.42.
33. Ibid., pp.68-76.

나인 '모순율'을 전제한다고 믿었기 때문이다. 그는 내심으로 칸트의 '선천적 종합 판단' 이론과 대결해야 한다고 생각하고 있었다.[34]

관념 질서의 진술들은 주어와 술어 간의 동일성을 표현하기 때문에 정당하다. 즉 관념 질서의 진리는 분석 판단들이다. 그 진리성에 대해서는 의심이 불가능하다. 메르시에는 칸트를 거슬러 수학적 진리들이, 비록 우리의 지식을 확장하긴 하지만 분석적 판단임을 증명한다. 그리고 형이상학의 원리들, 특히 인과율 역시 분석적이다. "이 명제에 대해 가능한 유일한 증명은 의식을 통해서 주장된 사실을 자증하는 것이다."[35]

그는 칸트의 유명한 선천적 종합 명제의 예인 '7+5=12'에 대해 길게 논의하면서, 이 수학적 진리에 동의하는 동기는 주어와 술어 간의 동일성을 발견하기 때문이라는 것을 증명한다.[36] "그러므로 나는 진리의 객관적 명증성의 압력 하에 판단들을 형성한다는 것, … 그리고 나의 확신에 찬 동의가 어떤 주관적 종합의 결과가 아니라 오직 객관적 명증성의 결과라는 것을 의식한다."[37]

관념 질서의 진리 문제를 해결한 다음 메르시에는 두번째 문제, 즉 '실재 질서의 진술들' 문제로 넘어간다. 여기서는 진술의 용어 역할을 하는 '관념'들의 가치를 정당화하는 작업으로부터 시작한다. 관념들은 언제나 보편적이다. 보편 관념들은 감각으로부터 추상 작용을 통해 생겨난다(대전제). 그런데 감각 직관은 실재를 포착한다(소전제). 따라서 보편 관념들은 실재에 상응한다(결론). 여기서 메르시에는 소전제를 정당화하기 위해, 관념 질서의 원리인 '인과율'을 원용한다. 감각들은 우연적 실재들이다. 따라서 어떤 원인을 요구한다. 그런데 우리 자신은 우리 감각들의 원인이 아니다. 그러므

---

34. Cf. S. Rovighi, *Gnoseologia*, Brescia, Morcelliana, 1979, p.328.
35. D. Mercier, Ibid., p.260.
36. Ibid., pp.289-291.
37. Ibid., p.261.

로 우리 감각의 원인은, 우리 자신과는 무관한 '어떤 그 자체로 있는 것'이다. 우리가 비록 외부 세계에 대해 직접적인 감각적 직관을 가지고 있긴 하지만, 인과율을 적용하지 않고는 정신 바깥 실재의 실존을 확실하게 주장하는 것이 불가능하다.[38]

그의 목적은 실증주의 및 비판철학 등과 마주쳐서도 조금도 꿀리지 않는 '스콜라 철학의 인식론'의 타당성을 입증하자는 것이었다. 그러기 위해서는 적수들과 같은 영역에서 작업할 필요가 있었다. 그러나 그렇게 함으로써 결국 관념 질서로부터 비판 문제를 착수해서 실재 질서로 이월해 나가는 방식을 취하지 않을 수 없었고, 이는 후대에 다른 동료들로부터 비판의 표적이 된다. 특별히 그의 '대상성' 개념은 어떤 순수 표상적 내용에 지나지 않기에, 결국 가지적 대상과 실재 간의 상응은 인위적인 것이 아니냐는 문제에 봉착하고 만다.[39] 그러나 그가 스콜라 철학을 새로운 방향에서 심화시키려 시도했고, 그래서 그 풍요로움을 드러낸 이후 대단한 발전의 기초를 놓은 공로는 결코 무시될 수 없을 것이다.

4. 메르시에의 계승자들

메르시에와 더불어 공동협력한 루뱅 제1세대들은 니스, 드 불프, 티에리, 데푸르니(M. Defourny) 등이었다. 그러다 메르시에가 추기경으로 서임되어 떠나게 되자, 1906년 고등철학연구소의 소장직은 데플로아즈(A. Deploige)에게로, 1928년에는 레옹 노엘(Léon Noël)에게로, 또다시 1948년에는 래이메커(L. De Raeymaeker)에게, 그리고 1965년에는 알베르 돈데인(Albert Dondeyne)으로 이어졌다. 1968년

---

38. Cf. D. Mercier, Ibid., pp.394-395.
39. G. Giannini, "La filosofia neoclassica", in AA.VV., *Grande Antologia Filosofica*, vol. XXVII, Milano, Marzorati, 1977, p.270.

에는 벨기에 문교 정책이 개혁되면서 대학이 둘로 갈라지게 되자 네덜란드어 루뱅대학 내에 있는 고등연구소 소장직은 그대로 돈데인이 계속하지만, 프랑스어 루뱅대학 내의 고등연구소 소장직은 방리에(G. van Riet)에게로 넘어가게 된다. 이들과 더불어 루뱅 제2세대를 이루는 학자들로는 망시옹, 미쇼트, 르클레르, 페이(R. Feys), 방 스텐베르겐 등을 들 수 있다.[40]

메르시에의 계승자들은 한결같이 창립자의 근본정신을 유지하며 '탐구' 정신을 고수하는 한편, 현대 과학 및 철학과의 대화를 모색했다. 그래서 제1차 세계대전 이전까지는 주로 실증주의 및 관념주의와 대결하였으나, 이후 제2차 세계대전 이전에는 실증주의가 이미 극복되었기 때문에 주로 관념주의와 대결하다가, 세계대전 이후부터는 현상학과의 대화가 중심을 이루게 된다. 이하에서 노엘, 래이메커, 방 스텐베르겐의 입장을 간략히 살펴보자.

레옹 노엘은 스승 메르시에를 따라 인식론을 '비판적 탐구'라고 보고, 또 칸트로부터 비판이 형이상학에 논리적으로 우선해야 한다는 요구는 받아들이고 있지만, 그가 가장 표적으로 삼고 있는 철학자는 더 이상 칸트가 아니라 데카르트다. 비판적 방법은 바로 사고만을 탐구 출발점으로 삼는 데서 성립된다. 인식론은 형이상학에 우선하고, 따라서 철학에 탄탄한 기초를 주기 위해서는 철저한 비판적 회의를 통해 전개해야 한다. 회의의 목적은, 확실성이 의심스러운 것들을 배제하고 따라서 오류와 혼동의 원천을 일체 근절해 버리자는 것이다. '코지토'(cogito)가 철학의 절대 기초다.[41]

노엘이 해결하려는 근본 문제는 어떤 정신 바깥 실재의 실존 문

---

40. J. Ladriere, "L'Istituto di Lovanio nel XX secolo", in *XIX-XX Catholic*, II, pp.626-648.
41. Cf. G. van Riet, *Thomistic Epistemology*, London, Herder, 1965, vol.II, pp.5-12.

제였다. 노엘에게 있어서 비판적 성찰 문제는 본질적으로 '심리적 차원'의 것이다. 성찰은 즉발적 인식 다음에 개입한다. 성찰 활동에서 주의는 일차적으로 인식 활동 자체로 향한다. 즉 성찰에서 '코지토'가 출발 첫 순간을 구성한다. "비판적 성찰에 본질적인 것은, 그것이 제시된 소여에 엄밀하게 포함되어 있지 않은 것은 아무것도 긍정할 수가 없다는 것이다. 그런데 성찰은 분명 내재성 안에서 발생한다. 따라서 그것은 필시 거기에 머물 수밖에 없다. 정신만이 소여로 주어져 있다. 거기에 다른 것들을 끌어들이려는 노력은 허사다."[42]

그러나 노엘은 '코지토'가 "개방적"이어야 한다고 말한다. 노엘에 따르면, 존재자가 정신에 의해서 도달되는 것을 먼저 알고 있을 때만 존재자 자체가 긍정될 수 있다. "존재자 자체는 무엇보다도 우선 존재자라면, 존재자는 무엇보다도 우선 '우리를 위한' 것이다. 즉 그것은 인식되고 그것은 참되다."[43] 이처럼 노엘의 '비판적 실재론' 속에서는 단번에 '코지토' 위에서 그리고 존재자 위에서 [존재가] 긍정되고 있는 것이다.

노엘의 방법을 요약하면 다음과 같다: 먼저 의식의 활동인 '코지토'가 있다. 다음에 내용이 온다. 이 내용은 의식 내재적이다. 주의는 먼저 최초의 판단인 실존 판단으로 향한다. 그래서 실존 판단의 객관성을 설정하고 그다음 단계로는 판단 구성 요소들의 실재성을 확립하는 것이다. 술어는 지성이 만들어낸 어떤 가지적 관념이다. 이 술어는 다른 요소, 즉 '구체적인 주어', 의식의 현존하고 있는 '이것'으로 향하고 있다. 그것이 실재적이라고 선언하는 것은 불가피하다: "우리 활동 맞은편에 있는 저 소여를, 우리를 압도하는 저 독립적인 현존을 '실재적'이라고 부르지 않는다면 다른 무엇을 실재

---

42. L. Noël, *Notes d'epistemologie thomiste*, Louvain-Paris, 1925, p.68.
43. Ibid., p.67.

적이라고 불러야 한단 말인가?"[44]

이처럼 형이상학의 예비학으로서의 인식론을 옹호하는 것은 방리에나 방 스텐베르겐에서도 보게 되듯이, 이제까지 루뱅대학의 한결같은 주도적 입장이다.

외부세계의 실존에 대한 즉발적 확신으로부터 성찰적 확실성으로의 이월과정은, 메르시에가 믿었듯이 인과율의 조용을 통해 완수되는 것이 아니라, 본래 어떤 실재의 포착인 인식 활동 자체를 분석함으로써 확인될 수 있다.[45] "사고는 그것이 어떤 다른 것을 포착할 때가 아니고는, 결코 포착되지 않는다. …사고는 오직 자기 대상과의 관련 속에서가 아니라면 결코 있을 수가 없다."[46] 그러므로 인식이란, 거기서부터 실재를 추론해야 하는 어떤 표상들을 가짐이 아니라, 어떤 실재 자체를 떠올림이다.

노엘은 데카르트 류(流)의 현상주의나 칸트 류의 이원주의, 그리고 당대의 일부 신스콜라 철학자들이 주장하던 '대개된 실재주의'를 거슬러 '직접적 실재주의'를 주장한다.[47]

래이메커도 자신의 존재 형이상학의 근거를 '참여' 개념에 맞추고 있다. 정통 형이상학은 선험주의적 추상 학문이 아니라 구체적 경험에서부터 솟아나는 학문이다. 사물의 총체와 근거를 추구하는 인간의 억제할 수 없는 즉발적인 경향이 바로 그것을 추구한다. 토마스의 대종합은 실존주의가 존재, 본질, 실존 등의 개념을 천착한 이래 더욱 뛰어난 종합과 현실성을 인정받게 되었다. 철학은 보편적

---

44. L. Noël, "Le realisme immediat", *Revue Neo-scolastica de Philosophie* 25(1923), p.183. Cf. G. van Riet, *Thomistic Epistemology*, London, Herder, 1965, vol.II, 41-44.
45. Cf. S. Rovighi, *Gnoseologia*, op. cit., p.330.
46. L. Noël, *Le realisme immediat*, op. cit., p.104
47. Cf. É. Gilson, *Thomist Realism & the Critique of Knowledge*, tr. by M. Wauk, San Francisco, Ignatius Press, 1986, pp.55-85.

이고도 동시에 구체적인 어떤 내용의 인식 위에 정초된다. 이 '어떤 내용'이란 바로 '존재 관념'이다. 이 때문에 정통 형이상학은 추상적 본질에 관한 학문('본질주의')이 아니며 또 그렇다고 주체에 억류된 학문('실존주의')도 아니다.

본질들은 실제적·개체적·구체적이고 '존재 방식'들이다. 그것은 불완전한 실재들로서 그 '너머' 즉 존재에 열려 있고 상관된다. 본질들은 존재의 구체적 양태, 즉 참여이며, 존재 안에서 그들의 가치 충만을 얻고, 존재 바깥에선 당연히 아무런 가치도 없다. 양태들은 전달될 수 없고 자율적이다. 즉 개별적 자립성을 지닌다. 그 각각은 어떤 부분이 아니라 하나의 총체인데, 그렇다고 온통 존재인 것은 아니다. 존재론적 질서는 참여 질서이다. 존재 관념은, 바로 이런 존재론적 참여를 통해, 필시 '유비적'(analogica)일 수밖에 없다.

래이메커는 '참여' 개념을 통해 일(一)과 다(多) 문제, 즉 유한적 존재자의 가지성 문제를 해결하려 한다. 유한적 존재자는 단순하지 못하고 '구조화'되어 있다. 즉 그들은 '존재 방식들'(개별성의 뿌리)과 존재(자립성의 뿌리)의 복합체다. 이런 참여는 또한 유한 존재자의 생성의 뿌리이다.

유한한 존재자는 상대적이다. 즉 스스로만으로는 설명되지 않는다. 존재자들의 절대 '토대'는 그들과 같을 수가 없고 뚜렷이 구별된다. 바로 이것이 절대 존재, 제일원인, 창조주이다. 인과율은 내밀하게 창조에 재연결되고 그 궁극적 설명을 제공한다. 창조는 존재 차원에서의 참여 문제의 해결이다.[48]

방 스텐베르겐은 인식을 존재를 향한 지향성 또는 개방성 속에서 고찰하는 '직접적 실재주의자'이다. 그의 『인식론』은 두 부분으로 구성되어 있다. 먼저 제1부 "진술 인식론"에서는 '의식의 직접적 소

---

48. Cf. G. Giannini, "la filosofia neoclassica", art.cit., pp.271-272.

여'를 출발점으로 삼고 있다.[49] 의식 속에서 주체극(極)과 대상극(極)이 구분된다. 예컨대 내가 지금 어떤 회색 벽면을 바라보고 있다면, 나는 지각되는 대상으로부터 '보는 활동' 또는 지각 활동을 구분할 수 있다. 그러므로 나는 어느 누구도 의심할 수 없는 어떤 긍정을 발설할 수 있다: '하나의 의식이 있다'. 이 의식은 두 가지를 함축하고 있다: '어떤 것이 있다'와 '있는 것은 의식이다'. 첫째의 긍정이 의미하는 것은 '존재자의 어떤 것이 있다'는 것이다. 따라서 존재자는 의식에 대립되거나 이질적인 어떤 것이 아니다. 의식도 하나의 존재자이기 때문이다. 아니, 거기에는 존재자와 의식 사이의 단일성 또는 통일성이 있다.[50]

의식이란 무엇인가? 그것은, "다른 것으로 환원될 수 없는 어떤 본원적인 것이다. 그것은 정의(定義)나 설명이 불가능한 어떤 최초의 소여이다. 의식이 무엇인지를 알기 위해서는 그것을 사는(生活) 수밖에 없다. 즉 의식하면서 알게 된다."[51] 그렇지만 그것을 분석하는 것은 가능하다. 분석은 이미 말한 대로, 주체극과 대상극을 드러내준다. '주체극'은 "실재로 기우는 경향" 또는 "실재를 인식하려는 욕구"이다.[52] 또한 동일성과 영속성의 실제적 중심으로(즉 어떤 현상들의 묶음으로서가 아니라 '나'로) 드러난다. 그러므로 인식은, '인식하는 존재자'인 그 존재자의 어떤 존재 방식이다.

'대상극'은 의식의 '나'에 대립하고 있고, 둘이 함께 그 주체를 인식자로 구성하는 '내용'이다. 어떤 대상'의' 인식이 아닌 인식은 없기 때문이다. 인식은 존재자의 현존 또는 계시다. 그래서 방 스텐베

---

49. F. van Steenberghen, *Epistemology*, tr. by L. Moonan, Brussels, Nauwelaerts, 1970, p.74.
50. Ibid., p.80
51. Cf. Ibid., p.76.
52. Ibid., p.84.

르겐은 '인식에 대한 존재자의 우위'를 주장한다.[53] 인식은 그저 단지 진술하는 것이고, 대상을 창조하는 것이 아니라 어떤 것 또는 존재자가 주체에 현존하는 것이다. 그러나 어떤 대상의 의식은 동시에 자기의식이기도 하다. 오직 감각 소여들로부터 질적으로 구분되는 '개념적' 요소만이 근본적인 존재 관념에 관계된다.

제2부 "비판적 인식론"에서는 인식의 가치가 무엇인지를 묻는다. 이미 제1부에서 우리의 모든 인식에 함축되어 있는 것으로 입증한 '존재'가 인식에 가치를 주는 것임을 명백히 하고자 한다. 존재가 인식의 대상이자 목적이기 때문이다. 인식은 그것이 실재를 포착하는 한에서, 가치가 있다. 존재가 보편적으로 긍정될 때, 인식 주체의 생생한 활동이 긍정될 때, 어떤 물자체(物自體)의 실존이 시간적으로 연장되어 있는 것으로 긍정될 때, 인식과 존재의 일치는 완전하다. 그러나 실재가 무엇인지라든가 물체 세계의 특성이 무엇인지를 정확히 규명하려 드는 경우에는 불완전하다.[54]

5. 마레샬의 초월적 토미즘

조셉 마레샬(Joseph Marechal, SJ)은 중세 스콜라 사상가들의 근본적 통찰들이 다른 철학 조류들과 결실 풍부한 대화를 나눌 수 있을 뿐만 아니라, 현대철학이 제기하는 문제들에 해결의 열쇠를 던져줄 수 있다고 확신하고, 독일 관념주의 특히 칸트의 비판 철학의 빛으로 성 토마스의 형이상학을 재해석하려 시도했다.[55] 그는 인식의 가치를 정당화하기 위해 절대자에게 호소한다. 전 5권으로 되어 있는 대작 『형이상학의 출발점』 가운데서 그의 이론적 논술을 종합적으로 개진

---

53. Cf. Ibid., p.89.
54. Cf. S. Rovighi, op. cit., pp.345-346.
55. Cf. O. Muck, "Neo-scholasticism", in K. Rahner, SJ(ed.), *Sacramentum Mundi*, London, Burns & Oates, 1970, vol.6, pp.36-38.

하고 있는 제5권의 제목은 『비판 철학에 직면한 토미즘』[56]이다.

마레샬은 지성과 순수 이성 사이의 칸트적 이율배반은 그 형이상학적 함축들과 함께 성 토마스의 사상 속에 잠재적으로 현존하고 있고, 칸트가 거기 상당한 주의를 기울였던 '지성의 역동성'이라는 이론에 입각해서 하나의 종합을 이루어낼 때 극복될 수 있다고 주장한다. 그는 성 토마스의 가르침의 핵심인 판단 활동을 활용해서 비판 철학을 전개할 때 지성과 순수 이성 간의 이율배반이 극복되고 칸트의 불가지론도 극복될 것이라고 믿었다.[57]

『형이상학의 출발점』 제5권은 두 개의 부분으로 구성되어 있다. 제1부에서는 '형이상학적 대상 비판'을 다루고, 제2부에서는 '선험적 비판'을 다룬다. 논의의 출발점은 양편에서 똑같이 '내재적 대상'이다. 제1부에서는 대상이 엄밀히 지향적이어서 존재론적 연관을 가지고 있는 것으로 간주되는 데 반해, 제2부에서는 대상이 단순한 현상으로 간주되고 있다.

인식 이론은, 마레샬에 따르면 형이상학에 봉사하기 위한 것이다. 인식론은 형이상학에 불가결한 '예비학'이다. 성 토마스에게서는 인식 이론이 형이상학으로부터 연역되고 있다. 따라서 인식론은 형이상학의 출발점이 아니라 도달점이다. 그러나 마레샬은, 성 토마스로부터 형이상학의 기초가 되는 인식 이론을 추출해 내는 것이 가능하다고 생각한다.[58] 성 토마스의 인식 이론은 '존재론적 대상'인 존재로부터 출발하는 데 반해, 근대의 비판 철학은 '선험적 주체'로부터 출발한다. 그러나 이 후자가 일관성이 있으려면, 전자와 동

---

56. J. Marechal, SJ, *Le point de depart de la metaphysique, vol.V: Le Thomisme devant la Philosophie critique*, Louvain-Paris, Alcan, 1926.
57. Cf. F. Copleston, SJ, *A History of Philosophy*, vol.IX, London, Search Press, 1975, pp.265-266.
58. J. Marechal, op. cit., pp.219-233. Cf. S. Rovighi, op. cit., 1979, pp.336-337.

일한 결론들에 도달하지 않으면 안 된다.[59]

마레샬에게 있어서 의심의 여지가 없는 소여는, 즉 철학적 분석의 효과적인 출발점은, '내재적 대상'(內在的 對象) 또는 '사고의 대상적 내용'이다.[60] '사고의 대상'이란, 이 '나'의 우유(偶有) 또는 양태인 한에 있어서 그 자체 어떤 '실재적 대상', 즉 '실재적 존재자'(ens reale)이다.[61] 여기서 주체의 '성질'로 간주되고 있는 '개념'은, 주체(='실재적 존재자')의 한 우유인 개념화 활동 또는 인식 활동 외에 다른 것일 수 없다.

마레샬의 '존재론적 긍정의 연역'이 온통 의존하고 있는 이 '내재적 대상' 또는 '의식 내용'은 사고의 어떤 혼란에서 기인하는 것 같다. 그것은 분명 스스로는 지탱될 수 없는 하나의 '정신적 구성물'이다. 만일 존재자가 직접적으로 소여되지 않고, 또 소여가 존재자도 아니고 또 그런 것인지 어떤 것인지도 알지 못하는 어떤 내재적 대상이라면, 내재적 대상으로부터 출발해서 존재자가 있다고 연역하는 것이 불가피할 것이다. 그래서 마레샬은 판단(긍정)을 고찰함으로써 이런 결론을 도출해내고 있는 것이다.[62]

마레샬은 우리가 지성적 순수 직관 능력을 가지고 있지 못하다는 점을 지적한다. "그러면 우리로 하여금 범주적 개념들을 '대상화'할 수 있게 해주고 또 그것들을 우리 판단 속에서 존재 절대에 연결시킴으로써 마치 그것들이 차츰차츰 현존하게 되면서 어떤 지성적 직관 권내로 개입해 들어오는 것처럼 만들 수 있단 말인가? 도대체 어떤 활동이 여기서 우리가 가지고 있지 못한 직관의 기능을 대행할 수 있단 말인가?"[63] 그 활동은 바로 '긍정'(affirmatio)이다. 긍정에

---

59. Cf. Marechal, Ibid., pp.15-17, 373-376.
60. Ibid., pp.68-70.
61. Ibid., p.339.
62. Cf. S. Rovighi, op. cit., p.338.
63. J. Marechal, op. cit., p.335.

서 인간 지성은 명시적으로 존재자를, 그리고 함축적으로는 신(神)을 끌어당기는 것이다.

진리는 판단에서 발견된다. 그런데 마레샬에 따르면, 판단은 구체화(concretio)를 통한 하나의 종합이다. 그리고 긍정은 판단의 본질적 요소다. 그것은 판단을 존재자의 절대(ad rem)와 연관시킴으로써 판단에 진리가(眞理價)를 준다. 긍정은 주관적 형상의 절대적 대상화이다. 다시 말해 그 형상을 '존재론적 대상', 즉 어떤 '물자체'로 변형시킨다. 그러므로 긍정을 배격하는 것은 대상의 사고 가능성을 배격하는 것과 같다.[64]

본질적으로 '역동적'(dynamic)인 성격을 가지고 있는 긍정은 대상을 수용 또는 배격하는 주체의 '자발성'(spontaneitas)을 표현하는 것이다. 따라서 이 긍정은 어떤 선행하는 '목적성'(finalitas)에 의해 규정된다. 긍정은 주체를 대상 앞에 대립시킨다. 그러나 이 대상은 그의 단편적인 목적에 불과하다. 지성은 지성적 활동 자체의 종적 형상(species)을 내밀하게 받아들이고 더 나아가 현상이라는 제한적 한계를 넘어간다. 바로 '목적성'의 관계이다. 지성은 고정적 기능이 아니라 '목적을 향해 전개되는 활동'이다. 따라서 긍정은 현존하는 대상 '저 너머'를 지시함으로써 초월적 절대자의 한 역동적 선취(先取)가 된다.[65] 이렇게 해서 긍정은 우리에게 부족한 지성적 직관의 역동적 대체물이 된다.[66]

마레샬은 칸트의 문을 통해 들어가서 인식의 선험적 조건들 또는 대상화의 가능성을 탐구한다. 그가 보기에 칸트가 간과한 가장 중요한 선험적 조건이 하나 있다면, 그것은 바로 절대적 존재자에게 정향된 것으로서의 주체의 '지성적 역동성'이다. 마레샬은 주체를

---

64. Cf. G. Van Riet, *Thomistic Epistemology*, London, Herder, 1965, vol.I, pp.260-262.
65. J. Marechal, op. cit., pp.310-315.
66. Cf. M. Casula, "Marechal", in *Enciclopedia filosofica*, Firenze, Sansoni, 1967, vol.4, col.299.

대상과 대립시켜놓는 '판단 활동'을 지성의 역동적 정향의 단편적 실현으로 간주하고 또 그 자체를 넘는 어떤 것을 지시하는 것으로 간주한다. 다시 말해, 모든 판단은 함축적으로 절대자를 긍정한다. 이 절대자는 자기 자신을 어떤 지성적 직관의 대상으로서 드러내는 것이 아니라, 모든 대상화의 선험적 조건이자 지성의 움직임의 궁극적 목적으로서 드러낸다는 것이다. 따라서 신의 실존 긍정은 어떤 단순한 요청이 아니라 하나의 사변적 필연성이다.[67]

직접적 소여는 존재자가 아니라 (칸트의 출발점인) '내재적 대상' 또는 의식 내용이라고 주장하는 마레샬의 동기는, 인간 지성은 직관적이 못 된다는 그의 확신에 기초하고 있다. 감각은 직관한다. 그런데 감각은 지성의 대상인 존재를 직관하지 못한다. 지성은 존재의 관념을 가지고 있다. 그러나 지성은 실재적인 개별적 존재자들을 직관하지 못한다. 바로 그렇기에 존재를 연역할 필요가 있다고 본 것이다.[68]

그리고 마레샬이 지성적 역동성을 강조한 것은 그것이 성 토마스의 철학 속에 함축되어 있고, 따라서 그것을 발전시키면 토미즘이 '선험적 전환'을 통해서 칸트와 피히테에 의해 대표되는 근대 철학의 요구를 만족시킬 수 있고 동시에 칸트를 스콜라 철학의 철천지원수로 만든 그의 불가지주의도 극복할 수 있다고 믿었기 때문이다. 즉 비판 철학을 해로운 것이라고 배격하는 대신에 초월적 방법을 채택하는 것이 필요하고, 동시에 칸트 자신이 정당화하지 못한 정신의 지향적 활동 가능성의 조건을 밝혀낼 필요가 있다고 믿었던 것이다.[69]

요컨대 일단 칸트의 전제를 받아들였기 때문에 마레샬에게는 현

---

67. bJ. Marechal, op. cit., pp.450-451. Cf. F. Copleston, op. cit., p.266.
68. Cf. S. Rovighi, op. cit., p.339.
69. F. Copleston, op. cit., p.267.

상적인 대상, 즉 '내재적 존재자'에서부터 대상 그 자체로 이월하는 것이 문제였다. 그런데 정신이 스스로 대상을 정립하는 것은 바로 판단 속에서이기 때문에, 문제는 긍정의 존재론적 가치를 정당화하는 것으로 환원된다. 마레샬이 제시하는 해결책은 독적성을 지니는 욕구의 실재주의를 인식 속에 끌어들이는 것이다. 그의 원리는, 자연적인 욕구는 결코 헛된 것일 수 없다는 것이다. 경험이 확인해주듯이, 지성은 직관적이지 못하고, 가능태에서부터 현실태로 이월해 간다. 지성은 최종 목적, 즉 존재의 절대로 기운다. 이렇게 사고 활동의 선험적 조건으로서 신의 실존과 감성의 실존이 연역된다. 그런데 모든 개별적 대상들은 지성의 단편적인 대상에 지나지 않으므로, 그것은 필시 존재의 절대와의 연계하에 있다. 으리 사고에 내재하고 있는 표상은 그 대상을 존재 절대와 연결시키는 형이상학적 긍정 덕분에 대상의 가치를 갖는다.[70]

대단히 흥미 있고 매혹적인 시도다. 그러나 이런 마레샬의 과감한 시도는 성공하지 못한다. 그가 약속했던 내재적 대상과 대상 자체 사이의 교량은, 기껏 데카르트의 경우에서처럼 신의 도움을 받아야만 놓일 수 있었다. 그는 칸트 철학에 대해서도 또 토마스의 사상에 대해서도 지극히 개인적인 역동적 해석을 가하고 있는데, 바로 그의 이런 전제가 문젯거리였던 것이다.[71] 먼저 칸트 철학에 대해서 그는 현상적 대상의 '중립성'과 선험적 분석의 중립성을 전제로 삼고 있는데, 과연 정당화될 수 있는지 대우 의심스럽다. 그리고 토미즘에 대해서 말한다면, 인식의 객관성을 지성의 자연적인 경향이라고 간주된 역동성 위에 정초하려 드는 것은 토마스의 주지주의를 전복하는 처사다. 왜냐하면 이 역동성이란, 만일 지성의 실재주

---

70. Cf. R. Verneaux, *Epistemologia*, tr.di A. Sacchi, Brescia, Paideia, 1967, pp.98-99.
71. Cf. É. Gilson, *Thomist Realism & the Critique of Knowledge*, tr.by M. Wauk, San Francisco, Ignatius Press, 1986, pp.129-148.

의를 전제한다면 피상성을 면할 수 없고, 또 만일 그것을 전제하지 않는다면 그 대상화 기능을 거의 설명할 수 없기 때문이다. 지성의 대상은, 그에 따르면 언제까지나 내재적인 까닭이다.[72]

6. 마레샬 사상의 계승자들

조셉 마레샬에게는 존재 질서가 인식 질서로 용해되어버린다. 진리는 확실성으로 변형되고, 판단의 타당성은 소여와 판단 조건들 사이의 관계에 대한 의식으로 환원되어버린다. 즉 존재 인식 문제가 존재 긍정 판단의 조건들 문제로 변형되고 있는 것이다.[73]

마레샬의 사상은 신의 실존 증명 문제를 명시적으로 다루고 있지 않다. 그래서 프랑스어권 예수회원들은 마레샬의 방법론을 따르면서 주로 이 주제를 해결하고자 했다. 조르주 르메트르(Georges Lemaitre)는 성 토마스의 제4증명을 재해석하고자 시도했고, 말레베즈(L. Malevez)는 마레샬의 전망을 가지고 칼 바르트(Karl Barth)의 입장을 논박하고자 했다. 그레고아르(A. Gregoire)는 변신론 문제를 추적했으며, 이사예(G. Isaye)는 이성의 선험성과 지성-감성의 절대적 차이라는 칸트의 두 가지 근본 개념에 입각해 마레샬의 사상 전체를 근본적으로 심화시키고자 했다. 그리고 드페베(J. Defever), 자보(J. Javaux), 디르벙(E. Dirven) 등도 역시 마레샬의 접근법에 입각해서 신 실존 문제를 해결하고자 시도했다. 앙드레 아영(Andre Hayen)은 학파의 다른 동료들과는 달리 독특하게 능동인을 강조하고, 그것을 성 토마스의 본문들 속에서 정당화할 수 없게 되자 마레샬의

---

72. Cf. M. Casula, "Marechal", in *Enciclopedia filosofica*, Firenze, Sansoni, 1967, col.300.
73. Cf. D. Composta, "L'intuizione dell'essere. Breve compendio storico-teoretico di una disputa", in AA.VV., *Virtualita e attualita della filosofia cristiana*, Roma, P.U.Urbaniana, 1988, pp.158-159.

기본 정식들에 호소했다.[74]

그리고 마레샬의 방법론은 프랑스 예수회원 앙드레 마르크(André Marc), 조셉 드 피낭스(Joseph de Finance, SJ), 앙리 드 뤼박(Henri de Lubac) 등에게 적지 않은 영향을 미쳤다.

독일 신스콜라 철학은 마레샬의 '인식 역동주의'를 추종하는 일군의 사상가들이 주류를 이루고 있다.[75] 이들은 독일 전통사상(칸트-헤겔)과 특히 하이데거 사상의 토대들을 토마스의 사상과 심층에서부터 종합하고자 한다.[76] 이들이 공동으로 사용하고 있는 방법은 '초월적 방법론'이다. 즉 인간 정신의 주의는 대상에 쏠려 있는 것이 아니라 인식 주체의 '지향적 활동'에 쏠려 있다는 것이고, 환원적 분석을 통해 그들은 유한 사물들을 객관적으로 인식할 수 있는 가능성의 선험적 조건들을 추구한다.

로츠(J.B. Lotz)는 초월적 방법을 통해 판단 분석의 존재론을 전개하면서 형이상학적 사고의 경험적 특성을 부각시키려 한다. 지베르트(G. Siewerth)는 토마스의 존재 형이상학을 헤겔과 같은 동일성의 체계라고 생각하지만, 동시에 헤겔과는 달리 '참여' 개념에 기초하고 있는 것으로 본다. 칼 라너(Karl Rahner, SJ)의 존재론적·실존론적 신학은 인간을 신의 신비로의 개방으로 포착하는 '인식의 형이상학'을 근간으로 삼고 있다. 막스 뮐러(Max Müller)는 고전 형이상학을 경험 속에 정초된 사고로서 심화시키려고 한다. 이 사고는 자유와 역사성 속에서 존재에 도달하게 된다. 브루거(Walter Brugger)

---

74. Cf. H. Jacobs, "La scuola marechaliana di lingua francese", in *XIX-XX Catholic*, II, pp.549-563.
75. Cf. P. Engelhardt, "Thomism", in K. Rahner(ed.), *Sacramentum Mundi*, London, Burns & Oates, 1970, vol.6, p.249; O. Muck, "La scuola marechaliana di lingua tedesca. Filosofia trascendentale come metafisica", in *XIX-XX Catholic*, II, pp.675-711.
76. 참조: 심상태, "옮긴이의 말", 요한네스 로쯔, 『사랑의 세 단계: 에로스, 필리아, 아가페』, 서광사, 1984, 11-13쪽.

는 마레샬처럼 칸트와의 대결을 시도하고, 벨테(B. Welte, SJ)는 칼 야스퍼스(Karl Jaspers)의 초월자 이론과 대화하며 토미스트의 종교철학을 재구성하고자 한다. 그리고 이들과의 연계 하에 에머리히 코레트(E. Coreth, SJ)는 토마스의 형이상학을 질문의 본질에 대한 엄밀한 초월적 방법적 성찰을 통해 정초하고자 시도한다. 독일인은 아니지만, 캐나다의 대표적 신토미스트인 버나드 로너간(Bernard Lonergan, SJ)도 이들과 같은 초월주의적 노선을 따르면서, 지성적 포착과 긍정에 의해 알려지는 것은 무엇이나 다 존재자라는 입장을 취하고 있다.[77]

이들의 입장에서 즉시 알아차릴 수 있는 것은, 이들이 중세의 대사상가들, 특히 성 토마스로부터 영감을 끌어내고 있는 것은 사실이지만, 그 주된 관심은 스콜라 철학의 한계를 훨씬 넘어가고 있다는 사실이다. 따라서 심지어 이중 어떤 이들은 자신이 토미스트 또는 신스콜라 학자로 분류되는 것을 노골적으로 못마땅해하기도 한다.

특히 라너, 스힐레벡스, 큉 등의 신학이 지난 20년간 가톨릭 신학계에 미친 영향은 엄청나다. 이들의 초월철학적·인간학적 방법론이 가톨릭 전통 신학과 결코 양립할 수 없다는 점을 깨닫고, 루뱅의 메르시에의 계승자들과 독일 정통적 스콜라 철학자들인 카술라(M. Casula), 만셀(G. Manser), 얀센(B. Jansen), 마이어(H. Meyer), 드 프리스(J. de Vries), 요셉 피퍼(Josef Pieper), 그리고 한때는 이들과 함께 개방적 대화를 지지하던 에리히 프르치바라(Erich Przywara), 지베르트, 폰 발타사르 등이 이들의 전격적인 개방 자세에서 위험을 직시하고 비판과 우려의 목소리를 높였다.[78] 그리고 메르시에의 계승자

---

77. Cf. W.J. Hill, "Transcendental Thomism", in *New Catholic Encyclopedia*, vol.16(Supplement 1967-1974), Washington, D.C., McGraw-Hill, 1974, pp.449-454.
78. Cf. H. Schmidlinger, "Introduzione all'area di lingua tedesca", in *XIX-XX Catholic*, II, pp.652-653.

들은 마레샬과 그 추종자들이 칸트의 선험에 유착해서 현상의 객관성의 가치를 충분히 인정할 수 없었고, 주체의 활동에 너무 집착했으며, 존재의 추상적 무한성을 신의 적극적 무한성과 혼동하고, 무한과 무규정을 혼동하였으며, 따라서 불가지주의와 존재직관주의에서 벗어나지 못하고 있다고 비판했다.[79]

그리고 이제 곧 논의하게 될 레지날드 가리구 라그랑주(Réginald Garrigou-Lagrange, OP), 마리탱, 질송 등이 성 토마스의 사상에 대한 이런 관념주의적 해석에 대해 반발했고, 듀아트는 "토미즘이 초월적 전환을 취하게 되면 '토미즘'이라는 칭호는 그 즉시 압살되고 만다."고 말했다.[80] 또한 현존하는 최대의 토미스트로 평가되고 있는 파브로는 『칼 라너의 인간학적 전환』(1972, 1974)에서, 신은 지성에서 허사(虛詞)에 지나지 않고 오직 감정과 관련되며 도덕 차원에서는 아무런 역할도 하지 못한다고 보는 루터 신학의 요구에 따라 내재주의를 받아들이고 있는 라너의 신학은 '성 토가스의 옷을 입은 헤겔주의'라고[81] 강력히 비판했다. 라케브링크(B. Lakebrink) 역시 1986년 『곤경에 빠진 진리』에서 "라너의 신학은 19세기 말의 주관주의적 관념주의에 깊이 뿌리박고 있기" 때문에, 그의 "신학 다원주의"를 받아들일 수 없다고 못박았다.[82] 그리고 역시 토미스트 철학자인 다리오 콤포스타(Dario Composta)는 최근 『새로운 윤리와 그 문제점들』을 써서 근대 철학(특히 독일 선험주의)의 내재주의를 받아

---

79. Cf. H. Jacobs, "La scuola marechaliana di lingua francese", in *XIX-XX Catholic*, II, p.561.
80. L. Dewart, *Foundations of Belief*, New York, 1966, p.501. Cf. R. Mason, "Rahner and Heidegger: being, hearing and God", in *The Thomist* 32(1973), pp.455ff.; D. Bradley, "Rahner's 〈Spirit in the world〉: Aquinas or Hegel?", in *The Thomist* 41(1977), pp.167ff.; M. Scanlon, "Karl Rahner: A Neo-augustinian Thomist", in *The Thomist* 43(1979), pp.178ff.
81. C. Fabro, *La svolta antropologica di Karl Rahner*, Milano, Rusconi, 1974, pp.57-63.
82. B. Lakebrink, *Die Wahrheit in Bedraengnis*, Stein Am Rhein, 1986 p.11. 참조: 심상태, 『익명의 그리스도인: 칼 라너 학설의 비판적 연구』, 성바오로출판사, 1985, 214쪽 이하.

들이고 있는 초월주의적·실존주의적 방법론의 무신주의적 위험을 재경고하면서, 그 윤리 분야의 적용인 소위 '새 윤리' 운동의 공동체 입법적이고 다원주의적인 자율 윤리관을 강력히 비판하고 있다.[83]

마레샬의 노선을 따라 칸트의 선험주의를 기본 방법론으로 선택한[84] 라너의 소위 '상승의 그리스도론'은 육화 사건의 의미를 무력화시킨다. 그의 관심은 칸트처럼 주체의 선험적인 가능성의 조건 해명에 집중되어 있다. 따라서 그에게서 대상의 우위성은 기각된다. 먼저 정신의 선험적 순수 가능성이 있고 다음 내부로부터 존재를 구성하는 것이다. 여기서 물론 존재는 소위 '사실성'으로 환원되고, 다시 사실은 실존적 해석학을 통해 '구성됨'이 되게 된다. 그에 따르면 "스콜라 철학은 이미 기각되었기 때문에"[85] 신학의 근본 과제는 다음 세 가지다: 1) 신학은 인간 실재 분석으로 한정된다, 2) 계시 가능성의 초월적 역사적 조건 탐구로 제한된다, 3) 기초철학은 (계시의 바깥에 있는 역사적 사실이나 교의, 그밖의 여하한 신학적 소여에서도 출발하지 않고) 오직 교회 공동체의 믿음과 종교적 확신에서

---

83. D. Composta, *La nuova morale e i suoi problemi. Critica sistematica alla luce del pensiero tomistico*, Citta del Vaticano, Ed. Vaticana, 1990. 콤포스타 교수는 '새 윤리 운동'의 대표자들로서 B. Casper, H. Kueng, E. Schillebeeks, Corbin, G. Geffre, C. Molari, Azpitarte, Larraneta, Hortelano, P. Klein, A. Auer, F. Refoule, W. Spohn, F. Boekle, Van der Mark, McCormick, F. Kaufmann, J. Arntz, P. Delhaye, P. Chauchard, B. Schueller, K. Demmer 등을 들어 그들의 주장을 하나하나 검토하고 있다. 참조: 아우어, "윤리신학의 동향"(최창무 옮김), 워크숍, 『현대신학의 동향』(신학총서 24), 분도출판사 1984, 337-355쪽; 심상태, 『익명의 그리스도인: 칼 라너 학설의 비판적 연구』, 성바오로출판사, 1985, 222-246쪽.
84. Cf. K. Rahner, SJ, "Transcendental theology", in ID(ed.), *Sacramentum Mundi*, London, Burns & Oates, 1970, vol.6, pp.287-289; 심상태, "칼 라너의 초월신학 사상", 『續-그리스도와 구원』, 성바오로출판사, 1984, 306-325쪽; 같은 저자, 『익명의 그리스도인』, 43, 96-97, 119쪽.
85. K. Rahner, *Foundations of Christian Faith*, tr.by W. Dych, New York, Seabury Press, 1978, p.7: "우리 늙은 신학자들이 배운 신스콜라 학파의 철학은, 40년 전 한때 유행하더니, 이제는 더 이상 존재하지 않는다. 철학은 오늘날 여러 철학들이 공존하는 다원주의로 분화되었다." 참조: M.크라우스, 『칼 라너: 그는 누구였나』(80년 생애와 사상을 되돌아보는 마지막 텔레비전 인터뷰), 정한교 옮김, 분도출판사, 1984, 113-114쪽.

부터 출발한다.[86]

라너의 제자들은 스승의 방법론을 윤리신학에 받아들여 쿤(T.S. Kuhn)의 혁명주의적 인식론 모델에 따라[87] 전통적 윤리를 근본적으로 수정하려 꾀한다: 1) 초월 방법론을 윤리신학에 도입, 2) 윤리신학의 새로운 소재들 규정, 3) 새로운 '의지' 개념: 자기 기획-근본 선택, 4) 윤리 행위의 구성적 규범 규정, 5) 새로운 '고도권' 개념 규정. 따라서 이들은 자신들이 표방하고 있는 것과는 반대로, 역사 저 너머로 초월하지 않으며 전통적 형이상학을 배격한다. 결국 신학은 창조를 빼버린 종말론으로 환원되고 만다.[88] 더 이상 전통 형이상학의 새로운 해석이 문제가 아니라 새 시대에 맞는 새로운 형이상학, 새로운 도덕을 구성하자는 것이다. 그 도덕 원리가 있다면 '인간의 역사적 현실성'이다. 그들은 자연적 규범들이 인간의 불변의 본성 속에 뿌리박고 있는 것이 아니라, 역사적 공동체적 상황에 따라 변천하는 각 사람의 도덕 의식에 뿌리박고 있다고 봄으로써 상대주의를 면할 길이 없게 된다.[89]

---

86. K. Rahner, *Foundations*···, op. cit., p.10; D. Composta, op. cit. pp.24-25. 참조: P. 아이혀, "너는 우상을 만들지 말라. 오늘날의 신학적 인간론의 동향과 한계"(장익 옮김), 워크숍, 『현대신학 동향』, 앞의 책, 29-32쪽; 빗터, "새로운 구원신학"(박상래 옮김), 워크숍, 『현대신학 동향』, 앞의 책, 189-208쪽; 심상태, 『익명의 그리스도인: 칼 라너 학설의 비판적 연구』, 앞의 책, 38-47, 205-222쪽; G. O Collins, *Fundamental Theology*, New York, Paulist Press, 1981, pp.48-50, 145-150 L. Jammarone, *La cristologia contemporanea*, Roma, P.U.Urbaniana, 1976, pp.142-216; D. Ols, *Le cristologie contemporanee e le loro posizioni fondamentali al vaglio della dottrina di san Tommaso*, Citta del Vaticano, Ed. Vaticana, 1991, pp.15-67; R. Ghibellini, *La teologia del XX secolo*, Brescia, Queriniana, 1992, pp.237-253.
87. T.S. Kuhn, *La struttura delle rivoluzioni scientifiche. Come mutano le idee della scienza*, tr.di A. Carugo, Torino, Einaudi, 1978. 참조: 한스 큉, 「신학의 모형 변경」, H. 큉·D. 트라시 편, 『현대신학은 어디로 가고 있는가』(박재순 옮김), 한국신학연구소, 1989, 41-85쪽.
88. D. Composta, op. cit., p.29.
89. Cf. W. A. Wallace, "Philosophical Pluralism", in *New Catholic Encyclopedia*, vol. 17(Supplement: Change in the Church), Washington, D.C., McGraw-Hill, 1979, pp.510-512; W.M. Shea, "Theological Pluralism", Ibid., pp.513-514.

7. 순수 토마스에게로!

마레샬과 같은 오해를 피하기 위해서 가리구 라그랑주는 존재의 '추상적 직관' 이론을 제시하고, 마리탱이 여기 동조한다.[90]

가리구 라그랑주는 앙브루아즈 가르데이(Ambroise Gardeil, OP)의 제자로서, 1909년부터 1960년까지 거의 평생을 안젤리쿰대학 교수로 지냈다. 그의 저작은 논문과 단행본을 합치면 무려 500여 개가 넘는다. 그는 과거에 대한 최대의 존중심과 현대의 새로운 요구들에 대한 나름대로의 평가를 종합하고자 했다. 1909년의 초기 대작 『상식, 존재 철학, 교의 요목』에서 그는 '근대주의'[91] 운동에 반기를 든다. '보수적 정통주의자'[92]인 그는 즉발적이고 자연적인 인간 인식에 유일하게 합치되는 아리스토텔레스-성 토마스 전통의 형이상학의 '온건 실재주의'의 가치를 재천명하고자 했다. 그는 상식이 어떻게 그 자체로 자명한 자기의 제1원리들을 지성적 포착의 최초 대상인 가지적 존재 속에서 포착하는지를 증명하고자 한다. 존재이유율에 입각해서는 신의 실존 증명을 위한 존재론적이고 초월적인 가치를 옹호한다. 신에게서는 본질과 존재가 동일하고 피조물에서는 실제적으로 구별된다는 토마스 형이상학의 핵심을 밝히자는 것이다.

인간은 실로, 개체의 내부 구조를 관통한다는 의미에서의 지성적 직관을 가지고 있지 못하다. 그러나 그렇다고 해서 인간이 아무런 직관도 하지 못한다는 것은 아니다. 아니, 오히려 인식은 본시 직관이며, 어떠한 직관이 없이는 아무런 인식도 있을 수가 없다. 그런데

---

90. Cf. V. Possenti, "L'intuizione astrattiva e i primi pincipi speculativi nel tomismo", in AA.VV., *Problemi metafisici* (Atti del VIII Congresso Tomistico Internazionale, vol.V), Citta del Vaticano, Ed. Vaticana, 1982, pp.93-147.
91. 참조: 이재룡, 「토미즘의 형성 및 발전과 근대 철학」, 『가톨릭 신학과 사상』 11 (1994/6), 182-187쪽.
92. F. Copleston, SJ, op. cit., p.253.

인간 지성은 신의 지성과는 달리, 비본래적이고 유한한 지성 능력 밖에 지니고 있지 못하다. 구체적 감각 소여를 있는 그대로 남김없이 인식하지 못하고 겨우 추상적·보편적 개념들로 변형시켜 인식할 수밖에 없다.[93]

인간은 존재에 대한 어떤 '추상적 직관'을 가지고 있다. 그것에 근거해서 형이상학 구성과 전개에 불가결한 제1원리들(동일률, 모순율, 충족이유율, 인과율, 목적원리)을 정식화한다. 존재를 긍정할 뿐 아니라 정신 바깥 존재를 긍정하는 '실재주의'는, 가리구 라그랑주에 따르면, 바로 순수 지성의 '목적성' 인정 위에서 정초된다.

그러나 비교적 협소한 가톨릭권으로부터 근대 사상계에 토미즘의 입지를 확고히 하고 일반 학계로부터도 주목과 인정을 받을 수 있도록 만든 사람은 마리탱과 질송, 그리고 파브로이다.[94] 질송은 그의 역사적 연구를 통해서 세계적인 명성을 얻었고 반(反)가톨릭적인 감정을 가지고 있는 사람들로부터도 깊은 신임을 얻은 인물이며, 마리탱은 일차적으로 일류급 이론 철학자이다. 역사가로서 질송은 아퀴나스의 사상을 그 역사적 배경 속에서, 즉 신학적 맥락 속에서 전개하는 데 주력했고, 마리탱은 토미즘이 하나의 자율 철학이기 때문에 계시에 호소하지 않고도 다른 철학자들과 얼마든지 대화할 수 있다는 입장을 취한다. 파브로는 성 토마스의 독창적인 새로움은 바로 아리스토텔레스와 플라톤을 그리스도교의 창조 교리 속에 종합한 데 있다고 보는 이론 철학자이다.

흔히 질송은 '비판 문제'를 가짜 문제라고 배격하는 데 반해, 마리탱은 '비판'을 받아들인다고 말한다. 그러나 이 말을 글자 그대로 믿는다면, 그것은 큰 오해이다. 왜냐하면 그것은 마치 마리탱이 자기의 철학을, 한편으로는 우리가 인식을 가질 수 있다는 것을 추상적

---

93. Cf. S. Rovighi, *Gnoseologia*, Brescia, Morcelliana, 1979, p.340.
94. Cf. C. Giacon, SJ, *Itinerario tomistico*, Roma, Goliardica, 1983, pp.137-165.

으로 입증하려 드는 것으로 시작하고, 또 다른 한편으로는 데카르트처럼 자의식을 부인할 수 없는 확실한 것으로 받아들이고 나서, 우리가 외부 대상에 관한 인식을 가지고 있다는 자연스러운 신념을 정당화하려 시도한다는 인상을 줄 수 있기 때문이다. 만일 비판 문제가 이런 것을 의미하는 것이라면, 마리탱은 질송과 마찬가지로 그것을 단호히 배격한다.[95]

자크 마리탱의 철학 자세는 한마디로 『베르그송을 넘어 성 토마스로』라는 그의 책 제목으로 요약될 수 있을 것이다. 마리탱이 진리를 향한 열망으로 학창시절을 보낸 소르본대학에는 (그의 부인 라이사가 회고하고 있듯이) 그가 "과학주의"라고 부르고 샤를 페기(Charles Peguy)가 "역사주의"라고 부르는 사이비 과학적 실증주의, 상대주의, 회의주의, 기계주의적 결정주의, 진화주의적 일원주의, 인간에 관한 부대현상설(附帶現狀說) 등이 지배하고 있었다.[96] 그를 비롯한 뜻있는 젊은이들은 현대의 현학적인 환상과 이데올로기의 거드름에 환멸과 역겨움을 느꼈고, 자살을 꿈꾸었다.[97]

페기의 안내로 듣게 된 콜레주 드 프랑스의 앙리 베르그송(Henri Bergson)의 강의는 그들의 질식할 것 같은 절망을 달래주고 자살을 막아주었다. 베르그송은 학생들을 사로잡는 철저하고 명석한 비판을 통해 사이비 과학적 실증주의의 편견을 논파하고 형이상학의 가능성을 열어주며 인간 정신에 본래의 기능과 가치를 되돌려주고 있었다. 그들에게 "겨울은 지나고 봄이 오고 있었다."[98] 베르그송은 심

---

95. Cf. F. Copleston, op. cit., pp.255-256; A. Pupi, "Storiografia filosofica e interpretazione della modernita", in AA.VV., *Maritain oggi*, Milano, Vita e Pensiero, 1983, pp.64-87; G. Campanini, "Jacques Maritain nella coscienza cristiana del nostro tempo", Ibid., pp.307-317.
96. 참조: R. 마리탱, 『아름답고 고귀한 우정의 회고록』, 문석 옮김, 성바오로출판사, 1991, 41-71쪽; L. Bogliolo, "Introduzione", in J. Maritain, *Da Bergson a Tommaso d'Aquino*, tr.di L. Castiglione, Roma, Logos, 1982, pp.6-7.
97. 참조: R. 마리탱, 같은 책, 75-76쪽.
98. R. 마리탱, 같은 책, 82쪽.

리학적 내성(內省) 또는 직관을 통한 자아의 '순수 지속'의 역동적인 세계를 보여주려고 했다. 내면성을 회복시킴으로써 인간 정신을 살아 숨쉬는 자유로 규정했다.[99]

레옹 블루아(Leon Bloy)의 삶의 모범과 안내로 1906년 세례를 받은 그는 그리스도교 신앙과 베르그송의 철학을 화해시키려고 시도했다. 결론은 '불가능하다'는 것이었다. 베르그송의 순수 지속은 그저 '주체 없는 변화의 연속'에 지나지 않았다.[100] 따라서 베르그송의 반개념주의, 반지성주의에 결코 동의할 수 없었다.[101] 마리탱은 베르그송에 의해 직관보다도 낮게 취급되고 있는 지성을 회복시켜야 한다고 믿었다.[102]

그는 성 토마스의 작품들을 읽었다. 마리탱에게 있어서 베르그송이 근대 철학을 집약하고 있었다면, 성 토마스는 고대-중세를 종합 완성하는 '최초의 르네상스'를 이루고 있었다. 그래서 그는 베르그송뿐만 아니라 데카르트로부터 시작된 근대 철학 전체를 성 토마스에게서 육화된 최초의 르네상스의 빛으로 읽지 않으면 안 된다고 보았다.[103]

근대의 대다수 철학 체계들은 신에 대해 허무주의적 입장을 취했고, 그것은 곧 인간에 대한 허무주의를 몰고 왔으며, 결국은 실재 자체에 대한 허무주의로 끝날 수밖에 없었다. 인간은 칸트가 그어놓은 현상의 테두리 속에 갇히게 되었고, 결국 사물들에 억류되어 사물들 가운데 하나로 전락하고 말았다. 헤겔과 베르그송이 여기 반발했으나, 헤겔은 인간 정신을 창조주로 격상시켰고, 베르그송은

---

99. 참조: R. 마리탱, 같은 책, 77-92쪽.
100. 참조: 김규영, 「마리탱과 토미즘」, 성바오로서원 자료실 편, 『현대사조와 문학』, 성바오로출판사, 1977, 11쪽.
101. Cf. L. Bogliolo, art.cit., pp.13-16; R. 마리탱, 앞의 책, 186-187쪽.
102. 참조: 김규영, 앞의 글, 18쪽.
103. Cf. L. Bogliolo, art.cit., pp.9-12.

주-객 동일시를 통해 직관으로 생명을 장악할 수 있는 것으로 믿었다.[104]

마리탱은 이런저런 과장의 오류를 비판하며 인간을 자연적이고 동시에 초자연적인 전체성 속에 고찰하는 '구전적 인본주의'(L'humanisme integral)를 주창한다. 이는 인간에게 보다 참다운 존엄성을 되돌려주자는 것이었다. 그러기 위해서는 초자연적 수직 차원과 자연적 수평 차원을 어느 하나도 손상치 않으면서 통합시킬 수 있어야 한다.[105] 이런 마리탱의 입장은 '반(反)근대주의'(Antimodernism)라기보다는 '초(超)근대주의'(Ultramodernism)적 입장이다.[106]

마리탱의 위대한 공로는 인간 지성에게 직관(intuitio)의 능력을 복권시켰다는 데 있다.[107] 그는 인식이 가능하다는 것을 '선험적으로' 입증하려 들지 않는다. 그는 인식이란 세계에 대한 인식인데, 단 거기 자연철학과 형이상학을 위한 여지가 있다고 믿는다. 그는 이렇게 제언한다. 제1진리는 '코지토'가 아니라 '어떤 것이 있다'(aliquid est)이고, 따라서 인식 질서에서의 제1진리는 '나는 어떤 것이 있다는 것을 안다'(cio aliquid est)이다.[108] 그래서 문제는 어떻게 '지각'에서부터 '존재'로 넘어가야 할 것인가가 아니라, 여러 인식 등급들 가운데서 어떤 것이 가지적 지각이고 어떤 것이 판단인지를 가려내는 일이다.

그런데 사고는 존재에 대한 것이기 때문에, '어떤 조건에서 어느 정도로 그것은 가능한가'라는 보다 일반적인 문제가 먼저 해결되

---

104. Cf. L. Bogliolo, art.cit., p.13.
105. 참조: 김태관, 「현대의 위기와 극복: 마리탱의 '充全의 휴머니즘'」, 『아름다운 세기』, 성바오로출판사, 1964, 126-138쪽.
106. Cf. P. Miccoli, *Storia della filosofia contemporanea*, Roma, P.U.Urbaniana, 1984, pp.28-284.
107. L. Bogliolo, art.cit., pp.14-15, 17-18.
108. J. Maritain, *Distinguere per unire. I gradi del sapere*, tr.di E. Maccagnolo, Brescia, Morcelliana, 1987, p.148.

어야 한다.[109] 그 일반 조건이란 '인식은 본시 어떤 존재자 포착'이라는 것이다. 즉 '인식은 자기와는 다른 것이 됨'이다.[110] 인식자는 '상'을 통해서 다른 것을 지향한다. 이 '상'(像, species)은 내재적 대상이 아니라 바로 대상 인식의 조건이다.[111] 인식 대상은 직접적으로 현존하는 사물 자체이다. 바로 여기서 '추상적 직관' 이론이 도입된다.[112] 우리의 사물 인식을 표현하는 개념은 사물 자체와 일치되지 않는다. 개념은 단지 사물의 특정 측면만을 포착하는 것이기 때문이다. "개념에서 우리는 두 가지를 구분한다. 하나는 '존재자화하는' 기능(entitativa)이고(이 때문에 그것은 영혼의 한 변형 또는 한 우유이다), 다른 하나는 '지향적 기능'(intentionalis)이다(이 때문에 그것은 사물의 형상적 표지이다: 이 표지 속에서 대상이 정신에 포착된다). 개념 덕분에 개념 속에서 포착되는 이 대상은, 이런저런 규정 아래에서 포착된 사물 자체이다. …'사물'은 예컨대 나의 정신 바깥 저기 존재하는 '길동이'이다. 그는 사물일 뿐 아니라 동물이고 실체이며 …철학자거나 음악가이고, 건강하거나 병들어 있다. '대상'은 예컨대 사고 대상인 '인간'이다: 그것은 정신 바깥 길동이 속에서는 자연적 존재를 지니지만, 개념이나 정신 속에서는 '지향적 존재'(=실존)를 가지고 있다."[113]

인식의 본래적인 직관적 성격은, 어째서 인식에 여러 등급이 있는지를 잘 설명해준다. 여러 유형의 지식들은 실재의 서로 다른 유사화들인 것이다. 마리탱은 '과학자에게 아무런 의미도 가지지 않

---

109. Ibid., p.142.
110. Ibid., p.218.
111. Ibid., p.228.
112. Cf. V. Possenti, "L'intuizione astrattiva e i primi principi speculativi nel tomismo", in AA.VV., *Problemi metafisici* (Atti del VIII Congresso Tomistico Internazionale, vol.V), Citta del Vaticano, Ed. Vaticana, 1982, pp.93-147; G. Cottier, "Virtualita culturale del tomismo", in AA.VV., *Maritain oggi*, Milano, Vita e Pensiero, 1983, pp.45-65.
113. J. Maritain, op. cit., pp.235-237.

는 것은 단적으로 아무런 의미도 가지지 못한다'라는 비엔나 학파의 과학주의적 주장을 배격한다.[114] 학문은, 비록 실용적인 가치를 지니는 '이성적 존재자들'(entia rationis)을 구성한다고는 하지만 그것은 실재에 대한 지식을 가지려는 것이고 또 감각 자체가 '감각적 현상에 대한 수학적 분석을 넘어서는 문제들'을 제기한다고 확신하고 있다.[115]

그러므로 마리탱에게 이론 물리학이란 순수 경험적이고 관찰적인 학문과 순수 수학 사이의 교차점이다. 그것은 '감각적인 것들의 수학화'이다.[116] 그러나 자연철학은 '움직이는 것의 본질과 가변성을 설명하는 존재론적 원리들'을 탐구한다. 그것은 지속, 양, 공간, 운동, 시간, 물질적 실체, 생장적이고 감각적인 생명 등을 취급한다. 형이상학은 움직이는 존재자를 그 자체로 탐구하는 것이 아니라, 다만 존재자를 존재자로서 탐구한다. 이 학문의 분류는 추상의 단계들이라는 이론적 틀 속에서 논의되고 있다. 과학과 자연철학은 개체화의 원리인 질료로부터 추상한다. 수학은 주로 질료로부터 추상되어 개념된 양과 양적 관계들을 연구하는데, 양은 물질 없이는 실존할 수 없다. 형이상학은 질료없이 개념될 수도 있고 또 실존할 수도 있는 것의 인식에 대해서 연구한다. 이것이 바로 가장 순수한 추상의 단계다. 신학을 예외로 친다면, 형이상학은 학문들 가운데 최고의 학문이다.[117]

그는 성찰 이전의 비-개념적 인식이 있을 수 있다고 주장한다. 이를 본성으로부터 아는 지식이라고 부른다. 그것은 지성의 의식 이전의 생활 속에 받아들여져서 지향적이며 직관적이 되고 그 본성상

---

114. Ibid., p.6.
115. Ibid., p.4.
116. Ibid., pp.269-270.
117. Ibid., pp.11-12. Cf. J. Macquarrie, *Twentieth-Century Religious Thought*, London, SCM, 2nd ed., 1981, pp.284-286.

표현과 창조로 기우는 감정의 도구들을 통해서 발생하게 된다.[118]

에티엔 질송에게 있어서 참 철학 방법은 오직 '실재주의', 즉 성 토마스에 의해서 완성된 그리스도교 철학이다.[119] 질송이 공부하던 시절의 소르본대학 분위기는 온통 세속적이었다. 금세기 초실증주의에 흠뻑 물든 소르본대학 교수들은 칸트에 의해 선언되고 콩트에 의해 집행된 형이상학의 죽음을 논란의 여지 없는 기정사실로 간주하고 있었다. 예컨대 옥타브 아믈랭(Octave Hamlin)은 1905년 이렇게 말하고 있었다: "처음에 그리스 철학이 있었고, 다음에 근대 철학이 왔다. 그 중간 시기 동안에는 신앙과 권위에 기초한 신학(이것은 바로 철학 자체를 부인한다) 이외에는 아무것도 없었다."[120] 이런 주장의 부당성을 입증하기 위해 질송은 철학의 진정한 본성을 추적하기 시작했다. 그는 칸트 이전의 형이상학, 즉 플라톤과 아리스토텔레스 그리고 특히 데카르트 탐구에 몰두한다. 이 탐구는 자연히 그를 중세철학으로 이끌어주었다. 연구 결과, 데카르트의 '원천들'인 중세 스콜라 철학은 실상 이성적으로 아주 정당한 철학이었고, 그것이 데카르트뿐만 아니라 근대의 많은 사상가들에게 깊고 결정적인 영향을 미쳤음을 확신하게 되었다. 그리스도교 철학은 사실상 존재하고, 그 주된 관심은 이성과 신앙 간의 문제였다.[121]

질송은 이미 말한 것처럼 비판 문제를 거부한다. 우리의 모든 현실적 지식을 지워버리고 지식이 가능한지를 '선험적으로' 결정하고자 한다면, 우리는 스스로 하나의 가짜 문제를 만들어내고 있는 것

---

118. Cf. F. Copleston, SJ, op. cit., pp.258-259.
119. Cf. M. Toso, "Gilson e il realismo tomista", *Salesianum* 45(1983), pp.533-573, 845-881; ID., *Fede, ragione e civiltà. Saggio sul pensiero di Étienne Gilson*, Roma, LAS, 1986.
120. É. Gilson, *Le philosophe et la theologie*, Paris, Vrin, 1960, pp.97-98.
121. Cf. A. Livi, "Étienne Gilson: il tomismo come filosofia cristiana", in ID., *Introduzione alla filosofia cristiana*, Milano, Massimo, 1982, pp.5-24; J. Macquarrie, op. cit., pp.286-287; D. Wilhelmsen, "Foreword", in É. Gilson, *Thomist Realism & the Critique of Knowledge*, San Francisco, Ignatius Press, 1986, pp.7-21.

이다.[122] 왜냐하면 지식이 무엇인지를 알지 못한다면 그 문제를 제기조차 못할 것이기 때문이다. 우리는 성 토마스가 강조한 대로, 어떤 것을 인식하는 가운데 인식이 무엇인지를 알게 된다. 질송에 따르면 이 문제에 관한 아퀴나스의 입장은, 우리 정신의 주관적 내용 바깥에 도대체 어떤 것이 있는지를 알 수 있는지 따져 보는 것이 철학을 출발하는 적절한 방식이라고 믿는 근대 철학자들의 입장보다 월등 우수하다는 것이다.[123]

질송은 볼프로 대표되는 근대의 '본질 철학'을 강력히 비판한다.[124] 우리가 실재를 그 본성상 보편적인 명석 판명한 관념들로 환원하고자 한다면, 우리는 개별 사물의 현실인 '존재 현실력'(actus essendi)을 기각시키게 된다. 존재(esse)는, 본질이 아니라 본질이 그것 덕분에 실존하게 되는 현실력이다. 그것은 (진술 판단과는 구분되어야 하는) '실존 판단'에 의해서 긍정된다. 그것은 개념화될 수 있는 것이 아니라, 본질 안에서 본질을 통해서만 그 본질의 현실력으로서 포착될 수 있다. 토미즘은 실존하는 그대로의 실재를 탐구하고, 존재를 수용한 현실(ens participatum)과 무한 현실(ens infinitum) 사이의 관계를 탐구한다. 무한 현실에 있어서는 존재와 본질이 일치한다.[125]

질송 사상의 또 하나의 특징은, 성 토마스의 전체 사상으로부터 어떤 순전히 자족적인 성 토마스의 철학을 추출해내려는 시도들을 배격한 것이다. 그가 강조하는 것은, 논의의 선택과 논술 순서가 신학적인 목적 또는 신학적 맥락에 의해서 규정되고 있는 신학적 배경으로부터 하나의 철학을 뽑아내려는 시도가 너무도 인위적이라

---

122. Cf. É. Gilson, *Thomist Realism & the Critique of Knowledge*, pp.149-170(제6장 "비판적 실재론의 불가능성").
123. É. Gilson, *Le philosophe et la theologie*, op. cit., pp.261-262.
124. 참조: 이재룡, 「토미즘의 형성 및 발전과 근대 철학」, 『신학과 사상』 11(1994/6), 177-182쪽.
125. 참조: E. 질송, 『존재란 무엇인가』, 정은해 옮김, 서광사, 1992, 267-324쪽(제5장 "존재와 실존").

는 것이다. 질송은 참으로 철학적인 어떤 '그리스도교적 철학'이 있을 수 있다고 강조한다. 왜냐하면 그리스도교 신앙의 영향 하에서 그리스 사상에 기원을 둔 상당수의 개념들이 새로운 의미를 가지게 되었고, 신선한 주제들이 제기되었으며, 대다수 신학자들이 따른 철학은 그리스도교의 일반적인 세계관을 확장하는 데 활용되었기 때문이다.[126]

가리구 라그랑주가 근대 사상가들을 화해할 수 없는 '적대자들'로 보는 데 반해, 마리탱과 질송은 근대 철학 조류들과 그 발전에 대해서 참으로 진지하게 논의했다. 그러나 이들의 실재론은 데카르트에서 칸트 또는 헤겔에 이르는 근대 철학의 전개를 하나의 '일탈'로 간주한다.

8. 이탈리아 신스콜라 철학

한편 이탈리아 로마, 나폴리, 피아첸차 등지에서도 신스콜라 철학 연구가 활발했고, 특히 성 토마스 작품들의 비판본 간행 작업이 진행되고 있었다. 하지만 이탈리아 신스콜라 철학의 중심지는 역시 밀라노였다. 1909년 베로나에서 카넬라(G. Canella)와 주세페 잠보니(Giuseppe Zamboni), 그리고 (얼마 뒤 밀라노가톨릭대학의 창립자가 될) 제멜리(A. Gemelli) 등 몇몇 뜻있는 학자들이 모여 창간한 『신스콜라 철학지』는 곧 제멜리의 손을 통해 밀라노로 옮겨진다. 그것은 루뱅대학의 메르시에가 펼치고 있던 토미즘 부흥운동 구상을 이탈리아에서도 펼치자는 것이었다. 얼마 뒤 밀라노가톨릭대학이 창설된다(1921). 이 대학과 잡지는 창설 초기부터 오늘날까지 이탈리아 신스콜라 철학 운동의 주도적 중심이 되어 왔다. 이 대학의 창설 요원들

---

126. Cf. F. Copleston, op. cit., pp.262-263.

은 제멜리와 프란체스코 올자티(Francesco Olgiati) 등이었는데, 첫 강좌 때부터 잠보니가 초대되었고, 얼마 뒤엔 마스노보(A. Masnovo)도 불려오게 된다.

그런데 이곳을 지배하는 분위기가 1920년대부터 급변하기 시작했다. 제멜리, 올자티, 마스노보 등은 근대 철학 전체의 흐름이 유일 타당한 실재주의 형이상학을 파괴했다고 보고, 순수하게 고전 사상가들에게 돌아가자는 입장을 취했다. 급기야 1930년대 초에는 인식론 강좌를 폐쇄해 버렸다. 이 논쟁은 향후 가톨릭 사상의 향방을 가늠하는 중대한 논쟁이었다. 중심 쟁점은 형이상학과 인식론 사이의 우위권 문제였고, 구체적으로는 전통 형이상학의 토대가 되는 존재자 개념을 어디에서 얻게 되는가 하는 것이었다. 이 '비판적 실재주의' 논쟁은 실상 신스콜라 철학 운동 전체를 두 쪽으로 갈라놓았다: 그것은 '직접적 실재주의'와 '매개된 실재주의' 사이의 대논쟁이었다.

이 논쟁에는 마리아노 코르도바니(Mariano Cordovani), 샤를 브와예(Charles Boyer), 키오케티(E. Chiocchetti), 구스타보 본타디니(Gustavo Bontadini), 카를로 자콘(Carlo Giacon), 소피아 로비기(Sofia Rovighi), 바티스타 몬딘(Battista Mondin) 등 대다수 이탈리아 신스콜라 철학자들이 참여하지만, 우리는 여기서 대표적인 두 인물, 잠보니와 파브로의 사상을 간략히 살펴보는 것으로 그칠 것이다.[127]

주세페 잠보니는 베로나 출신 신스콜라 철학자로서, (루뱅대학의 정신을 본받아 설립된) 밀라노가톨릭대학 창립(1921) 때부터 10년 동안 '인식론'을 가르친다. 그러나 그는 대부분의 신토미스트들처럼 성 토마스 연구로 철학 탐구를 시작하지 않았다. 그는 오히려 '엄밀학으로서의 철학'을 정초하려는 목적으로 스스로 7년간 '모든 학문

---

127. Cf. G. van Riet, *Thomistic Epistemology*, tr. by D. McCarthy & G. Hertrich, London, Herder, 1965, vol.II, pp.67-87; A. Molinaro, "La neoscolastica italiana nel XX secolo", in *XIX-XX Catholic*, II, pp.765-784.

들의 토대'에 대해 집중적으로 탐구함으로써 '순수 인식론'이라는 독창적인 방법론을 발견하게 되었고, 이 방법론을 통해 모든 학문 체계들의 근거 정당화는 물론 단적으로 모든 인간 인식을 든든한 토대 위에 정초하고, 그 위에 모든 분야의 학문을 비판적으로 재구성할 수 있다고 확신했다.

잠보니의 철학 사상은 일단 광범위하고 다양한 '현대의 신스콜라 철학 운동' 속에 포함될 수 있을 것이다. 사실 잠보니는 현대 토미즘 쇄신 운동의 기수였던 메르시에 추기경의 기본 구상인 '척도론'(criteriologia)에 매료되어 그를 만나고 자료를 수집하기 위해 여러 차례 루뱅을 방문하였다. 그러나 오래지 않아 척도론의 한계를 깨닫게 되었고, 그래서 진정한 철학을 정초하기 위해서는 메르시에가 관심을 집중하던 '관념 질서'의 테두리 내에서의 탐구에서부터 '혈통이 고상한' 그 경험적 토대, 즉 직접적 경험에 대한 탐구로 넘어갈 필요가 있다고 생각했다.

처음부터 끝까지 잠보니의 관심은 인식 전체의 '경험적 토대' 문제를 해결하는 데로 쏠려 있다. 그리고 그는 이런 탐구가 형이상학을 위해서는 물론 다른 모든 학문을 정초하기 위한 필수 선결 작업임을 강조한다. 다른 모든 '매개적 지식들', 곧 2차적이고 파생된 지식들은 오직 이 직접적 토대에 튼튼하게 입각하고 있을 때만 그 타당성과 가치를 취득할 수 있게 된다.

그는 철학사의 수많은 학파와 체계들이 바로 인간 경험의 이런저런 면들을 소홀히 하고 어느 일면만을 과장 강조하거나 위축 축소시키는 데에서 온다는 사실을 깨닫고 있었기 때문에, 우리의 경험을 하나도 놓치지 않고 인내롭게 분석함으로써 인식 형성 과정을 정당화하는 것은 물론 모든 학문 체계의 발생과정과 전개까지도 해명할 수 있다고 확신했다.

우리의 직접적 경험은 감성 영역과 초감성적 영역으로 구분된다. 감성 영역은 (대상의) 감각소여들과 (주체의) 감정적 소여 및 양자의 영상들로 구성된다. 잠보니에게 있어서 '감각한다'(sentire)는 것은 주체의 어떤 '변형됨'(alteratio)이 아니라, 인식 주체가 '대상적'(objectiva)인 것으로 포착하게 되는 '감각적 내용들을 떠올림'에서 성립된다. 이 내용들은 전혀 주체를 변형시키는 것들로 인지되지 않는다. 한편, 주체를 변형시키는 것은 바로 감정 상태들의 고유한 특성이다. 사실 고통을 느끼는 것은 주체 자신이 고통스러워짐을 의미하는 데 반해, 빨간색을 본다고 해서 주체가 빨개지는 것은 아니기 때문이다. 잠보니에 따르면, 이 감정 상태들은 감각의 어떤 색조로 환원될 수 없다.

초감성적 영역은 '자아 경험'과 나 자신의 활동(동의, 거부) 및 작업 기능(대상화, 분석, 추상 등)을 포괄하는 영역이다. 자아 경험에 기초하고 있는 자의식이 '나'와 '비아'(非我) 사이의 구분을 가능하게 하고, 대상화(소여를 나와는 다른 어떤 것 또는 '대상'으로 보는 작용), 추상화 작업과정(이 과정의 결실이 바로 '개념'이다) 그리고 보편화 작업(추상된 본질을 같은 종에 속하는 모든 개체에 적용하는 작업) 등을 가능하게 해준다.

이런 탐구가 바로 잠보니의 '순수 인식론'(gnoseologia pura)을 구성한다. 여기서 '순수'라는 말은 모든 편견, 모든 전제로부터 자유롭다는 것을 의미한다. 나중에 잠보니는 자신의 순수 인식론적 방법이 인식론 분야를 넘어 다른 학문 분야 전체로 확대 적용될 수 있음을 깨닫고, 자신의 철학을 '직접적 · 요소적 · 구전적 경험철학'(filosofia dell'esperienza immediata, elementare, integrale)이라고 부르기를 좋아했다.

'나' 경험은 잠보니의 철학에 있어서 핵심적인 중요성을 차지하고 있다. 그에게 인간의 자아 경험은 '유일하게 가능한 직접적인 실체 경험', 즉 '유일한 형이상학적 경험'이기 때문이다. 존재론적 순서에 따른다면, 물론 기능들이 존재에 의존하는 것기 틀림없지만, 인식 순서에서 가장 먼저 알려지는 것은, 아리스토텔레스와 성 토마스가 지적하듯이 기능들이고, 존재의 내면 구성은 기능과 활동 인식을 토대로 해서 알려지게 되는 것이다. 인간의 존재론적 구조는 특별히 (대부분의 철학자들이 무시해온 초감각적 기능들, 특히 그중에서도) 유일하게 가능한 존재론적 경험의 장인 '나'의 의지 활동을 면밀히 분석함으로써 밝혀질 수 있다. 이렇게 해서 인간의 놀라운 정신세계와 몸이라는 물질적 세계 및 그 상호 연관성과 통일성이 밝혀지고, 이 토대 위에서 존재론을 비롯한 학문들과 예술, 역사 등 인간 문화 전체를 발전시켜 나갈 수 있고, 감각적 경험 세계를 넘는 특수 형이상학의 주제들인 영혼 불멸성, 우주의 기원과 운명, 신 존재 인식에까지 이를 수 있는 것이다. 이런 고유한 능력을 갖춘 주체를 잠보니는 '인격'(persona)이라고 부른다.

오직 '나'의 자기 경험만이 유일한 존재론적 경험이고, '실존의 형이상학'에 의해 상실되어버린 진정한 의미의 '실체적 존재자'(ens substantiale) 개념을 우리에게 제공해 줄 수 있다. 개체에 사고 바깥의 자립성(subsistentia)을 전해주는 존재 현실력 또는 역동적 에너지는 '나'의 자기 경험에서는 그저 생각되기만 한 것이 아니라, '생생히 경험된' 것으로 나타난다. 우리가 실재의 가장 근원적인 요소를 확보하게 되는 것은 바로 언제든 우리 각자가 직접 확인할 수 있는 자신에 대한 구체적 경험을 통해서인 것이다. 이 요소는 '나'가, 그리고 다른 모든 실체적 존재자가, 바로 그것 때문에 실존하게 되고 실존이 효과적으로 실현되게 되는 존재론적 요소 또는 실재적 생명 에너지 자체이다. 오직 주체의 자기 경험을 통해서만 외부 세계의 사물과 타인들 인식으로 넘어가는 것이 가능하다.

'본질'과 '존재 현실력'이라는, 존재자의 이질적인 상보적(相補的) 구성은 또한 존재자의 '우연성'(contingentia)과 무규정성을 깨닫게 해주고, 따라서 그 자체로는 갖추고 있지 못한 존재 근거를 그것에 전해줄 수 있는 어떤 '원인'(causa)의 필요성을 인정하게 해준다. 이렇게 해서 우연적 존재자에 속하지 않고 스스로 존재하기에 충분한 어떤 자립적 존재자(Ens subsistens) 관념이 솟아오르게 된다. 그 본질과 존재 현실력이 일치하는 이 자립적 존재자는 스스로는 실존하기에 불충분한 피조물, 곧 우주와 함께 실재 총체를 구성한다.[128]

코르넬리오 파브로는 최근 자신의 고희기념 논문집에 기고한 회고를 통해 자신의 평생에 걸친 연구가 세 가지 주제에 집중되어 있음을 밝히고 있다. 1) 참여(participatio) 개념의 심화, 2) 무신주의의 온상인 근대 내재주의(immanentism)의 해부, 3) 근대 내재주의적 인간학주의에 맞서는 쇠렌 키에르케고르(Søren Kierkegaard)의 형이상학적 실존주의 속에서 고전적인 그리스도교적 실재주의의 회복.[129]

그는 성 토마스의 업적을 아리스토텔레스의 사상과 신플라톤주의적 요소의 종합으로 해석한다. 파브로도 잠보니처럼, 성 토마스에게서 존재가 한갓 실존 사실(factum existentiae)로서가 아니라 존재 현실력으로 개념된다는 것을 강조한다.[130] 그런데 "형식주의적이고 명목주의적인 입장의 스콜라 학자들은 본질-존재 관계를 존재자의 실재적인 두 구성 원리로서가 아니라 다만 두 가지 상태(status)로 해석함으로써 본질과 존재를 같은 실재의 두 측면으로 환원시켜 버렸다."[131] 그래서 파브로는 지칠 줄 모르고 본질-존재의 실재적 구별

---

128. 이상 잠보니의 사상에 대해서는 최근에 필자가 번역한 G. 잠보니, 『철학 여정』(가톨릭대학교출판부, 1994)과 역시 필자가 번역한 G. 잠보니, 「근대철학과 신스콜라 철학」, 『가톨릭 신학과 사상』 10(1993/12), 230-274쪽을 참조하라.
129. Cf. C. Fabro, "Appunti di un itinerario", in AA.VV., *Essere e liberta. Studi in onore di Cornelio Fabro*, Rimini, Maggioli, 1984, p.17.
130. Fabro, "L'emergenza dello esse tomistico sull'atto aristotelico: Breve Prologo", jn AA.VV., *L'atto aristotelico e le sue ermeneutiche*, Roma, Herder-Univ. Latranense, 1990, pp.149-177.
131. Fabro, *Partecipazione e causalita secondo s. Tommaso d'Aquino*, Torino, SEI, 1960, pp.28-29.

에 관한 성 토마스의 인용구들을 분석하고 주해한다. 이 구별이 실재적 구별인 것은, 바로 가능태-현실태 이론의 적용이기 때문임을 입증한다.

그러나 존재 현실력을 '나'의 생생한 경험 속에서 정초하는 잠보니와는 달리, 파브로는 형이상학적 개념 분석 작업에 머물면서 플라톤주의의 '참여' 개념을 도입한다. 성 토마스가 이 구별을 강조하는 곳은 피조물들이 그 존재를 온통 창조주에게 의존한다는 점을 이야기하는 부분들이기 때문이다. 존재는 현실로 개념되어야 하기 때문에 피조물들이 신에 참여하는 존재 현실력은, 그들의 가능태로서의 본질 속에 받아들이게 된 현실력이라는 것이다. 따라서 그 구별은 단지 개념적이거나 관념적인 것이 아니라, 실재적이다.[132] 성 토마스가 말하는 존재는 아리스토텔레스도 말했던 '현실태로 있는 존재'(esse un actu)가 아니라 '현실로서의 존재'(esse ut actus)인 것이다.[133] 파브로가 보기에 이것은 고전 형이상학에 더한 성 토마스의 독창적인 새로움이다. 그는 파르메니데스 이후로 플라톤과 아리스토텔레스와 더불어 '존재의 의미'를 상실한 고전 존재론은 스콜라 철학을 거쳐 근대 철학의 헤겔에 이르기까지 순전히 형식적이고 추상적인 존재 개념만을 제시해 왔다고 보았다.[134]

파브로는 하이데거가 철학사에 퍼붓고 있는 '존재 망각'이라는 해석주를 대체로 받아들이고 있는 것 같다.[135] 헤라클레이토스의 생성의 만상(萬象)이든 파르메니데스의 단일한 부동의 존재든 그것은 어쨌든 실제로 실존하는 존재(physis)인 데 반해, 플라톤의 이데아와 아리스토텔레스의 추상적 본질-존재 구분에 이르러서는 참된 존재인 구체적 존재를 상실하게 되고 오직 형식적 본질만 남게 되었다

---

132. Cf. Fabro, *Partecipazione*…, op. cit., pp.212-244.
133. Cf. Fabro, Ibid., p.58.
134. Cf. C. Giacon, *Itinerario tomistico*, Roma, Goliardica, 1983, pp.159-160.
135. Cf. Fabro, *Introduzione* a san Tommaso, Milano, Ares, 1983, 1983, pp.12-19.

는 것이다. 이처럼 '존재'를 '관념'(idea)으로 변형시킴으로써 고전적 존재론이 탄생하게 되었는데, 그 최종 주자인 헤겔에 이르러서는 마침내 텅 빈 추상적이고 형식적인 이 존재를 '무'와 동일시하기에 이른다.[136]

이 일탈의 역사는 결국 존재를 무 위에 정초하는 것으로 끝난다. 중세의 형식주의자들은 본질이 실존보다 우선한다고 주장했고, 근현대에 이르러서는 실존이 본질을 앞선다고 주장했지만, 이들이 말하는 '실존'은 성 토마스가 말하는 '존재'(esse) 또는 '존재 현실력'이 아니라, 아비첸나 스코투스, 수아레스 등이 말하는 본질의 '현실성'(actualitas, Wirklichkeit)에 지나지 않는 것이기 때문에, 결국 그들은 한결같이 성 토마스가 가르친 존재와 본질로 합성되어 있는 실재적인 존재자의 형이상학을 알아듣는 데 실패했다. 그런 본질주의로부터 존재의 주관성을 주장하는 '의식주의'가 파생된다.[137]

그런데 파브로는, 그리스도교에서는 무(nihil)가 존재와 존재자 사이에 놓임으로써 그 나름으로의 어떤 본래적 자리를 가지고 있다고 주장한다. "성서적 개념 속에서는 무(無)가 피조물의 무한한 필요와 요구로, 따라서 신의 무한한 권능으로 나타난다. 신에게서는 존재라 불리고 피조물에게서는 무라고 불리는 이 무한성은 신과 피조물 사이의 질적 차이다. 이 차이는 참여 개념을 통해서 표현되는 토마스의 본질-존재 구분에서 그 완전한 이론적 표현을 발견한다. 참여는 바로 피조물이 신에게 전적으로 의존한다는 점을 지칭한다. 창조란 바로 존재의 돌출인 것이다."[138] 여기서 존재는 생성을 배제

---

136. Cf. A. Dalledonne, "La metafisica dell'essere e il primato dottrinale del tomismonell' Enciclica 'Aeterni Patris'", in AA.VV., *Problemi metafisici*(Atti del VIII Congresso Tomistico Internationale, vol.V), Citta del Vaticano, Ed. Vaticana, 1982, pp.14-23.
137. Cf. Fabro, *Introduzione*, pp.11-19.
138. Cf. Fabro, *Partecipazione*, p.21.

하지 않는다. 즉 존재의 자기 동일성은 존재자들을 무로부터 산출해내는 존재의 원인성을 배제하지 않는 것이다. 존재에 견주어본다면, 모든 형상이나 완전성들조차도 하나의 가능태에 지나지 않는 것이다.[139] 이렇게 해서 존재와 생성, 일(一)과 다(多)의 긴장과 갈등이 말끔히 해결되고, 형식적 본질주의가 끊어버린 다리는 참여를 통해 '존재' 위에 정초된다.

그러나 하이데거의 철학사 해석주를 받아들이고 성 토마스 이론의 기초로 성서를 원용하는 태도에는 선뜻 동조하기 어렵다.[140] 오히려 성 토마스는 플라톤과 아리스토텔레스의 원리에 입각해서 신이 자립하는 존재자임을 입증하고 있기 때문이다.

9. 마무리

지금까지 금세기 전반부에 폭발적으로 부흥되어 현대철학의 가장 강력한 학파로 자리 잡게 된 신스콜라 철학 부흥운동을 주로 신토미즘에 국한하여 간략하게 살펴보았다.

이 운동의 도화선이 된 레오 13세는 당시 쇠퇴일로를 걷고 있던 가톨릭 사상계에 새로운 활력을 불어넣고자 했다. 그러기 위해서는 다른 모든 학문의 토대가 되는 철학의 쇄신이 시급했다. 그래서 그의 관심은 두 가지 목표에 집중되어 있었다. 하나는 가톨릭 사상의 쇄신을 위해서 중세의 위대한 스콜라 철학, 그중에서도 가장 완벽하고 체계적인 성 토마스 아퀴나스의 사상을 부흥시키자는 것이고, 다른 하나는 이런 토미즘 연구를 바탕으로 현대의 과학 발전을 폭넓게 수용하고 현대의 다양한 사조들과 대화함으로써 당대에 만연되어 있던 가치관의 혼란과 사상적 위기를 바로잡자는 것이었다.

---

139. Cf. Fabro, *Introduzione*, pp.352-353.
140. Cf. C. Giacon, op. cit., pp.161-163.

교황의 이런 적절한 호소는 유럽 전역과 북미와 남미 그리고 나중에는 아시아 여러 나라에까지 광범위하게 퍼져나가 실효를 거두게 되었다. 수많은 연구소와 전문 잡지들을 통해 중세 사상에 대한 역사적이고 이론적인 탐구가 전개되었다.

　그런데 이 운동에 참여하고 있는 학자들이 근현대 철학에 대해 취하는 태도는 다양하다. 우리가 살펴본 대로, 지금도 계속 전개되고 있는 '신스콜라 부흥운동' 또는 '신토미즘 부흥운동'은 근현대 철학을 마주해서, 세 가지 기본 태도를 취하고 있다: 1) 이 운동의 창설자인 메르시에와 루뱅대학, 그리고 잠보니 등에게서 보는 것과 같이 스콜라 철학의 값진 유산을 오늘에 되살리며 근대-현대 철학과의 개방적이고 창조적인 대화를 통해 그동안 무시되어온 스콜라 철학의 변방성을 극복하고 그 지위를 복권시키며 근현대 철학이 일탈해 나간 매듭들을 교정함으로써, 진정한 철학 발전을 모색하자는 것이고, 2) 마레샬 신부와 그의 구상으로부터 영감받은 일군의 초월 사상가들은 한걸음 더 나아가서 근대 철학의 원리를 전폭적으로 수용하고 따름으로써 스콜라 철학의 낙후성과 지엽성을 극복하자는 것이며, 3) 밀라노대학과 마리탱 및 질송 같은 이들은, 근대 사상과의 위험한 절충을 시도한답시고 가톨릭 신앙과 스콜라 철학의 빛나는 유산을 위험한 놀이에 노출시킬 뿐만 아니라, 또 일반 세속 철학자들로부터도 뒤범벅된 사상적 사생아를 낳는다고 경멸받느니보다는, 차라리 중세 고전 사상들을 그 자체로 순수하게 탐구하자는 보수주의적 태도를 취하고 있다.

　우리 각자의 태도 역시 이런 세 가지 가능한 길 앞에서 하나의 선택을 내리지 않으면 안 된다. 물론 각자는 자신의 입장에 대한 충분한 이론적 근거를 제시할 수 있어야 하고, 또 그 선택에 대한 책임을 져야 한다.

　역설적이게도, 현대 가톨릭 신학의 일인자로 추앙받는 라너를 비롯해서 상당수의 현대 가톨릭 신학자들은 제2차 바티칸 공의회로 스콜라 철학의 시대가 끝났다는 것을 힘주어 강조하고 있으나, 오히려 신스콜라 철학자가 아닌 해믈린은 최근 그의 간추린 철학사를 마무리 지으면서 현대는 '스콜라 철학의 시대'인 것 같다고 함축성 있게 진단하고 있다.[141]

---

141. D. Hamlyn, *The Penguin History of Western Philosophy*, London Penguin Books, 1987, p.333: "Aristotle said that philosophy beguins in wonder, but it also has to do with the profound problems involved in understanding the world and our place in it. What may be clear to one generation of this may not be clear to another. Attempts to arrive at and formulate that understanding are likely, therefore, to go on. How it will go on is impossible to say. *Perhaps we are today in a period of scholasticism*; that has certainly been suggested as the case. History will show wether it is so. To repeat, sooner or later the philosophical revolutionary will appear - that is all that one can say."

02. 19-20세기 그리스도교 철학: 회고와 전망

에머리히 코레트

19-20세기 가톨릭 사상사에서 그리스도교 철학은 긴장과 대립이 넘치는 하나의 생생한 다수성을 지니고 있다는 사실이 드러난다.[1] 거기에 공통적으로 있는 것은 "그리스도교적" 독특성, 기원, 정위 (定位)로서, 그리스도교의 심층적 확신들을 확인하고 정당화하며 다

---

* 최근 잘츠부르크에 있는 국제과학근본원리연구소(Internationales Forschungszentrum)에서는 인스부르크대학 그리스도교철학연구소의 협력을 얻어『19-20세기 가톨릭 사상 안에서의 그리스도교적 철학』을 3권으로 기획 출판했다(E. Coreth · W. Neidl · G. Pfligersdorffer(eds.), *Christliche Philosophie im katholischen Denken des 19. und 20. Jahrhunderts*, 3 vols., Graz-Wien-Köln, Verlag Styria, 1987-1990). 이것은 전 세계에서 활약하고 있는 가톨릭 철학자 100여 명의 집필진을 동원하여 언어권별로 현대 가톨릭 사상의 흐름을 분석한 방대한 작품이다. 여기 소개하는 글은 그 작품의 마지막 권에서, 책임 편집자 가운데 하나인 예수회의 코레트 신부가 19-20서기 가톨릭 사상운동을 종합적으로 회고하면서 조심스럽게 미래 전망을 제시하고 있는 글을 번역한 것이다.

역자가 사용한 것은 로마의 무라(G. Mura) 교수와 펜초(G. Penzo) 교수의 책임 아래, 각 권에 대한 개관과 참고문헌 등을 보충하여 번역 출판된 이탈리아판이다. E. Coreth, SJ, "Conclusioni e prospettive", in E. Coreth · W. Neidl · G. Pfligersdorffer, G. Mura, G. Penzo(eds.), *La filosofia cristiana nei secoli XIX e XX*, vol.III: *Correnti moderne del XX secolo*(Roma, Citta Nuova, 1995), pp.1032-1049.

필자의 글은 셋째 권 마지막 부분에 실려 있기 때문에 개별 사상가의 구체적이고 세밀한 언급은 피하고 연구문헌에 관한 지시도 일절 생략하고 있지만, 그 글을 이렇게 따로 떼어내어 소개하는 역자로서는 필자가 강하게 암시하고 있는 몇몇 부분에 해당되는 원작 속의 연구문헌들을 각주에 지적하는 것이 필요하다고 생각하였다. 각주의 지시도 이탈리아판에 따른 것이다. 각주에서 책 제목 'XIX-XX Catholic'은 생략되었다.

1. Cf. M. Schmidinger, "Sulla storia del concetto di 'filosofia cristiana'", vol.I, pp.33-52; ID., "La disputa sulla filosofia cristiana considerata nel proprio contesto", in vol.III, pp.49-76.

양한 문화적·사상적 분위기 속에서 그것들을 발전시키는 가운데 진정한 "철학적" 사상을 성숙시키려는 노력이다. 이 다수적 사상에 대한 학문적인 개진과 노력이, 제한된 지면에나마 가능한 한 완벽하게 심층적으로 꼴을 갖추게 된 것은 여러 나라의 다양한 언어권에 속하는 100여 명의 전문가들 덕분이다. 이 세 권의 두툼한 책이 그 결과다.

결론이라는 제하(題下)에, 우리는 전반적인 회고를 시도할 것이고, 조심스럽게 하나의 전망을 제안해 보고자 한다. 우리의 '회고'는 이미 제시된 이 영성생활의 개별적 측면들에 주목하지 않을 것이고, 또 여러 사상가의 이름을 일일이 거명하지도 않을 것이다. 우리는 비록 결정적인 결과를 제공할 수는 없다 하더라도 바로 전체적 전망 속에서 부각되는, 전개과정의 몇몇 중요 계기들을 추적하는 것으로 관심을 제한할 것이다. 그리고 '전망'은 이 모든 사상에 역사적이고 영적인 방향을 주고자 노력하며, 또 우리 시대의 상황으로부터 출발하여 우리 시대와 미래의 그리스도교 철학을 위해 열려 있는 새로운 가능성과 도전들을 지적하고자 시도할 것이다.

1. 19세기의 새로운 착수들

그리스도교 철학은 1800년경의 근본적 변화를 겪으면서 몇 가지 새로운 시도들을 감행하였다. 분명 이것이 서구 유럽으로 제한된다는 것, 그리고 그 효과가 바깥 지역에까지 미치지 못한다는 것이 눈에 들어온다. 그러나 이 영역 내부에서 각 나라와 각 언어권의 상황에 따라 다른 색조를 지니게 되는 그리스도교적 사상의 놀라운 다양성이 드러난다. 그러면서도 현대세계 정신생활과의 새로운 연결고리를 마련하기 위하여 새로 시작하려는 노력과, 그 가운데 어떤 것들을 받아들이거나 배격함으로써 현대의 수준에 맞게 그리스도교적 철학을 성숙시키려는 노력만큼은 공통적이다. 이러한 노력 속에서 그리스도교적 사상은 국가적 차이라는 옷을 입게 된다. 그리고 바로 이 때문에 우리가 기획한 이 작품이 취하고 있는, 국가와 언어권에 따른 세부 구분이 정당화된다.

독일어권에서 19세기에 성숙하게 된 영성생활은 그전까지는 알지 못했던 거의 온통 새로운 것이었다.[2] 종교개혁과 30년전쟁, 그리고 그 결과 때문에 독일은 다른 나라들(특히 영국과 프랑스)에 비해서 정치적·경제적·문화적으로 몹시 뒤져 있었다. 18세기에야 비로소 계몽적 절대주의 덕분에 정치적 영역에서, 그리고 득일 고전주의와 낭만주의 덕분에 문화적 차원에서 획기적인 발전이 이루어졌다. 겨우 18세기 중반부터 시작된 계몽주의에 이르러서야 독일어는 과학과 철학에서 사용될 수 있게 되었다. 대학 강의에서는 아직도 후기 스콜라 철학의 라틴어가, 부분적으로 당대의 이성주의 철학의 일부 요소들을 수용하면서 통용되고 있었다. 그 뒤에 칸트 철학과 독일 관념주의(특히 헤겔)가 피어났고, 다음에는 종교비판, 무신주의, 물질주의가 도래했다. 동시에 부분적으로는 관념주의에 반대해서, 그리고 부분적으로는 그것에 연결되어, 뜻밖에도 대체로 그리스도교로부터 영감을 받기는 했지만 종교에 대하여 다소 비합리적인 개념을 견지하는 낭만주의가 풍미하게 되었다.

그리스도교 사상가들, 특히 가톨릭 사상가들은 바로 이런 역사적 배경에 직면해야 했다. 칸트로부터 헤겔에 이르는 이 시기의 위대한 철학은 독일 프로테스탄티즘으로부터 파생도었다. 가톨릭 측으로부터는 사상의 생산성이라는 측면에서 그것어 견줄 만한 공헌이 없었다. 19세기 전체와 20세기에 이르기까지 과학적이고 철학적인 관점에서 보더라도 가톨릭과 프로테스탄트의 영성생활 사이에

---

2. Cf. E. Coreth, SJ, "Sfondo filosofico generale: L'area di lingua tedesca nel XIX secolo", in vol.I, pp.71-76.

는 현저한 문화적 수준 차이가 있었다. 가톨릭 사상가들은 이 간격을 메우려고 노력했다. 위대한 체계적 설계들이 진정으로 그리스도교적인 사상에 온전히 일치될 수는 없다는 것과, 그러나 그 체계적 설계들로부터 많은 것을 얻을 수 있고 또 잘 평가될 수 있다는 것이 분명할 정도로 인식되었다. 가톨릭 철학자들은 대체로 당시의 위대한 철학자들로부터 깊은 영향을 받고 있었다. 그들은 칸트, 셸링, 헤겔 등이 촉발한 자극들을 받아들여, 그것들을 통해서 그리스도교적 사상을 풍요롭게 만들고자 하였다. 다른 사람들은 낭만주의의 사상적 유산을 성숙시키거나 아니면 이 사상을 비판적으로 취급하며 자율적 접근법을 전개하려 하였다.

이로부터 그리스도교 철학의, 주목할 만하기는 하지만 한계들도 노정시키는 중요 인물들이 태어난다. 그러나 설득력 있는 방식으로 철학에 착수하거나 일반 학계로부터 인정을 받은 사상가는 아무도 없었다. 게다가 독일 그리스도교 사상가들의 작품은 프랑스 그리스도교 사상가들의 출판물과는 달리 겨우 소수만이 외국어로 번역되었고, 따라서 큰 영향력을 행사하지 못했다. 다만 가끔씩 (기껏해야 일반적 특성들만 알려져 있던) 고전적 스콜라 전통에 호소하곤 하였다. 그러나 좀 더 가까이에서 살펴보면, 그 속에 이미 신스콜라 철학이 준비되고 있었음을 알 수 있다.

프랑스의 상황도 이와 비슷하기는 하지만 훨씬 다양하다.[3] 여기에는 이미 오래전부터 가톨릭 영성생활이 있었다. 그렇지만 프랑스 계몽주의는 다른 어느 나라에서보다도(예컨대 영국이나 독일보다도) 훨씬 더 급진적이었고, 처음으로 물질주의적이고 무신주의적인 노선으로 이끌렸으며, 자율적 이성의 자유를 위해 투쟁함으로써 프랑스 혁명을 예비하였다. 정치적이고 사회적인 구조 전체의 붕괴를

---

3. Cf. H. Schmidinger, "Sfondo filosofico generale: La Francia nel XIX secolo", in vol.I, pp.467-472.

몰고 온 이 혁명은 가톨릭 전통과 밀접히 연결되어 있는 프랑스어권 세계에 대단한 충격을 던져주었다(이것은 오래도록 극복될 수 없었을 뿐만 아니라 오늘날까지도 완전히 극복되었다고 볼 수 없다). 그밖에도 19세기에는 실증주의적·감각주의적·물질주의적 입장들이 제시되었고, 동시에 부분적으로는 독일 관념주의로부터 영향을 받은 영성주의적 경향들과, 당시의 영적 격변에 상당한 영향을 미친 절충주의도 등장했다.

이것은 그리스도교적 철학 영역에 대립적인 반응들을 낳았다. 한편에서는 전통주의(traditionalism) 및 존재직관주의(ontologism)와 연결된 가톨릭 측의 반동개혁이 일어났다. 비록 라므네(H.F.R. de Lamennais) 같은 일부 사상가들이 교회로부터 단죄되기는 했지만, 이 운동들은 광범위한 반향을 일으켰다.[4] 그들의 저술은 즉시 독일어와 다른 나라 언어로 번역되었고, 따라서 독일어권의 가톨릭 사상가들보다 훨씬 더 광범위한 영향력을 행사하였다. 그런데도 다른 한편에서는, 전통주의적이고 통합주의적인 경향들을 거슬러 근대적 학문, 자연과학과 정신과학을 진지하게 취급하고, 그것들과 가톨릭 사상을 화해시키고 조화시키려는 노력들이 생겨났다. 이런 유형의 급진적 현상들은 20세기 초 '근대주의'(Modernism)의 위기를 초래하였다. 그렇지만 (전통주의, 통합주의, 근대주의 사이의) 이런 갈등의 맥락 속에서, 그리스도교 사상의 테두리 안에서 특히 모리스 블롱델(Maurice Blondel)처럼 그들의 시대를 넘어서는 새로운 길을 지적하며 중요한 역할을 보존하면서도 진정 철학적인 중재를 추구하는 중요한 사상가들이 성숙하였다.[5]

---

4. Cf. L. Le Guillou, "Felicite-Robert de Lamennais(1782-1854)", in vol.I, pp.504-521.
5. Cf. P. Henrici, "Maurice Blondel(1861-1949) e la 'filosofia dell'azione'", in vol.I, pp.588-632.

이탈리아의 상황은 사뭇 다르다.[6] 19세기 이탈리아는 정치적·국가적 차원에서는 중흥의 시기였는데, 철학적 차원에서는 부분적으로는 (영국과 프랑스의 영향을 받아) 주관주의적이고 감각주의적인 사상으로 기울어져 있었고, 또 부분적으로는 (독일 관념주의의 영향을 받아) 영적이고 관념주의적인 사상으로 기울어져 있었다. 그런데도 철학적 영역뿐만 아니라 (당시에는 교회로부터 단죄까지 받았지만, 오늘날은 다시 인정받게 된) 정치적·종교적 영역에도 투신하던 안토니오 로스미니(Antonio Rosmini)와 조베르티(V. Gioberti) 등의 가톨릭 사상 역시 이런 배경 속에 자리 잡고 있었다.[7] 그리고 이탈리아에서는 스콜라 전통, 특히 엄밀한 의미에서의 토미즘이 계속해서 활기차게 피어났고, 따라서 스콜라 철학 전체에 대한 재건의 노력이 전개될 수 있었다.

스페인-포르투갈 지역의 경우에는 그 배경에 (계몽주의로 소급되지만, 가톨릭 전통의 다른 어느 나라에서보다도 더욱 심대한 결과들을 낸) 깊은 분리가 있다.[8] 한편에는 근대의 정신생활과 괴리된 채 계속해서 경직된 스콜라 철학 속에 살아가면서 전통에 집착하는 보수적 가톨릭 사상이 있었다. 다른 한편에는 반(反)성직적이고 반그리스도교적이기까지 한 자유주의적이고 진보주의적인 운동들이 있었지만, 그것들은 철학 영역에서는 역시 자율적인 결실들을 내지 못하고, 영국과 프랑스의 경험주의 및 (스페인에서는 뜻밖의 현상이지만) 관능주의의 영향을 받아, (독일 관념주의에 호소하는 혼란스러운 사변철학이지만 그 본 고향에서는 거의 영향력을 미치지 못하고 있던) '크라

---

6. Cf. A. Rigobelli, "Sfondo filosofico generale: L'Italia nel XIX secolo", in vol.I, pp.635-644.
7. Cf. F. Evain, "Antonio Rosmini Serbati e il rosminianesimo nel XIX secolo", in vol.I, pp.645-671; A. Rigobello, "Vincenzo Gioberti(1801-1852)", in vol.I, pp.672-692.
8. Cf. H. Schmidinger, "Sfondo filosofico generale: Spagna, Portogallo e America latina nel XIX secolo", in vol.I, pp.695-699.

우스주의'(Krausism)를 유포시키고 있었다.⁹ 물론 여기에도 새로운 과학과의 대화 속에 스콜라 철학 전통에 호소하면서, 이미 신스콜라 철학에는 속하지 않지만 신스콜라 철학의 길을 열고자 하는, 그리스도교 철학을 통하여 영적 방향 설정을 하고자 추구하던 도노소 코르테스(J. Donoso Cortes)나 발메스(J. Balmes) 같은 자율적인 철학자들이 있었다.¹⁰

영미 영역에서는 오랜 전통을 가진 경험주의가 19세기를 지배한다.¹¹ 이것은 19세기 말 현격한 쇄신을 이룩한다. 여기에 스코틀랜드의 '상식'(Common Sense) 학파의 영향력이 가세하고, 좀 더 나중에는 경험주의에 반대하여 특히 헤겔에 유착하여 철학을 더욱 발전시키고자 하는 영국 관념주의가 등장한다. 이런 배경 속에서 존 헨리 뉴먼(John Henry Newman) 추기경이라는 인물로 대표되는 독특한 가톨릭 사상이 두드러진다.¹² 철학자라기보다는 신학자라고 보아야 하는 그는 돈독한 신앙과 (신 인식으로 인도할 수 있는) 양심을 지닌 위대한 사상가로서, 영국과 그 시대를 훨씬 뛰어넘는 영향력을 행사하게 된다. 그의 동시대인으로서 역시 가톨릭으로 개종한 미국인 브라운슨(O.A. Brownson)은 유럽의 모든 철학 운동을 연구하고 신대륙에서는 처음으로 진정한 그리스도교 철학을 발전시키고자 한 선구자였다.¹³

19세기 그리스도교 철학의 이 다수성으로부터, 그것이 엄격히 폐쇄적인 단일 체계도 아니고 또 그런 적도 없었으며, 오히려 당대

---

9. 크라우스주의란 19세기 스페인에서 독일 철학자 크라우제(Kar. Krause)의 범신주의적 이론에 기초해서 일어났던 사상운동을 가리킨다.
10. Cf. C. Valverde, "J. Donoso Cortes(1809-1853) e J. Balmes(1819-1848)", in vol.I, pp.700-734.
11. Cf. Ch. Pueringer, "Sfondo filosofico generale: La Gran Bretagna e gli Stati Uniti nel XIX secolo", in vol.I, pp.737-746.
12. Cf. G. Rombold, "John Henry Newman(1801-1890)", in vol.I, pp.747-787.
13. Cf. A. Maurer, "Orestes A. Brownson(1803-1876)", in vol.I, pp.780-787.

의 문제들에 대하여 그리스도교 정신으로부터 출발하여 철학적으로 대처하려는 노력이었다는 사실이 밝혀진다. 단일한 진리에 이르는 길은 많고, 또 그 측면들도 다양하다. 사상가들의 이 다양한 특성들은 참으로 의미심장하다. 그것들은 새로운 문제제기, 새로운 착수, 새로운 전망들을 지니고 있었다. 그럼에도 불구하고 이 시대의 가톨릭 철학은 결함과 한계도 함께 지니고 있었다. 이 철학자들 가운데 그 누구도 학계로부터 중요성을 인정받지 못했다. 많은 경우에 (그리고 때로는 지나칠 정도로 신속하게!) 교회가 개입하여 단죄했기 때문에, 새로운 착수와 더 이상의 논쟁은 계속되지 못했다. 그 누가 있어 오늘날 그 시대에 어느 것이 옳았고 또 어느 것이 잘못이었는지를 판단할 수 있단 말인가? 분명 풍성한 결실을 낼 수도 있었을 많은 시도들이 싹도 나기 전에 압살되었고, 통일성에 이르지 못한 채 여러 형태의 다수성과 다양성에 머물게 되었다.

더욱이 예를 들면 자연과학, 근대 역사학, 실증주의, 물질주의, 진화주의, 그리고 특히 바로 19세기에 과학적 타당성을 자처하고 나와 '학자들'에게 상당한 영향력을 행사한 무신주의 같은 그 시대의 핵심적 쟁점들은 취급되지 않았거나, 혹은 겨우 마지못해 취급되었다.[14] 그리스도교 철학이 본질적으로 이 문제들을 제기하지 않았다는 것은, 그 시대의 영적 변혁에 대한 완전한 관점이 아직 꼴을 갖추지 못하고 있었고, 명료한 철학적 기초들, 특히 형이상학적 깊이를 결하고 있었다는 사실에 기인할 것이다. 이것은 다시 (그 시대 사상 속에 결실 풍부하게 편입될 수 있도록 추스를 수 없었던) 그리스도교 철학의 고전적 전통에 대하여 가지고 있던 공허하거나 또는 전무한 인식 때문이었을 것이다.

---

14. Cf. M. Illmer, "Il confronto cattolico con le scienze moderne", in vol.I, pp.822-845.

2. 스콜라 유산으로의 복귀

스콜라 전통으로의 복귀는 (외부적이고 내면적인 이유들 때문에) 그 시대의 사상적 추이에 의해 온전히 정당화되고 필요하게 되었다. 19세기의 흐름 속에서 신앙과 교회는 실증주의, 물질주의, 무신주의로부터, 그리고 정치적 영역에서는 (부분적으로는 반성직적인 경향을 띠고 있던) 자유주의적·평신도주의적 운동들로부터 점점 더 수세에 몰리게 되었다. 그러나 이런 영적이고 이데올로기적인 충돌 속에는 그리스도교 사상 측으로부터의 진정하고 고유한, 철학적으로 정초된 공동의 저항 전선이 없었다. [만일 그런 것이 있었더라면] 그것은 자기 입장을 명료화·심화시키고, 또한 심층적인 철학적 확신들을 보다 광범위한 통일성과 공동체성으로 이끌 수 있었을 것이다. 그리고 이것은 오직 스콜라 철학의 풍부한 유산으로의 복귀를 통해서만 가능했을 것이다.

여기에 또한 교회 내부적인 요소가 추가된다. 그 시대의 정치적이고 영적인 혼란 속에서 (특히 신학생들의) 철학적·신학적 양성은 여러 측면에서 부족했다. 철학 교육은(이것은 1917년의 새로운 교회법에 의해 비로소 모든 이에게 의무적으로 부과되었다) 각 교수의 재량에 맡겨져 있었다. 학생들이 훌륭한 교수를 만나느냐, 아니면 (더욱 자주) 무능하고 혼란스러운 교수를 만나느냐 하는 것은 그저 운에 맡겨져 있었던 것이다. 당시의 철학 교육은 바로 그 시대에 필요하고 시급하며 철학적 관점에서 정초된 기본 방향을 제공할 수 없었다. 이 공백은 스콜라 전통에 대한 복원을 통해, 특히 여러 세기를 통해 스콜라 철학의 가장 위대한 사상가이며 교회의 "가장 중요한 스승"으로 인정되었으나 그 시대에는 거의 망각되었던 토마스 아퀴나스로의 복귀를 통해서 건강해져야 했다. 이렇게 신스콜라 철학의 탄생이 설명되고 정당화된다.

그런데도 '신스콜라 철학'이라는 이름은 오늘날까지도 애매한 채로 남아있다.[15] 그것은 특히 이 사상운동의 비판가 또는 적수들로부터, 반동적이고 보수적인 사상과 "초현세주의(Ultramondanism)적"이고 통합주의적인 노력들의 요체로 취급되었다(가톨릭 세계도 부분적으로는 이에 대해 적대적이었다). 이 사상 운동의 대표자들은 자신들의 철학을 '스콜라 철학'이라고 부르기를 더 좋아했고, 나중에 가서야, 그것도 마지못해 '신스콜라 철학'이라는 용어를 받아들였다. 스콜라 철학 쇄신의 초기에 특히 이탈리아에서 이 통합주의적 태도가 주류를 이루었다는 데에는 의심의 여지가 없다. 그러나 신스콜라 철학의 복잡한 현상을 모두 이런 관점에서 바라보아서는 안 된다. 역사적 차원에서나 철학적 차원에서 일정 수준에 달하기 위해서는 그것을 좀 더 다른 방식으로 관찰할 필요가 있다.

처음에는(19세기 중반경) 배타적으로 호교론적인 동기가 지배하고 있었다. 오직 스콜라 철학만이 가톨릭 신앙에 상응하는("ancilla theologiae") 진리를 소유하고 있고("philosophia perennis"), 나머지는 모두 오류이고 잘못된 것으로 배격되었으며, 근대과학과 새로운 철학은 무신주의로 이끈다고 해서 단죄되었다. 그것들을 방어하기 위해서는 오직 배타적으로 "다른 시대의 철학"인 스콜라 철학으로 복귀하는 수밖에 없다고 클로이트겐은 주장하였다.[16] 이런 태도로부터 특히 이탈리아에서는 타협할 줄 모르는 '통합주의적 토미즘'이 피어났고, 오직 그것만이 교회의 참된 가르침이라고 간주되었다. 철학도 이 가르침에 연관된 직무에 종속되었다. 그러므로 그리스도교 철학의 새로운 착수 속에 사상들의 다수성이 있었던 데 비해, 이

---

15. Cf. H. Schmidinger, "'Scolastica' e 'neoscolastica'. Storia di due concetti", in vol.II, pp.39-72.
16. Cf. P. Walter, "La filosofia neoscolastica nell'area di lingua tedesca", in vol.II, pp.178-251(클로이트겐에 대해서는 특히 pp.192-225).

곳에서는 엄격한 통일성이 부과되었다. 오직 하나의 진리가 있는데, 그것은 스콜라 철학이고, 더 정확하게 말하면 토미즘 철학이라는 것이다.

이런 협소한 개념은 당연히 오래 유지될 수 없었다. 스콜라 철학 유산의 복원과 더불어 엄격한 학파로서의 토미즘만 되살아난 것이 아니라, (특히 예수회에서의) 수아레스 철학(Suarezianism) 같은 다른 '학파들'도 깨어났다.[17] 스콜라 철학 내부에는 결코 결론에 도달하지 않을 논쟁이 상존하고 있다. 토미즘이 특히 로마에서 유지되었다고는 하지만, 그것이 배타적인 방식으로 부과될 수는 없는 것이었다. 다른 학파들도 다양한 방식으로 용인되었고. 계속해서 존속했다.

여기에 교황 레오 13세도[18] 단호하게 바라던 스콜라 철학의 쇄신으로부터 자극을 받아서 중세의 철학과 신학에 대한 역사적 탐구가 시작되었다.[19] 비판본들에 대한 출판 사업이 착수되었고, 심층 탐구가 활발히 전개되었다. 이것은 순수 역사적 관심 때문이기도 했고, 또 원천을 탐구함으로써 스콜라 철학에 대한 이해를 활성화시키려는 체계적인 태도 덕분이기도 했다. 이렇게 해서 수십 년이 지나는 동안 점점 더 현대화되어 가고 있지만 오늘날까지도 완성되었다고는 볼 수 없는 '역사비판적 방법'을 활용하는 광범위하고 농축적인 탐구작업이 시작되었다. 이 탐구로부터, 이미 중세에 스콜라 철학이 결코 고정된 이론들의 단일한 체계였던 적이 없고, 오히려 다수적이고 문제들로 가득 찬 영적 생활이었다는 사실이 드러난다. 이

---

17. Cf. E. Coreth, SJ, "Tendenze diverse della filosofia neoscolastica", in vol. II, pp.461-476.
18. Cf. R. Aubert, "L'enciclica 'Aeterni Patris' e le altre prese di posizione della Santa Sede sulla filosofica cristiana", in vol. II, pp.369-391.
19. Cf. W. Kluxen, "La ricersa storica della filosofia medievale e la neoscolastica", in vol. II, pp.424-453.

것을 활성화시키는 것은 전혀 배타적으로 타당한 어떤 단일 학파의 유일한 체계의 동질성으로 이끌지 않고, 그리스도교 철학의 테두리 속에 있을 수 있는 가르침과 토론들에 개방되어 있는 다수성으로 이끈다.

이런 발전의 가장 중요한 진일보는, 스콜라 철학이 곧, 처음에는 주저하며, 나중에는 더욱 개방적이고 단호하게, 현대철학과의 대화를 출범시켰다는 사실에 있다.[20] 이런 식으로, 나머지를 몽땅 오류로 간주하여 배격해야 한다는 생각에서부터, 자기 입장을 명료화하고 확장하며 심화시킬 수 있다는 점증하는 자각으로의 깊은 태도 변화가 일기 시작하였다. 그러나 또한 역으로 이렇게 활성화된 그리스도교 사상을 그 시대의 정신생활의 내면으로 편입시킬 수도 있었다.

이 변혁은 20세기 초에 교황 비오 10세에 의한, 이른바 '근대주의'를 거스른 투쟁에 의해서 강한 편견을 가지고 바라보게 되었다.[21] 실상 어떤 사람들은 과학과 근대철학에 지나칠 정도로 양보하고 있었다. 그러나 그것은 또한 그들을 고발하고 종교재판에 회부하며 파문시킨 가톨릭 사상가들에게도 잘못이 있는 것이 아닐까? 이것은 특히 프랑스, 영국, 이탈리아, 그리고 덜 직접적으로는 독일어권의 정신생활에서 그러하였다. 어쨌든 이것은 철학적 · 신학적 영역에서 가톨릭의 모든 사상과 모든 연구를 마비시키고 화석화시키는 결과를 가져왔다. 그 시대에 문제들은 해결되는 것이 아니라 압살되었다. 그것들은 나중에 가서야 폭발하게 되었고, 오늘날 바람직하지 못한 결과를 낳게 되었다.

---

20. Cf. S. Bosshard, "Il rapporto del pensiero cattolico con la scienza moderna nel XX secolo", in vol.III, pp.1016-1031.
21. Cf. I. Boehm, "Il pensiero dei modernisti piu significativi: A. Loisy, G. Tyrell, E. Buonaiuti", in vol.II, pp.392-409; F. Padinger, "L'enciclica 'Pascendi' e l'anti-modernismo", in vol.II, pp.410-423.

겨우 (교황 베네딕토 15세의 단호한 결단 덕분에) 근대주의의 위기가 가라앉고서야 비로소, 그 전 시대와는 독립적으로, 그리스도교 철학과 현대 사상 사이의 긍정적 만남이 대대적으로 그리고 심층적으로 착수될 수 있었다. 이것은 부분적으로는 이미 제1차 세계대전 이전에 일어났지만, 그 직후 시기, 즉 1920년대와 30년대에 심화되었다. 그때까지는 다만 형이상학의 비판자요 주관주의의 창립자로만 받아들여지던 칸트에 대한 마레샬의 긍정적 수용 선언이 이에 결정적으로 공헌하였다.[22] 이제는 모든 비판에도 불구하고 '초월적 사고'의 중요성이 보이게 되었고, 그것이 형이상학의 재정립에 이용되었다. 칸트로부터 출발하여 근대철학의 다른 현상들에 접근할 수 있는 길이 열리게 되었고, 그에 대한 연구와 토론이 착수되었다. 가톨릭 철학자들은 독일 관념주의에, 특히 헤겔과 그에 이어 피히테(J.G. Fichte)와 셸링(F.W.J. Scheling)에 몰두하였고, 또한 로체(R.H. Lotze)로부터 막스 셸러(Max Scheler)에 이르는 가치철학과 에드문트 후설(Edmund Husserl)의 현상학, 니콜라이 하르트만(Nicolai Hartmann)의 존재론, 키에르케고르로부터 야스퍼스에 이르는 실존주의에 몰두하였고, 특히 그 존재 물음을 통해 토마스로 되돌아가게 만드는 새로운 형이상학을 착수시키며 '가톨릭 하이데거 학파'와 같은 것을 출범시킨 하이데거에 몰두하였다.

나중에 가서야, 즉 20세기 중반경부터 루트비히 포이어바흐(Ludwig Feuerbach), 칼 마르크스(Karl Marx), 변증법적 유물주의, 신-

---

22. Cf. J.B. Lotz, "Joseph Marechal(1878-1944)", in vol.II, pp.531-548; H. Jacobs, "La scuola marechaliana di lingua francese: L. Malevez, A. Gregoire, J. Defever, G. Isaye, J. Javaux, E. Dirven e altri", in vol.II, pp.549-563; O. Muck, "La scuola marechalina di lingua tedesca. Filosofia trascendentale come metafisica: J. B. Lotz, K. Rahner, W. Brugger, E. Coreth e altri", in vol.II, pp.675-711. 이 가운데 오토 무크의 글은 김진태 신부에 의해서 우리 글로 번역되어 소개되었다: "독일 마레샬학파 — 형이상학으로서의 초월철학: J.B. 로츠, K. 라너, W. 부르거, E. 코렛 등", 『신학과 사상』 제24호(1998/여름), 170-225쪽.

마르크스주의와의 만남이 이루어졌고, 그 뒤 언어철학, 역사철학, 해석학, 분석철학, 과학철학 등에 관한 논의가 가톨릭 사상의 품 안에서도 시작되었다. 이 자리에서는 다만 다양한 탐구와 만남을 거명할 수 있을 뿐이다. 그러나 이를 통해 나는 가톨릭 철학의 근대철학과의 만남을 향한 개방성과, 이미 엄격한 의미에서의 신스콜라 철학으로부터 그리스도교 사상의 현대적 흐름으로 넘어가는 철학 운동들의 다수성을 지적하고 싶다.

3. 20세기의 현대적 조류들

'근대'(modern)라는 말이 오늘날 어떻게 이해되든지 간에, 나는 여기서 그 말을 '최근 몇십 년 동안 발전되었고 더 이상 고유한 의미의 신스콜라 철학에 속하지 않는 그리스도교 사상의 새로운 계보들'을 가리킨다는 뜻으로 사용한다. 그런데도 스콜라 사상 운동과 근대주의 운동 사이에 경계선을 긋는 것은 불가능하다고 할 정도로 어렵다는 점을 지적하는 것이 중요하다(여기서 우리 작품 속에 일종의 공백이 있다고 느낄 수 있지만, 그것은 그 대상 자체에서 기인하는 공백이다). 스콜라 철학과 연관 지어 앞에서 소개한, 근대철학과 토론을 벌이며 연구를 추진한 많은 사상가들이 이미 엄격한 의미의 신스콜라 철학의 한계를 훨씬 넘어가고 있었다. 오히려 스콜라 철학 권내에 남아있다고 볼 수 없는 대다수 그리스도교 철학자들이 그들의 심층적 입장과 의도 때문에도 이미 새로운 스콜라 철학으로 교육받은 사람들이었다. 그들은 근대의 문제 제기에 대해 새로운 발전을 제공하며 그리스도교 철학 전통으로부터 다소 거리를 두면서도, 그에 못지않게 그리스도교 철학을 실천하고 촉진시키기를 원하는 사람들이다.

이 철학자들 가운데 일부는 자기 나라를 넘어 상당한 영향력을 행사하기도 하였고, 또 다른 일부는 '학파'와 같은 것을 구성하기도 하였다. 그러나 현재로서는 이 다양한 착수들 가운데 어떤 것도 모든 갈래를 하나로 묶을 만한 통합력을 드러내지 못하고 있다. 그것은 전통적인 의미에서의 스콜라 철학 체계나, 현상학적 또는 초월철학적 방법이나, 실존적·존재론적 사상 또는 역사적·해석학적 사상이나, 언어분석철학이나 모두 마찬가지다. 다양한 방법론적 착수와 객관적 관점들은 분명 정당하고 필수적이다. 이 다수성에도 불구하고 그리스도교 철학은 고대 철학 및 스콜라 철학의 위대한 전통에 입각하여 사고하며 현대를 살아갈 뿐만 아니라, 동시에 근대 철학의 위대한 대변자들의 문제 제기의 풍부함으로부터 자극을 받기도 한다. 그리스도교 철학은 근대철학으로부터 배울 것이 있으며, 따라서 개방적인 자세로 대화할 태세를 갖추어야 한다.

여기에 우리 시대의 전형적인 현상이 드러난다. 현대 사상가들 가운데에서는, 과거에 비해서 현대인의 정신생활을 규정하고 더 나아가 지배하는 대표적 철학자들을 지목하기가 쉽지 않다. 우리는 '오늘날 가장 위대하거나 가장 영향력 있는 철학자는 누구인가?' 또는 '예컨대 독일어권에서(또는 불어권이나 영어권에서) 우리 시대를 지배하는 가장 위대한 철학자는 누구인가?'라고 묻지 않는다. 이런 질문은 40-50년 전이라면 유효했겠지만, 오늘날은 그렇지 못하다. 중요한 다수의 사상가들이 있고, 그 가운데 누구도 자기의 학파와 함께 특별한 위치를 차지하지 못한다. 이것은 정신생활에서조차 점증하고 있는 현대사회의 다수성 때문인 것 같다. 그리스도교 철학의 경우에도 마찬가지이다. 그것은 주목할 만하고 영향력 있는 다수의 훌륭한 사상가들로 대표되지만, 한 인물이나 한 계보가 특별히 전면에 부각되지는 않는다.

따라서 오늘날에는 과거에는 결코 주어지지 않았던, 그리스도교 철학의 다수성이 확인된다. 우리 시대의 사상적 논의 속에서는 전반적으로 공통성이 상실되어 가고, 심지어는 스콜라 철학의 공통 토대들에 의해서 보장되던 철학의 통일성마저도 사라지는 단편화 현상을 보고 있는 것 같다. 우리는 또다시 다수성과 통일성 사이의 대립에 직면하고 있는 것일까? 혹은 둘 다 정당하고 필요한 것일까? 그리스도교 철학은 현대 정신생활의 방대한 문화적 폭 속에서 모든 것과 비교될 수 있어야 한다. 그러나 누구도 모든 것을 다 할 수는 없는 법이다. 우리 시대의 다원적 정신 계보들 속에서 모든 것을 하나의 체계적 통일성으로 모을 수 있는 사람도 없다. '스콜라 철학' 같은 그리스도교 철학의 폐쇄된 체계는 더 이상 존재하지 않는다. 물론 그런 것은 과거에도 있었던 적이 없다. 그럼에도 불구하고 심층적인 철학적 확신에 있어서의 '지향의 공통성'은 계속해서 유지되고 있다. 그렇지만 그것은 방법론과 철학적 체계의 통일성에 기초하고 있다기보다는, 거기서부터 동기와 지향들이 솟아나는 영적 세계관의 지평을 (철학적 엄정성을 유지한 채) 제공하는 그리스도교 신앙의 공통성에 기초하고 있다. 여기에는 분명 (이미 많이 논의되었지만, 그 가능성과 실재를 의문에 붙이는 것은 아닌) '그리스도교 철학'의 문제가 놓여 있다.

이 객관적 다수성에 새로이 점증하는 문화 영역 또는 국가들이 추가된다. 그리스도교 철학의 새로운 착수들은 "구세계"로, 즉 (비록 여기서는 국가적 언어권별로 차이가 나기는 하지만) 낡은 그리스도교 유럽으로 제한되어 있었다. 동구권, 특히 슬라브어 사용 지역은 여기서 두드러진 역할을 하지 못했다. 신스콜라 철학은 주로 유럽에서 비롯되기는 했지만, 가톨릭 세계 전체 안에서 효과적으로 작업했기 때문에 널리 확산될 수 있었다. 특히 20세기에 이르러서는 비유럽 사상가들의 활동도 눈에 띄게 증가하고 있다. 동구권, 즉 폴란드, 체코슬로바키아, 헝가리, 슬로베니아, 크로아티아, 그리고 (특히 영국 철학 및 스페인-포르투갈 철학과의 연결 속에서) 북미와 남미 등지에서의 중요한 철학적 쇄신들이 이미 착수되었다. 이 자리에서는 다만, 이 세 권의 작품을 통한 역사적·철학적 탐구에서, 처음으로 이 지역들에서 발전되어 온 그리스도교적 철학들에 특별한 지면이 할애되었다는 것을 상기시키고 싶을 뿐이다.[23] 그들의 활동에 대해서는 이제까지 잘 알려지지 않았고, 이 자리에서 한 것처럼 체계적이고 학문적인 방식으로 전거(典據)에 입각해서 소개되지 못했다.

4. 역사적 변형

지난 두 세기에 대한 우리의 회고가 객관적이고 일의적인 결과를 낳지는 않는다. 그렇지만 그것은 그리스도교 철학이, 이 시점에서조차도 하나의 역사적 현실을 대변한다는 것을 증언해주고 있다. 그것은 그리스도교 신앙으로부터 영감받은 철학적 사상의 다양한 착수들과 그 대변자들 속에 살아있다. 그 역사는 현재를 통하여 미래로 전진한다. 미래에 대한 전망의 눈길을 던지기에 앞서서, 이 영적 사건들의 복합체를 더욱 광범한 역사적 맥락 속에서 정리함으로써 미래의 가능성과 과제들을 확인하는 노력이 필요하다고 생각된다.

우리 시대에는 '근대성의 종말'에 대해 말하는 것을 자주 듣게 된다. 그것은 결국 자기 고유의 모습으로 돌아가는 것 같다. 그러나 우리 시대는 아직도 훨씬 더 심층적인 역사적 변형을 겪고 있다. 고대, 중세, 근대의 계승 속에서 서구 역사 전체가 이제 그 끝에 도달하려 하고 있으며, 범지구적 역사, 즉 단일한 세계 속에 살고 있는 단일한 인류의 역사가 시작되고 있다. 지금까지는 개별 민족과 개별 문

---

23. Cf. E. Nieznanski · B. Tarnay · S. Sousedik · J. Hlebs, "Europa Orientale e Sud-orientale", in vol.II, pp.900-959; G. Wetter · J. Hlebs, "Europa Orientale e Sud-orientale", in vol.II, pp.343-366; H. Schmidinger · J. Galarwicz · P. Bolberitz · B. Danek · J. Gabriel · J. Hlebs, "Europa Orientale e Sud-orientale", in vol.III, pp.929-996.

화가 각기 고유한 전통을 나름대로 유지한 채 다만 주변적 관심사들만을 서로 교환하면서 수천 년을 살아왔다. 본질적으로 서구 유럽적인 우리의 역사는 비교적 협소한 공간으로 제한되어 있었는데, 현대에 이르면서 급속하게 확장되기 시작하였다. 이런 의미에서 근대 혹은 중세는 '중개의 시대'이다. 유럽적 권력들은 과학기술적 지식을 통해서 세계를 지배하기에 이르렀다. 이것이 바로 세계 역사의 차원에서 본 '근대'의 본질이다. 이제 그런 시대는 근본적으로 지나갔다. 한때 식민지였던 지역들이 국가적 자율성을 쟁취하였고, 점점 더 영적 자율성을 요구하고 있다.

만일 세계가 좀 더 커다란 통일을 지향하고 있고, 인류가 하나의 공동 역사에 이르고 있다면, 이것은 통일성과 다수성 사이의 새로운 긴장 속에서 일어난다. 한편으로는 현대 기술, 정보, 통신, 교류 덕분에 이제까지는 전혀 없었던 세계의 완전한 통합이 이루어지고 있고, 다른 한편으로는, 고유한 전통들의 재발견과 재활성화 덕분에 생겨난 영적·문화적 차별성이 증대하고 있다. 심지어는 언어권과 문화권 사이의 점증하는 접촉과 교류 속에서도 자율철학(및 자율신학)을 산출하려는 움직임마저 감지되고 있다.

만일 지금 범지구적 차원의 공동체 역사가 시작되고 있다면, 이 변형은 우리가 '근대'라고 부르는 시대에 조건지어져 있고, 거기서 이미 예비되었던 것이다. 근대는 과학기술적 시대로 특징지어진다. 물론 이로써 근대와 그 위대함 및 한계에 대하여 모든 것이 말해진 것은 아니다. 거기에는 정치적·문화적·종교적 운동 같은 다른 많은 측면들이 있다. 그러나 분명 근대성의 독특한 면모는 과학과 기술의 거대한 진보에 있다. 이것이 세계를 변형시켰고, 또한 사람들의 삶과 일의 구체적 조건들까지도 바꾸어놓았다.

이러한 발전은 점점 더 가속화되고 급격해지며 또한 위협적이 되어가고 있다. 그 길 도처에서 한계에 부딪치는, 승리에 도취된 진보에 대한 의심과 더불어, 그것에 대한 비판이 점증하고 강화되고 있다. 순전히 물질적인 진보는 사람들의 근본 문제들을 해결하지 못하고, 보다 인간적인 세상을 보장하지 못하며, 다만 심각한 문제들만 새로이 야기할 뿐이라는 것이 인정되어야 했다. 여기서는 오늘날 가끔 힘차게 제기되는 이 비판이 모든 측면에서 정당한지 여부를 논하려는 것이 아니다. 더욱 중요한 것은 사람들의 사고와 감성 속에 일고 있는 일반적이고 심층적인 변형이다. 과학과 기술 덕분에 행복해지리라는 진보에 대한 순진한 신앙은 이제 사라졌다. 이것은 한때 의기양양하고 자기 자신에 대해서 주인이었던 근대 전체를 이끌었던 심층적인 관념이 현재 무너지고 있다는 것을 의미한다. 근대세계는 심각한 위기로 끝나고 있다. 그것은 근대가 마침내 그 고유의 모습을 드러내고 있다는 사실을 증언하고 있다.

이것은 심지어 근대의 모습을 정초했고, 명상하거나 분화시켰던 근대철학(또는 근대철학들)에 대해서도 마찬가지다. 그것은 대체로 '주관성의 철학'이라고 불린다. 그것은 부분적으로는 옳지만, 지나치게 단순화되어 있다. 그것은 대체로 주체와 객체 사이의 분명한 분리를 특징으로 삼고 있다. 그러나 존재에 관한 일반 형이상학을 거부할 때, 결과적으로 대상은 물론 주체까지도 사라져버리게 되는 것이다.

철학 사상은 근대에 이르러 자연과학의 도전을 받았다. 근대는 그 창안자인 데카르트의 본을 따라 철학마저도 엄밀 학문으로서 구성하고 싶어 했다. 결국 그들은 정확한 객관성을 확보하고자 하였다. 그래서 주체를 오직 이런 정확성과의 연관 하에서 그리고 그것에 대한 성찰 속에서 규정하고자 하였다. 진리의 객관적 확실성(veritas et certitudo)은 특히 수학이나 물리학 같은 엄밀 학문의 이상에 따라 이해되었다. 그렇지만 이 규범과 더불어, 개별 경험과학들 속에서 방법론적으로 가능하고 필요한 추상과 환원이라는 방법이 무비판적으로 채택되었을 뿐만 아니라, 철학적으로 정당화되고 일반화되었다. 방법론적이고 가설적인 추상으로부터 객관적이고 필연적인 부정이 근대사상의 다른 모든 심각한 귀결들과 함께 파생되었다.

인식의 엄밀한 '객관성'을 추구하려는 노력으로부터, 역설적으로 존재자(그 자체로 있는 것)가 점점 더 인식의 대상으로부터 사라져 버리게 되었다. 세계는 합리적으로 이해되고 이렇게 해서 지배받아야 하는 하나의 단순한 "대상"(ob-jectum)으로 설명되었다. 베이컨은 "아는 것이 힘이다"(tantum possumus, quantum scimus)라고 선언했고, 데카르트 이래로 대상은 "연장된 사물"(res extensa)로 이해되었다. 그것은 의미나 가치를 결한 채 그저 "마주 서 있는" 어떤 것이 되었고, 인간이 세상을 총체적으로 지배하기 위한 단순한 '재료'(materia)가 되었다. 이것은 실재를 양적 크기, (목적적이 아닌) 인과적 사건들, 그리고 순전히 (구체적인 생생한 실재를 이런 추상적인 측면들로 환원시키는 기계주의적 표상인) 기계적이고 기능적인 과정들로 환원시키는 것을 전제하고 있다.

이런 세계관은 스피노자(Baruch de Spinoza)가 제시하는 세계의 신적인 메커니즘 속에서 형이상학적으로 절대적으로 확립되었다. 한편 데이비드 흄(David Hume)은 세계를 실체성 및 실재성을 결한 감각적 인상들의 복합체로 환원시켰고, 칸트는 그것을 순수 현상들의 세계로 환원시켜 버렸다. 이렇게 해서 대상의 고유한 존재와 실재는 희생되었다. '물자체'(Ding an Sich)라는 문제점 많은 잔여(殘餘)는 피히테에 의해서 결국 삭제되고, 대상은 '나' 안에 정립된 '비아'(非我)가 되었다. 주체는 절대적 자율 속에서 자유롭기 위해 대상으로부터 결정적으로 해방되었다. 마지막으로 헤겔의 절대 관념주의 속에서 (비록 변증법적으로 필요하다는 것이 대립적인 어떤 것이라 할지라도) 객관적 세상, 즉 자연은 아직도 정립된 어떤 것에 지나지 않는다. 그것은 정신의 절대적 과정 속에서 '극복'되고, 따라서 무(無)가 된다. 존재와 무는 같은 것이다.

대상의 상실은 관념주의적 사고뿐만 아니라 심리학주의와 역사주의 및 다른 사상적 조류들, 즉 근대의 특징적 형식인 근대 주관주의의 모든 형식 속에서도 계속되고 있다. 이것은 우리에게 제시되는 존재를 제거하고 평가절하하는 하이데거의 노력 속에서도 마찬가지이다. 형이상학의 "존재적"(ontisch) 사고는 존재를 명상하는 "존재론적"(ontologisch) 사고에 의해 극복되어야 한다. 존재적 존재자는 '내팽개쳐진 기획'인 현존재(Dasein)의 세상적 구조 속에 들어가고, 인간의 자기성취라는 관점에서 바라본 그 기능성 속에서만 드러나는 "사물" 또는 순수한 "도구"가 된다. 그러나 존재자 자체는 아무것도 아니다.

그러므로 만일 어떤 근대사상가에게서 대상이 점점 더 사라지고 있다면, 그것은 그가 바로 '주관성'의 철학을 전개하고 있다는 증거라고 볼 수 있다. 더더욱 그 안에서 주체도 점점 더 위축되고 희생된다는 것을 놓치지 말아야 한다. 실상 인식의 자율성을 내세우고 세상에 대한 총체적 지배를 꿈꾸며 마침내 자기가 절대정신이라고 선언하는 이 주체는 과연 누구이며 무엇이란 말인가? 그것이 아직도 세상 속에서 경험하며 살아가는 구체적인 인격체 '나'란 말인가?

이미 데카르트 철학의 궁극적 토대인 '사고하는 나'(ego cogitans)는 공동체와 역사로부터 분리되어 라이프니츠(G.W. Leibniz)의 '창(窓) 없는 단자(單子)'에 이를 정도로 아무런 상호연관성도 없이 오직 자기 자신에만 근거해서 정립되고 자신의 이성적 관점에만 의존하며 이성적 사고에 의해서만 규정되는 추상적인 '나'이다. 이 '사고하는 사물'이 세상에 대한 수학적이고 합리적인 인식의 자율적 주체가 될수록, 그것은 점점 더 자기 자신 안에 유폐되고 기계주의적 해결책으로 기울게 되어, 스피노자의 결정주의로부터 물질주의적인 라메트리(J.O. de La Mettrie)의 '기계 인간'에 이르기까지 기능적으로 흡수되어버리게 된다. 그렇다면 인간은 도대체 어디에 남아있단 말인가?

　대상이 감각적 인상들의 복합적 현상으로 해소될수록 주체도 또한 자신의 존재와 행위에 있어서의 존재론적 지위를 박탈당한다(흄). 대상이 자율적 주체의 구성물이 될수록(칸트), 초월적 주체는 그만큼 더 추상적인 인간이 되는 것이고, 구체적이고 경험적인 나 자신의 모습으로부터 멀어지게 된다. 자율을 주장하면 할수록, 그만큼 더 자기 자신 안에 고립된다. '나'가 (피히테의 절대자아에서부터 헤겔의 절대정신에 이르기까지) 절대자로 정립되면 될수록, 그것은 그만큼 덜 실재적이고 덜 구체적인 인간이다. 그것은 모두 함께 "하나이며 전체"(en kai pan)인 절대정신의 자기실현과 자기 전개 과정의 한 기능적 계기로 전락하고 만다. 모든 "주체성의 철학"에도 불구하고, 아니 오히려 그 때문에, 주체로서의 인간은 자기 자신으로부터 소외되는 것이다.

　이 모든 것도 모순적이기는 하지만 다양한 방식으로 계속되고 있다. 포이어바흐는 신을 제거하고 그 자리에 인간을 앉힌다. "인간이 인간에게 신이다." 그리고 이렇게 해서 그는 그 자체 신이 아니고 또 신으로 경험되지도 않는 인간을 포착하는 데 실패한다. 마르크스에게서 인간은 "경제 관계의 총체"로 전락하고, 인격적 자율성을 상실한다. 니체에게 인간은 극복되어야 할 어떤 것이 된다. 그러나 "권력에의 의지", 생명을 증대시키려는 의지, "초인"의 의지는 "모든 손님 가운데 가장 가공스러운" 허무주의가 드러내는 음산한 관점의 희생양이다. 이것은 이미 (그가 이미 백 년 전에 보았던 정도가 아니라, 우리가 오늘날 훨씬 더 심층적으로 경험하고 있는) 근대의 종말을 알리는 신호이다.

　그러면 하이데거는 어떠한가? 그는 전통 형이상학을 허무주의로 해석한다. 왜냐하면 그 안에는 "존재에 관한 것은 하나도 없기" 때문이다. 그는 새로이 존재의 의미를 묻는 질문을 제기한다. 이 절박한 질문은 또한 형이상학 전통, 특히 토마스 아퀴나스에게로 되돌아가는 것이 되기도 하는, 존재에 관한 새로운 사고에 결정적인 자극제가 되었다. 그러나 그 자신은 아무런 대답도 제시하지 못했다. 그의 모호한, 각각 존재의 관점들의 지평을 드러내는, 존재의 '존재론적·획기적 도래'는 형이상학적인 존재 문제에 이르지 못한다. 하이데거 자신이 근대의 존재 망각사의 포로로 남는다. 그는 또한 과학기술적 세계를 비판한 최초의 사람들 가운데 하나이지만, 출구를 보여주는 데는 실패했다. "착수"(Gestell)의 자리에 과연 무엇을 놓아야 한단 말인가? 그는 '존재적' 사고를 평가절하하기 때문에, 대상 상실의 희생양으로 남아있다. 그러나 존재에 관한 "존재론적" 사고의 주체에 대해서는 어떠한가? 분명 현존재인 인간은 "존재의 빈 터" 속에 '던져져' 있지만, 역사의 존재론적 운명 때문에 "세상의 밤"이 그 어두움을 펼치는 "진공의 시대"를 살고 있다. 여기서도 주체이며 현존재인 인간은 하이데거 자신의 말처럼 "존재에 관련된 것은 아무것도 없는" 익명의 사건들 속에서 제거되어버린다. 이것은 근대 사고의 종말을 알리는 또 하나의 신호이고, 이 종말은 "허무"라는 슬픈 이름을 달고 있다.

오늘날에는 예컨대 신-칸트주의, 현상학, 생철학, 실존철학, 구조주의, 신-마르크스주의, 해석학, 그리고 특히 (대상은 물론 주체의 상실을 전형적으로 표현하던) 신-실증주의와 그밖의 다른 조류들처럼, 과거에 지배력을 행사하던 상당히 많은 철학 학파들이 지나갔다. 이 모든 것은 근대철학이 형이상학을 희생시킴으로써 어떻게 자기 자신을 고갈시키며 자신의 종말을 준비해 왔는지를 명료하게 보여준다. 이것은 오늘날 "근대후기"(post-modern)라는 이름으로 불리며 혼란스러운 다원주의 또는 총체적 허무주의로 이끄는 다양한 형태로 나타난다.

그러나 '신 문제'에 대해서는 어찌되었는가? 고전적 근대 철학에서는 언제나 세상, 인간, 신이라는 세 가지 주제가 탐구되었다. 이것은 베이컨과 데카르트에게 이미 그러하였고, 크리스티안 볼프(Christian Wolff)에게는 우주론, 심리학, 신학이라는 특수 형이상학의 세 분야가 되었으며, 칸트에게는 세계, 영혼, 신이라는 순수 이성의 세 관념으로 인정되었다. 관념주의에서도 역시 언제나 주체(인간)와 대상(세계)의 이원성을 다루고, 이것들이 절대자(신)에 의하여 능가되고 정초되어야 할 것으로 보았다. 그렇지만 절대적 동일성(셸링)일 뿐만 아니라 변증법적 동일성(헤겔)인 이 절대자가 세계(자연)와 대립되어, 인간의 인식과 의식 속에 자기 자신(정신)으로의 귀환을 통해서 실현되는 것이라면, 그래서 만일 절대정신이 되려는 그 역사 속에서 펼쳐지는 것이라면, 이것은 세계와 인간 없이는 있을 수 없는 '생성되는 신'일 수밖에 없을 것이다.

그런데 만일 절대자가 인간 안에서만 자기 자신에 이르고 의식과 "절대적 앎"에 도달하는 것이라면, 그때 신은 "생성되고", 그렇다면 '우리는 왜 아직도 신에 대하여 말하는가?'라는 포이어바흐의 질문에 봉착하게 된다. 이제는 직접적으로 인간에 대해서, 그리고 오직 인간에 대해서만 말하자는 것이다! 인간 자신이 신이다! 이것이 바로 무신주의자들의 종교 비판의 착수이다.

이미 '고전'이 되어버린 19세기 무신주의의 다른 모든 대변자들은 특히 세 가지 형태 또는 세 가지 동기들을 제시한다. 즉 과학과 그 진보의 이름을 내건 무신주의(실증주의와 물질주의), 인간과 그 자유의 이름을 내건 무신주의(포이어바흐와 니체), 사회와 사회정의를 표방하는 무신주의(마르크스와 마르크시즘)가 그것들이다. 이 무신주의의 거대한 파도는 그리스도교 사상을 거칠게 그리고 때로는 증오심을 품고 공격하였고, 그것을 수세로 몰아부쳤다. 종교와 신 신앙은 과학으로써 거의 극복되는 듯이 보였다.

과거의 낡은 논거들은 이미 오래전에 효력을 상실하고 오늘날 그 설득력을 잃었다. 심지어 신의 실존을 철학적으로 정초하고 증명하는 일조차 어렵게 되었다. 그렇지만 신의 비실존을 증명하고자 하는 일은 더욱 어려울 뿐만 아니라, 근본적으로는 불가능하다. 인간의 사고방식과 표상 방식들은 언제나 논박될 수 있고, 인간의 신 개념은 언제나 의미 없고 모순적이며, 그 실존에 대한 인간의 증명들은 불충분하다고 비판될 수 있다. 그러나 이 모든 것은 신 자신의 초월적 실재에 이르지도 못하고, 또 그것을 논박하지도 못한다.

한때 신을 거슬러 제기되었던 동기와 논거들은 그 사이 (이미 관습이 되어버린) 일반적인 불가지주의, 냉소주의, 속세주의로 변형되었다. 오늘날의 세상은 대체로 신이 없는 '듯이' 살그 있다. 사람들은 더 이상 신, 신앙, 종교에 대해서 염려하지 않는다. 이 진행의 정점에는 바로 "사신신학"(死神神學)이라는 부조리가 자리 잡고 있다. 신학자들조차도 그리스도교를 수직적이 아니라 수평적으로, 초월적이 아니라 내재적으로, 즉 세계 내적 구원의 가르침으로, 다시 말해 사회적 계획이나 정치적 이론으로 해석해야 한다고 믿었다. 어떤 사람들은 이렇게 해서 초월의 상실마저 몰고 왔다.

이 급진적 세속화의 물결이 바로 세계를 관통하게 되면서, 신학자들이나 교회로부터가 아니라 "밑에서부터"(de basi), 특히 젊은이들과 선진 산업국가들로부터 뜻밖의 변화가 일게 되었다. 그들이 주장하는 바는, 초월과 종교적 필요라는 개념이 전혀 있을 수 없다는 것이다. 이것은 미국에서 폭발하여 곧 서구 유럽으로 번졌고, 세계 전체로 퍼져 나갔다. 그러나 이에 대한 주목할 만한 반발들로 우리는 '예수의 백성'(Jesus-people), 젊은이 종교들, 카리스마적 운동들, 극동으로부터 발전된 명상 기법들, 늘어나는 각양각색의 종교 집단들과 종파 등을 들 수 있을 것이다. 여기 냉정하게 이름만 제시된 이 현상들은, (다양한 종교 감정들 또는 사이비 종교들과 얽혀 있고, 무엇을 믿는지 또는 왜 믿는지조차 알지 못하는 그런 믿음에 얽혀 있는) 이미 가망없는 듯이 보이는 세상 속에서의 의미 물음, 의미를 발견할 필요, 자기 자신을 찾을 필요, 초월의 필요 등이 새로이 솟아나고 있음을 보여준다. 종교적 신앙은 마음 내키는 대로 (종교적 경험, 고양, 실현 등을 약속하는 듯이 보이는) 다른 형태의 종교들과 교환될 수 있는 것이 되었다. 여기서 그리스도교 철학은, 어떤 비이성주의에 떨어짐이 없이 엄밀하게 합리적인 (그래서 형이상학적 차원에까지 이르는) 철학적 사상을 통해서 세계 및 인간과 신 사이의 초월적 관계를 정초해야 하고, 그것을 현대인이 납득할 수 있도록 설득력 있게 제시할 수 있어야 한다.

5. 미래 전망

과거에 대한 회고는 또한 미래에 대한 전망의 눈길도 허용하는 것일까? 역사적 작업은 예측을 제시해서는 안 된다. 그리고 철학자는 예언자도 아니고 또 미래학자도 아니다. 그는 앞으로 무슨 일이 일어날지에 대해서는 할 말이 없다. 다만 무슨 일이 일어나야 하고, 무엇이 필연적일지에 대해서만 말할 수 있을 뿐이다.

만일 우리가 (이제 막 범지구적 역사가 시작되고 있는) 미래를 향해 눈길을 던진다면 영적 방향 설정, 존재와 의미, 진정한 가치들과 인간 실존을 위해 가치를 지니는 규범들에 관한 명상의 필요성보다 더 시급한 것은 없다. 이것을 위해서는 철학적 사고가 자신의 책임을 자각할 필요가 있고, 따라서(그리고 특히 넓은 의미에서) 존재의 지평을 열고 거기에 토대를 두는 형이상학적 사고가 필요하다.

여기서 우리는 어떤 평준화를 말하는 것이 아니고, 또 그것을 말할 수도 없다. 우리는 다원주의적 유형의 세계와 사회 속에 살고 있다. 아니, 차라리 '다원주의'보다는 '다원성'을 말하는 것이 더 나을지 모르겠다. 왜냐하면 '다원주의'라는 말은 어떤 '-즘의'의 이론 또는 이데올로기를 표현하고 있기 때문이다. 우리가 말하려는 것은 그런 것이 아니다. 만일 그런 것을 우리가 의도했더라면, 그것은 잘못이었을 것이다. 통일성 없는 다수성이란 없으며, 어떠한 다양성도 공통점을 가지고 있는 법이다. 여기서 우리는 다만 현대사회 속에 사회 구조들의 다수성뿐만 아니라 영적인 세계관의 다수성도 있다는 것을 지적하고 싶을 뿐이다. 그리고 이것은 인류가 모두 함께 다수성 속에서 더 큰 일치를 향하여 성장한다는 것을 가리킨다. 미래에는 오늘날보다 더 이 다원성을 고려해야 할 것이다. 그러나 그리스도교 사상까지도 이 다원성 속에 포함시켜 그것을 가치있는 것으로 만들 필요가 있다. 그리스도교 철학의 과제는 그것을 합리적으로 전달하는 것이다.

그러나 그렇다고 그리스도교 철학을 어떤 하나의 방법론을 통해 유일한 체계로 구축하자는 것이 아니다. (그 모든 이론적 가르침의 측면에 대해서 말하는 것이 아니라) 바로 이런 의미에서 신스콜라 철학은 이미 과거에 속한다. 진리에 이르는 길은 여럿이고, 유일한 진리에는 다양한 측면들이 있다. 한계를 지니고 있는 인간 인식은 결코 진리의 충만을 적절한 방식으로 포착할 수 없다. 그러나 (어느 하나가 다수를 어떤 포괄적인 체계로 통합할 수는 없지만) 여러 방법과 다양한 측면들이 서로 통합되는 일은 가능하다. 이런 의미에서 그리스도교 철학의 다수성은 정당화되고, 그 고유한 자유를 누려야 한다. 이 자유로운 다수성은 언제나 있어 왔고, 또 (다수성기 통일성으로 강요되는 일이 없이) 미래에도 있을 것이다. 이런 통일의 시도들은 (교도권 측으로부터도) 언제나 실패할 수밖에 없다. 그런 것들은 다만 사고의 둔화와 경직만을 초래했을 뿐이다. 오히려 진리를 열망하는 데 있어서의 개방성과 자유가 요구된다.

그럼에도 불구하고 엄밀한 철학적 사고가 필요하다. 그리스도교 철학은 이성의 권리와 의무를 보존하면서 지성의 사고를 이런 목적으로 사용해야 한다. 합리적 이성(ratio)은 지성(intellectus)이 포착하는 것의 정초이자 합리적 매개이다. 철학은 두 가지를 다 필요로 한다. 그것은 공허한 종교적 감정 속에서 초월의 의미와 경험을 확인하려 드는 새로운 비이성주의에 현혹되어서는 안 된다. 그리스도교 철학은 비판적·합리적 사고 속에서 세계 개념과 존재 개념의 기초들을 확정지을 수 있어야 하고, 혼동들을 배격할 수 있어야 한다. 그래서 정당한 다수성이 있는 곳에서 결정적인 요소는, 설득력 있는 방식으로 공통의 토대를 이루는 관념들에 도달하여 그것을 성숙시키고, 그것에 기초하여 대화하는 것이다.

'존재적' 존재자의 유일성과 유일회성은 그것을 (관념주의적 의미에서든, 마르크스적 의미 또는 역사적·존재론적 의미에서든지 간에) 어떤 보편자의 내면으로 흡수하려는 여하한 시도로부터 보존되고 보호되어야 한다. 존재자는 존재로부터 출발하여 이해되어야 하고, 따라서 그것이 지니고 있는 존재의 무제약적이고 제거될 수 없는 가치 속에서 이해되어야 한다. 이런 식으로 개별자와 보편자 문제, 유명주의와 개체주의 문제, 그리고 어느 때보다도 오늘날 문제시되고 있는 보편주의와 집단주의 문제뿐만 아니라, 근대철학에서 제기되었으나 '포스트모던'에서의 이원성 제거를 통해서도 해결될 수 없었고 오직 (유비적인 차이를 지니고 있는) 존재에 대한 보편적 가르침 안에서만 해결될 수 있는, 주체와 대상 문제도 함께 제기된다.

우리는 자율적이고 절대적인 근대의 주관성의 철학으로 다시 떨어져서는 안 된다. 오히려 철학은 존재와 존재자의 고유 가치, 그리고 (정신의 내면으로 해소될 수 없는) 자연, 지성을 논의의 중심으로 삼아야 하고, 또 세계 속에서 자신의 자율적인 자연적 존재로 실존하며 지배와 착취의 대상이 아니라 사랑하고 보존해야 할 대상인 인간 실존에 봉사해야 한다.

무엇보다도 주체인 구체적 인간은, 그것을 제거하거나 왜곡시키려는 온갖 집단주의적이고 사회주의적인 시도들을 거슬러서, 고유의 인격적 존재, 유일성, 대체불가능성, 인격적 가치, 그리고 그 존엄성 속에서 이해되어야 한다. 인간의 자율적 가치, 자유, 책임은 오늘날 여러 방면으로부터 위협받고 있다. 생산 기술의 점증하는 자동화, 세계적이고 다국적으로 경영되는 사회, 경제, 정치적 과정들의 자율성 등은 점점 더 인간을 책임있는 결단의 주체로 인정하지 아니하고, 그를 익명의 "객관적 의무"에 종속시키려고 획책하고 있다. 그럼에도 불구하고 언제나 결단과 책임의 주체인 인간이 있다. 인간을 짓누르는 위협이 크면 클수록, 그는 기계적이고 익명적인 사건들에 희생되어서는 안 되고, 또 그만큼 (대인관계나 사회 속에서조차도) 개인의 유일하고 대체될 수 없는 인격적 가치가 철학적으로 명료화되고 확립되어야 한다. 인간의 인격적 본질에서부터 출발할 때, 비로소 다른 사람들의 인격적 존재의 존중과 인정, 삶의 긍정, 관용의 태도, 대화의 자세, 정의 및 평화의 건설도 가능하게 된다.

우리는 이 모든 것의 궁극적이고 바로 결정적인 토대를 '초월' 속에서 발견한다. 존재자가, 오직 그리스도교적 형이상학적 사고 속에서만, 즉 신에 의해서 피조물로 긍정되고 원해지고 정립된 것으로서 이해될 때에만, 온갖 현란한 왜곡의 위험으로부터 보존되고 보호될 수 있다는 것은 충격적이지만 역사적으로 참된 사실이다. 무엇보다도 인간은 오직 신에 의해서 피조물로서 긍정되고 원해지며 그 인격적 존엄성 속에 정립될 때라야만, 그리고 (이것이 본질적이지만) 영적이고 인격적인 존재로서 절대자인 신과 연결될 때라야만, 그의 무제약적이고 그르칠 수 없는 인격적이고 자율적인 지위와 가치를 보장받을 수 있다. 자유로운 결단 및 책임과 마찬가지로,

모든 지성적 인식 행위는 인간의 본질적 토대로부터 출발해서 존재와 가치의 무제약적 지평 속에서 선험적으로 수행되고, 그러한 것으로서 이미 언제나 절대성 또는 절대(신)를 전제하고 있으며, 이 최종적인 것을 향한 경향을 드러낸다. 오직 이런 방식을 통해서만 인간의 영적이고 인격적인 존재의 내밀 구조가 보장된다. 신에 대해서 말하지 않고서는 철학적으로는 물론 신학적으로는 더더욱 인간에 대해서 말할 수 없다. 그렇지 않고서는 인간 고유의 본질을 포착하는 데 실패하고, 그 깊이를 훼손시키거나 왜곡시키게 된다.

그리스도교 철학은 과거에도 그러했지만, 현재와 미래에 있어서도, 초월을 보존하고 개방된 채로 유지하며 신 인식을 보장해야 한다는 본질적 과제를 안고 있다. 이때 우리는 (오늘날 어떤 사람들은 오해를 피하기 위해서 이런 표현을 피해야 한다고 주장하고 있지만) '신 실존 증명' 여부에 대해서 말할 수 있다. 결정적인 사실은, 신의 필연적 제일원인성에 대한 합리적 관점이 엄격하게 합리적인 사고 안에서 정초될 수 있다는 것이고, 그분이 세상과 역사 속에서 "생성되는" 신이라는 섣부른 단정을 넘어 절대적이고 무한하며 살아있고 인격적인 "존재 자체", 즉 토마스 아퀴나스의 'Ipsum esse'로 인식된다는 것이다. 이렇게 해서 세계와 신, 인간과 신, 내재와 초월에 대한, 오래되었으면서도 언제나 새로운 질문들을 제기하는 데로 돌아오게 된다.

그리스도교 철학은 처음부터 그리고 언제까지나, 따라서 19세기와 20세기에도, 다양한 모습으로 다양한 측면을 지니고 있는 실재로 존재하여 왔다. 그리스도교 신앙과 사고하는 그리스도인들이 존재하는 한, 그리스도교 철학은 미래에도 계속해서 살아있을 것이다 (그들은 그들의 확신을 철학적으로 정초하고 설명하기 위하여 당대의 정신 또는 영성의 부족과 투쟁할 것이다). 이러한 '믿는 사고' 또는 '사고하는 신앙'은 모두 과제이자 계기이다.

이 [세 권의] 작품은, 우리가 그 한계를 충분히 자각하고 있는 것처럼, 결론이라기보다는 오히려 하나의 시작이다. 이 작품은 요약적 파노라마를 제공하고자 하며, 19-20세기 그리스도교 철학자들에 이르는 통로를 열어 그들의 지향과 작업에 대한 관심을 일깨우는 한편, 새로운 탐구를 자극하고자 한다. 이 작품은 처음부터 끝까지 이런 목적을 견지하고 있다. 이 사고와 영적 노고는 아직도 충만한 실현을 향해 성장해야 한다. 이제 작업을 일단락 지으면서 우리는 아직도 다음과 같이 축원하고 싶다: "그리스도교 철학이 앞으로도 더욱 심화되고 발전되기를!"

03. 세르티양주:
그리스도교 신앙과 근대 문화 사이에서

토마스 오미어러

앙토냉 길베르 세르티양주(Antonin-Gilbert, Sertillanges, OP)는 마리 도미니크 슈뉘(Marie-Dominique Chenu, OP)나 이브 콩가르(Yves Congar, OP) 같은 두드러진 도미니코 회원들보다 한두 세대 이전 시기에 속한다. 그의 노력은 20세기에 발전한 도미니코회의 다양한 신학적·사목적 쇄신들을 위한 착수, 정향, 충동을 제공하였다. 그는 중세 신학과 근대 윤리학, 예술, 사회에 대해 창조적으로 사고할 줄 알았던 놀라운 인물이었다.

세르티양주는 1863년 11월 1일 클레르몽페랑(Clermont-Ferrand)에서 태어났다. 그리스도교 학교 형제회(Brothers of the Christian Schools)의 교실에서 지내던 시절, 중세 도미니코회 수도원의 잔재를 포함하고 있는 그림 같은 도시를 여기저기 두루 걷곤 하였다. 블레즈 파스칼(Blaise Pascal)의 묵은 기억들(기념비들)이 그의 창조적이고 낭만적인 정신을 신앙과 종교로 이끌었다. "나는 분명 …작업했지만, 남들과 다른 방식으로 하였다. 수학 시간에 나는 시(詩)에 대해 생각하였고, 문학 시간에는 수학에 대해 걱정하였다."[1] 올리비에(M.-J. Olivier, OP) 신부의 설교는 그가 숙고하고 있던 길, 곧 수도회

---

1. M.-F. Moos, "Preface", in A.D. Sertillanges, *L'Univers et L'ame*, Paris, Les Editions Ouvrieres, 1965, p.8.

입회, 도미니코회에 입회한다는 결단을 내리도록 영감을 주었다. 올리비에는 세상 속에서의 하느님의 활동과 예수의 삶을 현대 문제들에 적용할 것을 선포하는 강력한 설교자였다.[2] 파리의 노트르담 대성당에서 그는 교회의 목적과 본성에 관한 일련의 설교를 하였고, 나중에는 그것을 『교회: 그 존재 이유』라는 제목으로 출판하였는데,[3] 그것은 그의 젊은 경청자의 미래 기획을 다소나마 예견할 수 있게 해주는 책이었다.

세르티앙주는 1883년 9월 8일에 도미니코회 프랑스 관구에 입회하였다. 수도명은 앙토냉-길베르이다. 프랑스 귀족 가문으로부터 임대한 스페인 벨몬테(Belmonte)풍의 건물들 덕분에 1880년에 있었던 프랑스의 수도회 추방령 이후에는 그곳에 수련소(novitiate)를 설립할 수 있었다. 그는 추방당한 형제들을 위한 또 하나의 전초기지였던 코르시카의 코르바라에서 신학을 공부하였고, 1888년 사제서품을 받은 다음에는 그곳 학사와 아미앵(Amiens)에서 가르쳤다. 1893년 파리로 파견된 그는 여러 주간 동안 이탈리아에 간 적이 있는데, 그곳의 예술품들이 그의 첫 번째 책인 『피렌체 예술기행』에 영감을 주었다. 이것은 종교와 토스카나 지방 예술 사이의 대화를 담고 있다.[4] "유사한 주제와 형식들을 통해 특정 시대에 표현되

---

2. Andre Dubal, "Ollivier, Francois Jean Marie [Marie-Joseph]", in *Dictionnaire de spiritualite* 11, Paris, Beauchesnes, 1982, pp.185f.
3. M.-J. Ollivier, OP, *L'Eglise, Sa Raison d'Etre*, Paris, Lethielleux, 1897.
4. *Un Pelerinage Artistique a Florence*, [1896] Paris, Lecoffre, 1903; rep.: 1931. Cf. M. Paradines, *Notice sur la vie et les oeuvres du R. P. Antonin Sertillanges*, Paris, Institut de France, 1951; M.-F. Moos, "Un Maitre de la vie spirituelle: le T.R.P. Sertillanges, OP", *La Vie spirituelle* 80(1949), pp.607-633; F. de Urbenela, "Caracteristicas del Tomismo segun Grabmann y Sertillanges", *La Ciencia Tomista* 77(1950), pp.227-235; Moos, *Le Pere Sertillanges, maitre de la vie spirituelle*, Bruxelles, La Pensee Catholique, 1957; A. Piolanti, "P. Antonin Dalmace Sertillanges, OP: Un tomista da non dimenticare", *Doctor Communis* 41(1988), pp.79-90; M.H. Vicaire, "Sertillanges, Antonin Gilbert", *New Catholic Encyclopedia*, Washington, McGraw-Hill, 1967, vol.13, pp.125f.; Andre Dubal, "Sertillanges (Antonin Gilbert)", in *Dictionnaire de spiritualite*, Paris, Beauchesne, 1988, vol.15, pp.668-671; Franz-Martin Schmoelz, "Antonin-Dalmace

는 신앙과 예술"이라는 이 전망은 그의 생애 전반에 걸쳐 지속되었다. 예술과 신학은 예컨대 로마네스크 양식이나 고딕 양식에서 서로서로를 밝혀주었다. 그리스도교에 관한 여러 해에 걸친 여러 강연에서 그는 신앙의 주제들을 설명하는 데에 여러 걸작품을 활용하였다.[5]

세르티양주는 파리가톨릭고등연구소(Institut Catholique de Paris)의 윤리신학 교수가 되어 1900년부터 1920년까지 가르쳤다. 그는 토마스 아퀴나스에 관한 자신의 지식을 심화시키는 것과 대학가에서의 현대 철학에 관한 지식 습득에 집중하였다. 칸트에 관한 연구에 이어서 현대 프랑스 사상가들, 특히 베르그송의 역동적 이론들로 옮겨갔다.[6] 1910년에 나타나는 토마스 아퀴나스에 관한 그의 두 권의 연구서에 이어, 1916년에는 『토마스 아퀴나스의 도덕철학』(*La Philosophie morale de S. Thomas d'Aquin*)이 출간되었다.[7] 그리고 그는 호교론에 관한 여러 권의 책을 출판하였다. 그 가운데 하나는 1903년에 출간된 『하느님 신앙의 원천들』(*Les Sources de la Croyance en Dieu*)인데, 이것은 무려 22판을 거듭하였고, 그 인기는 앞선 단이 이미 1만 부

Sertillanges(1863-1948)", in Emerich Coreth, et al.(eds.), *Christliche Philosophie im katholischen Denken des 19. und 20. Jahrhunderts*, Graz, Styria, 1988, vol.2, pp.485-492.
5. Moos, "Preface", p.13.
6. "앙리 베르그송의 죽음은 세계 전체의 큰 손실이었다. 그리고 마찬가지로 가톨릭교회를 위해서도 손실이었다. 이 사실은 아무에게도 놀랍지 않을 것이다. 신비적 영혼들은, 하느님이 무한히 위대하시다는 것을 인정한다. …가톨릭의 용어를 빌리자면, 베르그송의 입장은 그의 저서들이 우리에게 말해주는 것처럼 충실한 지지는 아니었다. 그는 철학자였지만, …신앙의 정당성을 충분히 납득하고 있었다―나는 이 점을 단언할 수 있다." (Sertillanges, *Henri Bergson et le catholicisme*, Paris, Flammarion, 1941, pp.5-7; 이 책은 1977년에 일본어로 번역되었다.) "자기 생의 막바지에 베르그송은 정점(頂點)으로서의 그리스도와 한 인간으로서의 그리스도에 관해 생각하고 있었다. 베르그송에게 교회는 "그리스도의 개별적 은총이 사회적 은총이 되는, '사회화된 그리스도'이다"(p.101). 세르티양주는 1900년에 무려 75페이지의 해제를 달고 있는 (Moos, "Preface", p.14) 클로드 베르나르의『경험의학 입문』에 대한 비판본을 출간하였다(Claude Bernard, *Introduction a la medicine experimentcle*, Paris, Leve, 1900).
7. Sertillanges, *Saint Thomas d'Aquin*, Paris, Alcan, 1910, 2 vols.; *La philosophie morale de s. Thomas d'Aquin*, Paris, Alcan, 1916.

이상 재쇄되었다고 선포할 정도였다.

1903년 교회 조직에 대한 박해 시기 동안에, 세르티양주는 파리에서의 가톨릭 지성생활을 지탱해줄 조치(measures)를 조직하였다. 1915년에 그는 영향력 있는 신학 및 종교문화 비평 잡지인 『젊은이들의 잡지』(Revue des Jeunes)를 넘겨받았다. 마들렌 성당에서 행한 몇몇 설교들은 '신앙인의 영웅적인 삶'을 다루었다.[8] 다른 것들은 공공의 문제들에 관한 것들이다. 1918년에는 윤리학 및 정치학 학술원(Academie des Sciences Morales et Politiques) 회원으로 선출되었다.

같은 해에 한 강력한 설교에서 그는 교황 베네딕토 15세가 1917년 8월에 연합세력의 중앙 수뇌부에 보낸 '평화 계획'에 대해 프랑스가 조심스러워하는 부분을 공개적으로 표현하였다(영국은 관심을 표명하였고, 미국은 거부의 뜻을 밝혔다). 교황의 제언에 대한 세르티양주의 비판은 프랑스 주교단과 정부 요인들 가운데 상당수의 지지를 얻었다. 그 설교는 파리 대주교인 아메트 추기경(Cardinal Leon Amette)의 사전 승인을 받은 것이었다. 역사가인 앙드레 듀발(Andre Dubal)은 이렇게 보도하고 있다: "그렇지만 교황청 국무성 장관인 피에트로 가스파리(Pietro Gasparri) 추기경이 거의 즉각적으로 혹독한 비난을 퍼부으며, 파리가톨릭고등연구소의 총장이자 추기경이 제재를 가할 것을 요구하고 나섰다."[9] 1922년 베네딕토 15세가 서거한 뒤에 이 도미니코 회원(세르티양주)은 로마 소환의 표적이 되었다. (진보적 사고에 대한 혐의도 어떤 역할을 하였던가?)[10] 로마는 세르티양주에게 프랑스 내에서의 거주와 출판을 차단함으로써, 17년간 지속될 유배생활을 명하였다. "1917년도에 그가 행한 설교의 정치

---

8. Sertillanges, *La vie heroique*, Paris, Bloud and Gay, 1914.
9. Dubal, "Sertillanges", p.670. 이 설교는 『프랑스의 평화』라는 제목으로 출간되었다: *La paix francais*, Paris, Bloud and Gay, 1918.
10. 이 조사에 관한 문헌들을 보기 위해서는: Cf. Antonio Piolanti, "P. Antonin-Dalmace Sertillanges, OP: Un tomista da non dimenticare", pp.79-90.

적 색깔이 1922년의 직무정지로부터 1939년까지 계속되는 유배에 이르기까지 그에 대한 의심의 눈초리의 원동력이 되었다."[11]

예루살렘성서대학(Ecole Biblique in Jerusalem)에서 1년을 지낸 뒤에, 유배당한 이 도미니코 회원은 네덜란드의 (유배 중인 도미니코 회원들을 위한 학교인) 리크홀트(Rijckholt)에서 1924년부터 1928년까지 윤리신학을 가르쳤고, 이어 1929년부터 10년 동안 (당시 벨기에에 있던 파리 관구 신학교인) 르 솔슈아르(Le Saulchoir)에서 [같은 것을] 가르쳤다. 1939년 도미니코회 총장 마틴 질르(Martin Gillet)는 비오 12세를 설득하여, 세르티양주가 설교와 저술에 착수했던 프랑스로 되돌아갈 수 있게 해주었다. 제2차 세계대전 이후에 그는 새로운 책들을 썼고, 건강이 약했음에도 불구하고 1948년 7월 26일 생을 마감할 때까지, 자신의 힘을 '참여'(participatio) 개념 해명에 쏟았다. 슈뉘는 이렇게 회상한다.

> 내가 도착했을 때 '르 솔슈아르'는, 근대주의의 위기가 한창인 가운데 프랑스 교회 안에 살면서 평온하게 그리고 튼튼하게 (과학적 표현, 관상적 충만함, 사도적 표현들을 포함하고 있는) 하나의 신학을 만들어낸 수많은 이들이 남겨준 선물들을 통해 자신의 영감, 방법, 균형을 이미 발견하였다.[12]

(나중에 슈뉘가 유명하게 만든) 이 학교의 본래적 영감은 앙브루아즈 가르데이로부터 왔다. 콩가르의 말을 빌리면 그는 "연구의 질을 대학 수준으로 끌어올리려는 의도를 가진, 최고로 높은 수준의 신학을 연마한 사상가"였다.[13] 가르데이는 여러 해 동안 연구 전임 교

---

11. Vicaire, "Sertillanges", p.126; Dubal, "Sertillanges", p.669.
12. Olivier de la Brosse, *Le Pere Chenu: La liberte dans la foi*, Paris, Cerf, 1969, p.24.
13. Jean-Pierre Jossua, *Le Pere Congar: La theologie au service du peuple de Dieu*, Paris, Cerf,

수였고, 1901년에는 설교와 사목적 봉사 훈련을 철학 및 신학에서의 과학적 방법들과 결합했을 뿐만 아니라 사회 및 대학 분위기에도 개방되어 있는 신학 학교 기획을 제공하였다. 그는 『토미스트지』(Revue Thomiste) 창간을 비롯하여 중요한 학술지들을 발전시켰고, 『계시된 선물들과 신학』(Le Donne Revele et la Theologie)은 아퀴나스와 현대 철학 사이의 대화 프로그램을 발표하였다. 이에 반해, 후대의 책들은 심리학과 신비학을 결합시켰다. 슈뉘는 가르데이의 책들을 두고 "르 솔슈아르에서의 신학적 방법과 지성적 작업을 위한 탁월한 원천"이라고 불렀다.

가르데이와 더불어 피에르 망도네, 앙투안 르모녜(Antoine Lemonnyer), 그리고 세르티양주라는 세 인물은 프랑스 관구 구성원들의 지성적 지도를 위해 생산적인 영향을 미쳤다. 1945년 9월에 세르티양주는 르 솔슈아르에서 자신의 도미니코회 생활 체험에 관한 성찰들을 기초로 피정 지도를 하였다. 슈뉘는 다음과 같이 관찰한다.

[원숙한 도미니코 회원의] 유배의 곤경과 뒤섞여 있는 성취는 그가 당시의 젊은 교사들 세대와 자연스럽게 일치하도록 만들었다. 세르티양주가 시련과 불운들을 겪고 견디어낸 흔치 않은 아량(generositas)은 인간의 도덕생활에서의 한 교훈일 뿐만 아니라 현실의 고단함에 대한 한 증언이

1967, p.17. Cf. Henri-Dominique Gardeil, *L'Oeuvre theologique du P. Ambroise Gardeil*, Etiolles, Le Saulchoir, 1956; C. de Belloy, "Ambroise Gardeil: un combat pour l'etude", in *Freres Precheurs: Un Vocation Universitaire? Revue des sciences philosophiques et théologiques* 92(2008), pp.423-432; Gerald McCool, "Blondel, Bergson and the French Dominicans", in *The Neo-Thomists*, Milwaukee, Marquette University Press, 1994, pp.43-74. 자신의 연구에서 실수로 세르티양주를 누락시킨 애브리 덜레스는 가리구 라그랑주를 호교론에 있어서 가르데이의 후계자로 간주하고 있다: Avery Dulles, *A History of Apologetics*, New York, Corpus, 1971, p.212. 가르데이의 또 다른 제자는 롤랑 고슬랭인데, 그의 1910년부터 1913년 사이의 저술들은 비교적 덜 초월적인 토미즘, 다시 말해 아리스토텔레스를 삶에 적용하여 아퀴나스의 실천 철학이 인식을 확장하는 방법들을 바라보는 방식들을 추구하였다.

기도 하다.[14]

콩가르는 자신의 일기에서 세르티양주를 '부당한 박해의 희생자'라고 언급한다. 도미니코회 총장인 앙마뉘엘 수아레스(Emmanuel Suarez, OP)는 1948년에 콩가르에게 자신이 세르티양주로부터 얻은 것과 세르티양주의 저술들에 대한 비오 12세 교황의 칭찬에 대해 말했다.[15] 수아레스가 그를 가리구 라그랑주와 더불어, "거짓 고발에도 불구하고 충실한 채로 남아 묵묵히 자신의 일을 하려고 노력한 사람"이라고 규정했을 때, 콩가르는 사실상 세르티양주가 1948년에 세상을 떠날 때까지 불행하게도 늘 먹구름 아래 남아있어야 했다는 사실을 지적하였다. "나는 때때로 사상과 사람들의 억압을 느꼈다. 세르티양주가 결코 벗어나지 못했던 한 가지가 있다면, 그것은 바로 혐의다."[16] 칼 라너는 세르티양주를, 모리스 블롱델, 피에르 루슬로(Pierre Rousselot, SJ), 막스 셸러와 마찬가지로, 가톨릭 사상이 근대 철학에 대해 수세적이어야 했던 관점을 조장한 사람으로 분류하고 있다.[17]

1. 신학 기획

역사가인 비케어(M.-D. Vicaire)는 세르티양주의 저작량이 700개 이

---

14. De la Brosse, *Le Pere Chenu*, p.25. "파리가톨릭고등연구소가 설립 100주년을 경축하던 때에 슈뉘 신부는, '아량'(generosite)이 세르티양주의 삶과 작업의 열쇠였다고 말했다"(*De la vie: Pensees inedites de A.-D. Sertillanges, OP*, Ezanville, Gouin, 1984, p.37).
15. *Journal d'un theologien, 1946-1956*, Paris, Cerf, 2000, p.154.
16. Ibid., p.185. 콩가르의 일기 편집자인 에티엔 푸일루는 세르티양주의 긴 유배가 교황의 불쾌감뿐만 아니라 다른 쟁점들 때문일 수도 있지 않았을까 의문을 표시하고 있다: Étienne Fouilloux(ed.), *Journal d'un theologien*, pp.196, 238, 359, 427.
17. P. Imhof and H. Egan, *Karl Rahner in Dialogue: Conversations and Interviews*, 1965-1982, New York, Crossroad, 1986, p.14.

상이라고 평가하고 있다.[18] 그 주제들은 의학에서 가정 교육, 올리브 동산에서 교황권에 이르기까지 다양하지만, 대부분은 세 가지 커다란 부류에 든다: 1) 호교론, 2) 아퀴나스의 철학, 3) 영성.

1.1. 호교론

비신앙인을 참여시키는 새로운 방법이 프랑스에서 발생했다. 호교론은 하느님의 존재나 예수의 기적의 실재를 증명하기 위해서 논리적 증명 고리로부터 멀리 움직여 가는 것이었다. 삶과 문화는 신앙의 '현관들'(praeambula)로 간주되었다. 외적이고 합리적인 논증과는 대조적으로 감정, 지성, 그리고 한 인격의 총체성에 호소하는 새로운 호교론적 접근법이 두드러지게 되었다. 모리스 블롱델은 내재(內在)와 의식에 관한 성찰이 어떻게 종교, 하느님, 그리고 초자연 세계를 가리키는지를 기술하였다.[19] 어떤 의미에서는 세르티양주의 작업 전체가 신학적 호교론이라 해도 지나치지 않다. 설교, 르네상스 시대 회화(繪畫)에 관한 성찰, 아퀴나스의 윤리학, 과학과의 대화 등은 모두 하느님, 계시, 교회에 이르는 오솔길이다.

1904년에 예술과 도덕성을 다룬 그의 소책자는 양자의 독립성과 공시성(共時性, synchronicity)을 강조하였다. 피렌체와 샤르트르의 예술은 초월 영역에 이르는 오솔길이 될 수 있다. 왜냐하면 예술은 어떤 역사적 문화의 일종의 육화(incarnatio)이기 때문이다. 1909년에

---

18. Vicaire, "Sertillanges, Antonin Gilbert", p.125.
19. L. Maisonneuve, "Apologétique(Methodes nouvelles au XIXe Siecle)", in *Dictionnaire de theologie catholique*, Paris, Letouzey et Ane, 1931, 1:2, pp.1576-1578. 모리스 를롱(Maurice Lelong)은 세르티양주의 작품들의 제목에 '삶'이 두드러지게 들어 있다고 지적한다(*De la vie*, p.13). 그는 보이지 않는 것, 자연, 현대 사건들의 영성을 제시한다. 우주는 더 이상 어떤 엄격한 단일성을 드러내는 것이 아니라, 발전의 한 [국면]을 드러낸다. 비슷하게 인간의 삶은 자유, 신앙, 이성, 사랑을 포용하고 있다. "우리가 시간 속에서 하느님의 신비를 만나는 사건들에 관해 명상하기로 하자: 언제나 보이는 것들 안에만이 아니라 형언(形言)할 수 없는 것 안에도 있는 우연히 사라져 감[漸移], 악마적 교정, 불완전한 개량, 불완전한 성취들을 말이다"(*De la vie*, p.218).

출판된 300페이지짜리 작품 『예술과 호교론』(*Art et Apologetique*)은 예술의 문화적 시기들을 다룬다: 성서적 주제들뿐만 아니라 그것들이 어떻게 그리스도교적 주제들 및 개별적인 것에 대한 종교적 탐색과도 연관되는지를 알게 되는 형식들까지 바라본다. 『대성당: 그 영적 사명, 미학, 장식, 길들』[20]은 1922년부터 고딕 예술, 스콜라 신학, 그리고 중세 신비신학 사이의 유사성을 보여주었다. 신앙을 위한 추가적 호교론은 과거와 현재의 저술가들로부터 신념과 영성생활에 관한 텍스트들을 수집하고, 그것들을 모자이크와 증세 유리화에서부터 라파엘로와 푸생에 이르는 예술의 걸작들에 연결시킨다.[21] 세르티양주는 천박한 종교예술이 어떻게 19세기에 이르게 되었는지(교회 장식에서 지나치게 색채가 화려하고 지나치게 실재주의적인 영상들로 가득한, 생 쉴피스 인근 상점들에서 명백하다)에 대해 비판적이었고, 과거 시대든 현대의 접근법들에서든 예술의 정당한 발전에 대해 논했다.[22] "진정한 예술가는 단지 어떤 개인의 경혼을 둘러싸고 있는 심리적 상태에 대한 해석자이기만 한 것이 아니다. 그는 빛을 받고 그것에 집중하여 불꽃을 만들어내는 불타는 거울, 모두가 명료하지 않은 모호한 방식으로 생각하는 것을 명확히 부르짖는 목소리이다."[23] 예술, 종교, 그리고 근대성 사이의 긴장에서 생명, 삶의 종교적 측면, 그리고 종교 생활을 예술로 표현함이라는 세 가지가 서로 영향을 미치며 작동하고 있다.[24] 세르티양주는 1930년의 비신

---

20. *La Cathedrale: Sa Mission Spirituelle, Son Esthetique, Son Decor, Sa Vie*, Paris, Laurens, 1922.
21. *La Foi*, Paris, Renouard, 1913.
22. *L'Art et la morale*, Paris, Bloud, 1904. 그는 근대 예술에서 벌거벗은 인물들의 정당한 역할을 지지하였다.
23. *Art et apologetique*, Paris, Bloud, 1909, p.317.
24. Ibid., p.321. 음악 예술은 '성사적'이고, 은총에 도움을 줄 뿐만 아니라 은총을 입은 실재의 충만함이다. 교회 음악은 찬송(chant)과 교향악(Polyphony)으로 제한되어서는 안 되고, 현대적인 악기들의 연합을 포함할 수 있어야 한다(*Priere et musique*, Paris, Spes, 1938, pp.10 & 66).

앙인을 위한 교리서부터 1940년의 『그리스도교와 철학』(*Christianisme et les Philosophies*)에 이르기까지 일련의 대화적 작품들을 출간하였다.

그의 명상 모음, 영적 격언들, 그리고 『올바름』(*Rectitude*)이나 『피정』(避靜, *Recollection*) 같은 기도들처럼 호교론(apologetica)에 관한 저술과 그리스도교적 생활에 관한 몇몇 저술은 영성(spiritualitas)인 것으로 나타난다. 『우주와 영혼』(*L'Univers et l'Ame*)과 『인간의 솜씨』(*Le Metier d'Homme*) 등은 실천적인 그리스도교적 인간학을 제시한다. 특히 성공적이었던 책은 『지적 생활』(*The Intellectual Life*)이었다.[25] 그 장들은 지적 생활을, 하나의 종교적 소명, 발전 중에 있는 한 작품의 조직화, 그리고 창조적 전개 과정에서의 신비감각으로 다루고 있다. 탐색자와 작가는 어떻게 이완하고, 또 어떻게 일상생활과 접촉한 채로 남아있을지를 알아야 한다. 개별적인 것의 가치와 예술적 영감과 신적 은총의 일상성은 그것이 창조성을 영성으로 전환할 때, 그 페이지들 전반에 걸쳐서 흐르고 있다.[26]

1.2. 토마스 아퀴나스의 사상

1900년까지 그의 아퀴나스 연구는 프랑스 도미니코회 학파와 연결된 높은 수준에 접근하고 있었다. 아퀴나스에 대한 존경심은 모든 관념주의(idealism)와 독점을 옆으로 밀어냈다. 아퀴나스는 철학자들과 신학자들 사이에 독특한 위치를 차지하고 있다. 왜냐하면 그의 원리들은 다른 모든 사상가들을 배격하지 않지만, 또 그의 작품들이 모든 것을 다 말한다고 주장하지도 않기 때문이다. 세르티양주

---

25. (*역자주) 우리나라에서는 『공부하는 삶』이라는 제목으로 번역되었다: 이재만 옮김, 유유, 2013, 10쇄, 2021.
26. 이 책에 대한 소개를 보기 위해서는: Cf. Richard Scholl, "Foreword", in *The Intellectual Life: Its Spirit, Conditions, Methods*, Washington, The Catholic University of America Press, 1998, pp.vii-xvi[*역자주: 국역본에는 스콜(R. Scholl)의 글은 없고, 대신에 「역자 서문: 자신의 완성을 추구하는 공부」라는 짧은 글이 실려 있다: 앞의 책, 11-17쪽].

의 아퀴나스 해석(그것은 대체로 철학에 머물고 있다)은 참여적이고, 그 주인공과 청중을 둘 다 존중하고 있다. 두 권으로 된 『토마스 아퀴나스』(S. Thomas Aquinas)는 존재, 본성, 인간의 지적 생활, 의지, 활동 등 철학적 주제들로 시작하는 데 반해, 이어지는 윤리학 해설은 『신학대전』의 제2부를 따르고 있다. 그러나 추상적으로, 그리고 근대 윤리학적 쟁점들에 대해서는 별로 참조하지 않는다. 덕(德, virtus)들에 대한 논고에서는 은총(恩寵)에 관한 언급이 없고, 성령과 그 선물들에 대한 암시가 없다. 이것은 20세기 초반 도덕철학 텍스트들의 전형적인 접근법이다.[27] 세르티양주는 토마스 사상의 총체성, 체계적이고 역동적인 측면들과 과거 전통에서 아퀴나스의 제자들의 기여를 강조하였다. 아퀴나스는 자신의 중세적 주지와 체계들을 가지고 있었지만, 그 신학은 새로운 발전을 수용할 수 있었다. 그의 사고 형식과 관념들은 자라나고 확장되는 생명체와 같다.[28] 세르티양주는 근대 사상을 좇는 사람들에게 아퀴나스를 설명하고, 토마스주의자가 되는 데에는 여러 길이 있음을 보여주고 싶어 하였다. 아퀴나스의 제자들은 근대 세계를 알아야 한다.

세르티양주는 『신학대전』에 대한 주해가 달린 새 프랑스어 번역본 작업을 주관했는데, 그 자신은 하느님, 창조, 인간의 운명 등에 관한 논고를 담당하였다.[29] 특히 창조(creatio)를 주로 철학적 쟁점의 관점에서 다루었다. 그의 각주들은 작업하고 있는 창조적 정신을

---

27. Cf. Thomas O'Meara, "Interpreting Thomas Aquinas: Aspects of the Dominican School of Moral Theology in the Twentieth Century", in Stephen Pope(ed.), *The Ethics of Aquinas*, Washington, Georgetown University Press, 2002, pp.355-374[=국역본: 이재룡 외 옮김, 『아퀴나스의 윤리학』, 한국성토마스연구소, 2021, 479-504쪽].
28. Saint Thomas d'Aquin, *Somme Theologique: La creation*, 2: 327-335, Tournai, Editions de la Revue des Jeunes, 1927.
29. Saint Thomas d'Aquin, *Somme Theologiques: La creation*, Ia, q.44-49, Tournai, Editions de la Revue des Jeunes, 1927. Cf. *L'Idee de creation et ses retentissements en philosophie*, Paris, Aubier, 1945. 토미즘의 명제들에 관한 상대적으로 분량이 적은 책도 있고, 또 아퀴나스의 저술들로부터 발췌된 페이지들이 표시되어 있는 기도 모음집도 있다.

보여준다. 예컨대 현실태로 창조된 유한한 존재자들의 다양성은 신적 존재의 무한성을 반영하고 있다. 부록들은 교부들과 공의회 원천들로부터 도출한 유익한 정보들을 알려준다. 1931년도에 출판된 아퀴나스에 관한 그의 소책자[30]는 독어와 영어로 번역되었는데, 신토미스트 교본들에 대한 뚜렷한 진전을 드러냈다. 왜냐하면 그것은 아퀴나스의 목적과 방법뿐만 아니라 사상가이자 시인으로서의 인품까지도 제시하는, 은총 안에서 살아가는 인간 인격의 신학이기 때문이다. 세르티양주는 점차 역사적 지식과 동떨어진 토미즘 또는 단순한 형이상학에 대해 비판적 입장을 취한다. 마지막 두 장(章)은 아퀴나스를 현대 문화 속에서, 그리고 미래 속에서 다루고 있다. "토미즘의 현대적 부흥은 성 토마스의 의미를 더 깊이 파고들어가는, 하나의 쇄신이자 노력이어야 한다."[31] 그는 또한 아퀴나스의 사상을 예술을 통해서 조명하기도 한다. "『대전』과 관련해서는 실제적인 음악적 대칭이 있다. 소재 분배의 어떤 인위성 때문이 아니라, 바로 구조에 있어서 그러하다: 『신학대전』은 마치 고딕 대성당 또는 순수한 사상의 서정시처럼 솟아오른다."[32] 아퀴나스의 시(詩), 대체로 '그리스도의 몸'(Corpus Christi) 곧 성체(聖體)에 관한 성무일도에 대해 논하는 마지막 장은 프랑스 문학가들이 이 텍스트들을 어떻게 보았는지에 대한 비범한 연구인 채로 남아있다.

그의 시를 읽으면서 우리는 그 간소함, 그 간결함, 온갖 불필요한 다채로움의 생략에 충격을 받는다. 그것은 마치 쉼표나 예기치 않은 크레센도의 흔적이 없는 음악 한 소절처럼 읽힌다. 그것은 '거짓 아베 마리아'(false Ave Maria)가 없는 바흐의 첫 번째 간주곡 가운데 하나나 어떤 대성당을

---

30. Sertillanges, *Saint Thomas d'Aquin*, Paris, Flammarion, 1931(*본 역서).
31. Sertillanges, *Saint Thomas Aquinas and His Work*, London, Burns and Oates, 1933, p.131.
32. Sertillanges, *Saint Thomas Aquinas*, p.113.

통해 울려퍼지는 여덟 번째 간주곡을 연상시킨다.[33]

세르티양주는 아퀴나스의 원리들이 인류와 대화를 나누는, 미래의 『신학대전』을 꿈꾸고 있었다. 그는 토미즘을 철학적 요약으로부터 문화적 신학으로 이동시켰다. 이 생생하고 세련된 소개는 1930년 이후 수십 년 동안 많은 이들에게 아퀴나스를 다시 살아있는 것처럼 느끼게 만들었다.

1.3. 창조적 정신

그의 편지들과 강연을 담은 책자는 그의 현대적 개방성을 조명해준다. 세르티양주는 1934년에 (역시 클레르몽페랑 출신인) 테이야르 드 샤르댕(Theilhard de Chardin, SJ)으로부터 한 통의 편지를 받았다. 중국에서 날아온 것이었다.

저는 막, 멀리서 도착한, 당신의 매우 값진 소책자 『하느님이냐, 무(無)냐』(*Dieu ou Rien*)를 읽었습니다. 그것은 저에게 큰 기쁨을 주었습니다. 극도로 절제되어 있지만 명령하는 당신의 목소리는 저로 하여금 제가 꿈꾸던 접근법을 다시 듣게 만들었습니다. 저는 이 점을 확신합니다: 만일 그리스도교가 가끔 신앙인들의 의식 속에 거의 영향을 미치지 못하고, 믿지 않는 이들의 영혼을 끌어당기는 데 실패한다면, 이것은 주로 그것이 우리 우주의 위대함과 단일성을 멸시하거나 두려워하는 태도를 지니고 있기 때문입니다. …그리스도는 우리의 정신과 마음을 위해, 경험된 '실재'에 관해 최근에 발견된 것의 엄청난 차원들 속에 다시-육화하고 있습니다. 그리스도께서는 거의 한계가 없는 이 차원들에 반드시 도달하여 그것들을 밝혀주실 수 있어야 합니다. 저는 성 토마스가, '매일 우리 눈앞에서

---

33. Ibid., p.117.

사물들이 조금씩 더 확장되고 있다'고 당신이 보고 있는 그 즐거운 감행을 높이 평가하리라 생각합니다. 교회 안에서 생각처럼 자기 주변 동료들을 느끼는 것은 좋은 일입니다.[34]

이듬해에는 도미니코회 회원들이 모여, 사적으로 유통되고 있던 테이야르의 미출간 텍스트를 연구하는 것을 보았다.[35] 세르티양주는 "우리의 사랑하는 테이야르 신부"의 기획과 "웅장한 확장"에 동의하였다.[36] 하지만 육화를 너무 확고하게 진화의 결과 또는 절정과 동일시하는 데 대해서는 경계하였다. 그리스도교적 참사랑이 '종(種)의 진화(進化)'라는 오랜 생물학적 역사로부터 어떻게 전개되는지는 충분히 명료한가? "테이야르 드 샤르댕 신부는 갑자기 나타난 것이 아니라, 어쩌면 [신앙과 과학의 한계를] 뛰어넘은 셈입니다. 저는 그렇게 생각합니다. 그럼에도 불구하고 그는 어떤 놀라운 말들을 했고, 그가 호교론적 전망과 연관지어 마무리 짓는 것은 진지하게 고찰할 가치가 있습니다."[37] 일반적으로 진화(evolutio)는 인간 존재자와 우리 종의 영예와 책임을 겨냥하고 있다. 진화 사상은 아퀴나스에게 낯설지 않다. 그러나 개인이 진보하고 펼쳐진다는 것이지, 종이 그런다는 것은 아니었다. "그 자체를 관찰 가능한 긴 지속에서 확립하는 [창조주의] 행위는 어떤 직접적 활동을 통해 존재자들과 사물들을 만드는 데 바쁘다기보다는 다른 존재자들 자체가 자기 자체를 만들도록 하는 데에 더 염려하고 있다."[38]

이 도미니코 회원의 주목할 만한 노력은 일련의 강의들에 담겼

---

34. Moos, "Preface", pp.16f.
35. Cf. Teilhard de Chardin, *Dieu ou rien*, Paris, Flammarion, 1933, I, pp.52-68.
36. Sertillanges, "L'Evolution dans la doctrine de saint Thomas et la pensee du Pere Teilhard de Chardin", *L'Universe et l'ame*, p.23.
37. Ibid., pp.21 & 46.
38. Sertillanges, *L'Idee de creation et ses retentissements en philosophie*, p.140.

고, 1913년에 페미니즘에 관한 책자로 출판되었다: 『페미니즘과 그리스도교』(*Feminisme et Christianisme*). 페미니즘이라는 단어는 19세기 유럽에서 하나의 역사를 가지고 있고, 프랑스에서는 논란의 대상이 되었으며, 나폴레옹 이후의 세기에 법제화된 여성의 권리들은 일부 전문가들이 '최초의 페미니즘'이라고 부르는 것이다.[39] 이 책자는 열 개의 연설로(흥미롭게도 각 연설은 '신사 여러분'으로 시작되고 있다.) 구성되어 있다. 그 주제들은 페미니스트 운동의 기원과 여성 해방에 있어서 그리스도교 메시지의 위상으로부터, 페미니스트 원리들과 그리스도교적 원리들, 일, 정치, 결혼, 이혼, 교육에까지 이른다. 어떻게 페미니즘이 19세기 정치적·사회적인 운동들로부터 나오는지를 보여준 다음에, 세르티양주는 페미니스트 운동이 20세기 초에 현세에서의 한 세력으로서 이해될 수 있다는 점을 강조하였다. 사회는 그것이 정의(正義)를 다르게 이해할 때 변한다. 진정한 해방의 모든 측면은 격려되어야 하고, 모든 사회 계층들이 변해야 한다. 여자들은 그들이 수행할 수 있는 직업을 가질 수 있어야 한다.[40] 페미니즘은 남성들이 그 운동의 일부가 되지 않은 채 발전되어서는 안 된다. 그는 엥겔스가 여성의 위대한 역사적 패배에 대해 말했다고 언급하였다. "과거의 패배는 부정될 수 없다. 그러나 그리스도교적 용어로 과거의 실패는 원죄와 같다. 예수의 도래는 근본적인 방식으로 죄(罪)에 도전하고 죄를 제거하였다. 죄의 결과는 복음이 지배하는 만큼 계속 도전을 받을 것이다."[41]

그리스도교는 그 기원에서 하나의 거대한 혁명 운동(an immense revolutionary movement)이었고, 이 혁명은 역사의 각 단계에서 발견될 수 있다. 과거의 기억을 존중하는 것은 그리스도교 실재의 힘을

---

39. Cf. Colleen Guy, "France" in Helen Tierney(ed.), *Women's Studies Encyclopedia*, Westport, Greenwood Press, 1999, I, p.532.
40. Sertillanges, *Feminisme et christianisme*, Paris, Gabalda, 1913; rep. 1930, p.20.
41. Ibid., p.67.

억누르는 것이 아니다. 종교적 원리는 마약이 아니라, 행진을 지도하고 촉진하며 망설임과 정체(停滯)를 피하는, 여정을 위한 노잣돈이다. 세르티양주는 상보성의 유형과 사업, 국가정치, 교회 내에서의 불가피한 불평등을 언급하는 것처럼, 자기 시대의 한계를 회피하지 않았다. 그는 이렇게 결론짓는다: "이런 열망 속에 있는 그리스도인들로서 기뻐합시다. 그리스도교에는 언제나처럼 바로 여기에 필요한 역할이 있다. …복음은 모든 시대를 위한 것이다. 아무도 그것을 고착시켜서는 안 된다. 그것은 기둥에 붙잡아 맨 호롱불이 아니라, 하나의 햇불인 것이다."[42]

2. 교회의 세기에 교회의 신학

그의 두꺼운 작품 『교회』가 1917년에 출판되었다. 그것의 유형과 내용은 1949년에 또 한 명의 도미니코 회원인 제라르 파리(Gerard Paris)가 저술한 『토마스 아퀴나스의 정신에 따른 그리스도의 교회론』[43]를 훨씬 능가한다. 그의 신토마스주의적 교회론은 아퀴나스의 신학으로부터 많은 것을 도출하지 않고, 교회적 인과성에 대한 아리스토텔레스의 이론을 제공하였다. 교회의 형상인(形相因)은 주교들이다. 먼 작용인(作用因)은 예수 또는 성령이시고, 인접 작용인은 주교들이다. 목적인(目的因)은 하늘(천국)이다. 주로 수동적인 질료인(質料因)은 교회의 직분을 맡고 있지 않은 어떤 세례받은 사람들이다. 세르티양주는 그런 교회적 기교(mechanics)를 넘어갔다.[44] 그

---

42. Ibid., p.30.
43. Gerard Paris, *Tractatus de Ecclesia Christi ad Mentem S. Thomae Aquinatis*, Malta, Muscat, 1949. 이 접근법은 작용인(causa efficiens)으로서의 교회 권위들에 대한 샤를르 주르네(Charles Journet)의 분석에서 다시 나타나고 있다. Cf. O'Meara, "The Teaching Office of Bishop in the Ecclesiology of Charles Journet", *The Jurist* 49(1989), pp.23-47.
44. Sertillanges, *The Church*, New York, Benzinger Brothers, 1922, p.ix [*L'Eglise*, Paris, Lecoffre, 1917, 2 vols.].

의 현대적 교회론은 철학적 종교 신학처럼 보일 수 있었는데, 또한 로마 가톨릭교회와 문화 및 타종파와 타종교들 사이의 관계도 펼친다. "교회는 지나가는 길에 훑어보는 피상적 눈길로 탐구되어서는 안 되고, 더더군다나 도처에서 힘을 내세우며 탓과 두려움에 가득 찬 세력들만을 찾는, 편견으로 물든 눈길로 탐구되어서도 안 된다. 오히려 전망은 인류의 지평만큼이나 넓어야 한다."[45]

다소 현대적 전망인, 이 안으로부터의 교회 신학은 그 서막에서부터 종교적 느낌, 그리스도교 내에서의 초자연적 실재, 그리고 그리스도교의 사회적 차원 같은 쟁점들을 다룬다. 제2권에서는 교회의 전통적인 네 가지 특징을 바라보고, 그런 다음에 교회의 통치와 권위를 바라본다. 제3권은 일곱 가지 성사(聖事, sacramentum)와 자선, 하느님의 말씀, 대사(大赦), 그리고 (흥미롭게도) 미사 등을 포함하는 준성사(準聖事, sacramentale)들을 고찰한다. 제4권은 교회와 세상의 관계, 다른 종교들 및 교회들과의 관계, 예술 및 정치와의 관계 등을 연구한다. 마지막 권은 교회 조직, 교황, 고도권, 그리고 성품(聖品)들로 되돌아간다. 이리하여 그의 교회론은 로마 가톨릭교회의 구조에 관한 현대적 쟁점들을 일반적인 방식으로 다룬다.

인류는 어떤 유기적인 존재 양식과 발전적 역동성을 가지고 있다. 인류는 결코 (몇몇 사람들이 생각하듯이) 종교가 불필요해지는 지점에 도달하지 못할 것이다. 그리스도교적인 것이 아니라면 최소한 종교적인 경건함과 예술에 대한 내면적 느낌들이 고도의 신 관념을 가리킬 수 있다. 어떤 초자연적 신앙은 하나의 미래와, 그 미래에 대한 메시지를 가지고 있다. "진정한 그리스도인은 꿈무니 빼기를 좋아하는 자가 아니어야 하고, 또한 너무 빨리 앞으로만 달려 전투를 뒤에 남겨두는 자여서도 안 된다. …가톨릭교회는 그 앞에 뻗어 있

---

45. Ibid., p.392.

는 어떤 무한한 삶을 가지고 있다. 이 삶은 하나의 진보, 즉 교의, 종교적 수련, 도덕, 그리고 모든 것에서의 진보여야 한다."[46] 교회는 인간 존재자들의 사회적 발전의 귀결이고, 그것의 인간적이고 신적인 측면들은 성령의 영감을 받는 하나의 유기체를 이룬다. 교회에 대한, 존중할 만하지만 정적인 네 가지 특성들은 이 유기적인 역동성(organic dynamic)의 측면들에 자리를 양보한다. 유기체와 영의 이 교회론은 이 도미니코 회원이 연구한 아담 묄러(Adam Möhler)의 교회론과 무관한 것이 아니다.[47]

그럼에도 불구하고 세르티양주의 교회론은 다만 생산적인 발전이라는 소박한 관념만 견지한다. 초세기 교회는 체계적 구조에서 볼 때 오늘날의 교회와 본질적으로 동일하다. 그의 교회관은 어떤 새로운 것의 실례들의 부족에 의해서, 그리고 과거 역사에서의 다양성에 대해 거의 다루지 않는 것으로 제한된다. 사도전래적(apostolic)이고 진보적이라고 주장함으로써 그의 교회론은 추상적인 채로 남아있다. 비록 교회의 본성이 진리를 발견하는 것이지만, 그것은 변화와는 동떨어져 있는 채로 남아있다.

보편 교회는 지역적 형식과 경향들에서는 차이가 나더라도 영 덕분에 언제나 교회이다. 그것은 살아있는 종(種)들이 하는 방식과 비슷한 방식들로 영속성을 발전시킨다. 그 본질적인 지도 이념은 불변적이고, 행진 중

---

46. Ibid., p.102.
47. 튀빙겐의 신학자 묄러에게 프랑스 교회를 다시 소개해야 했던 예수회원 피에르 셰예가 편집한 논총을 위해 세르티양주는 한 논문을 썼다: "Religion et Universalite", in Pierre Chaillet(ed.), *L'Eglise est Une: Homage a Moehler*, Paris, Bloud and Gay, 1939. 이 논문은 역사 내 종교들의 본성에 관한 성찰로서, 그 결론부에서는 묄러를 반향해서 '가톨릭'을, 글로벌 보편성 안에서 또 오랜 시간성 안에서, 개별성과 더불어 개별성을 넘어 '그리스도에 의해 하느님 안에서 조직된 인류' 안에서 교회를 발견하는 것으로 설명하고 있다(p.32). Cf. Thomas O'Meara, "Beyond 'Hierarchology': Joann Adam Möhler and Yves Congar", in Donald J. Dietrich and Michael J. Himes(eds.), *The Legacy of the Tuebingen School: The Relevance of Nineteenth-Century Theology for the Twentieth-First Century*, New York, Crossroad, 1997, pp.173-191.

에 있는 군악대처럼 교회가 발전하는 노선들 안에 현존한다. 그것의 교의, 도덕성, 훈련, 성사적 전례, 그 위계적 구조 등은 본질적으로 사도 바오로 아래 있었던 것, 다락방에 있었던 것과 20세기의 것이 같다.[48]

그는 여러 장(章)에 걸쳐서 교회의 권위를 검토한다. 이성 및 법과 대중사회 사이의 관계는 성령과 교회 사이의 관계와 같다. 성령(聖靈)은 교회의 생명 원리다. "성령의 활동은 배타적으로 우리의 장상(長上)들 안에서만 발견되는 것이 아니다. 그들이 특별한 도움을 약속받고 있기는 하지만 말이다. …그것은 교회 전체에 두루 퍼져 신앙인들에게 생명을 주고, 그들에게 진리를 불어넣으며, 그들에게 은총과 유용한 자극들을 주고, 들을 뿐만 아니라 말하기도 한다."[49] 교회는 누구로부터도 영향을 받지 않는 외딴 군주국이 아니다. "그것은 단어의 충만하고도 배타적인 의미로 독재국가(autocracy)인가? 그런 존재자는 괴물이거나 아니면 미치광이일 것이다. 인간의 모든 제도는 다양한 협력에 의해서 조절되고, 만일 그렇지 않으면 그것은 결코 지지받을 수 없는 폭정이 되고 만다."[50] 지나친 권위는 복종받을 권리가 없다. 사람들은 기초적으로 교회이고, 권위는 교회 연합에 봉사하고 협력을 강화하기 위해서 존재한다. "교회는 우리를 위한 오솔길을 처방하지만, 교회가 우리 대신에 그 길을 걸을 수는 없고, 심지어 우리를 그 길로 인도할 수도 없다."[51] 교회는 성사들을 제공하지만, 그것들을 창조하거나 소유하지는 않는다. 교회는 만일 백성들의 선의를 상실하고 권위주의에 의존한다면, 그리고 사람들

---

48. Sertillanges, *Feminisme et christianisme*, Paris, Flammarion, 1930, p.83.
49. Sertillanges, *The Church*, p.334. 여전히 교회 권위로부터 멀어져 가는 것은 교회 및 복음으로부터 멀리 떨어져, 비판적이고 불순종하는 사람이 결국 고립에 이르게 되는 곳으로 가는 것이다(p.133).
50. Ibid., p.332.
51. Ibid., p.336.

안에서 활동하시는 하느님의 모습을 시야에서 놓친다면, 결코 성공하지 못할 것이다. 교회는 투표나 연합 같은 '민주주의'(세르티양주가 직접 사용한 용어다)의 측면을 지니고 있어야 한다. 협력과 참여는 보다 나은 공동체 생활을 만들어낼 것이다. 사람들이 교회를 구성한다.

제1차 세계대전 시기로부터의 이 교회 신학은 직접적으로 다른 그리스도교 교회들만이 아니라 세계 종교들까지 바라본다. "교회 밖에는 구원이 없다"라는 명제는 진리이다. 하지만 단지 보충 진리들을 필요로 하는 단편적 진리이다. 과거와 현재의 다른 종교들 안에 있는 [사람]들은 "교회의 영혼"에 속하고,[52] 광대한 하느님의 은총 안에 살고 있다. 모든 이들을 구원에 초대하고 있는 "넓은 가톨릭성"이 있다.[53] 종교들은 그들 안에 선성과 은총을 가지고 있는 사람들이 교회의 영혼에 속하도록 돕는다. 그의 신학은 시대 상황을 고려할 때, 놀랍지도 않게 우연히 모호하다. "이 비-가톨릭 종교들은 은총을 주지 않는다. 하지만 그들은 은총을 주고, 지키고, 또는 자라나도록 도울 기회를 가지게 될지 모른다."[54] 흥미롭게도 세르티양주는 정교회(Orthodoxy)나 프로테스탄트(Protestant) 교회들에 관한 사상에서보다는 세계 종교들에 관한 자신의 성찰에서 좀 더 창조적이고 우호적이었다. 어떤 호교론적 정신자세가 유럽에 있는 다른 교회들의 결함들을 더 쉽게 발견했던 것이겠지만, 다른 한편 교회의 영혼으로서의 은총의 신학은 제도적 교회 바깥에 있는 이들을 위한 넓은 구원을 제공하는 걸음을 내디뎠다.

---

52. Ibid., p.250. "우리는 교의적 진리의 이름으로 '교회 밖에는 구원이 없다'라고 말하고 그것을 견지해야 한다. 그러나 만일 '교회'라는 말로 명부에 기록된 가톨릭 신자들이 구성하는 눈에 보이는 집단을 의미한다면, 그 정식은… (삶이 모든 방면에서 그 범위를 벗어나고, 영이 …그 안에서 발견되리라는 동의를 받지 못하는) 하나의 공식 진리에 지나지 않는다는 것을 분명히 이해해야 한다"(Ibid., p.260).
53. Ibid., passim.
54. Ibid., p.255.

1933년 세르티양주는 역사 안의 교회에 관한 소책자를 출판하였다. 여기서 역사는 교회 생활의 초창기를 의미한다: 교회 이전 교회의 단계들, 교회의 탄생, 그리고 교회의 발전은 오늘날 세계 안의 교회로 이어진다.[55] 그는 본래적인 유다교 사상들뿐만 아니라, 교회가 확장될 수 있도록 해준 헬레니즘과 로마의 종교적 운동과 실재들을 강조하였다.

이스라엘이라는 배아(胚芽)에 결핍된 것은 그리스도교적 영혼이다. 이것은 성령이 내려오실 때 주입되어서, 예수에게 만들어진 그의 신성의 인격적 선물들을 사회화하고, 또 그 안에서 종교에서의 진정한 삶의 출발점을 실현할 것이다.[56]

이스라엘과 맺은 계약은 특별한 역할을 한다. 하지만 다른 종교들도 그리스도교에 자기 나름의 적극적 기여를 한다. 이 책도 씨앗(semen)의 동기를 간직하고 있다: 근대성에 의해서 짓눌리지 않은 진보의 씨앗, 본래적 충만함과 풍부한 확장성을 지니고 있는 씨앗이다. 사도 바오로의 서간들은 리더십을 위한 다양한 단어들(주교, 사제, 사도)을 통해 신약성서 시대 교회의 발전, 곧 그것들이 AD 100년경의 다음 세대에 확립되기 이전 교회 직분의 "실재 안에서의 유동성"(a fluidity in the reality)[57]을 보여준다. 그 나무(교회 직무들과 전

---

55. Sertillanges, *Le Miracle de l'Eglise*, Paris, Spes, 1933. 『사회주의와 그리스도교』(*Socialisme et christianisme*, Paris, Lecoffre, 1905) 같은 여러 작품은 현대적인 사회적 쟁점들을 다루고 있다. "교회는 그 선물들로 세상을 풍요롭게 하기 위해서 세상을 포용하는 경향을 가지고 있어야 한다. [사회 안의] 모든 세력을 존중하며 교회는 스스로를 위해서는 오로지 봉사할 자유만을 요구하게 될 것이다. 봉사는 그 눈에는 그 의무들 가운데 가장 지배적이고 가장 거룩한 것이기 때문에, 그것은 어떤 값을 치르고서라도 그리고 모든 것에 맞서 그 봉사의 자유를 정초하는 원리들을 옹호할 것이다"("Et Toi, Que Penses-Tu de l'Eglise", *La Revue des Jeunes* 17[1927], 18).
56. Sertillanges, *Le Miracle de l'Eglise*, p.35.
57. Ibid., pp.110 & 46.

례들)는 성령강림 이후 수십 년 동안 씨앗으로부터 자라난다. 그러나 "우리에게 익숙한 부속물들 …추기경단의 한 작은 번안들, 금서목록(Index)의 한 작은 직분들"[58]은 현존하지 않을 것이다.

그 책은 초기 교회에 초점을 맞추고 있다. 겨우 10여 페이지만이 '현재의 교회'를, 변화와 안정에 연관시켜 성찰하고 있을 뿐이다. 세르티양주는 '외부적인 것' 또는 '새로운 것'(세속적 또는 개신교적 형식들과 관념들)이 교회 생활 속으로 들어옴 등에 대해 논하고 있다. 교황권은 영토, 군대, 강력한 시민 조직들이 결핍되었음에도 불구하고 살아남았고, 앞으로도 살아남을 것이다. 그것은 무솔리니와 히틀러가 지금 바티칸을 위협하고 있음에도 불구하고 살아남을 것이다.[59] 교회는 하느님의 섭리와 통치의 도구이다. 그것은 어떻게 악으로부터 선을 도출할지, 그리고 어떻게 계속해서 거룩한 것의 원천일 수 있는지를 알고 있다. 교회는 '참으로 인간적인 것'을 지지해야 한다.

교회 안에 인간적인 것이 많으면 많을수록, 그만큼 바로 인간적인 것이 존재할 수 있도록 신적인 것들이 더 많이 있어야 한다. 그리고 신적인 것이 인간 존재자들에게 더 많이 들어가면 갈수록, 자유롭고 책임있는 노력들의 한계와 불완전성들을 인정하게 될 것이다. …그것이 '가려져 있는 신성'(latent divinity)인 교회의 거룩함에 봉사할 때조차도….[60]

3. 마무리

아퀴나스의 사고의 체계화, 예술, 사회-정치적 쟁점들에 관한 설

---

58. Ibid., pp.88 & 90.
59. Ibid., p.232.
60. Ibid., pp.237-239.

교들을 활용하는 호교론, 종교의 역사 한가운데에서의 교회의 신학, 그리고 베르그송 및 테이야르 드 샤르댕과의 대화 등 이 모든 것은 20세기 초반에 활동한 한 범상찮은 사상가를 가리킨다. 현대 세계는 그를 두려워하게 만들기보다는 오히려 매료시켰다. 그는 결코 옛 것(vetera)이면서도 새 것(nova)인 여러 길들 안에서 그리스도교적 계시를 바라봐야 할 예언자적 책무를 회피하지 않았다. 교회법의 메커니즘, 신스콜라학의 논리, 그리고 모든 방면에 걸친 교황의 통치권이 엄청나고 심지어 위협적이기까지 한 방식으로 현존하던 시대에, 그는 강연을 하였고, 책과 논문들을 발표하였다. 비록 많은 출간물을 요약하는 일이 쉽지 않다고 하더라도, 오메즈(Reginaldo Omez)의 다음 같은 결론은 공로가 있다: "세르티양주의 근본적 관념은, 모든 인식과 모든 활동이 종교로 물들어 있다는 것이다."[61] 종교는 정신적 신앙이거나 어떤 과거의 계시가 아니라, 문화(cultura) 속의 한 실재이다. 생산적인 실재들, 유기적인 생활, 인간적인 것 안에 있는 신적인 것, 그리고 문화 등은 오늘날의 교회를 설명해준다. 그의 글들을 읽으면서 우리는 어둡게 비치는 대성당 안에 있는 어떤 고독한 신앙인을 머릿속에 그리는 것이 아니라, 그 사회와 대화하는 지역 공동체의 교사이자, 많은 직무들을 통해 활동하는 신앙인의 모습을 떠올리게 된다.

---

61. Omez, "Sertillanges, Antonin-Gilbert", in *Enciclopedia Cattolica* 11(1953), p.403.

04. 몬시뇰 잠보니: 구원(久遠) 철학의 중건자

움베르토 델린노첸티

1. 몬시뇰 주세페 잠보니는 무엇보다도 '직접적·기본적·통전적 경험'에 입각한 인식론으로 널리 알려져 있다. 그러나 그의 가르침은 점점 확장되어 존재론, 윤리학, 미학을 포괄하게 되고, 마침내는 튼튼하게 잘 구성된 하나의 체계적 종합이 되기에 이르렀다. 잠보니 자신이 표현하고 있는 대로 '직접적·기본적·통전적 경험의 철학'은 하나의 완벽한 체계로서 자신의 근본 요점들을 밝혔고, 다른 학파나 체계들과의 비판적인 대결을 통해 철학사 안에서 자신의 위치를 확고히 다졌다.

특별히 인식론 영역에서 그는 인식의 기원과 논리-서술적 사고의 가치에 관련된 다음과 같은 여러 가지 까다로운 문제들을 완벽하게 해결했다고 믿었다: 개념, 판단, 원리의 기원과 가치, 학문 구성과 연역법 및 귀납법의 기원, 의식의 구조 문제, 주체 바깥에 있는 사물과 타인들에 대한 인식 문제, 주체의 몸에 대한 인식 문제, 인격의 구조 인식 문제, 존재론 및 형이상학의 정초 문제 등등. 그리고 이 문제들을 논하는 가운데 거기 사용되는 개념과 어휘들을 명료화하고 고정시켰다.

'직접적·기본적·통전적 경험의 철학'은 크게 인식론, 존재론, 윤리학, 미학으로 구분된다. 이 철학은 "1915년에 체계적으로 시작되어 여러 기회를 통해 논문들로 발표되고 또 단행본들을 통해 체계적으로 개진되었으나, 자주 오해를 불러일으키거나 곡해되었고, 심지어는 남몰래 표절되기까지 했다."[1]

잠보니가 인식론을 구성하는 데 직접적인 자극제가 된 것은 루뱅 가톨릭대학 교수였다가 나중에 추기경이 된 데시레 메르시에였다. 1890년부터 루뱅에는 철학 및 그 진보와 관련된 여러 가지 새로운 일들이 발생했다. 논란을 불러일으킨 여러 문제 가운데서 "특히 '나는 도대체 무엇인가?'라는 한 가지 문제는 늘 중심에 있었다. 성 아우구스티누스, 성 토마스, 캄파넬라, 데카르트, 로크, 흄, 절대 관념주의자들, 실증주의자들, 심리학자들은 이 문제에 대해 매우 대립적인 결론들을 제시하고 있었다. 이 문제는 대단히 중요했다. 왜냐하면 역사적으로 볼 때도 '나'(自我)와 '실체'라는 두 문제는 서로 깊이 결부되어 있었기 때문이다. 스콜라 철학자들은 이 문제들을 모르고 있었을까? 전혀 그렇지 않다. 왜냐하면 추상적이고 보편적인 모든 관념 또는 개념들이 경험으로부터 온다는 것이 스콜라 철학자들의 근본적인 확신 가운데 하나였고, 따라서 그들은 만일 정의(定義)나 원리들로부터 출발해서 연역을 통해 전개해 나아가면 언제나 개념과 원리들의 기원과 가치 문제에 봉착하게 된다는 것을 잘 알고 있었기 때문이다. 스콜라 철학은 하나의 이성주의가 아니다. 그것은 '경험적·합리적 계열'의 철학이다. 그리고 (로스미니처럼) '존재자'(ens)라는 단 하나의 관념만을 위해서라도 선험주의를 인정한다면 즉시 스콜라 철학의 영역을 벗어나는 것이다."[2]

"따라서 메르시에는 열렬히 끈기 있게 비판적 탐구의 길에 투신했고, 유명한 『척도론』(*Criteriologia*)을 썼으며(1899, 1900), 확실성의 토대를 탐구하려는 목적에서 라틴어로 된 교본들 가운데 『대논리

---

1. G. Zamboni, *La filosofia dell'esperienza immediata, elementare, integrale*, Verona, Tip. Veronese, 1944, p.5.
2. G. Zamboni, *Metafisica e Gnoseologia*, Verona, Tip. Veronese, 1935, pp.10-11.

학』(*Logica Maior*)을 도입하기도 했다. 상당수의 다른 학자들이 이 길에 동참했다. 예수회 잔니에르 신부(1873-1917)는 라틴어로 멋진 『척도론』을 저술했고, 역시 예수회원인 피캬르 신부는 『철학 서고』(*Archives de Philosophie*, 1923)에 형이상학을 자아 의식 위에 정초하는 논설을 발표했다."[3]

"『신스콜라 철학지』(*Revue de Philosophie Neo-scolastique*)를 발간하고 있던 루뱅대학의 노선을 따라 줄리오 카넬라 교수는 나와 함께 이탈리아어로 『신스콜라 철학지』(*Rivista di Filosofia Neoscolastica*)를 창간하고 기본 구상을 발표했다. 제멜리 신부가 나중에 이 구상을 알고 함께 참여했다. 그 잡지는 우여곡절 끝에 피렌체에서 밀라노로 옮겨졌고 제멜리가 그것을 홀로 책임지게 되었다. 그러는 동안 제1차 세계대전이 발발했고(1915-1918), 발칸 전쟁에 참전했던 카넬라 교수는 영영 돌아오지 않았다."[4]

잠보니는 "'척도론'이 다져놓은 노선을 따라 열정적으로 탐구에 몰입했다." 그러나 "메르시에의 탐구는, 오직 거기서만 사고, 진리, 확실성의 뿌리를 발견할 수 있는 궁극적인 토대에까지 이르지는 못한 것처럼 여겨졌다. 그래서 문제들을 심층에서부터 해결하기 위해서는, 확실성의 영역에서부터 소여들과 (그에 대한) 작업 기능들의 직접적 경험의 영역으로 전진해 나갈 필요가 있었다."[5] 그는 1915년 모든 근본적인 학문과 통속적인 즉발적 지식들에 대한 철저한 분석 작업을 시작했다. 바로 이 작업이 그를 『척도론』의 영역에서부터 『인식론』의 영역으로 인도했다. "이렇게 해서 모든 학파나 이론들의 온갖 전제로부터 순수한 '순수 인식론'이 탄생했다."[6] 그리고 제멜리가 밀라노에 철학부를 설치하고(1921) '인식론 강좌를 맡아줄

---

3. Ibid.
4. Ibid., p.11.
5. Ibid.
6. Ibid.

것을 청했을 때, 몇 번을 고사하다가 받아들였다. "솔직히 말해서 그때는 아직 '체계'의 틀이 잡히지 않았고, 겨우 '방법론'만이 분명하고 확실했다. 그러나 제멜리는 밀라노가톨릭대학이 '탐구하는 대학'이어야 한다고 장담했고, 그래서 나는 몇 번을 고사하다가 그 자리를 수락했다. 내가 거기서 10년을 강의하는 동안 '체계'도 서서히 잡히기 시작했고, 나는 논문과 단행본들을 통해서 그것을 개진하였다. 이것들은 내 사상의 해명, 심화, 명료화의 단계들을 드러내 보여준다."[7]

"그때 중세철학 담당인 몬시뇰 마스노보는 '지금 생성 중에 있는 나의 사고 활동'의 의식에 근거해서 자신의 '척도론'의 체계를 개진하고 있었다. 그의 가르침은 『신스콜라 철학지』 창간 25주년 기념호의 여기저기에서 엿보이고 있었다. 그러나 그는 매우 신중한 사람이었다."[8]

몬시뇰 잠보니는 계속해서 말하고 있다. "한편 밀라노가톨릭대학은 철학적 사고에 대한 '비판적' 입장의 반대 노선으로 기울고 있었다. 몬시뇰 올자티는 비판이란 성립되지 않으며 존재 근거를 가지고 있지 못하다고 가르치고 있었다. 왜냐하면 '있는 것'이라는 의미에서의 존재자 개념이 모든 실재에 해당된다는 것이 그에게는 너무도 자명한 것이었기 때문이다. 그는 인간이 다른 사람들의 존재를 직접적으로 지각하며('나는 저 존재가 나의 아버지임을 본다'), 우리가 감각(passio) 속에서 외부 사물들의 존재를 느낀다고 가르쳤다('나는 바늘이 나를 찌르는 것을 느낀다'). 그는 자기 자신의 의견이 바로 성 토마스의 의견이라고 가르쳤으며, 형이상학이 논리적으로도 인식론에 앞선다고, 그리고 인식론은 바로 형이상학자가 형이상학의 테두리 속에서 행해야 한다고 가르쳤다. 그는 이런 입장이 역사로부

---

7. Ibid., pp.11-12.
8. Ibid., p.12.

터 비쳐 나온다고 주장했다. 더 나아가 그는 이와 다르게 생각하는 자는 더 이상 토미스트가 아니며, 오히려 토미즘을 죽이려 드는 처사이고, '(순수)인식론'은 성 토마스와 칸트, 그리고 로스미니를 난잡하게 뒤섞은 것에 불과하다고 가르쳤다. 대학총장인 제멜리는 이런 올자티의 의견에 대환영이었다. 메르시에는 이미 한물간 유행으로 치부되었다."[9]

여기서 잠보니는 묻고 있다: "이런 판에 밀라노대학에서 아직도 인식론 강좌가 유지될 수 있었을까?" 전혀 아무런 이론적 토론도 없었고, 또 잠보니 자신이 독창적인 연구 실적들을 개진하는 것을 중지하고 고전들(로크와 칸트)을 읽고 주해하라는 학교측의 지시에 응했음에도 불구하고, 인식론 강좌에 대한 평가는 이미 내려져 있었다. 갑자기 인식론 강좌는 폐지되고(1931) 인식 이론에 대한 가르침은 형이상학 담당 교수인 마스노보에게 맡겨졌다. 그는 즉시 인식론을 자신의 강의 주제로 삼고 '척도론 문제를 재론하며'라는 논문을 발표했다. "강좌를 폐지하게 된 공식적인 이유는 내가 토미스트가 아니라는 것이고 또 내가 관념주의에 대하여 효과적으로 대적하지 못한다는 것이었다."[10]

그러나 이 싸움은 더 계속되었다. 제멜리는 『신스콜라 철학지』 27호(1935)에 실린 「잠보니의 경우」("caso Zamboni")라는 논문에서(393쪽) 이렇게 말하고 있다: "나는 교회 권위에 호소했고, 적지 않은 시간 동안 여러 차례 끈질기게 노력한 끝에 몬시뇰 잠보니에게서 우리 모든 교수가 취득해야 하는 '출판 승인'(nihil obstat) 재가를 취소하도록 하는 데 성공했다."[11]

---

9. Ibid.
10. Ibid., pp.12-13.
11. 잠보니는 『순수 인식론의 비판적 실재주의』(*Il realismo critico della Gnoseologia Pura*, Verona, Tip.Veronese, 1936)에서 평온하게 다음과 같이 논평하고 있다: "제멜리 신부는 그의 글을 통해서 하나의 값진 고백을 전해주고 있다. 나는 이제 「잠보니의 경

그러나 잠보니의 응수는 매우 평온했고 품위를 잃지 않았다. "나의 이론과 강의의 정통성에 관해서라면 나는 하느님이 스승으로 세우신 교회의 판단 이외에 그 어떠한 권위도 인정하지 않는다. 만일 교회가 명한다면 나는 영원히라도 벙어리로 남을 것이다. 그러나 교회가 자신의 권위 있는 대표자들을 통해서 나의 철학적 입장의 정통성에 관해 의심의 여지가 없다고 판단할 뿐만 아니라 내가 심혈을 기울여온 철학 문제의 타당성과 중요성을 인정하는 한, 다른 사람들의 비난은 나를 고통스럽게 하거나 혹은 동정심을 불러일으킨다. 나는 결코 입을 다물 수가 없다. 나는 결코 개인적인 이익이나 명예를 탐하는 것이 아니라, 다만 내가 진정한 스콜라 철학의 요체라고 생각하는 것에 제발 평온히 봉사할 수 있게 놓아두어 달라고만 청할 뿐이다. 만일 길을 잘못 들어섰다면, 내가 그 잘못을 깨닫게 될 것이다. 그러나 내가 진리를 말했다면, 그 어떠한 논쟁도 그것이 승리하는 것을 방해하지 못할 것이다. 설사 나의 이름은 잊혀진다 할지라도."[12]

몬시뇰 잠보니는 또한 겪게 된 논쟁에 대해서가 아니라 자신의 가르침에 대해 제멜리가 했던 약속을 두고 한탄한다. "제멜리 신부는 내 가르침이 나 자신에 의해서 학회 모임들을 통해 광범위하게 개진되고 공개적으로 토론되었다는 것을 더할 수 없으리만치 확실하게 보증한다. 내 편에서의 개진에 관해서라면 『신스콜라 철학지』와 단행본들을 통해서 출판되었다. 그러나 내 체계에 대해서 광범위한 논란이 있었다는 것은 내가 대학을 물러난 직후에 적어두었던 메모로부터 옮겨 적는 것인 다음의 몇 줄을 통해서 잘 드러나게 될 것이다. 3년 전까지 제멜리 신부는 나에 대해 상당히 우호적이었다.

우」의 책임이 누구에게 있는지를 알 수 있게 되었고, 또 이 긴 논쟁 사건을 지배하고 있던 비밀스러움의 이유를 납득할 수 있게 되어서 기쁘다"(p.27).
12. Ibid., p.23.

심지어 자기 자신이 심리학을 담당하고 내가 인식론을 담당하여 하나의 공동 저술을 집필하자고 제안하는 글을 적어보내기까지 했다. 나는 그렇게 하면 참으로 좋겠지만, 공동 작품에 더해서는 사람들이 별로 좋은 느낌을 갖고 있지 않고, 또 그 두 개의 작업이 확연히 차이나게 될 것이므로 하지 않는 것이 좋겠다고 대답했다."

"제멜리 신부는 그에 대해 더 이상 내게 아무 말도 하지 않았다. 그런데 1927학년도 초에 제멜리는 전혀 다른 태도를 보이기 시작했다. 그는 내가 논리학, 형이상학 그리고 심리학을 혼동하고 있다고 말했고, 토론될 수 있도록 내 가르침을 개진하라고 말했다. 나는 마침내 올 것이 왔다고 생각했다. 그러나 내가 해당되는 주제에 관해 학회에서 강연을 한(이것은 나중에 『신스콜라 철학지』에 발표되었다) 자리에서, (키오케티 신부와 몬시뇰 마스노보의 사소한 지적이 있고 나서) 제멜리는 마지막 강연을 듣고 있던 교수와 학생들이 있는 자리에서 다만 지독한 악담으로 응수했을 뿐이다. 나는 근거를 대라고, 그렇지 않으면 토론을 진행할 수 없다고 항변했지만 허사였다. 그리고 잡지 편집부에서는 계속 이어질 토론 내용들을 적절한 때에 싣겠다고 약속했지만(20호, 1920, 199쪽) 더 이상 아무것도 나타나지 않았다."

"나중에 제멜리는 자신과 동료들은 내가 잘못된 길로 접어든 것을 확신한다는 내용의 서신을 보내왔다. 그러나 그때나 그 이후에나 결코 아무것도 정확히 지적하지 않았다. 광범위하게 떠들썩하던 논의는 바로 이것으로 환원된다."

"공동 저작 제안에서부터 마침내 격분에 이르기까지 나에 대한 태도 변화는 나폴리 학회에서의 제멜리의 발표(거기서 그는 무엇보다도 밀라노가톨릭대학이 '탐구하는 대학'을 추구하고 있다고 말했다)와 산탐브로시오대학 학생들에게 행한 그의 강연 사이의 태도 변경에 상응하는 것이다. 그 변화에 대한 이론적이거나 실천적인 또는 내밀하거나 외부적인 원인들에 관해서는 정확히 아는 바가 없다. 그러나 그 변화는 실제적이었고 대단히 중대한 것이었다.[13]

이제까지 말한 것을 마무리하기 전에, 그 논쟁은 너무도 일방적이어서 잠보니에게는 가담할 기회가 없었고 심지어 자신의 가르침을 변호할 기회마저 없었다는 사실을 기억할 필요가 있다. "특히 내 적수들에게는 온갖 야단법석을 위하여 잡지나 신문들이 활짝 열려 있었던 데 반해, 나를 변호하기 위해서는 내가 용기와 결단을 내려야 하는 극히 드문 (허술한) 기회를 빼놓고는 모든 가능성이 막혀 있었다."[14]

그러므로 잠보니의 철학을 명백히 하고 옹호하고 복권시키기 위해 어떤 목소리가 크게 높여지는 것이 지극히 정당하다. 그리고 그토록 독특한 사건의 모든 주역이 이미 세상을 떠난 지금이야말로 바로 그때라고 나는 생각한다. 나는 내가 몬시뇰 잠보니를 매우 잘 알고 있다고 자부한다. 여러 해 동안 나는 여름 방학을 이용하여 베로나에 있는 그의 자택을 찾아가 찬반의 선입견을 조금도 지니지 않은 채 그의 가르침에 대하여 평온하게 토론할 수 있었다. 그는 언제나 평온했고 매우 객관적이었다. 목소리를 높이는 법이 없었고, 대답에 응할 태세를 늘 갖추고 있었으며, 표현은 매우 인상적이었다. 억지로 자신의 옳음을 내세우려 하거나 자신의 견해를 강요하려는 기색이 전혀 없었다. 그는 자신의 적수들에 관해서조차 관대했다. 대조적인 정신자세를 지니고 있는 이들, 다른 분야의 공부를 한 사람들, 그리고 다른 분위기에서 살고 있는 사람들에게 집요할 정도로 반대하며 때로는 혹독한 비판을 던지지 않을 수 없을 때조차도, 그는 참으로 미안해하는 마음을 감추지 못했으며, 그 누구에 대해서라도 그 사람의 올바른 지향에 관해서는 인정하기를 추호도

---

13. Ibid., pp.24-25.
14. Ibid., p.7.

주저하지 않았다. 오랜 명상의 결실인 자기 자신의 확신을 굳게 견지했고, 오해받거나 공격을 받게 되어 자신을 변호해야 할 때는 언제나 자신의 인격보다는 '진리'를 더 염려했다. 그는 언제 어디서 기분 좋은 농담을 던져야 할지를 잘 알고 있었고, 가끔 몹시 격분할 때조차도 모욕적인 언사를 입에 담는 법이 없었다.

나는 그와의 담화를 통해 온갖 형태의 피상성과 편의주의를 혐오하는 법을 배웠고, 근본적인 중요성을 지닌 문제들에 대해서 뿐만 아니라 어떤 이론적이거나 실천적인 덜 중요한 문제들에 대해서조차도 발설하기 전에 미리 오래도록 명상해야 한다는 것을 배웠다. 바로 그러한 자세로 나는 아직까지도 의견 일치를 보지 못하고 있는 곳에 미약하나마 빛을 비출 수 있으면 하는 희망을 품고, 잠보니의 가르침에 있어서 가장 논란이 심했고 그래서 자주 오해되거나 곡해되었던 문제들을 검토해 보고자 한다.

2. 모든 진정한 '철학함'을 이끄는 원리가 있다면, 그것은 다음과 같이 표현될 수 있을 것이다. 즉 존재에 이를 수 있는 유일한 길은, 존재가 바로 인식 속에 현시되는 한에 있어서 인식함이기 때문에, 우리는 존재에 관하여 생생한 주의 속에서 포착되는 인식함이 어떤 성품을 지니고 있는지를 먼저 분명히 해두지 않고는 존재의 성품에 관하여 무엇이라 말할 수 없다는 것이다. 잠보니는 이렇게 적고 있다. "경험의 철학은, 실재적 회의든 방법적 회의든 상관없이, 회의로부터 시작하지 않는다. 왜냐하면 이 경험 철학의 방법은, 그것에 대해서 절대로 의심이 가능하지 않은 '직접적으로 현존하는 것'에 대한 자증(自證, constatatio)과 분석(分析, analysis)이기 때문이다. 이것은 경험적 방법이기는 하지만, 그렇다고 경험주의적 방법 같은 것이 아니다. 왜냐하면 구체적인 요소들의 본질 사이의 본질적인 필연적 관계들을 포착함으로써, 선험주의적 이성주의에 떨어짐이 없

이 경험주의의 한계를 벗어나기 때문이다."[15]

이제 검토해야 할 첫 번째 문제는 '감각'(感覺, sensatio)에 관한 것이다. 경험이 말해주고 있고 또 성 토마스도 확인해주듯이 '우리의 모든 인식은 감각적인 것들에서 시작되기 때문이다'(Omnis nostra cognitio incipit a sensibus).[16] 잠보니에게 있어서 외감(外感)들은 외부 사물들의 성질을 직접적으로 떠올리지 못하고, 다만 (정작 생리학이 확인하고 있듯이) 그런 성질들이 감각 주체의 유기체(有機體, organismus) 속에 산출 또는 촉발하는 결과만을 떠올릴 뿐이다. 실상 생리학은 "촉각 말초 기관들이 외피(外皮, epidermis) 밑에 있는 진피(眞皮, dermis) 속에 있다는 것을 가르쳐준다. 이런 기관들과 돌멩이 또는 문고리 사이에는 양말이나 장갑 외에도 외피가 끼어 있다. 엄밀하게 말하면, 내가 직접적으로 느끼는 것은 외부로부터 내 피부의 내부 표면에 산출된 인상, 즉 '나의 몸'의 어떤 변형이다. '직접성'은 '현존'(praesentia)에 속하지 아니하고(직접 현존하게 되는 것은 그 사물들이 아니다), '연관시킴'에 있다. 즉 나는 (양말이나 장갑 또는 외피에 대하여 생각함이 없이) 촉각 인상을 시각이 제시하는 돌멩이나 문고리에 '직접적으로 연관'시키는 것이다. 여기에는 현존의 직접성이 있는 것이 아니라 다만 '연관시키는 주의'의 직접성이 있을 뿐이다. 다시 말해 내 주의는 그 인상의 형상을 '직접적으로' 그 돌멩이로 옮겨가게 되고, 그래서 돌멩이 또는 문고리의 형상을 인식하는 것이다."[17]

'현존의 직접성'과 '주의의 직접성'이라는 두 가지 직접성을 서로 혼동하거나 평가절하해서는 안 된다. 나의 주의는 '나에게 직접적으로 현존하고 있지 않는' 어떤 것에게로 '직접적으로' 옮겨질 수 있다. 따라서 나는 어떤 사진을 제시하면서 '나의 아버지야' 혹은 '교

---

15. G. Zamboni, *La filosofia dell'esperienza immediata, elementare, integrale*, pp.8-9.
16. Cf. U. Degl'Innocenti, "Omnis nostra cognitio incipit a sensibus", *Aquinas* 1(1958), pp.379-391.
17. G. Zamboni, *Metafisica e Gnoseologia*, p.39.

황님이야'라고 말할 수 있다. 이것은 '주의의 직접성'이다. 왜냐하면 내 아버지도 교황도 지금 이 순간에는 나에게 직접적으로 현존하고 있지 않기 때문이다. 마찬가지로 한 어린이에게 작은 상본 한 장을 내밀면서 '예수님께 입맞춤하렴' 하고 말하면, 그 어린이는 자신의 주의력을 온통 (종이조각이 아니라) 예수께 쏟으며 정말로 그분께 입맞춤하려고 생각할 것이다.

예수님이 현존하고 있기는 하다. 그러나 오직 '매개적으로', 즉 상본을 통하여 현존하고 있는 것이다. 그리고 이런 경우에 우리의 주의는, 그 상본이나 사진에 대해서는 거의 깨닫지 못한 채, 표상된 대상에 고정되는 것이다. 성 토마스도 이 점을 잘 알고 있었다: "사물의 상(像, species)은 2중으로 고찰될 수 있다. 첫째는 그것이 어떤 사물인 한에서 고찰된다. 그리고 사물은 그것을 표상하는 상과는 다른 것이기 때문에(사진이 사진에 찍힌 그 사람은 아닌 것이다), 이 방식을 통해서는 인식 능력의 움직임이 상으로 향할 때와 표상되는 그 사물로 향할 때가 서로 다르다. 다른 방식으로는 상인 한에서 고찰된다. 이 경우에 상으로 향하는 인식의 움직임과 표상되는 그것으로 향하는 움직임은 동일하다. 이처럼 어떤 것이 생생한 효과를 발휘하고 있는 유사상을 통해서 인식될 때, 인식의 움직임은 (다른 어떤 것에 대하여 생각하는 것이 아니라) '직접적으로 그 원인으로 넘어간다'. 바로 이런 식으로 여행자의 지성은 다른 피조물에 대하여 생각함이 없이 '신에 대하여' 생각할 수 있는 것이다."[18] 그렇지만 이것은 신을 본질을 통해서 보는 것이 아니다. 왜냐하면 이 경우에 신은 여행자의 정신에 '직접적으로 현존'하는 것이 아니라 다만 어떤 상을 통해서 현존하는 것이기 때문이다.

---

18. *De veritate*, q.8, a.3, ad18. Cf. *De veritate*, q.22, a.14(메르쿠리우스 상의 예); *In de memoria et reminiscentia*, lec.3, n.340-341(ed. Marietti, 1949, p.57); *In II Sententia*, d.12, q.1, a.3, ad5.

잠보니는 계속한다. "시각(視覺, visus)에 대해서도 동일한 말을 해야 한다. '느껴지는' 인상은 외부의 사물(예컨대 내가 손에 쥐고 있는 사과)이 내 눈에 보내는 광선에 의해서 동공 위에 산출된 인상이다. 그래서 나에게 나타나는 모습은 외부 대상과 동공 사이에 개재하는 것에 의하여 산출되는 모든 방해물(채색된 유리, 렌즈, 눈에 있는 이런 저런 결함 등)의 영향을 받는다. 그러나 그렇게 보이게 된 그 모습은 내 촉각이 자증해주는 사과의 표면 위에 '직접적으로' 돌려보내지게 된다. 이처럼 직접적으로 느껴지는 것은 내 유기체가 외부 사물로부터 받아들이는 인상이다. 다시 말하지만, 이것은 촉감과 시각이 제시하는 표면들의 실재에서부터 아무것도 기각시켜버리지 않는다. 따라서 그것은 감각적 인식의 실재주의를 결코 미리 판단하지 않는다. 내가 느끼는 표면이 조금 이쪽에 있다거나 저쪽에 있다거나, 아니면 0.5밀리미터가 되든 2-3센티미터가 되든, 실재주의에게는 별로 상관없다." 이것은 망원경으로 보는 어떤 모습이 작거나 크거나 별로 중요하지 않은 것과 같다. 어쨌든 그것은 동일한 그 모습인 것이다.

"생리학은 다음과 같은 일반적인 결론을 보장해준다: 외감들이 물체의 세계에 대하여 '직접적으로' 제시하는 것은 주체의 피부 안쪽에 있는 '성질을 지닌 연장들'뿐이다. 몸 바깥에 있는 사물들의 외부 표면을 우리는, 그것이 우리 몸 위에 인상을 지우면서 거기에 몸의 내면에 있는(그렇지만 그것들을 촉발한 외부 사물들의 모습과 '동일'하거나 '유사'한 어떤 모습을 받아들이는) 다른 표면들의 제시됨을 촉발하는 한에서, '매개적으로' 인식한다." 유사한 것이 유사한 것에게 인식되는 것이다(simile simili cognoscitur).

"감성의 실재주의는 미리 판단되지 않는다. 우리의 바깥 우주의 실재주의에 대해서도 마찬가지다. 그러나 우리의 유기체 바깥 사물들이 외감에 직접적으로 현존하고 있다고 말할 수는 없다. 우리가 직접적으로 느끼는 것은 우리 몸 바깥의 사물들이 다니라 우리 몸의 변형이다. 사물의 모습은 (그것들의 모습과 공간적 관계 등을 모방하는) 우리 피부 '속'에 있는 표면들인 그것의 '실재적' 상들 속에서 (매개적으로) 인식된다."[19] 사실 "시각과 촉각에 의하여 제시된 성질을 지닌 표면들이 실재적이고 또 직접적으로 지각된 것들이기는 하지만 생리학이 가르치는 바에 따르면 내 몸의 피부 속에 있다고 말하는 것은 내 존재 방식이나 상태가 아니라 자연의 한 물체(=나의 몸)에 속하는 '표면들'이라고 말하는 것과 같다. 그러나 데카르트의 시대에는 그것들이 '몸 바깥에 그리고 영적 영혼 안쪽에' 있는 의식의 상태로 간주되고 있었다. 데카르트의 입장과 더불어 비물질적 관념주의가 출범했던 데 반해, 생리학적이고 인식론적인 입장과 더불어서는 틀림없이 물질적 세계 속에 있게 된다."[20]

객관성에 대해서는 다음 사실을 알아야 한다. "외부 오감(五感)의 소여들은 '내 존재 방식들'인 것으로는 제시되지 않는 표면과 성질들을 나에게 제공한다. 내가 녹색을 볼 때 나 자신이 녹색으로 느껴진다고 말할 수는 없으며, 또 어떤 종소리를 들으면서 내가 소리난다고 말할 수는 없다. 다만 나는 이 종소리를 듣는다고 말할 수 있을 뿐이다."[21] '나는 어떤 색깔을 본다, 또는 떠올린다' 혹은 '어떤 소리를 듣는다'는 표현 속에서, 색깔이나 소리는 바로 하나의 '소여'로 또는 '감각 주체에게 제공된 어떤 것'으로 제시되는 것이지, 그것의 어떤 변형으로 제시되는 것이 아니다. 그렇기 때문에 "외부 오감의 내용들은 '비주체적 내용들'이라고 불린다. 주체인 '나'는 다만 그것들의 구경꾼일 뿐이다. 즉 그것들이 거기에 현존하고 있는 주체인 것이다. 외부 오감들의 감각은 더 이상 아무것도 말하지 않는다. 이

---

19. G. Zamboni, *Metafisica e Gnoseologia*, pp.39-40.
20. Ibid., pp.40-41.
21. Ibid., p.45.

런 내용들은 비주체적 실재들이다. 소리와 냄새는 '표면들을 드러내는 것이 아니다'(우리는 그것들이 '공기 속에 퍼진다'고 말한다). 미각, 시각, 촉각은 공간적인 관계 속에 있는 표면들을 우리에게 제공하고, 서로서로 그리고 내 몸의 외부 표면과의 공간적 관계를 맺고 있는 외부 사물들의 표면을 우리가 알게 해준다. 이른바 외부적 감성 소여들에 의해서 우리에게 제시되는 실재는 '비주체적'인 성질적·공간적·표면적인 실재다."[22]

예컨대 우리가 건강의 색깔을 보고 싶다고 해서 언제나 그 색깔들을 볼 수 있는 것이 아니라는 것은 하나의 경험적 사실이다. 그렇지만 특별히 가까운 사람의 경우, 질병으로 인한 안색의 변화를 알아챌 수 있다. 그리고 가끔 우리는, 예컨대 수면을 방해하는 밤늦은 시각의 라디오 소리 같은 귀찮은 소리나 천둥소리 또는 전시의 폭발물 터지는 소리 같은 가공할 굉음을 듣도록 강요당하는 수가 있다. 때로는 우리 뜻에 반하는 달갑지 않은 악취로 구역질이 나거나 추위 또는 더위 때문에 고통을 당하기도 한다. 또한 슬픔이 북받치게 되면 아무것도 할 수 없는 무력감을 겪게 되기도 한다. 우리는 여기서 대단히 중요한 어떤 최초의 자증(自證)을 볼 수 있다. 감각이라는 것은 즉발적인 것이 아니라 우리의 주의력을 벗어나는 사실과 자극들에 의해서 촉발된 것이다. 감각은 '우리 안에서' 솟아나기는 하지만, '우리에게서 기인하는 것은 아니다.'

보다 주의 깊은 관찰을 통해서 우리는 우리 눈 속에 있는 대로 색깔을 본다는 것을 깨닫고, (그 내부 장치가 외부의 진동에 따라 진동하는) 우리의 귓속에 있는 대로 소리를 듣는다는 것을 깨닫게 된다. 또한 우리의 혀에 있는 대로 맛을 느끼고(예컨대 만일 혀에 씁쓸한 액체가 번지게 되면 쓴맛을 느낀다), 우리 콧속에 있는 대로 냄새들을 맡으

---

22. Ibid.

며, 더위와 추위를 우리의 몸에 변형되는 그대로 느낀다. 그러나 경험은 이런 모든 현현이 스스로 산출될 수 없다는 것을 증언해주며, '우리 스스로의 힘만으로는 그것들을 산출하는 데 충분하지 못하다'는 것을 분명히 알려준다. 눈을 감았을 때나 어둠 속에서는 아무것도 볼 수 없다. 만일 우리가 손으로 어떤 채색된 표면(예컨대 카펫)을 감싸쥔다면, 그것은 우리의 시야에서 사라져버린다. 그것이 다시 나타나게 하기 위해서는 손을 치워야 한다. 그리그 이 실험을 열 차례 반복한다고 하더라도 열 번 다 똑같은 결과를 얻을 것이다. 어떤 소리를 듣기 위해서는 어떤 물체를 타격해야 한다. 예컨대 종을 친다거나 건반을 두드린다거나 금속으로 돌을 두드려야 한다. 그리고 만일 어떤 향기를 맡고자 한다면 향기로운 입자들을 후각 기관과 접촉하고 있는 콧구멍 내부에까지 도달하게 만들어야 하고, 어떤 맛을 맛보려면 어떤 것을 입안에 집어넣어야 한다. 또한 더워지기 위해서는 불에 가까이 가거나 태양에 노출되어야 하고, 여름에 좀 시원해지기 위해서는 찬물로 샤워를 하거나 바닷물 속에 뛰어들어야 한다.

  이 모든 지적으로부터 명백해지는 것은, '나 혼자만으로는 내 안에 다양한 감각들을 산출하는 데 충분하지 못하다'는 주장이 옳다는, 즉 사실에 걸맞다는 것이다. 그리고 이런 걸맞음(일치)은 경험에 의해 검증된다. 이것은, 물리학이 보증하고 상당수의 신스콜라 철학자들이 인정하고 있는 것처럼, 고유 감각 성질들 혹은 2차적 성질들의 다만 '근본적인' 실존이라는 극단적인 경우에조차도, '감각의 객관성과 실재주의'를 옹호하는 데 넉넉하고도 남는다. 또한 실상 나에게 영향을 미쳐 감각 기관들 속에 색깔과 소리를 산출하는 어떤 '자극'이 내 바깥에 참으로 있다면, 색깔과 소리들이 나에게 지각된 그대로 내 바깥 실재 세계 속에 있지 않다는 사실은 그리 중요한 것이 못 된다. 그래서 술에 의해 내 몸속에 산출된 열은, 비록 그것이 '형상적으로는' 술 속이 아니라 오직 내 안에 있는 것이라 할지라도, 완전히 '객관적'이다. 왜냐하면 그것을 산출한 원인이 참으로 내 바깥에 있기 때문이다. 그리고 동시에 완전히 '초월적'이다. 왜냐하면 그것이 내 안에 산출되었고 그것이 실존한다는 '내 생각과 무관하게' 실존하기 때문이다. 다시 말해 내가 그것을 생각하기 때문에 그것이 실존하는 것이 아니라, 그것이 실존하기 때문에 내가 그것을 생각하는 것이다. 이것은 정반대를 생각해 봄으로써도 입증될 수 있다. 나를 거의 태워 죽일 것 같은 열병을 떨쳐버리기 위해서는 그런 열병은 있지도 않다고 생각하는 것만으로는 모자라고, 그 열병을 산출한 원인이 활동을 중단해야 하는 것이다.

또한 '인식 일반의 본성'을 염두에 둘 필요가 있다. 그것은 하나의 '생명적' 활동이고 따라서 '내재적 활동'(ab intrinseco et immanens)이다. 다시 말해, '인식자 내부에서 태어나서 인식자 안에서 그것의 완성으로서 수행되고 완료된다.' 그러므로 인식은 '인식 대상'의 어떤 완전성이 아니라 '인식자'의 완전성이다. 인식과 더불어 인식자가 쇠퇴하는 것이 아니라 더욱 풍부해지고 완성되는 것이다. 이것은 인식의 원리와 끝이 주체 자체 안에서 일치되어야 할 것을 요구한다. 따라서 하나의 대상이 인식 안에, 감각 안에 있어야 한다. 예컨대 '봄'[視]은 눈 안에서 시작되어 눈 안에서 끝나고, '들음'도 귀 안에서 시작되어 귀 안에서 끝난다. 따라서 보여진 대상은, 보여진 한에서, 눈 밖이 아니라 눈 안에 있고, 들린 소리는, 들려진 한에서, 청각 기관 바깥이 아니라 그 안에 있다. 만일 보여지거나 들린 대상이 감각자 바깥에 있다면, 감각자는 자기 고유의 대상에 이르기 위해서 자기 바깥으로 나가야만 할 것이다. 그리고 그의 행동은 바깥에서 끝나기 때문에 더 이상 내재적인 것이 아니라 전이적(轉移的, transitiva)인 것이 될 것이다. 그러나 그것은 더 이상 '감각자'의 완전성이 아니라 '감각 대상'의 완전성이 될 것이고, 더 이상 '생명적' 활동이 아니라 순전히 물리적인 활동이 될 것이다. 그러므로 성 토마스가 감각은 물론 지성적 인식(intelligere) 및 원의(velle)까지도 내재적 활동의 목록에 포함시키고 있다고 해서 조금도 놀랄 일이 못 된다. "활동에는 두 가지가 있다. 하나는 덥히거나(加熱) 말리는(燥) 것처럼 외부 물체로 '나가는'(transit) 활동이고, 다른 하나는 지성적 인식과 감각(sentire) 및 원의처럼 행위자 '안에 머무는'(immanens) 활동이다. 이 차이들은 어째서일까? 왜냐하면 첫 번째 전이적 활동(transiens)은 움직이는 행위자의 완전성이 아니라 '움직여진 것'의 완전성이고, 두 번째 내재적 활동(immanens)은 '행위자'의 완전성이기 때문이다."[23]

그렇지만 같은 『신학대전』에는 보다 더 범주적이고 풍부한 하나의 주장이 일반적인 원리의 형태로 담겨 있다. "행위자 안에 남아있는 활동들에서 '끝'(terminus)의 역할을 하는 대상은 행위자 자신 안에 있다. 그리고 그 안에 있는 방식에 따라서 그 활동은 현실태로 있다. 그러므로 『영혼론』에서 말하고 있듯이 현실태로 있는 감각성질은 현실태로 있는 감각이고, 현실태로 있는 가지적인 것은 현실태로 있는 지성이다. 왜냐하면 현실태로 있는 '이 어떤 것'(hoc aliquid)으로부터 우리의 지성이나 감각이 가지상 또는 감각상 안에서 입수하는 것을 감각하거나 인식하기 때문이다."[24] 나에게 그리고 내 안에서 외부 대상을 표상하는 이 상 또는 유사상 속에서, 나는 내가 나 자신에게 행하는 온통 내밀한 현현과 더불어 외부 대상을 인식한다. 마치 어떤 의식적인 텔레비전 수상기처럼 그 유사상들이 재생되는 모든 사물을 '그 자체로' 인식할 수 있을지 모른다. 그러나 그것은 의식적이지 않기 때문에 오직 자신의 구경꾼에게만 그것들을 매개적으로 그러나 진실되게 알려준다.

---

23. Thomas Aquinas, *Summa Theologiae* I, q.18, a.3, ad1.
24. Ibid., I, q.14, a.2.

혹자는 이쯤에서 물을지 모른다: 감각적이건 지성적이건 모든 인식이 내재적이라고 선언하고 그것들에게 어떤 직접적이고 내밀하며 내재적인 칭호를 부여함으로써, 그리고 특히 감각이 감각자 '내면에서' 탄생하고 머물고 완료된다고 말함으로써, 혹시 우리는 우리 자신 안에 유폐되어 빠져나갈 아무런 희망도 없게 되는 것이 아닐까? 다시 말해 이렇게 함으로써 버클리로부터 헤겔에 이르기까지 느리지만 준엄한 전개 과정을 거쳐서 물질적 실재들을 진공화시키고 모든 것을 (그리로 향하는 대상이나 끝이 없는) 사고나 인식으로 환원시킨 관념주의에게 승리를 헌납하는 것이 아닐까? 그러나 이것은 몬시뇰 잠보니가 끝까지 추진할 수 있었던 것 같은 철저한 분석의 결과가 아니라 한낱 피상적인 인상에 지나지 않는다. 만일 경험이 우리에게 매개된 지식을 증언해준다면, 잠보니는 경험이 또한 '직접적 지식'도 증언해준다는 것을 가르쳐준다. 그리고 바로 이 직접적 지식을 가지고 매개된 지식들을 판단해야 하는 것이다.

이것이 어떻게 발생하는지를 보기로 하자. 우리를 둘러싸고 있는 다양한 모습에 대해서 우리는, 어린 시절부터 시작된 경험을 통해서 우리가 '우리의 모습'이라고 부르는 것, 즉 우리의 '몸'의 모습을 경계짓기에 이른다. 이런 모습은 온통 공간적이고 혼동의 여지가 없다. 한편 그것은 나타났다가 사라지곤 하는 다른 모습들과는 달리 우리를 언제나 수행하고 뒤따라 다니는 모습이다. 만일 어느 누가 바늘로 이 모습을 찌르면, 나는 즉시 '아얏!' 하고 소리지른다. 그러나 어떤 다른 모습이 찔리게 되면, 설사 그것이 내 모습과 비슷하고 또 내 곁에 있는 모습이라 할지라도, 나는 아무 소리도 지르지 않는다. 왜냐하면 나는 아무것도 느끼지 못하기 때문이다. 이 점에 대해서 잠보니는 이렇게 말하고 있다. "촉감 내용들 가운데 어떤 것들은 '상호적' 또는 '이중적'이다. 손이 다른 손이나 혹은 몸의 어떤 다른 부분을 만지게 되면, 그 손은 '만지는' 것이자 동시에 '만져지는'

것이다. 만일 내가 손을 뺨에 대면 손은 뺨의 접촉을 느끼고, 뺨은 손의 접촉을 느낀다. 이 '상호 접촉'과 더불어 나는 내 유기체 '바깥에 있는' 사물들의 외부적 경계선에 대한 인식에 이르게 된다."[25]

이런 모습(내 몸)에 대하여 우리는, 점점 더 풍부해지고 복잡해지는 경험의 안내를 받아, 여러 부분(머리, 몸통, 손, 다리, 감각기관들 등)을 분별하고 자리매김하기에 이른다. 수저를 입에 갖다 대려는 어린이들의 노력은 잘 알려져 있다. 이 노력은 단번에 성공하지 못하고, 어른들의 웃음을 자아내는 수십 차례에 걸친 우스꽝스러운 시도를 거듭하고 난 다음이라야 비로소 성공할 수 있다.

이 모습의 표면에서 우리는 달갑거나 고통스러운 감각들을 우리의 것으로 느낀다. 그리고 동일한 피부 표면 '안쪽에서' 감정, 정서, 경향, 거리낌 등과 생각들 및 바람들 같은 우리의 '심리 생활' 전체가 전개되는 것을 느낀다. 이 모든 것에 대해 우리는 직접적이고 경험적인(즉 어떠한 개념이나 표상도 '넘어서는') 인식을 가진다. 그렇지만 우리 자신의 몸에 대한 인식 가운데 상당 부분은 매개된 채로 남아있다. 이런 매개된 인식의 객관성과 실재주의는 바로 직접적 인식에 기초해서 확립된다. 이처럼 상 또는 유사상을 통해서 시각에 의해 포착된 내 손의 표면은 내가 근육의 노력을 통해서 직접적으로 느끼는 손 자체와 일치되게 된다. 시각의 대상인 한에 있어서의 손의 객관성을 부정한다는 것은 우스운 일이 될 것이다. 그리고 만일 내가 손을 '촛불'이라고 불리는 저 환한 움직이는 표면에 가져다 대면, 나는 즉시 '데는 고통'을 내 것으로 느끼게 된다. 손을 빼면 고통은 멈춘다. 그리고 다시 손을 대면, 다시 고통이 시작된다. 몇 번을 실험하더라도 결과는 언제나 똑같다. 내 손의 고통은 촛불의 표면과 연관되어 있고, 따라서 그것은 통증을 느끼는 내 손이 그러하

---

25. G. Zamboni, *Metafisica e Gnoseologia*, p.45.

듯이 객관적이다. 이 사실은 다음의 실험을 통해서도 확인된다. 내가 손을 촛불 위에 그대로 놓아둔 채 두 눈을 감는다면, 통증은 계속된다. 그러나 눈을 감은 채로 있으면서 손을 떼게 되면 통증은 멈춘다. 이것이 대체로 인과율에 기초한 논변 또는 추론이 아니라는 점에 유념해야 한다. 이것은 경험의 '자증'과 '연합'을 통한 인식으로서, 동물들에게도 가능한 인식이다. 실상 고양이도 발이 뜨거운 솥뚜껑에 닿게 되면 본능적으로 발을 뗀다. 그리고 이 고양이는 몇 차례의 고통스러운 경험을 하고 나서는 더 이상 가까이 접근하지 않는 법을 배우는 것이다. 이것이 바로 성 토마스가 반복적으로 말하고 있는 '감각의 판단'(judicium sensus)이다. "어떤 것에 대한 감각의 판단은, '고유 감각 성질들'(sensibilia propria)의 경우처럼, 자연적이다. 그러나 다른 것들에 대한 감각 판단은 어떤 대조를 통해서 일어난다. 이 비교는 인간에게 있어서는 감성 영역에 속하는 '감각적 사고력'(vis cogitativa)에 의해서 수행된다(동물들에게는 이 사고력 대신에 자연적인 '감각적 평가력'[vis aestimativa naturalis]이 있다). 이처럼 감각 능력은 '공통 감각 성질들'(sensibilia communia)과 '우유적인 감각 성질들'(sensibilia per accidens)에 대하여 (나름대로) 판단한다."[26]

이런 '감각적 판단'을 우리는 어떻게 알아들어야 하는가? "그것은 동의하거나 아니면 동의하지 않으면서, 개념들을 결합하거나 분리시키는 지성의 판단 같은 것이 아니다. 여기에는 다른 성격의 결합과 분리가 있다. 그것은 '지향들'(또는 상(像)들: intentiones)을 함께 모으는 것이다. 예컨대 낯설고 어두운 방에서 가구들을 더듬으며 그 형태와 위치를 알아내려 한다고 가정해 보자. 나는 손의 감촉으로 한 소파의 표면을 느낀다. 그러나 촉감으로는 그 소파가 어떤 색깔인지 결코 알아낼 수 없다. 여기까지 나는 순전히 촉각의 대상

---

26. Thomas Aquinas, *De veritate*, q.1, a.11, c.

만을 가지고 있다. 이것들에 대해서는 시각에 해당되는 것을 알지 못한다. 이때 갑자기 불이 켜졌다고 치자. 그러면 표면이 조명되고 성 토마스의 용어를 빌어 표현하자면 눈동자 안에 색깔의 상 또는 유사상을 산출하게 되어, 그 유사상을 통해서 소파의 천 색깔에 상응하는 어떤 모습의 붉은 색깔이 나에게 나타나게 된다. 직접적으로 그 색깔의 상은 내 감각 기능에 의해서 촉각이 실재를 나에게 현시했던 표면에 연결되게 된다. 그러나 만일 내가 브랏빛 안경을 끼고 있다면 내 눈에는 더 이상 그 천의 색깔의 상과 '동일한' 상이 형성되지 않게 되고, 따라서 나는 즉시 거짓이라고 판단한다. 다시 말해, 나는 그것이 지니고 있는 것과는 다른 색깔을, 더 정확하게 말하면 그 천의 붉은색과 내 안경의 보랏빛의 합성에 의하여 눈동자에 생겨나는 색깔을 그 표면에 적용하는 것이다. 이것이 바로 나에게 제시되는 상이고, 내가 즉발적으로 그러나 그릇되게 소파의 표면에 적용하는 그 상인 것이다."[27]

또한 나는 주변에서 내 모습과 유사하거나 내 모습과 유사하게 처신하는 모습들(=타인들)을 본다. 나와 똑같은 지체(肢體)를 지닌 그 모습들은 나와 비슷한 동작과 태도들을 취한다. 그러나 그것들은 내 모습과는 다르고, 나로부터 분리되어 있다. 그렇지만 나는 내가 입에서 발설하는 소리들을 통하여 그것들과 수교할 수 있으며, 그것들은 내가 그 의미를 잘 알고 있는 비슷한 소리들을 통하여 내 목소리에 응답한다. 그 소리들은 내 안의 서로 다른 개념과 생각들을 일깨우고, 나는 그것들을 경우에 따라 달가워하거나 싫어하고, 동의하거나 배격한다. 이런 생각들은 분명 내 것이 아닌 그 입술들의 움직임과 관련되며 나와는 무관하게 내 안에서 솟아난다. 이미 지적한 것처럼, 나에게 속하지 않는 손 가운데 하나의 표면을 핀으

---

[27] G. Zamboni, *La gnoseologia di s.Tommaso d'Aquino*, Verona, Tip. Veronese, 1934, p.35. Cf. Thomas Aquinas, *De veritate*, q.1, a.11: "Naturalis autem actus."

로 찌르게 한다면, 내 안에서는 아무런 통증도 느끼지 못한다. 이처럼 내가 나와 같은 '사람들'이라고 부르는 내 앞의 모습들의 표면 '안쪽에서' 전개되는 모든 것은 나에게는 전혀 알려지지 않는 채로 남아있다.

경험, 연합, 대조, 최소한도의 논변 등에 기초한 유사한 과정을 통해서 나는 언제나, 서로 다르게 나에게 제시되는 다양한(멋있거나 보기 흉하고, 달갑거나 달갑지 않으며, 때로는 그런 것이 나타나자마자 줄행랑을 놓게 되는 가공스럽거나 가증스러운) 모습들의 안내를 받아 동물, 식물, 무기물 같은 다른 물체들 또는 다른 존재자들의 객관적 실존을 확립하기에 이른다. 여기서 아퀴나스가 그토록 잘 묘사한 바 있는 '모습'(figura)의 중요성에 유념해야 한다. "모든 성질 가운데서 '모습'은 사물들의 상을 최대로 수반하며 입증해준다. 나무와 동물들에게서 너무도 명백하듯이, 그들에게 있어서 모습의 차이보다 더 확실한 종적 차이의 표지는 없다. 그러므로 양(量, quantitas)이 모든 우유 가운데서 사물의 실체에 가장 가깝듯이, 양에 연관되어 있는 성질인 모습은 실체의 '형상'에 가장 가깝다."[28] "물체적 사물들에 있어서 모습이 종의 표지를 최대로 지니고 있는 것으로 보인다. 사실 우리는 색깔의 차이에서가 아니라 모습의 차이에서 동물들의 종적 차이를 알게 된다."[29] "우유들 가운데서 종에게 모습만큼 '두드러진 표지'인 것은 아무것도 없다."[30]

이 첫 번째 주제를 마무리하자면 잠보니의 적수들이 떠들어대던 것, 즉 외부 감각들이 '외부 사물의 성질들 자체'를 직접적으로 떠올린다는 주장은 거짓이다. 외감들은 사물들의 '상'(species) 또는 '유사상'(similitudo)을 떠올린다. 외감들은 이 상들을 앞에서 말한 성질

---

28. Thomas Aquinas, *In Phys., VII,* lect.5, n.1848(ed. Pirotta, 1953, p.402).
29. Thomas Aquinas, *Summa Theologiae* I, q.35, a.1.
30. Thomas Aquinas, *In Ep. ad Hebr.,* c.1, v.3(ed. Marietti, 1953, n.27).

을 인식하기 위한 '지향성들'(intentiones) 또는 표상들로서 활용한다.[31] 여기에는 분명 직접성이 있기는 하지만, 그것은 이미 말한 대로 현존의 직접성이 아니라 '주의 기울임의 직접성'이다.

3. 외감들이 그 성질의 '주체'(subjectum)를 느낀다거나 혹은 이 주체의 '행동'(actio)을 행동으로서 느낀다는 것은 더더욱 거짓이다. 만일 이미 외감들이 외부 사물의 성질적·공간적 표면을 직접적으로 떠올리지 못하는 것이 사실이라면, 외감들에게 직접적으로 현존하고 있는 것은 다만 그런 '성질적·공간적 표면의 상 또는 유사상들'일 뿐이다. 감각자는 그것들을 표상으로서 활용하여 바깥에 있는 사물들의 외부 측면을 인식하기에 이른다. 더욱 감각자는 바깥 사물들의 주체 또는 실체를 매개적으로조차도 포착할 능력이 없다. 감각적 유사상들이 그것(실체)을 어떤 방식으로도 표상하지 못하기 때문에, 그것들은 매개적으로조차도 감각자에게 (그 자체로 전혀 감각적이 아닌) '실체'(substantia)를 제시할 수 없다. 이것을 이해할 줄 아는 사람에게는 경험이 말해주고 있고 또 성 토마스도 확인해준다. "어떤 '영적'이고 '가지적'인 본성이 감각의 포착망에 걸려든다는 것은 불가능하다. 감각은 '물체적 능력'이기 때문에 물체적 사물들에 대해서가 아니라면 인식할 능력이 없다."[32] 그런데 실체는 그 자체로 물질적인 것도 아니고 물체적인 것도 아니다. 그렇지 않다면 영혼이나 천사 또는 신 같은 영적 실체들이 존재할 수 없었을 것이다. 그러므로 물체적 사물들은, '감각들의 대상'으로서는 다

---

31. Thomas Aquinas, *De veritate*, q.1, a.11: "Est quaedam vis apprehensiva quae apprehendit speciem sensibilem sensibili re praesente, sicut sensus proprius; quaedam vero apprehendit eam (speciem) re absente, sicut imaginatio; et ideo sensus semper apprehendit rem ut est, nisi sit impedimentum in organo vel medio." 성 토마스에게 있어서 감각의 본성에 관해서는 다음 나의 글을 참조하라. "Immanenza e realismo della sensazione in s.Tommaso", *Aquinas* 2(1959), pp.225-281.
32. Thomas Aquinas, *In de anima* II, lect.14, n.416.

만 우유들로 환원된다. "감각은 사물들의 '본질들'을 포착하지 못하고, 다만 '외부적 우유들만'을 포착할 수 있을 뿐이다."[33] 따라서 감각은 존재(esse)와 실체를 포착할 수 없다. "비록 존재가 감각적 사물들 속에 있음에도 불구하고, 감각은 '존재 근거'(ratio essendi) 또는 '존재자의 지향성'(intentio entis)은 물론 어떤 '실체적 형상'(forma substantialis)도 포착하지 못하고, 다만 감각적 우유들만을 포착한다."[34] 여기서 '다만'(tantum)이 반복되고 있음을 유념할 필요가 있다. 그것은 의심의 여지 없이 의도적이다. 성 토마스가 감각적 인식에서 실체 인식을 배제하고 있다는 것은 명백하다. "실체는 실체인 한에 있어서 물체적 눈이 볼 수 있는 것이 아니다. 그렇다고 다른 감각이나 상상력이 포착할 수 있는 것도 아니다. 『영혼론』 제3권(제6장)에서 말하고 있는 것처럼 오직 '무엇임'(quod quid est)을 대상으로 삼고 있는 지성만이 포착할 수 있다."[35] 여기서 "오직 지성만이"라는 구절이 실체 인식에서 내감이든 외감이든 혹은 '사고력'이든 모든 감각을 배제하고 있다.

그리고 성 토마스는 한 '신학적 적용'에서도 이 사실을 입증하고 있다. "그러므로 엄밀하게 말한다면, 그리스도의 몸은 성사(聖事) 속에서 그것이 지니는 존재 방식에 따라서는 감각이나 상상력에 의해 지각될 수 있는 것이 아니다. 다만 '영적인 눈'이라고 불리는 지성만이 그것을 포착할 수 있다."[36] 따라서 성체성사에는 어떠한 속임수도 있을 수가 없다. 왜냐하면 실체를 판단하는 것은 감각의 일이 아니기 때문이다. "이 성사에는 아무런 속임도 일어날 수가 없다. 왜냐하면 사물들의 진리에 따라서 감각들에 의해 판단되는 것은 우유들뿐이기 때문이다. 그런데 '실체를 고유 대상으로 삼고 있는' 지성

---

33. Thomas Aquinas, *Summa Theologiae* I, q.57, a.1, ad2.
34. Thomas Aquinas, *In Sent.*, I, d.19, q.5, a.1, ad6.
35. Thomas Aquinas, *In De anima*, III, lect.11, n.762.
36. Thomas Aquinas, *Summa Theologiae*, III, q.76, a.7.

은 신앙을 통하여 속음으로부터 보호된다."[37] 감각이 확인하듯이, 축성된 빵과 포도주 안에 빵과 포도주의 우유들(또는 겉모습)은 그대로 남아있지만, 그 실체에 관해 판단하는 것은 오직 지성의 일이고, 신앙은 우리에게 거기에 더 이상 빵과 포도주의 실체가 있는 것이 아니라 오직 그리스도의 몸과 피가 있음을 보장해주고 있다. "신앙이 감각을 '거스르는' 것이 아니라, 다만 감각이 그것에 대해서 까막눈이기 때문이다."[38] 그리고 성 토마스는 매우 중요한 한 가지에 기꺼이 머물면서 강조하고 있다. "감각은 사물의 실체에 대해 판단하는 데 적합하지 못하다. 그러나 무엇임을 자기 대상으로 삼고 있는 지성은 적합하다. 그러므로 (성체성사에서) 어떠한 속임도 일어나지 않는다. 왜냐하면 거기에는 감각이 판단하는 우유들이 있기 때문이다. 그러나 사물들의 실체에 대해서는 신앙의 도움을 받는 지성의 판단이 있다."[39] "우유들은 그 동일한 성사 안에 주체 없이 자립하고 있다. 그것은 마치 가시적(可視的)인 것이 보이지 않게 될 때 신앙이 낯선 모습으로 비밀스러운 자리를 가지고 있는 것과 같다. 그리고 감각은 자기에게 알려지는 우유들에 대하여 판단할 때 결코 속지 않는다."[40] 자신의 포착망을 벗어나는 실체에 대해서 판단하지 않는다면 말이다.

외부 감각의 내용들이 구체적이고 특수한 대상들이며 개별 감각에 의해서 구체적인 방식으로 포착된다는 것은 사실이다. 그러나 우리가 방금 성 토마스에게서 들은 것처럼, 그러한 구체성은 지성의 대상인 실체의 경우에는 감각에게 계시되지 않고, 우유들 가운데 첫째인 양(量) 또는 '표면'(이것을 통해서 다른 우유들은 실체에 내속

---

37. Ibid., III, q.75, a.5, ad2.
38. Ibid., ad3.
39. Thomas Aquinas, *In Sent.*, IV, d.12, q.2, a.1, ad2.
40. Thomas Aquinas, *Officium Corporis Christi*, lect.3, in *Opuscula Theologica*, vol.II, ed. Marietti, 1954, p.227.

하게 된다) 속에서는 계시된다. 그런데 양은 '그 자체로는' 개별적이고 구체적이다. 왜냐하면 그것의 본질은 '부분들 이외의 부분들'(partes extra partes)을 가지는 것이기 때문이다. 따라서 고대인들은 흔히 감각들의 대상이 실체가 아니라 우유들의 총체, 즉 '성질-양'(quale-quantum)이라고 말하곤 했고, 잠보니는 그것을 정확히 '성질들을 지닌 표면'(superficie qualificatae)이라고 번역하고 있다. 그러므로 외감들이 성질과 더불어 느끼는 주체는 실체가 아니라 '공통 감각 성질들' 가운데 하나인 '표면'이다. 감각 소여들 속에는 실체의 어떠한 흔적도 나타나지 않는다.

그러나 적수들은, '참되고 고유한 감각 성질'이지만 사실은 다만 간접적으로만 느껴지는 '우유적으로 감각적인 성질들'(sensibilia per accidens)에 대한 스콜라 철학의 가르침을 잠보니가 잘못 알아듣고 있다고 몰아세웠다. 잠보니는 성 토마스의 정통 가르침을 가지고 그들에게 응수했다. 성 토마스는 고유 감각 성질들은 "감각의 수동 또는 변화 자체 안에 차이를" 내는 것들이지만, "우유적으로 감각적인 성질들"은 "감각의 변화에 대해서는 아무런 차이도 내지 않는다."고 말한다. 다시 말해 "우유적으로 감각적인 성질들에 의해서는 감각들은 아무것도 겪지 않는다."[41] '우유적으로 감각적인 성질들'(여기서 '우유적으로'란 '다른 것을 통해서'per aliud와 같다)은 실상 완전한 감각적 모습인 "감각된 사물이 발생하자마자 '곧' 지성에 의해서 포착되는" 하나의 '가지적'인 것이다.[42] "이것은 어떤 사람이 말하거나 움직이는 것을 보고 '지성을 통해서' 즉시 그의 '생명'을 포착하기 때문에, 우리가 그가 살아있는 것을 본다고 말할 수 있는 것과 같다."[43] "그러나 생명은 물체적 눈에는 그 자체로 가시적인 것

---

41. Thomas Aquinas, *In De anima*, II, lect.12, n.393(ed. Marietti, 1959).
42. Ibid., n.396.
43. Ibid.

으로 포착되지 않고, 다만 '우유적으로 감각적인 성질'로서 포착된다. 이것은 감각에 의해서는 보이지 않지만, 감각이 발생하면 곧 다른 인식 능력에 의해서 포착된다."[44] 여기서 생명은 그 자체로 포착되는 것이 아니라 '다른 것을 통해서', 즉 말하고 움직이는 '모습'을 통해서 포착되는 것이다.

그런데 모습은 외감과 내감들의 소여로써 형성되고 '감각적 사고력'에 의해서 최종적으로 완성된다. 바로 이 때문에 '우유적으로 감각적인 성질들' 포착은 '감각적 사고력'의 일로 여겨졌다. 사고력 같은 하나의 기관적(器管的) 능력이 '우유적으로 감각적인 성질', 즉 '하나의 가지적인 것'을 구체적인 형태로조차도 포착할 수 없기 때문에, 그것을 포착하는 것이 감각적 사고력의 일인 것이 아니라, 지성에게 완성된 모습 또는 '감각적 도식'을 제공하는 것이 바로 '감각적 사고력'의 일이기 때문이다(이 모습에 지성은 실체, 생명, 지성 같은 자신의 개념을 적용해야 한다). 실상 지성이 감각적이거나 영적인 경험과 더불어 마련된 다양한 개념을 '인위적으로' 적용하는 것이 아니라는 것은 분명하다. 그런 적용을 할 때 지성은 주로 '감각적 사고력'에 의해 공들여 만들어진 여러 모습에 의해 '인도된다'. 나로 하여금 어떤 동물에게 '인간' 개념을 적용하지 못하게 하는 것은 바로 그 사물이 지니고 있는 코끼리의 특징적인 모습이다. 반대로 내가 '여기 (고양이가 아니라) 한 사람이 있다'고 말하게 되는 것은 그(고양이)와는 전혀 다른 내 친구의 모습 때문이다. 그러나 '인간'의 성질(또는 본성)은 외감이나 감각적 사고력도 포함되어 있는 내감에 의해서 인식될 수 있는 것이 아니라, 지성에 의해서 포착되어 이미 내가 친구의 모습이라고 알고 있는 특정 모습에 적용되는 것이다: '이 사람'(hic homo). 이처럼 나는 또한 같은 모습을 지니고 있는 내가 나

---

44. Thomas Aquinas, *Summa Theologiae* I, q.12, a.3, ad2.

를 실체로 느끼고 사실상 실체이기 때문에 '실체'의 성질을 그에게 적용한다.

마지막으로 나는 내 외감 및 내감들이 성질들의 외부적 주체, 즉 '다른 사람의 실체'를 포착하는 것이 불가능하다면, 그런 실체의 행동을 행동으로서 포착하는 것은 더욱 불가능하다고 첨언하고 싶다. 그것들은 분명 타인의 영적(지성적이고 의지적)인 행동들을 포착하지 못한다. 그리고 '물리적이고 물질적인' 행동들이 행동인 한에 있어서, 즉 내 바깥에 있는 주체의 '내면으로부터' 진행되는 한에서 포착되는 것이 아니라, 다만 그것들의 '외부적' 반향(몸의 움직임, 지체들의 동작, 입의 외침, 입술의 미소, 눈물 등) 속에서만, 그리고 내가 그것을 직접 포착하지 못하고 오직 외부적 영향을 받아 내 안에 형성되는 여러 '표상들' 속에서만 포착된다. 나는 또한 타인의 행동을, 어떤 대립적인 행위에 의해서 저지되고 방해받게 된 '나의' 행동 속에서도 느낀다.

4. 이제 감각에서부터 지성으로 넘어가는 데 있어서 성 토마스의 형이상학을 구성하기 위해서는 '실제로 실존하는 것', 즉 '있는 것'(quod est)이라는 의미에서의 존재자 개념만으로는 모자란다. 이것은 우리가 생생히 경험하는 실재를 거짓으로 만들고 또 '있는 것'이라는 현상적(잠보니에게 있어서 '현상적'이란 '환상적'을 의미하는 것이 아니라 참으로 '현현되게 되는' (실체적이 아닌) '실재적이고 외부적인'을 의미한다)인 개념과 '내밀하게 존재자를 구성하는 것'이라는 '구조적이고 존재론적'인 개념을 구별하는 성 토마스를 배신하는 셈이 될 것이다. 이른바 토미스트적인 교본들은 존재자를 '있거나 있을 수 있는 것'(id quod existit vel existere potest)이라고 묘사한다. 일단 그렇다. 그러나 이것은 너무도 사물들의 표면에 머문다는 것을 의미한다. 왜냐하면 앞의 묘사는 존재자의 '구조'(structura)에 대해

서는, 다시 말해 '있는 그것'이 그의 내면의 심층에 있어서 어떻게 구성되어 있는지에 대해서는, 나에게 전혀 아무것도 말해주지 않는다. '구멍'도 있고, 깊은 밤에는 '칠흑'도 있으며, 심지어 창조 이전에 '무'(無)도 있었다. 그러나 이 모든 것은 순전히 부정적인 개념들이다. 그리고 설사 적극적인 것이라 하더라도 아주 외부적인 것으로 남아있다. 이처럼 '신이 있다(실존한다)'고 증명한다고 해도, 그것은 실존하는 그 신이 자신의 심층 또는 자신의 본성에 있어서 '무엇인지'에 대해서는 아직 (거의) 아무것도 말해주지 않는다. 이것은 마치 내가 물고기를 정의하려고 하면서 그것이 '물속에 있다'고 말하는 것에 비길 수 있을 것이다. 나도 역시 실재 속에 '있다'(esserci). 그러나 내 안에서 나로 하여금 있게 만드는 것은 무엇이며, 다시 말해 나를 실재 속에 현존시키고 있는 것은 도대체 어떻게 구성되어 있단 말인가? 여기서 '내가 있으니까 있다'는 식의 대답에 머무는 것은 철학적이 아닐 뿐만 아니라 우스꽝스럽기까지 하다.

성 토마스가 해결책을 제시했고, 잠보니는 결정적으로 이 길로 들어선다. 존재자가 있고 따라서 실재 속에서 발견되는 것은, 그것이 자기 안에, 즉 자기 자신의 가장 내밀한 심층에 하나의 완전성, 곧 그것을 '실존하게 만드는'(다시 말해 실재 세계 속에 현존하도록 만드는) 현실력(actus)을 지니고 있기 때문이다. 분명 경험상의 존재자는, 예컨대 철수나 영희는, 자기 자신의 힘으로 실재 세계 속에서 발견되는 것이 아니다. 만일 그랬더라면 그것은 '필연적 존재자'(ens necessarium), 즉 신 자신이었을 것이다. 그러나 그렇다고 바깥에서부터 그것 안으로 던져져서 어떤 초월적인 상위의 힘에 의해서 그것 속에 보존되고 있기 때문에 실재 속에서 발견되는 것도 아니다. 그것이 실재 속에서 발견되는 이유는, 그것이 자신의 내밀한 심층에 그것을 실존하게 만드는, 즉 말하자면 그것을 무 바깥으로 끌어내 지탱하고 있는 어떤 '실현시키는 에너지'(바로 '존재 현실력')를 지니고 있기 때문이다. 당연히 존재자가 이 에너지를 스스로 (a se) 지니고 있는 것이 아니다. 왜냐하면 그것의 우연유성(偶然有性, contingentia)이 너무도 명백하기 때문이다. 그러나 그것은 그 에너지를 '자신 안에'(in se) 지니고 있다. 아니, 그것은 그것의 내밀한 구성 요소들 가운데 하나이고, 가장 중요한 요소인 것이다. 그래서 각 존재자의 내밀한 구조는 자신의 본성을 규정하는 하나의 '본질'과, 그것을 실존하게 만드는 하나의 '존재 현실력'으로 대표된다. 그래서 예컨대 말[馬]은 그것을 그러하게(즉 원숭이가 아니라 말로) 만드는 하나의 본질과 그것을 실재적인 것으로 만드는 하나의 존재 현실력을 지니고 있다. 그리고 이미 언급한 대로 이런 가르침이 진정한 토미즘이고 '실존의 형이상학'에 대립되는 '존재 현실력의 형이상학'을 구성한다.

둔스 스코투스(Duns Scotus)와 프란시스코 수아레스(Francisco Suarez)의 색채를 강하게 띠고 있는 이 실존의 형이상학은, 라이프니츠와 독일에서 수아레스 철학을 가장 강력하게 보급시킨 그의 제자 볼프에서부터 칸트, 헤겔, 하이데거 및 상당수의 근대 스콜라 철학자들과 토미스트들에 이르기까지 근대 철학 전체를 물들였다. 이들은 한결같이 결과를 원인과, 즉 '실존'을 '존재 현실력'과 혼동한다.

그러나 존재자의 내밀하고 형상적인 구성 요소인 이 '존재 현실력'은 도대체 어디서부터 튀어나온단 말인가? 분명한 것은 그것을 '선험적으로'(a priori) 전제할 수 없다는 것이다. 모든 개념은 구체적 경험 속에 그 기초를 가지고 있거나, 아니면 예컨대 신 개념처럼 적어도 경험에 기초한 논변에 입각하고 있어야 한다.[45]

잠보니의 적수들은 존재 현실력을 물체의 눈으로 봄으로써(몬시뇰 올자티는 수없이 반복해서 '나는 저 존재가 나의 아버지임을 본다'고

---

45. 몬시뇰 잠보니는 이런 개념들을 '변증법적 개념들'이라고 부른다.

주장했다), 다시 한번 더 존재 현실력을 실존함으로 바꿔치기하고 있었다. 분명 (감각 경험까지 포함해서) 경험의 모든 내용이 실존을 드러낸다. 왜냐하면 모든 경험 속에는 어떤 것이 현존하고 있기(따라서 있기) 때문이다. 모든 '봄'[視]에는 어떤 채색된 표면이 현존 현현하고 있고, 모든 '만짐'에는 딱딱하고 매끄럽고 차가운(등등) 표면이 현존하고 있으며, 모든 '들음'에는 어떤 소리가 현존하고 있다. 그리고 이 모든 것들이 '있는' 이유는 그 현존이 실존을 '포함'하고 있기 때문이다. 실상 실존하지 않는 것은 무(無)이다. 도대체 무가 어떻게 현존할 수 있단 말인가?

그러나 토미스트인 잠보니는 '실존'이 아니라 그 실존의 원천인 '존재'(actus essendi)를 추적하고 있었다. 그는 그것을 경험 속에서 발견해야 했다. 그러나 어떤 경험에서 그것을 발견할 수 있단 말인가? 종종 그토록 많은 철학자들이 인식 경험에 대해 가하는 인위적인 제한과 불구화를 두고 통탄했던 잠보니는, 날카로운 엄정성을 가지고 물리적이고 물질적인 세계보다 오히려 더 기대함 직하고 더 풍요로운 자기 자신에 대한(또는 자기 자신의 영적 경험에 대한) 인식론적 분석 작업에 투신했다. 그 결실은 다음과 같다.

우리 각자는 감각, 생각, 바람 등 내면생활 전체의 흐름 밑에서, 태어나서부터 죽을 때까지 언제나 동일한 자기 자신으로 남아있는 어떤 '항구한 토대'를 느끼고 자증(自證)한다. 이 토대는 심리적 변화의 구경꾼일 뿐만 아니라 행위자이기도 하고, 따라서 자기 자신과 사회 앞에서 책임을 져야 한다. 이것은 혼동의 여지가 없는 자기현존적이고 자의식적인(자기투명적인) '나'의 경험이며, 성 토마스도 이와 관련해서 영혼이 자신에 대해서 가지는 인식을 논하고 있다. 따라서 경험은 '나'(또는 자아)가 그 작용들을 통해서 그 실존뿐만 아니라 그 본성까지도 인식된다고 말해준다. 이 작용들은 '나'를 실현하면서 그 의식을 일깨우고 그것을 자기 자신에게 인식적으로 현존하게 만들어준다. 그러므로 '나'가 자기 자신을 '깨달을' 수 있기 위해서는, 다시 말해 자신의 실존 또는 실재 속 현존을 지각하고 자신의 내밀한 구조에 대해서도 지각할 수 있기 위해서는, 어떤 생명 활동이라도 의식에 산출되기만 하면 그것으로 족하다. 그러나 이것으로써 심층의 본성이 우리에게 직접적으로 현시되는 것은 아니다. 왜냐하면 성 토마스가 지적하고 있듯이 "많은 사람들이 영혼의 '본성'(natura)을 알지 못하고(영적인 것인가, 아니면 물질적인 것인가?) 있고, 또 많은 사람들이 이 본성에 대해서 잘못 생각하고 있기 때문이다. 실상 이 문제에 관해서는 '정밀하고 끈기있는 탐구'(diligens et subtilis inquisitio)가 요구되는 것이다."[46]

그러므로 이런 우리들의 '토대'는 그 작용들을 통하여 특히 (그 속에서 자신의 실현 에너지, 즉 존재 현실력이 실세를 발휘하게 되는) 의지 활동 속에서 우리에게 직접적으로 현시된다. 실상 나는(그리고 거기 주의를 기울이기만 한다면 누구나 다) 어떤 시도에의 '동의'(同意, assensus) 같은 내 의지 활동을 실존하게 만들거나 견지하거나 아니면 중단하게 만드는 것이 바로 나라는 것을 지각한다. 이런 동의는 배타적으로 내 작품이며 나에게서 탄생해 나에게 내밀하게 유착하고 있는, 참으로 그리고 근본적으로 (엄밀하게는 '나'가 아니면서도) 나의 활동이다. 다시 말해, 나는 그것이 자신의 '실존력'(vis existentialis)을 유일하게 그리고 온전히 나 자신에게 의존하고 있는, 나의 내밀한 변형(modificatio)이라는 것을 느낀다. 그리고 만일 그런 동의가 자기 자신에 대한 의식을 가지고 있었더라면 자신의 실존에 있어서 자율적이 되지 못하고 그것을 온통 나에게 의존하고 있다는 것을 느낄 수 있었을 것이다. 나는 나 자신이 실존한다는 것은 느끼지만, 실존하기 위해 '어떤 다른 것에 내속(內屬)한다'고는 전혀 느끼지 않는

---

46. Thomas Aquinas, *Summa Theologiae* I, q.87. a.1.

다. 반대로 나는 실존하는 데뿐만 아니라 활동하는 데에도 내가 '적극적으로' 독립적이고 자율적이라고 느낀다. 그리고 나는 단지 '구경꾼'이기만 한 것이 아니라 내 모든 행위와 상태들의 진정한 작위자요 참된 원리이자 주체이며 진정한 실존적 토대임을 느낀다. 다시 말해, 나의 모든 행위의 최초의 활력적인 원천'인 것이다. 한마디로, 나는 나를 '인격'(persona)으로 느낀다.

바로 여기서 '실체(實體, substantia) 개념의 탄생 순간'을 참으로 생생하고 구체적으로 포착하게 된다. (그리고 인격은 정작 실체들 가운데서 가장 고상한 실체인 것이다: 그것은 성 토마스의 말대로 "자연 전체에서 가장 완전하다. 다시 말해, 이성적 본성 속에 '자립'하고 있다": 『신학대전』 제1부 제29문 제3절.) 실상 이 구체적이고 생생한 경험에서 내 의식 속에 튀어나오게 되는 것은, 다시 한번 말하지만, 바로 나의 '실체적 토대'이다. 더 정확히 말하면, 그것은 그 본성에 관한 것이 아니라 내 안에서 벌어지는 모든 것에게 '실존을 주는' 기능에 관한 것이다. 요컨대 나는 나를 나의 모든(특히 의지적인) 행위와 상태로부터 '자유로운 존재 현실력', 즉 실현시키는 에너지라고 느낀다. 그러므로 나는 참으로 '하나의 존재 현실력'이다. 왜냐하면 '나의 자기 경험 속에서 진정으로 나를 그렇게 포착'하기 때문이다. 하지만 그것은 '다만' 하나의 존재 현실력이기만 한 것은 아니다. 왜냐하면 실상 나는 또한 어떤 다른 것, 즉 본질이기도 하다. 그렇지만 본질은 혼란스럽게가 아니라면 직접적인 경험에 피어오르지 않는다. (하나의 토대는 피어오른다. 그러나 그런 토대의 '본성'은 직접적으로 피어오르지 않는다.)

칸트는 주지하다시피 '구경꾼 나', 즉 통각의 단위로서의 '나는 생각한다'(Ich denke)에 머물고 만다. 그러나 만일 좀 더 자기 자신 속으로 깊이 파고들게 되면, 자신의 내면을 역동적인 측면 하에서 좀 더 잘 조사해 보았더라면, 거기서 '구조적 나', 즉 나-실체 또는 모든 자기 활동의 '활력적 토대', 즉 영혼을 발견할 수 있었을 것이다: 내면적 현상들을 질서짓는 단순한 관념으로서가 아니라, 생생한 경험이 대상적이건 순수하건 아니면 부인할 수 없든 간에, 그 소여가 아닌 실체로서 말이다.

만일 '나'가 자신의 활동들 속에서 그것들의 궁극적인 실존적 토대로서 포착된다면, 다른 한편 그 '나'가 독립적이고 자율적인 것으로, 즉 어떤 '다른 실존적 토대의 일부가 아닌' 것으로 포착된다는 것이 명백하다. 다시 말해서 그것은 진정하고 고유한 '존재 현실력', 즉 그것('나') 안에 있으면서 활동하는 나머지 모든 것의 첫째이자 유일한 실존적 '원천'으로 포착된다. 특히 실존 계열에서 무한히 소급되어 갈 수는 없는 법이다.

우리는 여기서 잠보니보다 700년 전에 다음과 같이 말한 성 토마스의 메아리를 듣고 있는 듯이 느껴진다. "존재는 각 사물 안에 있는 모든 것에 견주어서 형상적이기 때문에, 어떤 사물에 있어서도 가장 내밀한 것이며 모든 것에 가장 깊이 내속하는 그것이다."[47] "존재 자체는 (창조주 측에서 볼 때) 다른 모든 결과들에 견주어서 최초의 것이고 가장 내밀한 것이다."[48] "그러므로 사물, 곧 존재자에게 있어서 모든 것 가운데 가장 내밀한 것은 '존재' 자체다. 그다음에는 사물이 그것을 통해서 존재를 지니게 되는 형상 자체이고, 마지막으로는 사물에서 토대일 수 있는 질료(materia) 자체이다. 따라서 모든 것 가운데서 사물의 존재가 질료로부터 가장 멀리 떨어져 있다."[49] 만일 존재가 모든 것의 가장 내밀한 요소라면, 이것은 명백히, 표면에 머물면서 '외부 우유들만'을 대상으로 삼는 감각 기관들의 대상이 될 수 없다. 그러나 '실존'(existere, esserci)은 감각 기관에

---

47. Thomas Aquinas, *Summa Theologiae* I, q.8, a.1.
48. Thomas Aquinas, *De potentia*, q.3, a.7.
49. Thomas Aquinas, *De natura accidentibus*, c.1.

의해서도 포착된다. 실상 나는 색깔이 '있다'는 것을, 즉 나의 시각에 현존하고 있다는 것을 눈으로 본다.

그러므로 존재 현실력 개념의 순수한 기원은 바르 활동하는 '나'의 자기 경험에 있다(즉 그 활동들의 생생한 작동에 기초해서 포착되는 것이다). 최근까지 스콜라 철학자들의 무익한 반복적인 노력이 보여주고 있듯이, 그것을 다른 길을 통해서 찾아보려는 것은 헛되다. 그들은 내성(內省, introspectio) 같은 것은 안중에도 없이 실존과 존재 현실력을 혼동한다. 즉 '진술의 진리'로서의 존재를(저 사람이 소경이라는 것은 '참되다'. 다시 말해 그의 눈 속에는 맹목성이 '있다') '구조적 존재', 즉 존재자의 가장 내밀한 구성적 요소이자 그 순수한 상태에서는 신 자신(자립하는 존재 자체)의 내밀하고 형상적인 구성 요소인 존재와 혼동하고 있는 것이다. 성 토마스는 이러한 사람들을 가리켜 고대의 마니교도들 같은 '무지한 자들'이라고 불렀다. 사실 마니교도들은 세상에 참으로 악이 '있다'(*verum est malum esse in mundo*)는 사실로부터 악이 어떤 '적극적인 것', 즉 하나의 존재자, 아니 심지어 사악한 신이라고까지 연역했던 것이다. 그래서 성 토마스는 이렇게 결론짓고 있다. "이(=실존과 존재 현실력 사이의) 구분을 모르기 때문에 어떤 사람들은 어떤 것이 나쁘다거나 악이 세상에 있다(esse=existere)고 말해지는 것에 착안해서 악을 '어떤 사물'(res quaedam)이라고 간주했다."⁵⁰ 참으로 다행히도 잠보니는 이런 무지한 자들의 부류에 끼지 않았다.

5. 나의 외부에 있는 것 가운데 어떤 것들이 '심리적이고 실체적인 주체'라는 것, 그리고 나는 그들의 내면세계를 (직접적으로) 알 수 없다는 것은 의심의 여지가 없는 사실이다. 그렇지만 남녀노소를 불

---

50. Thomas Aquinas, *Summa Theologiae* I, q.48, a.2.

문하고 사람들이 그 자체로는 감각에 가리어져 있는, 심리적인 것들에 관해서까지도 다른 사람들을 인식하게 된다는 것 역시 사실이다. 나는 나의 신체적 눈으로 다른 사람들의 영혼이나 실체성은 물론 그들의 생각, 감정, 고통, 선량함 같은 것들마저 결코 본 적이 없다. 그리고 그들이 나를 어떻게 생각하는지, 나를 해하려 하는지 아니면 진정한 친구들인지를 직접 볼 수가 없다. 그럼에도 불구하고 나는 필요한 경우에 그런 것들을 알기에 이르거나 아니면 적어도 미루어 짐작하고 조심한다.

이것은 어떻게 가능한 것일까? 그 포착 능력이 사람들의 내면에까지 이르지 못하는 감각들을 통해서는 불가능하다는 것이 분명하다. 그것은 '오직 나 자신에 대한 직접적인 경험으로부터' 이미 인식과 해석을 배우게 된 특정 표지들에 의해서 가능하게 된다. 이러한 논거는 몹시 멀리까지 나아갈 수도 있다. 따라서 나머지는 독자의 날카로운 통찰력으로 넘기고, 여기서는 간략한 언급만으로 그칠까 한다.

자, 하나의 예로 시작해 보자. 나는 공포를 내 안에서 경험해 보았기 때문에 그것이 무엇인지를 안다. 그리고 또한 거기에 어떤 표지와 현상이 수반되는지도 알고 있다. 다리가 떨리고, 갑자기 말을 할 수 없게 되거나 아니면 미친 듯이 소리지르게 된다. 그것은 그밖에도 어린아이들에게서 일어나듯이 어떤 다른 종류의 현상들도 수반한다. 내가 나와 비슷한 어떤 (사람 또는 짐승의) 모습에서 저런 표지의 한두 가지를 알아채게 되면, 나는 즉시 '저 사람(혹은 저 개) 겁먹고 있구나' 하고 생각하는데, 나의 이런 생각이 틀린 경우는 거의 없다. 어떤 친구가 나에게 말을 걸자마자, 나는 내 안에서 내가 찬성할 수 있든 없든 상관없이 (그의 말에 따라) 어떤 생각이 솟아나는 것을 느낀다. 그러면 내가 결코 내 몸의 감각들을 통해서 그의 재능을 포착한 적이 없음에도 불구하고, 즉시 '저 친구 똑똑한데!' 하고 생각하게 된다. 그리고 만일 어떤 다른 사람이 갑자기 정면에서 진지하게 '못생긴 얼간이!'라고 나에게 말한다면, 그것은 분명 나에 대한 모욕의 표지이기 때문에, 나는 즉시 욕설로 응수하거나 아니면(혹시 상대가 만만해 보인다면) 주먹질을 해댈 것이다. 그렇지만 내가 그 모욕을 내 몸의 감각들을 통해서 더더욱 직접적으로 포착했다고 주장하는 것은 우스꽝스러운 일이 될 것이다. 한편 '얼간이'라는 말의 물리적인 소리조차도 내가 직접적으로 느끼는 것이 아니라 다만 외부 진동의 자극하에 내 고막에서 반복되는 소리로서만 느낄 뿐이라는 것도 역시 확실하다.

그러므로 다른 사람의 내면에 관해서 '직관적'이라는 것도, 흔히 일상적으로 남용해서 말하는 것처럼 그것을 '직관을 통해서' 직접 인식하는 것은 아닌 것이다. 그런 직관은 존재하지 않는다. 다른 사람의 영혼의 외부적 표지들을 남들보다 먼저 그리고 더 잘 포착하고 해석할 수 있는 사람은 직관적인 사람이다. 어린이들이 이미 이런 방식으로 처신한다는 것에 주목할 필요가 있다. 왜냐하면 만일 갓난아이가 자기에게 미소를 짓고 있는 엄마의 모습을 보게 되면, 아이 역시 미소짓게 되고 온통 행복해져서 두 팔을 벌리기 때문이다. 반면 만일 아빠가 그에게 무서운 얼굴을 하게 되면, 아기의 얼굴도 즉시 어두워지고 흔히는 울음을 터뜨리게 된다. 그 아이는 자기 몸의 감각들을 통해서 부모의 영혼이나 감정을 본 것이 아니다. 그러나 그 외부적 표지들로부터 그것을 대체로 정확하게 알아듣는 것이다.

6. 그러면 성 토마스는 이 모든 것에 대하여 어떻게 생각하고 있는 것일까? 이것은 건너뛸 수 없는 중요한 물음이다. 왜냐하면 잠보니에게 가해진 가장 신랄한 비난 가운데 하나가 바로, 계시된 거룩한 유산을 제대로 이해하고 보호하는 데 가장 확실한 사상이라고 6세

기 이상이나 교회가 추천해 온 성 토마스의 사상을 배반하고 있다는 것이었기 때문이다. 그러나 그것에 대해 통탄하고 있는 것은 바로 잠보니 자신이다. "나는 성 토마스로부터 시작하지 않았다는 죄와 권위에 복종하지 않았다는 이유로 비난받았다. 생각할 줄 아는 사람이라면 이 비난을 깊이 생각해 보시라. 나로서는 내가 그렇게 했다는 것이 하나의 특별한 만족이 된다. 근대 사고가 자발적으로 성 토마스에게로 되돌아왔기 때문이다."[51] 그리고 실상 "(순수)인식론은 성 토마스에게서 합치점을 발견했다. 그러나 그것은 미리 그렇게 되기를 원했던 그런 어떤 통속적인 일치가 아니다. 그것은 바로 소위 '토미스트들'이 사변적으로 표현하고 있는 토미스트적 논술들의 근거가 되는 경험을 발견하는 데 성공하지 못하는 그만큼 더 흥미있는 일치이다."[52]

감각에 관한 한 몬시뇰 잠보니가 성 토마스의 정통 노선에 서 있다는 것을 우리는 위에서 상세하게 살펴보았다. 그러나 이것은 잠보니 자신이 처음에는 성 토마스로부터 멀어져야겠다고 생각한 적이 있었기 때문에 그만큼 더 의미가 깊다. 그는 이렇게 적고 있다. "몬시뇰 올자티는 '감각(기관)들의 성품'으로서의 '고유 감각 성질들'과, 외부 사물의 성품이자 감각 인식의 대상인 '사물들의 외부적 우유들'(accidentia exteriora rerum)을 구분할 줄 모른다. 성 토마스는, 자신이 이 문제에 관해 완벽한 논술을 할 때, 이 구분을 아주 명료하게 행하고 있다(『진리론』 제1문 제11절). 그것은 처음에는 인식 문제에 관한 한 성 토마스로부터 멀어져야겠다고 믿고 있던 나로서는 커다란 기쁨이었기에 고쳐 생각하지 않으면 안 되었다."[53]

---

51. G. Zamboni, *Il realismo critico della Gnoseologia Pura*, p.165. 이 점에 관한 교회와 제2차 바티칸 공의회의 지침에 관해서는 나의 다음 글을 참조하라. "Perennità del Tomismo", *Aquinas* 1(1967), pp.117-152.
52. Ibid., p.166.
53. Ibid., p.30.

이렇게 말한 이상, 이제는 '주체 자체에 대한 인식 문제' 또는 성 토마스가 즐겨 선호하는 대로 '영혼'에 관한 인식 문제로 넘어가기로 하자. "어떤 사람이 자기 자신이 영혼을 현실태로 가지고 있는지를 알게 되는 인식에 관해서라면, 나는 다음과 같이 말하고 싶다: 영혼은 [그 실존에 관한 한] '그것의 활동들'을 통해서 인식된다. 왜냐하면 사람은 자기 자신에 대해서, 감각하고 지성적으로 인식하는 것 같은 생명 활동들을 수행한다는 것을 '지각'함으로써, 자기 자신이 영혼을 지니고 있고 살아있으며 존재한다는 것을 '지각'하기 때문이다."[54] "영혼이 자기 자신이 존재한다는 것을 지각하고 또 자기 자신 안에서 무엇이 활동하는지에 주목하기 위해서는 …오직 '영혼의 본질'이 정신에 '현존'하는 것으로 넉넉하다. 왜냐하면 활동은 영혼으로부터 전개되는 것이기에, 영혼은 이 활동들 안에서 지각되기 때문이다."[55] 여기서는 바로 '지각' 또는 '직접적으로 경험되는 인식'이 문제되고 있기 때문에, 영혼이 자기 자신의 실존에 관해 가지게 되는 정보는 잘못될 수가 없다. "따라서 영혼에 관한 앎은 대단히 확실한 것으로서, 각자가 자기 자신 안에서 영혼을 지니고 있다는 것과 영혼의 활동들이 자기 자신에게 내속(內屬)한다는 것을 '경험'하게 된다."[56] "어느 누구도 자기 자신이 살아있다는 것을 지각하는 데 있어서 실패한 적이 없다. 이것은 그것을 통해서 어느 누가 자기 영혼 안에서 무엇이 활동하는지를 '지각'하게 되는 그런 인식에 속한다."[57] 그러므로 자기 영혼(의 실존)에 관한 인식은 (그 안에서는 착각도 결코 적잖은) 감각적인 것들에 대한 인식보다 더 확실하다.

게다가 성 토마스는 데카르트의 '나는 생각한다. 그러므로 나는 존재한다'(cogito ergo sum)라는 정식을 이미 여러 세기 전에, 그것

---

54. Thomas Aquinas, *De veritate*, q.10, a.8.
55. Ibid.
56. Ibid., ad8 'in contr.'
57. Ibid., ad2.

도 훨씬 더 훌륭하게 정식화시킨 바 있다. "아무도 동의를 수반(cum assensu)하지 않고는 사고할 수 없다. 바로 이 동의 속에서 어떤 것을 사고하고 또 자기 자신이 존재한다는 것을 지각하기 때문이다."[58] 여기서 성 토마스가 대단히 엄정하게 그 정식을 표현하고 있다는 점에 유념해야 한다. 엄격히 말하자면, 혹자는 자기 자신이 실존하지 않는다고 생각할 수 있다. 그러나 이런 생각에 '동의'를 던질 수는 없다. 왜 그럴까? 왜냐하면 어떤 것을 생각하는 바로 그 순간에 자신이 실존한다는 것을 지각하기 때문이다. 그러므로 성 토마스는 그러한 사실의 근거를 제시하고 있지만, 데카르트는 근거를 제시하지 않는다. 그 근거란 어떤 것을 생각하면서 동시에 자신이 실존한다는 것을 지각한다는 것이다. '어떤 것을 생각하면서 동시에 자신이 실존한다는 것을 생각한다'고 말하지 않고, '…생각하면서, …지각한다'고 말하고 있다. 즉 자기가 실존한다는 것을 직접적으로 인식(또는 경험)한다는 것이다. 마지막으로 성 토마스는 데카르트가 '그러므로'라는 말로써 얼버무리고 있는 혼동을 벗어나고 있다. 데카르트는 마치 자기 인식이 축약적 삼단논법의 결실인 것처럼 제시하고 있다: 〈(생각하는 것은 있다); 그런데 나는 생각한다; 그러므로 나는 있다〉. 이 점에 있어서 데카르트는 이미 자신의 동료 철학자들로부터 심하게 추궁을 당했다. 그러나 아니다. 자기 자신의 실존에 대한 인식은 직접적이고 즉각적인 인식의 결실이다. 즉 거기에는 아무리 재빠르고 축약된 형태로라도 개념이나 추론의 매개가 끼어들 여지가 없는 것이다. 사고 주체는 어떤 추상적인 생각을 지각하는 것이 아니라, 구체적이고 생생하게 (자신의 실존을) 지각하는 것이다. 그것은 어떤 다른 것에 대한 구체적인 생각이 아니라 바로 자기 자신에 대한 생각이다. 다시 말해서 '생각하는 자기 자신을 지각

---

58. Thomas Aquinas, *De veritate*, q.10, a.12, ad7.

한다' 또는 좀 더 정확하게는 '실존하는 자기 자신을 생각하는 자로 지각한다'. 그리고 다른 경우들도 마찬가지다. '의지 활동' 속에서 나는 내가 실존한다는 것을 지각하며, 의심하는 행위 속에서 내가 '의심하는 자로서 실존한다'는 것을 지각하는 것이다.

'영혼의 본성 문제'에 관해서는, 사정이 좀 더 복잡하기는 하지만, 그럼에도 불구하고 매우 명료하고 설득력이 있다. 두엇보다도 성 토마스는 정당하게도, 감각적인 것으로부터 추상된 어떤 상(인각상, species impressa) 혹은 거기서부터 유래되는 정신의 달(verbum mentis)이 인간의 영혼을 '표상' 또는 (사람들이 말하듯이) '공-인지'(共-認知, connotare)할 수 있다는 것을 배격한다. 실상 그것은 나 자신의 '지성적인 부분'이 물질적이라는 것을 함축하는 셈이 될 것이다. 그래서 성 토마스는 이렇게 적고 있다. "영혼은 감각들로부터 추상된 상을 통해서 인식되지 않는다. 오히려 그 상이 '영혼에게 있는 유사상'(animae similitudo)이라는 것이 지성적으로 인식된다."[59] 그리고 개념에 관해 한마디 덧붙이고 있다. "사람이 돌에 대해서 가지고 있는 개념은 '다만' 돌의 유사상일 뿐이다."[60] 그러므로 예컨대 그레트(J. Gredt)가 하고 있듯이 일종의 '공-인지' 같은 것을 생각하는 것은 아무런 소용이 없다. 특히 하나의 상 또는 (그것의 내용이 오직 배타적으로 감각상, 즉 감각적인 것들로부터 오게 되는) 정신의 말이 또한 영적인 내용도 가지고 있다(이것이 바로 영혼의 본질이다)는 것이 어떻게 가능하단 말인가? 그것은 존경할 만한 철학자들이 어떻게 그것을 믿을 수 있게 되었는지 이해가 되지 않는, 하나의 부조리한 돌림병과 같다.

이 문제에 관한 성 토마스의 가르침은 전혀 다른 것이다. 다시 말해, 영혼의 본성 인식을 위한 출발점은 분명, 우리가 '물질적인 활동'이라고 부르는 활동에 온통 반대되는 특성들과 더불어 우리에게

---

59. Ibid., a.8, ad9, 'in contr.'
60. Thomas Aquinas, *Exp. in Johannem*, c.1, l.1, n.25.

제시되는 영혼 자신의 활동들이다. "인간 영혼은 자기의 고유 행위인 자신의 '인식함'을 통해서 자기 자신을 이해한다(intelligere)."[61] 그러므로 자신의 지성 활동과 의지 활동을 지각하는 우리 각자는, 그런 활동들로부터, 그것이 전개되어 나오는 원리, 즉 영혼이 이런 활동들 같은 성격을 지녔다고, 즉 영적이라고 논증할 수 있다.

그렇지만 그와 평행되는 다른 경로를 통해서도 똑같은 결론에 도달할 수 있다. 다시 말해, 그 상의 '내용'에 관심을 기울이지 않고(왜냐하면 감각적인 것으로부터 유래되는 하나의 상은 나에게 오직 감각적인 내용 외에는 제시할 수 없기 때문이다. 예컨대 한 나무의 상은 분명 영적인 것이 아닌 그 나무의 본성을 나에게 제시한다), 오직 나무의 '물질적'인 본성을 나에게 영적인(즉 추상적이고 보편적인) 방식으로 제시하는 그 상 자체의 비물질적인 성품 또는 본성을 주의 깊게 숙고함으로써도 똑같은 결론에 도달할 수 있다. 실상 '지성적 표상 방식'은 비록 물질적 대상으로 향한다 할지라도 언제나 비물질적이고 영적이다.

그래서 내가 천사에 대해 가지는 상(또는 관념)은 그것을 표상하는 방식에 있어서도, 또 표상된 대상(영적 피조물인 천사)에 있어서도 영적이다. 그러나 '불'의 관념 또는 상은 표상 방식에 있어서만 영적이고, 표상된 대상(불)에 있어서는 영적이지 못하고 물질적이다. 그래서 불은 불태우지만, 불의 관념은 전혀 태우지 못한다. 이러한 것이 바로 성 토마스의 가르침이다. "영혼은 감각적인 것들로부터 추상된 상을 통해서는 인식되지 않는다. 그 상이 영혼에 있는 유사상이라는 것이 지성적으로 인식된다. 그러나 감각적인 것들로부터 추상된 '상의 본성을 숙고함으로써' 그러한 상들이 그 안에 받아들여지는 영혼의 본성이 포착된다."[62]

---

61. Thomas Aquinas, *Summa Theologiae* I, q.88, a.2, ad3.
62. Thomas Aquinas, *De veritate*, q.10, a.8, ad9 'in contr.'

이제 막 설명된 인식이 바로 '자기의(혹은 자기 본질의) 인식자 내 현존을 통한 인식'(per praesentiam esssentiae suae)이다. 그러나 성 토마스는 또 하나의 인식을 명시적으로 인정하고 있다. 그것은 '인식자 내의 유사상의 현존을 통한 인식'(per praesentiam similitudinis)이다. 이 인식을 통해서 외부 사물들의 성질(감각)이 인식되고, 그들의 심리학적이고 존재론적인 구조(지성)가 인식된다. 그렇지만 그는 이 유사상들을 단지 느끼거나 개념화하는 것만으로는 넉넉하지 못하다는 것을 지적한다. '판단'(judicium)이라고 불리는 새로운 활동이 필요한데, 이 판단을 통해서 주체가 느끼거나 개념화한 것을 정신 바깥의 실재에 적용하고, 그렇게 해서 진리 즉 감각 또는 지성과 사물 사이의 일치를 자증하게 되는 것이다. 따라서 지성은 직접 사물들 위에서 작업하는 것이 아니라 오직 감각상 위에서 작업할 뿐이다. 성 토마스는 '지성이 감각상으로 되돌아온다'는 것을 반복해서 들려주고 있다. 이러한 과정이 올바른 결과를 낸다는 보장은, 사고와 사물들을 '직접' 대조함으로써가 아니라(이것은 모든 인식 활동이 내재적이기 때문에 불가능하다), 그 과정 자체와 그들의 원리(즉 지성)의 본성으로 성찰적으로 되돌아 옴으로써 취득되게 된다. "그것(지성)의 본성은 사물에 동화(同化, assimilatio)되는 것이다."[63] 이 점에 대한 성 토마스의 본문들은 풍부하다. 그러나 여기서는 감각과 지성 모두에게 관련되는 단 하나의 본문만을 덧붙이고 싶다. "감각적 인식 안에 인식되는 사물의 유사상이 있을 수 있다. 그러나 이 유사상의 근거를 인식하는 것은 감각에게 어울리는 것이 아니라 오직 지성에게 속하는 일이다. 그러므로 감각이 감각적인 것들에 대해서는 참될 수 있지만, 감각은 그 진리를 인식하지 못하고, 오직 지성만이 그것을 인식할 수 있다. 지성은 비복합적인 것들의 근거들을 (판

---

63. Ibid., q.10, a.9.

단에 선행하는 '단순 포착' 속에서) 개념하는 데 따라서 자기 앞에 유사상을 가지고 있다. 그러나 이 때문에(즉 오직 자기 자신 안에 사물의 유사상을 지니고 있다는 사실 때문에) 유사상 자체를 판단하는 것이 아니라, 오직 합성하고 나누는 때에만 판단하는 것이다. 지성은 인간의 유사상을 가지게 되면, 그것이 '가멸적인 합리적 존재자'(즉 인간)라고 개념한다. 그러나 그렇다고 해서 자기가 이 유사상을 가지고 있다는 것을 알지 못한다. 왜냐하면 인간이 가멸적인 이성적 동물이라고 판단하는 것이 바로 '나'이기 때문이다. 그러므로 이 두 번째 작용 안에서만 지성은 진리이거나 거짓이다. 이 작용에 따라서 지성은 인식된 사물의 유사상을 가질 뿐만 아니라 또한 그 유사상에 대하여 성찰하고 그것을 인식하며 판단한다."[64]

여기서 성 토마스는 바로 문제의 핵심에 이르고 있다. 실상 이 본문과 다른 유사한 본문들의 의미는 명백하다. 성 토마스에 따르면, 우리가 진리(眞理, veritas) 편에 서있는지를 알기 위해서는, 다시 말해, 감각이나 지성의 진리성(=일치)을 인식하기 위해서는, 가지적이거나 감각적인 '유사상'으로 되돌아가 거기 주의를 기울이고 그 여러 요소들에 기초해서 감각이나 지성이 과연 거기 적합한지 그리고 어떤 것에 적합한지를 판단할 필요가 있는 것이다. 그러나 이 모든 것은 첫 번째 활동, 즉 단순 포착 속에서는 사물이 포착되는 것이 아니라 그 사물의 유사상이 포착된다는 것을 명백히 전제하고 있다. 즉 감각 혹은 지성의 단순 포착은, 바로 내재적이기 때문에 직접적일 수가 없다. 다시 말해, 어떠한 상이나 유사상 바깥에서 산출될 수 없는 것이다. 이것은 확실히 사물을 포착하는 것과 같으나, 그 사물을 '상 속에서' 포착하는 것이다. 혹은 사물을 표상하는 대상적인 한에 있어서 상 자체를 포착하는 것이다. 그리고 이 마지막 경우에 사

---

64. Thomas Aquinas, *In Metaph.*, VI, lect.4, nn.1235ss.

물을 보는 것과 상을 보는 것은 아무런 차이도 없다. 이것은 사진 속의 교황을 보는 것과 교황의 참된 모습인 표상으로서의 교황 사진을 보는 것이 같은 것과 같다. 만일 그렇지 않다면, 진리를 인식하기 위해서 유사상에 대한 성찰로 되돌아가야 한다는 필연성이 아무런 의미도 지니지 못했을 것이다.

실상 만일 내가 어떤 색깔을 볼 때, 내 눈 속에 있는 그것의 유사상을 직접적으로 포착하는 것이 아니라, 그 표상적 상 바깥에 물리적으로 그 자체로 있는 대로의 색깔 자체를 포착하는 것이라면, 어떠한 이유로도 유사상으로 되돌아갈 필요가 없었을 것이다. 그러나 성 토마스는 내가 내 시각에 떠올리고 있는 것이 하나의 '참된' 색깔인지를 알기 위해서는, 다시 말해 내 색깔 시각이 '진실한' 것인지 아닌지를 알기 위해서는, 그 유사상으로 되돌아가야 한다고 말하고 있다. 예컨대 만일 누가 나에게 "당신이 듣게 되는 것은 정말로 하나의 '진정한 소리'일까?"라고 묻는다면, 성 토마스처럼 "그렇다. 그것은 나의 소리 유사상이 사물에, 즉 물리적인 소리에 일치된다는 것을 알기 때문에 그것은 참되다"라고 대답할 수 없을지 모른다. 나의 즉각적인 대답은 대체로 다음과 같을 것이다. "그렇다. 물리적인 소리 자체가 (유사상을 통해서가 아니라) 감각 바깥에 그 자체로 있는 그대로 직접 나의 청각 능력에 현존하고 있기 때문에 그것은 진정한 소리이다." 아니, 어쩌면 이 경우에 온갖 질문이 다 소용 없을지 모른다. 왜냐하면 '직접적인 것'(즉 그 자체로 직접적으로 현존 현현하는 것) 앞에서는 명백히 모든 문제가 그칠 수밖에 없기 때문이다. 실재 그 자체와의 일치 문제(이것이 바로 진리 문제이다)가 제기되는 것은 '매개된 것'(우리의 경우 '유사상') 앞에서인 것이다. 따라서 만일 외부 사물들에 대한 감각이나 지성적 인식이 흔히 (인식의 본질적인 내재적 성격을 잊고서) 그렇게 가정되고 있듯이 참으로 엄밀하게 직접적이었더라면 감각이나 지성의 '진실성' 문제 자체는 가능하지조차 않았을 것이다. 만일 어떤 판사가 피고인의 마음을 '발가벗겨' 볼 수 있다면, 그 피고인이 진실을 말하는지 여부를 묻는 것 자체가 무익하거나 우스꽝스러운 일일 것이다.

그러나 최근 들어 심한 논란을 불러일으킨 주요 본문은 『진리론』 제1문 제9절의 내용이다. "진리는 지성에도 있고 감각에도 있다. 그러나 같은 방식으로 있는 것이 아니다. 지성 속에는 진리가 '지성 행위의 결과'로서 그리고 '지성에 의해 인식된 것'으로서 있다. 지성이 사물의 이러저러한 데에 따라 사물을 그대로 판단하는 한에서 지성 행위의 결과로서 진리가 있다. 그리고 지성이 '자기 자신의 활동에 대해 성찰'하고 자기의 활동만이 아니라 자기 활동이 사물과 가지는 관계를 인식하는 한에서 지성에 의해 인식되는 것으로서의 진리가 있다. 이것(=비례적 관계)은 그 활동 자체의 본성이 알려지지 않고는 결코 알려질 수 없고, 또 활동의 본성은 그 활동적 원리인 지성 자체의 본성(이 본성은 바로 사물과 동화, 일치될 수 있는 능력이다)이 알려지지 않고는 인식될 수 없다. 그러므로 지성은 자기 자신에 대해 성찰하는 한에서 진리를 인식한다."(이하 계속)

여기까지는 지성의 진리에 관한 것이다. 이어지는 내용은 '감각의 진리'에 관한 것인데, 이것을 지성의 진리와 비교함으로써 지성의 진리가 무엇인지가 명료하게 드러난다. "그러나 감각에는 진리가 자기 활동의 결과로서 있다. 즉 사물에 대한 [감각 차원의] 판단이 사물과 일치하는 한에서 그러하다. 그러나 감각에 의해 인식된다는 의미에서는 감각에 진리가 없다. 실상 사물에 대해 감각이 확실하게 판단한다는 것이 사실이기는 하지만, 그럼에도 불구하고 감각은 자기 판단의 진리를 참된 것으로 인식하지 못한다. 즉 자신의 활동이 사물의 모습과 일치하는지를 모른다. 그러나 감각은 자기가 느낀다는 것을 인식하기는 하지만, 자기 본성을 알지 못하고, 따라서 자기 활동의 본성도, 그 사물과의 관계도, 그리고 궁극적으로는 자신의 진리성도 알지 못한다."

그리고 이어서 이 모든 것의 이유를 설명하고 있다: "그 이유는 지성적 실체 같은 가장 완전한 존재자들은 완전한 성찰을 통해서 자기 본질로 돌아가기 때문이다. 실상 그것들이 자기 바깥에 놓여 있는 어떤 것을 인식하는 한에서는, 어떤 면에서는 자기 자신 바깥으로 나오는 것이지만, 인식한다는 것을 아는 한에서는 이미 자기 자신에게로 되돌아가기 시작한다. 왜냐하면 인식 활동이 인식자와 인식 대상 사이의 매개자이기 때문이다. 그러나 이 귀환은 자신의 본질을 인식하는 한에서 완성되게 된다. 그래서 『원인론』(제15명제)에서는 '누구든지 자신의 본질을 인식하는 자는 완전한 귀환을 통해서 자기 자신에게로 되돌아온다'고 말하는 것이다. 그러나 다른 것들 가운데서 지성적 실체에 가장 가까운 감각은 확실히 자신의 본질로 되돌아오기 시작한다. 왜냐하면 감각적인 것을 인식할 뿐만 아니라 자기 자신의 느낌까지도 인식하기 때문이다. 그렇지만 감각의 귀환은 완전하지 못하다. 감각은 자신의 본질을 알지 못하기 때문이다."[65]

여기서 문제 전체의 열쇠가 되는 주장은 지성의 성품 자체에 관한 것이다. 'in cuius(intellectus) natura est ut rebus conformetur'(그것[=지성]의 본성은 사물과 동화되는 것이다). 우리는 지성의 본성이 바로 사물에 동화되는 것이기 때문에 진리 속에 있다는 것을 안다. 성 토마스의 이 주장은 어떻게 정당화될 수 있는가? 그것을 이미 전제로서 받아들인다면, 결코 아무것도 증명하지 못할 것이다. 잠보니는 다음과 같이 주해하고 있다. "지성의 본성이 무엇인지는 직접적인 지각을 통해서는 알 수가 없고, 다만 그 활동들의 본성에 대한 탐구를 통해서만 알 수 있다. 여기서 우리는 난관에 봉착한다. 활동의

---

[65] 이 유명한 본문의 해석을 둘러싼 논쟁 역사를 보기 위해서는 다음 작품을 참조하라. L. Fonatana, OP, *Filosofia della verita*, Torino, 1966.

본성을 알기 위해서는 지성의 본성을 알아야 하고, 또 지성의 본성을 알기 위해서는 활동의 본성을 통해서 나아가야 한다고 성 토마스는 말하고 있다. 우리는 지금 순환 논증을 하고 있는 셈일까? 그러나 우리가 활동들의 본성으로부터 투명해지지만 그 자체로 직접 지각될 수 있는 지성의 어떤 속성을 발견할 수만 있다면, 이 난점은 해결될 것이다."[66]

그런데 사고가 사물과 일치되는 경우에는 여러 가지가 있다. "1) '논리-서술적 인식'은 그에 상응하는 직접적 지각들, 즉 감각적 지각들 및 자의식의 지각들과 일치된다." 예컨대 '이[齒]가 아프다'면, 나는 이 구절의 의미뿐만 아니라 그것이 (역시 직접적으로 느끼는) 내 현재의 통증과 '일치'된다는 것까지도 직접적으로 지각한다. 따라서 내가 이 주장의 진리성을 의심하는 것은 불가능하다. 혹은 '나는 있다'고 말한다면, 이 주장과 나의 실존이라는 논란의 여지가 없는 사실 사이의 일치를(즉 진리를) 직접적으로 느낀다. "2) '원리 인식'은 (사물들을 서로 연결시키는) 필연적 관계 및 법칙들(수학 법칙, 존재론적 법칙, 심리적 법칙)과 일치된다." 전체는 부분보다 크다. 예컨대 나의 몸은 필시 나의 손보다 크다. 스스로 실존하기에 불충분한 존재자는, 만일 그것이 실존한다면, 어떤 원인을 가지고 있음에 틀림없다. 슬픔은 심장을 압박하고, 기쁨은 심장을 부풀게 만든다. "3) '지각적 인식'은 감성 및 자의식의 (지각된) 실재와 일치한다." 예컨대 어떤 붉은색을 보거나, 책임감을 느낀다. "4) '인식 주체'는 외부 사물과 (존재론적 및 심리적으로) 일치한다."[67]

요컨대 "논리-서술적 사고가 지각의 결과들과 일치되고, 지각의 결과들이 감성 및 자의식의 소여들의 실재와 일치되며, 원리들이 저런 실재들의 필연적 관계와 일치된다. 이 모든 일치는 의식에 현

---

66. G. Zamboni, *La gnoseologia di s.Tommaso d'Aquino*, p.228.
67. Ibid., p.230.

존하고 있는 것 안에서 직접적으로 지각된다."[68]

7. 이제까지 말한 것들로부터, 우리는 몬시뇰 잠보니가 다음과 같이 주장하는 것들이 옳다고 인정하지 않을 수 없다. 1) (순수)인식론은 '논리적으로' 형이상학에 선행한다. 보다 정확하게 말하면, 그것은 (철학의 도구인 논리학까지 포함해서) 철학 전체의 필수불가결한 입문(introductio)이다. 2) 체계화된 학문들은, 그들의 최초의 근본적인 요소들에 대한 인식론적 검토 과정을 거치지 않고는 심층적으로 완전히 정당화되지 못한다. 3) (순수)인식론은 철학사 전체를 조명하고 설명하며 알아들을 수 있기에, 그 모든 체계에 대한 근거있는 평가를 내릴 수 있다. 4) (순수)인식론은 토미즘에 대립되기는커녕 오히려 토미즘의 가장 진지하고 정통적이며 완전한 복원일 뿐만 아니라, 이 모든 칭호와 특전을 모두 한꺼번에 내세울 수 있는 '유일한 복원'이다. 5) 따라서 이렇게 복원된 토미즘은 오늘날 사방에서 그리고 교회 안팎에서 심하게 공격을 받고 있는 가톨릭 신앙의 난공불락의 보루이기도 하다.

8. 잠보니의 인식론이 다른 철학 체계에 비해 독특하게 지니고 있는 장점들을 다음과 같이 정리해 볼 수 있을 것이다. 이것들은 "순수 인식론과 다른 체계들에 대한 비판"이라는 제목의 절(節)에서, 잠보니 자신이 객관적인 평정심과 솔직한 담백성으로 제시하고 있는 것들이다. 잠보니 자신의 말로 듣도록 하자. "그 결실에 있어서 순수인식론은 관념주의와 실증주의라는 대립되는 두 조류 사이에서, 아리스토텔레스가 플라톤과 소피스트들 사이에서 취했던 입장이나, 성 토마스가 실재주의자와 명목주의자들 사이에서 취했던 입장, 또

---

68. Ibid.

는 로크(J. Locke)가 이성주의자와 경험주의자들 사이에서 취했던 입장, 혹은 파스콸레 갈루피(Pasquale Galluppi)가 감각주의자들과 로스미니 사이에서 취했던 입장과 비슷하게, 즉 '경험적·합리적 입장'을 취하고, 그 결정적인 심화 작업을 완수한다."[69]

1) "어떤 식으로든 선험적이고 생득적인 지식을 인정하는 이성주의자들을 거슬러, (순수 인식론은) 모든 인식이 어떻게(=지성의 추상 기능과 보편화 기능을 통해서) 경험으로부터 유래되는지를 제시한다."

2) "감각주의, 경험주의, 현상주의 등에 대해서는 (순수 인식론은) 그들이 경험 영역을 인위적으로 한정하고 있다는 사실을 비난한다. 감각 경험 외에도, 그 상태 및 활동들 속에서 포착되는 '나'의 경험이 있다. 그리고 이런 경험이 뒤늦게서야 발생하게 되고, 또 언제나 주체의 활동을 촉발하는 감각과 상상력의 사실들의 현존을 필요로 한다고 하더라도, 이 초감각적 경험의 본원성과 직접성은 조금도 손상되지 않는다."

3) "관념주의자들에게는 (순수 인식론은) 그들이 모든 것을 인식으로 환원하려 들고, 또 인식 속에서 대상을 기능이나 혹은 '나' 또는 의식으로 환원하려 들며, 또한 개체나 인격자들을 어떤 절대적인 나 또는 절대적 주체, 보편 이성으로 환원하려 든다는 점을 비난한다. 즉 그들은 개개인의 정신 속에서만 개념들로서 실존하지, 실재 속에서는 효과적으로 있지 않은 보편자를 위격화(位格化, hypostatizatio)하고 있는 것이다. 여기서도 참다운 치유책은 통전적 경험으로 진지하게 되돌아오는 것이다."

4) "실용주의자들, 그 가운데서 특히 수학주의자들에게는 (순수 인식론은) 수학이 경험과 맺고 있는 연결고리를 그들이 부당하게 끊고 있다고 비난한다. 수학적 개념과 원리들이 구체적 경험으로부터

---

69. G. Zamboni, *Realismo-Metafisica-Personalita*, Verona, Tip. Veronese, 1937, p.189.

유래되는 과정은 얼마든지 어렵지 않게 제시될 수 있는 것이다."

5) "가치주의자들에게는 (순수 인식론은) 그들이 가치라는 유비적 개념을 진, 선, 미, 그리고 유용성 개념들로 대체하려 들 뿐만 아니라, (그것이 인식적 가치든 존재론적 가치든 상관 없이) 가치들의 '객관성'을 고려하려 들지 않는다고 비난한다."

6) "로스미니에게는 (순수 인식론은) 존재자 관념의 선험주의를 비난한다."

7) "어떤 특정 토미스트 전통의 스콜라 철학자들에게는 (순수 인식론은) 경험의 일부를 소홀히하고, 또 논리 차원에 머무는 사변적 경향을 지니며, 또한 자명 원리들에 머물고 말 뿐만 아니라, 순진한 대중적 경험에 입각해서 문제를 착수하고 있다고 비난한다."

8) "대중적인 상식적 경험에 대해서는 (순수 인식론은) 참으로 요소적인 소여들과 최초의 (작업)기능들 대신에 물질적 사물들을 원초적 소여로 간주하는 순진성을 비난한다."

9) "연합주의자들과 이성주의자들에게는 (순수 인식론은) 정신적 작업이라는 경험적 사실을 무시하고, 따라서 경험적 연합이 아니라 추상적 분석을 통해서 구체물로부터 참으로 보편적인 추상물로 건너가고 있다고 비난한다."

10) "대다수의 근대 철학자들에게는 (순수 인식론은) 그들이 칸트가 행한 형이상학 비판에서부터 그리고 어떤 내재주의로부터 출발한다고 비난한다(실재의 의식 내 내재, 절대자의 상대자 내 내재 등. 그러나 사고 과정의 내재는 결과들의 초월적 가치에 저해되지 않는다)."

11) "초실재주의에 대해서는 (순수 인식론은) '나'의 실체성에 대한 의식의 직접성과 타자, 다른 인격체들 및 신의 실존의 가설적 확실성이 아닌 부과적 확실성을 제시한다."

12) "스콜라 철학 권내의 자신의 적수들에 대해서는 (순수 인식론은) 다음 같은 것들을 자신의 머리로 주의 깊게 다시 숙고할 것을 권

고한다: 먼저 감각 소여에 관한 탐구와 감각 생리학에서부터 시작해서, 감각이 제공하는 것들이 바로 우리 바깥에 있는 물질적 사물들 자체인지를 확인하라. 그리고 실체, 원인, 개체, 인격, 행위, 지성, 의지, 의무, 책임, 자유 같은 관념들이 외부 감각 소여들로부터 추출될 수 있는지를 증명하라. 그리고 나서 (실존 판단의) '실존' 개념을 '존재 현실력' 개념 및 신의 정의인 '수용되지 않는 존재 현실력'(actus essendi irreceptus) 개념과 비교해 보라."

13) "순수 인식론을 신스콜라 철학 권내의 한 논쟁으로 보려는 자들에게 (순수 인식론은) 순수 인식론의 구조와 그 기원, 형이상학과 척도론으로부터의 본질적인 독립성, 대중적·과학적·철학적·역사적인 모든 지식에 대한 그것의 근본성, 체계들에 대한 효과적인 관통과 근거있는 비판, 철학사 이해를 위한 열쇠로서의 기능 등을 숙고하도록 초대한다."[70]

9. 바로 앞 절(節)에서 살펴본 다소 과장된 듯하지만 실상은 극도로 간명한 최소한도의 개진에서, 우리가 몬시뇰 잠보니에게 부여한 "구원(久遠) 철학의 중건자"(Restaurator philosophiae perennis)라는 칭호가 정당화된다. '구원의 철학'이란 소크라테스로부터 시작되어 플라톤, 아리스토텔레스, 아우구스티누스, 안셀무스, 보나벤투라, 성 토마스 및 이들과 동일한 흐름에 합류되는 다른 사람들을 거쳐 우리 시대에까지 이르는 항구한 철학 전통을 의미한다. 이 전통은 많은 사람들에 의해서 무시되고 변질되기도 했지만, 숱한 따돌림과 단죄에도 불구하고 끈질기게 살아남은 철학 전통이다. 이것을 무시했던 사람들은 그보다 더 튼튼하고 더 생생하며 더 영속적인 어떤 것을 제시할 수 없었다. 오직 구원 철학의 전통만이 즉발적으로 철

---

70. Ibid., pp.190-191.

학에 매진하여 철학으로부터 까다로운 문제들에 대한 해답을 평온하게 추구하는 사람의 열망과 희망에 참으로 상응했던 것이다.

실상 잠보니는 달라진 시대와 사람들의 구미에 따라 이 전통을 단순하게 근대화시킨 한 쇄신자인 것만은 아니다. 그는 세기를 타고 변함없이 계속되는 참으로 항구한 철학을 순수하고 신선한 기원으로 복원시킨 혁신가이다. 이 '구원의 철학' 전통 위에 서있는 잠보니의 철학은 인간의 본성 속에 그 깊은 뿌리를 두고 있으며, 선험주의적이고 정당화 작업을 거치지 않은 개념이나 아니면 일부 철학자들의 기발한 착상으로 환원될 수 있는 체계적인 편견들에 기초하고 있는 것이 아니라, (표면에 머무는 것이 아니라 인식의 궁극적인 뿌리들과 최초의 요소에까지 내려가고, 여기서부터 복합적인 형성 과정을 거쳐 다시 위로 올라가 완벽하고 튼튼한 체계화에까지 이르는) '직접적·요소적·통전적 경험'이라는 튼튼한 난공불락의 바위에 기초하고 있다. 그리고 이 과정 가운데 어둡거나 정당화되지 않은 인위적인 구석이라곤 조금도 남아있지 않다.

이것은 정상적인 지성을 갖춘 자라면 누구든지 개인적으로 이해할 수 있는 철학으로서, 여러 사람에게서 자주 마주치게 되듯이 이런저런 위대한 철학자의 권위에 호소하는 것이 아니라, 스스로 자신의 철학 체계를 정당화할 수 있는 그런 철학이다. 잠보니는, 아무런 구분 없이 모든 개념을 감각 경험으로부터 추출하려 들면서 'Nihil est in intellectu quod prius non fuerit in sensu'(먼저 감각 속에 있지 않은 것은 그 어느 것도 지성 속에 있을 수 없다)라는 공리에 매달리는 자들이 착각하는 것이라고 공개적으로 선언한다. 성 토마스는 이 공리를 출처를 밝히지 않은 채 겨우 지적한 적은 있지만(『진리론』 제2문 제3절 반론19), 그가 기꺼이 자주 반복하고 있는 공식은 다른 것이다: 'Omnis nostra cognitio incipit a sensibus'(우리의 모든 인식은 감각에서부터 시작된다).[71] 실상 첫 번째 공리는 감각주의적인 색채가 농후한 것으로서, 우리의 모든 개념이 예외없이 감각적이며 상상적인 성격의 것이라는 점을 함축하고 있고, 따라서 다음과 같은 뜻을 담고 있다: 'Omnis nostra cognitio *transit* per sensus'(우리의 모든 인식은 감각을 통과한다). 그래서 라이프니츠는 그 공리를 다음과 같이 변형시켜야 한다고 느꼈던 것이다: 'Nihil est in intellectu quod prius non fuerit in sensu, *nisi intellectus ipse*'(먼저 감각 속에 있지 않은 것은, 지성 자체만 빼놓고는, 그 어느 것도 지성 속에 있을 수 없다). 반대로 'Omnis nostra cognitio incipit a sensibus'는 다만 '제일 먼저 깨어나는 것이 감각들'이라는 것만을 의미한다. 이것은 경험에 일치되는 것으로서, 영적인 차원의 인식 능력과 대상들이 있다는 것을 조금도 배제하지 않는다. 이것은 인간을 신과 비슷하게 만드는 인간의 대표적인 능력인 지성의 권리들에 대한 복권이다.

또한 몬시뇰 잠보니는, 생리학 및 성 토마스와 일치되어, 생명 활동으로서의 '감각의 내재적 본성과 직접적이고 내밀한 상(species)의 필요성'까지도 복권시킨다. 이 상은 유사상이기 때문에, 주체로 하여금 조금도 자기 자신 바깥으로 나가지 않으면서도, 온통 내면적인 그러나 초월적 능력을 지니고 있는 하나의 현현을 통해서 외부 대상(색깔, 소리, 맛, 향기 등)을 인식할 수 있도록 해준다.

마지막으로 잠보니는 어떤 스콜라 철학자들보다도 스승 성 토마스를 우호적으로 재평가하고 있다. 그러나 그는 처음부터 토미스트로서 출발하지는 않았고, 독자적으로 독창적인 철학의 방법론과 체계화를 전개하다가 그 방법론의 엄정함과 진리의 힘에 이끌려 자발적으로 성 토마스의 사상에 도달하게 되었다. 이렇게 복권된 성 토마스의 가르침 가운데 단연 핵심적인 것은 바로 '존재 현실력'의 형이상학이다. 이것은 헨리쿠스 드 강(†1293), 스코투스, 수아레스와

---

71. 앞의 각주 14번을 보라.

나중에는 칸트에서 하이데거에 이르는 대다수의 현대 철학자들이 머물게 된 '실존'의 형이상학과는 대립되는 형이상학이다.

그러므로 잠보니와 성 토마스 사이에는 많은 사람이 비난하던 그런 이론적 갈등 같은 것이 없다. 다만 잠보니와 몇몇 교본(manuale)의 토미즘 및 (토미즘의) 쇠퇴기(14-15세기) 일부 주해자들의 토미즘 사이에 갈등이 있을 뿐이다. 토미즘이라면 사실 우일 정통의 단 하나밖에 있을 수 없다. 그것은, 성 토마스에 대하여 다른 사람들이 말하는 것이 아니라, 바로 성 토마스 자신이 특유의 라틴어 문체로 말하고 있는 진본(眞本) 작품들의 가르침이다. 그의 작품들은 그 전체적 맥락 속에서 읽어야 하고, 아무렇게나 꾸며낸 것이 아니라 경험 전체로부터 부과되어 일관되게 모든 결론적 가르침들에 적용되는 (그러나 언제나 거기서부터 철학 전체가 전개되어 나오는 인식의 최초 뿌리들로 '되돌아감'(regressus)으로써 검증될 수 있는) 그 원리들의 조화로운 종합이라는 맥락 속에서 알아들어야 한다.

그러므로 몬시뇰 잠보니에게는 새로운 체계란 없다. 그러나 그는 자신의 방대한 주저 『인간 인격』의 마무리 부분에서 다음과 같이 선언하고 있다. "흔히 들을 수 있는 '근대적 종합'이라는 이상은, 실재에 부과할 어떤 새로운 사변적 체계를 창안하는 어떤 천재로부터 오는 것이 아니라, 사고의 즉발적 형태들에 대한 성찰적인 관통으로부터 솟아나게 될 것이다. 그렇게 해서 문화의 모든 형태들의 유기적인 공동 협력으로부터 결과되고 우주가 근본적으로 신에 의존한다는 것을 인정하게 되는 '객관적인 최고의 종합'의 기초요 통합적 원리는, 인식 능력의 관점에서 볼 때 바로 통전적 경험의 자의식적 주체인 '인간 인격'(persona humana)이다."[72]

---

72. G. Zamboni, *La persona umana. Soggetto autocosciente nell'autoesperienza integrale, termine della gnoseologia, base della metafisica*, Verona, Tip. Veronese, 1940, p.655(=2a edizione: riveduta e intr. da G. Giulietti, Milano, Vita e Pensiero, 1983, p.555).

05. 주세페 잠보니(1875-1950)

안나마리아 페르톨디

주세페 잠보니는 1900년대 초반 이탈리아 신스콜라 철학 권내에서 대단히 흥미있는 인물이자 철학자로 나타난다. 그가 철학적 소명을 느끼던 초창기에 그의 관심은 두드러지게 이론적인 문제, 즉 '관념의 기원' 문제였다. 파도바대학의 문학부와 철학부에서 그는 당시 이탈리아 실증주의의 일인자였던 아르디고(Roberto Ardigo)와 영성주의적 그리스도교 철학자 보나텔리(Francesco Bonatelli) 등의 강의를 들으면서 자신의 철학적 관심을 발전시킬 수 있었다. 1901년에는 사제서품을 받는다. 그리고는 신학교에서 라틴어와 프랑스어를 가르치는 한편, 고등학교 종교 교육도 담당했다. 1912년부터 1923년까지 그의 활동은 점차 확산되고 있던 실증주의와의 대결로 특징지을 수 있을 것이다. 특히 1915년부터 1921년까지는 그의 독창적인 사상 형성에 결정적인 '근본 탐구'의 시기였다. 이 근본적인 탐구는 과학과 윤리의 토대들에 관한 인식론적 탐구였다. 이런 맥락에서 루뱅고등연구소의 창설자(1889)이자 새로운 토미즘 쇄신 운동의 기수였던 데시레 메르시에 추기경과의 만남은 대단히 중요하다.

1921년 잠보니는 막 창설된 밀라노가톨릭대학의 인식론 교수로 임명되었다. 인식론적 입장과 형이상학적·철학사적 입장 사이의 이론적 투쟁 끝에 물러나기까지 10년 동안 그는 자신의 사상을 체계화할 수 있었을 뿐만 아니라 풍부한 학문적 결실을 얻었고, 또한 고전 철학자들(특히 성 토마스, 로크, 칸트, 로스미니 등)을 연구할 수 있었다.

1932년 잠보니는 인식론 자유 강사직을 취득하였고, 이후 파도바 대학에서 몇 개의 강좌를 가지기도 했다. 그리고 은퇴하는 1941년까지 밀라노의 한 대학에서 철학 및 교육학 정교수로 있었다. 1930년대는 잠보니의 사상이 무르익은 시기로, 그때까지의 연구 결실을 집대성하여 주저 『인간 인격』(Persona humana)을 출판한다(1940).

말년에는 스스로 독서나 저술을 하기 어려울 만큼 시력이 악화되어 거의 실명 상태였지만, (조카들이나 제자들로 하여금 책을 읽도록 하거나 받아쓰게 함으로써) 자기 사상의 체계화와 확대 작업에 힘쓰는 한편, 철학사 속의 체계들 탐구에 관심을 기울였다. 이제 인식론은 존재론, 윤리학, 미학으로 이루어지는 근본적 철학 체계의 일부를 이루게 된다. 그래서 그의 철학 체계는 (처음의 '순수 인식론'에서부터) "직접적·요소적·구전적 경험 철학"이라고 불리게 된다.

잠보니의 철학 작업은 19세기 말부터 20세기 초까지의 유럽 및 이탈리아의 문화적 흐름 속에 위치하고 있다. 이 시기에 실증주의는 쇠퇴하고 있었고, 생생한 경험에 초점이 맞추어지고 있었다. 특히 '나'의 심리학적이고 영성적인 특성들에 대한 연구가 활기를 띠고 있었다. 실증주의와의 대결 및 논쟁에 있어서 중심 주제는 '인식의 가치와 한계' 문제였다.

잠보니에 따르면, 실증주의가 표방하고 있던 엄밀 과학성에 대한 절대주의적 허풍은 온통 정당화될 수 없는 인식론적 및 형이상학적 전제 위에 입각하고 있고, 따라서 그것은 실재 전체(특히 사고)를 해명할 능력이 없는 어떤 자연주의적 환원주의로 귀결되고 만다. 한편 그 정반대로서 모든 것을 순수 사고 활동으로 흡수해 버리려는 관념주의의 시도들은 구체적이고 생생한 경험을 해명할 능력이 없음을 노정시키고 있었다.

이런 통찰에서 잠보니는 루뱅고등연구소를 주도하고 있던 메르시에의 '척도론'(criteriologia) 구상을 만나게 된다. 루뱅에서는 고정된 이론 체계가 아니라 생생하게 살아있는 사상이면서도 근대 세계의 새로운 (특히 과학적인) 발견들과 열린 마음으로 자유롭게 대화할 수 있는 토미즘, 즉 '신토미즘'을 구상하고 있었다. 메르시에는 데카르트로부터 시작된 비판 문제의 관점에서부터 성 토마스의 인식론을 재구성하고 싶어 했다. 그의 탐구의 핵심은 진리의 실존 가능성과 진리에 이르는 통로를 보장할 어떤 원리를 발견해내자는 것이었다. 즉 완벽하고도 정초된 그런 인식을 보장할 수 있는 길을 찾아내자는 것이었다. 그래서 그가 찾아낸 원리는 '자명성'(evidentia)이라는 척도론적 원리였다.

잠보니는 인식론적 문제에 대한 이런 착수에서 노정되는 한계들을 극복하고 탐구를 더욱 심화시키지 않으면 안 된다고 보았다. 그는 인식의 확실성의 기초에 어떤 논리-서술적 성격의 선험적 원리를 둘 것이 아니라 어떤 내용이 지성에 직접적으로 현존 현현한다는 구체적인 확실성을 두어야 한다고 생각했다. 즉 확실성의 진정한 기초는 경험이고 소여들 및 기능들의 직접적인 지각이었다.

잠보니의 인식론적 방법의 중심은 구전적인 의미의 '논리 이전의 경험'이 된다. 이 경험 속에서 감각적 경험과 나란히 초감각적(즉 지성적) 경험도 구체적이고 실제적인 것으로서 복권된다. 이렇게 해서 실증주의의 구체성의 계기는 비판적 계기들과 하나로 결합되어 "실증적 근본학"(scientia positiva fundamentalis)으로서의 철학을 가능하게 만든다. 이것이 바로 아리스토텔레스-토마스 전통의 '경험-합리적 계열'인 것이다.

루뱅대학보다 훨씬 더 비타협적인 토미즘을 정착시키고자 했던 이탈리아 신스콜라 철학자들은 척도론적 구상과 인식론적 입장 사이의 이런 근본적인 차이들을 충분히 감지하지 못했다. 그들은 인식론이 형이상학의 적대자로서 전통적 실재주의를 무장해제시킨다고 보았다. 그래서 신스콜라 철학자들 사이의 논쟁은 비판 문제와 형이상학 사이의 우위 다툼으로 첨예화되었다.

특히 권위 있는 큰 소리를 낸 것은 밀라노가톨릭대학의 철학사 정교수인 몬시뇰 올자티였다. 그는 근대의 모든 철학관(실재주의, 현상주의, 관념주의) 속에는 형이상학적 성격의 어떤 '영감'이 있다고 주장했다. 올자티는 다른 모든 학문에 비겨 형이상학이 단연 우위를 차지한다고 주장했지만, 잠보니는 메르시에의 제자들 사이에 퍼져 있던 그 정반대 주장을 지지했다. 따라서 잠보니는 실체적 존재자와 현상적 존재자의 구별, 외부 실제 인식의 매개성 이론 등 그의 철학의 몇몇 주요 근본적인 가르침에 있어서 '현상주의'라고 비난받았다. 심지어 순수 인식론과 토미즘을 화해시킬 가능성조차 문제시되었다. 이런 논쟁들은 잠보니로 하여금 보다 더 명료하고 완벽하게 자신의 입장을 가다듬게 만들었고 그 완벽한 체계화가 바로 『인간 인격』(*Persona humana*)이었다.

잠보니의 철학 체계의 출발점은 대중적 사고는 물론 (대중적 사고로부터 개념들을 취해 자기 학문을 구성하는 데 활용하는) 과학적이고 사변적인 사고까지도 포함하는 모든 즉발적 인식을 편견 없는 비판적 통제하에 두어야 한다는 요구이다. 근본적인 질문은, '어떻게' 실재는 우리의 주변 세계를 형성하게 되는가 하는 것이다. 경험, 즉 '구체적인 생생한 삶'이 바로 잠보니의 분석의 중심이 되고, 그의 '실증적 분석적 방법'은 2단계로 구성된다. 1) 인식을 최초의 요소들로 분해시키는 엄밀 분석적이고 진술적인 단계. 2) 이 최초의 요소들을 재구성해서 우리의 실재를 구성하는 인식들의 복합적인 중핵의 진리가(眞理價)를 검토할 수 있게 해주는 종합적 재구성 단계.

여기서 근본적인 역할을 하는 것은 '성찰'(省察, *reflexio*)이다. 주체가 물질적이고 인간적인 세계를 '구성'하면서 성취하게 되는 작업들 속에 명시적으로는 아니지만 현존하고 있는 가정들과 기본적 소여들을 명료화하고 비추고 '자증'(自證, constatare)할 수 있게 해주는 것이 바로 이 성찰이다. 성찰을 통해서 즉발적이고 순진하게 경험되는 확실성들은 성찰적으로 검토된 확실성으로 변형된다. 경험적인 의미에서 구체적이고 인격적인 존재자인 주체는 바로 실재의 심장이고 탐구의 중심이며 도달점이자 동시에 출발점인 것이다. 직접적으로 현존 현현하는 모든 것의 영역이자 실제적이고 엄정한 지식의 영역인 의식의 세계가 바로 인식론의 작업 영역인 것이다.

지식들에 대한 점차적인 관찰과 분석 및 "지성적 조명" 작업을 통해서, 직접적 소여와 매개된 소여 사이의 구분이 성립된다. 순진한 대중적 사고는 인식적 매개자로서의 '나'의 활동들을 간과한다. 여기서 결과되는 것은, 우리 바깥에 있는 물체들에 대한 '모든' 감각적 인식은(대상적이건 주체적이건 존재론적 차원에서) 매개되어 있다는 사실이다.

그렇지만 인식론이 집중적으로 조명하고자 하는 직접적 실재의 어떤 토대가 있다. 이 직접적 실재들은 공간적 실저에도 있고 나의 영역에도 있다. 그리고 이들은 감각적인 동시에 지성적인 성격을 지닌다. 잠보니에 따르면 직접적 인식의 영역 내에서 다음 같은 소여들이 발견된다. 1) 대상적 내용들(외감들에 의해 제공된 감각과 그에 상응하는 영상들), 2) 주체 상태의 내용들(감정적, 물리적, 정서적, 정신적), 3) '나'의 활동들(특히 판단 활동), 4) 근본적 소여 작업 기능들(감각 기능들, 대상화, 추상적 분석, 종합, 요소들 사이의 관계 지각), 5) 자의식. 마지막에 언급한 자의식을 통해서 '나'는 자기의 활동, 상태 및 기능들의 통합적 축을 인정하게 되고 또 이 모든 것의 원천으로서 자신의 심층에서 '존재 현실력' 또는 실존 에너지(energia existentialis)를 "느끼게" 된다.

말로 표현될 수 없고 다만 생생한 현실로서만 경험될 수 있는 이 실존 에너지에 대한 '느낌'은 주체로 하여금 자신의 '실체성'(substantialitas)을 인정할 수 있게 해준다. 이런 계기는 오직 유비(analogia)를 통해서만 주변 세계의 실재들(그렇지 않고는 그들로부터 실체 개념을 추상해낼 수 없다)에게 적용될 수 있다. 이처럼 잠보니의 (주관주의에 반대되는) 객관주의와 비판적 실재주의는 '나' 안에 그 토대를 가지고 있다. 여기서 '나'는 인식 주체이고, 존재론적 주체이며, 의지 활동을 하는 자유롭고 책임있는 인격적 존재자이다. 그러므로 모든 자증과 주장의 기초로서 경험을 놓는 실증주의적 계기는 우리의 철학자에게 반(反)형이상학적 편견과 자연주의적 환원주의를 극복할 수 있는 토대를 제공해주었다. 이렇게 지성적 계기로까지 확장된 경험은 "구전적 경험"(experientia integralis)이라고 명명된다. 이것에 기초해서 잠보니는 외부 세계에 대한 '나'의 독특성과 그 존재구현적(存在具現的, entificativa) 기능을 강조하고 있다. 이렇게 경험주의가 해체한 실체 개념을 복원시키고, 관념주의가 추상적으로 실체화시킨 주체의 생생한 구체성을 복권시키고 있는 것이다.

분석 단계가 끝나면 "종합적 재구성 작업" 단계가 이어져, 먼저 논리-서술 세계를 재구성하고, 다음 물리 세계와 심리 세계를 재구성한다. 발생학적이고 비판적인 분석 작업은 사고 세계와 경험 세계 사이의 인식적 간극에 대한 성찰로 시작한다. 선험주의적 이성주의(관념적 원리들을 자율적이라 주장하면서 그 위에 학문을 정초하고 감각 경험을 그들보다 하위에 둔다)의 경향을 거슬러서, 그리고 경험주의(이들은 보편자에게 아무런 실제도 귀속시키지 않는다)의 해체를 거슬러서, 잠보니는 제3의 '경험적·합리적' 입장을 재천명한다. 이 입장은 보편자가 경험으로부터 추출된다는 것을 해명하게 될 것이다.

잠보니에 따르면, 논리-서술적 사고의 형성은 '추상적 분석' 또는 비(非)개별화 추상 덕분에 가능하다. 어떤 내용의 실존(an sit)과 본질

(quid sit)에 대해 보편적으로 정식화된 두 개의 질문 가운데서 추상은 두 번째 질문, 즉 '소여의 구조'에 관심을 기울인다. 다른 새로운 개체에도 적용이 가능한 이런 본질은 어떤 영상과 표지(말)에 연합됨으로써 자율성을 취득하게 된다. 그때 판단과 명제 형성에 활용될 수 있고 (여러 학문들에서 고차원적으로 표현되게 되는) 실재의 표상에 합류하게 되고, 논리-서술 세계를 구성하게 된다. 특별히 강조해야 하는 것은, 개념과 원리들의 형성의 기초에는 수적인 단위들로 이해된 그런 관념들이 있는 것이 아니라, 다만 개체들만 있다는 사실이다. 보편자는 정신 내에 있는 것이다.

이렇게 실현된 철학과 과학 사이의 연관성 덕분에 인간의 학문과 그 원리들은 경험의 본원적 단계에서 자신의 뿌리를 발견하게 된다. 이런 상호 연관성은 인간 인식의 완벽한 정초를 가능하게 해준다.

"윤리"(ethica) 분야에서도 잠보니는 도덕 원리와 도덕적 행위를 어떤 선험적 기초 위에 세우는 것이 아니라 역시 구전적 경험의 기본 소여들 위에 세움으로써 이성주의적 입장을 극복하고자 한다. 어떤 내용의 객관적 가치가 이성에 의해서 인정되기는 하지만, 가능한 것으로 생각된 어떤 본질의 구체화에 실천적으로 동의하게 되는 것은 개개인의 자유로운 의지 활동에 달려 있다. 자유, 즉 진정한 도덕적 선택 능력은 '도덕적 갈림길'(bivium morale)의 유보 조건 속에서 가지게 된다. 이 갈림길에서 인격은 어떤 객관적 가치로 정향될 수도 있고 아니면 주관적인 이기적 가치로 정향될 수도 있다. 이 경우 실행의 순간에 객관적 가치를 평가절하할 때 의무감을 느끼게 된다.

인식론적 정초 작업은 "미학"(esthetica) 분야로도 확장된다. 자신의 활동을 향유하는 주체의 중심성이 확인된 이상, 미(美)의 객관적 조건들은 명상되는 내용의 구조적 완전성 속에서, 즉 아직 논리 서술 세계에 편입되기 이전의 자기 본질을 직관적으로 지각하는 가운데 규정된다. 그것이 '어떻게' 형성되느냐는 질문은 또한 '주변의 물리 세계'를 향해서도 던져진다. 실상 외부 세계 인식을 위해 우리가 활용할 수 있는 소량의 감각 소여들로부터 출발해서 구성하는 우리의 우주 표상이 문제시될 수 있다. 이 경우에도 구전적인 직접적 경험이 중심을 차지한다. '나'는 기억, 상상력 같은 초감각적 기능들과 특히 '나의 몸'을 통한 생생한 경험을 통해서, 실재를 네 개의 "도식"으로 구조화한다: 시각적 공간 도식, 촉각적 공간 도식, 감정적 공간 도식, 근육 긴장 도식. 실재 속에 항구적인 이런 상상적 표상이 서로 결합되어 외부 세계에 관한 상(세계관)이 형성된다. 즉발적 사고가 잘못 '우연적'인 것이라고 간주하는 주체의 입장에 견주어 항구한 직접적 소여에 직면한다고 생각하는 것은 다만 겉보기일 뿐이다. 나중에 여러 학문들이 경험 속에서 관찰된 결과들을 체계화하기 위해 개입하게 된다.

'타인의 심리 인식'도, 자의식적인 주체의 심리라는 본원적이고 근본적인 소여와의 유비에 기초해서 매개적인 방식으로 주어지게 된다. 그러므로 타자성의 뿌리는 '나'의 원초적 경험인 것이다.

인간 인격은 또한 '형이상학 체계'에 있어서도 토대가 된다. 형이상학은 두 단계로 나뉜다. 첫째, 일반 형이상학 또는 존재론: 여기는 우리가 습관적으로 사용하고 있는 개체, 원인, 결과, 힘, 필연성 등의 관념들이 관련되는 실재의 심층이다. 둘째, 영혼, 신 등과 같이 경험을 넘어가는 관념들에 관한 특수 형이상학 영역이다.

이성의 형이상학 및 실재 일반에 대한 형이상학의 분석은(이 분석으로부터 이성이 실제 총체를 해석하는 데 있어서의 불충분성과 한계가 노정된다) 점차 "존재 현실력의 형이상학"(metaphysica actus essendi)으로 인도된다. 존재 현실력의 형이상학은 존재자의 구조에 있어서 '본질'(essentia)과 그 상보적 구성 요소인 '실존'(existentia) 관념을 탐구하는 가운데 꼴을 갖추게 된다. 여기서 실존은 현상적이고 인식적인 계기에 연관되는 한에서 존재론적이고 구성적인 계기에 속하는 '존재 현실력' 또는 실존적 에너지와 구별되게 된다.

오직 '나'의 자기 경험만이 유일한 존재론적 경험이고, 실존의 형이상학에 의해서 상실되어버린 진정한 의미의 '실체적 존재자'(ens substantiale) 개념을 우리에게 제공해준다. 개체들에게 사고 바깥의 자립성을 교부해주는 존재 현실력 또는 역동적 에너지는 여기서는 다만 생각된 것이 아니라 '생생히 경험된' 것으로 나타난다. 우리가 실재의 가장 심층 요소를 확보하게 되는 것은 바로 우리 자신에 대한 구체성 속에서다. 이 요소는 존재자가 바로 그것 때문에 실존하게 되고 실존이 효과적으로 실현되게 되는 존재론적 요소 또는 현실적 생명 에너지 자체이다. 오직 주체의 자기 경험을 통해서만 외부 세계의 사물 인식으로 넘어가는 것이 가능하다.

'본질'과 '존재 현실력'이라는 존재자의 이질적인 상보적 구성은 또한 존재자의 '우연성'(contingentia)과 무규정성을 깨닫게 해주고, 따라서 존재자 자체로서는 지니고 있지 못한 충분성을 그것에 교부할 수 있는 어떤 '원인'(causa)의 필요성을 인정하게 해준다. 이렇게 해서 우연적 존재자에 속하지 않고 스스로 실존하기에 충분한 어떤 자립적 존재자(Ens subsistens)의 관념이 솟아나게 된다. 이 자립적 존재자는 스스로는 실존하기에 불충분한 우주와 함께 실재 총체를 구성하며, 그 특징은 본질과 존재 현실력이 일치한다는 것이다.

특수 형이상학에서 처음으로 마주치게 되는 문제는 '영혼의 실체성, 영성, 불멸성'에 관한 문제이다. 실재를 그 구체성, 구전성(俱全性), 본원성, 생생함 속에서 포착하고 해명하는 데 성공하지 못하는 물질주의적이고 관념주의적인 입장들과는 반대로, 인식론은 물질적 현상과 영적 현상의 상호 의존성을 놓치지 않으면서도 인간의 삶을 특징짓는 지성적 영역들까지도 포함하는 실재 영역 전체를 해명하는 데 성공한다. 탐구의 출발점은 역시 '나'의 구전적 경험, 특히 그 지성적 기능들이지, 비물질적인 기능들이 그 위에 비추는 섬광 덕분에 인식되는 물질성이 아니다. 탐구는 '나'의 잠재적 본질, 즉 지성적이고 윤리적인 삶을 형성할 가능성이 담겨 있는 잠재력을 축으로 삼고 전개된다. '나'의 성찰적 기능들과 자유로운 자기 정위 활동의 내밀 구조 속에서 어떤 원리가 솟아남을 경험하게 된다. 이 원리의 영적 활동은 현현으로서 생장적 기능, 유기체적 기능, 감각적 기능들보다 고등한 기능들이다. 이것이 바로 비물질적 영혼 또는 정신이다.

존재론적 질서에서 최초의 것인 이 비물질적인 영혼은 감성 영역이나 무의식 영역과 같은 하급 기능들의 실현을 주재한다. 완전한 명료성, 즉 '투명성', 완전한 지배 등으로 특징지어지는 단적으로 영적인 영역과 통제되지 않는 '불투명한' 물질적 토대로 특징지어지는 하급적인 심리 활동 사이에는 의존관계가 있는 것이 아니라 상호보완성과 조건 관계가 있다. 바로 이것이 존재 현실력이 하급 기능들을 실현시키기를 중단시키는 순간에 정신이 존속할 가능성을 마련한다. 결론적으로 말해, 인간 인격은 영적인 실체적 본질을 구현시키는 존재 현실력으로 구성되어 있다.

그리고 인간 인격은 또한 관념으로서(존재론적 증명을 옹호하는 자들은 이 수준에 머물고 만다)뿐만 아니라 구체적이고 실제적인 실재로서의 "신(神)의 실존 증명"을 위한 출발점이기도 하다. 인류는 신의 실존을 증명하려고 수많은 시도를 벌여 왔다. 대중적인 증명 방식에서부터 자연과학의 결과들에 입각한 증명들, 그리고 로크의 시도처럼 '나'의 의식에 기초한 증명에 이르기까지. 이 증명들은 언제나 더욱 비판적으로 성찰적인 원리들을 사용함으로써 각각 이 문제에 대한 접근법과 심화에 진일보를 이루기는 했지만, 증명이 충만한 명료성에 이르게 되는 것은 오직 존재자들의 사실상의 그리고 권리상의 실존 불충분성의 자증에 기초한 증명에서이다.

그렇지만 그 모든 증명의 공통적인 중심은 비례적 "인과율"이다. 잠보니는 실재의 내밀한 관통을 통해서 인과율을 추출해 내려고 한다. 존재자들의 실존 방식에 대한 숙고는 우리를 스스로 실존하기에 충분한 어떤 원인의 필연성으로 인도한다. 그 원인은 영원하고 경험적 우주에 속하지 않으며(초월성) 사물들이 사실상 실존하지 않는 순간에 그들에게 생명을 줄 수 있는 그런 존재이다. 그 원인이 바로 신이다. 그분의 완전성은 '존재 현실력'의 형이상학적 분석으로부터 추출될 수 있다.

이 분석은 또한 그분의 구체적인 실존에 대한 "가장 심도 있는" 증명까지도 제공한다. 본질과 실존의 구별, 그리고 실존과 존재의 구별은 존재자가 사실상뿐만 아니라 존재론적으로도 실존하기에 불충분하다는 것을 입증해준다. 이렇게 구성된 존재자는 사실 규정짓는 어떤 원인 없이 구조적으로 무규정적인 것으로 드러난다. 그 본질(즉 '그러함')은 필연적이지 못하다. 그의 존재 현실력은 그 변천의 '지금'(nunc), 지속, 그 개체화의 수(數) 등에 무규정적이다. 그리고 본질과 존재 현실력은 양자를 한 단일한 개체로 결합시키는 어떤 원인을 필요로 한다. 이런 원인의 구조는 그것들과는 정반대의 특성을 지니고 있으면서 동시에 존재자(有)들의 모든 완전성을 다 갖추고 있음에 틀림이 없다. 오직 유일하게 존재 현실력으로만 구성된 어떤 존재자만이 모든 충만한 완전성과 실존 충분성을 결합시킬 수 있을 것이다.

그러므로 제일 존재자(Ens primum), 즉 신의 특성은 영원하고 불멸하고 완전하고 불변하는 유일한 하나의 순수 정신이다. 그분의 실존을 합리적으로 해명하는 것은 곧 실재의 구조 자체를 해명하는 것이다. 이것이 바로 절대자를 향한 이성의 '여정'이다. 이 "신을 향한 인간의 여정"(itinerarium mentis in Deum)은 그리스도교 계시에 동의함으로써 완성에 이르게 된다. 이것을 위해서는 논술적 이성을 통해서 명백하게 드러난 진리에 인간이 총체적으로 동의할 것이 요구된다. '마음에서 우러나오는' 이런 동의를 통해서 구체적 생활과 진리가 내밀하게 연관되고, 더 나아가 신에 대한 어떤 직관적 경험까지도 가능하게 하는 지평이 열리게 된다. 이런 방식으로 잠보니는 형이상학이 비록 시간상으로는 선행할지 몰라도 방법론적으로는 인식론 이후에 온다는 사실을 인식론적으로 해명한 것으로 본다.

그는 엄밀하게 과학적으로 잘 다듬어진 자신의 방법론을 근대 사고의 가장 활력적인 계기들에 대한 종합이자 비판적 극복으로 간주한다. "직접적·요소적·구전적 경험 철학"(filosofia dell'esperienza immediata, elementare, integrale), 즉 사실상은 이탈리아의 것이지만 권리상으로는 보편적인 '구원(久遠)의 철학'(philosophia perennis)은 문화의 모든 영역으로 확대 적용될 수 있는 새로운 분석 가능성과 결과들을 인류에게 보증해줄 수 있을 것이다.

바로 이런 것들이 내밀하게 재생시킨 토미즘에 기초해서 근대 세계와 더불어 대화할 수 있는 한 인물 잠보니의 철학 체계로부터 우리에게 남겨진 유업이자 작업 전망이다.

06. 자크 마리탱(1882-1973)

랄프 맥키너니

얼마 전 나는 스트라스부르에서 콜브샤임(Kolbsheim)이라는, 여행지도에도 나오지 않는 작은 마을로 자동차 여행을 한 적이 있었다. 거기에는 자크 마리탱이 사랑하는 아내 라이사와 함께 묻힌 작은 무덤이 있었다. 앙투아네트 그루넬리우스가 여성주(女城主)로 있는 콜브샤임성(城)에는 '자크-라이사 마리탱 연구서클'(Cercle d'etudes Jacques et Raissa Maritain)이 있는데, 그곳에서 막 15권짜리 멋진 '전집'(Oeuvres Completes)이 간행되었다. 나는 르네 무겔(René Mougel)과 20권짜리 노트르담판 마리탱 영어본의 출시와 '노트르담 마리탱 연구소'가 '연구서클'과 협력할 수 있는 방안을 논의해 왔다.

르네와 함께 무덤가에 서서 자크와 라이사의 영원한 안식을 위해 기도하고 또 이런 기획 사업이 잘 풀릴 수 있도록 도와줄 것을 청하며, 나는 라이사의 기억이 이토록 많은 우리를 모두 그들의 친구의 하나로 느끼게 만들었다는 것에 놀라워했다. 『우리는 모두 친구였다』(We Have Been Friends Together)와 『은총 안에서의 모험』(Adventures in Grace)은 프랑스가 나치에게 점령된 전시에 뉴욕으로 망명했을 때 쓰였다. 어느 한 마리탱 없이 다른 마리탱에 대해 쓴다는 것이 전혀 불가능하지만, 나는 먼저 자크에게 집중하고, 이어서 라이사에 대해 쓰려 한다.

자크 마리탱은 1882년 파리에서 태어나 1904년에 라이사와 결혼했는데, (평생 이 부부와 함께 살게 되는) 그 자매 베라와 함께 1906년에 가톨릭에 입문하였다. 그해 겨울에 그들의 대부가 된 레옹 블루아가 그들의 개종을 인도했다. 하지만 사실 그전에 앙리 베르그송의 강의가 그들의 마음을 준비시켜놓은 참이었다.

개종한 뒤에 마리탱은 하이델베르크에서 2년 동안 생리학을 공부했다. 자크가 첫 번째 논문을 발표한 것은 1910년 이후의 일이다. 바로 그해에 자크는 성 토마스에 대한 연구를 시작했는데, 라이사는 이미 얼마 전부터 토마스를 읽고 있었다. 마리탱은 레오 13세 교황이 (자크 자신이 태어나기 3년 전에 반포한) 1879년도 회칙 『영원하신 아버지』에서 내다본 '토마스 부흥운동'(Thomistic Revival)의 가장 위대한 지도자들 가운데 하나가 되었다. 비오 10세 교황이 반포한 회칙 『주님의 양떼 사목』(Pascendi)이 마리탱의 작업의 색조를 결정지었다. 그의 초기 작품들 가운데 하나는 바로 『반-근대』(Anti-Modern)라는 제목을 달고 있었다.

마리탱의 철학적 관심사의 범위만 보더라도 놀랍다. 그의 멘토(mentor)인 토마스 아퀴나스처럼 그도 철학을 우리의 자연적 능력으로 알 수 있는 모든 것으로 간주했다. 그는 자신의 탐구 이력 초기부터 과학과 철학의 다른 분과들과의 관계에 관심을 기울였다. 그의 걸작 『지식의 등급』(The Degrees of Knowledge)에서 자연과학으로부터 형이상학과 신학을 거쳐 성령의 선물인 지혜에까지 이르는, 질서 지워진 지혜의 파노라마를 설명한다. 지성적 지식 추구가 영성 생활과 불가분적 관계에 있다는 것은 마리탱을 (그의 아내가 가톨릭 예술가의 전형으로 여겨질 수 있는 것과 마찬가지로) 가톨릭 사상가의 전형으로 바라보는 열쇠이다.

제1차 세계대전이 끝난 뒤에 마리탱 부부는 자신들의 '토마스연구서클'을 개원하고 철학자, 예술가, 작가, 시인, 신학자들을 초대했다. 이 모임은 강연회이기도 하고, 피정(避靜)이기도 하였다. 1965년에 출판된 『노트북』(Note-Book)에서 마리탱은 '토마스연구서클'을 묘사하며 그 운영 규정을 옮겨적기도 하였다.

우선권을 따지자면, 교회가 토마스 아퀴나스를 철학과 신학에서의 우리의 '멘토'로 추천한 것이 사실이다. 사상가와 예술가의 과제는, 자신의 작품 속에서 신앙과 이성의 결합이 토마스에 의해서 강력하게 옹호되고 있다는 것이 느껴지도록 만드는 것이다. 마찬가지로 중요한 것은, 지적 생활 또는 예술적 생활이 기도와 분리되는 것은 그 사람의 삶에서는 물론 그의 작품에서도 혼돈을 낳게 될 것임을 인정하는 것이다.

토마스 사상 부흥이라는 목적을 채우는 데 있어서 평신도의 점증하는 역할이 강조되었다. 자크와 라이사는 이미 이런 사상들을 『기도와 통찰』(Prayer and Intelligence)이라는 공동 저서에서 표명한 바 있다. 이런 풍부한 영성 생활로부터 마리탱의 작품들이 나오게 되었다. 오늘날을 위한 그의 주된 가르침이 바로 여기에 있다고 나는 생각한다. 정신과 사상의 삶과 신앙의 삶을 따로 분리시키는 것은 위험하다. 지식과 문화는 세속적이고, 영적으로 중립적이기를 자처하지만, 신앙의 실천은 점차 정서적이 되고 특수한 교리적 내용이 희박해지게 된다.

이 분리는 바로 우리 눈앞의 가톨릭 고등교육기관들에서 벌어지고 있는데, 이는 단순히 경당들뿐만 아니라 교실과 실험실에서도 계속되는 것과 연관된다는 제언에 경종을 울린 것처럼 보인다. 토마스연구서클의 규정들은 이런 종류의 분리의 위험을 지적하고, 그렇게 하는 데에서 의식적으로 가톨릭 영성의 오랜 전통을 반향하고 있었다.

도덕적 덕들이 사상가와 예술가들이 연루되는 활동을 지배해야 한다는 것은 단적으로 확립된 것이 아니다. 신앙은 신앙인이 가담한 모든 활동에서 내적으로 중요하다. 토마스 사상은 마리탱에게 특수한 내용이었지만, 또한 모든 이에게 절실한 어떤 것의 이름이기도 하다. "토마스를 따르지 않는다면 나에게 화가 있으라!"는 어떤 열광주의자의 구호가 아니라 토마스 안에는 토마스보다 더 위대한 것이 있다는 현자의 인정이다.

태생 가톨릭신자보다 개종한 가톨릭신자가 남들을 신앙으로 인도할 책임감을 더 인정한다. 신앙은 신앙인이 연루된 모든 활동에서 내적으로 중요하다. 마리탱은 개인적으로는 전설적인 개종자였지만, 그의 저술들은 많은 개종자의 이야기에서 뚜렷한 기능을 했다. 그래서 미학에 관한 그의 저술들, 곧 『예술과 스콜라학』(*Art and Scholasticism*)과 『예술과 시에서의 창조적 직관』(*Creative Intuition in Art and Poetry*)도 수많은 작가와 시인 등의 예술가에게 영향을 미쳤다.

그의 생애에서 거의 20년 동안, 곧 40대와 50대에 마리탱은 상당한 기간을 미국에서 지내면서 이 지방(나라)과 긴밀히 연결되어 있었다. 『아메리카 성찰』(*Reflections on America*)에서 그는 미국에 대한 다소 무비판적인 애정을 규정하고 있다. 라이사가 1960년에 죽었을 때 자크는 프린스턴을 떠나 프랑스로 가서 툴루즈에 자리 잡고 예수의 작은 형제들 지원자들을 가르쳤다. 그는 90세로 접어들어 세상을 떠났는데 생애 거의 마지막에 이르러 작은 형제들의 수도복을 입었다.

마리탱은 제2차 세계대전이 끝난 뒤 여러 해 동안 바티칸 주재 프랑스 대사로 복무했고, 유네스코가 창설되었을 때 자기 나라를 대표하였다. 그의 정치 철학은 언제나 그의 추종자들을 방심할 수 없도록 했다. 그에 대해 예견할 수 있는 사람은 몽상가뿐일 정도로, 마리탱은 끈질기게 자기 친구들을 놀라게 했다. 처음에는 '프랑스 행동파'(*l'Action Francaise*)와 밀접했지만, 차츰 『구전적(俱全的) 휴머니즘』(*Integral Humanism*)에서는 좌측으로 움직였고, 아메리카에 대한 그의 후대의 평가는 적잖은 사람들을 놀라게 했다. 하지만 가톨릭 진보주의자들이 그에게서 등을 돌리도록 만든 것은 1966년도 작품 『가론의 촌부』(*Peasant of the Garonne*)였다. 마리탱은 제2차 바티칸 공의회를 위조적으로 사용하는 것을 알아보고 경종을 울린 첫 사람이었다.

두 개의 국제 마리탱 기관이 있다. 미국마리탱학회(American Maritain Society)에서는 그의 작품들에 대한 새로운 판을 발간했고, 노트르담대학에서도 곧 또 다른 새로운 판을 출간할 것이다. 그의 엄청난 영향은 아직도 진행 중이고, 점점 더 많은 이들이 라이사와 더불어 "우리는 모두 친구들이었다"고 외치고 있다.

07. 자크 마리탱의 선택

루이지 볼리올로

1940년경 자크 마리탱이 여러 잡지에 발표한 글들을 이 책으로 묶었을 때 이미 마리탱의 명성은 전 세계에 널리 알려져 있었다. 그의 풍부하고 자극적인 철학 작품들은 성 토마스의 철학을 신학교와 교회계통 대학이라는 좁은 울타리에서부터 끌어내어 반(反)교회적이고 반(反)성직적인 세계 속에서 당당한 시민권을 부여했다. 그는 이 일을 아주 훌륭하게 해냈다.

이 책 『베르그송에서 토마스 아퀴나스로』(De Bergson a Thomas d'Aquin)는 1944년에 나왔다. 마리탱의 영혼이 프랑스와 유럽이 겪고 있던 '재앙' 앞에서 고뇌하고 있던 때였다. 파멸이 숱한 신화와 이데올로기들을 무너뜨렸다. 그 가장 날카로운 비판자 중의 하나였던 그는 언제나 성 토마스의 철학이야말로 서구에 더욱 그리스도교적이고 더욱 인간적인 새로운 얼굴을 줄 수 있다고 확신하고 있었다. 이것이 바로 최악의 전쟁이 남긴 잿더미 앞에 절망하는 정신들에게 올바른 방향을 제시할 사명감을 느끼면서 그의 그리스도교적 목소리를 높이도록 만든 동기들 가운데 하나였다. 1947년에도 전대미문의 그 파괴의 상처가 조금도 가시지 않자, 밀라노의 몬다도리출판사가 그의 이 책을 번역하기로 했다.

뒤에 자세히 논하겠지만 이 책의 제목은 그저 단순히 기발한 착상만은 아니었다. 그것은 저자가 의도적으로 겨냥한 것이었다. 그것은 성 토마스 앞에 직면한 근대(현대)철학 전체를 위해 타당한 한 방법론을 가리킨다. '베르그송에서 성 토마스로'는 얼마든지 '근대철학으로부터 성 토마스로'로 알아들을 수 있다. 근대철학이 가장 진지하게 투신하며 추구한 그것은 오직 [그것이 처음부터 배제했던] 다름 아닌 성 토마스에게서만 발견될 수 있다는 의미이다. 베르그송은 마리탱 자신이 고통스럽게 경험했고 내면의 고통스러운 방황 끝에 성 토마스에게서 발견했던 사고 방향을 가리키고 있다. 근대철학의 막다른 골목에서 벗어나고자 하는 자라면 누구나 '존재'와 '지성'이라는 고전적인 플랫폼으로 돌아가야 한다(이것은 나 자신도 겪은 바로 그 도정을 걷는 것이다).

마리탱은 베르그송에게서 하나의 위대한 정열가이자 진리의 탐구자인 스승을 만난다. 베르그송은 데카르트 유형의 관념주의적 폐쇄성에는 만족할 수 없는 사물과 사람들에게 항상 귀를 열어놓고 있는 타고난 실재주의자였다. 철학은 경험으로부터 출발하지 않고서는 진지한 것이 될 수 없다. 이런 의미에서 마리탱은 베르그송의 방법이 "근본적으로 경험적인" 방법이라고 보았다. 왜냐하면 베르그송은 경험과학들의 고유한 경험들 외에는 다른 경험을 인정하지 않았으며 그래서 결코 만족하지 못했기 때문이다. 이런 방법론의 잔재들로 비대해진 그의 철학은 그 한계선을 무너뜨리려 하고 있었고 온통 절대자로 향하고 있었다. 그는 뛰어난 철학자로서 정직하고 겸손하며 진지하고 멀리 내다보고 있었다. 경험적 방법을 사용했음에도 불구하고 결코 철학과 과학을 일치시킬 줄을 몰랐다(비록 그 경계선이 서로 접촉하고 있다고는 느끼고 있었지만). 베르그송의 영혼은 본능적으로 형이상학으로 향하고 있었다. 그는 자신의 이론들을 통해서 과학주의를 극복했고 과학의 발전이 결코 무시할 수 없는 우리 시대에 적합한 하나의 새로운 형이상학의 기초들을 놓았다고 생각했다. 이것은 열심하고 민감한 그의 제자들(마리탱, 페기, 소렐 등) 가슴속에 (오랜 명상 끝에 나온 『도덕과 종교의 두 원천』이후에

조차도 결코 충만하게 성취되지 않은) 해방적 철학에 대한 갈망과 기대가 솟아나게 하였다.

　베르그송을 알기 전에 마리탱은 소르본대학 교수들의 강의를 들었다. 대학은 온통 현상주의, 실증주의, 물질주의가 지배하고 있었고, 이들은 모두 상대주의적 회의주의로 기울며, 직접 인간학적 허무주의와 무신주의적 허무주의로 치닫고 있었다. 이 강의들은 20대 초반의 마리탱과 장래의 약혼녀 라이사를 극심한 절망감으로 몰아갔다. 그래서 그들은 내면의 고뇌로부터 탈출구를 찾지 못하는 한 삶을 스스로 마감하기로 작정하고 있었다. 1901-1902학년도에 그들은 친구 페기의 권유를 받아들여 콜레주 드 프랑스의 베르그송 강의를 듣기 시작했다.

　이 학교의 새로운 분위기는 이 두 젊은이가 절망감에서 벗어나 자신감을 가질 수 있게 만들어주었다. 이 때문에 그들은 마리탱이 성 토마스를 발견하고 자기 스승과 논쟁하게 되었을 때조차도 잃지 않게 된 커다란 깊은 존경심을 간직했다. 페기가 마리탱과 라이사를 베르그송에게 인도한 것처럼, 레옹 블루아는 이 둘을 가톨릭 교회로 인도했다. 이들은 그 시대의 일반적인 반성직주의적 편견을 극복하고 가톨릭교회 안에서 찬란한 태양 빛이 비추는 것을 보았다. 1906년 마리탱과 그의 부인 라이사는 (가톨릭) 세례를 받는다. 그 순간부터 죽는 날까지 그들은 깊은 그리스도교 신앙을 살았고 프랑스와 세계의 지성인 사회에서 그리스도를 증언하는 사도들이 되었다.

　뜻밖에 찾아온 신앙의 발견은 그들로 하여금 베르그송의 철학과 그리스도교 진리를 화해시키려는 노력을 기울이게 했다. 그들은 몇 년 동안 이 작업에 몰두했다. 그러나 헛수고였다. 신앙의 개념적 가르침들은 콜레주 드 프랑스의 철학자[베르그송]의 반지성주의적 생기주의와는 양립될 수 없는 것이었다. 바로 여기서 1908-1911년 사이에 '베르그송에서 성 토마스로'의 전향이 발생한다. 1911년에 베르그송 철학에 대한 마리탱의 첫 비판이 나오게 되었다. 이 비판은 나중에 『베르그송의 철학』(Le philosophie bergsonienne)이라는 책으로 출판된다(1913년에 초판이 나와, 1914, 1930, 1942, 1948년에 개정판이 나온다). 개정판을 통해서 마리탱은 초판에서 사용되었던 지나치게 격렬한 논쟁적 어투를 누그러뜨리고는 있으나, 그 골자는 그대로 유지한다. 위대한 베르그송은 크게 기분 나빠하지 않았다.

이미 그때부터 마리탱은 베르그송 철학을 둘로 구별한다. '지향의 베르그송 철학'과 '사실상의 베르그송 철학'이었다. 이 구별은 이 책에서도 그대로 취해지고, 스승의 사상에 대한 구조적 비판의 한 가지 토대로 남아있다. 지향의 베르그송은 인쇄된 베르그송을 넘어간다. 문자들 밑에서 마리탱은 그의 의도를 읽고 있었다. 즉 위대한 사상들에서부터 진정한 베르그송을 보고 있었다. 베르그송의 의도가 그의 철학을 내면으로부터 추동하며 그것에 생기를 주고 있었다. 즉 그의 강의 속에 현존하고는 있지만 다만 함축적으로만 작동하고 있는 형이상학에 대한 갈증 말이다.

여기서 우리는 두 가지를 감탄하게 된다. 하나는 얼핏 보기에는 솟아나지 않는 근대철학 가운데서 진정한 철학적 요소들을 볼 줄 아는 마리탱의 해석학적 척도이고, 다른 하나는 자신의 철학은 자신이 명료화시키지 않은 형이상학적 잠재력을 함축하고 있다고 분명하게 인정함으로써 마리탱에 의한 이 구분을 나중에 받아들이는 베르그송의 정직성과 겸손이다. 나중에 그는 자신이 성 토마스를 알지 못했다는 것, 그런데도 그를 만날 적마다 자기가 알게 된 그 알량한 것들은 한결같이 자신의 철학이 성 토마스의 철학으로 이어진다는 것을 확인하게 해주었다고 고백하기를 주저하지 않았다. 여기서 이 책의 제목 『베르그송에서 성 토마스로』는 충만한 의미를 띠게 된다. 이것은 스승을 대하는 마리탱의 입장을 증언하고 있는 것이다. 마리탱과 베르그송의 철학은 대립과 충돌보다는 대화와 탐구의 관계에 있다. 베르그송이 서거한 지 3년이 경과한 1944년에 출판된 이 책이 말해주듯이 이 대화는 베르그송의 사후에도 계속될 것이다. 그의 평온한 비판은 언제나 두 베르그송을, 『창조적 진화』(L'Evolution creatrice, 1907)의 베르그송과 『두 원천』(Les deux sources de la moral et de la religion, 1932)의 베르그송으로 구분하고 있다. 『두 원천』에서 베르그송의 철학은, 그 속에서 그리스도교 진리의 명백하고도 생생한 증언과 세계 속에 작용하시는 하느님의 현존을 발견하게 되는 위대한 가톨릭 신비가들을 연구한 덕분에, 절대자의 해변에 안착하게 된다. 그리고 마리탱의 비판도 위대한 자기 스승의 천재성에 대한 감탄과 평가를 결(缺)한 적은 결코 없었다. 사실 마리탱은 거기서부터 많은 것을 얻었고, 그리고 또 나중에 비록 세례는 받지 않았을망정 베르그송으로 하여금 가톨릭에 접근하도록 도울 수 있었다. (그때는 잠시 기세를 떨치고 있던 민족주의적 나치 정권이 프랑스와 온 유럽으로부터 유다인을 추방하는 공개적인 박해의 시대였기에 다만 죽음이 두려웠던 것이다.)

1. 베르그송에서 성 토마스로

그러므로 이 책의 제목은 우연히 선택된 것이 아니다. 그것은 근대 철학을 깊이 알고 있던 철학자 마리탱으로 하여금 근대 유럽 사상의 잠재적인, 그러나 실제적인 요소들을 토마스 아퀴나스의 빛으로 평가할 수 있게 해주는 방법론적 열쇠이다.

베르그송의 저술들은 마리탱으로 하여금 여러 철학적 조류 속에 숨겨져 있는 진리들을 수집하고 그 뚜렷한 명료화를 성 토마스의 철학 속에서 발견하게 해주는 특전적인 관점을 지니고 있었다. 베르그송과 토마스라는 두 이름은 각기 그들이 처해 있던 역사적이고 이론적인 맥락으로부터 떼어낼 수 없다. 그것은 두 시대를 대표하는 이름이다. 그것은 19세기와 13세기 문화라는 각기 한 시대와 문화를 총괄하는 이름이었다. 베르그송에게는 근대 사상의 최상의 것이 수집되어 있고, 토마스에게는 마리탱이 '최초의 르네상스'라고 부르는 것의 최상의 것이 수집되어 있다. 베르그송뿐만 아니라 근대철학 전체가 성 토마스에게서(그에게서는 이성의 충만함과 계시의 충만함이 진리의 충만함 속으로 합류되고 있다) 총화된 서구 철학 최초의 르네상스에 비추어 읽고 해석되고 명료화되어야 한다.

근대철학이 말한 것이라고 해서 몽땅 다 휴지에 싸서 버려야 하는 것도 아니고, 또 성 토마스가 말했다고 해서 글자 그대로 우리 시대에 반복되어야 하는 것도 아니다. 성 토마스 안에도 당시 과학의 낙후성에서 오는 조락성(凋落性)의 요소가 없는 것은 아니다. 13세기라면 코페르니쿠스나 갈릴레오 또는 뉴턴의 시대 훨씬 이전이라는 것을 잊어서는 안 된다. 천상 물체들의 불멸성 같은 주장을 오늘날 어떻게 받아들일 수 있단 말인가? 인간 진리의 발전에는, 진리를 역사주의적인 의미에서 '시대의 딸'(fillia temporis)로 만들지는 않으면서도, 불가피한 역사성이 있다. 사람들은 가끔 무의식적 유치함 때문에 역사성과 역사주의를 혼동하기도 한다. 아메리카 발견과 같은 것을 들먹이면서 모든 과거의 지식을 전복할 듯한 인상을 가지게 되면, 과거는 몽땅 죽고 보존할 가치가 없는 것으로 묻어버리면서 맹목적으로 그 진리에 매달리는 경우를 자주 보게 된다. 그것은 해묵은 나무들이 빽빽한 숲을 원자탄의 불길로 살라버리면서 그 잿더미 위에서 새로운 생명 세계가 재생하리라고 착각하는 것과 같다.

대단히 신중한 교회가 이 눈부신 20세기에 철학으로 하여금 성 토마스 아퀴나스의 방법과 원리로 돌아갈 것을 호소하는 데 주저하지 않았다. 그는 그의 사상이 지니고 있는 전면적인 개방 자세 때문에 시대를 뛰어넘는다. 그래서 요한 바오로 2세는 정당하게도 다음과 같이 주장한다: "오늘날도 …철학적·신학적 성찰이 튼튼하지 못한 토대 위에 기초하고 있어서 흔들리고 피상적인 것에 그치지 않을 수 있으려면, 성 토마스의 '금쪽같은 지혜'(aurea sapienza)로부터 영감을 길어내고 거기서부터 계시진리를 심화시키고 적절한 과학적 증진을 촉진시키는 데 필요한 힘과 빛을 끌어내지 않으면 안 된다"(1979. 12. 8. 안젤리쿰대학에서의 담화). 우유적(偶有的)이고 조락적(凋落的)인 요소들은 토미즘의 본질의 현실성과 영속적인 생명력을 어쩌지 못한다. 혹시 어떤 마른 잔가지를 가지칠 필요가 있다면 그것을 전체적으로 생기 있게 하는 수액의 힘이 거기 온통 신선한 생기를 되돌려주기 위해서일 뿐이다. 자크 마리탱은 바로 이것을 성공적으로 해냈다.

마리탱은 베르그송을 비판하는 데 있어서 매우 공정한 입장을 취하고 있다. "어떤 참된 것도 지니고 있지 않은 거짓 가르침은 없다."[1] 이것은 알렉산드리아의 클레멘스로부터 성 아우구스티누스와 중세의 위대한 스콜라 학자들에 이르는 그리스도교 사상가들이 한결같이 유지했던 가장 탄탄한 해석 원칙들 가운데 하나이다. 그것은 "꺼져 가는 심지를 끄지 않는다"(마태 12,20) 또는 "가라지와 밀을 조심스럽게 골라낼 줄 알아야 한다"(마태 3,12)는 복음적 권고의 철학적 적용인 것이다. 무조건 새것을 원하거나 무조건 헌것을 고집하는 근본주의와 배타주의적 입장은 추상적인 입장들로서 모든 질병을 다 고칠듯이 요란을 떨던 무수한 이데올로기들이 그랬듯이 실패할 수밖에 없다.

베르그송은 근대(현대)철학 전체의 상징이고, 성 토마스는 인간적이고 그리스도교적인 최선의 고전적 전통의 사고를 총합한 천재이

---

1. "Nulla est falsa doctrina quae non vera falsis intermiscerat"(I-II, q.102, a.5, ad4).

다. 바로 여기에 마리탱의 원칙이 있다: "베르그송으로부터 출발해서 성 토마스에 대한 성찰을 자극받는다."[2] 다시 말해, 근대철학으로부터 출발해서 성 토마스에 대해 성찰하도록 자극받음으로써, 그 계기들(그 의미를 가리고 변질시키는 자의적인 주관적 이론들에 의해 그 늘에 가려지게 된 계기들만을 말한다)을 인간만큼이나 오래되었고 또 성 토마스가 존재의 토대 위에 기가 막힌 방식으로 체계화시킬 줄 알았던(그래서 우리는 아퀴나스에게서 모든 시대의 진정으로 인간적이고 그리스도교적인 사고의 최상의 것이 구현되었다고 말할 수 있다) 사고의 영속적인 가치들의 빛에 의해서 구원하자는 것이다. 그들은 서둘러 존재의 철학에 대한 장례식을 치렀다. 그러나 토마스 아퀴나스가 이해하는 그대로의 존재 철학은 근시안들을 현혹시키고 젊은이들을 빗나가게 만드는 어제와 오늘의 한많은 다른 철학들의 장례식을 계속해서 치를 것이다. 참된 진리는 그 시대와 (그 속에서 그 실현과 의미가 발견되는) 변천들을 초월한다. 존재의 철학에 대해 조종(弔鐘)을 울리는 것은, 이때 존재 철학이 성 토마스가 이해하던 바로 그 의미대로라면, 그것은 바로 실재와 (실재의 목소리를 들음 위에 기초하고 실재에 충실한 채로 남아있는 것이 그 유일한 목적인 그런) 방법에 대해서 장례를 치른다는 것을 의미한다.

철학을 구성한다는 것은 대체로 인위적이고 변덕스러운 어떤 이론을 창안한다는 것을 의미하지 않는다. 그것은 실재를 철학적인 방식으로 (즉 그 가장 깊은 토대 속에서) 탐구한다는 것을 의미한다. 이런 철학은 사물들이 변하지 않는 한 그리고 인간이 인간임을 그만두지 않는 한 결코 바뀔 수 없는 것이다. 하고 많은 현대의 철학적 이데올로기들이 신에 관한 허무주의로 추락하더니 뒤이어 인간에 대한 허무주의로 떨어지고 말았다. 그러나 인간과 신에 대한 허무

---

[2] "Inciter a reflechir sur Saint Thomas a l'occasion de Bergson"(*La philosophie bergsonnienne*, p.XIII, ed. 1930).

주의는 바로 실제 자체에 대한 허무주의를 함축하고 있는 것이다.

　근대철학의 진정한 계기들(요소들)로 하여금 억압하고 감금시키는 주관적 상부 구조들의 뒤범벅으로부터 해방되도록 돕는다는 것이 바로 마리탱이 "베르그송으로부터 성 토마스로"라는 제목 구상으로 종합한 과제이다. 이것이야말로 철학을 역사주의의 사슬로부터 해방시켜 그 진리와 역사성을 구제할 수 있는 유일한 길이다.

　젊은 마리탱을 절망과 자살의 언저리로 몰고 갔던 동기들은 결코 사라진 것이 아니다. 오히려 이 20세기의 종반부어 공포에 질릴 만큼 더욱 가중되고 농도가 더 짙어졌다. 똑같은 동기들이 수많은 젊은이를 혼란스럽게 만들고 있다.

　인간에게 인간을 설명해주는 철학의 재발견과 신을 인간에게 그리고 인간을 자기 자신에게 밝혀주는 그리스도교 계시의 재발견은 언제나 진정한 진리에 목말라하고 환상적이고 현혹적인 너무 많은 진리에 구토증을 느끼게 된 우리 젊은이들의 깊은 요구이다. 삶의 진정한 기쁨은 바로 여기서 시작된다. 가슴속에 젊은이들의 미래에 대한 기대를 품고 있는 자들을 가공할 만한 공포심에 사로잡히게 만드는 마약의 상처는 기실 인간을 교묘하게 뿌려진 환상의 기초들 위에서 설명하려 덤비는 거짓 이데올로기라는 마약의 귀결에 지나지 않는다. 오늘날 철학의 영역은 우리 시대의 문화를 무겁게 짓누르는 인간학적 허무주의가 지배하고 있다. 그것은 하나의 정교한 허무주의로서 도덕 원리들을 겨냥하면서 우리 인식의 가치들을 침식하고 있다. 그러나 인간 인식에 대한 온갖 형태의 평가절하는 인간과 인격에 대한 평가절하를 함축하게 마련이다. 바로 여기에 마리탱의 이 작품의 적시성이 있다. 바로 오늘날 초미의 관심사로 되돌아온 것이다. 인간과 인간 사이의 불신은 자기 자신에 대한 불신에서부터 시작된다. 수많은 철학의 인간학적 염세주의가 반항, 불만, 젊은 광란의 뿌리에 있으며, 부모와 선생들은 자신들이 주려고 하는 것을 안타깝게도 결국 전해주지 못하고 있다.

　인간의 지성이 현상이라는 극복할 수 없는 철책의 한계 안에 감금될 때, 부득불 물자체(物自體)의 인식에 이르는 길이 막히게 되고, 결국 인간은 사방 그저 외양의 벽으로 둘러싸이게 되어 치명적으로 사물들의 노예, 아니 사물들 가운데 한 사물로 전락하고 만다. 우리가 공기를 호흡하는 이 시대, 이 문화에 대단한 영향을 미쳤고, 또 아직도 (부지불식간에 미치고 있다는 것을 잘 알고 있는) 칸트의 경우가 바로 그런 예이다.

　헤겔과 베르그송은 각기 다른 방향에서 사물의 노예 상태로부터 벗어날 출구를 추구했다. 헤겔은 인간을 사물들 자체의 창조자로 만들었고, 베르그송은 (결코 명료화하지도 않았고 또 결코 명료화될 수도 없는) 그런 주체와 대상의 동일시를 통해 직관을 실재의 생명적 장악으로 평가하고자 시도했다. 헤겔 철학에서 개개인은 '초월적 자아'에 의해 삼켜져버린다. 베르그송의 철학에서는 인간 이해를 위해 필수적인 지성(적 인식)이 맹목화되고 인간의 언어로는 실재를 표현할 수 없는 생기주의적 직관으로 복속되게 되었다. 이 직관을 가지고 베르그송은 과학주의와 물질주의에 대적하고 동시에 지성과 이성의 가치를 질식시켜가면서 개념주의에까지 대적하려고 했다. 실상 지성은 실재를 그러한 그대로 포착하지 못하고, 그것을 변형시키고 고정시키고 화석화시키며 가짜로 만든다. 지성은 자기의 것이 아닌 어떤 직관의 종이 된다. 바로 이것이 베르그송 철학의 토대다.

　바로 이 문제에 대해서 마리탱의 비판이 고개를 든다. 지성을 직관으로부터 분리시키는 것은 우리의 인식 기관을 둘로 쪼개는 것과 같다. 그것은 더 잘 보기 위해서 눈을 멀게 하는 것이고, 지성 위에도 있으면서 동시에 그 밑에도 있는 직관(intuitio)으로 대체하는 셈이다. 베르그송의 직관은 지성적 직관이 아니다. 그것은 (실제에 직접적으로 연관되지 아니하고 그것을 변형시키는) 개념으로는 적절히 표현될 수 없는 일종의 생명적인 공감적 접촉, 주체와 대상 사이의 일종의 상호관통이요 동일시이다.

   지성의 직관 능력을 부인하거나 지성과 직관을 대립시키는 것은 서구 철학에서 가장 중대한 허점이다. 이것은 베르그송보다 앞서고 그를 조건지은 철학에 해당될지는 몰라도, 베르그송에는 해당되지 않는다. 이미 베르그송 이전에도 서구 철학은 지성으로서의 지성과 이성으로서의 지성을 더 이상 구별할 줄 몰랐다. 베르그송이 지성에 대한 얼마간의 재평가를 함축하고 있는 직관에 대해 재평가했다는 것은 바로 그의 공로다. 이런 의미에서 베르그송은 하나의 혁신가이고 그의 뜻과는 달리 지성으로의 복귀의 철학자로 간주될 수 있을 것이다. 직관으로 하여금 (접촉과 공감을 통해서이기는 하지만) 사물을 관통하는 능력으로 삼은 것은 이미 지성적 직관 또는 (마리탱이 즐겨 지칭했듯이) 형상적 직관에 상당히 접근한 셈인 것이다. 베르그송은 염세주의와 칸트의 폐쇄를 침몰시키려고 한다. 칸트의 비판주의는 『순수이성비판』의 일차적 목표인 "이성의 한계들"의 염세주의로서, 서구 철학 전체에 대한 가장 가공할 비인간적인 함포사격이고, 이미 감각 경험의 테두리 바깥으로 나갈 수 없도록 강요되고 있던 인간에 대한 목조르기다. 그것은 하나의 거인들의 투쟁이다. 베르그송은 칸트를 대적하고 있다. 그러나 직관을 지성으로부터 분리시키고 있기 때문에 그의 노력은 온통 수포로 돌아가고 만다.

   마리탱의 철학은 지성에게 직관을, 그리고 직관에게 지성을 돌려주고 그것들을 둘 다 다시 (본질적으로 그리고 근본적으로 지성이고, 다만 지성이기에 지성 이전에 이성이기도 한) 인간에게 돌려주는 것을 목적으로 삼고 있다. 그러므로 마리탱의 최대 공로는, 베르그송의 철학이 어디로 향하고 있는지를 날카롭게 포착하고 그 철학에 (실재 전체를, 즉 존재를 그 뿌리에서 포착하는) 본질적으로 직관적인 지성을 제공했다는 데 있다. 마리탱은 토미즘 안에서 지성(과 그것을 통해서 인간)의 구원을 발견했다. 사실 지성에 대한 재평가는 인간에 대한 재평가를 함축한다.

  인간학의 운명은, 아니 인격의 운명은 지성의 운명과 불가분하게 얽혀 있다. 지성에 대한 온갖 형태의 평가절하는 불가피하게 인간과 인격에 대한 평가절하를 초래한다. 온갖 형태의 인식론적 염세주의는 언제나 인간학적 염세주의로, 함축된 비인간화 또는 인간의 소외로 해소되게 마련이다.

  베르그송에게서는 근대철학의 인식론적 염세주의가 집약되고 있지만, 동시에 거기에는 언제나 그것으로부터 빠져나오려고 하는 생생하고 자극적인 지향이 현존하고 있다. 그의 철학 전체는 상황을 뚫고 나오려고 한다. 바로 여기서 베르그송은 직관을 선택한다. 그러나 그 직관은 그토록 잠재력이 풍부하기는 하지만 아직도 조건들에 억류되어 있고, 이 프랑스 철학자는 결코 거기서 빠져나오지 못하고 만다. 이 때문에 마리탱의 베르그송 비판은 어떤 대결이 아니라 이해하려는 진지한 노력이자 대화이다. 베르그송은 순수이성이라는 우상을 부수고 칸트를 넘어 나아가려고 하는 소수의 근대(현대)철학자들 가운데 하나다. 칸트의 현상주의와 실증주의적 과학주의를 극복하려는 의지야말로 베르그송의 철학을 온통 매력적으로 만드는 그것이다.

  천신만고 끝에 형이상학에 도달하는 것을 대변하는 『두 원천』은 『창조적 진화』의 근본적 태도를 바꾸지 않는다. 여기서도 베르그송은 아직 베르그송으로 남아있다. 명시적으로 절대자에 도달하면 할수록 제2의 베르그송에 대해 이야기할 수 있다. 그러나 그는 자신의 철학을 도구 삼아서 거기에 도달하는 것이 아니라, 다만 직관을 이해하는 그의 방식과 더불어 거기에 도달한다. 그는 가톨릭 신비가들의 경험에 자신을 내맡기지 않을 수 없는 상태에 이르게 된다.

정태적 도덕과 역동적 도덕, 정태적 종교와 역동적 종교 사이의 구별도 결국 사태를 해결하지는 못한다.

2. 지성적 직관

베르그송은 하나의 형이상학을 구성하는 데 성공하지 못한다. 존재에서 출발하는 것이 아니라 역설적으로 실체화시킨 생성으로부터 출발하기 때문이다. 철학은 올바른 출발점에서 출발하지 않을 때 올바른 목적지에 도달할 수가 없다. 실재 자체의 토대와 다른 어떤 것을 철학의 토대로 삼을 수는 없다. 존재는 동시에 실재의 토대이자 인간의 지성적 인식의 토대이다. 따라서 존재론의 기초이고 인식론의 토대이다. 철학의 진지성을 보장하고 인간 문제들과 만나게 될 가능성을 보장하는 것은 바로 이 존재와 인식의 정초적 일치이다. 여기서 시작하지 않는 자는 잘못 출발하는 것이고 더 나쁜 결말에 이르지 않을 수 없다. 처음의 작은 오류가 끝에 가서는 엄청난 오류가 된다.[3] 어떤 다른 시작도 이것을 전제한다.

아무리 실재에 관해 성찰한다고 하더라도 이 세상의 존재자들 속에 구현되어 있음을 보게 되는 저 존재에 대한 지성적 직관보다 더 근본적이고 본원적인 다른 완전성을 발견하지 못한다. 존재와 지성 사이의 관계는 빛과 눈 사이의 관계와 같다. 봄[視]이라는 것은 빛과 눈의 만남으로 구성된다. 마찬가지로 '인식한다'(intelligere)는 것은 지성과 존재의 만남으로 구성되어 있다. 그렇다고 해서 우리의 인식이 '그 기원에 있어서' 감각에 의존하고, 따라서 모든 인간은 감각으로부터 시작된다는 사실이 달라지는 것은 아니다. 그러나 '시작의 우선성'은 '구조상의 우위성'이 아니다. 시작할 때의 우선성이

---

3. "Parvus error in principio magnus est in fine"(*De ente et essentia* Proemium).

의미하는 것은 감각(기관)들이 인간의 지성적 인식을 가능하게 한다는 것이다. 이런 의미에서 감각 속에서 감각으로부터 시작되지 않는 인간 지식이란 없다. 그러나 인간 인식이 구성되자마자 우위권은 자기 빛으로 감성 자체를 관통하는 지성에게로 넘어간다. 배타적으로 감각적이기만 한 그런 인간 인식이란 없다. 언제나 그리고 시작할 때에만 감각적일 뿐이다. 구조적으로는 언제나 그리고 필시 감각적이며 동시에 지성적이다. 그리고 영혼이 육체에 비해 우위성을 가지듯이, 지성은 감각들에 대해 우위권을 가진다. 감각에 대한 지성의 우위권은 '형성된' 인간 인식에 대한 존재의 우위권을 함축한다. 우위권은 존재 인식으로부터 솟아나 모든 인간 인식을 '구조적으로' 정초한다.

자크 마리탱의 공로는 온통, 눈이 빛을 직관할 수 있는 기관인 것과 마찬가지로 지성이 존재직관 능력이라는 점을 강하게 주장한 데 있다. 인간의 지성으로부터 (지성에 대립되지 않을 뿐만 아니라 오히려 지성을 규정짓는) 이 독특한 영적으로 보는 능력을 빼앗는다는 것은 하나의 부조리에 지나지 않는다. '인식한다'는 것은 사물의 '내면을 읽는'(intus legere) 것일 뿐만 아니라 존재하는 한에 있어서 사물들을 직접적으로 '보는'[視] 것이기도 하다. 지성은 존재자들의 존재를 직관한다. 그것은 존재자들을 그들의 가장 내밀하고 가장 보편적으로 포괄적인 (아니, 모든 사물과 사물들의 모든 완전성을 포괄하는) 1차적 완전성 속에서 포착하는 것이다. 모든 사물과 그 각각의 완전성은 존재의 한 구체적 실현에 지나지 않기 때문이다. 그리고 철학의 최대 문제는 (인간까지도 포함해서) 이 세상 사물들이 유한하게 참여하고 있는 존재의 기원에 대한 탐구이다. 이 문제의 해결이 바로 철학의 해결이다. 이 결정적 해결 외에는 철학은 아무런 해결책도 발견하지 못하면서 끝없이 방황하며 자기 자신 주변을 돌고 또 돌 뿐이다.

모든 다른 과학적 지식을 초월하는 철학적인 방식으로 사물들 자체의 접촉점을 찾아내려는 베르그송의 열정적이고 깊은 탐구는 지성에게 직관을 거부함으로써 눈을 파버리는 것으로 출발했기 때문에 처음부터 좌절된다. 지성이 가지는 존재와의 직접적 접촉은 눈이 빛과 가지는 직접적 접촉과 유사하다. 만일 눈에게 빛을 지각할 능력을 부인한다면 눈이 어떻게 볼 수 있단 말인가?

마리탱의 베르그송 비판은 언제나 여기서 출발하고 이것을 지렛대로 삼고 있다. 마리탱의 표현에 따르면 "형상적" 직관은 실재에 대한 충실한 반영인 관념의 직관이고, 실재적 사물들 속에서 가장 실재적이고 가장 구체적이며 가장 근본적인 것, 즉 '존재'를 포착하는 능력이다. 마리탱은 여기서 출발해서 근대의 환상적이고 심원한 듯한 개념들로부터 해방될 수 있는 길을 발견했다.

3. 마리탱과 함께 마리탱을 넘어서

나는 여기서 '마리탱과 함께 마리탱을 넘어서' 한걸음 더 나아가고 싶다. 우리의 철학자는 직관을 온통 추상에 의존하게 만들고 있다. 즉 먼저 추상이 있고 다음 직관이 있는 것이다. 존재와 제1원리들에 관한 인간의 지성적 직관도 '본래적으로는' 감각들에 의해 조건 지어져 있다고 날카롭게 구분하면서, 개별적 관념들에 대한 추상적이고 형상적인 모든 작업을 가능하게 하는 하나의 동시적인 감각적·지성적 직관에 의해서 인식을 시작하게 만들 수는 없을까? 감각적·지성적 직관의 이 직접적 접촉이라는 가설에서, 실제의 제1토대인 존재는 동시에 모든 현실의 현실이요 모든 완전성의 완전성이면서 또한 (아무런 지체없이 sine interposita mora) 모든 개념의 개념, 모든 관념의 관념으로 나타나게 될 것이다. 스콜라 학자들은 존재는 정의될 수 없고 따라서 개념일 수 없다고 말하곤 했다. 그러나 이 정의할 수 없음을 부정적으로 알아들을 것이 아니라 적극적인 의미로,

즉 '규정 이상의 것'으로, 규정지을 수 있는 것을 넘기에 규정지을 수 없는 것으로 알아들어야 한다. 그것은 모든 규정을 가능하게 만드는 개념이다. 존재 개념 속에는 정신의 모든 개념들이 다소 혼동스럽게 현존하고 있고, 모든 개념이 다 그 속에서 해소된다. 다른 모든 개념들은 존재 개념의 명료화와 정확화에 지나지 않는다. 지성적 직관은 실재와의 하나의 직접적 접촉일 뿐만 아니라, (비록 적어도 처음에는 무규정적이고 혼동스러운 방식으로이기는 하지만) 아무런 예외도 없이 실재 '총체'와의 직접적 접촉이기도 하다. 마리탱은 바로 이것을 베르그송에게 말하고자 한다. 진리에 대한 갈증과 실재에 대한 목마름은 같은 것이다.

방금 설명한 것과 같은 존재의 직관 속에서, 베르그송이 초지성적 또는 지성 이하의 직관에게 부여한 공감(sympathia)은 인간 정신의 내면성 속에 '있는' 한에 있어서의 모든 사물들의 '현존'인 직관 속에 구현된다. 그것은 하나의 단순한 공감이 생리학적으로 생명적이라는 것보다도 훨씬 더 이상의 무엇이다. 실재에 대한 지성적 직관의 포착은 사물들의 총체를 인간 영혼의 내면성 속으로 옮겨놓는다. 정신은 그후 존재의 차원들을 취하게 되고 바로 이 직관의 순간에 그의 차원이 온전히 드러난다.

마리탱과 함께 마리탱을 넘어 또 한걸음을 더 내딛을 수 있을 것 같다. 추상화가 아니라 '영성화'라는 단어를 사용하지 못할 까닭이 무엇인가? 실상 지성적 활동은 삶의 한 형태, 아니 가장 고상한 형태이다. 그것은 물질 세계의 모든 물질적 사물들을 자신 안에서 "영적으로" 사는 것이다. 특히 그것들을 존재 지각 속에서 포착한다는 것은 이미 그것들을 영적으로 사는 것이다.

이쯤에서 성 토마스가 『요한복음서 강해』에서 말하고 있는 것을 인용하고 싶다: "생명 활동들 가운데 가장 높은 것은 지성의 활동, 즉 인식함이다. 따라서 지성의 활동은 최상의 의미에서의 삶이다."

"모든 생명 활동 가운데서 주된 것들은 지성적 활동들이다. 바로 그 때문에 지성은 생명체라고 불리고 그의 활동은 생명이라고 불리는 것이다."[4]

지성적 직관이 결코 어떤 수동적인 것으로 이해되어서는 안 된다. 모든 유한한 지성은(천사들까지도 포함해서) 자신의 인식 이전에 있던 것이 아니고서는 인식할 수 없다는 점에서 수동적이다. 그러나 하급의 사물들을 인식할 때, 물질적 사물들이기 때문에 그 물질적 사물들을 그 자체로 인식하고 살 수는 없고 오직 자기 수준으로 옮겨서만, 즉 그것들을 영성화시켜서만 인식할 수 있다. 그러므로 추상의 개념을 강화시켜 마치 조야한 물질로부터 가지적인 것을 해방시키듯이 어떤 부정적인 것으로 오해될 수 있는 소지로부터 해방시킬 필요가 있다. 따라서 비물질화라는 표현도 어떤 부정적인 뉘앙스가 있다. 인간 지성은 어떤 더 고상한 활동을 한다. 즉 비물질화가 아니라 영성화인 것이다. 그리고 실재가 물질적 영역에서 영적 영역으로 옮아갈 때 정신의 초월성 속으로 투명해져서 개념화되게 된다. 사물들로부터 개념을 추출하는 것이 아니라 물질적 사물에게 인식하는 정신 속에 하나의 영적인 생명을 주는 것이다. 지성적 활동은 신적인 창조의 관대함을 그 모상으로서 지니고 있다. 모든 지성적 인식자는 세상을 재창조하여 자기 정신의 내면성 속에 되살려 낸다.

바로 이것이 베르그송이 찾아 헤매던 그 인식이 아닐까? 그는 인식 대상을 초라하게 변형시키지 않는 그런 인식을 찾고 있었다. 성 토마스는 위에서 언급한 놀라운 방식으로 답변한다. 아마도 성 토

---

[4]. "Inter opera autem vitae altius est opus intelligentiae quod est intelligere; et ideo operatio intellectus maxime est vita"(*In Ioan.*, c.17, ed. Marietti, n.2186). "Inter operationes vitae praecipue sunt operationes intellectuales; unde et ipse inte-lectus dicitur vivens"(Ibid., c.14, n.1868).

마스의 여러 작품을 알고 있던 마리탱은 복음서 주해들 속에는 상당한 철학이 담겨 있다는 것을 알고 있었겠지만, 그럼에도 불구하고 그는 자신의 관심을 엄밀히 철학적인 작품들로 제한했다. 분명 그는 현명했다. 지성은 그것을 지성화하고 개념화하지 않고서는, 다시 말해 물질적인 외부적 말을 영적인 내면의 말로 만들지 않고서는 아무것도 건드리지 않는다. 그러나 추상의 개념을 더 확장할 필요가 있다. 만일 마리탱이 이 점에 도달했었더라면 베르그송은 성 토마스에게서 자신의 철학의 연장을 발견할 수 있었을 것이다. 그리고 베르그송과 성 토마스의 만남은 베르그송과 마리탱의 충만한 만남을 용이하게 해줄 수 있었을 것이다. 지성적 직관은 이런 매력적인 결과들을 낳을 수 있었다.

어쨌든 마리탱은 토마스를 베르그송에게, 베르그송을 토마스에게 접근시킨 커다란 공로가 있다.

4. 인격, 도덕, 사회

이 문제들에 대해서도 지성적 직관에서 해결의 실마리를 찾을 수 있다. 지성적 직관이 깊고 풍부하고 생생해질수록 해결책도 그만큼 더 타당하다. 직관에 연관시킨 "형상적"이라는 수식어는 '인식한다'(intelligere)는 것을 삶의 충만으로, 아니 인격의 최상의 삶으로 이해하지 않는다면 제한적 수식이 되고 말 것이다. 마리탱은 도덕과 사회의 기초에는 인격, 즉 아퀴나스의 정의대로는 "지성적 본성의 자립체" 개념이 있다는 것을 잘 통찰하고 있었다. 모든 것은 측량할 수 없는 깊이를 가진 한 생명체를 감싸고 있는 이 "지성적 본성"을, 하느님 다음으로는 최대의 신비인 인간의 신비를 심화시키는 데 있다. 인간이 하느님의 모상으로 창조된 것은 우연히 그렇게 된 것이 아니었다.

우리가 지금 이 자리에서 마리탱의 인격 개념과 거기서 따라나오는 사회 개념을 이 개념들이 담고 있는 정치적인 함축들과 더불어 분석하는 데로 넘어간다면, 우리의 대화는 상당히 길어지게 될 것이다. 우리가 방금 암시한 것들로부터 독자 스스로가 그 귀결을 끌어내도록 남겨두고 싶다.

우리는 이 책의 제목이 명시적으로 말하고 있는 것보다 훨씬 더 깊은 것을 함축하고 있다는 점에 주목한 것으로 충분하다. 이렇게 해서 우리는 제목뿐이 아니라 마리탱의 다양한 논술들이 지혜롭게 진일보하게 된 것임을 느낄 수 있다.

08. 마리탱과 존재직관

매튜 퍼

1. 토마스주의자라면 누구나 존재자로서의 존재자가 형이상학의 고유 주제라는 데에 동의하고, 존재자가 그러하기 위해서는 '분리'(separatio)가 물질적 또는 가변적일 필요가 없다고 지성이 판단하는 수단이라는 점을 부정하는 사람은 거의 없을 것이다. 그러나 '분리'가 어떤 전제를 가지고 있는지 여부에 대해서는 분명 모든 토마스주의자가 다 동의하는 것은 아니다. 존 위펠(John Wippel) 같은 이들은 '분리'가 신이나 영혼 같은 어떤 존재자의 존재에 관한 지식을 전제하고 있다는 것을 부정한다.[1] 반면에 조셉 오웬스(Joseph Owens) 같은 이들은 비물질적인 존재자가 실존한다는 것을 미리 알아야만, 존재자가 [반드시] 질료 안에 구현될 필요는 없다는 결론을 지을 수 있다고 주장한다.[2]

역사가 보여주듯이 양측에 모두 훌륭한 논거들이 확립될 수 있다. 그러나 그 어느 쪽의 논거도 전적으로 만족스러울 수는 없다. 왜냐하면 그 입장들은 각기 나름의 단점을 지니고 있기 때문이다. '분리'가 비물질적인 존재자의 실존에 관한 지식을 전제하고 있다고 주장하는 자들은 형이상학을 신 존재 증명의 인질로 삼는 데 반해,

---

1. John F. Wippel, "Metaphysics and *Separatio* in Thomas Aquinas", in *Metaphysical Themes in Thomas Aquinas*, Washington, D.C., CUA Press, 1984, p.82.
2. Joseph Owens, *An Elementary Christian Metaphysics*, Milwaukee, Bruce, 1963.

형이상학을 착수하는 데 '분리'만으로 충분하다고 주장하는 자들은 형이상학을 어떤 텅 빈 개념, 곧 부정적으로 비물질적이고 중립적인 '존재자'(ens) 개념 위에 정초하고자 한다.

그렇다면 토마스주의자들은 딜레마의 양극 사이에 사로잡혀 있는 것일까? 반드시 그런 것만은 아니다. 나는 자크 마리탱의 존재직관 철학이 이 곤경에서의 탈출구를 지적해준다고 논할 것이다. 왜냐하면 마리탱의 형이상학은 '존재자로서의 존재자'가 어떻게 정신에 의해서 포착되는지에 대한 참으로 적절한 설명을 제공하기 때문이다. 위에서 언급한 학파들은 모두 존재자로서의 존재자가 오로지 형상적 추상의 제3등급에서 발생하는 형상적 시각화 안에서만 참으로 포착될 수 있지만, (그 실재적 함의는 자연에 의해서 지성에 거저 주어지는) 실존에 관한 유일한 긍정 판단에 근거하고 있다는 것을 보는 데 실패한다.

특히 위펠은 '분리'가 지니고 있는 (판단에서의 지성의 존재 포착으로부터 취해진) 원초적 존재자 관념과의 연관성을 분리함으로써, 그리고 그 분리가 그 자체로 일종의 형상적 추상이라는 점을 인정하지 않음으로써, '분리'의 본성을 [제대로] 이해하는 데 실패한다. 한편, 오웬스는 존재자를 총체적 추상을 통해 포착된, 그러나 또한 다소간 유(類)를 넘는(super-generic), 일종의 보편자로 개념한다.[3] 물론 이 지성적 작용은 적어도 하나의 비물질적 존재자의 실존을 전제하고 있다. 그러기에 오웬스는 형이상학을 시작하기에 앞서서 신의 실존을 먼저 증명해야 한다고 주장하는 것이다. 토마스 형이상학을 위한 이 쟁점의 중요성을 고려할 때, 이 주장을 좀 더 자세히 검토할 필요가 있다.

---

3. Ibid., pp.63-64.

2. 마리탱은 기초적인 적극적 실존 판단이 감각 성질을 주제로 삼고 있기 때문에, 이 판단들로부터 구성된 존재 관념은 결코 구체적인 것, 가변적인 것, 물질적인 것을 초월할 수 없다는 우펠에게 동조할 수 있을 것이다. 결코 '존재자로서의 존재자'를 포착할 수 없는 것이다. 우펠은 그런 판단에 기초하고 있는 존재 관념을 원초적 존재 관념이라고 부르지만,[4] 마리탱은 그것을 "막연한"(vague) 존재 관념이라고 부른다.[5] 마리탱은 또한 그 막연한 또는 원초적인 존재 관념을 극복하기 위해서는 부정 판단(토마스의 '분리')에 호소해야 한다는 데에도 동조할 수 있을 것이다. 더욱이 그는 '분리'에 대한 우펠의 특성화를 받아들이는 데 대해서는 아무런 거리낌도 없다. 우펠은 이렇게 말한다:

> ['분리'는] '그 때문에 어떤 것이 존재자로 인정되는 것'이, '그것에 의해서 그것이 물질적 사물 또는 가변적 존재자 또는 특정 종류의 존재자'와 동일시될 필요는 없다는 것을 정신이 명시적으로 인정하고 주장하는 과정이다. 우리는 그것을, '그 때문에 어떤 것이 존재자라고 묘사되는 것'이 그 때문에 그것이 어느 특정 종류의 존재자(예컨대 물질적이고 가변적인 존재자나 양화된 존재자 또는 영적 존재자)와 동일시되는 것을 부정하는 부정 판단이라고 묘사할 수 있을 것이다. 혹은 그것을 '분리'라고 묘사할 수도 있다. 왜냐하면 이 판단 때문에 우리는 '그 덕분에 어떤 것이 존재자라고 묘사되는' 가지성을, 존재자의 그런 종류를 가리키는 다른 모든 그보다 덜하고 한정적인 가지성으로부터 구별하거나 분리하기 때문이다. 그러므로 '분리'의 한 결과로 우리는 어떤 것이 존재하거나 실

---

4. 우펠에 따르면, 형이상학자는 원초적 존재(자) 관념, 곧 물질적이고 변화하는 것으로 한정된 존재(자) 관념이라고 불림직한 것에 도달했다("Metaphysics and *Separatio*", p.78).
5. Jacques Maritain, *A Preface to Metaphysics: Seven Lectures on Being*, New York, Sheed and Ward, 1948, pp.29-33.

재적일 수 있기 위해서 물질적이거나 가변적이거나 양화될 필요가 없다고 주장한다. 이리하여 부정적 비물질성, [곧] 존재의 중립적 성격을 주장하는 것이다.[6]

위펠은 정확하게 성 토마스의 '분리'를, 실재 속에서 떨어져서 존재하거나 존재할 수 있는 것을 정신 속에서 분리하는 부정 판단으로 해석하고 있다. 결국 그것은 존재자가 [반드시] 질료와 운동[변화] 속에 존재할 필요는 없다고 주장하는 판단이다. 이리하여 그 부정적 비물질성, 그 중립적 성격에 대한 그의 지적이 나오게 된다. 위펠은 이렇게 말한다. 오직 이 부정적인 분리 판단만이 지성으로 하여금 원초적 존재 관념 안에 포함되어 있는 제한들을 극복할 수 있게 할 것이다.[7] 그리고 정확히 존재자가 [반드시] 질료나 양과 동일시될 필요는 없기 때문에, 존재는 그 자체로 그리고 스스로 어떤 학문의 고유 대상이 될 수 있다.

그렇지만 마리탱에게 있어서, 성격에 있어서 중립적인 부정적 비물질성이 토마스의 형이상학은 말할 것도 없이 [도대체] 어떻게 어떤 학문의 고유 대상이 될 수 있는지는 의문이다. 존재자로서의 존재자가 부정적으로 비물질적이고 또 성격에 있어서 중립적이라고 말하는 것은 도대체 무슨 의미가 있단 말인가? 존재자로서의 존재자 개념이 적극적인 비물질적 내용을 결하고 있다면, 그것은 어떤 형이상학적 내용을 가지고는 있는 것일까? 만일 존재가 원초적 존재 관념으로 한정된다면, 분명 존재(자) 개념은 실증적인 내용을 가질 수 있다. 그러나 토마스주의 형이상학자들은 적극적인 내용을 지니고 있는 존재자로서의 존재자 관념을 취득하는 데 관심을 기울인다. 이것이 그 존재자로서의 존재자가 '하나의' 존재자로 개념

---

6. Wippel, "Metaphysics and *Separatio*", p.79.
7. Ibid., p.80.

될 필요가 있다는 것을 의미하는 것은 아니다. 그러나 위펠의 부정적으로 비물질적이고 중립적인 존재자 개념은 단적으로 텅 비어 있다. 그러한 것으로서 그것은 어떤 학문의 고유 대상이 될 수 없다.

분명히 위펠은 '존재'(esse)가 적극적인 실존 판단에서 포착되고, '분리'가 형이상학에 속한다는 것을 인정하는 점에서는 옳지만, 그것들 사이의 연결고리를 가르는 점에서는 잘못되었다. 다른 한편, 마리탱은 연결고리를 유지한다. 마리탱에게서 '분리'는 적극적인 실존 판단에서 포착되는 '무엇'을 고려함이 없이는 이해될 수 없다. 다시 말해 '분리'는 적극적인 실존 판단이 무엇을 포착하느냐 하는 것에 비추어보아야 한다. 물론 위펠은 두 종류의 판단을 분리하는 데 묶여 있다. 왜냐하면 그는 분리가 그 자체로 일종의 추상이라는 것을 허용하지 않으려 하기 때문이다. 그러나 판단에서 포착되는 '존재'는 무가 아니다! 판단은 실재적 개념을 위한 대상이 될 수 있는 "어떤 것"을 포착한다. 비록 그 '어떤 것'이 그 자체로 본질은 아니지만 말이다. 물론 "어떤 것"은 한 존재자의 존재 현실이고, 형이상학이라는 학문의 기초를 형성하는 것은 우비적으로 이해된 어떤 존재자의 존재 현실이다. 결국 판단에서 (자연에 의해서 거저 주어진 이 포착의 특별한 충격 아래서) 포착된 적극적인 비물질적 내용은 마리탱에게 그가 '형상적 추상의 제3등급'이라고 부르는 형상적 시각화의 대상이 되어야 한다. 이리하여 마리탱은 형상적 존재직관을 통해서 그 두 종류의 판단을 연결시키려고 시도한다.

그렇지만 이것을 비판적 작업으로 만들기 위해서는 두 가지 질문에 대한 대답이 되어야 한다. 첫 번째 것은 형상적 존재직관을 처리해야 하고, 두 번째 것은 형상적 추상의 세 가지 등급 관념을 다루고 있다.

3. 만일 (단순 포착이 아니라) 판단이, 그것에 의해서 존재가 알려지

는 지성의 활동이라면, 어떻게 '존재'로 이해된 존재자가 [도대체] 직관의 대상이 될 수 있는가? 형이상학적 존재자가 오로지 형상적 직관을 통해서만 알려진다고 주장함으로써, 마리탱은 존재를 하나의 본질로 바꾸고, 그로써 아퀴나스 형이상학의 실존적 요점을 침해한 탓이 있지 않은가? 그러나 전혀 그렇지 않다. 마리탱에 따르면, 판단에서 (그 자체는 본질이 아니면서도) 포착된 '존재'는 다음과 같은 방식으로 한 실재적인 개념의 대상이 될 수 있기 때문이다.

지성은 '존재'와 관련해서 첫 번째 판단을 내림과 동시에 그 최초의 개념, 곧 '존재자'(ens) 관념을 형성한다. 존재자 관념을 형성함으로써 지성은 단순 포착을 통해서 판단으로 "넘어가" 엄밀하게 판단에 속하는 것을 포착한다.[8] 결국 단순 포착을 통해서 지성은 판단에서 본래적으로 포착되는 것을 취하고, 그것으로 관념 또는 사고 대상을 만든다. 그렇지만 이 관념은 단순 포착만의 결과가 아니다. 왜냐하면 여기서 지성은 그것이 판단에서 긍정하는 것, 곧 어떤 존재자의 존재 현실을 포착하기 때문이다. '존재'(esse)는 '존재'(to be) 개념의 대상이 된다.[9] 이 '존재' 개념의 대상은 하나의 본질 또는 본질적 가지자가 아니라, 마리탱이 말하는 것처럼 보다 높은 유비적 방식으로 가지적인 초-가지자라는 것을 염두에 두어야 한다.

그럼에도 불구하고 '존재' 개념은 '존재자' 개념으로부터 단절될 수 없다. 여기서 존재자는 '있는 것' 또는 '존재하는 것' 또는 '그것의 현실이 존재하는 것인 것'을 의미한다.[10] '존재'는 존재자로부터 단절될 수 없다. 정확히 왜냐하면 존재 개념을 가능하게 만드는 판단은 그 자체로 하나의 합성, 곧 어떤 주체와 존재의 합성이다. 판단은 단순하게 '존재한다'고 말하지 않고, '어떤 것이 존재한다'고 말

---

8. Maritain, *Existence and the Existent*, tr. L. Galantiere & G. B. Phelan, New York, Pantheon, 1948, p.23.
9. Ibid., p.24.
10. Ibid.

한다. 이리하여 '존재' 개념은 먼저 존재자 개념 안에서 또 그것을 통해서 포착된다.[11] 이것은 바로 존재 개념이 본질 개념으로부터 분리될 수 없다고 말하는 또 다른 방식이다. 모두 합쳐 그것들은 존재자 개념을 구성한다. 그것의 목적은, 판단에서 드러난 것처럼, "다양성 속의 하나"이다. 지성의 개념들 가운데 첫 번째 것은 이 개념, 곧 그것의 현실이 존재하는 것인 존재자 개념이다.[12]

그렇다면 존재자는 지성이 그 최초의 판단을 내리는 것과 동일한 순간에 드러난다. 예컨대 '이 존재자는 있다'라는 판단에서 '이 존재자'는 어떤 것, '무엇' 또는 존재를 가지고 있는 사물(다시 말해, 본질적 정의가 의미하는 것)을 가리키지만, '있다'는 존저 개념의 대상을 가리킨다. 동시에 지성은 '존재자' 또는 '있는 것'이라고 말한다. 이리하여 존재자 개념과 판단은 서로서로를 제약한다.[13]

그렇지만 오로지 자연에 의해서 지성에 거저로 주어진 특별히 강화된, 존재에 대한 판단적 감상만이[14] 형상적 존재직관과, 그것의 이어지는 (형이상학적 존재에 관한) 부정 판단 형식의 표현으로 이끈다. 다시 말해, 그것이 환기하는 추상의 제3등급과 직관만이 존재를 감각적인 것들로부터 풀어내어 고유의 빛 속에서 볼 수 있게 해준다. 오직 이것들만이 지성으로 하여금 존재자 개념 안에서 그 진정

---

11. Ibid.
12. Ibid., p.25.
13. Ibid., p.25-26.
14. 기초적인 존재 판단이 감각적인 것들로 옷입은 존재자와 경계지어지는 한, 이 판단은 결코 존재직관의 촉발자로 간주될 수 없다. 존재는 오로지 판단에서만 포착될 수 있고, 기초적인 실존 판단은 존재를 포착하는데, 여기서 존자는 경험적인 것으로서의 존재이다. 이리하여 그것은 결코 존재직관의 구성요소가 아니다. 그러나 존재직관은 오직 구체적인 것들 안에서만 발생한다. "형이상학이 그 대상을 발견하는 곳은 사물들 자체 안에서이다. 그것은 감각적이고 물질적인 사물들의 존재, [곧] 그것이 직접적으로 접근 가능한 탐구 영역인 경험 세계의 존재이다. 그 원인을 추구하기에 앞서서 감각적이고 물질적인 것으로서가 아니라 존재자로서 식별하고 탐색하는 것은 바로 이것이다. 영적 존재의 차원으로 오르기에 앞서, 그것이 경험적이고 물질적인 것으로서가 아니라 존재로서 포착하는 것은 경험적 존재, 물질적 사물들의 존재이다"(Ibid., pp.31-32).

한 본성 안에 있는 존재 개념의 대상(곧 그 개념의 존재자 개념으로의 탄생됨을 통해서, 물질적 실존의 한계와 조건을 넘어 실존하는 유비적 실재로서)을 볼 수 있게 해준다. 존재가 형이상학적 존재직관에 의해서 스스로 해방되기 때문이다.

그러나 형상적 존재직관이란 무엇인가? 요컨대 그것은 형상적 가지성의 정상에 놓여 있는 지성적 시각화이다. 그것은 직접적이고 논술적이 아니기 때문에 "봄"(visio)이다. 그것이 형상적인 이유는, 그것이 대상인 존재자가 직접적으로 지성에 제시되는 개념에 의해서 환기되기 때문이다. 그리고 그것이 형상적 가지성의 정상에 놓여 있는 이유는 그것이 형이상학의 고유 대상, 곧 존재자로서의 존재자를 취급하기 때문이다.[15] 그러나 존재직관이 형상적[또는 관념화하는] 시각화라고 말하는 것은 그것이 추상적 시각화라고 말하는 것과 같다. 그리고 그것이 형이상학의 고유 대상의 추상적 시각화이기 때문에, 그것은 마리탱이 추상의 제3등급이라고 부르는 것에 형상적으로 시각화되어야 한다.

그렇지만 뒤펠은, 존재자가 그 이하의 모든 것을 실제적으로 포함하고 있는 보편적 관념이라는 단순한 이유 때문에, 존재자로서의 존재자가 결코 추상의 일종의 대상일 수 없다고 응수할 것이다. 만일 존재(자)가 점차 세련화되는 질료의 등급으로부터 추상된다면, 그때 그것은 실재들로부터 추상되어 나간 이 모든 것 바깥에 놓여 있을 것이다. 그렇지만 역시 존재 안에 있지 않은, 존재자를 차이 나게 하기 위해서 존재 바깥으로부터 올 수 있는 것은 아무것도 없다. 그러므로

---

15. Ibid., p.31. 또한 존재직관인 형상적 가지성의 절정에 놓여 있기 때문에 전-의식적인 감각에 기초를 둔 존재직관과, 『시와 예술에서의 창조적 직관』에서 마리탱이 논하고 있는 시적 경험의 직관을 혼동하지 말아야 한다는 점에 주목해야 한다. 불행하게도 일부 저명한 토마스주의자들은 이런 실수를 범했다. Cf. Ambrose McNicholl, "On Judging", *The Thomist* 38(1974), pp.789-825; ID., "On judging Existence", *The Thomist* 43(1979), pp.507-580.

존재자는 추상을 통해서는 얻어질 수 없다. 그는 추상이 실재 속에서 결합되어 있는 것을 마음속에서 분리하는 지성적 작용을 가리킨다는 것을 전제할 때, 이 결론이 불가피하다고 말할 것이다.

4. 이리하여 제3등급에 관한 여러 질문이 대답될 필요가 있다. 예컨대 추상의 제3등급은 가능한가? 그리고 그렇다면, 그것은 토마스주의적인가? 마리탱은 두 질문에 대해 다 긍정적으로 대답할 것이다. 왜냐하면 비록 아퀴나스가 세 가지 구별되는 작용(총체적 추상, 형상의 추상, 분리)을 세 가지 학문의 형상적 대상을 포착하는 지성의 방식들의 특성(specificative)과 동일시한다고 하더라도,[16] 일단 총체적 추상과 형상적 추상 사이의 구별이 제대로 이해되기만 한다면, 총체의 추상(abstractio totius), 형상의 추상(abstractio formae), 그리고 분리(separatio)를 형상적 추상의 세 등급으로 보지 않을 이유가 없다.[17]

---

16. *In De Trin.*, q.5, a.3; tr. A. Maurer, *The Division and Methods of the Sciences*, Toronto, PIMS, 1962, pp.32-34.
17. 아퀴나스의 작품들에는 세 가지 학문 차원 모두를 가리키기 위해서 '추상'과 '분리'를 호환적으로 사용하고 있는 구절들이 많이 있다. 이 구절들 가운데 몇몇은 시몬스의 한 논문에서 형상적 추상의 세 등급 이론을 옹호하는 데 사용되었다. Cf. Edward D. Simmons, "The Thomistic Doctrine of the Three Degrees of Formal Abstraction", *The Thomist* 22(1959), pp.37-67. (아래의 구절은 시몬스의 번역을 활용한 것이다.)
    예컨대 아퀴나스는 세 개의 학문을 지칭하기 위해 '추상'[기라는 단어]를 사용한다: "그러므로 지성은 개별적인 감각적 질료로부터 어떤 자연 사물의 종[상]을 추상(abstrahi)하지만, 공통적인 감각적 질료로부터 추상하는 것은 아니다. …그렇지만 수학적 종[상]은 개별적인 감각적 질료로부터뿐만 아니라 공통적인 감각적 질료로부터도 지성에 의해서 추상될 수 있다. …그러나 어떤 것들은, 비물질적 실체들의 경우에 명백하듯이, 질료 없이도 존재할 수 있는 존재, 단위, 가능, 현실 등과 같은 공통적인 가지적 질료로부터도 추상될 수 있다"(ST I, 85, 1, ad2).
    "그러므로 모든 학문은 지성 안에 있는 것이기에, 어떤 사물은 그것이 질료로부터 추상되는(abstrahitur) 한에서 현실태로 가지적이라는 점을 알아야 한다. 이리하여 사물들은 질료와 다르게 관계를 맺는 한에서 다른 학문들에 속하게 된다(『자연학 주해』 제1권, 제1강, n.1).
    하지만 성 토마스는 또한 학문의 각 수준을 가리키는 데에 '분리'(separatio)를 사용하기도 한다. "그리고 어떤 능력의 습성들은 형상적으로 그 능력의 대상이 되는 것에 있어서의 차이에 따라 종류가 구별되기 때문에, 지성을 완성시키는 학문의 습성들은 질료로부터 분리되는 차이에 따라 구별될 필요가 있다. 그러므로 철학자는 『형

그렇다면 마리탱이 존재를 하나의 본질로 오해하였고, 따라서 성 토마스 형이상학의 핵심적으로 중요한 실존적 취지를 놓쳤다고 주장할 어떠한 이유도 없다.[18]

'총체적 추상'(abstractio totalis)은 논리적 총체를 그 주체적 부분들로부터 출발하여 추상하는 것이다. 예컨대, 논리적 전체인 '인간'을 그 주체적 부분인 베드로, 바오로, 그리고 마리아로부터 추상하거나 인간, 말, 돌고래로부터 '동물'을 추상하는 것이다. 추상된 논리

『이상학』 제6권에서 질료로부터 분리되는 다양한 양식들에 따라 학문의 종류를 구별한다. 왜냐하면 존재하는 한에서 그리고 알려지는 한에서 질료로부터 분리되어 있는 (separata) 것들은 형이상학에 속하고, 존재하는 한에서가 아니라 알려지는 한에서 분리되어 있는 것들은 수학에 속하며, 그들의 의미 속에 감각적 질료를 포함하고 있는 것들은 자연과학에 속하기 때문이다."

다른 곳에서 아퀴나스는 동일한 구절에서 학문의 세 차원 모두를 무차별적으로 구별하는 데 추상과 분리를 모두 사용하고 있다. "자연과학이 관심을 기울이는 보편자 안에 수용된 자연적 형상들처럼, 개별적 질료로부터 추상할(abstrahunt) 뿐만 아니라 모든 감각적 질료로부터도 추상하는 것들은 질료로부터 가장 분리되어 있다. 그것들은 수학적 대상들의 경우처럼 알려져 있을 뿐만 아니라, 하느님과 천사들의 경우처럼 존재하기도 하기 때문이다.

그리고 지성의 진리는 실재와의 상응에 있기 때문에, 두 번째 작용에 따라 지성이 실재 속에서 결합되어 있는 것을 진정으로 추상할(abstrahere) 수 없다는 것이 명백하다. 왜냐하면 그렇게 추상함으로써, '그 사람은 희지 않다'고 말함으로써 그 사람을 힘으로부터 추상할(abstraho) 때 내가 실재 안에서의 '분리'(separationem)를 의미하고 있는 것처럼, 의미된 어떤 실존적 분리가 있는 셈일 것이기 때문이다. …이 작용을 통해서 지성은 오로지, 내가 '그 사람은 당나귀가 아니다'라고 말할 때처럼, 실재 안에서 분리되어 있는(separata) 것들만 추상할 수 있을 뿐이다(『삼위일체론 주해』 q.5, a.3).

이 구절들은 일반적으로 '추상'과 '분리'가 호환적으로 사용될 수 있음을 가리킨다. 그렇지만 첫 번째 두 종류의 추상과 세 번째 추상 사이의 실재적 차이 때문에, 엄밀하게 말하자면 구별을 하는 것이 최선의 방책이다. 아퀴나스는 『삼위일체론 주해』에서 바로 그렇게 하며, 분리되어 존재할 수 있는 초월적 속성들과 분리되어 존재할 수 없는 수학의 대상들과 보편자들 사이의 차이를 강조하고 있다: "그리고 어떤 사람들은 (예컨대 피타고라스주의자들이나 플라톤주의자들) 마지막 두 종류의 구별과 첫 번째 구별 사이의 차이를 알아듣지 못했기 때문에 오류에 빠져, 수학의 대상들과 보편자가 감각적 사물들로부터 분리되어 존재한다고 주장했던 것이다"(*The Division and Methods of Sciences*, pp.33-34).

Cf. ST I, 85, 1, ad1. 여기서 아퀴나스는 동일한 플라톤의 오류를 지적하지만, 엄격한 정의를 사용하지는 않고 있다. 그 대신에 그는 추상의 양태들에 대해서 말하고 있다. 하나는 합성하고 나누는 것이고, 다른 하나는 단순하고 절대적으로 숙고되는 추상이다.

18. Gerald McCool, *From Unity to Pluralism*, New York, Fordham University Press, 1989, pp.155-156.

적 전체는 단순 포착에서 포착된 것에 대한 지성의 성찰의 결과이고, 그런 전체가 그 예하의 것들에 대해 담지하고 있는 보편성의 관계에 대한 규명이다. 결국 '총체적 추상'은 보편자로서의 보편자, 곧 통교 가능한 것으로서의 보편자를 내놓는다.[19] 이리하여 '총체적 추상'은 그 예하의 것들과의 논리적 관계를 맺고 있는 공통성을 내놓는다. 물질적 실체들로부터 추상될 때, 이 공통성은 개별성의 원리인 질료로부터 추상된다. 그렇다면 '총체적 추상'은 지성을 늘 증대되는 잠재성을 향하도록 만든다.[20]

형상적 추상(abstractio formalis)은 어떤 가지적 대상, [곧] 본질 또는 형상적 '근거'(ratio)를, 그 가지성을 은폐하는 비가지적 질료로부터의 추상이다. 형상적 추상은 그 보편자의 존재론적 차원[규모]에 집중한다.[21] 왜냐하면 그것은 어떤 본질적 전체의 가지적 내용을 그것이 실제로 존재하는 존재성을 표상하는 데 따라 규정하기 때문이다. 명료화하자면, '총체적 추상'은 개체화의 원리인 질료로부터 추

---

19. Edward D. Simmons, "In Defense of Total and Formal Abstraction", *The New Scholasticism* 29(1955), p.437. 총체적 추상에서 추상된 보편자는 가지적 내용을 담고 있는 어떤 본성임의 측면에서 고찰되는 것이 아니라. 그것이 도출되어 나온 특수자들에 대해서 서술된다는 측면에서 고찰되고 있다. 다시 말해, 그것은 정확히 그 예하의 것들과 논리적 관계를 맺을 수 있다는 관점에서 고찰되고 있다. 이것이 바로 총체적 추상이 그 주체적 부분들로부터 (존재론적인 것에 반대되는) 논리적 전체를 추상한다고 말해지는 이유이다. 물론 여기서 '논리적'과 '존재론적'은 동일한 보편자를 다른 빛 속에서 가리키는 것으로 사용되고 있다. 그러므로 총체적 추상은 보편자가 전달될 수 있는(communicable) 것이라고 인정한다. 왜냐하면 그것이 가능하게 만드는 논술적 추론의 움직임이 정확히 이 사고 대상들이 서로 담지하고 있는 하위성과 상위성의 논리적 상호연관성을 통해서 진행되기 때문이다. Cf. Simmons, "In Defense of Total and Formal Abstraction", pp.434-437.
20. 공통적인 것은 어떤 본질적인 전체 안에서 질료로부터 도출된다. Cf. Joseph Bobik, *Aquinas on Being and Essence*, Notre Dame, University of Notre Dame Press, 1965, pp.88-92.
21. Simmons, "In Defense of Total and Formal Abstraction", p 438. 다시 말해, '형상적 추상'은 사고 대상의 현실적 내용을 추상하고, 그것을 정확히 그 가지적임의 관점에서 고찰하고 있다. 그렇다면 '형상적 추상'은 '존재론적'인 것으로서의 보편자를 추상한다. 왜냐하면 그것이 고립시키는 가지적 내용은 고찰되고 있는 존재자의 실재적 본성과 관계되기 때문이다.

상하지만, 형상적 추상은 비가지성의 원리인 질료로부터 추상한다. 결국 '형상적 추상'은 실재적 본성들과 관계되고, 지성을 점증하는 현실성으로 움직여간다.[22]

비록 학문들이 두 가지 유형의 추상을 활용하지만, 과학을 하는 데에는 '형상적 추상'이 가장 적합하다. 왜냐하면 그것은 그것들의 형상적 대상들, 곧 1) 학문의 주제들에 대한 정의를 가능하게 만드는 형상적 완전성들과, 2) 학문의 대상들의 질료로부터의 형상적 분리의 등급들 종별화함을 규정하기 때문이다.[23]

참으로 학문을 구성하는 것에 관한 성 토마스의 관념은 형상적 추상의 가르침을 요구한다. 왜냐하면 아퀴나스에게 있어서 학문이란, 그 주제를 구성하는 대상들이 질료로부터 분리될 수 있는 등급에 의해서 종별화되기 때문이다. 다시 말해, 어떤 학문의 가지성의 등급은 그 형상적 대상들이 질료로부터 분리될 수 있는 정도에 의해서 규정된다.[24] 질료는 사물들 안에서 개체화의 원리일[25] 뿐만 아니라 비가지성의 원리이기도 하기 때문이다. 이리하여 학문의 고유 대상들의 질료로부터의 세 가지 분리 등급과, 그 각각에 특징적인

---

22. Jacques Maritain, *Philosophy of Nature*, tr. Imelda Byrne, New York, Philosophical Library, 1951, pp.20-21.
23. Cf. *In de Trin.*, q.5, a.1. Cf. Simmons, "Three Degrees of Formal Abstraction", pp.50-55.
24. Simmons, "Three Degrees of Formal Abstraction", pp.50-51. 아퀴나스에게 있어서 학문들은 각각의 형상적 대상들의 질료로부터의 제거 등급에 기초해서 세 가지 유로 구분될 수 있다. 그리고 이번에는 각각의 형상적 대상들의 질료로부터의 제거 등급이 그것들의 특징적인 정의 양식을 규정한다. 사변 학문들의 고유 대상들은 (질료적 대상이 아니라) 형상적이기 때문에, 이 가지적 대상들을 종별화하는 데 필요한 추상의 종류는 형상적 추상이다. 결국 형상적 추상이 없이는 어떠한 학문도 있을 수 없다. 그런데 형이상학은 하나의 학문이기 때문에, 형상적 추상은 분명히 그 고유 대상들에 속해야 한다.
25. 다시 말해, 질료는 일반적인 의미에서 개체화의 원리라고 말할 수 있다. 하지만 표시된 질료가 개체화의 원리라고 말하는 것이 보다 정확할 것이다. 이리하여 자연적 실체들의 수적 다수성의 가능성을 설명해주는 것은 양화된 질료이지만, 그것의 사실적인 수적 다수성을 설명해주는 것은 표시된 질료이다. Cf. Bobik, *Aquinas on Being and Essence*, pp.74-79.

정의 양식을 규정하는, 구별되는 지성적 작용들인 아퀴나스의 '총체적 추상', '형상의 추상', 그리고 '분리'는, 질료로부터의 종적인 멀어짐의 등급을 지니고 있는 종적인 형상적 대상들에 적용되는 형상적 추상의 종적 유형들로 이해되어야 한다.[26]

그렇다면 마리탱에게 있어서 '총체적 추상'은 형상적 추상의 첫 번째 등급이다.[27] 왜냐하면 그것이 추상하는[추상해 내는] 전체는 어떤 구체적 실체의 본질이기 때문이다. 예컨대 그것의 가지성을 가리는 모든 비본질적인 개별화하는 특성들로부터 '인간'이 추상되는 것이다. 형상적 추상의 첫 번째 등급에서 비본질적인 특성들 또는 부분들은 표시된 질료, 곧 '이 살'과 '이 뼈'인 데 반해, 공통의 또는 비-표시된 질료는 정의 속에서 그 전체의 한 본질적 부분으로 남아 있다. 그렇지만 그런 본질 또는 전체는 또한 하나의 형상과도 유사할 수 있다. 왜냐하면 표시된 질료로부터 도출 또는 추상된 실체적 형상-제일 질료 합성체로서, 그것은 구체적으로 또는 현실적으로 존재할 수 있기 이전에 표시된 질료 속에 받아들여져야 한다.[28] 실체적 형상-제일 질료 합성체가, '총체적 추상'이 과학적 탐구를 위해 정신에 풀어 제시하는 것임을(물론 실체적 형상만으로는 그런 대상이 될 수 없다. 왜냐하면 제일 질료에의 의존성은 제일 질료 없이는 이해될 수 없는 그런 것이기 때문이다) 감안할 때, 아퀴나스의 '총체적 추상'은 특별히 자연철학의 대상에 적용되는(이 대상들처럼 그 존재에 있어서 그리고 감각적 질료에 기초해 알려짐 등에 있어서 의존적인) 일종의 형상적 추상으로 간주될 수 있을지도 모른다.[29]

---

26. Maritain, *Philosophy of Nature*, pp.21-22.
27. Ibid., pp.17-20.
28. 아퀴나스는 어떤 본질적 전체, 실체적 형상-제일 질료 합성체의 추상의 이 측면을, 보편자의 특수자들로부터의 추상과 같이 다음과 같은 곳에서 알고 있었다. *In Phys.*, II, lect.5, n.179; *ST* I, 85, 1; *ScG*, IV, 81.
29. 이쯤에서 바로 '총체적 추상'과 '총체의 추상' 사이의 실재적인 차이들을 염두에 두는 것이 중요하다. 총체적 추상에 의해서 제시되는 사고의 대상은 논리적 전체이지

'형상의 추상'도 마찬가지로 일종의(참으로 가장 순수한) 형상적 추상으로 간주될 수 있다. 왜냐하면 그것이 추상하는[추상해내는] 것은 특별히 하나의 형상, 곧 (어떤 주체 안에 존재하는 한에 있어서가 아니라) 그 자체로서 고찰된 우유적 형상인 양이기 때문이다. 이리하여 이런 종류의 형상적 추상은 수학에 고유하다. 수학은 그 존재를 감각적 질료에 의존하고 있지만, 그 알려짐을 위해서는 오로지 공통적인 가지적 질료에 의존하고 있는 대상들을 주제로 삼고 있다.[30]

자연철학과 수학의 형상적 대상들이 그 존재를 질료에 의존하고 있음을 감안할 때, 이 학문들에 적용되는 형상적 작용들은, 실재 속에서는 결합되어 있어야 하는 형상적 대상들을 정신 안에서 추상 또는 분리한다. 형상적인, 그렇지만 형이상학에 적용되는 추상 작용은 실재 속에 현실적으로 분리되어 있는 어떤 형상적 대상을 정신 속에서 추상 또는 분리한다.[31] 결과적으로 형이상학에 속하는 추

만, '총체의 추상'에 의해서 제시된 대상은 하나의 '자연'이다. 이리하여 '총체적 추상'은 '총체의 추상'에 후속한다고 말해진다. Cf. Leo Ferrari, "Abstractio Totius and Abstractio Totalis", *The Thomist* 24(1961), pp.72-89. 그렇지만 추상의 첫 등급에서(즉 물질적 실체들을 취급할 때) '총체적 추상'과 '총체의 추상'은 동일한 사물, 곧 질료로부터 추상한다. 첫 번째 것은 개체화의 원리인 질료로부터, 곧 개체화의 책임이 있는 질료의 특성들로부터 추상하고, 두 번째 것은 비가지성의 원리인 질료로부터, 곧 어떤 본성의 가지성을 가리는 모든 질료(이 경우에는, 표시된 질료)의 특성들로부터 추상한다. 이리하여 '총체적 추상'은 그 대상을 정확히 그 예화의 것들보다 더 보편적인 것으로 제시한다. 이 때문에 '총체적 추상'은 '인간'을 '이성적 동물'을 의미하는 것으로 추상할지 모르지만(이 경우에 그것도 역시 인간의 참된 본성을 정확하게 규명한 것이리라), 쉽사리 '인간'을 '깃털 없는 두 발 가진 동물(二足動物)'을 의미하는 것으로 추상할 수 있을 것이다. 그것은 모든 사람 가운데 있는 공통적인 표지이지만, 인간의 참된 본성을 의미한다고는 보기 어렵다. Cf. Maritain, *Philosophy of Nature*, pp.18-19. '총체의 추상'은 이리하여 그 대상을, 예컨대 '인간' 관념의 실제적 내용을 포함하는 가지적 형상성으로 제시한다. 물리적 사물에 관해서는, 이 대상들은 오직 보편적일 때만 가지적이다. 왜냐하면 이 차원에서 탈물질화는 보편성과 가지성을 둘 다 제공하기 때문이다.

30. Simmons, "Three Degrees of Formal Abstraction", pp.60-62. 형상적 추상의 제2등급에 관한 보다 충분한 논술을 보기 위해서는: Cf. Bernard L. Mullahy, *Thomism and Mathematical Physics*(Ph. D. Dissertation), Laval University, 1946, pp.84-85; 91-98, et ch.6. Cf. Maritain, *Philosophy of Nature*, pp.27-30.
31. *In de Trin.*, q.5, a.3.

상 작용은 유일하다. 왜냐하면 그 대상은, 전통적으로 이해되어 온 것처럼, '존재자로서의 존재자'이기 때문이다.

형이상학의 대상이 존재에 있어서나 알려짐에 있어서 질료에 의존하지 않으므로(그것은 질료 안에서 발견될 수는 있지만, 그렇다고 질료 속에 있을 필요는 없기 때문이다),[32] 이 대상을 포착하는 형상적 추상은 존재가 [반드시] 질료에 연관될 필요는 없다고 말하는 부정 판단 또는 '분리'로 표현된다.[33] 그렇지만 이 표현은 오직 존재의 직관인 형상적 추상이 존재자의 진정한 특성을 '어떤 것으로 하여금 존재하도록 만드는 것'이라고 보고 또 이 행위가 비물질적이라고 보며, 동시에 비록 각 존재자의 존재 현실이 자기 고유의 것이라고는 하지만, 그럼에도 불구하고 (a와 그 존재 현실 사이의 관계는 b와 그 존재 현실 사이의 관계와 같다는 의미에서) 존재자들 사이에 유사성 또는 비례성이 있다고 보는 형상적 직관이라는 사실에 의해서만 가능해진다.[34] 다시 말해, 형이상학에 속하는 형상적인 추상 작용에 돌려지는 부정적인 분리 판단은, 존재의 적극적인 유비적 특성의 작용 안에 있는 지성의 포착의 결과이다. 존재직관이라는 유일한 형상적 추상은 존재를 그 질료적 모체로부터 해방한다. 곧 존재로 하여금 진정한 비물질적이고 유비적인 성격 안에서 보이게 만들 수 있다. 이리하여 추상의 제3등급에서 발생하는 추상도 역시 하나의 분리다. 곧 일반적으로 보면 추상이지만 엄격하게 보면 '분리'인 것이다.[35]

---

32. Ibid., q.5, a,4.
33. Maritain, *Existence and the Existent*, pp.28-30, n.14.
34. Ibid., pp.28-34, especially n.14. 여기서 마리탱은 '분리'를 지칭하며 이렇게 말하고 있다. "만일 그것이 부정 판단의 작용에 의해서 질료로부터 분리될 수 있다면, 그 이유는 그것이 그 내용 안에서 (긍정 판단에 의해서 의미되고 [단순 포착의 타고난 대상인] 물질적 본질들의 경계를 넘어가는) 존재 현실과 관계를 맺기 때문이다."
35. *In de Trin.*, q.5, a.3. 아퀴나스는 존재론적인 것이, 제3등급에서의 단순히 형상적인 추상에 대립되는 것임을 강조하고 있으며, 이것이 바로 그가 그것을 엄격한 의미에서의 '분리'라고 부르는 이유다. Cf. Simmons, "Three Degrees of Formal Abs-

이리하여 형상적 추상의 제3등급인 추상/분리는 질료로부터 형상적으로 분리되어 있을 뿐만 아니라 존재론적으로도 질료로부터 분리되어 있는 대상을 내놓는다. 다시 말해, 그것은 하나의 실재적 학문인 형이상학을 종별화하는 어떤 실재적 대상을 제시한다. 그러므로 그것은 이미 포착했던 내용들에 대한 지성의 성찰로부터 결과되는 제2지향이 아니라, 하나의 실재적 본성(자연)이다. 그렇지만 존재는 가장 결정적으로 하나의 플라톤적인 보편자 또는 (비록 그것이 현실적으로 모든 질료로부터 분리되어 존재할 수 있고, 또 이것이 그것을 순전히 가지적인 것으로 만드는 것이기는 하지만) 하나의 존재자로 간주되어서는 안 되기 때문에,[36] 형상적 추상의 제3등급인 추상/분리에서 "존재자"(ens) 관념을 통해 포착되는 "무엇"은[37] (특수한 판단 안에서 포착되고 또 존재자들 가운데에서 유비적 공통성으로서 존재하는 비물질적 실재로 드러나는) 존재자의 구성 요소인 존재(esse)이다.[38] 그렇다면 분명히 (존재자의 구성 요소인 존재의 형상적 추상/분리에 기초하고 있는)[39] 추상/분리의 제3등급이라는 마리탱의 개념은 존재(자)를 하나의 본질로 만들지 않고, 또한 성 토마스 형이상학의 실존

---

traction", pp.62-65.
36. 마리탱은 이 점을 세 번째 등급에서 연결이 끊어진 존재에 대해서 말할 때 확인하고 있다. "그것이 다른 학문보다 더 보편적이라는 점은 그것의 대상과 그것의 봄(visio)의 비물질성의 거의 부수적인 귀결일 뿐이다. …최악의 형이상학적 이단은 존재를 '가장 일반적인 유'(genus generalissimum)로 간주하고 그것을 일의적(一義的)인 사물이자 동시에 하나의 순수 본질로 만드는 것이다. 존재는 보편자가 아니다. 그것의 무한 폭과 그것의 초보편성은… (유비적으로 모든 사물에 배어들어 있고, 그것의 환원될 수 없는 다양성 속에서 각각의 심장부로 하강하는) 어떤 함축적으로 다수적인 사고 대상의 것이다. 그것은 그것들 자체이지만, 또한 그것들의 존재 현실이기도 하다"(*Existence and the Existent*, pp.32-33).
37. Ibid., p.34 and p.26-28 n.13.
38. 마리탱은 『존재와 존재자』에서 "존재"(esse)와 "본질"(essentia)이 함께 "존재자"(ens)를 구성한다는 점을 명확히 하고 있다(pp.22-25, 33-35). 존재자로서의 존재자 관념의 기초를 형성하는 것은 (존재 개념을 통해서 밝혀지게 되는 것처럼) 판단에서 알려지고, 존재직관에 의해서 스스로 물질적 자궁으로부터 분리되는 '존재'이다(pp.31-32).
39. 이 표현을 우리는 크나사스에게 빌려왔다. F. X. Knasas, *Preface to Thomistic Metaphysics*, New York, Peter Lang, 1990, p.15.

적 진의(박력)를 간과하지도 않는다.[40]

결국 형상적 추상의 제3등급에는 두 개의 차원이 있다. 첫 번째 것은 자연에 의해서 ('존재자'라는 관념 또는 개념을 산출하는) 지성에 거저로 주어지는 '존재'에 대한 강화된 판단적 감상(heightened judgemental appreciation)에 기초하고 있는 형상적 시각화(eidetic visualization)이다. 이 '존재자'는 저 개념 안에서 지성에 유비적 존재자를 제시한다.[41] 두 번째 차원은 부정 판단에 의해서 구성된다. 물론 이 차원들은 단지 동일한 동전의 양면이다.[42] 존재(자)가 초경험적이라고 보는 것은 존재(자)가 오로지 물질적 존재자들로 실현될 필요는 없다고 말하는 셈이다. 다시 말해, 그것은 비물질적 존재자들의 존재가 가능하다고 인정하는 것이다. 최초의 적극적 실현은 이처럼 부정 판단을 가능하게 만든다. 두 개의 실현들은 모두 판단들의 결

---

40. 『존재와 존재자』의 목적 전체가 성 토마스의 형이상학을, 본결을 시야에서 잃지 않으면서도 '존재'(esse)를 존중하는 진정한 실존주의로 지시하는 것이다. 이 작품은 마리탱이 아퀴나스의 형이상학의 실존적인 진의를 깨닫지 못했다거나, 형상적 추상의 세 등급을 사용하는 것이 어쨌든 '존재'를 하나의 본질로 바꾸는 것이라고 주장할 아무런 근거도 제공할 수 없다(pp.33-38).
41. Maritain, *Existence and the Existent*, pp.28-32; *Preface to Metaphysics*, pp.33-38, 87; *Philosophy of Nature*, pp.22-25. 아퀴나스는 『삼위일체론 주해』(제5문 제3절)에서 이렇게 쓰고 있다. "그리고 어떤 사람들은(예컨대 피타고라스주의자들과 플라톤주의자들) 구별의 마지막 두 종류와 첫 번째 것 사이의 차이를 알아듣지 못했기 때문에 오류에 빠져, 수학의 대상들과 보편자들이 감각적 사물들로부터 분리되어 존재한다고 주장하였던 것이다." 또한 마리탱이 『존재와 존재자』에서 말하고 있는 것처럼, 아퀴나스는 여기서 존재(자)와 같은 초월적 속성들의 본성을 보편자와 수학의 대상들로부터 차별화하기 위해서 피타고라스주의자들과 플라톤주의자들을 지적하고 있다. 전자는 질료 없이 존재할 수 있지만, 후자는 그럴 수 없다(pp.28-30 n.14. Cf. *Philosophy of Nature*, p.24).
42. McCool, *From Unity to Pluralism*, p.118, pp.155-156. 시몬스는 이렇게 말한다. "이것들은 가끔 대중적으로 오해되고 있는 것과는 달리, 내면의 층들을 드러내도록 점차 바깥쪽 층을 벗겨버리는 세 개의 일의적 단계들이다. 이보다 더 진실과 거리가 먼 것도 없을 것이다. 오히려 그것들은 근본적으로 차이가 나는, 뚜렷이 다른 가지적 대상들을 뚜렷이 다른 질료 등급들로부터 갈라내는 정신적 분리들이다. 추상의 세 등급은 오직 유비적으로만 서로 유사하다. 물론 이것이 뜻하는 것은 그것들이 기본적으로 종류에 있어서 다르고, 오직 비례적으로만 같다는 것이다"("In Defense of Total and Formal Abstraction", 65). Cf. also Maritain, *The Philosophy of Nature*, pp.24-25; *Existence and the Existent*, pp.29-30.

과이고, 그래서 둘 다 판단 안에서 주어진다.[43] 그렇지만 마리탱은 분명히 형상적 추상의 제3등급의 적극적인 차원(분리된 것)을 강조하고 싶어 한다. 왜냐하면 이 내용은 정신 안에 존재직관을 환기시키기 때문이다.[44] 결과적으로 형상적 추상의 제3등급과 존재직관은 손을 맞잡고 간다.[45]

요컨대 '분리'는 배타적으로 부정적인 방식으로, 곧 판단 안에 토대를 두고 있지만 형상적 추상의 제3등급에서 포착되는 형상적 존재직관으로부터 갈라진 것으로 이해된다면, 마리탱에게는 공허할 뿐만 아니라 불가능하기까지 하다.

5. 조셉 오웬스는 토마스 형이상학에서 작용하는 존재자 관념이 총체적 추상 또는 비간결화 추상[간결화 없는 추상]을 통해서 형성되며, 따라서 그것이 (비록 모든 유 바깥에 놓여 있다는 특수성을 지니고는 있지만) '동물'과 같은 공통적인 보편 관념이라고 믿는다. 그는 이것을 아퀴나스의 『삼위일체론 주해』 안에서 발견되는 일련의 중요 구절들 위에 정초하고 있다. 거기서 아퀴나스는 형이상학이, 그 존재와 그 알려짐을 감각 성질들에 의존하고 있지 않은 존재자들을 탐구한다는 것을 분명히 지적하고 있다. 다시 말해, 형이상학은 존재와 사고 양측에 걸쳐서 질료로부터 분리되어 있는 존재자들을 탐구한다. 그러나 아퀴나스는 또한 그 존재와 알려짐을 질료에 의존하지 않는 두 종류의 존재자를 구별해낸다. 첫 번째 것은 질료와 운동 속에 결코 실존할 수 없는 신과 천사 등과 같은 존재자들이다. 두

---

43. Maritain, *Existence and the Existent*, pp.20-28.
44. Maritain, *Preface to Metaphysics*, pp.86-87.
45. Ibid., pp.58, 61, 84. "'추상'이라는 용어로 무엇을 의미하는지를 이해해야 한다. 그것은 결코 그것이 초래하는(effect) 직관으로부터 분리되어서는 안 된다. 바로 그렇기 때문에, 많은 경우에 우리는 시각화(visualization)라는 용어를 선호했던 것이다"(p.86).

번째 것은 존재, 실체 등과 같이 질료와 운동 안에 실존할 수 있지만 [반드시] 그럴 필요는 없는 존재자들이다. 그런데 첫 번째 것들은 흔히 영적 실체를 가리킨다고 말해지고, 두 번째 것들은 흔히 가지적인 것들을 가리킨다고 말해진다. 그렇지만 우리는 두 번째 것들을 가지적인 것이라고 지칭하는 것이 아퀴나스의 텍스트에 대한 최선의 해석인지 물어야 한다. 아퀴나스는 이렇게 말하고 있다:

> 존재와 실체가 질료와 운동으로부터 분리되어 있다고 말하는 이유는, 당나귀는 본성적으로 이성 없이 존재하는 것처럼, 그것(들)이 그 본성상 그것들 없이 존재하도록 되어 있기 때문이 아니다. 오히려 그것들이 분리되어 있다고 말하는 이유는, (비록 어떤 동물들은 이성적임에도 불구하고, 동물은 이성으로부터 추상되는 것처럼, 가끔은 그것들이 질료와 운동 안에 있을지라도) 질료와 운동 안에 있는 것이 그것들의 본성이 아니기 때문이다.[46]

언뜻 이 구절은 존재자(ens)를 동물과 같은 가지성과 동등시하는 것으로 보일 수 있다. 그러나 만일 그러하다면, 그 동등시의 귀결은 무엇인가? 동물과 같은 가지성은 공통적 또는 보편적 관념들이다. 그러한 것들로서 그것들은 정신 안에서만 분리되어 있다. 예컨대 동물은 그 존재와 이해됨을 위해 모두 감각적 질료에 의존하고 있다. 그렇지만 아퀴나스가 어떤 것에 관해 추상의 제3등급에서 분리되어 있다고 말할 때, 그가 사고와 존재 모두에서 분리되어 있는 어떤 것에 대해 말하고 있다는 것은 아주 분명하다.

더욱이 아퀴나스가 존재자를 동물과 비교할 때, 존재자를 가지적인 것과 동일시하려는 의도는 없다. 오히려 그는 단순히 동물을

---

46. *In de Trin.*, q.5, a.4, ad5; tr. Maurer, *The Division and Methods of the Sciences*, p.48.

(그 본성이 이성을 갖추고 있는 것도 아니고 그렇다고 이성 없이 있는 것도 아니지만, 그럼에도 불구하고 이성적 계기 안에서도 또 비이성적 계기 안에서도 발견되는) 어떤 것의 한 실례로서 이용할 뿐이다. 이리하여 정의상 비이성적인 당나귀와는 달리 동물은 정의상 질료적이거나 비질료적이라고 불릴 수 없다. 만일 존재자가 동일한 유형을 따른다면, 그것은 정의상 질료적이거나 비질료적이라고 불릴 수 없다. 결국 존재와 동물은 그것들의 종차 가운데 어느 것과도 동등시될 수 없는 본성을 지니고 있다는 점에서 유사하다. 그러나 아퀴나스는 또한 존재자가 존재에 있어서 분리되어 있다고 말하고 있지만, 결코 동물이 존재에 있어서 분리되어 있다고 말하지는 않는다. 이것은 우리로 하여금 멈추어 생각하게 만든다. 왜냐하면 만일 존재자가 존재에 있어서 분리되어 있다면, 그때 아퀴나스는 물질적이지도 않고 비물질적이지도 않은 것이 존재자의 본성이라는 것을 뜻할 수 없기 때문이다. 그 까닭은 물질적이지도 않고 비물질적이지도 않은 것은 결코 사고와 존재에 있어서 모두 분리되어 있지 않기 때문이다. 따라서 그는 존재자를 동물에 비교함으로써, 존재자는 오로지 존재자가 정의상 이성적 동물에 경계지을 수 없는 한에서만 동물과 같다는 것을 뜻하였음에 틀림없다. 그러나 이성적이지도 않고 비이성적이지도 않은 것이 동물의 본성인 데 반해(왜냐하면 그것은 하나의 유이고, 따로 존재할 수 없기 때문이다), 물질적이지도 않고 비물질적이지도 않은 것이 존재자의 본성은 아니다. 왜냐하면 존재자는 유가 아니지만, 분리되어 존재하기 때문이다. 이것은 까다롭지만 매우 중요한 차이이다. 만일 동물이 존재자가 분리되어 있는 그런 방식으로 그 종차로부터(즉 존재 안에서) 분리되어 있었더라면, 동물은 하나의 존재자, 하나의 사물, 하나의 플라톤적 형상이었을 것이다. 그러나 이렇게 말함으로써 우리는 존재 자체가 하나의 존재자, 하나의 플라톤적 보편자라고 제언하는 것인가? 절대 그렇지

않다. 만일 그렇다면, 성 토마스의 존재에 대한 이해와 관련해서 그보다 더 큰 잘못을 저지를 수는 없을 것이다. 여기서 그런 잘못을 피할 수 있는 유일한 길은 아퀴나스가 추상의 제3등급에서 두 번째 의미로 분리되어 있다고 부르는 것이 존재자의 구성 요소인 존재(esse)임을 보는 것이다. 존재, 곧 한 존재자의 존재 현실은 물질적 존재자나 비물질적 존재자나 모두 실현시킬 수 있다. 그것의 "본성"은 질료와 함께 있거나 함께 있지 않은 것이 아니기 때문이다. 다시 말해, 질료와 경계짓는 것은 '존재'의 본성이 아니다. 그러나 이것은 '존재'의 본성이 물질적이라거나 비물질적이라는 것을 의미하는 것이 아니다. 반대로 '존재'는, 어떤 것을 존재하게 만드는 것으로서, 한 존재자의 존재 현실로서, 언제나 비물질적이다. 물론 물질적 존재자들은 존재를 가지고 있고, 존재한다. 그러나 그것들의 존재 현실은 언제나 비물질적이다.

더구나 그것이 한 존재자를 존재하게 만드는 것은, 한 존재자를 물질적이거나 변하거나 비물질적인 것으로 만드는 것과는 동일하지 않다고 말하는 부정 판단에 의해서 포착되어야 한다는 것은, 정확히 추상의 제3등급에서 두 번째 의미로 분리되어 있는 것이 존재자의 구성 요소인 '존재'이기 때문이다. 만일 존재자가 동물과 같았더라면, 다시 말해 물질적인 것도 아니고 비물질적인 것도 아니라면, 형이상학은 총체적 추상을 통해 보편 개념 안에서 포착될 수 있는 것을 고유 대상으로 가지고 있는 셈이다. 하지만 그런 관념은 '존재'를 의미하는 존재를 진정으로 포착하지 못한다는 것이 분명하다. 즉 그것은 그러한 한에서 단순한 가짜-개념(pseudo-concept)인 것이다.

하지만 그것이 다는 아니다. 왜냐하면 만일 토마스주의의 형이상학자가 '존재'가 오로지 (자연에 의해서 지성에 주어진 존재자에 대한 특별히 강화된 판단적 포착에 의해서 가능해진) 형상적 직관을 통해서만 포착될 수 있다는 것을 이해하는 데 실패하고, 그 대신에 존재자를 하나의 보편자로 보는 것을 강조한다면, 그때 그는 또한 형이상학을 시작하기에 앞서서 신 존재를 증명하도록 강요될 것이다. 그 이유는 두 가지이다.

첫째, 존재와 사물의 가지적 구별은 실재적 구별의 암반 위에 건설되는 형이상학을 위한 기초가 될 수 없다. 일의적인 존재(자) 관념은 (그것의 내용 전체가 단순 포착에 의해서 취해지는) '존재'를 포착하는 데 실패하기 때문에, 만일 누가 실재적 구별의 타당성을 입증한다면, 그는 오웬스의 프로그램 전체를 가동시켜야만 한다. 곧 오직 그의 본질이 그의 존재인 그런 존재자가 존재한다는 것을 앎으로써만, 그는 피조물의 존재가 전자로부터 후자로 준 자유로운 선물에 기인한다는 것을 이해하게 될 것이다.

둘째, 만일 존재가 총체적 추상을 통해서, 다시 말해 하나의 단순한 가지자로서 개념된다면, 그때 그는 먼저 (유[類]가 포섭된다고 말해지는) 종의 실존을 알아야 한다. 예컨대 비이성적이고 이성적인 존재자의 계기들에 '동물'을 적용할 수 없다. 또한 먼저 그런 계기의 실존을 알지 않고서는 그것들 위에 떼어내지-않는(non-prescinding) 추상을 기초할 수도 없다. 이리하여 만일 존재가 물질적 존재자와 비물질적인 존재자를 모두 포함하는 보편적 관념이라면, 적어도 하나의 비물질적 존재자의 실존이 미리 알려져야 한다.

그러나 이미 살펴본 것처럼, 마리탱은 존재(자)가 이런 종류의 일의적 추상의 대상이 아니라는 것을 보여주었다. 오히려 그것은 형상적 직관의 대상이다. 그러므로 우리는 형이상학을 하기에 앞서서 신의 실존을 입증할 필요가 없다. 하지만 '분리'를 위펠처럼 바라보는 것으로, 곧 (그 결과가 부정적으로 비물질적이고 중립적인 존재인) 엄격하게 부정적인 판단으로 바라보는 것으로 만족한다면, 그렇게 할 필요가 있다.

6. 결론적으로 나는 존재직관에 관한 마리탱의 철학이, 토마스주의의 형이상학에 있어서의 최근 곤경을 극복할 수 있다는 점을 다시 강조하고 싶다. 단지 양측의 대안들을 배격함으로써만이 아니라, 양자로부터 최상의 것들을 취하고 그것들을 극복함으로써 그렇게 한다. 예컨대 마리탱의 입장은 아퀴나스 형이상학에서의 '분리'의 중요성을 충분히 보장한다. 그는 『삼위일체론 주해』의 '분리'에 관한 명제들을 진지하게 받아들이지만, '분리'를 적절한 인식론적 맥락 속에서 보는 장점을 지니고 있다. 동시에 형상적 존재직관의 철학, 곧 존재자의 구성 요소인 존재의 철학은, 비록 형이상학을 시작하는 데 신 존재 증명은 불필요한 것으로 만들고 있지만, 그럼에도 불구하고 그런 모든 증명에서 작동하는 매우 중요한 역할을 가지고 있다. 마리탱에 따르면 그것은 지성을 불가피하게 신 존재에 관한 직관적 깨달음으로 이끄는 존재직관이기 때문이다. 이 직관은 이번에는 아퀴나스의 "다섯 가지 길"(quinquae viae)이라는 순수하게 이성적인 구성을 (경험으로부터 취해지지만 형상적으로는 계시된) 깊은 존재론적 통찰 안에 정초함으로써 그 길들에 활력을 불어넣는다.

결과적으로 존재직관에 초점을 맞추는 것은 진정한 형이상학을 위해 요구되는 존재자 내부를 향한 잃어버린 통찰을 제공할 수 있다. 이것은 고대와 중세 세계관의 일부였지만, 근대와 후기-근대의 지성 생활에서는 뚜렷이 결핍되어 있는 통찰이다. 이리하여 그것은 형이상학을 시작하기 위해 신 존재 증명에 의존하지 않지만, 마리탱의 형이상학은 초경험적 존재(자)와 신 존재에 대한 직관적 인정에 의존하고 있다. 마리탱의 철학은 토마스주의 형이상학의 부흥을 위한 결실 풍부한 가능성들을 적재하고 있다.

09. 마리탱과 질송의 살아있는 토미즘

빅터 브레칙

우선적인 분석으로 '살아있는 토미즘'(living thomism)은 하나가 아니라 두 가지 문제를 제기한다. 우리는 '살아있는'이라는 용어를 이 맥락에서 어떻게 이해해야 하는가? 이것은 이론상 일종의 계속성과 함께 변화하는 역사적이고 문화적인 발전들에 대한 새로운 적응을 함축하고 있는가? '토미즘'이라는 용어도 이에 못지않게 애매하다. 그 용어는 성 토마스 자신의 저작들을 가리키는가, 아니면 성 토마스의 저작에 영감을 받고 성 토마스의 가르침을 따른다고 고백하는 사람들이 내세우는 이론 체계만을 가리키는가? 이에 덧붙여, '토미즘'은 신학과는 무관한 철학을 가리키는가, 아니면 단순히 철학적 내용도 함께 지니고 있는 성 토마스의 신학을 가리키는가?

나는 이 질문들을 자크 마리탱의 관점 및 에티엔 질송의 관점과 연관시켜 추적하고자 한다. '살아있는 토미즘'은 그 양자에 동일한 의미를 지니고 있는 것일까? 이 질문은 질송이 토미스트 전통을 비난하는 데 반해, 마리탱은 성 토마스에 대한 이해를 오히려 고전적인 토미스트 주해자들로부터 끌어냈다는 도전적 주장에 의해 촉발되었다. 제랄드 맥쿨(Gerald McCool, SJ) 신부는 『단일성에서 다원주의로』[1]에서 이 두 사상가의 가르침을 토미즘 내에서의 체계적인 다

---

1. Gerald A. McCool, SJ, *From Unity to Pluralism: The Internal Evolution of Thomism*, New York, Fordham University Press, 1992.

원주의와 연관시켜 분류하고 있다. 그는 그들이 대립적인 방법으로 성 토마스의 가르침에 접근하여 상이한 해석을 전개하고 있다고 주장한다. 맥쿨의 표현은 '천사적 박사'의 가르침이 단순한 역사적 관심을 넘어 현대적 가치를 지니고 있다고 간주하는 사람들에게는 특별한 의미를 담고 있는 듯이 보인다. 나는 그 질문에 보다 친숙한 틀을 제공하기 위해서 가끔 나 자신의 참고문헌들도 지적하였다.

1. 두 철학자의 미주 방문

내가 토론토대학에서 공부하던 때 에티엔 질송은 이미 1929년 '생 마이클스 칼리지'에 창립된 중세사상연구소의 책임자였다. 자크 마리탱은 1932년말에 질송의 추천으로 그곳에서 강연을 하였다. 이 두 철학자는 당시 이미 20세기의 저명한 토미스트로 인정받고 있었다.

나는 '토미스트'라는 말을 토마스 아퀴나스의 가르침을 따른다고 고백하는 사람들을 가리키는 데 사용한다. 따라서 성 토마스 자신을 토미스트라고 부르지는 않을 것이다. 그의 가르침은 토미스트 학파의 이론적 원천이다. 그렇지만 성 토마스의 가르침은 바로 그들 이론의 원천적 유산으로서 흔히 넓은 의미의 토미즘이라는 표제어에 포함되기도 한다.

1930년대와 1940년대 내가 토론토대학 학생이며 나중에는 젊은 선생이던 때에, 학부와 학생들은 이 두 토미스트 교수의 강연에서 그들이 성 토마스 아퀴나스의 가르침에 대하여 상이한 접근법과 설명을 전개하고 있다는 것을 분명히 감지하고 있었다. 이들은 각자 특징적인 방법과 유형으로 주로 천사적 박사의 본문들로부터 그의 가르침을 도출하며, 13세기 가르침이 오늘날까지도 보유하고 있는 현실성과 활력으로 청중들을 놀라게 만들었다. 질송이나 마리탱 같은 창조적 정신들의 지성적 에너지를 불붙일 수 있었던 가르침이 그 고유의 지성적 풍요로움을 증언하였다는 것은 분명하다.

몇몇 학자들은 마리탱의 토미즘과 질송의 토미즘의 차이를 '역사가로서의 질송'과 '형이상학자로서의 마리탱'의 차이에서 오는 것이라고 설명하였다. 당시 질송은 중세철학사에 있어서의 탁월한 기여로 널리 인정되고 있었다. 그의 형이상학적 관심들은 아직 일반적으로 알려져 있지 않았다. 반면 마리탱은 활약 초기부터 역사가라기보다는 사변적 사상가로 알려졌다.

이리하여 그들은 성 토마스 아퀴나스의 사상에 대한 두 가지 구별되는 접근법을 대표한다.[2] 그 가운데 하나는 '역사적·문헌적 접근'이라고 불렸다. 그것은 성 토마스의 작품을 최상의 비판본들을 통해 주의 깊게 읽으며 그의 가르침을 역사적 배경 속에서 탐구하고 그 정확한 의미를 규명하려고 노력하는 태도이다. 이것은 대체로 질송이 취한 접근법에 해당된다. 다른 접근법은 이 풍요로운 이론적 가르침을 끊임없이 변하는 현대의 문제들과 사고 유형 및 그 해결책들과 연관시켜 다시 숙고하는 데서 성립된다. 마리탱은 대체로 이 두 번째 접근법을 채택한 듯이 보인다. 그의 저술과 강연은 주로 현대의 문제들을 토마스 사상의 빛 속에서 해결하는 쪽으로 쏠려 있었다.

이 두 가지 접근법은 모두 성 토마스의 가르침이 지속적인 가치를 지니고 있다는 것을 입증하는 데 불가결하다. 우선 역사적·문헌적 연구를 배제하고 어떻게 아퀴나스의 사상에 대해 충실하고 진지한 숙고를 할 수 있단 말인가? 또한 역사의 변천과 문화적 변화를 참조하며 다시 숙고하지 않는다면 어떻게 그의 가르침을 박물관의 유품으로 전락시키지 않을 수 있단 말인가?

---

2. Cf. Vernon Bourke, "The New Center and The Intellectualism of St. Thomas", in V. Brezik(ed.), *One Hundred Years of Thomism*, Houston, Center for Thomistic Studies, 1981, p.169.

맥쿨 신부에 의해 (정당한 면도 없지는 않지만) 강조된 그들의 토미즘 개진의 차이에도 불구하고, 이 두 토미스트들은 '살아있는 토미즘' 관념에 동의하고 있으며, 또한 토미즘의 본질적 본성에 대한 일반적 이해에 있어서도 일치하고 있다. 질송도 마리탱만큼은 아니더라도 성 토마스의 가르침이 13세기의 산물이라는 점을 인정한다. 그들의 교육과 저술 작업 전체는 분명 성 토마스의 가르침을 20세기 현대인들에게 살아있는 것으로 만드는 데 커다란 도움이 되었다.

2. 자크 마리탱

자크 마리탱의 경우에, 그가 처음으로 이 대륙[미주]에 오기 전에 집필한 저술들에서 이미 분명히 드러나는 도움은 최초의 토론토 방문 기간을 통해 재확인되었다. 당시 마리탱은 50세였다. 생 마이클스 칼리지의 신입생으로서 나는 당시 대학 최대의 강의실이 있던 베이 스트리트에 있는 오래된 연구소에서 개최된 그의 최초의 토론토 강연을 듣는 특전을 누릴 수 있었다. 나는 아직도 그 첫 강연의 영어 번역 초고를 간직하고 있다. 그의 관점을 소개하는 데 있어서 나는 바로 그 강연에 의존하고자 한다.

마리탱은 서두의 인사말에서 자신이 폭풍을 헤치며 미주에 온 이유를 설명하면서, 유럽은 이미 오래전에 그리스도교 신앙을 이 해변에 전파하였지만, 이제는 아메리카가 그 신앙을 유럽에 되돌려줄 때가 가까이 왔다고 말하였다. 그리고 이제 새로운 세계의 사고가 전 세계의 정신과 문화에 결정적인 영향을 미칠 것이라고 전망하였다. 그것이 바로 그가 대양을 건너 온 이유이다. 왜냐하면 성 토마스의 철학은 지성에 구원을 제공하기 때문이다.

마리탱은 아메리카로 여행을 떠나오기 직전에 (나중에 영어로 번역될) 그의 소논술 『존재에 관한 일곱 강연』(*Sept leçons sur l'être*)을 출간하였다.[3] 토론토 강연의 요체는 이 소책자의 제일 강연으로부터 취해졌다.[4] 이 강연에서 마리탱은 자신이 "고고학적 토미즘이 아니라 살아있는 토미즘"(a living Thomism, not an archaeological Thomism)을 지지하고 있음을 선언하였다. 물론 우리는 토미즘이 무엇이었고 또 현재 무엇인지를 알기 위해서 그것을 역사적으로 연구해야 한다. 그러나 그것을 역사적으로만이 아니라 현대의 문제들과 연관시켜 생각해야 한다.

그렇기 때문에 토미스트들은 이중의 의무를 채워야 한다. 첫째는 근대 사고의 개체주의와 (그저 새롭다는 이유로 새로운 것들에 무조건 신뢰를 보내는) 그릇된 진보 개념을 거슬러 전통적 사고의 안정성과 영속성을 옹호하는 것이다. 둘째는 일부 스콜라 학자들의 고집과 엄격성을 거슬러서 전통적 사고의 활력과 발전을 옹호해야 한다. 마리탱은 성 토마스의 지혜가 언제나 젊다고 주장한다. 그것은 새로움을 새롭게 하고, 늘 자신을 쇄신하며 일신한다. 그것은 자라나는 몸과 같다. 요컨대 토미즘은 전통적이면서도 진보적이어야 한다.

마리탱은 두 가지 유형의 진보를 구별한다. 첫 번째 유형은 계속적인 대체로서 '문제 측면'이 주조를 이루는 과학에서의 진보에 상응한다.[5] 두 번째 유형은 심화시키는 통찰에 의한 진보로서 '신비적 측면'이 주조를 이루는 지혜에 상응한다. 이 두 번째 유형이 바로 그

---

3. J. Maritain, *A Preface to Metaphysics: Seven Lectures on Being*, New York, Sheed and Ward, 1948.
4. 이어지는 작품에서 마리탱은 "우리가 철학의 효과적 진보를 어떻게 이해하고 있는지를 보기 위해서는"『형이상학 서설』의 제1강연과 『인식의 등급』을 참조하라고 추천하고 있다. Cf. J. Maritain, *Science and Wisdom*, tr. B. Wall, New York, Scribner's, 1940, p.81, n.1.
5. 질송이 미국가톨릭철학회(The American Catholic Philosophical Association)의 1952년도 연례모임에서 행한 강연에서 제안한, 대체에 의한 과학의 진보 모델화를 참조하라. Cf. É. Gilson, "Science, Philosophy, and Religious Wisdom", in A. Pegis(ed.), *A Gilson Reader*, Garden City, N.Y., Doubleday, 1957, pp.213-216.

가 토미즘을 위해서 내다보고 있는 진보의 유형이다.

마리탱에 따르면, 현대 토미스트들이 직면하고 있는 작업은 성 토마스가 13세기에 직면하고 있던 과제들과 흡사하다. 성 토마스는 성 아우구스티누스로부터 이어져 오는 그리스도교적 사고의 흐름을 정화시키고, 말하자면 이질적 부가물들의 때를 벗겨내어 순수한 물로 흐르도록 만들어야만 하였다. 그것은 쉽지 않은 일이었다. 거기에는 그를 '새로움을 추구하는 자'라고 몰아세우며 도전하는 엄격한 전통주의자들이 버티고 있었다. 마리탱은 질송이 "들끓는 신학자들"(hard-boiled theologians)에 대해서 말하고 있다고 지적하였다. 비슷한 장애들이 오늘날에도 존재한다. 토미스트들은, 그들의 교과서 지식으로 선서하며 온갖 '혁신'에 반대하는(즉 진보와 발전을 위한 정직하고 계몽된 노력에 반대하는) 현대의 철학적 '입지들'을 극복해야 한다고 촉구하였다.

마리탱에게 있어서 토미즘의 성장은 유기적인 것으로서, 어린이가 어른으로 자라나면서 변화와 발전을 겪지만 내내 동일한 사람으로 남아있는 것과 흡사하다. 여기서 미래는 과거로부터 자라나는데, 과거는 선하고 참된 것으로 발견한 수많은 보화들로 가득 차 있다. 마리탱이 강연에서 인용하고 있는 것처럼, 체스터튼은 다음과 같이 말했다. "진정한 발전은 길을 갈 때처럼 사물들을 자꾸 뒤로 흘려보내는 것이 아니라, 마치 나무의 성장처럼 뿌리로부터 삶을 끌어내는 것이다."[6] 하나의 유기체로서 토미즘은 모든 살아있는 유기체가 동화하듯이 주변 환경의 재료들을 동화시킬 수 있다. 이것은 토미스트와 비-토미스트들의 깊은 접촉을 포함하고 있다. 이런 진보는 실체의 변화가 아니라 양식의 변화를 함축하고 있다고 마리탱은 믿고 있었다. "낡은 진리들이 새 옷을 입고 새로운 형식으로

---

6. G.K. Chesterton, *The Victorian Age in Literature*, London, Oxford University Press, 1961, p.10.

개진되며 동일한 광경에 대하여 새로운 전망을 가진다." 마리탱이 철학함의 변화된 '양식들'이라고 말한 것처럼, 개념들 자체는 변하지 않는다. 동일한 개념이 새로운 양식, 새로운 접근법에 의해서 다른 각도 또는 다른 관점으로부터 재발견될 수 있는 것이다. 이런 '양식'의 차이들은 불가피하게 표현, 언어, 어휘의 차이들을 포함하고 있다.

3. 에티엔 질송

마리탱의 이런 관점에 대해 질송의 반응은 어떠했는가? 내가 아는 한, 공개적인 반응은 없었다. 이어진 토론토 방문길에 질송은 통상적인 방식으로 강연들을 행하였다. 마리탱과 질송이 동시에 함께 토론토에 있었던 우연한 기회에, 그들의 관계는 분명히 우호적이었고 그들의 우정은 따뜻하였다. 혹자는 심지어 그들에게서 일종의 상호 경탄을 발견할 수도 있었다. 한번은 어느 대학 강연회에서 질송이 자크 마리탱의 성취를 제대로 가늠하자면 100년은 족히 걸릴 것이라고 말한 적이 있다. 그들이 함께 비정규적인 대학생들 모임에서 말할 때에 마리탱은 언제나 질송에게 존경심을 표했다.

훨씬 뒤인 1964년에 질송의 소책자 『토미즘의 정신』(*The Spirit of Thomism*)이 출판되었다.[7] 그 책의 제6장 제목이 바로 마리탱이 토론토에서의 첫 강연에서 사용했던 구절, 즉 "살아있는 토미즘"이었다는 사실은 결코 우연이 아니다. 살아있는 토미즘에 관한 그 장에서 질송은 토미즘의 미래에 관해 기대되는 바가 있다고 생각하였다. 그는 그 성공의 길에 무수한 장애물들이 있음을 알고 있다. 첫 번째 장애물은 "그 종교적 영감"이다. 이 장애는 실로 엄청나서 일부 토

---

[7]. É. Gilson, *The Spirit of Thomism*, New York, Kennedy, 1964, Harper & Row, 1966.

미스트들로 하여금 토미스트 철학을 토미스트 신학으로부터 완전히 분리시키도록 자극하였다. 토마스 자신이 이성과 신앙, 철학과 신학 사이에 분명한 구별을 설정한 것은 사실이지만, 그것들을 따로따로 유지하지는 않았다. 어떻게 이 장애를 극복하고 그러한 이성주의적 정신을 가진 토미스트들을 만족시킬 수 있을까? 질송은 짧게 잘라 말한다: 토미즘을 있는 그대로 가르쳐라. 토미즘에 충실한 채로 남아있기 위해서는 다른 선택의 여지가 없다고 그는 주장한다. 우리는 토마스 아퀴나스의 충고를 지켜야 한다. 즉 자연 이성의 안내를 받고, 나머지는 신에게 내맡기는 것이다.

더욱 극복하기 어려운 장애는 순수 철학적인 장애라고 질송은 생각한다. 관념주의 체계들이 지배하고 있던 시대에 많은 철학자들은 실재주의를 천명하는 토미즘에 대해 등을 돌리려고 하고 있었다. 성 토마스의 철학은 "그것 덕분에 존재자가 존재하게 되고, 있는 것이 되는 현실(actus)", 즉 '존재 현실력'(esse)과 연관시켜 이해되는 존재(자)의 철학이다.[8] 이 원리는 아무런 체계로도 인도하지 않지만, 실재의 다층 구조 속에 빛과 질서를 이끌어들인다. 그렇다면 토미즘을 일신하기 위해 필요한 첫 번째 일은 이 제일 원리에 대한 올바른 해석을 복원하는 일이다. 살아있는 토미즘의 이 최초 특성으로부터 두 번째 특성이 즉각적으로 흘러나온다: 존재자들 안에서 '있다'(esse)가 제일 먼저 오고 있다는 것은 사실이기 때문에, 실재 세계는 "정적 본질들로 구성되는 것이 아니라, 활동하고 작용하고 원인이 되는 존재자들로 구성되어 있다."[9]

질송에 따르면, 토미즘이 생존하는 데 있어서 세 번째의 그리고 가장 심각한 장애는 대다수의 토미스트들이 그 지속적인 활력을 입증하는 데 실제로 실패하였다는 사실이다. 토미즘을 살아있는 것으

---

8. É. Gilson, *The Spirit of Thomism*, Harper & Row, p.88.
9. Ibid., p.89.

로 유지하기 위해서 많은 (어쩌면 최선의) 시도들이 이루어졌다는 것을 그는 인정한다. 토미즘의 제일 원리들을 명료화하려는 많은 이들의 노력이 있었다. 그러나 제일 원리들에 대한 지식은, 비록 고도의 작업이라고는 하더라도, 철학의 전부는 아니다. 반론의 예봉은 스콜라학이 새로운 관념들을 산출하지 못하고 근대 세계를 설명하는 데 있어서 물러서며, 오래도록 학교 교육을 지루할 정도로 반복하려는 경향이 있었다는 것이다. 다소 무뚝뚝하게 말해보자면, 근대 스콜라학의 실재적 약점은 그 "불모성"(sterility)이었다. 비난받아야 하는 것은 원리들 자체가 아니다. 그것들은 완전히 건전하다. 비난은 토미스트들이 그 원리들을 잘 사용하지 못한 탓으로 돌려져야 한다. 성 토마스 자신이 건전한 원리들을 자신이 살고 있던 세계에 성공적으로 적용했던 것처럼, 오늘날의 토미스트들도 보고 말할 것을 충만히 발견하기 위해서 그 원리들의 빛을 주변 세계에 적용해야 한다. 요컨대 토미즘은 창조적일 필요가 있으나, 현대의 과학·정치·사회·경제적 세계가 더 이상 성 토마스에게 친숙한 세계가 아니라는 점을 고려해야 한다. 따라서 질송은 살아있는 토미즘이, 토마스의 존재 형이상학의 영속적으로 타당한 원리들의 빛 속에서 성 토마스 이래로 쌓여온 자료 더미들을 비판하고 해석하며 질서짓는다는 시급한 과제에 헌신해야 한다고 말한다.

내가 보기에는, 질송이 제안하려는 것은 철학을 배우는 것만으로는 충분하지 못하다는 것이다. 현대 세계라는 맥락 속에서 '능동적으로' 철학할 필요가 있다. 현대의 토미스트들은 성 토마스가 아리스토텔레스로부터 끌어낸 원리들을 활용하면서도 당대에 지나칠 정도로 현대적이었던 모범을 따라 자신들의 사고에서 현대적이어야 한다.

나는 질송의 이 관점들이 적절히 이해되기만 한다면, 그 속에서 앞에서 언급한 마리탱의 관점들과 드러나게 일치되지 않는 것을 조금도 찾아볼 수 없다고 본다. 실상 질송은 토미스트들 가운데서 토미즘에 개방된 채로 남아있는 창조적 가능성들을 이미 입증한 모범으로서 자신의 동료 마리탱을 지적하였다.

자연철학과 정치 경제 영역 및 이른바 인문학 영역에서 자크 마리탱의 모범들은 오늘날 옛 개념들을 쇄신하고 새로운 탐구 영역을 열어젖히는 것이 어떻게 가능한지를 분명하게 보여준다. 동일한 철학자에 의해서 조명된 예술 철학은 어떤 경우에 토미즘이 살아남으려면 '창조'해야 한다는 것을 잘 보여주고 있다. 왜냐하면 참으로 예술에 관해서는 토마스 자신이 조금밖에 말하지 않았기 때문이다.[10]

우연히 맥쿨은 질송이 "마리탱의 토미스트적 자연철학을 신통치 않게 보았다"고 말한다.[11] 이 말은 위의 인용문과 충만히 조화를 이룰 수 있을까? 『토미즘의 정신』 제4장의 한 각주에서(p.124, 각주 10) 질송은 이렇게 덧붙이고 있다.

도덕 철학의 발전에 대한 자크 마리탱의 기여는 그 영감에 있어서 참으로 토미스트적이지만, 문제들을 취급하는 방식에 있어서는 단연 현대적이다. 그것은 그의 작업의 매우 독창적인 면모를 보여주고 있다.

여기서 마리탱이 살아있는 토미즘의 모범을 보여주는 유형에 대한 질송의 인정과 관련해, 『철학자와 신학』에서 질송이 마리탱을 두고 했던 칭찬을 잊어서는 안 된다.[12] 거기서 그는 마리탱을 "그 사상

---

10. Ibid., p.100.
11. G. McCool, *From Unity to Pluralism*, p.194.
12. Gilson, *The Philosopher and Theology*, tr. Cecile Gilson, New York, Random House, 1962, pp.201-202. 프랑스와 이탈리아 철학에 대한 다른 연구에서 질송은 말했다. "프랑스 신토미즘은 자크 마리탱의 작업에서 가장 귀중한 결실을 맺었다." Cf. É.

이 당당하고 용감하며 창조적이고, 대단히 시급한 문제들에 직면할 수 있는 유일한 프랑스 토미스트"라고 언급하고 있다. 그리고 그는 이렇게 덧붙이고 있다. "우리가 우리 시대의 최상의 저술가와 만나고 있다는 것을 깨닫기 위해서는 자크 마리탱의 글을 단 몇 페이지만 읽으면 된다."

질송에게 있어서는 '존재'의 의미를 올바로 이해하는 것이 바로 토미스트 형이상학의 열쇠이다.[13] 이 중요한 점에 관하여 질송은 『토미즘』 제5판에서 마리탱의 『형이상학 입문』을 여러 차례 인용한 뒤에 "이보다 더 나을 수 없다"는 보증의 말로 마무리 짓고 있다.[14] 질송은 같은 작품에서(p.463, 각주 37) 마리탱을 "성 토마스의 가장 깊은 해석자들 가운데 하나"라고 지칭하고 있다. 마리탱을 동료 토미스트로 보는 질송의 이런 인정은, 그의 철학 개념이 맥쿨의 용어로, "성 토마스 자신의 사상에 대한 진정한 해석일 수 없는" 적대자에 대해서 하는 언급처럼[15] 들리지는 않는다. 이 인정은 그 사상이 "당당하고 용감하며 창조적인" 사람의 살아있는 토미즘에 대한 동의일 뿐만 아니라 또한 두 토미스트 사이의 목적의 일치성을 가리키기도 한다.

4. 그리스도교 철학

그렇지만 성급히 결론을 내려서는 안 된다. 질송의 '살아있는 토미

Gilson, Th.Langan, A. Maurer, *Recent Philosophy Hegel to the Present*, New York, Random House, 1962, p.352. 질송의 마리탱에 대한 언급은: Cf. pp.352-354 및 p.789의 각주 50번.
13. Gilson, "What Is Christian Philosophy?", in *A Gilson Reader*, p.190. Cf. Gilson, *The Christian Philosophy of St. Thomas Aquinas*, tr. L. K. Shook, New York, Random House, 1956, p.vii: "존재 현실력 개념은 …토미스트의 실재 해석의 바로 핵심이다."
14. *The Christian Philosophy of St. Thomas Aquinas*, p.365.
15. McCool, *From Unity to Pluralism*, p.194.

즘'과 마리탱의 '살아있는 토미즘' 사이에는 그것이 충분히 일치하는지를 묻게 만들기에 충분한 차이점들이 있다. 토미즘에 대한 역사적 연구의 필요성, 형이상학적 원리들에 대한 정확한 해석의 재생, 성 토마스의 실재주의에 대한 인정, 토마스의 존재자 개념에서 '존재'(esse)의 우위, 쇄신과 창조성의 절박성, 현대 사상과의 접촉의 필요성, 일부 주제들에 대한 토미스트들 사이의 소홀함에 대한 인정 등은 그들의 살아있는 토미즘에 대한 관점이 일치하거나 아니면 적어도 조율이 가능한 점들이다. 그러나 철학과 신학의 관계, 철학의 자율성, 토미스트 전통의 역할, 토미즘을 가르치는 방법 등과 같은 문제들에 대한 그들의 관점을 조화시키기는 그리 만만하지 않다.

마리탱과 질송은 둘 다 '그리스도교 철학'(Christian Philosophy) 개념에 강하게 동의하고 있고, 그 문제를 둘러싸고 전개된(그리고 오늘날까지도 완화된 방식으로 남아있는) 논쟁기 동안에 함께 그것을 옹호하였다. 그리스도교 철학 문제에 대해서는 많은 연구물이 쏟아져 나왔기 때문에, 이 자리에서는 세부적으로 들어가지 않을 것이다. 여기서 나의 관심은 그 논쟁의 한가운데서 마리탱과 질송이 같은 편에 선 동료였다는 사실을 지적하려는 것뿐이다. 질송은 자신이 그리스도교 철학의 사실을 적절히 확립하였을 뿐만 아니라 『중세철학의 정신』(*The Spirit of Medieval Philosophy*)이라는 영어 제목으로 출판된[16] 에버딘대학에서의 기포드 강연에서 그 다양한 형태들을 검토하였다고 생각하였다.

이미 1931년과 1932년에 질송은 "개념은 추상적으로 정의될 수 있는 어떤 단순한 본질과 일치되지 않는다"고 지적하였다. 그것은 "오히려 묘사를 요하는 어떤 것으로서의 구체적인 역사적 실재에" 상응한다. 이런 철학은 형상적으로 구별되는 두 질서를 유지하면서

---

16. É. Gilson, *The Spirit of Medieval Philosophy*(Gifford Lecture 1931-1932), tr. A. H. Downes, New York, Scrbner's, 1936.

도 그리스도교 계시를 "이성에 불가결한 도움"으로 간주하고 있다고 그는 말한다.[17]

한편 마리탱은 그리스도교 철학의 본성을, 추상적으로 그 본질에 있어서 고찰되고 이성에 의해서 자연적으로 알려질 수 있는 대상에 의해서 종별화되는 철학과, 구체적으로 취해지고 인간 영혼 안에 실존하고 있는 특정 상태에서 "수행, 실존, 삶의 조건 아래에서" 고찰되는 철학 사이를 구별함으로써 설명하였다.[18] 철학은 오직 후자의 의미에서만, (실천 철학을 뺀) 종별화의 질서에서가 아니라, 즉 본질로서가 아니라 실행의 질서에서 고찰될 때에만 그리스도교적일 수 있다.

질송이 스콜라 철학이란 그 본질에 있어서 다른 철학들로부터 구별되는 것이 아니라 철학함의 최상의 방법으로서 구별되는 것이라고 말할 때,[19] 그는 마리탱이 말하는 종별화의 질서와 실행의 질서 사이의 동일한 구별을 촉구하고 있는 것이다. 이 최상의 철학 방법은 무엇인가? 그것은 『영원하신 아버지』에서 레오 13세가 추천한 방식, 즉 "철학 연구에 그리스도교 신앙에의 복종을 결합시키는 자들"의 철학 방법이다.[20] 이런 철학함의 결과는 비그리스도교적 철학들로부터 확인될 수 있는(그러나 동시에 이 철학함의 방법을 사용하

---

17. Ibid., p.37(세 인용문 모두 다).
18. Maritain, *Science and Wisdom*, p.81. 그리스도교 철학에 관한 마리탱의 관점에 대해서는: Cf. Maritain, *An Essay on Christian Philosophy*, tr. E. Flannery, New York, Philosophical Library, 1955. 『중세철학의 정신』 프랑스어판 제2권에서(p.290) 질송은 마리탱의 『그리스도교 철학 논고』를 언급하며 이렇게 말하고 있다. "나는 그리스도교 철학이 역사를 통해서만 객관적으로 관찰 가능한 현실이고, 그 실존은 역사에 의해서만 실증적으로 검증될 수 있지만, 일단 그 실존이 관념을 확정하게 되면 그 자체로 분석될 수 있다고 말하고 싶다. 이것은 마리탱이 한 것처럼 행해져야 한다." 그리고 마리탱의 『그리스도교 철학 논고』 p.xi를 참조하고 있다.
19. É. Gilson, "Historical Reaserch and the Future of Scholasticism", *The Modern Schoolman* 29(1957), pp.1-10; Repr. in *A Gilson Reader*, p.165.
20. Gilson, "What Is Christian Philosophy?", in *A Gilson Reader*, p.186; 레오 13세, 『영원하신 아버지』, 13항(이재룡 옮김, 『영원하신 아버지』, in 요한 바오로 2세, 『신앙과 이성』, 한국천주교중앙협의회, 1999, "부록", 134쪽).

사람들 사이에서 개별적으로 차이가 나는) 차이들을 지니고 있는 산물로 바뀐다. 질송은 성 아우구스티누스, 성 보나벤투라, 성 토마스 아퀴나스, 둔스 스코투스에 대한 개별적 연구 속에서 이 점을 분명히 한다.

질송과 마리탱은 "스콜라 학자들 가운데서 으뜸이며 탁월한 정점은 토마스 아퀴나스"라고 말하는 교황 레오 13세의 회칙에 대해 마음에서부터 공감하였다.[21] 철학에 있어서 그들 공통의 스승인 토마스처럼 질송과 마리탱은 자기들의 정신을 그리스도교 신앙으로 향한 채 철학하였다. 이 철학함의 방법이 철학과 신학을 혼동하고 있다는 사실을 그들은 서로 부인하였다. 동시에 그들은 마찬가지로 철학과 신학에 대한 완벽한 분리를 배격하였다. 그럼에도 불구하고 살아있는 토미즘에 대한 관점에서 그들이 차이를 보여주기 시작하는 것은 바로 철학과 신학 사이의 관계에 관해서이다.

중세 사상에 대한 질송의 역사적 연구는 그를 중세철학에 관한 두 가지 결론으로 이끌었다. 첫째는 "중세의 철학들에 연관됨으로써 시작된 중세 사상에 대한 탐구는 점점 더 이 철학들을 그것들을 포함하고 있는 신학의 테두리 내에서 복원하는 쪽으로 기울고 있었다."[22] 이 역사적 탐구가 가르쳐준 두 번째 결론은 "우리가 중세의 철학들을 그들의 신학적 맥락의 테두리 내에 통합하면 할수록 그들의 독창성이 더욱 명백해진다"는 것이다.[23] 질송은 이 결론을 표현하는 다른 방법들을 개념한다. 예컨대 '철학적 사고가 창조적이 되는 것은 신학에 봉사하는 한에서이다." 또한 "어떤 스승이 위대한 신학자일수

---

21. Gilson(ed.), *The Church Speaks to the Modern World. The Social Teaching of Leo XIII*, Garden City, N.Y., Doubleday, 1954, p.43. Cf. J. Maritain, *St. Thomas Aquinas. Angel of the Schools*, tr. J. Scanlan, London, Sheed and Ward, 1942, p.204; 『영원하신 아버지』, 22항(141쪽).
22. *A Gilson Reader*, pp.159-160.
23. Ibid., p.161.

록 그는 더욱 위대한 철학자였다." 요컨대 중세철학이 그 '풍요로움'을 빚지고 있는 것은 바로 신학의 도구로서의 역할이다.[24]

이 두 번째 결론은 질송의 관점에서, 다른 중세 신학자들의 철학에 해당되는 것만큼, 토마스 아퀴나스의 철학에도 (전적으로 그런 것은 아니라 하더라도) 상당히 해당된다. 아퀴나스나 다른 중세 신학자들이 자신의 철학을 어떤 철학(또는 심지어 아리스토텔레스의 철학) 위에 정초하였다고 생각하는 것은 잘못이다.[25] 그가 한 것은 신앙의 빛의 테두리 내에서 철학을 사용하고 그럼으로써 결국 철학이 변형되게 된 것이었다. 성 토마스의 형이상학은 그 자신의 형이상학이고, 따라서 그의 형이상학을 아리스토텔레스적인 존재 형이상학과 동일시하는 것은 그것을 부적절하게 이해하는 것이다. 그의 형이상학은 그것이 태어난 신앙의 빛의 영속성에 참여하는 새로운 형이상학이다.[26]

질송은 형이상학에서 가장 중요한 것이 제일 원리들에 대한 개념화라고 생각한다. 이것이 바로 성 토마스의 형이상학에 그리스도교 철학에 있어서의 이론적 규범이 될 권리를 주는 그것이다. 그의 형이상학은 성서와 완벽하게 일치될 뿐만 아니라 "형이상학에 그 어떤 철학에 의해서도 일찍이 제공된 적이 없는, 존재 관념에 대한 가장 깊은 해석을 배정하는" 이 원리들에 대한 개념화에 기초하고 있다.[27] 참으로 매우 강한 언명이다. 이것은 질송에게 있어서 형이상학의 역사가 성 토마스 아퀴나스에게서 정지한다는 것을 의미하는가? 다시 말해, 성 토마스의 가르침에서 발견되는 것보다 존재 개념을 더 심화시키는 것이 있을 수 있을까? 이런 가능성은 완전히 배제되지 않는다. 질송 자신은 단적으로 먼 미래를 내다보고 있다고 자

---

24. Ibid., p.162.
25. Ibid., p.163.
26. Ibid., p.164.
27. É. Gilson, *The Philosopher and Theology*, p.234.

처하지 않는다.[28]

그렇다면 그리스도교 철학으로서 토미즘의 진보에 관해서 과연 무엇을 말할 수 있단 말인가? 질송은 그 진보가 원리들의 진리에 충실하다는 조건 아래 지속되리라는 것을 인정한다. 여하한 인식 질서에서 이루어진 새로운 발견들은 그 풍요로움을 입증하는 기회를 제공할 것이다. "모든 진보는, 그것이 무엇이든, 진보의 기회일 수 있다."[29] 성 토마스 형이상학의 진리에 관한 오랜 성찰은 질송으로 하여금 그것을 모든 다른 빛을 흡수할 수 있는 빛으로 보게 만들었다. 토미스트의 '존재'(esse) 관념은 그 본성에 있어서 궁극적이라고 그는 주장한다. "그것은 모든 시대의 형이상학적 인식의 토대를 놓고 있다."[30]

마리탱 자신은 질송의 이 관점들에 동의할 것인가? 그의 책 『형이상학 서설』에서[31] 마리탱은 철학과 신학의 관계에 대해 논하면서, 그것이 하느님의 '말씀'에 기초하고 있기 때문에 분명 영속적이어야 한다는 점을 지적한다. 신앙에 뿌리를 두고 있는 학문으로서 신학은 발전하고 진보한다. 그러나 그 진보는 계속적인 대체를 통해서가 아니라 주제 속으로 좀 더 내밀하게 관통해 들어갈 때 이루어진다. 더욱이 그 발전에 있어서 신학은 철학을 수단과 도구로서 사용하고, 그 결과로 철학 역시 고유한 모습에서 영속적이어야 한다.

마리탱은 이 영속성이 성 토마스의 가르침을 쇄신하려는 토미스트들의 작업에서 고려되어야 한다고 생각한다. 그 작업은 "원리들의 고정성을 침해함이 없이" 수행되어야 한다. 왜냐하면 토미스트 철학은 "안전하게 진실된 원리들 위에 기초하고" 있기 때문이다.[32]

---

28. Ibid., p.235.
29. Ibid., p.235.
30. Ibid., p.236.
31. J. Maritain, *A Preface to Metaphysics*, p.17.
32. Ibid., p.19.

질송이 그리스도교 철학을 "진보를 겪을 수 없는 진리 그 자체로부터의 진보의 펼쳐짐"이라고 묘사할 때,[33] 그는 마리탱과의 조화를 위해서 말하고 있었던 것일까?

5. 신앙과 이성에 관한 질송의 입장

마리탱과 질송은 둘 다 성 토마스 시대에 활발하던 아베로이스트 운동에서 철학을 신학으로부터 분리시키려는 시도를 보고 있다.[34] 16세기에 있어서의 그 부흥은 데카르트가 철학적 지혜를 신학적 지혜로부터 더욱 철저히 분리시키던 17세기를 위한 예비 단계인 것으로 드러났다. 그때부터 철학은 더 이상 신학에 대한 봉사 역할을 하지 않게 되었다. 그것은 이제 분리된 학문으로서의 충만한 자율성을 선언하였다.

질송과 마리탱은 이 역사적 발전에 어떻게 대응하고 있는가? 특히 여기서 약간의 갈림길들이 나타난다. 데카르트의 혁명이 철학과 신학 사이를 완전히 분리시키려는 노력을 구상하는 한, 질송과 마리탱은 똑같이 충실하게 그것에 반대하였다. 그들은 누구도 토미즘을 (철학과 신앙이 데카르트의 방식대로 완전히 분리된 채로 남을) "분리된 철학"(separated philosophy)[35] 또는 "순수 철학"(pure philosophy)[36]으로 바라보지 않았다. 그들은 성 토마스가 철학을 신학 바깥에 있는 구별된 학문으로 발전시키지 않았다는 데 동의한다. 그는 철학

---

33. É. Gilson, *The Philosopher and Theology*, p.233.
34. J. Maritain, *Science and Wisdom*, p.28; *A Gilson Reader*, p.157. 질송은 "철학주의가 아베로에스 자신의 입장의 기초에 놓여 있는 것과 마찬가지로 아베로이즘의 바탕에도 놓여 있다"고 말한다(*History of Christian Philosophy in the Middle Ages*, New York, Random House, 1955, p.408). Cf. É. Gilson, *Reason and Revelation in the Middle Ages*, New York, Scribner's, 1938, ch.2.
35. J. Maritain, *Science and Wisdom*, p.82.
36. É. Gilson, *History of Christian Philosophy in the Middle Ages*, p.542; *A Gilson Reader*, p.172.

을 오직 그의 신학의 테두리 내에서 신학의 도구로서 발전시켰다. 차이는 질송이 (토마스 자신이 그렇게 했기 때문에)[37] 토미스트 철학의 불가분적 상태를 영속적인 조건으로 옹호했던 데 반해, 마리탱은 그렇게 하지 않았다는 데 있다. 마리탱은 중세 신학자들 사이에서 수행되었던, 신학에 대한 철학의 예속적 지위를 철학을 위한 정상적이고 자연스러운 상태라고 보지 않았다. 이 점에서 그는 데카르트 이후 시대의 과학과 철학의 자율성을 "값진 성취"라고 보았다.[38]

질송은 전혀 이런 식으로 볼 수 없었다. 질송에게 있어서 토미스트가 되고 토미즘을 배우기 위해서는 토마스의 신학을 읽을 필요가 있고, 그렇게 하는 중에 그것이 채택하고 포함하고 있는 철학을 흡수할 필요가 있다. 이 철학이 (그것을 탄생시키고, 그것에 그 본원성을 의존하고 있는) 신학과 맺고 있는 관계는 너무도 긴밀해서, 신앙에의 봉사에 전적으로 연루되어 있는 것으로서의 그 사상의 깊은 의미는, 그리스도교 신앙을 가지고 있지 않은 자에게는 결코 충만히 이

---

37. "어떤 의미에서 우리는 성 토마스의 철학에 대해서 말할 수 있는가?"라는 질문에 대해서 질송은 두 가지 가능성을 제시하고 있다. 첫째, 토미스트 철학은 그의 선임자들로부터 빌려온 자료들을 포함하고 있고 이론적 종합으로 작업된 성 토마스의 작품들 속에서 발견되는 철학적 사상들의 완벽한 개진으로 받아들여질 수 있다. 둘째, 토미스트 철학은 그의 선임자들의 것과는 구별되는, 참으로 그 자신의 사상인 성 토마스의 집약적 작품들 속에 현존하고 있는 사상들의 종합을 가리킬 수 있다. 질송의 관심은 그런 본래적 토미스트 철학이 어디에서 성립되는지를 보여주려는 것이었다. 그리고 질송이 생각하듯이 성 토마스 철학의 가장 독창적인 측면들은 일반적으로 그의 신학 작품들 테두리 안에 자리 잡고 있기 때문에, 그의 신학의 질서를 준수하는 것이 그의 철학을 진술하는 데 자연스러운 것으로 보인다. 이 철학적 관념들을 일종의 철학적 질서에 따라 재구성하기 위해서, 그것을 그 신학적 배경으로부터 추출해내는 것은, 아마도 성 토마스 자신이 순수 철학적 목적에서 철학을 착수하고자 하였다고 가정하는 셈이 될 것이다. 그의 철학을 신학적 자리로부터 해방시키려는 그러한 시도 속에는 그의 철학의 본성을 변경시킬 위험이 도사리고 있을 뿐만 아니라, 또한 그런 시도는 전혀 필요하지도 않다. 질송에 따르면, 성 토마스의 철학을 이성과 신앙을 혼동함이 없이 그의 신학의 질서 속에서 제시하는 것이 전혀 불가능한 것은 아니다. 사실 성 토마스 자신이 그것을 행하였고, 그 뒤에 그것을 행하는 데 있어서의 난관들은 그가 어떻게 신학을 이해하였는지를 분명하게 이해하게 될 때 말끔히 사라진다. Cf. *The Christian Philosophy of St. Thomas Aquinas*, pp.7-9.
38. J. Maritain, *Science and Wisdom*, p.33.

해될 수 없을 것이다.[39] 실상 질송은 "성 토마스의 가르침에서 가장 독창적이고 가장 심원한 관념들은 그것을 신학자의 작품으로서 읽는 사람에게만 드러난다"고 말하고 있다.[40] 사정이 이러하기 때문에 질송은 가톨릭 학도들에게 주는 토미스트 철학의 가르침과 관련하여 흥미있는 (그러나 이례적인) 제언들을 하고 있다. "만일 학생들에게 형이상학과 윤리학을 가르치고자 한다면, 그들에게 곧바로 신학을 가르쳐라."[41] 『대전』으로부터 신학을 취해 그것을 또 다른 책 속에 끼워 넣을 때, 『대전』이 마치 양자의 혼합이기라도 하듯이, 철학에 속하는 것과 신학에 속하는 것을 가려내어 내용을 정리하는 것이라고 생각함으로써 왜 스스로를 속이려 드는가? 그 결과는 오직 철학의 외도요 신학의 외도일 수밖에 없다. 사실은 『대전』이 철학과

---

39. É. Gilson, *The Philosopher and Theology*, p.210.
40. Ibid., p.211. 성 토마스 철학의 본성을 명료화하려고 노력하는 가운데 질송은 성 토마스가 '계시된 것'(revelatum)과 '계시될 수 있는 것'(revelabilia) 사이에 그은 구별을 (I, 1, 3) 활용하고 있다. 질송의 해석에서 '계시된 것'은 "인간 이성의 포착망을 넘는 신에 관한 모든 지식"을 가리킨다(*The Christian Philosophy of St. Thomas Aquinas*, p.11). 그것은 인간 존재자가 신적 계시를 통해서만 얻을 수 있는 모든 지식을 포괄하고 있다(Ibid., p.12). 본질적으로 계시된 진리들(revelatum) 외에도, 계시 자체는 계시의 도움이 없이도 인간 이성에 의해서 접근 가능한 많은 다른 진리들도 포함하고 있다. 이것이 바로 성 토마스가 그의 신학에서 채택한 철학적 요소들을 포함하고 있는 고유한 "계시 가능한 것"의 영역이다. 신학자가 사용하는 이 철학적 요소들은, 비록 신학자가 신학적 목적을 위한 보다 높은 빛 안에서 그것들을 바라봄에도 불구하고, "가능한 한 인간 구원의 위업에 도움이 된다"(Cf. Gilson, *Elements of Christian Philosophy*, Garden City, N.Y., Doubleday, 1960, pp.34-35; Repr.: New York, New American Library of World Literature, 1963, pp.36-37). 이것이 바로 질송이 성 토마스의 철학을 그 안에서 검토하고자 하는 전망이다(*The Christian Philosophy of St. Thomas Aquinas*, p.15). 그는 그것이 다른 관점들로부터 검토될 수 있다는 것을 인정한다. 예를 들면, 어떤 이들은 성 토마스의 가르침을, 신으로부터 사물들로 전개되는 신학적 질서를 따르기보다는 사물들로부터 신으로 나아가는 철학적 질서로 재구성할 수 있다고 주장한다. 질송은 이런 진행의 두 가지 위험을 지적한다. 첫째는 아리스토텔레스의 철학을 성 토마스의 철학으로 대체하는 것으로 끝날 위험이고, 다른 것은 혹자가 가르친다고 자처하고 있는 철학에 단적으로 모순될 현대적 오류이다. 질송은 성 토마스의 철학을 그의 신학으로부터 고립시키려고 하는 시도들을, 그의 철학을 (모든 것을 "신앙의 빛 없이 자연 이성에 의해서만 고찰하려고 하는") 데카르트 방식으로 개진하는 것으로 본다(Ibid., p.442, n.33).
41. É. Gilson, "Thomas Aquinas and Our Colleagues"(Aquinas Lecture at the Aquinas Foundation at Princeton University, March 7, 1953): Printed in *A Gilson Reader*, p.292.

신학의 혼합이 아니라는 것이다. 오히려 『대전』에서 신앙에 봉사하도록 놓임으로써 철학이라는 물이 신학이라는 포도주로 바뀌는 것이다.[42] 신학 연구를 통한 철학에 대한 합리적 귀결은 모든 철학 교수들이 신학자들이어야 한다는 것이 될 것이다. 질송은 1586년 예수회의 '면학 규정'(*Ratio Studiorum*)에서 그렇게 추천하는 것을 자신의 것으로 삼지 않은 채 인용하고 있다.[43] 나는 실제로 질송 자신이 마리탱처럼, 철학을 가르칠 자격을 충분히 갖추고 있다는 것을 의심하지 않는다(비록 질송은 자기 자신을 철학자라고 지칭하고 있고,[44] 마리탱은 자신이 사물들을 오직 철학자로서만 논하고 있다고 일관되게 항의하고 있지만 말이다).

철학과 신학의 관계에 관한 질송의 관점에 대해 마지막으로 관찰할 것은 성 토마스의 철학이 토마스 자신이 구상한 그대로의 신학적 방법을 따를 때 최상으로 개진된다는 점이다. 질송은 『토미즘』 제6판과 『그리스도교 철학의 기본 요소들』에서 이 방법을 다소 근접하게 따르고 있다. 그가 토미즘을 개진하고 있는 다른 많은 작품들은 이 방법을 준수하고 있지 않다. 이것은 질송이 신학적 질서를 토미즘을 개진하는 배타적인 방법으로 제안한 것은 아니라는 것을 가리킨다.

6. 철학의 자율성에 관한 마리탱의 입장

마리탱은 성 토마스의 철학이 성인의 신학적 작품들 속에서 봉사적이고 도구적인 역할을 수행하며 그의 신학에 통합되어 있다는 질송

---

42. *A Gilson Reader*, pp.293-294. Cf. Thomas Aquinas, *In Boethii De Trinitate*, q.2, a.3, ad5; *St. Thomas Aquinas, Faith, Reason, and Theology(In De Trinitate, QQ.I-IV)*, tr. A. Maurer, Toronto, PIMS, 1987, p.50.
43. *A Gilson Reader*, p.297, n.10.
44. É. Gilson, "The Eminence of Teaching", in *A Gilson Reader*, p.300.

의 견해에 동조한다.⁴⁵ 그런데도 마리탱은 성 토마스의 주요 목적들 가운데 하나가 철학을 신학으로부터 구별할 뿐만 아니라 그로써 철학의 자율성을 설정하려는 것이었다고 주장한다.⁴⁶ 마리탱은 성 토마스가 실제로 두 학문을 명료하고 확고하게 구별함으로써 원칙적으로 이 목적을 이루었다고 말한다. 그렇지만 이 자율성은 실제로 충만하게 확립되지 못했다.⁴⁷ 질송과는 달리 마리탱은 이론적으로 충만히 인정된 자율성을 실제적으로 실현시킬 필요를 강조한다.⁴⁸

이것은 성 토마스의 추종자들에게는 배제된 작업이다. 마리탱의 견해에 따르면, 토미스트들은 이제까지 "자기들 철학의 고유한 구조를 자기들 신학의 접근법과 문제 설정들로부터 충만히 분리시키려는 노력에 열정적이지" 못했다.⁴⁹ 토미스트 철학은 너무도 자주 (그 고유의 빛인 신앙을 빼버린) 신학의 이성에 고유한 영역으로 장소를 옮긴 모습으로 제시되어 왔다. 철학은 신학의 것과는 다른 고유의 대상, 고유의 빛, 고유의 문제 취급 방식, 따라서 고유의 진정한 과제를 가지고 있다. 그것은 그 문제들을 신학으로부터가 아니라 경험으로부터 제기되는 문제들에 관하여 자율적인 방식으로 취급할 필요가 있다.⁵⁰ 동일한 것이 그 탐구, 검증, 판단들의 질서에도 적용된다. 마리탱은 성 토마스의 사고가 신학에 고유한 질서로 제시되고 있다는 점을 인정한다. 그가 철학『대전』을 집필하지 않았기 때문에, 우리는 만일 그가 그렇게 했다면 어떤 질서를 따랐을지에 대해서는 말할 수 없다.⁵¹ 철학적 질서를 구성하는 바에 대한 우

---

45. J. Maritain, *Science and Wisdom*, p.102.
46. J. Maritain, *Existence and the Existent*, tr. L. Galantier/G. Phelan, New York, Pantheon, 1948, p.136; Repr.: Garden City, N.Y., Doubleday, pp.141-142.
47. Ibid., p.136(Doubleday, p.142).
48. J. Maritain, *Science and Wisdom*, p.103.
49. J. Maritain, *Existence and the Existent*, p.138(Doubleday, p.143).
50. J. Maritain, *Science and Wisdom*, p.103.
51. 위펠은 형이상학의 본성, 주제, 방법에 관한 성 토마스의 관점이 그의 작품들 속에서 충분히 지적되었다고 제언한다. Cf. J. Wippel, *Metaphysical Themes in Thomas Aquinas*,

리의 현재 지식으로 판단해 볼 때, 그것은 분명 그의 신학의 질서와는 달랐을 것이다. 현대의 성 토마스 추종자들이 직면한 도전은 그의 철학이 신학 바깥에서 신학적 틀로부터 벗어나서 살 기회를 주는 것이다.

자율적 토미스트 철학에 대한 마리탱의 기획들을, 데카르트 이래 이성주의적 철학 개념과 혼동하여 철학의 "하급 지위"를 부정하지 않는 것이 중요하다. 마리탱에게 있어서 철학, 즉 토미스트 철학이란 그런 의미로 자율적일 수 없다. 그것은 오직 상대적 자율성을 주장할 수 있을 뿐이다. 지혜의 위계질서가 존재한다. 철학은 그 예속성을 부정하기보다는 오히려 고유의 본성과 특수한 요구들, 그리고 그것이 맺고 있는 신학적 및 주입된 지혜와의 관계를 자각하기 위해서 노력해야 한다.

마리탱의 전망에서 철학과 문화는 데카르트의 "분리주의"(separatism) 때문에 커다란 해를 주었다. 그런데도 신학에 순수하게 복종하기보다는 그 고유의 목적들을 지니고 자기 발로 튼튼히 서는 철학적 또는 세속적 지혜의 탄생은 깊은 역사적 요구들에 일치된다고 그는 말한다. 중세에 그 이론적 원리들을 개진하는 성 토마스의 후견 아래 시작된 그 차별화는, 근대 역사에서는 불행하게도 "이성주의의 기치 아래, 그리고 그리스도교와의 일치보다는 분리의 기치 아래 성취되고 실현되었다." 마리탱은 다음과 같이 선언한다. 그리스도교적 철학이어야 했던 것이 "'분리된' 철학이 되어버렸다. 그리고 우리는 쓰디쓴 비극적 경험을 통해 우리의 잘못을 배웠다."[52]

자율적 학문으로서의 성 토마스 철학을 발전시킬 필요에 대한 마리탱의 이러한 강조는, 언뜻 보기에 이 철학을 성 토마스가 그의 신학에서 사용한 맥락의 테두리 내에서 연구하고 배우고 가르쳐야 한

Washington, CUA Press, 1984, p.32.
52. J. Maritain, *Science and Wisdom*, p.128.

다는 질송의 강조와 배치되는 것으로 보인다. 이 두 뛰어난 토미스트의 작업을 검토하고 난 뒤에 그들의 차이가 얼마나 참으로 이론적인지, 그리고 그 차이가 얼마나 토미즘에 대한 그들의 상이한 접근법으로 설명될 수 있는지를 물을 필요가 있다. 마리탱이 토마스의 철학적 가르침을 그의 신학으로부터 완전히 분리시켜 발전시키자고 제안했는지 묻게 되면, 그 답은 분명 부정적이다. 그는 언제나 그리스도교 철학과 연관시켜 토미즘을 생각하였다. 실상 마리탱의 작품들은 거의 모든 페이지마다 신학적 참조들을 담고 있다. 또 만일 질송이 성 토마스의 철학이 철학으로서의 정당한 지위를 가지지 않았고 오직 신학의 도구로서만 실존할 수 있다고 주장했는지를 묻는다면, 그 답 역시 부정적이다. 그렇지 않다면, 질송이 그의 책에서 철학에 대하여 개진하고 있는 것들은, 그토록 많은 신학 서적들이 철학을 그 고유의 목적 때문에 사용하고 있는 것으로 평가했어야 할 것이다.

7. 결론

질송의 토미즘과 마리탱의 토미즘 사이에 어떤 차이가 있든지 간에, 그리고 그것들이 강조의 차이든 아니면 참으로 이론적 차이들이든 간에, 그것은 교황 레오 13세에 의해서 제언되고 성 토마스 아퀴나스의 작품들에서 표본화된 철학함의 방법을 따르는 그리스도교 철학의 전망 속에서 고찰될 때 해소되는 경향이 있다. 질송은, 특히 토미스트 전통이 (위대한 토미스트 주해자들에게 덜 의존하는) 성 토마스의 존재자에 관한 가르침에서 '존재'(esse)의 진정한 의미를 전달하는 데 실패하였다는 사실을 경험한 이후에, 어떤 토미스트 전통을 인정하고 자신을 그 일부로 생각하였다.[53] 한편 마리탱은 요한 데 산토 토마(Johannes de Sancto Thoma)나 카예타누스(Cajetanus) 같은 고전적 토미스트들로부터 영감과 통찰을 도출하며, 동시에 성 토마스의 작품들 안에서 발견되는 독창적인 이론적 원천들로부터 물을 깊이 들이마셨다.[54] 분명 질송과 마리탱은 둘 다, 토미스트의 가르침에 대한 모든 설명이 바로 그 스승의 말에 입각해서 검증되어야 하고 성 토마스의 작품들에 대한 최선의 해석자는 그 작품들 자체라는 데 동의할 것이다.[55]

분명히 질송의 토미즘 개진과 마리탱의 토미즘 개진 사이에는 논란의 여지가 없는 차이들이 존재한다. 맥쿨 신부는 『단일성에서 다원주의로』에서 그 가운데 일부를 부각시켰다. 이 차이들은 얼마나 깊은 골을 형성하는가? 질송과 마리탱은 (참으로 자신들의 토미즘 개진이 서로서로 다르고, 또 마레샬의 개진과는 결정적으로 다른) 토미즘에 대한 다원주의적 해석들을 대변하고 있는가? 맥쿨이 말하고 있듯이 과연 질송은, 그 자신의 기준에 따를 때, 마리탱의 『인식의 등급』이나 『과학과 지혜』가 "성 토마스 철학에 대한 진정한 개진이라는 것을

---

53. "인생은 짧고 철학사는 해마다 더 길게 자라난다. 그러나 만일 어떤 그리스도교 스승이 스콜라학의 역사에 관하여 동일한 냉정함을 느꼈다면, 그는 쉽사리 면제받기 어려울 것이다. 왜냐하면 이것은 그 자신의 개인적인 역사이거나 아니면 적어도 그 자신의 개인적 철학 전통이기 때문이다. 그것은 아직도 살아있고 우리 시대는 그 지속적인 풍요로움을 증언하고 있다. 이 풍요로움이 종말에 이르러야 할 이유는 없다"(*History of Christian Philosophy in the Middle Ages*, p.174). 질송이 토미스트 전통에 대하여 우연히 싸잡아 가하는 비판은 지향에 대한 그의 지나치게 엄격한 이해에 기인한다. 질송은 일반적으로 전통을 넘어 성 토마스의 본문들 자체에 이르기를 좋아한다. 그럼에도 불구하고 그는 다른 토미스트들의 진정한 통찰들을 존경하였다. 한 가지 예만 들자면 『성 토마스의 그리스도교 철학』에서(p.444, n.1) 그는 존재자 관념에 관해 자기 자신의 작품 『존재자와 몇몇 철학자들』뿐만 아니라 바녜스(OP), 델 프라도(OP), 올자티, 포레스트, 마리탱, 프루쉐 등의 해석을 선호하고 있다. 그가 보기에 본문들에 일치하지 않는 개별적 요점들에 대해서는, 예컨대 바녜스와는 우유들의 '존재'(esse)에 관해서 송사를 벌이고, 마리탱과 더불어 여러 쟁점들에 대해 논전을 벌인다. 다른 토미스트들에 대한 질송의 수많은 인용문과 참조 지시들은(그는 때로는 그것들에 동조하고, 때로는 비판하거나 교정하고 있다), 그가 일축해 버리기보다는 성 토마스의 가르침을 설명하는 데 활용하고 있는 토미스트 전통을 광범위하게 알고 있다는 것을 드러낸다.
54. 마리탱이 성 토마스의 본문들을 잘 알고 있었다는 증거는 그의 작품들 속에서 얼마든지 확인될 수 있다.
55. 질송의 규칙은 다음과 같다: "'토마스가 그 자신의 해석자이다.' 다시 말해, 성 토마스를 그의 주해자들에 의해서 판단해서는 안 되고, 오히려 그의 해석자들을 성 토마스에 의해서 판단해야 한다"(*The Philosopher and Theology*, p.207).

거의 부정할 수" 없는 것일까?[56] 마리탱의 그리스도교 철학은 17세기에 창안된 "분리된" 토미스트 철학의 영속화였을까?[57] 이 질문들은 단지 질문으로만 간주할 때 강력한 차이들을 암시한다. 맥쿨이 마리탱과 질송 사이에 긋는 구분이 그의 책의 명제들에 크게 도움이 된다고 인정하더라도, 그럼에도 불구하고 그것은 우리를 (그들 사이에 대한 맥쿨의 구분이 과장되지 않았다고 하더라도) 살아있는 토미즘에 대한 그들의 상호 투신과 관련하여 어리둥절하게 만든다.

맥쿨이 그 구분을 마리탱을 넘어 질송과 다른 현대 토미스트 사이의 구분으로 확장하며,[58] 그들이 질송의 결론을 받아들이지 않는 이유를 질송의 작업이 "신토미스트 운동을 심각하게 무너뜨리기" 때문으로 돌릴 때,[59] 우리는 광범위한 통계 부족 대문에 쉽사리 논박될 수 없는 하나의 명제에 의해서 도전받고 있다고 느끼게 된다. 만일 그 명제가 참이라면, 그리고 그것이 어느 정도 사실이라고 인정할 수 있다면, 살아있는 토미즘을 증진시키려는 질송의 지치지 않은 헌신적인 노력들이 그런 뜻밖의 정반대 결과를 낸다고 개념하는 것에 직면하는 일은 수많은 질송 예찬자들에게는 실망이 아닐 수 없다. 그럴더라도 토미스트 운동이 실제로 증점에 도달했다고 하더라도(분명 그것은 누그러졌지만), 그 운동의 끝이 그 자체로 토미즘의 종언을 의미하는 것은 아니라는 점을 인정할 필요가 있다.

결론적으로 나는 우리가 처음으로 돌아가야 한다고 생각한다. 버

---

56. J. Maritain, *From Unity to Pluralism*, p.194. 토미스트 실재주의에 대한 그들의 인식론적 관점들을 소개하면서 마리탱은 다음과 같이 말하고 있다. "질송의 입장과 우리 입장 사이에 본질적 차이는 없다"(Maritain, *The Degree of Knowledge*, tr. G. Phelan, New York, Scribner's, 1959, p.xvi). 한편 이성과 신앙의 관계를 언급하면서 질송은 다음과 같이 권고하고 있다. "토미스트 사상의 이 일반적 특성에 관해서는 자크 마리탱의 기본 작품 『종합하기 위한 구별, 또는 지식의 등급』을 참조하라"(Gilson, *The Christian Philosophy of St. Thomas Aquinas*, p.443, n.49).
57. Cf. J. Maritain, *From Unity to Pluralism*, p.194.
58. 맥쿨 신부는 "토미즘의 현대적 형식들 가운데 어느 것도 진정한 토미즘이 아니다"라는 평결을 질송의 것으로 돌리고 있다(Ibid., p.195).
59. Ibid., p.197.

논 부르크(Vernon Bourke)가 지적하였듯이,[60] 토마스 아퀴나스의 사상에 대해서는 두 가지 접근법, 즉 이른바 역사적·문헌적 접근법과 성 토마스의 가르침을 현대의 문제들과 사고 유형들과 연관시켜 다시 숙고하는 접근법이 있다. 살아있는 토미즘은 두 접근법을 모두 요구한다. 질송과 마리탱은 이 접근법들 가운데 어느 하나에 맹목적이지 않았다. 다만 질송은 좀 더 첫 번째 접근법을 대표하고, 마리탱은 두 번째 접근법을 좀 더 대표했을 뿐이다. 그들은 둘 다 그들의 토미즘 해석에서 성 토마스의 제일 원리들에 충실하였다. 단지 그들이 토미즘에 대해서 말한 것이 (다른 어느 누가 그것에 대해서 말하는 것과 마찬가지로) 언제나 성 토마스의 작품들 자체에 의해서 검증되어야 할 뿐이다. 이 토미스트 학자들은 각각 자기 고유의 접근법, 자기 고유의 개진 방법, 현대적 문제들에 대한 자기 고유의 관심, 성 토마스의 가르침을 이 20세기에 활력적이고 유의미하게 만드는 자기 고유의 집필 방식 등에 따라 헌신하였다. 그들의 후견 아래 토미스트가 된 사람들은 의심 없이 그들의 괄목할 만한 성공에 신뢰를 보낼 것이다.

그들이 그토록 능숙하게 개진한 성 토마스의 가르침은 다가올 세대의 인류를 풍요롭게 만들 광범위한 자원들을 갖춘 지적 유산이다. 그것은 물리적 태양이 가끔 그러하듯이 일시적 이지러짐을 겪을 수도 있다. 그러나 그 빛은 너무도 찬란하고 그 지혜는 결코 꺼져버릴 수 없는 너무도 불가결한 것으로 드러난다. 미래 토미스트들의 계승 속에서 분명 모든 이가 질송이나 마리탱만큼 유능하지는 못할 것이다. 그리고 토미즘은 인간 정신의 지혜적 본능에 대한 그 호소력 덕분에 적어도 배움의 광장에서 어떻게든(비록 오늘날의 문화에서와 똑같지는 않더라도) 살아남을 것이다.

---

60. 위의 각주 2번을 참조하라.

10. 에티엔 질송(1884-1978)

랄프 맥키너니

콜레주 드 프랑스에는 강의실이 하나 있는데, 좌석들이 아래쪽을 향해 단계적으로 배치되어 내려오고 그 끝 중앙에는 은은한 녹색 등불을 양옆에 밝힌 연단이 놓여 있다. 그 자리에서 금세기[20세기] 초에 앙리 베르그송이 파리의 엘리트들을 모아놓고 저녁 강좌를 열었다. 이 강의실은 가톨릭 철학자이자 중세사가이고 프랑스학술원 회원인 에티엔 질송 사후에 그에게 헌정된 공간이 되었다. 참가자들은 10분을 넘지 않는 짧은 강연을 해야 했다. 나 자신은 질송을 영국식 문장가로 소개했다. 내 뒤에는 눈이 번득이는 한 남자가 뒤따랐다. 한 지성인이 눈앞에 묵직한 수사본을 올려놓은 연단을 움켜쥐고 있는 것보다 더 끔찍한 광경도 없을 것이다. 그가 몸으로 보여주고 있는 말은 그의 강연에 정해진 시간제한에 대한 강력한 저항이었다. 이 친구는 얼마간 중얼거리더니 어느새 적개심을 드러냈고, 마침내 분노와 짜증을 쏟아냈다. 하지만 아무 일도 일어나지 않았다. 이와 비슷한 상황에서 질송은 마르세예즈(승전가)를 연주하는 군악대와 맞닥뜨린 적이 있었고, 그렇게 학술대회는 마감되었다.

만일 에티엔 질송이 방대한 학식과 소박한 인간미, 빈틈없는 전문성과 나서지 않는 겸손(self-effacement)을 결합한 방식과의 대조로서라면, 이 학술 모임은 이 기회에 그 코미디 같고 다소 미친 듯한 형식으로 표상되어야 적합했을 것이다. 그는 당대의 가장 학식이 깊은 사람들 가운데 하나였지만, 결코 상식적인 감각을 잃어버리지 않았다. 어느 누구도 사멸할 인간의 집중력이 얼마나 짧은지 그에게 상기시켜 줄 필요가 없었다. 질송은 철학 탐구를 예견적으로 데카르트에서 시작한 전형적인 프랑스인이었다. 이 근대 철학의 아버지는 자신이 라 플레셰(La Fleche)에서 예수회원들로부터 배운 스콜라학적 훈련을 치워버린 것에 대해 자부심을 느꼈다. 그는 마음의 빚을 청산하고 원점에서부터 출발했다. 질송은 이것이 사실과는 거리가 멀다는 것을 알아챘다. 참으로 그는 데카르트가 자신이 포기했다고 선언한 스콜라학으로부터 동떨어져서는 그저 지성적일 수 없을 뿐이라는 것을 발견했다. 이렇게 중세에 대한 질송의 학문적 관심이 시작되었다.

만일 질송이 자신의 엄청난 에너지와 재능과 열정을 중세에 쏟지 않았더라면, 중세 연구와 스콜라 학자들의 사상에 대한 우리의 이해가 어떠했을지 상상하기 어렵다.

그 영역에 대한 그의 최초의 기여는 스콜라학이 일련의 사상가들이 속한 획일적인 어떤 것이라는 관념을 배격하는 것이었다. 한 번에 하나씩 보자면, 중세 저자들은 자신들의 다양성을 드러냈다. 질송은 중세철학자들이 여럿이라고 논했다. 그는 위대한 인물들 가운데 많은 이들에 대한 책을 썼다. 그는 자신의 작업을 통해 중세가 역사가에 의해 무시되는 것은 바로 그 역사가 자신을 위험에 빠뜨릴 뿐임을 입증하였다.

인간 역사 가운데 거의 천 년 동안 철학을 경유하여 그리 많은 일이 일어나지 않았다는 견해가 받아들여졌다. 이 이상스런 신화는 (레진 페르누[Regine Pernoud]가 끊임없이 우리에게 상기시켜주듯이) 아직도 많은 이들을 사로잡고 있다. 하지만 질송 이후에, 중세철학에 대한 무지는 본인 책임이다. 이 널리 통용되는 견해에 응답해서, 질송은 근대 사상가들의 얼굴을 그 중세적 맞상대와 맞서도록 배치하는, 현대 철학에서 언급되지 않는 전제들에 주의를 기울였다.

많은 근대 사상의 여러 전제 가운데 하나는, 정신의 진지한 사용이 반드시 종교적 신앙의 포기로 이끌어져야 한다는 것이다. 대부분의 경우에 이것은 검토되지 않은 편견이다. 글쎄. 중세의 사상가들은 정신을 진지하게 사용하는 것이 신앙에 지지를 보낼 것이라고 가정하였다. 더욱이 계시된 진리는 이교도들로서는 꿈도 꾸지 않은 철학적 진리들에 대한 암시를 제공하였다. 질송은 그가 '그리스도교 철학'이라고 부른 것의 주창자가 되었다. 곧 신앙의 분위기 안에서 계속하고 참으로 그것에 의해서 영감을 받아 지지되는 그런 사상이다. 그의 기포드 강연의 출판물인 『중세철학의 정신』은 이 입장에 대한 설득력 있는 개진이다.

질송의 학술적 경력은 릴대학에서 시작되었지만, 전쟁 포로로 잡혀 있던 제1차 세계대전이 끝난 다음에는 소르본대학으로 옮겨갔다. 초기에 그는 성 토마스의 사상에 대한 요약적 작품인 『토미즘』(*Le Thomisme*)을 출판했는데(1919), 이어지는 여러 차례의 증보 개정판은 그야말로 질송 자신의 철학 발전의 궤적을 보여준다. 질송은 1926년에 처음으로 미국을 방문했고, 하버드대학과 버지니아대학에서 열렬한 환영과 환대를 받았다. 하지만 북아메리카 대륙에서의 질송의 영향력을 널리 그리고 깊이 각인시킨 것은 1929년 교황청립 토론토중세연구소(Pontifical Institute of Mediaeval Studies)의 창립이었다. 그때부터 그의 연간 활동은 프랑스와 캐나다로 반분된다. 그 연구소는 바실리오회 신부들 덕분에 그가 자신의 학술 실천들을 기획물로 바꿀 수 있는 기회를 제공하였다.

연구소의 목적은 『신곡』(神曲, *Divine Comedy*)을 지성적으로 읽을 수 있는 사람들을 배출하는 것이라고 그는 말했다. 그것은 하나의 '구호'(mot)처럼 들리지만, 사실은 참된 지혜의 요약이다. 단테의 작품은 13세기의 결실이고, 그 모든 것은 다 이전에 지나간 것들이다. 그것을 제대로 평가하기 위해서는 그것의 선배들에 대한 깊은 이해가 요구된다.

자신이 맺을 수밖에 없는 교제에 대해 개탄하게 되는 것은 참으로 독창적인 학자의 표지다. 진리 추적, 수고스런 탐구, 인내로운 독서의 시간 등은 현명한 사람이 지혜를 향해 정신의 문을 열고 단순한 사람과 소통할 수 있도록 의도된 것이다. 학계(學界, academe)의 어두운 면은 그것이 하나의 길드로서, 재능이 거의 없더라도 그 기교와 기술이 거의 누구에게나 가르쳐질 수 있어서 궁극적 요점이 쉽사리 시야에서 사라진다는 사실이다. 그 광경에 너털웃음으로 응답할 어떤 사람을 칭송하기 위해 반 시간이나 장광설을 늘어놓는 현학자가 생각난다. 질송은 후기 작품들을 일반적으로 학자가 아니라 지성인을 염두에 두고 집필한 현자이다.

질송은 토마스 연구 전통뿐만 아니라 자신의 동료 토미스트들 가운데 상당수에 대해 부정적인 생각을 품게 되었다. 그가 죽은 뒤에 앙리 드 뤼박 추기경 자신이 편집해서 내놓은 서신에서, 질송은 비오 12세처럼 예수회의 초자연(the supernatural) 이론을 오해한 이들을 거슬러 드 뤼박의 편을 들기로 고무되었음을 볼 수 있다.

마찬가지로 질송 사후에 출간된 자크 마리탱과의 서신교환집(correspondence) 편집인이 그가 아먼드 마우러(Armand Maurer) 신부에게 보낸 편지 한 통을 포함시켰는데, 거기에서 그는 반세기가 지난 다음에야 비로소 마리탱과 자신 사이의 차이를 이해하게 되었다고 말하고 있다. 질송은 자기 자신은 "오로지 역사만이 할 수 있는, 성 토마스의 가르침의 진정한 의미를 추적하는(ascertain) 사람인 데 비해, 그[마리탱]는 내내 자신이 성 토마스의 사상을 '계속하고'(continue) 있기 때문에 자신을 성인의 참된 제자로 간주하고 있었다"고 말했다.

이것은 충돌이 아니라 대조이고, 토마스 아퀴나스의 두 명의 위대한 프랑스 제자인 자크 마리탱과 에티엔 질송의 묘비명 역할을 할 수 있을 것이다.

11. 1930년대 질송: 철학적 방법론

로렌스 수크

1. 방법으로서의 그리스도교 철학

1930년대 초 질송은 '그리스도교 철학'이라는 표현이 정당하다는 것을 철학자들에게 납득시키려고 노력하였다. 질송은 이 용어를, 중세 그리스도교 사상 가운데 진정으로 철학적인 부분, 즉 신의 계시의 맥락 안에서 자율적으로 기능하는 인간 이성의 작업을 의미하는 것으로 사용하였다. 이 용어 자체는 새로운 것이 아니었고, 가끔은 신학적으로 사용되기도 하였다. 아우구스티누스는 이교도의 지혜로부터 그리스도교적인 지혜를 구별하기 위하여 이 용어를 사용하였다. 에라스무스는 신의 지혜가 인간에게 제공할 수 있는 무한한 발전 가능성을 강조하는 데 사용하였고, 루터와 칼뱅은 인간과 그 기술들이 예수 안에서 충만한 구원에 이른다는 것을 가리키는 데 사용하였다. 그리고 교황 레오 13세는 회칙 『영원하신 아버지』의 제목으로 사용하였다. 질송은 그 표현이 중세의 작품들 속에 언제까지나 현존하고 있는 합리화 유형을 가리키는 데 유익한 결실을 낼 수 있다고 주장하였다. 그 용법에 대해서 그가 특별한 역량과 에너지를 가지고 옹호하게 되는 두 번의 기회가 있었다. 하나는 1931년 '프랑스철학회'의 기회였고, 다른 하나는 1931-32년 사이에 에버딘대학에서 가졌던 기포드 강연(Gifford Lecture)이었다.

그 학회가 열렸을 때, '그리스도교 철학'에 대한 논거가 논쟁의 성격을 취하게 되었는데, 그것이 처음은 아니었다. 이미 1924년에 피에르 망도네는 질송의 『성 보나벤투라』에 대한 서평에서 이 용어를 단호하게 비판하였다. 망도네는 만일 어떤 그리스도교 철학이 있었다면, 그것은 오직 성 토마스 안에서만 발견될 수 있다고 주장하였다. 토마스가 중세 사상가 가운데 유일하게 사고에 적절한 합리적 토대를 주었기 때문이라는 것이었다. 그 뒤 질송이 성 아우구스티누스 안에서 또 하나의 그리스도교 철학을 발견하게 되었을 때, 이어지는 공격과 충돌들이 있었다.

1928년 질송의 소르본대학 동료 철학사가인 에밀 브레이에(Emile Brehier)는 벨기에고등연구소(Institut des Hautes Etudes de Belgique)에서 가진 세 차례 강연에서, 중세는 그리스도교 철학이라고 말할 수 있는 어떠한 운동도 포함하고 있지 않다고 힘주어 강조하였다. 아우구스티누스는 그저 할 수 있는 만큼 그리스 철학을 그리스도교와 접목시켰고, 그 이후의 다른 사상가들도 마찬가지였다. 그리고 토마스는 철학적 진리가 결코 계시 진리에 모순될 수 없으며, 따라서 오직 그리스도교 계시의 '시녀'(ancilla theologiae)로 간주되어야 한다고 주장하기 위해서 단순히 모순율로부터 영감을 얻었을 뿐이라는 주장이다. 브레이에에 따르면 토미즘은 자율적 이성의 산물이 아니라, 당시 지성계를 지배하는 데 투신하였던 성직자와 수도자들의 산물이었다. 16세기에 그들의 지배가 끝나게 되었을 때, 그 어떤 철학자도 신학의 구조 속에서 작업하는 일을 계속하지 않았다. 브레이에는 올바른 질문을 던진 그 어떤 철학사가도 그리스도교 철학이라는 것이 있었다고 결론지을 수 없을 것이라고 주장하였다.[1]

질송은 브레이에에게 동조할 수 없었다. 그는 중세에 진정한 철

---

1. Cf. E. Brehier, "Y-a-t-il une philosophie chretienne?", *Revue de metaphysique et de morales* 38(1931), pp.133-162.

학들이 있었다고 믿었고, 그리스도교 신학자들이 그리스 철학을 그리스도교의 신념들과 단순하게 연결시키는 것 이상의 일을 했다고 주장하였다. 그들은 형식에 있어서나 내용에 있어서 그리스도교적인 철학을 창조하였던 것이다. 학회 모임은 1931년 3월 21일에 있었다. 그 학회가 있기 며칠 전에 펠란(Phelan)에게 보낸 편지에서 질송은 토론이 전개될 대강의 개요를 그려보였다:

> 다음 토요일에는 철학회 모임이 있을 예정입니다. 거기서는 '그리스도교 철학 관념'이 논의될 것입니다. 그 모임에는 브레이에(반대), 마리탱(찬성), 브랑슈빅(반대)을 비롯한 많은 사람이 참여할 것입니다. 한바탕 논전이 벌어지겠지요(Quelle salade!). (1931.3.18.)

'다른 많은 사람들' 가운데에는 레옹(Xavier Leon), 르 로아(Eduard Le Roy), 르노아르(Raymond Lenoir)도 들어 있었다. 블롱델과 슈발리에(Jacques Chevalier)는 참석하지 않고 의견만 프린트물로 전달했다.

토론에서 질송은 그리스도교 철학을 증명하기 위해 세 가지 기본 논거를 활용하였다. 1) 우선, 그리스도교 안에는 실천적이고 사변적인 요소들을 넘어 신앙으로부터 분리되지 않은 이성의 그리스도교적 실행이 있다고 주장한다. 특히 철학과 순수 형이상학을 위해서는 "철학적 영감의 원천으로서 성서와 복음"으로 향할 때, 얻을 것이 무척 많다. 2) 이런 이성 실행의 오랜 전통이 있다: 유스티누스, 락탄티우스, 아우구스티누스, 안셀무스 등. 3) 이 그리스도교 철학은 정확한 방식으로 최고의 존재(탈출기의 '나는 존재하는 자이다')를 표현하고, 이렇게 해서 존재의 형이상학적 우위를 주장한다.

브레이에와는 달리, 질송은 철학 체계들을 점점 덜 중요한 것으로 간주한다. 그 대신에 아리스토텔레스, 토마스, 베르그송 같은 철학자들이 그에게는 점점 더 중요한 의미를 지니게 되었다. 질송은 진정한 철학을 구성하는 것이 '철학 활동'이라는 사실을 깨닫기 시작하였다. 피상적으로 볼 때, 이 결론은 본질적으로 행동으로서의 철학 개념에 접근하고 있던 블롱델의 입장과 매우 유사한 듯이 보인다. 그렇지만 둘 사이에는 근본적인 차이가 있다: 블롱델의 "행동 철학"은 호교론적이었던 데 반해, 질송의 경우는 인식된 진리에 대한 자율적 사변이었다.

블롱델은 학회의 역사적 모임에 참석하지 않고 프린트물을 통해서 질송의 입장에 대한 자신의 반론들을 표출하였다. 학회의 규칙에 따르면, 그런 프린트물은 발제자가 발제문 속에서 그에 대한 응답들을 포함시킬 수 있도록 발제자에게 미리 제출되어야 했다. 블롱델은 이 프린트물을 제출했으나, 학회 총무인 레옹을 설득해 자신이 질송의 답변들을 미리 읽도록 놔두었다. 그 뒤 블롱델은 첫 번째 원고 대신 두 번째 원고로 대체하였고, 그래서 질송은 그것에 대해 응수할 수 없었다. 질송은 블롱델의 처신이 반칙적이고 음흉하다는 것을 눈치 챘으며, 그다음부터는 그를 정직한 학자로 보지 않았다. 토론토에 있는 '질송 서고'(Gilson Archives)에는 블롱델의 긴 첫 번째 원고가 보관되어 있다. 질송은 자신이 받은 그 원고 위에 다음과 같이 메모하였다: "[블롱델의] 관찰 초고: 그는 (나의 절친한 친구인 레옹이 그에게 별 생각 없이 전해준) 나의 응답을 들은 후에 이것을 두 번째 원고로 대체해 버렸다."

블롱델의 이 두 번째 프린트물은 첫 번째 원고에 비해 음조가 좀 더 혹독하고 덜 조심스러웠다. 블롱델은 질송이 아직도 모든 것을 한 폐쇄된 체계 속에 개념화하고자 한다고, 따라서 진정한 철학자가 아니라고 비난을 퍼부었다. 그는 덜 역사적이고 좀 더 철학적이며 동시에 좀 더 (정의되고 종별화된) 가톨릭 교리에 충실한 입장을 취하는 "개방된 철학"을 요구하였다. 그는 이렇게 물었다: 왜 '가톨릭' 철학에 대해서는 말하지 않고 오히려 그리스도교 철학에 대해서 말하는가? 그러나 이보다는 역사주의라는 비난이 질송에게는 더욱 치명적이었다.

주석학, 호교론, 그리고 심지어는 신학 속에서 [질송은] 자신의 뛰어난 지향들과는 동떨어져서 '역사주의'의 일탈들을 고발한다. 역사는, 전문적인 의미에서, 그 자체로 시간과 공간 속에서 포착된 사실들과 관념들로부터 동떨어진 최고의 실재를 분별할 자격이 없다. (*Bulletin de la Societe Francaise*, 1932, p.89.)

자신의 나머지 생애 동안에도 질송은 여러 차례에 걸쳐서 이런 역사주의라는 비난에 직면하게 될 것이었다. 그러므로 그가 블롱델에 대해 얼마간 냉랭해지고 심지어는 시큰둥하게 대하기까지 했다고 해서 놀랄 일이 못된다. 질송의 몇몇 친구들(그 가운데에는 드 뤼박도 있었다)은 이러한 냉랭함의 이유를 납득하지 못했다(1975년의 인터뷰).

질송은 초창기에도 블롱델의 행동 철학에 동조한 적이 없었다. 그런데 1931년에는 블롱델이 그 어느 때보다 지나치게 호교론자가 되어 있었다. 1932년 초에 펠란에게 보낸 편지에서 질송은 이 점을 분명히 밝히고 있다:

모리스 블롱델은 그리스도교 철학자라기보다는 가톨릭 철학자가 되어가고 있다. 그는 '가톨릭 철학'을 그리스도교 철학이 아닌 철학이거나 아니면 참된 한에서만 그리스도교적인 철학을 가리키는 것으로 의도하고 있다고 나는 단정한다. (1932.3.11.)

이때부터 그리스도교 철학의 이런저런 측면은 질송을 다양한 신스콜라 철학자들, 토미스트들, 그리고 다른 가톨릭 철학자들로부터 분리시켰다. 확실히 그리스도교 철학은 그와 그들 사이의 만남과 충돌을 훨씬 용이하게 해주는 시금석이 되었다. 질송과 마리탱은 이 점에 있어서 언제나 매우 가까운 채로 남아있었다. 비록 마리탱이 그리스도교 철학에 대해서 역사적으로보다는 이론적으로 접근하는 것이 더 낫다고 주장하였음에도 불구하고, 그는 질송이 이 주제에 대해서 "강력한 추동력"과 "역사적 명료화"를 가져왔다는 것을 인정하였다. 마리탱은 질송과의 "근본적 일치"도 인정하였다. 그는 "그리스도교 철학 관념에 대해서"("De la notion de philosophie chretienne", in *Revue neo-scholastique* 34[1932], pp.155-186)라는 논문에서 이 주제를 명시적으로 취급하며 자신은 질송의 입장을 지지한다고 선언하였다. 그러나 질송과는 달리 "이론적 해결책의 요소들을 결합"하고, "종별화 질서와 실행 질서", 즉 본성과 조건 사이를 구별하였다. "나는 철학의 본성(그 자체로 본 철학)과, 그것이 구성되는 역사적 시기 속에서의 인간 주체 속에 있는 조건 사이를 구별해야 한다고 말하고 싶다"(p.160). 마리탱은 철학의 영역이 순수 자연적이라고 보는 블롱델에게 동조하지 않았고, 블롱델이 자주 질송의 입장을 오해하고 있다고 느끼고 있었다.

학회 모임 이후에 '평신도' 철학자들은 계속해서 '그리스도교 철학'을 배격하였지만, 많은 가톨릭 철학자는 그 용어뿐만 아니라 그 내용까지도 받아들이기로 결정하였다. 그렇지만 많은 사람들은 이 표현의 정확한 의미에 대해서 그리고 그것을 효과적으로 활용하는 방법 등에 대해서는 질송의 견해에 찬동하지 않았다.[2] 방 스텐베르겐이나 가브리엘 마르셀(Gabriel Marcel) 같은 사람들은 '그리스도교

---

2. 방 스텐베르겐의 비평 참조: F. Van Steenberghen, in *Revue neo-scholastique* 34(1932), pp.362ss.; 35(1933), pp.106ss., 230ss.; 마르셀의 비평: in *Revue des jeunes* 15(aprile, 1932), pp.308ss. 슈뉘의 주해들을 보기 위해서는: Cf. Chenu, "Note pour l'histoire de la notion de la philosophie chretienne", *Revue des sciences philosophiques et theologiques* 21 (1932), pp.231-235.

철학'이 단지 신학을 부르는 다른 이름에 지나지 않는다고 주장하였다. 슈뉘 신부 같은 사람들은 이 표현을 대체로 질송이 사용하는 방식대로, 즉 종교적 교리의 맥락 속에서 수행되기 때문에 '사실상' 더욱 풍요롭고 더욱 왕성한 여하한 철학 체계나 진정한 철학함의 방법에도 적용될 수 있는 것으로 사용하였다. 슈뉘에 따르면, 그리스도교 철학은 신학 속에 필연적으로 현존하고 있는 것이 아닌, 본질적으로 합리적인 요소를 지니고 있다. 1933년 9월 11일 쥐비시에서는 "그리스도교 철학"을 주제로 '토미스트회 학술대회'가 열려 신스콜라 학자, 토미스트, 그리고 다른 학자들이 열띤 토론을 벌였다.

질송은 좀 더 나이가 들었을 때, 그리스도교 철학을 설명하려던 자신의 투쟁이 과연 그럴 만한 가치가 있었는지를 자주 물었다. 그렇지만 만일 1930년대에 지쳐서 물러나 버렸더라면, 『중세철학의 정신』(기포드 강연, 1932)과 『철학적 경험의 일치』(제임스 강연, 1937) 같은 걸작은 출간될 수 없었을 것이다.

2. 기포드 강연, 1931-1932

1930년에 질송은 에버딘대학에서의 강연 계획을 확정하기 위해서 존 레어드(John Laird) 교수와 계속 접촉하였다. 질송은 이제 자신이 고대 그리스 철학이나 근대 서양 철학과는 구별되면서도 진정한 철학인 중세철학에 대해서 말하고 싶어 한다는 것을 깨달았다. 하지만 그는 파리와 토론토에서의 일상 과업들을 그대로 수행하는 가운데 20개의 강연으로 이루어진 2년짜리 과정을 어떻게 준비해야 좋을지 알지 못했다. 레어드는 그에게 "반즈 주교의 전략"에 따라 모든 1년짜리 강좌를 둘로 나누라고 권하였다. 그래서 그 강연들은 한 묶음에 다섯 개의 강연으로 이루어진 네 묶음으로 짜여지게 되었다. 첫 번째는 1931년 2월 16일부터 20일 사이에 펼쳐졌고, 두 번째는 1931년 5월 29일부터 6월 2일까지, 세 번째는 1932년 2월 8일부터 12일까지, 그리고 네 번째는 1932년 5월 30일부터 6월 3일까지 이루어졌다.

질송은 자신의 강연에 어떤 제목을 붙일까 망설이다가, 그 문제를 해결하지 못한 채 일단 "중세철학과 그 현대적 가치"라고 정했다. 그러나 1932년에 브랭 출판사에서 두 권으로 출판하기 위해 원고를 넘길 때 제목을 바꾸어『중세철학의 정신』(L'esprit de la philosophie medievale, Paris, Vrin, 1932)이라고 붙였다.[3] 비록 '정신'이라는 말이 다소 연관성이 적은 듯이 여겨졌지만, 어디까지나 중세철학에서의 신앙의 역할을 남겨두려는 것이었다.

질송은 첫 번째 강연을 그리스도인, 유다인, 이슬람인이 아리스토텔레스와 플라톤 및 다른 그리스인의 가르침과 신의 계시를 조화시키려는 목적에서 창안한 가르침들의 집합체인 "스콜라학"에 대한 짧은 분석으로 시작하였다. 스콜라 학자는 비록 그리스 철학에 대해서 적대적이지는 않았지만, 그것이 인격적 하느님과 무로부터의 창조에 관한 구체적인 계시 내용을 결하고 있다고 간주하였다. 그들은 계시가 거의 모든 그리스 철학에 대하여 그 오류들을 교정하면서 정당한 해석을 주고 있는 것으로 보았다. 이 스콜라 학자들은 그들이 그릇된 이성에 대립하여 올바른 이성을 견지하는 한에서 철학자들로 간주되었다. 계시는 이교도 세계를 구원한 것처럼 그리스 사상도 구원할 수 있었다.

근대 철학자들은 스콜라 학자들을 철학자로 간주하는 것이 더 적절한지 아니면 신학자로 간주해야 하는지를 묻기 시작하였다. 질송은 그들이 철학을 수행하기도 한 신학자들이라는 결론에 도달하였다. 그리고 토마스, 보나벤투라, 아우구스티누스 같은 위대한 학자

---

3. 이탈리아 번역본.

들의 철학적 공헌을 정당화하기 위하여 그들의 철학자들로서의 진정성을 주장하였고, 그 철학적 사변이 신앙이 끝나는 곳에서 시작한다는 사실 때문에 훨씬 더 건전하다고 확신하였다

스콜라 학자들에 대하여 다른 질문들도 제기되었다. 중세 학자들은 참으로 철학자로 간주되고 있었는가? 그리고 근대 학자들은 중세의 사변에 대해서 과연 얼마만큼이나 진정으로 알고 있었는가? 혹시 많은 근대 철학자들 자신들도 어느 정도의 믿음 위에서 자신들의 철학을 구성한 탓을 저지르지는 않았던가? 이 마지막 질문에 관해서 질송은 이미 자신의 초창기 연구들을 통해서 데카르트가 자신의 철학적 입장에 신앙으로부터 영향을 받았으며, 말브랑쉬, 라이프니츠, 그리고 심지어는 칸트까지도 마찬가지였다는 것을 알고 있었다. 칸트를 다만 그의 『순수이성비판』과 동일시하는 사람들은 그가 『실천이성비판』도 썼다는 것을 망각하고 있었다. 심지어 신의 전능과 "무지한 우리 선조들의 엉터리 가설"을 배격한, 『묶이지 않은 신념』(Belief Unbound, 1930)을 쓴 철학자 몬태구(W.P. Montague)는 마침내 "유아기에 흡수한 복음에 대한 기억 …신성한 민간전승인 대중적 신념 체계의 한 아름다운 예"인 새로운 종교에 대한 신념이 대단히 확고하였다(『중세철학의 정신』, p.25).

두 번째 강연에서 질송은 "그리스도교 철학의 의미에 관하여 그리스도교 철학자 자신들이 물은" 것을 추적하며(p.25), 그들의 답변을 역사적 틀 속에 자리매김한다. 유스티누스, 락탄티우스, 아우구스티누스, 안셀무스 안에서 질송은 이 고전적 학자들이 "이성이 계시에 빚지고 있는 것에 대해 말할 때" 의도하고 있던 것을 진실되게 평가할 수 있었다(pp.36-37). 이어지는 강연들에서는 중세의 위대한 주제들을 검토한다. 세 번째 강연에서 질송은 존재로서의 신이라는 스콜라학적 신 관념을 고찰하고 존재의 필연성을 추적한다. 이어지는 강연들은 우연성, 유비, 원인성, 목적성, 그리스도교 인격주의,

사랑과 자유의지 등을 차례로 검토하고 있다.

질송은 다음과 같은 놀라운 주장으로 강연을 끝맺고 있다. "아리스토텔레스에 대한 중세의 주해서들을 읽으면 읽을수록, 그 저자들이 자신들이 하고 있던 바의 의미를 깨닫기 위하여 어디에 매달려야 하는지를 정확하게 알고 있었다는 확신이 들게 되었다"(p.505). 스콜라 학자들은 최소한 "주해하는 철학자들"이었고, 질송에게는 이것이 그들이 사실상 철학자라는 것을 의미했다. 그는 다음과 같이 결론짓고 있다. 만일 흔히들 말하듯이 "토마스는 어린 아이였고 데카르트는 어른이었다면, 우리는 노쇠해 버렸을 것이다"(p.506).

첫 번째 묶음의 강연들은 대단한 호응을 얻었다. 스코틀랜드의 철학자들은 중세 그리스도인들의 철학하는 방식에 대한 질송의 설명을 받아들였고, 스코틀랜드의 가톨릭인들로서는 그가 전투적인 프로테스탄트인 에버딘대학과 협력하는 것에 대해서 혼란스러워 하지 않았다. 그의 강연들에 대한 일반적인 관심이 질송으로 하여금 "그리스도교 철학"이라는 용어를 계속 사용해야겠다고 결심하는 데 기여했다는 점은 의심의 여지가 없다.[4] 질송은 이 첫 번째 묶음의 강연들에 대해서 크게 만족하였고, 이 사실을 티보도(Thibaudeau) 여사, 펠란(Phelan) 박사, 그리고 맥코킬(McCorkell) 신부에게 보낸 서한에서 흥분해서 말하고 있다. 조지 베넷(George Benett) 주교가 임석한 것도 프로테스탄트대학에게는 특별히 의미 있는 일이었다. "종교개혁 이래 처음으로 가톨릭의 한 주교님이 그 대학을 방문하였습니다. …개신교도와 가톨릭인들 모두 한결같이 흡족해했습니다. …나는 지금 성 토마스를 (적어도 희망하건대) '웨스트민스터 고

---

4. 그렇지만 질송이 파리로 되돌아오는 길에 한 차례 강연을 하기 위해 옥스퍼드에 머물렀고, 성 베르나르두스, 파스칼, 메인 드 비랑을 가리키기 위해서 '은총의 철학자들'(philosophes de la grace)이라는 표현을 사용하였다는 사실에 주목하는 것은 흥미롭다.

백'을 위한 철학적 정당화로서 가르치고 있습니다"(1931.3.18. 맥코킬에게 보낸 서한).

두 번째 묶음의 강연들은, 가톨릭 주교인 윌리엄 엘핀스톤(William Elphinstone)이 그 대학을 설립한 지 500주년을 기념하는 기념식과 맞물리게 되었다. 질송과 베넷 주교, 그리고 몇몇 프로테스탄트 교회의 유력자들이 명예박사 학위를 받았다. 이 5월의 기념식은 철저하게 종교적이고 프로테스탄트적이었으며, 질송으로 하여금 자신의 그리스도교 철학도 프로테스탄트 사상을 위한 함축을 지니고 있고, 그래서 신스콜라 철학의 자율성을 위협하는 것과 마찬가지로 프로테스탄트 신학의 자율성도 위협하고 있다는 생각이 들게 만들었다. 따라서 질송이 프로테스탄트 사상에 주의를 기울이기 시작한 것도 결코 우연이 아니다. 그렇지만 그가 이것이 자신의 나머지 강연들에 영향을 미치지 않게 하였다는 점은 깊이 생각해보아야 할 일이다. 왜냐하면 그의 역사적 원칙들이 중세 사상을 검토하는 데 있어서 프로테스탄티즘과 같은 비교적 근대적 현상을 도입하는 것을 허용하지 않았기 때문이었다. 그럼에도 불구하고 기포드 강연 시기쯤에 질송은 신스콜라학과 신토미즘뿐만 아니라 16세기의 새로운 그리스도교에 대해서도 그 철학적이고 역사적인 정당성을 진지하게 검토하고 있었다. 그리고 그리스도교 철학은 이 모든 영역에 깊은 영향을 미치고 있다는 것을 확인하였다.

프로테스탄트 신학에 대한 질송의 지대한 관심은 루터에 관한 고등연구학교(Ecole pratique des Hautes Etudes)의 한 강좌에서 드러나기 시작하였다. 이것은 1920년대 질송의 강의들에서의 루터가 아니라, 그리스도교 철학이라는 맥락 속에서의 루터였다. 세 번째 묶음의 강연을 끝마친 직후에 질송은 펠란에게, 20명의 프로테스탄트 학생이 자신의 루터 강좌에 등록하였다는 편지를 보냈다. 그는 탁월한 신학자라고 여겨지는 칼 바르트에게 몰두하기도 하였다.

저는 지금 칼뱅과 루터의 교리를 잘 알고 있는 진정한 신학자 칼 바르트에 대해서 연구하고 있습니다. 그는 최근 성 안셀무스에 관한 책을 출판하였는데, 이에 대해서는 숄츠(Scholz)가 응답을 준비하고 있습니다. 피터 부스트(Peter Wust)는 프로테스탄트와의 열띤 논쟁을 전개하고 있고, 그 자신도 최근에 그리스도교 철학에 관한 (제가 보기에는 대단히 훌륭한) 논문을 발표하였습니다. 거기서 그는 프로테스탄트들이 더 이상 '자연'(natura)을 가지고 있지 않기 때문에 철학에 대해서 어떤 권리를 주장할 수 없을 뿐만 아니라, 도덕 철학에 대해서도 아무 권리가 없다는 논거를 제시하고 있습니다. 이것은 멀리까지 그리고 매우 깊은 영향을 미칠 것입니다. (1932.3.11.)

다음해인 1933년에 질송은 프로테스탄트 신학에 대한 자신의 분석을 칼뱅 교리에 대한 이해로까지 확장시켰고, 파리의 프로테스탄트 신학부에서《신학의 본성, 또는 이해를 추구하는 신앙》(La nature de la theologie, o Fides quaerens intellectum)이라는 제목의 강좌를 열었다. 1934년 칼 바르트는 같은 학부에서 비슷한 제목의 강좌를 열어 질송의 강좌에 대해서 응수하였다. 질송은 자신이 가지고 있던 모든 권리와 그에게 말할 책임까지도 파리에서의 협력자인 오도넬(Robert O'Donnell) 신부에게 넘겼다.

이미 1925년에 프로테스탄트 호교론자인 피에르 자카르(Pierre Jaccard)는 질송의 가르침이 프로테스탄트 신학을 위협하는 방향으로 흐르고 있다는 것을 간파하였다. 그는 로마의 비타협성에 대해서 말하였고, 다양한 토미즘 운동을 반종교개혁의 연속으로 간주하였다. 그리고 덧붙여서 질송이 장소를 바꿔 토미즘을 프랑스 대학들 속에 자리매김하고 철학사 안에서 재정립하고 있으며, 특히 중세철학들이 통일된 것이 아니라 근본적으로 서로 다르다는 것을 인정하고 있다고 말하였다. "그는 신토미스트들과 보조를 맞추고 있지만, 과연 오래 갈 수 있을까? 나는 그렇지 않으리라고 본다." 자카르는 토미즘에 대한 자신의 혐오감 때문에, 그리고 "자신의 뛰어난 전략 때문에" 질송의 연구의 함의들에 대해서 염려하고 있었다. 그 뒤, 기포드 강연이 끝날 때에 빌헬름 로트(Wilhelm Rotte)는 질송의 그리스도교 철학을, "그리스 이성주의로부터 출애굽의 형이상학으로의 전선을 변경함으로써 그리스의 전망을 바꾸어 성서적 전망으로 재정위시키는 것"이라고 묘사하였다.[5] 라인홀트 니버(Reinhold Niebuhr)의 1936년도 서평을 포함하여 많은 프로테스탄트 신학자들이 『중세철학의 정신』에 대하여 날카로운 비평을 하였다.

이 시기에 질송은 그리스도교 철학에 관한 연구를 역사를 넘어 신학으로까지 밀고 나아갔다. 자연을 분석하고 루터교, 칼뱅교, 가톨릭교, 그리고 신학 자체를 철학의 맥락 속에서 연구하면서, 질송은 그리스도교 철학의 이론적 뿌리를 가톨릭 신앙의 본질 자체 속에서 발견할 수 있기를 바라고 있었다. 그리고 이 분석의 결과들을 『그리스도교와 철학』(*Christianisme et philosophie*, Paris, Vrin, 1936)이라는 제목으로 출판하였다. 질송이 펠란에게 이 책을 보내며 함께 보낸 쪽지에서는 자신이 루뱅 철학자들과의 논쟁을 내다보고 있음을 시사하고 있다. "당신에게 막 출판된 소책자 『그리스도교와 철학』을 보냅니다. 그것은 순수 신학을 다룬 것이지만, 출판 허가는 받았습니다. 당신은 이제 곧 제가 루뱅에 발을 들여놓을 수 없게 되었다는 소식을 듣게 될지도 모르지요"(1936.7.19.).

질송은 자신이 메르시에의 몇몇 주장에 의문을 표시한 점에 대해서 루뱅이 불쾌한 반응을 보이리라고 내다보고 있었다. 특히 질송

---

5. 자카르의 견해를 보기 위해서는: Cf. Jaccard, "La melee thomisme en France en 1925", *Revue fe theologie et de philosophie*(Lausanne) 14(1926), pp.51-75. 그리고 로트를 보기 위해서는: Cf. Rotte, "Der Neuthomismus in Frankreich. Im Anschluss an Jacques Maritain und Étienne Gilson", *Theologische Literaturblatt* 2(1933), pp.78-90.

은 "신의 실존은 신적인 신앙 활동의 대상이 될 수 없다"는 메르시에의 주장에 대해 반론을 제기하였다. 만일 그것이 사실이라면 가톨릭 신앙은, 칼뱅주의자들이 비난한 것처럼 "무류적인 교회의 가르침에 대한 순수하고 단순한 지성적 동의"로 환원될 것이기 때문이었다. 질송은 루뱅의 몬시뇰 노엘에게 자신의 책을 보냈고, 다음과 같은 답신을 받았다.

처음에는 당신이 인용하고 있는 메르시에 추기경의 텍스트들이 저를 놀라게 만들었습니다. 뒤에 저는 제가 지니고 있는 『교재』의 판본 속에는 그 구절들이 들어 있지 않다는 것을 확인하게 되었습니다. 그것은 메르시에가 대주교이던 시절에 덧붙여진 것이고, 이 사실에 대해서 저는 매우 놀랍게 생각하고 있습니다. 왜냐하면 그때 그는 자신이 쓴 철학 서적들에 대해서 더 이상 손을 대지 않았기 때문입니다. 그래서 저는 이 구절들이 과연 그의 손을 거친 것인지 확신이 서지 않습니다.

저는 제가 개인적으로 그렇게 표현했으리라고는 믿지 않습니다. 그렇지만 메르시에가 자신의 텍스트에 그런 가필을 하였거나, 아니면 주교 시절에 사도직을 수행하면서 다른 사람들로 하여금 그렇게 하도록 시켰을 수도 있다는 사실은 매우 흥미롭습니다. 아마도 '근대주의자들'의 사상에 대해 반대하려고 했던 것 같습니다. 요컨대 그가 말하고 있는 것은 논리학 속에서 신앙 행위와 신빙성의 동기들에 대한 신학자들의 당시 통용되던 가르침에 대한 것입니다. (Noël a É. Gilson, 1936.8.18.)[6]

---

6. 방 스텐베르겐의 글(Van Steenberghen, "Étienne Gilson et l'Universite de Louvain", Revue Philosophique de Louvain 85[1987], pp.8-10) 속에서, 질송과 (질송이 '데카르트식 토미즘'이나 '칸트식 토미즘'이라고 부르게 될 것을 위해서 다른 토미스트들과 결속된 메르시에를 옹호하기 위해서 개입한) 몬시뇰 노엘의 관계에 대한 몇 가지 추가 정보를 제시하고 있다. 방 스텐베르겐에 따르면 질송은 "파리의 '정열'[verve]과 (좀 더 존중해야 할 사람들을 가차없이 취급하는) 신랄한 태도에 사로잡혀 있었다"(p.9).

랄프 맥도날드(Ralph McDonald)가 영어로 번역한 『그리스도교와 철학』(New York-London, Sheed & Ward, 1939)에서는 그 문제의 텍스트들을 더 이상 메르시에게 돌리지 않고, "메르시에의 제자들 가운데 한 사람"에게 돌리고 있는데(p.129), 나는 질송이나 펠란이 이 수정을 확인했는지 여부를 알지 못한다.

『그리스도교와 철학』의 출판은 그 문제 전체를 심층적으로 '그리스도교 철학'을 선호하는 쪽으로 돌려놓았고, 기포드 강연을 보완하였다. 프로테스탄트 신학부의 학부장인 포쉴(Maurice Posul)은 질송에게 그 작품 몇 부를 기증받고 정중한 답신을 보냈다.

> 당신이 지난 봄에 저희와 함께 시간을 허락해주셨던 그 저녁 시간이 이 값진 책을 출판하는 기회가 되었다는 사실은 생각만 해도 기쁩니다. 저는 흥분을 감추지 못한 채 그것을 읽었고, 열정과 명료함뿐만 아니라 특히 그 진지함에 경탄을 금치 못했습니다. …조직신학자가 아닌 저로서는 …언제나 그리스도교의 입장들을 원시 그리스도교와 대조해보곤 합니다. 저는 그리스도교 초창기에 '그리스도교 철학'과 같은 관념을 정당화하는 것을 조금도 발견하지 못했습니다. 이 점에서뿐만 아니라 다른 점에서도 저는 분명 이단적인 사람이겠지만, 저에게는 그리스도교와 철학은 서로 다른 차원에 자리 잡고 있는 것으로 여겨지고, (어떤 객관적인 타당성을 자처함이 없이) 어느 특정 시간과 공간을 통해서 그리스도교의 상징 역할을 한 그리스도교 철학을 기꺼이 크게 생각하고 싶습니다. 저는 사바티에(Sabatier)의 제자로 남아있고, 심지어 그보다 좀 더 멀리까지 밀고 나아가, 종교적 앎이 상징적이라고 말하지 않고 오직 종교적 상징들만 존재한다고 말하고 싶습니다. 이토록 멀리까지 나아가면서도 저는 저 자신이 사도 바오로의 그리스도교에 충실한 것이라고 말하고 싶습니다: '우리가 지금은 거울에 비추어 보듯 희미하게 보지만 그대에 가서는 얼굴을 맞대고 볼 것입니다'(1코린 13,12). (Posul a É. Gilson, 1936.9.18.)

12. 에티엔 질송: 그리스도교 철학자

아먼드 마우러

1. 생애[1]

에티엔 질송은 1884년 6월 13일 파리에서 태어났다. 그는 노트르담 드 샹 교구 신학교에 다녔는데, 거기서 고전을 배우고 문학, 음악, 종교 등에 심취하였다. 철학을 공부하기 위해 앙리 4세 고등학교에 들어가서 철학 학사학위를 받았다. 1903년에서 1904년까지는 노르망디에서 군에 복무하였다. 1904년에는 소르본대학에 등록하여 1905년에 석사학위를 받았고, 1907년에는 교육부 장관으로부터 교수 자격증을 얻었다. 소르본에서 그를 가르친 교수 가운데에는 브랑슈빅(Leon Brunschvicg), 로(Frederic Rauh), 뒤르켐(Émile Durkheim), 뤼시앙 레비브륄(Lucien Lévy-Bruhl) 모스(Marcel Mauss), 델보스(Victor Delbos) 등이 있었다.

앙리 4세 고등학교에서 공부하던 시절에 그는 콜레주 드 프랑스의 앙리 베르그송의 강의도 들었다. 베르그송의 철학은 그에게 하나의 계시와도 같았다. 그렇게 그는 처음으로 위대한 형이상학자를

---

[1] 질송의 생애와 사상 일반에 관해서는: Cf. Lawrence K. Shook, *Étienne Gilson*, Toronto, Pontifical Institute of Mediaeval Studies, 1984. 그리고 1978년까지의 질송에 관한 완벽한 참고문헌을 보기 위해서는: Cf. M. McGrath, *Étienne Gilson. A Bibliography. Une Bibliographie*, Toronto, PIMS, 1982.

직접 만났던 것이다. 그는 레비브륄의 권고에 따라, 데카르트의 스콜라학적 배경을 탐구하는 것을 소르본에서의 박사학위 논문 주제로 삼았다. 5년 동안 그는 두 개의 논문을 차례로 완성하여, 『데카르트의 자유와 신학』(*La liberte chez Descartes et la theologie*, 1913)과 『스콜라학-데카르트 철학 색인』(*Index scolastico-cartesien*, 1913)이라는 제목으로 출판하였다. 이 시기에 그는 다섯 개의 고등학교(부르엉브레스, 로셰포르, 투르, 생캉탱[오를레앙], 앙제)에서 강의를 하였다. 그는 앙제에 있으면서 학위논문 심사를 성공적으로 받았고, 대학교수로서의 강의를 준비하였다.

데카르트의 선구적 스콜라 학자들에 관한 탐구 작업은, 질송을 성 토마스와 다른 중세 신학자들의 작품을 읽는 데로 안내하였다. 당시까지 그는 스콜라 철학에 대한 지식을 전혀 가지고 있지 못했다. 1913년 릴대학 강좌를 맡았을 때 추가로 성 토마스에 대한 강좌를 열 기회가 주어졌다. 같은 해에는 성 보나벤투라의 사상에 몰두한다. 중세의 스승들에 대한 이 탐구 과정에서 그는 '진정한 철학'에 있어서 데카르트는 직접적으로 고대인들을 계승하였다는, (쿠쟁과 아믈랭으로 대변되는) 당대에 일반적으로 받아들여지던 개념은 거짓이라는 확신에 이르렀다. 왜냐하면 그것은 데카르트와 고대인들 사이에는 다른 철학자들이 없었다고 암시하는 것이었기 때문이다. 오히려 질송은 (당대로서는 그야말로 뜻밖에) 철학이 중세에 꽃피어났고, 데카르트는 수많은 관점에서 그 철학과 연결되어 있었다고 인정하기에 이르렀다. 그러나 그를 더욱 놀라게 만든 것은 스콜라학에서부터 데카르트의 철학에 이르기까지 형이상학의 극단적인 쇠퇴였다.

1914년부터 1918년까지 전쟁 동안에는 질송의 교육 경력이 중단되었다. 그는 상사로, 그리고 소위로 복무하였고, 1915년에는 전쟁십자훈장(Croix de guerre)을 받았다. 다음해에는 포로가 되어 전쟁이 끝날 때까지 수감생활을 해야만 하였다. 그럼에도 불구하고 그는 포로 생활 동안 영어, 독일어, 러시아어를 공부하였고, 성 보나벤투라의 작품에 대한 연구도 계속하였다.

전쟁이 끝나고 질송은 릴로 돌아와 중단되었던 교육 활동을 재개하였다. 얼마 뒤에는 스트라스부르대학으로 옮겨갔고, 『토미즘』(*Le thomisme*) 초판을 출간하였다(1919). 그 뒤 1921년부터 1932년까지는 소르본과 파리고등연구대학에서 가르쳤다. 1926년에는 도미니코회의 가브리엘 테리(Gabriel Thery, OP) 신부와 함께 연간 정기 학술지 『중세사상사고』(*Archives d'Histoire Doctrinale et Littéraire du Moyen-Age*)를 발간하기 시작하였다. 같은 해에 캐나다로 첫 번째 짧은 여행을 다녀왔는데, 이는 이후에도 여러 차례 반복될 것이었다. 여행 중에는 몬트리올에서 성 토마스와 프란치스코회 전통의 신학에 관해 한 차례 강연을 하였다. 같은 해 여름에는 버지니아대학에서, 그리고 가을에는 하버드대학에서 가르쳤다. 하버드에서는 1927년과 1928년 가을에도 강의가 이어졌다. 그가 캐나다 토론토로 짧은 여행을 다녀온 것은 1927년의 일이었다. 거기서 생마이클스 칼리지의 바실리오회 신부들과 함께 중세사상연구소(Institute of Mediaeval Studies)를 창립하였다. 이 연구소는 1929년에 공식적으로 출범하였다.

1929년부터 1940년까지 질송은 파리와 토론토에서 동시에 강의를 하였다. 1932년에는 콜레주 드 프랑스의 중세철학사 강좌에 초빙되었다. 이 기간 동안에 유럽과 미주로 여러 차례 여행을 하였고, 철학과 그 역사의 수많은 주제들에 관해 가르쳤다. 애버딘에서 가졌던(1931-1932) 그의 기포드 강연은 『중세철학의 정신』이라는 제목으로 출판되었다(1932; 2판, 1944). 그리고 1936년 하버드에서 가졌던 윌리엄 제임스 강연(William James Lectures)도 『철학적 경험의 통일성』(*The Unity of Philosophical Experience*)이라는 제목으로 출판되었다 (1937).

제2차 세계대전 동안에 질송은 파리에서 살며 콜레주 드 프랑스에서 강의하였고, 성 토마스, 성 아우구스티누스, 성 보나벤투라 등에 관한 초창기 몇몇 작품을 교정하였다. 그는 파리가톨릭대학에서 영성사 강좌를 받아들이는 기회에 취임 강연을 하기도 했다.

전쟁이 끝난 뒤에는 1945년의 샌프란시스코 회동, 1946년 런던의 유네스코, 그리고 1948년 헤이그 회동 등에 프랑스 사절단의 일원으로 참가하였다. 1947년에는 2년 동안 프랑스 공화국의 '원로'(Conseilleur)가 되었다. 그리고 같은 해에 아카데미 프랑세즈의 일원이 되는 더 큰 영예를 누리게 되었다. 1952년에는 루뱅의 메르시에 추기경 강좌에 취임하였고(*Le metamorphoses de la cite de Dieu*) 1955년에는 워싱턴에서 멜론강연을 하였다(*Painting and Reality*). 그리고 1956년에는 독일 정부로부터 "학문과 예술 분야"의 공로 훈장을 받았다.

겨울에는 통상적으로 유럽과 미주에서 강의를 하였고, 여름에는 부르고뉴 지방에 있는 베르망통의 집에서 쉬었다. 나중에는 크라방 부근에 있는 보다 작은 집에서 지냈다. 그는 자주 이탈리아 북부, 특히 베네치아로 휴가를 지내러 갔고, 거기서 '치니 펀드'(Fondazione Cini)를 위한 강좌를 열었다. 1978년 9월 19일 오세르에서 세상을 떠났다.

2. 중세철학에 대한 역사 편찬

소르본에서 질송을 가르친 교수들은 철학적 사변보다는 오히려 철학사에 더 관심을 기울이는 실증주의자들이었다. 게다가 그들은 종교적 신앙에 물들지 않은 '중립적 철학'을 가르치고 있었다. 어쨌든 그들은 질송에게 철학사에 적용되는 역사적 방법 학습에 관한 훌륭한 교육을 시킨 셈이다. 그래서 그가 자신의 학위논문을 역사적 주제("스콜라학이 데카르트에게 미친 영향")에 관해 쓰게 된 것은 당연한 일이었다. 이것은 그로 하여금 스콜라 학자들의 작품과 특히 성 토마스 아퀴나스의 작품을 읽게 만들어주었다.

2.1. 토마스 아퀴나스

질송은 성 토마스의 사상에 대해 직접적인 공감을 느끼게 되었다. 그래서 그가 릴에서 토마스에 관해 강좌를 열 수 있었던 것은 아주 고마운 일이었다. 이 강의들은 1919년의 『토미즘. 성 토마스 아퀴나스의 사상 체계 입문』(*Le thomisme. Introduction au systeme de S. Thomas d'Aquin*) 초판의 출판으로 이어졌는데, 이것은 1965년 결정적인 제6판이 나오기까지 개·증보판을 거듭하게 되었다. 이 작품의 판이 거듭될수록 질송은 토미즘을, 엄격하게 합리적인 철학을 교회 가르침을 위해 활용하는 본질적으로 신학적인 작품으로 소개하였다. 질송에 따르면 성 토마스의 신학은 철학자의 신학이었고, 그의 철학은 성인의 철학이었다. 그리스도교 신앙은 그의 철학의 합리성을 파괴하기는커녕 오히려 더욱 완전한 발전을 가능하게 만들어주었다. 바로 은총이 자연을 파괴하지 않고 그것을 성화하고 완성하는 것처럼, 신앙이 이성에 미치는 초월적 영향은 보다 심층적인 철학적 지혜를 가능하게 해주었다. 이것을 함에 있어서 성 토마스는 신학과 철학 사이의 형상적 차이를 잘 알고 있었지만, 그것들이 서로 밀접하게 결속되어 있다고 보았다. 따라서 그는 신학적 작품들 속에서 그것들을 경탄할 만한 통일성으로 끌고 갔다. 이 작품들 속에서 철학은 "신앙의 시녀"(ancilla fidei)로서 신학의 영역으로 들어간다. 성 토마스는 이렇게 말한다. "만일 신학자가 이성을 사용한다면, 그는 그렇게 함으로써 철학자의 물을 신학자의 포도주로 변형시키는 것이다."[2] 동시에 그는 철학적 논거들의 합리성을 위험에 빠뜨리지 않는다. 왜냐하면 그것들을 신앙의 증언들 위에 정초하는 것이 아니라, 모든 영적 존재자들에게 공통적인 제일 원리들의 자명성 위에 정초하기 때문이다.

이제껏 말해온 것에 비추어볼 때, 질송이 『철학 소품집』과 아리스토텔레스에 대한 주해서들 속에서보다는 오히려 신학적 작품들, 특히 두 『대전』 속에서 성 토마스의 더욱 심층적이고 독창적인 철학 사상들을 찾는 모습을 보고 놀랄 것은 없다. "아리스토텔레스에 대한 성 토마스의 주해서들은 우리에게 매우 중요한 텍스트들이다. 그것들을 잃어버리는 것은 참으로 통탄할 일이다. 그렇지만 설사 그것들이 소실된다고 하더라도, 두 『대전』이 그의 철학의 더욱 개인적이고 심층적인 측면을 제공해줄 수 있을 것이다. 그러나 만일 성 토마스의 신학 작품들이 소실된다면, 그때에도 과연 우리는 여전히 아리스토텔레스에 대한 주해서들을 통해서 그 자신의 철학에 대한 정보를 얻어낼 수 있을까?"[3]

역사가로서 질송은 또한 성 토마스의 철학을, 피조물로부터 시작해서 신에 이르러 끝나는 철학적 순서를 따르기보다는, 신이 피조물보다 먼저 고찰되고 있는 두 『대전』의 신학적 순서에 일치되게 개진해야 한다는 의무감을 느꼈다. 그는 토마스의 철학을 엄격한 철학적 순서에 따라 재구성할 수 있는 가능성을 인정하지만, 그것은 더 이상 역사적 토마스의 철학이 아니라고 주장한다. 역사에 충실히 남아있기 위해서는 그의 철학을 역사적 배경 속에서 바라볼 필요가 있다. 이것은 이 철학의 합리성을 조금도 훼손시키지 않는다. "토마스의 종합은 엄격하게 증명할 수 있는 진리들의 종합이다. 철학으로서 그것은 단순한 이성에 의해서도 정당화될 수 있다."[4]

질송은 토마스 철학의 핵심이 '새로운 존재 형이상학'에 있다고

---

2. Thomas Aquinas, *Expositio super librum Boethii de Trinitate*, 2, 3, ad5.
3. Gilson, *Le thomisme. Introduction a la philosophie de saint Thomas d'Aquin*, Paris, Vrin, 6s ed., 1965, p.15.
4. Ibid., p.33.

보았다. 이것은 '천사적 박사'(Doctor Angelicus)로 하여금 신에 대한 철학적 표상을 쇄신하고 따라서 인간학을 포함한 자연철학 전체를 쇄신할 수 있게 만들어주었고, 또한 전통적 도덕 구조에 깊은 영향을 미쳤다. 그러므로 그의 손을 통해서 신학은 물론 철학도 근본적인 변혁을 겪게 되었다. 신은 이제 존재 자체의 자립적 현실("ipsum esse subsistens")로 이해된다. 그분의 실체 또는 본질은 그분의 존재와 다르지 않다. 이것은 신의 이름이 '존재하는 분'이라고 계시되고 있는 탈출기 3장 14절의 숭고한(sublime) 신앙과 일치된다. 피조물들은 무한한 신의 본질에 유한한 방식으로 참여한다. 피조물은 하나의 '존재 현실력'(actus essendi) 또는 '존재'(esse)와 (그 현실을 한정하고 그것을 어떤 주어진 상 내면에 자리매김하는) 그 '본질'(essentia)로 구성되어 있다. 모든 피조된 존재자('ens')의 핵심은 "존재 현실력" 또는 '존재'이고, 이것을 통해서 이 존재자는 신의 존재를 유한한 방식으로 살며 모방한다. 피조물의 '존재'는 그 본질에 비해 근본적인 우위를 차지한다. 왜냐하면 '존재'가 없는 피조물이란 아무것도 아닐 것이기 때문이다. 질송은 다음과 같이 말하고 있다. "이렇게 볼 때, '존재 현실력'은 실재의 핵심 또는 그 뿌리에 자리 잡고 있다. 따라서 그것은 실재의 원리들의 원리다."[5] 성 토마스의 선배들과 동시대인들은 본질의 신학을 제시하고 있었지만, 그는 신학과 철학을 '존재' 위에 정초하기 때문에 혁명적이었다.

피조된 존재자 안에 있는 존재와 본질이라는 두 원리에 호응하여, 토마스는 포착과 판단이라는 지성의 두 가지 활동을 묘사하고 있다. "개별 사물들에 대한 지성적 이해"(intelligentia indivisibilium)라고도 불리는 첫 번째 활동은 어떤 사람이나 어떤 돌과 같은 불가분의 본질을 포착하는 데에서 성립된다. 반면에 성 토마스가 '합

---

5. Ibid., p.175.

성'(compositio)과 '구분'(divisio)이라고 부르는 두 번째 활동은, 예컨대 '소크라테스가 존재한다'는 판단 속에서 그러하듯이, 어떤 사물의 '존재' 자체를 포착한다. 그러나 예컨대 '소크라테스는 하나의 사람이다'와 같이 세 개의 관계항을 포함하고 있는 판단에서도, 비록 덜 직접적이기는 하지만 존재가 포착된다. 그렇지만 마리탱에 반대해서 질송은 성 토마스가 존재에 대한 지성적 직관을 요구하지 않았다고 확신하고 있다. 즉 인간이 존재에 관한 형이상학적 경험에서 결과되는 어떤 특별한 지성적 빛을 소유하고 있다고 주장하지 않았다는 것이다.[6] 토마스가 인정하고 있는 존재에 관한 유일한 직관은 다만 사물들에 대한 감각적 직관 또는 지각들뿐이다. 반면에 이 존재자들에 대한 개념을 우리는 추상을 통해서 형성한다. 이 개념들 가운데 가장 보편적인 것은 존재자('ens') 개념, 즉 "존재를 가지고 있는 것"(habens esse)의 개념이다. 그렇지만 우리는 존재 자체에 대한 직관을 결코 가지고 있지 않다. "존재 덕분에 존재하는 사물들에 대한 직관을 가지게 된다. 그러나 '존재 현실력'에 대해서는 기껏 그것이 아닌 것에 대한 직관만을 가질 수 있을 뿐이다."[7]

『토미즘』에 이어 성 토마스의 도덕적 가르침에 관한 책이『성 토마스 아퀴나스』(*Saint Thomas d'Aquin*, 1925)라는 제목으로 출판되었다. 질송은 그것을 〈그리스도교 윤리학자들〉(Les moralistes chretiens)이라는 총서로 발간하였다. 이 책은 성 토마스의 윤리학적 주제들에 관한 다양한 텍스트를 번역하고 주석을 곁들인 작품이었다. 질송은 거기서 처음부터 성 토마스의 윤리학이 그의 형이상학으로부터 분리될 수 없다는 점을 강조하고 있다. 그리고 이어서 윤리학의 구조 전체의 열쇠가 되는 최고선이라는 가르침을 깊이 있게 논하고

---

6. Ibid., p.187.
7. Gilson, "Propos sur l'etre et sa notion", in AA.VV., *San Tommaso e il pensiero moderno. Saggi*(Studi Tomistici 3), Roma, 1975, p.11.

있다. 또한 그는 선하거나 악한 인간적 행위들, 격정들, 덕과 악습, 법, 자비, 그리고 정치적 행위의 규범들을 차례로 논하고 있다. 질송은 그리스 철학 전체, 특히 아리스토텔레스가 토미즘 속에서 제대로 완전한 개화에 이르렀다는 점을 지적하며 성 토마스의 인도주의(휴머니즘)를 강조한다.

2.2. 보나벤투라

질송의 초창기 저술 가운데 하나가 성 보나벤투라에게 바쳐졌다.[8] 그는 이 프란치스코회 스승 안에서 그의 문체의 아름다움과 철학 사상의 엄정성을 느꼈을 뿐만 아니라, 또한 그가 중세의 그리스도교 신비학의 절정이자 가장 성숙한 종합을 대변하고 있다고 느끼고 있었다. 특히 그는 교황들이 토마스와 보나벤투라를 두고 "교회를 위한 자양분과 광채의 두 원천"(duas olivas et duo candelabra in domo Dei lucentia)이라고 한 말에 공감하였다.[9] 그는 이 두 스승을, 자신들의 철학을 신학의 테두리 안에서 신학의 질서에 따라 펼친 그리스도교 철학자들이라고 보았다. 그래서 성 보나벤투라의 철학은 어떤 "결핍된 토미즘"(thomisme manque)이 아니라 하나의 진정한 그리스도교 철학이다. 보나벤투라는 아리스토텔레스의 제자라기보다는 성 아우구스티누스의 진정한 추종자였다. 분명 그는 아리스토텔레스를 '학문들의 스승'으로 존경하였지만, 플라톤에 대해서는 한걸음 더 나아가 '지혜의 스승'이라고 생각하였다. 마지막으로 아우구스티누스는 이 두 철학자를 넘어 '학문에 있어서뿐만 아니라 동시에 지혜에 있어서도 스승'이라고 평가하였다. 보나벤투라는 질료와 형상, 현실태와 가능태, 그리고 추상을 통한 인식 같은 아리스토텔레스의 많은 개념을 활용하였다. 그러나 그는 특히 영혼의 자기 인

---

8. Gilson, *La philosophie de saint Bonaventure*(1924), Paris, 2a ed., 1943.
9. Ibid., p.396. 여기서 질송은 교황 식스투스 5세와 레오 13세를 언급하고 있다.

식, 신, 그리고 신적 조명을 통한 인식 등에 관하여 아우구스티누스에 근거해서 심층적인 성찰을 전개하였다.

보나벤투라의 철학에 관한 질송의 생각은 모리스 드 불프나 피에르 망도네의 견해와는 달랐다. 드 불프는 13세기 스콜라학의 종합이 성 토마스의 사상에서 절정에 달했다고 생각하였다. 그는 보나벤투라를 토마스 사상의 선구자 또는 최초의 토마스주의자로 간주하고, 그의 아우구스티누스적이고 신플라톤주의적인 사상들은 중세 초기로 거슬러 올라가는 것이라고 보았다. 그가 보기에 보나벤투라는 아우구스티누스의 사상에 아리스토텔레스의 사상을 부과함으로써, 아리스토텔레스적인 이론과 그것에 이질적인 사상들을 혼용해서 담고 있는 일종의 절충주의자였다. 그러므로 오직 토마스 아퀴나스에 이르러서야 비로소 스콜라학의 종합은 그 충만한 역량을 다하며 활짝 피어날 수 있었다. 하지만 나중에 드 불프는 토마스와 보나벤투라가 어떤 공통의 전통에 속하는 두 철학자라고 말했다.[10]

보나벤투라와 관련해서 망도네도 질송의 견해에 동의하지 않았다. 그는 일반적으로 보나벤투라를 철학자라고 부르기를 거부한다. 그 이유는 그가 신학을 철학으로부터 분리하는 데 성공하지 못하기 때문이라는 것이다. 망도네에게 있어서 보나벤투라는 무엇보다도 '신플라톤주의적인 아우구스티누스주의자'였다. 그러나 아우구스티누스의 그 어떤 제자도 철학자라고 불릴 수 없다.[11]

질송의 해석을 둘러싼 논쟁은 "그리스도교 철학"(philosophia christiana) 개념의 타당성에 관한 논쟁이 폭발하던 1930년대와 1940년대에 다시 불붙었다. 이 논쟁에 대해서는 나중에 다시 언급할 것이다.

---

10. M. De Wulf, *Introduction a la philosophie neo-scolastique*, Louvain, 1904; ID., "Notion de la scolastique medievale", *Revue Neoscolastique de Philosophie* 18(1911), pp.177-196.
11. P. Mandonnet, "Comte-rendue", *Bulletin thomiste* 3(1926), pp.50-54.

2.3. 아우구스티누스

토마스와 보나벤투라라는 중세의 두 위대한 스승에 대한 단행본들을 출간한 다음, 질송이 성 아우구스티누스에게도 단행본을 헌정하는 것은 거의 불가피한 일이었다. 왜냐하면 그 두 스승이 각자 나름대로 성 아우구스티누스에게 결속되어 있었기 때문이다. 질송의 『성 아우구스티누스 연구 입문』(*Introduction a l'etude de saint Augustin*, 1929)은 아우구스티누스를 그 자신의 저술들 속에서 나타나는 대로 그려냄으로써, 그의 사상을 관통하고 있는 정신이 스스로 전해지도록 하였다. 책의 형식은 '신을 향한 영혼의 여정'을 따르고 있다. 이 여정의 주요 단계들은 이성, 의지, 그리고 신의 작품들에 대한 명상을 통하여 신을 탐구하는 데에서 성립된다. 철학적 원리들에 대한 이런 설명에서 질송은, 성 아우구스티누스가 자신의 철학을 형성하는 데 있어서의 개인적인 경험이 차지한 역할을 강조하였다. 또한 그는 아우구스티누스가 신플라톤주의의 영향을 강하게 받았다는 점도 명료화하고 있다. 그렇지만 그는 플라톤주의자들이 "만물의 영적 원리가 필연적으로 그리고 본래적으로 그들 존재의 토대이고 그 인식 가능성의 빛이며 그 생명의 규칙이라는 것을 이해하였고 또 가르쳤다"라는 사실을 인정하였다.[12] 그래서 조명(illuminatio)에 관한 플로티누스(Plotinus)의 철학은 성서, 그 가운데서도 특히 창세기 1장 9절과 조화를 이룰 수 있다고 보았다. 즉 우리는 진리를 신의 빛 속에서 인식한다는 것이다. 이것은 우리가 신의 생각들 자체를 명상할 수 있다는 의미가 아니라, 우리가 그것들에 의존하고 있고 또 진리를 오직 그것들의 빛 속에서만 보는 한에서 그러하다. 성서는 이 점에 대해서 다음과 같이 말하고 있다. "실상 우리는 그분 안에서 살아가고 움직이며 존재합니다"(사도 17,28). 질송에 따르면,

---

12. Gilson, *Introduction a l'etude de saint Augustin*(1929), Paris, 2a ed., 1943, p.125.

그런 확신을 고찰하는 데 있어서, 아우구스티누스에게는 추상을 통한 인식이라는 표상이 낯설지 않았다고 해서 놀랄 일이 못된다. 그것은 아리스토텔레스가 재발견된 이후에야 비로소 가치를 지니게 되었다. 그렇기 때문에, 아우구스티누스의 추종자들에게 가장 커다란 걱정의 원천들 가운데 하나가, 아리스토텔레스의 추상적 방법을 아우구스티누스의 조명 이론과 연결시키려는 시도였다고 해서 놀랄 필요는 없다.[13]

아우구스티누스는, 다른 모든 그리스도교 철학자들과 마찬가지로, 신을 스스로 자기로부터 있게 된 존재("ipsum esse")로 개념하였다. 이로써 그는 신이 영원하고 불변적임을 의미하는 것으로 이해하였다. 이런 의미에서 신은 그에게 순수하고도 단순한 진리였다. 왜냐하면 진리는 불변적이기 때문이다. 질송에게 있어서 이런 신 개념은 성 토마스의 것과는 근본적으로 다른 형이상학을 드러낸다.[14]

그리고 방 스텐베르겐은, 질송이 아우구스티누스에 관해 쓴 책에서 그의 사상을 철학으로 소개하고 있다는 사실을 비판하였다. 방 스텐베르겐 자신은 아우구스티누스의 사상을 (그 목적이 언제나 계시를 더욱 깊이 포착하는 것인) 하나의 거대한 신학으로 간주하였다. 철학은 아우구스티누스의 사상 속에서 오직 처음에만 현존하고 있고, 거기서 학문적 조직화에 이르지는 못하고 있다.[15] 질송은 아우구스티누스의 사상이 통상적인 의미에서의 철학이 아니라는 사실을 인정하였다. 실상 진정한 철학은 아우구스티누스에게 있어서 우리를 초자연적 질서로 안내하여 의지가 은총에 의해 자유로

---

13. Ibid., pp.316-319.
14. Ibid., pp.26-28, 71, 286.
15. F. Van Steenberghen, "La philosophie de S. Augustin d'apres les travaux du centenaire", *Revue Neoscolatique de Philosophie* 35(1933), p.125.

워지고 지성이 계시로부터 비추임을 받게 해준다.¹⁶ 하지만 그는 수정된 플로티누스의 방법을 적용하고 있기 때문에, '경험의 형이상학'(metaphysique de l'experience)이라고 불릴 수 있는, 그리스도교에 대한 철학적 해석을 제시한다. 따라서 질송은 아우구스티누스가 비록 신앙으로부터 인도되기는 하지만, 철학적 진리들을 증명할 때에는 신앙에 호소하지 않기 때문에 진정한 철학자라고 강조한다.¹⁷

2.4. 아비첸나화(化)한 아우구스티누스주의

질송이 중세철학사에서 발견한 것 가운데 하나는 "아비첸나화(化)한 아우구스티누스주의"의 현존이었다.¹⁸ 이로써 질송은 아우구스티누스의 신적 조명에 관한 가르침을 "능동 지성"(intellectus agens)에 관한 아비첸나(Avicenna)의 개념과 혼합하는, 기욤 도베르뉴(Guillaume d'Auvergne)를 비롯하여 13세기의 몇몇 프란치스코회 스승들 안에서 발견되는 입장을 가리킨다. 아리스토텔레스 안에서는 우리 인식의 진정한 빛이라고 묘사되는 "능동 지성"이, 이슬람 철학자 아비첸나에게는 영혼의 한 기관(facultas)이 아니라, 그것으로부터 분리되어 모든 사람을 비추는 어떤 지성적 실체이다. 그러므로 자기들 스승의 조명 이론을 명료화하려는 몇몇 아우구스티누스주의적 사상가들은 아리스토텔레스의 "능동 지성"을 신과 동일시하였다. 성 토마스는 인간 인식에 대한 이런 식의 이해를 비판하며 이와 더불어 아우구스티누스의 조명 이론까지도 함축적으로 비판하였다. 그는 자연적인 역량을 통해서 직접적으로 절대적 진리를 인식할 수 있는 기관을 인간에게 인정하지 않았다.

질송은 인식에 관한 토마스와 아우구스티누스의 개념 차이를 다

---

16. Gilson, *Introduction a l'etude de saint Augustin*, p.311.
17. Ibid., pp.316-319.
18. Gilson, "Pourquoi saint Thomas a critique saint August:n", *Archives d'Histoire Doctrinale et Litteraire du Moyen-Age* 1(1926), pp.80-127.

음과 같이 요약한다. "성 토마스 안에서 인간은, 성 아우구스티누스 안에서 신으로부터 받는 모든 것을, 역시 신으로부터 받는다. 그렇지만 똑같은 모양으로 그런 것은 아니다. 실상 아우구스티누스에게 있어서 신은 바로 본성의 불충분성이 그것들로 하여금 다시 그분께로 향하도록 압박하는 방식으로 당신의 선물들을 인간에게 허용한다. 반면에 성 토마스의 설명에서는, 신은 그 자체로 모든 행위를 위한 충분한 토대를 포함하고 있는 어떤 안정된 본성의 매개를 통하여 당신의 선물들을 분배한다. 여기서는 신의 자립성이 명백한 것으로 전제되고 있다. 그러므로 토마스주의와 아우구스티누스주의를 가르는 것은 충분성과 활동성을 지니고 있는 '자연'(natura)이라는 철학적 문제의 도입이다. 이 가르침은 아우구스티누스주의자들을 불안하게 만들었다. 왜냐하면 그것은 피조물들에게 위험한 자기-충족성을 허용하는 듯이 보였기 때문이다. 그렇지만 성 토마스에게는 그것이 자연과 초자연, 이성과 신앙, 철학과 신학의 각각의 영역을 대단히 간명하게 정의할 수 있도록 해주었다."[19]

2.5. 신앙과 이성

질송은 온 생애를 통해 신앙과 이성, 또는 신학과 철학의 관계 문제에 몰두하였다. 『중세의 이성과 계시』(*Reason and Revelation in the Middle Ages*, 1938)에서 그는 이 주제에 몰두하였던 중세 사상가들의 매우 중요한 계보를 검토하였다. 당연히 그는 자신의 세부 구분이 개별 사상가들의 독창성을 훼손시킬 수 있다는 것을 의식하고 있었다. 그런데도 그는 이런 분류가 지니고 있는 일반적인 적절성을 옹호하고 있다. 그는 다음과 같이 구별하고 있다.

첫 번째 부류 또는 계보는 그리스도교 계시 속에서 지혜를 추구

---

19. L. K. Shook, *Étienne Gilson*, p.397에 인용되어 있다.

하면서 인간 이성과 철학의 가치를 문제시하거나, 아니면 적어도 그것을 상당히 축소시키고 있다. 초기 그리스도교에서 이런 태도의 좋은 사례는 테르툴리아누스(Tertullianus)와 타티아누스(Tatianus)이고, 중세의 대표적 사례는 성 베르나르두스(St. Bernardus)와 성 페트루스 다미아니(St. Petrus Damiani)이다. 그리고 프란치스코회의 영성주의자들도 이 계보에 속했다. 두 번째 부류는 종교적 신앙을 합리적 사변과 결합시키지만, 그럼에도 불구하고 신앙에 우위를 돌리고 이성에는 오직 신앙에 봉사하기만 하는 순수 시녀적 역할만을 허용한다. 질송은 이 두 번째 부류를 아우구스티누스의 가족들이라고 부르고 있다. 그의 출발점은 신앙이고, 신앙의 보상은 지식이다. 아우구스티누스는 그리스도교적 신앙을 합리적 사변 앞에 내세우고, 따라서 신앙을 철학의 불가결한 출입문으로 삼음으로써 그리스인들이 추구하던 철학적 지혜라는 이상을 변형시켰다. 성 안셀무스(St. Anselmus)는 이 가족의 가장 빛나는 모범이다. 그리고 로저 베이컨(Roger Bacon)과 라이문두스 룰루스(Raimundus Rullus)도 이 계보에 속한다.

이 가족에 극단적으로 대립하는 것으로 에티엔 질송은 아베로에스(Averroes)와 그 추종자들, 특히 시제 브라방(Siger Brabant)과 보에티우스 데 다치아(Boethius de Dacia)의 입장을 들고 있다. 파리 인문학부의 이 스승들은 신앙의 역할이 일체 배제되고 경우에 따라서는 신앙과 모순될 수도 있는 순수한 철학적 지혜를 주장하였다. 그렇지만 그들은 절대적 진리의 원천인 이성이 신앙보다 우위에 있다고 보는 아베로에스 자신의 가르침을 따르지 않았다. 실상 신앙의 가르침과 철학자들의 삼단논법의 결론이 서로 충돌할 적마다, 그들은 신앙측의 진리를 인정했던 것이다. 그러나 그들 자신은 자연적 삼단논법의 결론들처럼 신앙의 가르침과 모순되던 철학적 이론들, 예컨대 세상 영원성과 만민을 위한 지성 단일성 등을 가르쳤다. 그들은 자신들의 이단적인 철학적 이론들이 참되다고 허풍을 떨지는 않았기 때문에, 그들이 '이중진리설', 즉 서로 모순될 수 있는, 철학에 속하는 하나의 진리와 신학에 속하는 다른 하나의 진리가 있다는 주장을 내세웠다고 비난할 수는 없다. 질송은 바로 이런 어리석은 주장을 내세운 사상가를 중세인들 가운데서는 찾아내지 못하였다.[20] 그는 이 동일한 '라틴 아베로에스주의자들'이 아리스토텔레스와 그의 충실한 주해자인 아베로에스의 가르침을 충실히 따르면서도 그리스도교에 충실한 채로 남아있던 철학자들이라고 보았다. 다만 아베로에스 계파의 후기 추종자들만이 자신들의 종교적 신앙의 진지성을 의문에 부칠 빌미를 제공하였다.[21]

단테가 『천국』(*Paradiso*)편에서, 시제 브라방을 성 토마스의 칭송을 듣는 지혜로운 사람들 반열에 들도록 허용하였다는 사실에 대해서는 여러 해석이 분분하였다. 질송에 따르면, 단테는 시제를 어떤 순수 철학의 상징으로 활용하면서 다른 한편으로는 아베로에스가 세속 질서와 신적 질서, 교회와 국가를 분리하였다는 사실 때문에 그에 대한 공감을 표현한 것이다.[22] 질송은 방 스텐베르겐의 이론을 받아들이지 않았다. 방 스텐베르겐에 따르면, 시제는 시간이 흐르면서 점차 자신의 가르침을 토마스적인 의미로 발전시켰다. 왜냐하면 이 이론은 (방 스텐베르겐은 시제의 작품으로 돌리고 있지만 질송은 그것이 진품이 아니라고 보는) 한 작품에 기초하고 있기 때문이다.[23] 이 논쟁이 발발한 이래 이 작품의 비진정성이 일반적으로 인정되었

---

20. Gilson, *Reason and Revelation in the Middle Ages*, New York, p.58[=국역본: 강영계 옮김, 『중세철학입문』, 서광사, 1983]; "la doctrine de double Verite", in *Etudes de Philosophie Medievale*, Strasbourg, 1921, pp.50-69; "Boece de Dacie et la double verite", *Archives d'Histoire Doctrinale et Litteraire du Moyen-Age* 22(1955), pp.81-99.
21. Gilson, *Reason and Revelation*, pp.61-63[=국역본: 강영계 옮김, 『중세철학입문』].
22. Gilson, *Dante et la philosophie*, Paris, 1939.
23. F. Van Steenberghen, *Siger de Brabant d'apres ses oeuvres inedites*, Louvain, 1942, vol.II, pp.728-732. Cf. Gilson, *Dante et la philosophie*.

다. 하지만 최근에 발견된 시제의 한 작품이 방 스텐베르겐의 이론에 새로운 활력을 불어넣었다.[24] 불행하게도 이 발견은 질송이 그것을 검토하기에는 너무 늦게 이루어졌다.

질송의 말에 의하면, 성 토마스는 신앙과 이성 문제에 있어서 대단한 성공을 거두었다. 분명 그에게는 해결책을 모색하던 마이모니데스(Moses Maimonides), 성 보나벤투라, 성 알베르투스 등의 선배들이 있었다. 그러나 계시와 이성, 신학과 철학 사이를 명료하게 구별하고, 동시에 그것들 사이의 내밀한 조화를 입증할 과제는 온통 그의 손에 달려 있었다. 성 토마스 안에서 철학은 자기 고유의 통전성과 독립성을 지니고 있다. 그것은 신앙의 원리들에 의해서 연역될 수 없고, 오히려 자기 고유의 원리들 위에 정초된다. 한편 신앙은 합리적 진리와 철학적 오류들 앞에서 틀릴 수 없는 권고를 위한 확실한 안내자인 채로 남아있다. 계시, 특히 삼위일체, 육화(肉化), 구속(救贖)에 관한 계시는 인간 이성의 모든 한계를 넘어간다. 이 종교적 진리들을 위해서는 어떠한 합리적 토대도 지적될 수 없다. 그것들은 단순하게 신의 말씀에 의해서 받아들여진다. 그런데 자연적 이성으로도 인정될 수 있는 신의 존재라든가 그분의 본질적 속성들과 같은 다른 계시 진리들도 있다. 그러나 이 진리들은 엄밀한 의미에서 신앙의 원리들이라기보다는 신앙의 필수 전제들이라고 정의되어야 한다. 신앙과 이성에 관한 그의 모든 논술 속에서 성 토마스는 언제나 (결코 분리하지는 않으면서도) 이 구별을 하는 데로 돌아가고 있다. 그는 오히려 양자가 "동일한 신적 원천으로부터 솟아나기 때문에, 어떤 유기적인 통일성을 향해 자라나고 있다"고 보고 있다.[25]

---

24. Siger de Brabant, *Les quaestiones super Librum de causis*, a cura di A.Marlasca, Louvain-Paris, 1972.
25. Gilson, *Reason and Revelation*, p.84[=국역본: 강영계 옮김, 『중세철학입문』].

2.6. 둔스 스코투스

질송이 자신의 중요한 작품들을 헌정한 위대한 중세 사상가들 가운데에는 둔스 스코투스도 있다(1952).[26] 이 사실에 대해서는 잠시 숙고할 만한 가치가 있다. 왜냐하면 질송은, 분명 스코투스의 유명한 치밀함과 변증법적 위력을 인정하면서도, 또한 그의 세계 속에서는 살 수 없었을 것이라고 고백하고 있기 때문이다. 그는 스코투스의 본질주의적 세계 속에서가 아니라 성 토마스의 실존적 세계 속에서 편안함을 느꼈다. 그는 스코투스에게서 (본질이 주요 역할을 하고, 그 핵심에 있어서 플라톤 철학과 일치되는) 형이상학의 도움을 받아 자신의 신학을 구성하려는 한 신학자의 모습을 보고 있다. 그가 볼 때 스코투스의 종합 속에서는 참으로 존재가 본질로부터 구별되지 않고 기껏 그 한 가지 양상에 지나지 않는다. 모든 본질은 그것에 부가되는 존재의 형상을 가지고 있다. 피조된 본질들은 어떤 유한한 존재 방식을 가지고 있고, 오직 신만이 무한한 존재 방식을 가지고 있다. 스코투스가 어떤 적극적인 속성으로 간주하는 무한성은 신을 다른 모든 존재자로부터 구분하는 최고의 완전성이다. 정확히 토마스 안에서처럼 스코투스 안에서도 신은 자신의 순수 존재 현실력 안에서 유일하다. 신적인 무한성은 스코투스 안에서 토마스가 '존재'로 이해하고 있는 것과 유사한 역할을 하고 있다.[27]

질송은 또한 스코투스의 철학에 미친 아비첸나의 영향도 지적한다. 비록 동시에, 어떻게 스코투스가 신학자로서 신을 무한 존재로 개념함으로써 아비첸나의 결정주의를 벗어나는지도 보여주고 있지만 말이다. 피조물에 대한 그분의 무한한 초월성에 기초해서 신은 그것들 앞에서 자유롭다. 그것들의 우연성과 자유는 신의 자유를

---

26. Gilson, *Jean Duns Scot. Introduction a ses positions fondamentales*, Paris, 1952.
27. Ibid., p.388.

반영하는 거울이다.[28]

중세의 개별 철학자들에 대한 연구 외에도 질송은 중세철학사에 관한 두 권의 탁월한 단행본을 출간하였다: 『중세철학』(*La philosophie au moyen-age*, 1922)과 『중세 그리스도교 철학사』(*The History of Christian Philosophy in the Middle Ages*, 1955). 이 가운데 후자는 전자의 단순한 번역이 아니다. 그것은 뚜렷한 철학적 방향을 지니고 있고, 따라서 "문학"(Belles-Lettres)과 같은 특정 분야는 소홀히 취급되고 있다. 근대 철학에 관한 질송의 작품들은 비교적 덜 알려져 있다. 데카르트에 관한 연구들 외에도, 그는 다른 두 권의 논총을 편집하면서 근대 철학에 크게 기여하고 있다: 『근대 철학: 데카르트에서 칸트에 이르기까지』(*Modern Philosophy: Descartes to Kant*, 1963)와 『현대 철학: 헤겔에서 현대까지』(*Recent Philosophy: Hegel to the Present*, 1966)

3. 그리스도교 철학

질송은 중세 사상에 관한 역사적 탐구를 통하여 '그리스도교 철학' 개념에 이르게 되었다. 역사적 탐구 영역에서 그는 중세철학의 일반적 토대와 정신을 표현할 어떤 개념을 추적하였다. 그는 "그리스도교 철학"이라는 개념이 이 역사적 실재를 적절하게 전해줄 수 있을 것 같았다. 다시 말해, 그는 중세 속에서 "스콜라학", "스콜라학적 종합" 또는 바로 (드 불프가 중세철학을 묘사하기 위해서 채택하던 표현대로)[29] "공통의 영적 유산"이라고 불릴 수 있는 어떠한 통일적 철학도 발견하지 못하였다. 오히려 그는 그리스도교적 영감만이 유일한 공통 요소인 영적 다원주의를 발견하였다. 이로부터 그의 다

---

28. Ibid., p.646. Cf. Gilson, "Avicenne et le point de depart de Duns Scot", *Archives d'Histoire Doctrinale et Litteraire du Moyen-Age* 2(1927), pp.89-146.
29. De Wulf, op. cit 위의 각주 10번).

음과 같은 결론이 나온다. "비록 이 가르침들이 철학으로서는 서로 다르다 하더라도, 그들 공동의 아리스토텔레스주의가 그들의 차이를 온통 다 가리지는 못하기 때문에, 그럼에도 불구하고 그 철학들은 그것에 영감을 주는 그리스도교적 정신을 통해서 어떤 통일성을 구성하고 있었다. 그것들이 통합적인 것을 소유하고 있는 한에서 그들에게는, 형상에 관한 한 그들이 모두 활용하고 있던 아리스토텔레스의 방법론으로부터 주어졌지만, 더욱 심층적인 내용에 관해서는 그 통일성이 철학보다는 종교로부터 주어졌다. 여기서 우리에게, 일찍이 망각해 버렸던 한 개념이 제공된다. 중세철학의 정신은 '그리스도교 철학'의 정신이다."[30]

질송이 그저 다시 취하는 것으로 한정하고 있는 이 망각된 정식은 (비록 온통 다른 의미에서이기는 하지만) 교부 시대와 중세의 신학자들에 의해서 효과적으로 채택되고 있었다. 아우구스티누스는 그것을 그리스도교적 지혜를 이교적 지혜로부터 구별하기 위해서 사용하였다. 그로써 그는 단지 "그리스도교 종교"를 의미하고 있었다.[31] 보나벤투라도 그것을 같은 의미로 사용하였다.[32] 질송은 이 용어에 철학함의 결정적인 방법 또는 특정(즉 '그리스도교적'인) 방법이라는 새로운 의미를 부여하였다. "그러므로 나는 그리스도교 철학을, 두 질서를 모두 간결하게 구별하며 그리스도교 계시를 이성을 위한 불가결한 도움으로 간주하는 모든 철학으로 이해한다."[33]

이렇게 규정하는 데 있어서 질송은 어떤 본질에 대한 추상적인 정의를 생각하고 있는 것이 아니라, 어떤 구체적인 역사적 실재에 대한

---

30. Gilson, *Le philosophe et la theologie*, Paris, 1960, pp.194s.
31. Augustinus, *Contra Julianum Pelagianum* IV, 14, 72, in PL 44, 774; ID., *De vera religione* V, 8, in PL 34, 126.
32. Bonaventura, *Sermo de santo patre nostro Francisco* 2, in *Opera omnia*, vol.IX, Quaracchi, 1901, pp.578s.
33. Gilson, *L'esprit de la philosophie medievale*(1932), Paris, 1948, pp.32s; *The History of Christian Philosophy in the Middle Ages*, New York, 1955.

묘사를 생각하고 있다. 그리스도교 철학이 이성과 신앙, 또는 철학과 신학을 혼동하지 않도록, 형상적으로 자연적 질서와 초자연적 질서를 분리한다는 사실을 명심할 필요가 있다. 자연적인 이성에 비추어 전진하는 것은 철학의 본질에 속하지만, 계시의 빛으로 전개하는 것은 신학의 본질에 속한다. 질송은 만일 철학이 오직 그 자체로만 고찰된다면, 다시 말해 그것이 태어나고 자라난 실존 조건들로부터 동떨어져 그 형상적 본성 속에서만 고찰된다면, '그리스도교 철학'이란 '그리스도교 물리학'이나 '그리스도교 수학'처럼 아무것도 아닐 수 있다는 것을 인정한다. 그러나 철학이 구체적으로 앎을 향한 여정으로서 고찰된다면, 그때 그것은 초자연적인 것을 향해 열려 있을 수 있고, 이 초자연적인 것이 철학자의 작업에 적극적인 영향을 미칠 수 있다. 당연히 그리스도교 신앙은 그 철학 속에 (마치 예를 들면, 어떤 신앙의 원리를 철학적 증명의 전제로 삼으려 할 때처럼) 구성적 요소로 들어가서는 안 된다. 그렇지만 신앙은 철학자에게 (나중에 합리적으로 증명될 수 있고 자신의 철학 속에 받아들일 수 있는) 새로운 전망들을 제공할 수 있다. 그래서 그리스도교 계시는 철학의 합리성을 파괴하는 것과는 매우 거리가 멀다. 오히려 그것은 철학의 합리성을 드높이고 보다 나은 철학이 되게 만들어준다.

이런 지식을 질송은 데카르트 철학의 중세적 배경에 관한 탐구에서 얻었다. 데카르트는 최고 존재의 존재, 우주의 기원, 또는 자유롭고 인격적인 무한한 불멸성 등 그리스 철학에서는 발견할 수 없는 스콜라학의 관념들을 새롭게 논하고 있었다. 그럼에도 불구하고 이 관념들은 모두 중세철학자들이 합리적으로 증명될 수 있는 진리로 가르치던 계시된 진리들이었다. 이 관념들은 분명 그리스 철학으로부터가 아니라 중세 신학으로부터 근대 철학 속으로 넘어갔다. 만일 이것이 사실이라면, 철학은 그리스도교 신학과 접촉함으로써 주목할 만한 발전을 이루게 된다.

질송은 분명 자신의 그리스도교 철학 관념을 수많은 동료들의 비판으로부터 옹호해야 하였다. 이 개념은 1931년에 개최된 프랑스철학회(Societe Francaise de Philosophie)에서 논의되었다. 브레이에는 그것을 그 자체 모순이라고 비판하였다. 그는 철학이 자율적 이성에 의해서 산출되며, 따라서 계시의 영향을 받아들일 수 없다고 주장하였다.[34] 마리탱이 질송의 편을 들었다. 그는 그 문제를 역사의 측면이 아니라 이론의 측면에서 논하였다. 그러면서 그는 '종별화의 형상'과 '실행의 형상' 사이를, 다시 말해 본성과 그 실재적 조건 사이를 구별하였다. 그는 다음과 같이 주장한다. 본성상 철학은 순수하게 합리적이지만, 그 역사적 형상에 있어서는, 사실상 그것이 철학자들에 의해서 실행되는 것처럼 그리스도교적일 수 있다.[35]

방 스텐베르겐은 질송의 그런 개념이 엄밀한 의미의 철학과 신학 사이에 어떤 일종의 사변을 도입하는 것이라고 비난하였다.[36] 질송은 그런 괴물 같은 사생아를 낳을 생각은 추호도 없으며, 형상적 관점에서는 철학과 신학이 언제까지나 각기 나름의 원리와 대상을 가지고 있는 분리된 학문들이고, 따라서 형상적 차원에서는 그것들 사이에 어떠한 연결도 있을 수 없다고 응수하였다.[37] 그럼에도 불구하고 만일 정확하게 문화적이고 역사적인 구조를 고찰한다면, '그리스도교 철학' 개념은 적용될 수 있다. 그때 그것은 어떤 철학이 신앙에 예속되어 있을 때 처하게 되는 어떤 특정 조건을 가리키게 된다. 이 개념은 자신의 학문을 오직 그 자체 안에서만 바라보는 철학자에게는 어떠한 의미도 가지고 있지 않지만, 철학사가(哲學史家),

---

34. E. Brehier, "Y a-t-il une philosophie chretienne?", *Revue de Metaphysique et de Morale* 38 (1931), pp.133-162.
35. J. Maritain, *De la philosophie chretienne*, Paris, 1933, pp.27-61.
36. Van Steenberghen, "La IIe journee d'etudes de la societe thomiste", *Revue Neoscolastique de Philosophie* 35(1933), p.595.
37. Gilson, *Christianisme et philosophie*, Paris, 1936, p.131.

특히 철학사가인 동시에 그리스도교 사상가인 사람에게는 대단히 중요하다.[38] 질송은 인간의 본성 또는 이성이 신앙 덕분에 고양될 때 그 형상적 특성을 상실하지 않는 것과 마찬가지로, 철학이 그리스도교적 형태로 주어질 때 철학이기를 그치지 않는다고 덧붙인다. "철학이 그리스도교적이라기보다 이교도적이라고 해서 '더' 철학인 것은 아니다. 그때 그것은 다만 어두워진 철학일 뿐이다. 반대로, 철학이 이교도적이 아니라 그리스도교적이라고 해서 '덜' 철학인 것도 아니다. 그것은 그리스도교성에도 불구하고 덜 철학적이 되지 않는다. 오히려 그렇게 됨으로써 더 나은 양태의 철학이 된다."[39]

나중에 질송은 그 자신이 인정한 것처럼 1930년대에는 까맣게 몰랐던 교황 레오 13세의 회칙 『영원하신 아버지』에서 자신의 그리스도교 철학 개념에 대한 확인을 발견하였다.[40] 교황은 교부들로부터 중세의 스승들에 이르는 1200년에 걸친 사상사를 일별한 다음에, 철학 탐구를 그리스도교 신앙에의 복종과 결합시키는 그들의 철학하는 방법을 가능한 최상의 것으로 칭송하였다.[41] 비록 교황이 그 회칙 내에서는 "그리스도교 철학"이라는 용어를 명시적으로 사용하지 않았지만, 1년 뒤 한 사도적 서한의 제목에서 그 회칙을 지칭하며 이 용어를 명시적으로 사용하였다.[42]

그리스도교 철학에 대한 이런 확신과 더불어 질송은 예컨대 성 아우구스티누스의 그리스도교적 철학, 성 보나벤투라의 그리스도교적 철학, 성 토마스의 그리스도교적 철학 등 중세 그리스도교적

---

38. Ibid., pp.116s.
39. Ibid., p.120.
40. Gilson, *Le philosophe et la theologie*, p.197.
41. AAS 12(1878-79), p.115[=국역본: 이재룡 옮김, in 요한 바오로 2세 회칙 『신앙과 이성』(*Fides et Ratio*, 1998), 한국천주교중앙협의회, 1999의 "부록", 123-151쪽에 실려 있다].
42. AAS(1879-80), pp.56-59. Cf. Gilson(ed.), *The Church Speaks to the Modern Word. The Social Teaching of Pope Leo XIII*, New York, 1954, p.29.

철학들에 대해서도 당당히 말할 수 있다고 느꼈다. 이 철학자들은 혹시 철학을 충분히 전개하지 못했던 것일까? 혹시라도 새로운 철학적 개념들을 창안해 내지 못했던 것일까? 또 어쩌면 서양 사상의 유산 일부를 이룰 새로운 철학적 진리들을 입증하지 못했던 것일까? 그들의 철학은 어쨌든 그들의 신학으로부터 솟아났고, 신앙에 봉사하였다. 그것은 신학 바깥에서 자율적인 철학들로 자라나지 못했다. 이것은 특히 토마스의 철학에 해당된다. 토마스는 아리스토텔레스의 작품들에 대한 긴 주해서들을 집필하였고, 철학 소품들도 썼다. 그러나 그의 보다 심층적이고 독창적인 철학은 그의 신학 저술들 속에서 발견된다. 질송이 성 토마스의 그리스도교 철학이라고 묘사하고 있는 것은 (비록 그것이 성 토마스가 이성으로 증명할 수 있다고 믿은 일부이기는 하지만) 실제에 있어서 그의 신학의 일부이다. 그러므로 질송은 토마스의 철학에서는 모든 것이 비록 신학의 일부로 제시되더라도 근본적으로 합리적이라고 확신하였다.[43]

중세 그리스도교 철학이 신학자들의 창안물이고 또한 신학에 봉사했다고 해서 그리스도교 철학이기 위해 모든 철학이 다 신학적 맥락에서 자라날 필요가 있는 것은 아니다. 질송에 따르면 오히려 하나의 철학은, 만일 그것이 그리스도교 신앙 속에서 살고 있고 그 신앙에 봉사하고 있다면 이미 그리스도교 철학이고, 따라서 그것이 명시적으로 신학의 일부일 필요는 없다. 철학을 그리스도교적인 방식으로 수행하는 근대 철학자들이 있지만, 그렇다고 그들이 신학자로 자처하지는 않는다. 이것은 질송 자신에게도 해당된다. 그는 분명 엄밀하게 철학적인 많은 작품의 저자이지만, 그럼에도 불구하고 그것들은 그의 그리스도교 신앙으로부터 불가분적으로 영향을 입은 채 남아있는 것이다. 또한 그들은 절대적으로 그리스도께 봉사

---

43. Gilson, *Le thomisme*, pp.7, 28. Gilson, *Elements of Christian Philosophy*, New York, 1960, p.282, n.6.

하는 영적인 과제를 증언하고 있다.[44]

4. 에티엔 질송: 그리스도교 철학자

질송에 따르면, 철학의 역사는 철학 자체로부터 분리될 수 없다. 그 것은 오히려, 자연과학의 역사가 자연과학의 일부인 것과 마찬가지로 철학의 일부이다. 어떤 유능한 과학자가 자연과학의 역사에 관해 많은 지식을 가지지 않았을 수 있다. 그러나 철학에서는 먼저 철학의 역사를 알지 못하고는 앞으로 나아갈 수가 없다.[45] 철학사는 철학적 성찰을 위한 풍부한 원천이다. 질송 자신이 그 좋은 예다. 그는 자주 자신의 이론적 전망을 철학의 역사를 통해서 얻었다. 분명 그는 이것이 철학의 직접적이고 보다 나은 방법은 아니라는 것을 인정한다.[46] 하지만 적어도 전문적인 역사가인 그에게는 그것이 가장 적절한 방법이었다. 그가 예컨대 예술에 관한 저술들에서 채택하고 있는 직접적인 방법은 사물들 자체에 집중하는 방법이다. 질송은 실재 자체보다는 정식들에 더 매달리게 만드는 일부 스콜라학의 불모성에 대한 치유책으로서 직접적 방법을 권고한다.

비록 철학사가 철학과 밀접한 관계를 맺고 있기는 하지만, 그것 자체는 다만 철학에 비추어서만 의미를 취득하게 된다. 질송에게 있어서 "철학사의 최종적 설명은 철학 자체여야만 한다."[47] 그래서 그는 철학사를, 어떤 고립된 견해들의 놀이를 훨씬 능가하는 것으로 간주한다. 실상 철학적 관념들은 그들 역사의 여정에 앞서는 고유하고 내밀한 이해 가능성과 필요성을 가지고 있다. 그래서 예컨

---

44. Cf. Gilson, *Christianisme et philosophie*, pp.142-168.
45. Gilson, *The Unity of Philosophical Experience*, New York, 1937, p.vii[=국역본: 박영도 옮김, 『존재와 사유』, 이문출판사, 1985, 3쪽].
46. Gilson, *L'etre et l'essence*(1948), Paris, 2a ed., 1962, p.22.
47. Gilson, *The Unity of Philosophical Experience*, p.304[=국역본: 박영도 옮김, 304쪽].

대 어떤 철학자에 의해 설정된 어떤 원리로부터 철학자 자신의 사상 속에서든 아니면 그 추종자들의 사상 속에서든 귀결이 도출되는 것이다.

4.1. 철학적 경험의 단일성

이 소제목과 똑같은 제목을 달고 있는 질송의 작품(1937)은 앞에서 말한 의미에서 철학사를 철학적 차원에서 어떤 의미 있는 것으로 개진하려는 목적으로 쓰였다. 그것은 이런 목적에서 중세철학과 근대철학의 실험과 경험들이라는 광범위한 스펙트럼을 검토하고, 거기서부터 역사적 차원을 넘어가는 교훈들을 도출해낸다. 가장 중요한 결론 가운데 하나는 어떠한 개별 학문도 형이상학적 문제들을 해결하거나 형이상학적 해결책들을 판단할 능력을 가지고 있지 못하다는 것이다. 왜냐하면 형이상학은 어떠한 단편적 앎도 모두 능가하기 때문이다. 반면에 철학자들은 어떤 철학적 문제를 해결하기 위해서 개별 학문들의 방법론에 투신하려는 경향이 있다. 그래서 아벨라르두스는 논리학에, 성 보나벤투라는 신학에, 오컴은 심리학에, 데카르트는 수학에, 그리고 칸트는 물리학에 투신하였다. 그들은 어쩌면 과학자로서는 모두 종적으로 과학적인 문제들을 각각의 방법으로 해결하는 데에 매우 유능한 사람들이었을지 모른다. 그러나 철학자로서는 철학의 근본적인 개념과 방법들을 어느 개별 학문의 개념과 방법으로 대체하려 들 때 실패할 수밖에 없었고, 그들의 실패는 불가피하게 회의주의의 위험으로 치달을 수밖에 없었다. 하지만 (그리고 이것은 철학사로부터 도출되는 또 하나의 교훈이다). "철학은 언제나 자기[철학]를 매장하려는 자를 매장한다."[48] 철학사는 인간이 "본질상 형이상학적 동물"이라는 것을 가리킨다. 그의 이

---

48. Ibid., p.306[=국역본: 박영도 옮김, 305쪽].

성의 본질은 자기의 모든 경험의 제일 원리와 원인들을 추적하도록 강요하는 것 같다. 데모크리토스(Democritus)는 물질 속에서 제일 원인을 발견하였다고 생각했고, 플라톤은 선(善)에서, 아리스토텔레스는 자기 자신을 사유하는 사유에서, 플로티누스는 일자(一者)에서, 칸트는 도덕 법칙에서, 쇼펜하우어는 의지에서, 헤겔은 절대 관념에서, 베르그송은 창조적 지속에서 각각 제일 원인을 발견하였다고 생각했다. 이 모든 경우에 형이상학자는 경험의 이편 또는 경험을 넘는 곳에서 실재적이고 가능한 모든 경험의 궁극적 토대를 추구하였다. 그래서 이 각각의 형이상학자들은 존재 자체보다는 존재자의 어떤 개별 측면을 만물의 궁극적 토대 또는 제일 원리로 선택하였다. 그러므로 질송은 말한다. "실재와 비실재의 모든 측면은 필시 어떤 존재자로 개념되거나 아니면 존재와 연관되어 정의된다."[49] 그에게는 이로부터 필연적으로, 존재가 인식의 제일 원리이며, 실재에 대한 그 어떠한 분석도 존재인 한에 있어서 존재에 관한 학문인 형이상학에서 절정에 달하지 않는다면 결코 완전할 수 없다는 결론이 나온다.

4.2. 존재와 본질

질송은 이 성찰을 가장 심원한 형이상학적 저술인 『존재자와 본질』(*L'etre et l'essence*, 1948)에서 더욱 발전시킨다. 거기서 그의 방법은 여전히 동일하다. 다시 말해, 그것은 철학자들의 역사적 경험에 대한 성찰에서 성립된다. 그것은 그 책을 철학사처럼 보이게 만들지만, 질송은 독자들에게 강조한다. "이 책의 한 줄 한 줄은 모두, 설사 형식에서는 그렇지 않더라도 분명히 의도에 있어서는, 진정으로 철학적이다."[50] 이처럼 그는 "자신의 진리 탐구 여정"을 공개적으로 고

---

49. Ibid., p.313[=국역본: 박영도 옮김, 312쪽].
50. Gilson, *Being and Some Philosophers*(1949), Toronto, PIMS, 2a ed., 1952, p.x[=국역본:

백하고 있다.⁵¹

그러므로 질송은 형이상학의 근본적 질문인 "존재 또는 실존이란 무엇인가?"에 관하여 파르메니데스로부터 시작해서 장 폴 사르트르(Jean Paul Sartre)에 이르기까지 철학자들이 기울인 노력을 검토하고 있다. 이 문제에 대한 질송의 견해는 다음과 같다. 설사 서구 철학이 시작되던 때에 파르메니데스가, 존재가 다른 모든 것을 포함하고 있는 대상이고 따라서 우리 인식의 제일 원리임을 인정했다고 하더라도, 역사는 흔히 철학자들이 존재를 그것의 많은 형상과 양상 가운데 하나로 대체했다는 것을 가르쳐준다. 존재의 비결정성과 추상성 때문에 그들은 다른 곳으로 관심을 돌렸고, 보다 명료하고 완전하게 포착될 수 있는 어떤 것을 효과적으로 실재하는 것으로 간주하였다. 이처럼 당당히 실재의 총체성을 함축해야 할 것 같은 존재는, 거의 무(無)와 동일시될 정도로 내용이 텅 빈 것처럼 보이게 되었다.⁵²

아비첸나와 그 추종자들이 굴할 수밖에 없었던 하나의 유혹은 존재를 존재하는 것으로, 다시 말해, 예컨대 사람이나 말과 같은 어떤 본질의 정의 속에서 포착될 수 있는 것으로 해석하려는 유혹이었다. 그러므로 이런 철학자들에게 있어서는 가능한 존재자로서의 본질이 실재의 심장이다. 존재는 단지 본질에 대한 일종의 부가 또는 그것의 어떤 규정된 형상이고, 그것의 유일한 기능은 실재적 존재를 다만 잠재적이기만 한 존재자로부터 구별하는 것이다. 그들은 또한 존재가, 어떤 사물인 것에 대한 우리의 인식에 아무것도 덧붙이지 못하고, 어떤 사물의 '무엇임' 개념에 조금도 기여하지 못한다고 믿기 때문에, 또한 존재가 일단 인식되게 되면 더 이상 흥미롭지

정은해 옮김, 『존재란 무엇인가』, 서광사, 1992, 9쪽]; *L'etre et l'essence*, p.351.
51. *Being and Some Philosophers*, p.x[=국역본: 정은해 옮김, 11쪽].
52. Gilson, *L'etre et l'essence*, p.317.

못하기 때문에 일단 평온하게 옆으로 치워지거나 괄호 속에 처리할 수 있다고 믿었다. 그래서 존재는 실재적 존재의 질서 속에 있는 구별 및 등급들과 아무 상관도 없다. 이것은 사물들이 존재한다는 사실에 의존하고 있다기보다는 오히려 그것들이 무엇이냐에 달려 있다. 이런 사상적 전망을 따라, 마지막으로 키에르케고르는 다음과 같이 생각하였다. 만일 한 마리의 파리가 존재한다면, 그것은 신이 존재하는 것 못지않게 존재하며, 반대로 신도 그 파리가 존재하는 것 이상으로 존재하는 것이 아니다.[53] 존재는 우리의 사고가 실재적 대상을 가지기 위해서 필요한 순수하고 단순한 사실이지만, 그것 자체는 특별히 사변의 대상이 아니다.

질송은 이런 식으로 존재를 중립화시키는 철학을 "본질의 존재론"(ontologies de l'essence)이라고 부르고 있다. 그것은 합리적 앎을 오직 어떤 추상적 개념화의 대상일 수 있는 것으로까지만 확장한다. 그런데 존재는 이 개념화를 벗어나기 때문에, 이해 가능한 것과 알 수 있는 것의 영역 바깥에 있다. 그렇다면 어떻게 존재가 (그 본질로부터의 차이 속에서) 실재 전체의 앎을 추구하는 형이상학 속에 포함될 수 있단 말인가?

질송은 그 대안으로 성 토마스의 형이상학을 제안하고 있다. 여기서 존재는 단지 이해 가능한 것일 뿐만 아니라, 바로 실재의 기원이고 그 본질 자체의 이해 가능성의 원천이다. 토마스는 자주 본질에 대한 존재(esse)의 우위를 강조한다. 여기서 말하는 존재는 형상과 본질의 현실성이요, 그것을 통해서 어떤 존저자가 존재하게 되는 그것이다.[54] 그러나 만일 사정이 그러하다면, 그때 존재는 '무엇임' 또는 본질로 남김없이 다 환원될 수 없고, 오히려 존재도 포함하고 있다. "실재를 그 구전성(俱全性) 속에서 포착하려면 존재는 이

---

53. Ibid., p.319.
54. Cf. Thomas Aquinas, *Summa Theologiae* I, 41, 1, ad3; ID., *Samma contra Gentiles* II, 54.

개념의 역량 속에서, 즉 본질과 존재의 공동체로서 포착되어야 한다. 왜냐하면 우리 경험의 질서 내면에는 현실태로 실존하는 어떤 본질과 그것을 정의하는 본질에 기초해서 인정할 수 있는 실존자가 아닌 것은 그 어느 것도 존재할 수 없을 것이기 때문이다."[55]

이미 아리스토텔레스는 존재가 최고의 국면에서 어떤 사물이나 어떤 본질이 아니라 하나의 현실임을 알고 있었다. 그러나 그는 최고의 현실을 순수 사고와 동일시하였고, 또 우주의 부동의 원동자들인 "분리된 실체들"의 절대적 존재와 동일시했다.[56] 성 토마스는 이에 대해 존재의 최고 현실이 '존재 현실력'임을 인정함으로써, 대단히 중요한 정신적 혁명을 촉발시켰다. 토마스에 따르면 이 현실은 어떤 '무엇임'의 개념 안에서 인식되는 것이 아니라, 'X가 있다, 또는 존재한다'는 형식의 실존 판단 속에서 포착된다. 이런 유형의 판단은 예컨대 'X는 X이다'와 같은 유형의 언명에서처럼, 어떤 주체의 술어를 긍정하는 것이 아니다. 왜냐하면 존재는 본질과 같은 것이 아니기 때문이다. 그것은 다만, 존재와 본질이 이미 실재 속에서 결합되어 있는 것과 똑같이 그것들을 사고 속에 결합함으로써, 그 주체의 존재를 긍정할 뿐이다.[57]

그러므로 비록 질송은 '존재'가 본질성과 대상성으로 향하고 있는 어떤 개념화의 대상이라는 것을 부정하지만, 그럼에도 불구하고 그것이 (영의 완성으로서의) 어떤 판단 안에서 함께 알려진다고 확신하고 있다. "추상이 아니라 판단을 최고의 인식 활동으로 인정하는 인식론은 필시 '존재'가 실재 질서에서 최고의 자리를 차지하는 그런 형이상학에 연결되어 있다."[58] 그러므로 그는 마리탱과는

---

55. Gilson, *L'etre et l'essence*, p.326.
56. Aristoteles, *Metaphysica*, 12, 7, 1072 b13-30.
57. Gilson, *L'etre et l'essence*, pp.289, 328.
58. Ibid., p.301. Cf. Gilson, *Realisme thomiste et la critique de la connaissance*, Paris, 1939, p.213-239[=국역본: 이재룡 옮김, 『토미스트 실재론과 인식 비판』, 서광사, 1994,

달리, 존재에 대한 지성적 직관보다는 판단 속에서의 '존재'에 대한 지성적 인식에 관심을 집중하고 있다. 실상 질송은 우리가 이런 유형의 직관을 가지고 있다는 것을 부정한다. 우리는 오직 그것들을 통하여 존재자로 지각될 수 있는 사물들을 지각하게 되는 감각적 직관만을 가지고 있을 뿐이다. 이것을 넘어 우리는 이 사물들에 대한 판단 속에서 그것들의 존재 현실력에 대한 "직관적 경험"(une experience intuitive)을 소유하고 있다.[59]

질송은 성 토마스에게 자신이 근대 철학 안에서 발견한 '실존주의'를 부과하였다는 비난을 받아왔다. 그는 이런 비난에 대해서, 오히려 반대로 토마스의 작품들에 대한 독서가 그로 하여금 키에르케고르의 작품을 읽도록 만들었다고 응수하였다.[60] 그가 보기에 토마스의 가르침은 특히 근대의 실존주의와는 전혀 다른 의미에서 실존주의이다. 근대 실존주의는 '본질 없는 철학'이다. 그래서 그 주창자들에게는 존재가 결국 그토록 무의미하고 부조리하게 나타나는 것이다. 반면에 토마스의 가르침은 존재의 의미를 부정하지 않는다. 그것은 존재와 본질의 단일성으로부터 출발하려고 한다. 따라서 "그렇게 이해할 필요가 있는 그대로"의 실존주의라고도 정의될 수 있을 것이다.[61]

215-240쪽]. 이 존재 개념과 성 토마스의 존재 개념의 일치에 대해서는: Cf. Gilson, *L'etre et l'essence*, p.351.
59. Gilson, *L'etre et l'essence*, p.299. Cf. Gilson, *Le thomisme*, pp.187s; ID., "Propos sur l'etre"; ID., *Realisme thomiste et la critique de la connaissance*, p.225[=국역본: 이재룡 옮김, 228쪽). 마리탱의 직관 이론에 대해서는: Cf. J. Maritain, *Sept lecons sur l'etre*, Paris, 1934, p.52; "Reflexions sur la nature blessee et sur l'intuition de l'etre", *Revue thomiste* 68(1968), pp.5-40. 질송은 『철학적 경험의 일치』(p.314)에서 "존재에 관한 지성적 직관"(the intellectual intuition of being)이라는 표현을 사용하고 있지만, 이것은 이 주제에 관한 그의 다른 주장들과 같은 의미로 이해되어야 한다
60. Gilson, *L'etre et l'essence*, p.356.
61. Ibid., p.375; *Le thomisme*, pp.447s. 사르트르에 대해서는: Cf. Gilson, *L'etre et l'essence*, pp.356-364. 현상학의 의미와 역할에 관해서는: Cf. Ibid., p 332; Gilson, *Painting and Reality*, New York, 1957, pp.12-15.

『존재자와 본질』의 한 "부록"에서 질송은 형이상학과 존재에 관한 하이데거의 주장을 짧게 검토하고 있다.[62] 그는 대단히 높이 평가하는 한 철학자 앞에서 존경심을 품고, 그리고 그에 대해서는 단지 불완전한 지식만을 가지고 있음을 인정할 때 지니게 되는 조심성과 더불어, 작업하고 있다. 그는 하이데거의 사상이 독일어 속에 그토록 깊이 뿌리박고 있어서 프랑스어로는 거의 이해할 수 없게 된다고 지적하고 있다.

그럼에도 불구하고 그는 토마스 아퀴나스와 하이데거가, 본질에 대한 지식을 넘어 존재에 대한 지식에 도달하고자 노력한다는 점에서 두 철학자 사이의 유사점을 보고 있다. 하지만 그가 보기에 '존재'의 의미는 두 철학자 안에서 서로 다른 것으로 보였다. 하이데거는 프랑스어의 'etre'와 'etant' 사이의 차이에 해당되고 라틴어로는 'esse'와 'ens' 사이의 차이에 해당되는, 독일어의 "존재"(Sein)와 "존재자"(Seiende) 사이의 차이를 강조한다. 그는 17세기에 볼프에 의해서 '존재론'이라고 묘사되었고 결코 존재 명상으로까지 올라가지 않는 존재자에 관한 담화인 형이상학의 전통적 표상을 받아들인다. 이로부터 하이데거는 존재 속에서 존재자의 토대를 발견하기 위해서는 형이상학을 넘어 나아갈 필요가 있다는 결론을 도출한다. 그렇지만 질송의 견해에 따르면 하이데거는 "존재"라는 단어를 위한 간명한 의미를 발견하는 데 성공하지 못했다. "그는 '존재에 관해서 성찰하고' '존재에 대해서 말하며' 존재를 언제나 새로운 주해로 설명하고 있다. 그러나 정작 존재가 무엇인지를 말할 순간이 오면, 그는 침묵해 버린다."[63]

토미즘 속에서는 존재 또는 실존에 도달하기 위해서 형이상학을

---

62. Gilson, *L'etre et l'essence*, pp.365-378. 질송과 하이데거의 관계에 대해서는: Cf. L.K. Shook, *Étienne Gilson*, pp.227, 334s.
63. Ibid., p.375.

넘어가거나 극복할 필요가 없다. 그리고 형이상학이 하이데거의 의미로, 즉 존재 자체를 망각한 형이상학으로 이해되지도 않는다. 형이상학의 대상은 "존재자로서의 존재자"(ens in quantum ens)인데, 여기서 존재자는 "존재를 가짐"(habens esse)으로 이해되고 있다. 그러나 존재자가 존재의 내속을 소유하고 있는 것으로 개념되는 형이상학에서는 존재 자체까지도 함께 생각하지 않은 채 "존재하는 것"을 생각한다는 것은 불가능하다. 이처럼 토미즘은 존재를 존재자 바깥에서가 아니라 "존재자 안에서" 발견한다. 그리고 그것을 어떤 것이 그것을 통해서 존재하게 되는 제일 현실로서 발견한다. 존재의 신비를 접촉하지 않으면서도, 어쨌든 그것이 본질과 더불어 모든 유한한 존재자를 구성하는 능동적 원리로 이해될 수 있다고 말할 수 있다.

형이상학의 끝에서 토마스는 순수 존재 현실력인 신에 도달한다. "존재자"(etant)와 "본질"의 경계선을 넘어 그분은 순수 "있음"(Est)이다. 그래서 그분의 이름은 "존재하는 분"(Qui est)이다. 신의 존재가 무엇인지(quid est)는 전혀 알려지지 않은 채로(penitus ignotum) 남아있다. 이 지점에 이르러 토마스는 하이데거의 침묵에 가담한다. 그렇지만 토마스는 물러나 기도하는 데 반해, 하이데거는 횔덜린(F. Hölderlin)의 시를 주해하는 일에 몰두한다.[64]

4.3. 방법적 실재주의

질송이 1930년대에 연루되었던 논쟁 가운데 하나는 수많은 신스콜라 철학자들이 주장하던 '비판적 실재주의'의 타당성에 관한 것이었다. 그는 그런 입장에 반대하여 『방법적 실재주의』(*Realisme methodique*, 1936)와 『토미스트 실재주의와 인식 비판』(*Realisme thomiste*

---

64. Ibid., p.377.

et critique de la connaissance, 1939)이라는 두 권의 책을 출판하였다.

스콜라학을 쇄신하여 근대적 토론의 수준으로 끌어올리기 위해서 어떤 신스콜라 학자들은, 토마스의 가르침이 데카르트식의 보편적 회의와 칸트식의 인식론적 비판이라는 빛 속에서 해석되어야 한다고 생각하였다. 이 스콜라 학자들은 질송이 '인식론에 대한 관념주의적 접근'이라고 규정한 것을 채택한다. 그들은 각자 나름대로의 시각에서 자기들 머릿속에 있는 생각으로부터 시작해 외부 세계의 존재를 정초하고자 한다. 외부의 실제적 세계에 대한 지식은 정신에 직접적으로 현존하고 있는 내면적 소여들에 대한 비판적 성찰 위에 정초되어야만 하였다. 그리고 결과적으로 인식론이 형이상학에 우선해야만 하는 것 같았다.

질송은 앎에 대한 실재주의적 이론을 설정하는 이 방법이 토미즘에 전혀 이질적이라고 주장하였다. 만일 우리가 데카르트의 '코지토'(나는 생각한다)에서부터 출발한다면, 결코 '사물들이 존재한다'는 주장에 이르지 못할 것이다. 그리고 만일 우리가 칸트의 비판으로부터 출발한다면, 마찬가지로 결코 물자체의 인식에 도달하지 못할 것이고, 다만 그들의 사고에 표상되는 그대로의 사물들에만 도달하게 될 것이다.[65]

질송의 비판은 주로 루뱅 학파, 구체적으로는 메르시에와 그의 추종자 레옹 노엘에게로 향했다. 메르시에에 따르면 외부 세계의 존재의 확실성은 내면적인 사고 세계에 기초하고 있다. 데카르트와 마찬가지로 그는, 우리가 수동적으로 경험하는 인상들을 가지고 있고, 따라서 거기에는 이 인상들을 촉발하는 어떤 활동적 원인, 어떤 비-아(非我)가 있어야 하며, 그래서 우리 사고의 바깥에서 발견되는 실재적이고 지각될 수 있는 세계가 있어야만 한다. 메르시에가 이

---

65. Gilson, *Le realisme methodique*, Paris, 1936, pp.73-86.

런 식으로 사고로부터 출발해서 사물에 이르는 결론을 도입하기 때문에 그의 실재주의는 매개되었고, 그래서 스콜라학적이고 중세적인 실재주의와 그리스 실재주의에 반대된다. 데카르트 이후의 철학사가 입증하듯이, 이런 식의 매개된 실재주의는 관념주의로 귀결된다.[66] 노엘의 실재주의는 직접적이다. 그러나 그가 칸트의 비판을 활용하고 있기 때문에, 그것은 "나"로부터 출발해서 지각되는 그대로의 사물로 나아가지, 있는 그대로의 사물들로 나아가지 않는다. 질송은 이것이 전혀 진정한 실재주의가 아니라고 주장한다. 왜냐하면 실재적이고 효과적인 세계에 도달하는 것이 아니라, 기껏 현상 세계에 도달할 뿐이기 때문이다.[67]

문제의 신스콜라 철학자들은 자신들이 중세철학과 그리스 철학의 '순진 실재주의'라고 부르는 것을 피하고자 하였다. 그들은 근대 철학자들이 비판적 실재주의를 설정하였고, 그래서 외부 세계의 존재에 관한 인식론적 확실성을 위한 더욱 튼튼한 기초를 우리에게 제공하였다고 생각하였다. 이에 대해 질송은 스콜라학의 실재주의가 전혀 순진하지 않다고 응수한다. 그것은 관념주의적 입장에 대해서 온전히 의식하고 있고, 그것을 자신의 인식 분석 속에 포함시키고 있다. "스콜라학은 의식적이고 매개되었으며 단호한 실재주의이지만, 그럼에도 불구하고 관념주의에 의해서 제기된 문제로부터 출발하지 않는다. 왜냐하면 이 문제의 전제들이 필시 관념주의 자체를 해결책으로 함축하고 있기 때문이다. 다시 말해, 이 명제가 언뜻 보기에는 놀라워 보일지라도, 스콜라학의 실재주의는 인식론적 문제에 봉사하지 않고, 오히려 실재가 그 안에서 사고와 무관한 것으로 보이고, '존재'(esse)는 '지각'(percipi)으로부터 구별되는 것으로

---

66. Ibid., pp.18-32. Cf. D. Mercier, *Criteriologie generale ou theorie generale de la certitude*(1899), Louvain-Paris, 1918.
67. Ibid., pp.32-44. Cf. L. Noël, *Notes d'epistemologie thomiste*, Louvain-Paris, 1925.

설정되는데, 이것은 철학이 무엇이냐에 대한 특정 표상에 기초해서 그리고 그 가능성 자체의 조건으로서 이루어진다. 이것은 일종의 '방법적 실재주의'이다."[68]

질송은 자신의 『토미스트 실재주의와 인식 비판』에서 비판적 실재주의에 대한 비판 속에 롤랑 고슬랭(M.-D. Roland-Gosselin)과 조셉 마레샬, 샤를 브와예 등을 포함시키고 있다. 비판적 실재주의의 여러 형태를 검토한 다음 그는 인식론적 비판은 본질적으로 형이상학적 실재주의와 화해될 수 없다는 결론에 이른다.[69] 실상 이 실재주의는 우리가 사고와는 다른 외부 실재를 직접적으로 이해한다고 말한다. 우리는 이 사실의 명백성에 대해서 철학적으로 성찰할 수는 있지만, 마치 이 존재의 증명이 사고의 존재와 같은 어떤 다른 증명 위에 기초하고 있기라도 하듯이 그 사실을 비판할 수는 없다. 이런 식으로 진행하는 것은 관념주의적 방법을 따르는 것이고, 결국 관념주의에 떨어지게 되는 것이다.[70]

"비판적 실재주의"에 대해서 마리탱은 본질적으로는 질송의 입장에 동조하였다. 하지만 그는 "비판"이라는 용어가 칸트적인 의미로 이해되지만 않는다면, 그 용어를 유지할 필요가 있다고 권고하였다. 이 개념은 단지 철학이 순진한 어떤 것이 아니라 "보편적인 인간 지성"의 인식에 관한 성찰을 요구한다는 것을 가리킬 뿐이라는 것이다.[71] 질송은 "비판"이라는 용어가 이 경우에 어떠한 특정 유형의 철학을 가리키지 않는다고 응답하였다. 반면에 역사적으로 실존했던 "비판적 실재주의"의 경우에는 그것이 발생하는 것이다.[72]

---

68. Ibid., p.11.
69. Gilson, *Realisme thomiste et la critique de la connaissance*, p.156[=국역본: 이재룡 옮김, 165쪽].
70. Ibid., p.49[=국역본: 이재룡 옮김, 69쪽].
71. J. Maritain, *Distinguer pour unir, ou Les degres du savoir*, Paris, 1932, pp.137-158.
72. Gilson, *Realisme thomiste et la critique de la connaissance*, p.38, note[=국역본: 이재룡 옮김, 60쪽, 각주].

4.4. 예술

예술과 예술 철학에 대한 질송의 관심은 매우 일찍부터 시작되었다. 그의 초창기 논문 가운데 하나는 「예술과 형이상학」(Art et Metaphysique, 1916)이라는 제목을 달고 있다. 여기서 그는 전 생애 동안 투신할 두 주제를 나란히 놓고 있는 것이다. 어쨌든 그는 예술에 관한 세 권의 탁월한 저술을 하였다: 『회화와 실재』(Painting and Reality, 1957), 『미술 입문』(Introduction aux arts du beau, 1963), 『질료와 형상』(Matieres et formes, 1964). 그렇지만 질송은 이 저술들로 토미스트적인 예술 철학을 생각하지는 않았다. 분명히 토마스의 근본적 개념들과 연결되어 있음에도 불구하고 그의 책들은 예술에 관한 그 자신의 성찰의 결실이다. 그는 특히 이 영역에서 토마스가 특별한 조명을 받지 못했다는 것을 발견하였다. 그에게는 오히려 천사적 박사가 예술의 이해에 조금밖에 기여하지 못한 것으로 보였다.[73] 토마스는 예술 일반을 "만들 수 있는 것들에 대한 올바른 이성"(recta ratio factibilium)이라고 묘사하였지만, 질송은 이 정식이 예술의 본질을 표현하는 정의로 받아들여져서는 안 된다고 주장하였다. 이 정식은 예술에 관한 정의로는 분명 거짓이었다. 왜냐하면 그것은 예술을 결국 정신의 한 국면으로 만들 것이기 때문이다.[74] 그래서 그는 마리탱이 "예술은 온전히 정신의 영역 속에 있다"고 말하며[75] 예술을 본질적으로 지성적인 어떤 것으로 묘사하고 정의하는 것에 반대하였다. 마리탱에 따르면, 인간의 육체는 오직 정신의 예술만을 실현시키지만, 어떤 방식으로도 그 일부가 되지는 않는다. 그러므로 대다수의 현대 예술 철학자들과 마찬가지로 마리탱도 예술을 일종의 인식으로 이해한다. 이 인식은 본질적으로 창조적이고 사물들

---

73. Gilson, *Introduction aux arts du beau*, Paris, 1963, p.158.
74. Gilson, *Painting and Reality*, pp.32-36. Cf. Thomas Aquinas, *Summa Theologiae* I-II, 57, 4.
75. J. Maritain, *Art et scolastique*(1920), Paris, 3a ed., 1930, p.23.

의 산출로 향하고 있지만, 정작 주로 인식이다. 이런 이유에서 마리탱은 형이상학의 기원으로서의 존재에 대한 지성적 직관에 병행하여, 또한 창조적 직관을 예술의 기원으로 설정하고 있다.[76]

친구인 마리탱과의 이런 대조를 통해서 질송은 다음과 같은 예술 개념에 도달한다. 마리탱과 마찬가지로 그는 무엇보다도 예술에서의 일차적 역할을 인식에 돌린다. "처음부터 끝까지 인식이 예술적 산출에 수반된다는 것이 확실하다."[77] 그러나 이어서 그는 예술이 인식의 일종이 아니라고 규정한다. 그리고 오히려 그것을 행함과 행할 줄 앎의 부류에 자리매김한다. 예술은 능력 또는 '노하우'(know-how)이다. 토마스가 말하고 있는 것처럼, 예술은 예술가의 "작용적 습성"(habitus operativus), 사물들을 산출할 수 있는 역량이다.[78] 그러나 이 '습성'은 오직 예술가의 정신 속에만 있는 것이 아니라 그의 손에도 있는데, 화가나 조각가의 경우에는 더욱 그러하다. 화가의 손은 그의 정신만큼이나 창조적이다. 따라서 예술은 인식과 더불어서만 시작되는 것이 아니라 예술가의 손과 더불어서도 시작된다. 예술이 이미 예술가의 손에 있는 방식에 관하여 질송은 "영혼이 육체 속에 있는 것과 마찬가지로 예술은 손의 행함 속에 있다"고 말한다.[79] 육체가 영혼의 생명과 그 활동에 참여하는 것과 마찬가지로 육체의 지체들도 예술가의 인식의 창조성에 참여한다. 그리고 예술의 기원으로서의 창조적 직관에 관해서 질송은, 우리가 어떤 다른 순수한 지성적 직관을 가지고 있다는 것을 부정하는 것과 마찬가지로 우리가 예술적 직관을 살고 있다는 것을 부정한다.

---

76. Maritain, *Creative Intuition in Art and Poetry*, New York, 1953, pp.134-141[=국역본: 김태관 옮김, 『시와 미와 창조적 직관』, 성바오로출판사, 1982].
77. Gilson, *Painting and Reality*, p.153.
78. Thomas Aquinas, *Summa Theologiae* I-II, 57, 3. Cf. Gilson, *Painting and Reality*, p.35, n.27.
79. Gilson, *Painting and Reality*, p.32.

오직 신만이 창조적 직관을 가지고 있다고 말할 수 있다. 우리는 그런 직관을 가지고 있지 못하다. 왜냐하면 우리는 감각적 경험에 앞서고 자기 고유 대상들의 원인이 될 수 있는 어떠한 순수 지성적 표상도 형성할 수 없기 때문이다. 예술가들은 신이 자신의 작품을 창조하는 것과 똑같은 방식으로 자신의 작품을 창조하는 것이 아니다. 그들은 오히려 자기들의 순수한 관념을 추구해야 하고, 그것을 온전히 발견해내야 한다.[80]

어떤 철학자들은 예술의 본질로 자기 예술품 속에서의 예술가의 표현, 또는 상징으로서의 예술품의 가치를 제시한다. 비록 이런 예술 이론이 진리의 일면을 포함하고 있다는 것을 인정함에도 불구하고, 질송은 예술의 본질이 다른 곳에 있다고 생각한다.[81] 예술은 아름다운 대상들을 산출하기 위한 길이다. 예술은, 그 정당화가 예컨대 자연의 모방과 같은 어떤 다른 것이 아니라 바로 그 자체 안에 있는 새로운 존재와 새로운 아름다움을 창조한다. 그래서 그는 또한 비-표상적 예술이 표상적 예술보다 고등하다고 주장하기도 한다. 예술가는 세계 속에 어떤 새로운 것을 창조하지만, 신처럼 무로부터 창조하는 것이 아니라 이미 주어져 있는 것으로 발견되는 물질로부터 창조한다. 이런 식으로 예술가는 신의 창조적 풍요로움에 참여한다. 그는 물질에 어떤 형상을 부여한다. 형상과 질료의 다중성은 다시 예술품들을 구별하는 기초가 된다. 『질료와 형상』에서는 이런 예술 가운데 일부, 즉 건축, 조각, 회화, 음악, 춤, 시와 연극 등이 상세하게 고찰되고 있다.

4.5. 언어

질송의 마지막 작품들 가운데 하나는 언어학과 언어 철학이라는 주

---

80. Gilson, *Introduction aux arts du beau*, pp.90s.
81. Ibid., pp.93-102.

제를 다루고 있다.[82] 이 작품에서 평생토록 그를 수반한 언어에 관한 그의 성찰은, 계속해서 '사전'을 현대화할 책임을 지고 있던 아카데미 프랑세즈(Academie Francaise)의 일원으로서의 경험과 결합된다.

질송은 언어의 신비 심장부에는 말과 의미 사이의 관계가 있다는 것을 발견한다. "언어 철학의 모든 항구한 요소들은 내가 보기에는, 나로서는 꿰뚫어볼 수 없는 채로 남아있으면서도 인정할 필요가 있는 듯이 보이는 다음과 같은 비밀에 매여 있다."[83] 소쉬르(F. de Saussure)나 사피르(E. Sapir) 같은 언어학자들은 기꺼이 마치 언어가 아무런 의미도 지니지 않은 것처럼 취급하려 들지 모른다. 실상 그들의 목표는, 언어를 물리적이고 계량적인 측면 속에서 묘사하고 최대한 그 철학적 결속으로부터 멀어지는 엄밀학으로서의 언어학을 정식화하는 것이다. 질송은 분명 이 길이 잠정적인 길로서는 가능할 수 있다고 인정한다. 그러나 그는 언어의 현실이 의미와 함께 생각되지 않고는 이해될 수 없다는 점을 강조한다. 실상 의미는 언어의 초언어학적이고 초물리학적인 요인인 인간의 정신 속에 기원을 두고 있다.[84]

다른 언어학자들은, 마치 아무런 초언어학적인 요소 없이도 의미가 그 자체로 이해될 수 있기라도 하듯이, 그 의미를 언어학적인 순수 가치나 용법으로 환원하려 든다. 그러나 경험은 언어와 그 의미가 근본적으로 구별되는 두 사물이라는 것을 보여준다. 예컨대 언어의 물리적 측면은 그것이 담지해야 하는 의미와는 전혀 다르다. 우리는 어떤 언어를 듣기는 하지만, 그 의미는 이해하지 못할 수 있다. 또한 어떤 같은 말이 여러 상이한 의미들을 가질 수 있다. 이것은 하나의 말과 그 의미가 서로 다른 두 질서에 속한다는 것과, 이성

---

82. Gilson, *Linguistique et philosophie. Essai sur les constantes philosophiques du langage*, Paris, 1969.
83. Ibid., p.13.
84. Ibid., p.53.

은 언어의 산출에서 창조적 활동으로서 드러난다는 것을 보여준다.

그러므로 언어에 대한 사고("pensee")의 초월성은 경험에 의해서 확인된다. 질송은 어떤 작가나 설교가가 자주 자신들의 말이 자기들의 생각을 전하는 데 충분하지 못하다고 느낀다는 사실을 지적한다. 그래서 그들은 자기들이 의도하는 것을 전달하기 위해 새로운 말을 만들어내거나 더 나은 말을 찾기도 한다. 또한 우리가 서로 (그것이 아무리 불완전하게 발생할 수 있다고 하더라도) 생각을 교환할 수 있다는 사실은, 물리적으로 서로 다른 주체들이 참여할 수 있는 특정 등급의 이해가 있다는 것을 알려준다. 그래서 언어 속에는 어떤 비물질적인 요소가 있어야 하는데, 이것이 바로 그 의미다. 반면에, 우리가 이웃들에게 전하고자 하는 이해될 수 있는 의미는, 물질적이고 지각될 수 있는 말들에 의해서 어떤 모양으로든지 응축된다. 그렇지만 언어에 대한 사고의 상대적 초월성은 어떤 언어로 표현되는 생각들이 어떤 다른 언어로 번역될 수 있다는 사실에 의해서도 입증된다. 번역은 우리가 이성의 초언어학적인 기관을 소유하고 있기 때문에 가능하다. 마지막으로 이 기관의 존재는 보편적 개념을 표현할 수 있는 우리의 언어학적 용법에 의해서 증명될 수 있다. 모든 물리적 실재는 구체적인 개별성이기 때문에, 우리 언어 속에 있는 보편성은 어떤 초언어학적인 요소를 포함하고 있다는 것을 드러내 보여준다.[85] 그러므로 질송은 어떤 말이 그 의미와 맺고 있는 관계는 영혼과 육체의 결합과 유비적인 방식으로 이해될 수 있을 것이라고 제안한다. 영혼이 육체에 생명을 주면서도 그와 더불어 단 하나의 실체를 형성하는 것과 마찬가지로, 의미는 언어에 생명을 주면서도 그것과 더불어 어떤 내밀한 단일성을 이룬다.[86]

질송이 언어 속에서 의미의 기원을 찾고 있는 탐구는 토마스 아

---

85. Ibid., pp.132, 152s, 161, 176, 277s.
86. Ibid., p.84.

퀴나스가 지적하는 길을 따르고 있다. 쓰이고 발설된 말로부터 출발해서 그 길은, (우리의 생각과 감정을 이야기하는 언어적 특성들의 연관 관계라고 토마스가 묘사하고 있는) 내면의 대화로 인도한다. 그러므로 생각들은 발설되거나 발설되지 않은 말들로 명료화되지만, 이것 자체가 생각들인 것은 아니다. 생각하고 이해한다는 것은 정신의 깊은 내밀성 속에 자리 잡고 있고 토마스가 "말로 발설되지 않은 마음의 말"(verbum cordis sine voce prolatum)이라고 부르고 있는, 어떤 영적인 말 또는 어떤 개념에 본래적 기원을 두고 있는 활동들이다.[87] 우리가 내면적이고 외부적인 언어 속에서 표현하는 의미와 이해의 본래적 자리도 바로 여기다.

마지막으로 질송은 토마스를 따라 신적 말씀("Verbum")의 육화(肉化)를 인간의 말("verbum")의 육화와 비교하고 있다. 발설된 말("vox")이 내면의 말을 드러내듯이, 육신이 '영원한 말씀'을 드러내었다.[88] 이 유비와 일치되게 그는 또한 언어를 두고 '살[肉]이 된 생각' 또 '살의 상태에 있는 생각'이라고 말하기도 한다.[89]

이 논문의 분량 제한이 생명과 진화의 철학 속에서 목적성과 원인성의 연결망에 대한 질송의 변론을 고찰하는 것을 허용하지 않는다.[90] 또한 정치, 문학, 인본주의, 교육, 영성 등에 관한 그의 저술들 역시 이 논문의 범위를 벗어난다. 그럼에도 불구하고 이제껏 우리가 말해온 것만으로도 그 방대한 철학적 작업의 높은 수준이 질송을 20세기의 일류 그리스도교 철학자 가운데 하나로 만들었다는 것을 분명하게 드러냈을 줄로 믿는다.

---

87. Thomas Aquinas, *De veritate*, 4, 1. Cf. Gilson, *Linguistique et philosophie*, pp.139-142.
88. Thomas Aquinas, *De veritate*, 4, 1, ad6.
89. Gilson, *Linguistique et philosophie*, pp.125, n.1, 142, n.17.
90. Gilson, *D'Aristote a Darwin et retour*, Paris, 1971.

13. 질송의 실존 철학에서의 존재의 신비

안토니오 리비

『존재자와 본질』(*L'etre et l'essence*)[1]과 더불어 질송은 20세기 철학에 주목할 만한 기여를 하였다. 그래서 그 초판(1948)의 출간 이후 시간의 흐름은, 역사적이고 논쟁적인 측면(이에 대해서는 나중에 이야기하게 될 것이다)뿐만 아니라, 순수 이론적인 측면(형이상학적 측면과 인식론적 측면들)에서도, 평가하는 일만 남아있었다. 그러나 여기 소개하는 작품은 일반적인 전제에 해당되는 비슷한 시기의 두 작품, 즉 『방법적 실재론』[2]과 『토미스트 실재론과 인식 비판』[3]에 긴밀하게 연결되어 있다. 그리고 『존재자와 본질』의 주제를 발전시키고 있

---

1. É. Gilson, *L'etre et l'essence* (Problemes et contreverses), Paris, Vrin, 1948, p.330. 질송의 주저라 할 수 있는 이 작품은 저자가 (젊은 시절 앙리 베르그송의 강의를 들은 적이 있는) 콜레주 드 프랑스에서 가졌던 일련의 강연 묶음이다. 이 책에 대한 (광범위하게 다시 손질을 한) 영역본: *Being and Some Philosophers*, Toronto, Pontifical Institute of Medieval Studies, 1949. 프랑스어판 제2판에는 하이데거에 대한 새로운 부록이 첨부되었다: Paris, Vrin, 1962[=국역본: 정은해 옮김, 『존재란 무엇인가: 존재론의 쟁점과 그 전개과정』, 서광사, 1992]. 형이상학의 역사를 고대에서부터 현대에 이르기까지 아리스토텔레스와 아베로에스(제2장), 아비첸나와 스코투스, 오컴, 수아레스의 해석(제3장), 그리고 데카르트, 칸트, 헤겔, 키에르케고르의 해석(제4장)으로 나눠 면밀히 검토한 다음, 성 토마스의 형이상학의 핵심 통찰(제5장)과 존재 인식(제6장)을 압축적으로 요약하고 있는데, 바로 이 제5장과 제6장을 최근 『중세철학』지에 "이재룡 다시읽기"란에서 다시 번역하여 제시한 바 있다: 「존재자와 존재」, 『중세철학』 27(2021), 277-334쪽; 「인식과 존재」, 『중세철학』 28(2022), 211-253쪽.
2. *Realisme methodique*, Paris, Tequi, s.d.[1935].
3. *Realisme thomiste et critique de la connaissance*, Paris, Vrin, 1939; 2a ed., 1947. 영역본: *Thomist Realism and the Critique of Knowledge*, San Francisco, Ignatius, 1986[=국역본: 『토미스트 실재론과 인식 비판』, 졸역, 서광사, 1994].

는 훨씬 후대의 두 작품, 즉 『그리스도교 철학 입문』[4]과 유작인 『존재 철학의 항수』[5]도 언급해야 한다. 마지막 작품은 아직도 이탈리아어로 번역되지 않았지만, 다른 작품들은 최근 자크 마리탱의 경우처럼 이 위대한 프랑스 철학자[질송]의 번역본을 출판해온 마씨모(Massimo) 출판사의 번역본으로 읽을 수 있다.

『존재자와 본질』과 함께 언급한 이 작품들은 질송의 사상 기초에 내밀하게 연관되어 있는 독특한 성격의 작품들이다. 다시 말해, 이 작품들은 신의 신비(자연신학)로 이끄는 두드러진 형이상학의 기초를 다루면서, 의도적으로 역사적 문제들(철학적 경험)과 인식론적 문제들(철학의 논리학의 실존적 성격의 전제들과 구조적 한계들)의 가짜-문제에 관한 의도적인 강조를 담고 있다. 요컨대 질송은 형이상학, 철학사, 인식론이라는 세 가지 축을 중심으로 작업하고 있다. 이 세 가지는 일관되게 하나로 수렴된다. 그는 철학의 방법이 다른 것이 아니라 바로 이것이라고 확신하고 있다. 즉 역사적 대화, 언어적 매개, 논리학, 그리고 인식론을 고려하지 않을 수 없다고 본 것이다. 철학적 관념들과 그 정당화에 불가결한 전제에 대한 필수적인 접근으로서의 역사적 변증법(대화)에 대해서는 다른 기회에 질송의 방법을 소개하는 자리에서 보다 상세히 이야기한 바 있다.[6] 따라서 여기서는 이미 언급한 유작 『존재 철학의 항수』의 기본 메시지를 기억하는 것으로 족하리라 믿는다. 이 책은 이미 30년 전에 개진했던 『철학적 경험의 일치』[7]를 발전시키고 있다: 즉 철학사는 '관념들'(즉 체계적 성찰과 이론들에 대한 노작을 통한 경험의 논리적 형식화)

---

4. *Introduction a la philosophie chretienne*, Paris, Vrin, 1960.
5. *Constantes philosophiques de l'etre*, Paris, Vrin, 1983.
6. Cf. Antonio Livi, "Étienne Gilson: Metafisica e metodologia dell'esperienza storica", in AA.VV., *Filosofia oggi*, Paris, Vrin, 1984, pp.547-556.
7. *The Unity of Philosophical Experience*, New York, Scribner's, 1937[=국역본: 박영도 옮김, 『존재와 사유』, 이문출판사, 1985].

의 어떤 내밀한 존재론적 필요에 부응하는 것이다. 다시 말해, 그것들의 발전은 그것을 정식화하는 사람들의 의도를 넘어 특정 문제들과 그 가능한 해결책들을 제기하지 않을 수 없다는 뜻이다. 역사가 철학함의 조건을 규정짓고, 철학자의 임의적 주관이 개입하는 공간은 협소하다. 예컨대 데카르트의 '코지토'(cogito)의 귀결은 불가피하게 이성주의와 경험주의로 나타났고, 이것은 또다시 불가피하게 흄과 칸트와 헤겔로 나타났다. 그리고 데카르트는 스콜라 철학, 즉 중세 그리스도교 철학의 기본 주제였던 인간과 신에 관한 관념들을 사용하지 않고서는 자기 철학의 근본 문제들(특히 인간학적 문제와 신학적 문제)을 제기할 수 없었다. 분명 사고의 자유는 있다. 그러나 그 자유는 절대적인 것이 아니다. 다른 방법이 아니라 어떤 특정 방법을 채택할 수 있다. 그러나 방법론 자체의 내밀한 요구, 관념들과 그들의 합리적 역동성의 내적인 논리, 과정의 결말들을 벗어날 수는 없다. 따라서 철학함에 있어서 역사적 차원은 본질적이다. 철학을 함에 있어서 그 내밀한 논리와 더불어 우리도 연루되게 되는 관념들의 과정의 계기를 무시할 수는 없다. 철학자는 (헤겔이 생각했듯이) 절대정신이 역사적으로 전개되는 데 있어서의 단순한 한 경험적 계기가 아니다. 철학자는 철학적 경험, 즉 '상식'(이것이 그를 의식의 공동체 전체와 인식의 기본 구조와 언어에 연관시켜준다)으로부터 자기 성찰의 '소여들'을(역사로부터 산출된 부수적인 변형들과 함께) 취해야만 하는 개별 인격체이다.

역사적 변증법과 함께 언어 문제, 논리학 문제, 인식론 문제 등도 취급된다. 질송의 정신은 언제나 한결같다. 그에게는 철학적 경험에 대한 '비판적' 접근이란 있을 수 없다. 질송은 '비판적 실재주의'가 있을 수 있다는 의견에 반대한다. 왜냐하면 철학은 인정하지 않을 수 없는 전제들(이것이 바로 상식의 확실성이다)을 가지고 있음에도 불구하고 언제나 비판적이기 때문이다. 무어나 비트겐슈타인처럼(분석철학), 하이데거처럼(현존재의 현상학), 파레이슨, 리쾨르, 가다머처럼(해석학), 질송도 철학적 담화를 일상언어와 철학의 전문 용어에 대한 섬세한 감각을 가지고 작업한다. 그는 말년에 『언어학과 철학』이라는 작품을 썼다.[8] 그러나 언어학 외에도 논리학과 인식론이 있다. 존재에 대해 인간 언어가 존재를 취급할 때 마주치게 되는 한계, 난점, 외양적 아포리아에 대한 충분한 의식을 가지고 말할 수 있기 위한 비판적 도구들이다.

이런 의미에서, 질송 철학의 두 개의 주춧돌을 지적하는 것이 좋을 것이다. 첫째는 형이상학과 인식론의 완전한 동일시이다. 초기 마리탱이 『철학 입문』에서 주장했고 또 루뱅의 신스콜라 철학자들(노엘에서 방 스텐베르겐까지)이 견지하던 것과 같은, 형이상학을 선행하는 '비판'이란 있을 수 없다. 형이상학은, 존재의 제시됨(primum cognitum)의 정당화와 그 다양성과 통일성 속에 경험을 드러내는 의식(res sunt) 속에서 이미 그 자체로 인식 과정의 정당화이다. 존재에 대해 말한다는 것은 이미, 처음에는 그 현실적 수행 속에서 그리고 다음에는 현실로 표시된 것 속에서 인식을 말하는 것이다. 왜냐하면 인식은 결코 순수한 '사고'일 수 없고(이것은 철학적으로 결코 정당화될 수 없는 내재주의적 선택이다), 바로 인식, 즉 존재를 현존하는 것으로서 자증(自證)함이기 때문이다.

두 번째 주춧돌은 존재가, 존재 현실력이라는 구성적이고 근본적인 차원에서 인식되기는 하지만 개념화되지는 않는다는 것이다. 그것은 하나의 알려짐(notio)이기는 하지만, 개념(conceptus)이나 관념(idea)은 아니다. 그리고 그것의 의식 내 현존은 판단(즉 실존 판단 혹은 지시 판단: 이것은 이 실존 판단으로부터 유래되는 서술 판단과는 아주 다른 판단이다)의 순간에 개별적으로 인지할 수 있다.

---

8. *Linguistique et philosophie*, Paris, Vrin, 1969, 2a ed.: 1986.

이런(특히 두 번째의) 기본 주춧돌을 설명함에 있어서, 이제 우리가 소개하는 질송의 작품 전체를 면밀히 정독할 필요가 있다. 이 작품의 핵심은 또한 질송의 이론적 노력 전체의 핵심이기도 하다.

1. 탈출기의 형이상학

질송이 76세에 집필한 자전적 작품 『철학자와 신학』,[9]에서 말하고 있듯이 그는 데카르트와 브랑슈빅을 읽으면서 철학을 시작했다. 그리고 졸업한 소르본대학에서는 모든 교수가 신실증주의에 물들어 있었다. 그런데도 형이상학적 사변으로 기우는 그의 경향은 없어지지 않았다. 그는 신실증주의 논쟁이 칸트에 의해 작업된 '학문'으로서의 형이상학에 대한 비판에 기초하고 있고, 또 칸트는 바로 데카르트에게서 시작된 철학 개념 방식을 완성한 것임을 깨달았다. 실증주의자 레비브륄의 지도하에 쓴 박사학위 논문은 질송에게는 데카르트의 형이상학을 분석하고 그 원천을 연구하는 기회가 되었다. 이 연구로부터 초기(1913) 두 작품 『데카르트의 자유와 신학』 및 『스콜라학-데카르트 철학 색인』이 나왔다. 형이상학적 노작에 적용된 이 일종의 발달심리학은 처음으로 성 보나벤투라, 성 토마스, 둔스 스코투스의 사상과 접촉하게 해주었다. 이들은 모두 공식적인 프랑스 및 유럽 문화가 배제하고 있던 저술가들이었다. (계몽주의 이래로 철학사에서는 신플라톤주의자들로부터 데카르트로 훌쩍 건너뛰었다. 그 사이에는 1200년이라는 신학적 암흑기가 자리하고 있는 것으로 간주되었다.) 이 개인적인 접촉은 질송으로 하여금 근대 철학 창시자의 중세적 '원천들'이 실상 고유하고 독립적인 타당성을 지닌 철학들임을 발견하게 해주었다. 아니, 데카르트 안에서 간취될 수 있는 형이상

---

9. *Le philosophe et la theologie*, Paris, Vrin, 1960.

학적 요소들(특히 창조주 신 관념)은 그것이 유래된 체계들의 테두리 안에서보다도 더 큰 형이상학적 일관성을 지니고 있었다.

한편 역사적으로 '그리스도교 철학'이라고 지칭되던 철학은 2차적 사상이거나 아류가 아니라, 신학의 일부를 이루기는 했어도 매우 타당한 하나의 철학이었다. 이것은 철학사가에게 두 가지 문제를 제기했다. 첫째, 중세의 사상 체계들 속에 철학적으로 타당한 것들이 있었다면, 그것은 그리스도교 이전 철학(플라톤, 아리스토텔레스, 플로티누스)의 단순한 잔재들일까? 둘째, 그리스도교 신학은 어떻게 해서 자신의 품안에 그리스 철학을 (그들을 교리 속에 흡수함이 없이) 보존할 수 있었단 말인가? 다시 말해, 그들은 어떻게 독창적인 철학적 요소들을 창출할 수 있었단 말인가?

1932년까지의 연구는, 특히 『중세철학의 정신』은 질송으로 하여금 독창적으로 그리고 절대적인 확신을 가지고(이것은 인내로운 비교 분석과 독창적인 천재에 입각한 것으로서, 결국 튼튼한 객관적 명증성을 지니고 있다) 다음과 같은 결론에 이르게 해주었다: 중세 그리스도교 철학은 실상 신학의 구전적 일부였다. 그러나 신학은 철학을 위축시키거나 불모화시키기는커녕 오히려 더할 수 없이 풍요롭게 만들었다. 그리고 실상 근대 철학이 중세로부터 물려받은(그래서 아직까지도 유럽 문화의 중추를 이루고 있는) 가장 중요한 형이상학적 관념들은 그리스인들은 모르고 있었으나 오직 그리스도교 계시를 통해서 (합리적 노작을 통해서 얻게 된) 가능하게 된 것들이었다. 이런 관념들 가운데 첫째는 그로부터 다른 모든 유한한 존재자가 유래하고 존재적 참여를 통해 그에게 의존하는 '존재로서의 신' 관념이다. 그리고 '자유'(신의 창조 활동의 자유), 세계의 '우연성'(이것은 인간의 자유 관념과 연결되어 새로움의 효과적인 산출로서의 '역사' 관념을 낳았다), '인격'이라는 형이상학적 관념(이것은 인간학을 특징짓고, 우주와 국가와의 관계에 대한 이제까지의 통념을 완전히 바꾸어버렸다), 새로운

'자연' 개념(더 이상 신격화된 자연이 아니라 내밀한 적극성과 무궁무진한 잠재력에서 포착되어, 이로부터 과학과 기술의 실증성이 가능하게 되었다).

　이러한 결론을 명상하면서, 질송은 그리스도인의 철학적 조건이 어떤 불리한 조건이 아니라 하나의 특전적인 조건이라는 것을 깨달았다. 그리스도인은 믿음과 은총으로부터 자신의 인간성과 인간적 가치들을 위해서조차도 온갖 유형의 이점을 누린다. 초자연은 인간적 가치들을 무효화하기는커녕 오히려 전제하고 고양하고 가동시킨다. 인간적 가치들의 정상에는 합리성이 있고, 그리스도인 철학자의 합리성은 더욱 순수한 합리성이다. 그리스도인의 철학이 (토마스의 경우에 그러했듯이) 자주 신학에 봉사하는 것이 사실이라면, 이것은 철학을 위축시켜가면서 그러는 것이 아니라 오히려 두 가지 면에서 그것에 유익을 가져다준다. 첫째, 신학이 계시 사실을 심화시키는 데에 철학의 도구를 활용할 수 있기 때문이다(다만 이 도구가 타당한 한에 있어서, 즉 합리성의 내밀한 요구에 충만히 응답할 때). 둘째, 계시 사실이 철학적 탐구로 하여금 그 독특한 도구들을 가지고 새로운 사변 가능성을 지니고 있는 풍부하고 신선한 주제들을 직면하게 만들기 때문이다. 그 역사적 증거가 부인할 수 없는 타당성과 독창성과 더불어 중세철학으로부터 제공된다. 중세철학의 위대한 사변적 귀결은 '자립 존재로서의 신' 관념이다. 그리고 이 관념은 탈출기에서 '존재하는 자'로서의 야훼의 계시에 대한 성찰로부터 가능하게 되었다. 비슷하게, 근대인들에게 그토록 중요한 '인격'이라는 관념(모든 사람에게 동일한 인간 본성의 일반성에 동화될 수 없고 반복될 수 없는 특성을 지니고 있다)도 삼위일체의 위격 및 (스스로 안에 신성과 인성을 통합하는) 육화(肉化)된 말씀의 위격에 대한 신학적 탐구 기회에 얻게 된 그리스도교 철학의 발견이다. 그리스도교 철학의 방법은 역사적으로 풍부한 것으로 입증된다. 질송이 보기에는,

바로 거기서부터 (데카르트에 의해 갈라진 분열 이후에 다시 복원되어야 하는) 믿음과 이성의 통일성에 대한 중세의 위대한 가르침이 연원된다.

질송의 형이상학에는 의심할 바 없이 베르그송의 가르침이 영향을 미쳤다. 질송은 1906년에 콜레주 드 프랑스에서 베르그송의 강의를 들었고, 그의 『의식의 직접적 소여론』(*Essai sur les donnes immédiates de la conscience*, 1889)과 『창조적 진화』(1907)를 탐독했다. 금세기가 열리며 베르그송은 프랑스에서 실상 철학의 쇄신을 갈망하던 사람들 사이에 커다란 열광을 자극했다. 그는 당시 소르본대학에서 가르치고 있던 과학주의적이고 반-형이상학적인 철학과의 투쟁에서 승리를 거두면서 형이상학의 가능성과 필요성을 입증했다. 질송이 지적 자서전에서 베르그송을 '근대의 아리스토텔레스'라고 규정하면서 그의 철학에 할당하고 있는 지면들은 대단히 아름답다. 베르그송은 그리스도인이 아니면서 물리학에 기초한 형이상학을 저술했고, 누군가 토마스 아퀴나스가 아리스토텔레스의 철학을 받아들여 했던 것과 같은 작업을 베르그송의 철학을 받아들여 할 수 있으리라는 예감을 불러일으켰다.[10] 실상 아리스토텔레스는 고대 물리학에 의지해서 '부동성', 즉 절대적이고 쇠퇴할 수 없는 완전성으로 특징지어지는 형이상학적 원리를 작업해냈다. 이것은 질송이 보기에 너무도 고마운 성취였다. 베르그송은 근대 물리학에 의존해서 창조성 또는 '역동성'으로 특징지어지는 형이상학적 원리를 요청하고 있었다. 이것 역시 질송이 보기에 환영할 만한 일이었다. 그런데 베르그송에게 세례를 베풀 수 있는 토마스 아퀴나스는 결국 …토미즘 속에서 가장 독창적인 기여, 즉 '자립 존재'(esse subsistens) 또는 무한하고 인격적인 존재 현실력(actus essendi)으로서의 '존재 자체'(ipsum

---

10. Cf. *Le philosophe et la theologie*, pp.113-138.

esse)로서의 신 관념을 구성하는 것을 분명히 하고 또 평가하는 질송 자신인 것으로 귀착된다.

성 토마스의 이러한 신 관념은 (그분이 순수 현실로서 소유하는) 아리스토텔레스의 '부동의 원동자성'뿐만 아니라 베르그송의 '생의 약동'(elan vital)의 창조성까지도 보장한다. 실상 그분은 모든 존재자들의 존재 '현실'(actus) 또는 현실적 존재 원인, 다시 말해 우주 전체의 현실적인 창조주이다. 그러므로 질송의 형이상학 전체는 순수 '존재 현실력'으로서의 신이라는 가르침을 중심 축으로 삼고 있다. 『존재자와 본질』에서 질송은 두 개의 가능한 존재론을 이루는 존재 개념 방식의 두 가지 근본 유형을 구분한다. 하나는 '본질주의적' 존재 개념 방식이다. 그들은 존재를 주로 본질로, 즉 보편자로 개념화할 수 있고 정의할 수 있는 것으로 이해한다. 다른 하나는 '실존주의적' 존재 개념 방식이다. 그들은 존재를 주로 개념화할 수 없고 정의할 수 없는 '현존재'(Dasein)로, 즉 구체적인 개별적 실존으로 이해한다. 첫 번째 부류에 속하는 사람들로는 거의 모든 역사상 위대한 형이상학 체계를 세운 사상가들을 들 수 있을 것이다(플라톤에서 플로티누스까지, 아비첸나에서 스코투스와 수아레스까지, 데카르트에서 스피노자, 라이프니츠, 헤겔에 이르기까지). 반면 두 번째 부류에 속하는 사람들은 사르트르, 마르셀, 하이데거, 야스퍼스 같은 현대 실존주의자들로 구성되어 있다. 첫 번째 부류의 사람들은 개별적이고 역사적인 실재를 무시하고 실재의 가지성을 보편적 요소 안에서 이해하고자 노력하는 이성주의자들인 반면에, 두 번째 부류의 사람들은 구체적 실존의 현상학에 몰두하여 여하한 형태의 보편적 가지성도 배격함으로써 비이성주의에 떨어진다. 실체를 본질(forma)과 개별적 실존(materia)의 통합으로 개념한 아리스토텔레스의 체계가 이 두 극단을 뛰어넘는 균형있는 종합으로 간주될 수 있을 법하다. 그는 무엇보다도 신을 순수 현실인 실체로 개념했다. 그렇지만 질송에 따르면 아리스토텔레스의 신은 '존재' 현실이 아니라 '사고'의 현실, 즉 본질의 영역에 속하는 하나의 규정된 존재 방식의 현실이다. 그러나 토마스의 형이상학에서 형식화된 대로의 유다-그리스도교적 계시의 신은 무한하고 제약이 없는 존재 현실력, 즉 모든 존재자의 제일 원인(창조주)이다. 이제 본질과 존재 사이의 실재적 구별을 통해서 토마스 아퀴나스는 피조된 존재자를 하나의 '본질'(순수 논리적 가능성으로서, 그 가지성이 개념으로 표현된다)로 개념할 수 있었다. 그러나 그 본질은 (즉 구체적이고 현실적인 실존을 긍정할 수 있는 판단에 의해 표현되는) 실재를 함축하고 있다. 토마스의 가르침은 이렇게 '탈출기의 형이상학' 덕분에 탁월한 의미에서의 그리스도교 철학이 될 뿐만 아니라 절대적인 의미에서 가장 타당한 철학이 된다. 왜냐하면 고전 형이상학의 요구들뿐만 아니라 현대의 생철학적이고 실존주의적인 철학의 요구들까지도 만족시킬 수 있기 때문이다. '존재 현실력'으로서의 존재 인식이라는 주제를 심화시킨 마리땡도 역사적이기보다는 이론적인 차원에서 질송과 똑같은 입장을 견지하고 있다.[11]

이 가르침도 탈출기로부터 얻은 본질상 존재로서의 신 관념처럼 유보 사항들을 만나게 되었다. 실상 질송이 밝혀내고 있는 아리스토텔레스와 토마스 아퀴나스 사이의 차이를 부인할 수 없는 것과 마찬가지로, (베르그송 철학의 역동적 계기들에 따라) 계속적인 생성 중에 있는 세상의 현실태로 있는 모든 실재의 원인으로서 혹은 본질상 존재 자체(ipsum esse)로 신을 개념하는 유일한 방식이라는 것 역시 부인할 수 없다. 몇 년 전에 엔리코 베르티(Enrico Berti)는 다음과 같이

---

11. Cf. Jacques Maritain, *Sept lecons sur l'etre et les premiers principes de la raison speculative*, Paris, Tequi, s.d.[1934]. 이탈리아역본: Massimo, 1981, 2a ed.: 1987. Cf. Vittorio Possenti, "L'intuizione astrattiva e I primi principi speculativi del tomismo", in AA.VV., *Atti del VIII Congresso Tomistico Internazionale*, vol.V: *Problemi metafisici*, Citta del Vaticano, Lib. Vaticana, 1982, pp.93-146.

관찰한 바 있다. "이 가르침은 오직 창조가 (플라톤적이고 신플라톤적인 개념인) 참여로 이해될 때라야만 필수적이 된다. 이 개념은 흔히는 형상적 유형의 원인성을 지시하는 데 사용되기 때문에 신의 초월성을 희석시킬 위험에 노출되어 있다."[12] 그리고 철학사가에게는 "본질상 존재라고 개념하는 것에 어려움들이 있을 수 있는 것 같다. 이것은 존재가 하나의 본질을 가지거나 아니면 본질인 것을 함축하고 있기 때문이다. 따라서 하나의 일의적(univocus)인 관념인 것 같다. 그러나 그 초월성은 차이들에 대해서도 서술되기 때문에, 어쨌든 그것이 유(genus)라는 것이 배제되고, 그것을 다의적(multivocus)인 개념으로 개념할 수밖에 없기 때문이다. 실상 신을 본질상 존재로 개념할 때 그분의 완전성과 절대성에 가장 적합한 관념이 채택된다고 말하는 것은 아니다. 다른 모든 실재의 조건인 한에 있어서 실존 또는 중요하고 근본적인 어떤 것으로 이해된 존재는 의심할 바 없다. 그렇지만 그것이 필시 가장 중요한 활동이라는 것을 의미하지는 않는다. 다시 말해, 그것이 사는 법과 사고하는 것, 그리고 사랑하고 행동하는 것보다 더 중요하다는 것은 아니다. 이 모든 존재 형식들은 단순한 실존으로 환원될 수 없다. 창조는 모든 참여주의나 의인화주의를 넘어, 단지 총체적 의존으로, 즉 본질과 실존 사이의 실재적 구분이나, 또는 본질상 존재로서의 신 관념을 인정하지 않고도 이해될 수 있다."[13] 길게 인용하는 베르티의 다음과 같은 결론은 『존재자와 본질』에 대해서 많은 그리스도교 사상가들이 보여준 비판을 대변하고 있다. "곧바로 토마스 아퀴나스의 형이상학인 질송의 형이상학이 그리스도교 철학인 것은 분명하지만, 그렇다고 해서 그것이 그리스도인에게 가능한 유일한 철학이 아니라, 그리스도교 철학의 한 특수 형

---

12. Enrico Berti, "Gilson: Itinerario di un filosofo cristiano", in *Studium*, 1979, pp.310-311.
13. Ibid., p.311.

태, 즉 특별히 실존주의에 의해서 제기된 것과 같은 요구를 만족시키기에 적절한 한 특수 형태다. 그러나 그것이 반드시 현대 철학의 요구들을 만족시키기에 가장 적절한 형태인 것은 아니다. 예컨대 질송이 간단히 배격하고 있는 관념주의에 의해 표현된 요구에 관해서는 경험 관념에서 관념주의와 실재주의 사이의 대립을 극복하고 그 위에 하나의 형이상학을 건설할 수 있는 구스타보 본타디니의 형이상학 같은 입장이 훨씬 더 적절한 것 같다. 그리고 진화주의, 마르크스주의, 베르그송 철학, 즉 역동주의에 의해 표현된 것과 같은 요구에 대해서는, 그들이 담고 있는 적극적인 것들을 받아들이고 단순히 그 안에 함축되고 있는 생성의 절대화만 배격하는 철학으로 넉넉할 수 있을 것이다. 요컨대 '그리스도교 철학'의 유형 또는 그리스도인이 받아들일 수 있는 철학은 오늘날 질송이 제안하고 있는 것보다 덜 규정적이고 덜 특수하면서도 그 논리적 구조라는 특성 하에서 더욱 평가될 수 있는(예컨대 증명의 방법으로서 변증법적 방법을 받아들이는) 것일 필요가 있다."[14]

그렇지만 질송을 이런 점에서 비판하는 것은, 이제 곧 보게 되겠지만, 가장 진실된 철학을 그리스도교 철학과 동일시하고 그리스도교 철학을 토마스의 형이상학과 동일시하는 것으로 요약될 수 있는 그의 이론적 구상을 송두리째 배격하는 것이 된다. 이 구상은 철학 외부의 어떤 권위의 힘과 더불어 부과되어야 하는 것이 아니라(질송도 또 우리도 결코 그런 생각을 한 적이 없다), 그 본래적인 사변적 일관성 속에서 연구되어야 하고, 그다음에 받아들이거나 아니면 배척

---

14. Ibid. Cf. E. Berti, "Il compito del cristiano, oggi, tra problematicita e fede", in AA. VV., *Il senso della filosofia cristiana oggi*(Atti del XXXII Congresso del Centro di Studi Filosofici di Gallarate), Brescia, Morcelliana, 1978, pp.56-62. '자립적 존재 자체'(ipsum esse subsistens)라는 토마스의 개념에 대한 엔리코 베르티의 해석은 특히 다음 논문에서 찾아볼 수 있다: "Aristotelismo e neoplatonismo nella dottrina tomista di Dio come 'Ipsum esse'", in *Studi aristotelici*, L'Aquila, Japadre, 1975.

해야 한다.

예컨대 현대 사상에 관해서는, 질송의 구상은 베르티가 지적하는 제언에 영감을 준 척도와는 정반대되는 것으로서, 바로 인식론적 내재주의의 방법(데카르트, 헤겔의 방법은 물론 최근 젠틸레의 방법)에 대한 불가피하고 근본적인 비판의 척도이다. 아우구스토 델 노체(Augusto Del Noce)는 이 척도를 잘 가려내면서 거기에 충분히 동의하고 있음을 드러낸다. 이 방법은 마레샬, 로츠, (베르티가 인용하고 있는) 본타디니 등에 의해서 20세기에까지 계승된 내재주의를 복원하려는 노력들과 양립할 수 없다는 것이다. 델 노체는 또한 질송의 형이상학 안에서 '존재 현실력'의 존재론과 '방법적 실재론'의 인식론 및 '그리스도교 철학'에 대한 역사적 강의는 우리가 '가지적인 것은 모두 존재의 신비(그 현존과 실재에 대해서는 의심의 여지가 없으나 형언할 수는 없는)로부터 나온다'라는 정식으로 요약할 수 있는 한 단일한 이론적 구상의 여러 측면임을 지적하고 있다. 이것은 직접적 경험의 우연적 존재자에 대해서뿐만 아니라 드한 현실적이고 가능적인 모든 실재를 초월하는 제일 원인이며 자립적 존재자인 신에 대해서도 타당하다.

질송의 이런 입장은 현대의 영지(靈智, Gnosis), 즉 이성주의자들의 영지(데카르트, 스피노자, 라이프니츠, 헤겔)와 '실천 철학'(마르크스와 젠틸레)의 영지에 의식적으로 대립한다. 델 노체는 이 점을 잘 지적하고 있다: "만일 그리스도교 철학이 역사를 가지고 있다면, 그것은 대립적 입장들의 지양적 극복의 역사도 아니고 '탈-헬레니즘화'의 역사도 아니며, 다만 이성주의의 정화(淨化)의 역사다. 그리스도교는 처음부터 '영지'들을 가지고 있었던 것이다."[15] 『정신현상학』의 영지, 즉 '이성적'인 것으로 정립된 것 외에는 아무것도 남아있지

---

15. Augusto Del Noce, "Gilson e Chestov", in *Archivio di filosofia*, 1980, p.325.

않은 절대 관념주의는 '현존재의 현상학'(그 뒤 이것은 절망적인 허무주의가 되고 또 아무런 효과적인 이론도 갖추지 못한 '허약사고주의'가 된다)이나 실천의 생철학적이고 비합리적인 과찬(즉 이데올로기의 승리) 외에는 다른 아무런 변증법적 응답도 가지고 있지 않은 것 같다. 그들의 대답은, 가지성과 형이상학적 이론화를 존재의 신비로부터 천착하기를 거부하지 않으면서도 그것을 인간 이성이 임의로 지배할 수 있고 개념화할 수 있는 본질로 환원하지 않는 그런 (건전한) 대답이 아니다.

델 노체는 아주 적절하게 다음과 같이 말하고 있다. "질송은 종교적 실존주의로부터는 거의 영향을 받지 않았다." 그리고 덧붙인다: "종교적 실존주의가 계속 나아갈 수 있는 길은 바로 그가 취하고 있는 노선이다. 종교적 실존주의와 토미즘은 함께 간다. 아마도 토미즘과 현대 사상 사이의 만남은 결코 질송의 사상에서만큼 그렇게 깊이 실현되지 못했을 것이고 그의 노선에서만큼 진척될 수도 없었을 것이다."[16]

그리고 조반니 젠틸레(Giovanni Gentile)와의 가능한 만남에 대해서는, 다음과 같이 관찰하고 있다: "그 대립적인 관점 때문에 하나가 다른 것으로 건너갈 수 없고, 관념주의와 실재주의는 서로 적수와 협약을 맺지 않는 한에 있어서 일관된 해결책들이 될 수 있다. … 토미스트로서의 질송의 작업은 현대철학사에서 정확히 젠틸레의 현실주의 게임 직후에 위치하고 있다."[17]

---

16. Ibid., p.326.
17. Del Noce, "La riscoperta del tomismo in Étienne Gilson e il suo significato presente", in AA.VV., *Studi in onore di G. Bontadini*, Milano, Vita e Pensiero, 1979, p.458. 이 주목할 만한 논문에서 델 노체는 특히 『토미스트 실재론과 인식 비판』과 『존재자와 본질』을 집중적으로 검토하고 있다.

2. 신비로서의 신 관념

1960년에 질송은 철학자가 자기 자신에 대해 적고 있는 지성적 자서전인 『철학자와 신학』을 출판했다. 또한 같은 해에 매우 중요한 두 권의 책이 출판된다. 하나는 영어로 된 『그리스도교 철학 요강』이고, 다른 하나는 제목은 비슷하지만 내용이 다른 프랑스어로 된 『그리스도교 철학 입문』이다.

그의 첫 작품인 『토미즘』 증보 6판과 함께 『그리스도교 철학 요강』[18]과 『입문』은 1960년대 성 토마스의 사상에 관한 3부작이다. 질송은 이렇게 소개하고 있다. "1913/14년 릴대학에서 행한 성 토마스의 가르침에 관한 첫 강의 기회에 태어나게 된 『토미즘』은 그 뒤 언제까지나 역사적 입문의 성격을 보존했다…. 그 책은 결국 성 토마스가 이성의 자연적 빛의 법정에 복속된 것으로 간주했던 가르침 측의 총체적 전망이다. 많은 중요한 관념을 그늘 속에 내버려두고 있기는 하지만, 계속해서 가르침에 대한 일종의 착수로 남아있다…. 그 뒤 나는 미국에서 토미즘의 철학적 요소들을 개진하기 위해 새로운 노력을 기울여야 했다. 이번에도 역시 토마스 아퀴나스 자신에 의해서 보증되는 가르침의 개진 순서, 즉 신학적 순서를 따르기는 했지만 제목을 선택하는 것이 어려웠다. 성 토마스에게는 엄밀하게 말해서 자연신학이 없다. 그는 철학을 할 때도 신학을 한다. 다른 한편, 그는 자신이 움직이고 있는 땅이 철학적임을 언제나 의식하고 있다. 그의 결론들이 신앙을 가지고 얻은 그 어떠한 전제에 의존하지도 않을 경우, 그는 철학자들과 대화하고 그들처럼 말할 권한을 받았다고 느끼고 있다. 결국 나는 '그리스도교 철학'이라는 유명한 정식으로 낙착 짓고 말았다. …여기서 『요강』이 나왔다.

---

18. *Elements of Christian Philosophy*, New York, Doubleday, 1960.

…토마스의 가르침을 개진하려는 세 번째 노력은 철학적, 신학적, 그리고 종교적 풍부함 때문에 특히 타당하다고 보이는 토미즘의 고유한 관념들을 프랑스 독자들에게 알리려는 열망으로부터 태어났다. 나는 어떤 비계 층 밑에 놓일 때에는 잊혀질 수 있는 신경과 근육들만을 소개하고자 노력했다. 이런 지향 때문에『그리스도교 철학 입문』이라는 소책자가 탄생하게 되었다. 그것은 단숨에 쓰인 아주 자유로운 문체로 된 책이다. 그렇지만 다른 사람들이 그 속에서 형이상학적 사변이 영성으로 머리를 들이밀고 있다는 점을 발견하리라고 생각하면 기쁘다."[19] 그리고 실상 이 작품은 다음과 같은 질문을 통하여 흉내낼 수 없는 방식으로 신 관념을 해명하고 있다. 즉 그는 '다섯 가지 길'(五道, quinquae viae)을 통한 엄격한 신 실존 증명과 신을 개념하고 참으로 '그분이 누구인지'를 인식할 수 없는 불가능성 사이에 있는(그러나 쉽게 포착되지 않는) 깊은 조화에 대해 매우 중요한 질문을 하고 있다. 신을 제대로 인식할 수 없는 이유는, 존재 자체(ipsum esse subsistens)인 신의 본질이 여하한 개념이나 관념 또는 여하한 정의도 초월하는 동시에 모든 가지성의 원천이기 때문이다.

'부정 신학'과 신 실존의 절대적 확실성(상식의 확실성, 철학적 확실성, 믿음의 확실성) 사이의 절묘한 균형은 질송의 유작『까다로운 무신론』속에도 현존하고 있다.[20] 그것은 여러 사람으로부터 환영받았으나, 질송이 자신의 존재 형이상학을 인식론적 지평 속에서 썼다는 것을 주의 깊게 연구할 때에만 제대로 평가받을 수 있다. 질송에 따르면, 파르메니데스로부터 하이데거에 이르는 철학사 전체는, 교부

---

19. Gilson, *Le thomisme. Introduction au systeme de saint Thomas d'Aquin*, Paris, Vrin, VIa ed., 1965, pp.10-11.
20. *L'atheisme difficile*, Paris, Vrin, 1979. 이 작품에 대해서는: Cf. A. Livi, "Impossibilita logica dell'ateismo", in Studi Cattolici, 1983, pp.505-512; ID., "Prefazione: Il problema di Dio e la filosofia cristiana", in É. Gilson, *Dio e la filosofia*, tr. it.

철학에서 스콜라 철학까지 포함해서, 사고의 중심 문제가 '존재의 합리적 정식화' 문제임을 증명한다. 그런데 질송이 대단한 종합 능력을 가지고 (동시에 역사적이자 이론적인) 이런 결론을 개진하고 있는 작품은 바로 『존재자와 본질』이다. 거기서 질송은 다음과 같은 사실을 해명하고 있다. 경험은 '본질'과 '존재 현실력'을 통해서 직접적으로 표현된다. 그런데 형이상학은 학문적 성찰을 통해서 이 두 측면의 어느 하나를 우대하고 다른 것을 희생함이 없이 둘 다 숙고하는 방식으로 존재를 개념해야 할 과제를 안고 있다. 그러나 이 과제는 매우 힘들다. 왜냐하면 두 관념 가운데 오직 개념화될 수 있는 것, 즉 본질만이 정작 존재 상태의 관념으로부터 파생되기는 하지만 이 존재 상태는 개념화를 허용하지 않기 때문이다. 그것은 진정하고 본격적인 포착 또는 개념화(greifen)를 허용하지 않는 앎이다.

이런 관찰은 논리적인 사고에게는 극도로 혼란스럽다. 왜냐하면 논리적 사고가 지니고 있는 자연적인 경향, 즉 실자를 규정지을 수 있고 또 어떤 의미에서는 '고정'시킬 수 있는 '대상'으로 환원하려는, 다시 말해 모든 것을 개념의 형식하에 '대상화'하려는 경향에 역행하기 때문이다. 존재자란 '있는 것'이라고 말할 때, 우리는 그것을 존재 현실력과의 연관 하에서 정의하는 것이다. 그러나 이 '존재 현실력'은 도대체 어떤 것과의 연관 하에서 정의할 수 있단 말인가? 그것을 (그것이 정초해야 하는) 존재자의 하나의 순수한 '양상'으로 설명하려는 것이 아니라면, 그것의 의미를 해명하기 위해서 도대체 어떤 선행하는 관념에 호소해야 하는지 알 수가 없다. 다른 한편, 사고는 그것에서부터 유래되는 존재자(ens) 개념을 정당화하기 위해서 애써 존재 관념을 활용한다. 이것은 개념될 수 있는 것을 개념될 수 없는 것에 입각해서 해결하고, 인식되는 것을 인식되지 않는 것에 의존하도록 만드는 것이기 때문이다. 바로 여기에 철학의 (유일한) 근본 선택이 있다. 실상 문제는 이성이 실재의 심장부 속에 '단한 번의 눈길로' 실재 전체를 이해하도록 해줄 '단 하나의 요소'를 설정하는 데 성공할 수 있느냐의 여부에 관한 것이다. 이렇게 정식화된 문제는 쉽사리 답변할 수 있을 것처럼 보인다. 그리고 만일 실재의 구성 요소들이 '모두' 이성에 의하여 똑같은 방식으로 포착될 수만 있다면, 실제로 그렇게 쉬울지도 모른다. 그러나 질송에 따르면, 그 두 가지 가운데 하나는 개념적 사고의 포착망을 벗어난다. 이 때문에 형이상학은 원하건 원하지 않건 간에 다음과 같은 하나의 '선택'의 기로에 서게 된다. 즉 그것은 합리적 인식이 자기가 영감받고 있는 완전한 가지성이라는 이상을 추구하면서 개념화할 수 없고 완전히 대상화할 수 없는 실재의 요소들을 받아들이느냐 아니면 배격하느냐 하는 선택의 기로이다.[21] 그 가운데 한 가지 가능한 선택은 이성주의 또는 관념주의를 낳는다. 그것은 고대나 현대의 어떤 형태의 것이든, 개념의 형태 하에 대상화될 수 없는 실재의 모든 측면을 근본적으로 아무런 의미도 없다고 보아 철학에서 몰아내는 결단에서 성립된다. 다른 하나의 선택은 형이상학적 실재주의다. 그것은 추상작용에 저항하는 측면들을 선험적으로 배제함이 없이 의식에 제시되는 실재를 전부 받아들이는 데서 성립된다. 그러나 질송이 지적하고 있는 대로, 진정한 실재주의는 통념과는 달리 매우 드물다. 왜냐하면 중세 말부터 수아레스와 오늘날에 이르기까지의 형식주의적이고 실존주의적인 스콜라 철학 역시 실재 가운데서 개념화할 수 없는 측면들을 철학에서부터 제거하는 이성주의의 일종이기 때문이다. 다른 한편, 실존주의적 사고도 비록 관념주의에 명시적으로 반대하고 나서기는 하지만, 비이성주의에 떨어져 참된 철학의 성격을 잃어버리기 때문에 진정한 실재주의가 아니다.

바로 여기에 성 토마스의 위대성이 있다. 그는 자신의 '존재 현실

---

21. Cf. E. Gilson, *L'essere e l'essenza*, Milano, Massimo, 1988, p.312.

력'의 형이상학과 더불어 '철학을 포기함이 없이 실존을 보존하는' 존재론을 구성하는 데 성공하고 있다.[22] 토마스의 형이상학의 실존적('실존주의적'이 아님) 성격은 이 사고방식으로 하여금 (그 이름에 걸맞는 유일한) 실재주의를 엄밀하고 언제나 타당하게 정초할 수 있게 만들어준다. 왜냐하면 그것만이 경험을 그 통전성 속에서 참으로 수용할 수 있기 때문이다. 바로 여기에 토미즘의 영원한 중요성이 있다. 질송은 다음과 같이 관찰하고 있다. 그것이 13세기에 형성되었다는 것은 사실이다. 그러나 거기서부터 나오는 철학적 결론들은 (그 원리들로부터 출발하기로 결단한 그 시대로부터가 아니라) 배타적으로 그 원리들에 입각하고 있다. 원리들은 그 자체로 시간에 구애되지 않는다. 그것은 일단 개념되게 되면 시간 바깥에 자리 잡게 된다.[23]

그러므로 질송이 불굴의 열정과 뛰어난 형이상학적 재능을 가지고 발견한 것은 근본적으로 다음 세 가지다: 1) 토미즘 속에서 탁월한 형태로 표현되는 교부 철학과 스콜라 철학은 그리스 철학에 대한 피상적 그리스도교화가 아니라 창조 관념, 즉 참여와 유비 관념에 뿌리를 두고 있는 위대한 본원성을 지니고 있다. 2) 이 존재 형이상학은 절대적인 논리적 일관성을 지니고 있는 유일한 철학적 실재주의로 남아있다. 이 방법은 경험에 합치되고 신에 도달할 가능성에 개방되어 있으며 가능한 초자연적 계시의 논리적 공간(따라서 신의 형이상학적 초월성과 신비의 공간)을 인정하는 유일한 구성적 사고방식이다. 반면 데카르트가 채택한 이성주의적 방법은 불가피하게 먼저 무신주의로 이끌고 다음에는 철학 자체의 죽음으로 몰아갈 수밖에 없다. 3) 합리적 정초에 있어서 그 자체로 자율적이며 철학적으로 풍부한 사변적 결과들을 내는 존재 형이상학은 역사적으로 (그

---

22. Ibid., p.325.
23. Ibid.

기원상) 가톨릭 신학에 의존하고 있다. 다시 말해, 주요 영감에 있어서든 관심있는 주제에 있어서든 그리스도교 신앙의 내밀한 결실들을 활용한다.[24]

이 세 가지 발견의 사변적 귀결들은(그 하나하나는 각각의 역사적 맥락 안에서 검증되었지만, 공동의 논리에 의해서 내밀하게 서로 연결되어 있다) 그 자체로 자명한 것이고, 우리가 지금 소개하고 있는 질송의 작품 『존재자와 본질』에서도 명료하게 나타난다. 독자는 질송이 설득력 있게 전개하는 담화들을 읽어나감에 따라 차츰 어렵지 않게 결론들을 발견해 나갈 수 있을 것이다. 마침내 질송의 입장을 충분히 이해하기 때문에 우호적인 판단을 내리거나 아니면 40년 동안 이 작품의 운명과 불운을 초래했던 유보적 판단에 동조할 수 있는 입장에 서게 될 것이다.[25]

---

24. 질송 사상의 이 측면에 대해서는: Cf. Antonio Livi, *Il cristianesimo nella filosofia(Il problema della filosofia cristiana nei suoi sviluppi storici e nelle prospettive attuali)*, L'Aquila, Japadre, 1969; ID., Étienne Gilson: Filosofia cristiana e idea del limite critico, Pamplona, Ediciones Universidad de Navarra, 1970; ID., *Blondel, Brehier, Gilson, Maritain: Il problema della filosofia cristiana*, Bologna, Patron, 1974; Y. Floucat, *Per una filosofia cristiana*, Milano, Massimo, 1987.
25. 『존재자와 본질』을 해설하는 최근의 중요한 비중을 차지하는 연구물 가운데서 특히 디오다토의 다음 논문을 추천하고 싶다: R. Diodato, "Tra 'esse' e deissi: Note per una conferma linguistica dell'ontologia gilsoniana", *Rivista di filosofia neo-scolastica*, 1986, pp.3-33. 또한: R. Bombacigno, "Heidegger e il tomismo secondo Étienne Gilson", in *Cultura e Libri*, 1986, pp.183-192. 질송에 대해 긍정적인 평가를 하는 그 이전의 작품들: Cf. G. Van Riet, "Philosophie et existence (A Propos de "L'etre et l'essence" de M. Étienne Gilson)", in *Problemes d'epistemologie*, Louvain-Paris, 1960, pp.58ss.; J. F. Anderson, "In Defense of Étienne Gilson: Concerning a Recent Book about Thomistic Metaphysics", *The Thomist*, 1964, pp.373-380; J. Collins, "Toward a Philosophically Oriented Thomism", *New Scholasticism*, 1958, pp.301-326; ID., "History in Defense of Metaphysics", *Review of Metaphysics*, 1948, pp.105-125; Carlo Giacon, "San Tommaso e l'esistenza come atto: Maritain, Gilson, Fabro", in *Medioevo*, 1975, pp.1-28; Pierre Hadot, "Dieu comme acte d'etre", in AA.VV., *Gilson et nous*, Paris, Vrin, 1980, pp.117-122; H. La Plante, "É. Gilson and the Concept of Existence", *The Thomist*, 1964, pp.302-337; J. Noonan, "The Existentialism of É. Gilson", *The New Scholasticism*, 1976, pp.20-45; F. D. Wilhelmsen, "Existence and 'esse'", *The New Scholasticism*, 1976, pp.20-45; R. Echauri, *El ser en la filosofia de Heidegger*, Rosario(Argentina), Universidad Nacional de Litoral, 1964, pp.14, 114-117; O. N. Derisi, "É. Gilson", *Sapientia*, 1950, pp.144-151.

3. 신비의 의미

우리가 살고 있는 1980년대의 철학적 분위기는 하이데거의 사고(denken)를 추종하고 베르그송의 위대한 가르침을 무시하는 '허무주의'와 '허약철학주의'(pensiero debole)가 판을 치고 있다. 이런 시점에 『존재자와 본질』을 (프랑스어 원전으로 읽은 독자라면) 다시 명상하거나 아니면 이탈리아어판으로 처음 연구하는 것은 대단히 유익할 수 있다고 생각된다. 그 가장 현실감 있는 메시지는 '신비의 의미와 합리성' 사이의 균형이다. 형이상학적 신비의 의미는 진정한 그리스도교 철학의 본질에 속하는 것으로서,[26] 특히 헤겔의 범-논리주의와 그 극단적 계승자인 젠틸레의 현실주의에 의해서 대표되는 영원한 영지에 대립한다. 그것은 또한 오늘날 하이데거의 주석의 비합리적인 귀결로 대표되는 영원한 회의주의에도 대립된다.[27] 신비의 의미는 형이상학에서, 인간 이성이 자기 자신 안에서 발견하

질송의 존재론에 대한 대체적으로 비판적인 연구들을 보기 위해서는: Cf. J. B. Lotz, *Das Urteil und das Sein*, München, Herder, 1957, pp.209ss.; Joseph de Finance, *Etre et agir dans la philosophie de saint Thomas*, Roma, Universita Gregoriana, 1960, pp.68ss.; F. van Steenberghen, *Ontologie*, Louvain-Paris, 1959, pp.195ss[국역본: 이효상 옮김, 『존재론』, 동아출판사, 1968]; Italo Mancini, "Forma ed esistenza", in *Filosopi esistenzialisti*, Urbino, Argalia, 1964, pp.185-248; I. Bonetti, "Il problema di fondo della metafisica tomista", *Rivista di filosofia neo-scolastica*, 1961, pp.337-352; J. de Finance, "L' 'esse' dans la philosophie chretienne d'É. Gilson", in AA.VV., *Étienne Gilson, Filosofo cristiano*, Lib. Vaticana, 1985, pp.269-278; J.M. Quinn, *The Thomism of Étienne Gilson*, Villanova, Villanova University Press, 1971.

흥미있는 비판적 암시들을 포함하고 있는 하나의 균형잡힌 입장은 어느새 여러 해가 지나버린 다음 두 편의 연구물을 보라: L.B. Geiger, "Existentialisme, essentialisme et ontologie existentielle", in AA.VV., Étienne Gilson, *philosophe de la chretiente*, Paris, Du Cerf, 1949, pp.226-274; J.H. Casey, *The Notion of Being in Recent Works of É. Gilson*, Roma, Pontificia Universita Gregoriana, 1953.

26. 1930년대의 한 유명한 작품을 상기하라: Reginald Garrigou-Lagrange, OP, *Le sens du mystere et le cher-obscur intellectuel*, Paris, Beauchesne, 1932. 그리고 최근의 기통 작품: J. Guitton, *L'absurde et le mystere*, Paris, Cerf, 1984.
27. 이탈리아에서는 우고 스피리토(Ugo Spirito)의 "문제주의"(Problematicismo) 이후에 잔니 바티모(Gianni Vattimo)의 "허약사고주의"(Pensiero debole)가 왔다.

는 한계의 의식이다. 그러나 이 한계 내에서 (비록 형언할 수 없고 해독할 수 없다고는 하더라도) 확실히 현존하고 있고 또 어느 정도 확실히 포착할 수 있는 것을 결코 평가절하하지 않는다. 경험의 실재는 철학으로 하여금 존재자들의 논란의 여지없는 '현존'과 (또한 존재자들 자체의 기본적인 합리적 암호이며, 그들의 특수한 본질의 '포착 가능성'으로 환원될 수 없는) 존재의 '포착 불가능성'을 받아들이는 데에서 역동적 균형을 발견하도록 강요한다.

여러 해 전에 『존재자와 본질』 저자는 옛 스승 베르그송에 대해 말하면서 다음과 같이 적고 있다. "베르그송은 결코 (외부적 경험이든 내면적 경험이든) 경험의 대지를 포기한 적이 없다. 그는 경험 속에 이성의 빛을 비추기를 거부한 적이 없다. 실상 오직 직관만이 지속 및 지성적 삶과의 접촉에 들어갈 수 있는 것이 사실이지만, 오직 이성만이 지속과 지성적 삶을 뚜렷하게 인식하는 데 필요한 전망을 갖추고 있다. 그리고 오직 이성만이 이것들에 대해 말하게 해줄 언어를 창조할 수 있다. 이성을 직관으로 풍요롭게 하고 직관을 이성으로 명료화하는 것, 이것이 바로 베르그송에게 있어서 사물들의 구체적 전망이라는 테두리 안에서 가장 깊은 형이상학적 진리 탐구를 의미한다."[28] 이것이 바로 베르그송 형이상학의 구상이고 의미인 것일까? 어쩌면 그렇고, 어쩌면 그렇지 않다. 그렇지만 어쨌든 그것은 바로 질송의 형이상학의 기본 구상이자 의미이다. 그리고 이 구상이 '그리스도교적'이며 동시에 '내밀하게 합리적'이라는 것이 이론적인 의미가 없는 것도 아니어서, 여하한 형이상학자도 거기 동조할 수 있다. 질송은 이렇게 적고 있다: "베르그송은 그의 그리스도교 친구들이 사변적 여정의 끝에 이르기까지 동반할 수는 없었지만, 상당한 지점까지 그들과 함께 걸었고, 또 아직 더 함께 나아가려고 했을 수도 있다. 그리

---

28. Gilson, "Bergson, le privilege de l'intelligence", in *Les Nouvelles Litteraires*, 11 maggio 1967, p.5.

스도교 신앙에 대한 베르그송의 공감과 그리스도인들의 베르그송의 형이상학에 대한 공감은 결코 피상적인 것에서 기인하는 것이 아니다. 실상 베르그송도 그리스도인들도 모두 신비의 이해를 추구하고 있다. 베르그송에게는 그것이 형이상학적 직관이고 그리스도인들에게는 신앙이다."[29]

질송에 관한 최근의 한 연구에는 다음과 같이 적혀 있다: "질송은 간접적으로 형이상학적 이성, 즉 고전적이고 객관적인 이성의 복권을 통해서 현대 합리성의 위기로부터 벗어날 것을 초대하고 있다. 비슷하게 호르크하이머(M. Horkheimer)도, 비록 지향이 다르고 결과도 다르기는 하지만, 현대 합리성 자체의 극복을 위해서 투쟁했다."[30] 『이성의 몰락』의 저자와 『존재자와 본질』의 저자를 접근시키는 것이 허무맹랑하게 보일지 모르지만, 실제에 있어서는 타당하다. 왜냐하면 질송의 사상 자체가 그것을 가장 변증법적으로 활기차고 가장 효과적으로 구성적인 현대 사상과 그 깊이에 있어서 유사하게 만들고 있기 때문이다.

---

29. Ibid.
30. Mario Toso, *Fede, ragione e civilta (Saggio sul pensiero di Étienne Cilson)*, Roma, LAS, 1986, p.289.

14. 질송과 파브로: 상충 노트

안드레아 로빌리오

'토미스트' 연구에 관한 비교적 최근 출판물들을 찾아보면, 독자는 토마스 아퀴나스의 철학적 원리들을 따르면서 천사적 박사의 형이상학(metaphysica)을 탐구하는 데 지속적으로 공을 들이며 사상의 모험을 조명한다고 확신한 학자들의 긴 목록을 마주하게 될 것이다. 그리고 목록을 주의 깊게 살펴본 독자는 '토미스트들' 가운데 세부 구분을 만나게 될 것이다: 실상 연구들은 다양한 전망에 따라 전개되었던 것이다. 그래서 서로 다른 주석을 둘러싸고 전개된 다양한 '학파들'과 다양한 '토미즘'에 이르게 된다.

이 '토미스트' 목록에서 결코 빠지지 않는 이름이 바로 저명한 프랑스 학자 에티엔 질송이다. 종종 그의 옆에서 이탈리아 학자 코르넬리오 파브로의 이름도 만나게 되는데, 그는 알프스 건너편 동료 학자와 토마스 형이상학에 대한 동일한 해석을 공유하고 있다.[1]

---

* 밀라노가톨릭대학의 저명한 형이상학자이자 윤리철학자인 아드리아노 바우솔라(Adriano Bausola, 1930-2000)의 제자로서 모교에서 형이상학을 가르치고 있는 안드레아 로빌리오가 소장학자 시절 볼로냐의 도미니코회철학연구소(Centro Filosofico Domenicano)에서 발간하는 유명한 학술지 『학성(學聖) 토마스』(Divus Thomas) 1997년도 여름호 '에티엔 질송 특집'에 발표한 글을 완역한 것이다.

1. A. Campodonico, "La filosofia di Tommaso d'Aquino nell'interpretazione di Hans Urs von Balthasar", Medioevo 18(1992), 401, n.68. 캄포도니코는 "질송과 파브로가 제시한 토마스에 대한 형이상학 해석"을 명시적으로 유일한 [올바른] 해석이라고 지칭한다. 다른 곳에서 그는 이 두 학자 사이의 (판단과 관련된) 한 가지 차이를 부각시키

이런 의미에서 우리 시대의 토미스트 연구를 관통하는 한 방향을 명시적으로 보여주려고 시도하는, 최근의 『아퀴나스』(*Aquinas*, 1995) 지에 실린 한 연구논문은 주목할 만한 가치가 있는 것으로 보인다. 거기에서 파브로와 질송은 동일한 토미스트 세대의 대표자로 간주되고 있다. 그 저자에 따르면 그들은 둘 다 동일한 '현실로서의 존재'(esse ut actus) 관념을 공유하고 있기 때문이다.[2]

지만, 이 갈라섬은 전체적 관점의 경륜에서는 부수적인 것으로 나타난다는 점을 강조한다(Cf. Angelo Campodonico, *Alla scoperta dell'essere. Saggio sul pensiero di Tommaso d'Aquino*, Milano, Jaca Book, 1986, p.25, n.22). 팡갈로는 동일한 해석 노선에서 이렇게 말한다. "우리는 스콜라 학자 자신들의 저술과 파브로 자신에게 가까운 이들, 특히 질송의 연구서들을 재건한다"(Mario Pangallo, *L'essere come atto nel tomismo essenziale di Cornelio Fabro*, Citta del Vaticano, Pontificia Academia di S. Tommaso-Lib. Ed. Vaticana, 1987, p.125). 팡갈로는 두 토미스트 사이에 적어도 한 가지 용어적 차이를 부각시킨다. 파브로는 엄밀하게 철학적인 영역에서 질송이 큰 어려움 없이 받아들이는 '실존'(existentia)이라는 단어를 배격한다(Cf. Ibid., pp.149-150). 예수회의 카를로 자콘도 프랑스 철학자[질송]와 플루미냐노의 사상가[파브로]가 본질적인 요점들에서 공조하는 것으로 본다(Cf. Carlo Giacon, SJ, "S. Tommaso e l'esistenza come atto: Maritain, Gilson, Fabro", *Medioevo* 2(1975), pp.1-28[repr.= in *Itineraio tomistico*, Roma, La Gagliardica, 1983, pp.137-165].

반면에, 파브로의 이탈리아인 제자로서 질송에 대해 매우 비판적인 달레돈네의 견해를 보기 위해서는 특히: Cf. Andrea Dalledonne, "La nozione tomistica di partecipazione come giudizio speculativo del fallimento della scolastica e del 'cogito' moderno", in *Essere e liberta. Studi in onore di Cornelio Fabro*, Rimmini, Maggioli, 1984, pp.279-343. 파브로와 질송의 차이를 강력하게 지적한 소수 학자 가운데 하나였음에도 불구하고, 달레돈네의 묘사 가운데에는 부정확한 부분들이 없지 않다. 예컨대 "파브로의 입장과 질송의 입장을 수렴시키려는 …지향은 켈러의 책(A. Keller, *Sein oder Existenz?*, München, 1968)에서도 엿볼 수 있다"(Dalledonne, p.300). 파브로 자신도 켈러의 작업을 서평을 통해 검토하면서 그것이 "실존으로서의 존재"(*Sein als Existenz*)(질송, 마리탱, 드 피낭스)와 "완전무결함으로서의 존재"(*Sein als Vollkommenheit Fülle*)(파브로, 데 래이메커) 사이를 구별하고 있음을 지적한다. 우리는 이 점에서 달레돈네에게 이의를 제기하기 위해 파브로의 판단에 호소하는 것이 필요하다고 보지 않는다. 켈러의 책의 목차를 간단히 훑어보는 것만으로도 혼란은 말끔히 가신다.

2. Cf. G. Ventimiglia, "Gli studi sull'ontologia tomista: Status quaestionis", *Aquinas* 38/1(1995), 65 et 79(n.60). 최근의 연구 가운데 프루보스트의 다음 작품을 염두에 두는 것이 좋을 것으로 보인다. G. Prouvost, *Thomas d'Aquin et les thomistes. Essai sur l'histoire des thomismes*, Paris, Du Cerf, 1996. 설령 한편으로는 질송과 파브로가 아직도 "둘 다 모두 존재자에 대한 존재 현실력의 우위를 단언하는" 데 동조한다고 하더라도, 다른 한편 저자는 그 두 철학자가 제공하는 바녜스(Banez)에 대한 대립적인 독법과 관련하여 자신이 놀랄 수밖에 없었음을 고백하고 있다. 프루보스트의 몇몇 핵심 고찰을 인용해 보자. "에티엔 질송과 코르넬리오 파브로 사이에 해석의 상충을 확

1. 이하의 메모를 통해 나는 많은 이들이 기정사실처럼 받아들이고 있는, 방금 지적된 '유사성'(affinitas)에 대해 몇 가지 의문점을 제시하고자 한다.

질송의 형이상학과 파브로가 묘사하는 형이상학 사이의 차이를 보여주는 한 가지 '단서'는 학자들이 저 프랑스 스승에게 던지는 비난들에서 볼 수 있다. 그들은 다른 경로를 통해, 베네치아 북부 출신 철학자(가장 저명한 이들로 방 스텐베르겐과 체슬라오 페라[Ceslao Pera])가 내세우는 명제에 동조한다고 선언한다. 더 나아가 파브로 자신도 자신의 저작 여기저기에서 질송과 관련해 몇 가지 불일치하는 부분들을 지적하고 있다.[3] 결정적인 상충(confronto)을 확정 짓기에는 지엽적이고 불충분한 메모들이다. 하지만 여기서 제시하는 성찰들을 촉구하기에는 값진 요점들이다.

특히 이 문제가 이 순간 이전까지는 다른 이들에 의해서 체계적

인하는 것은 놀랍다. 왜냐하면 첫째는 바녜스가 …카예타누스를 거슬러 존재 현실력이라는 토마스의 가르침을 견지하는 것이고, 둘째는 '참된 토미스트적 존재'에 대해 '돌을 결 따라 자르기(delitement)'를 시작했다는 비난이다"(Prouvost, *Thomas d'Aquin*, p.101. 그리고 이 점에서 프루보스트는 이탈리아 학자를 인정하려는 경향이 있다).

3. 파브로의 1983년도 논문의 다음과 같은 각주는 한 상징으로 남아있다. "카예타누스의 점진적이고 예외적인 반-토미스트적 변화과정(*glissement* extra-antitomista)에 대해서는 질송이 (이것에 관해!) 잘 지적하고 있다. É. Gilson, 'Cajetan et l'existence', *Tijschridt voor Philosophie* 15(1953), 267ss. 하지만 질송은 참여 관념에 입각한, 토마스 존재의 최종적 정초를 보지 못하고 있다"(Fabro, "Problematica del tomismo di scuola. Nel 100 anniversario della nascita di J. Maritain", *Rivista di filosofia neoscolastica* 75/2(1983), 191, n.8). "참여"의 우위에 대한 인정 실패를 부각시키는 것은, 기껏해야 그 주제에 대해 수고로운 탐구를 하고, 그런 다음에 그에 대해 거의 배타적인 [권위를] 자처하는 사람의 완고한 강조로 읽힐 수도 있을 것이다. 하지만 괄호 속에 포함되어 있는 환호('이것에 관해!')는 모호하지 않은 것 같다. 파브로는 질송의 작품에 대해 독자에게 거의 경계심을 심어주려는 것으로 보인다. 하지만 다른 거리감도 없지 않다. 예컨대 사변적 연구의 출발점에 대해서 파브로는 "브랑슈빅과의 논쟁에서 질송이 소환했던" 라이프니츠적 질문, 곧 "왜 차라리 무(無)가 아니라 존재자가 존재하는가?"라는 질문을 받아들이지 않는다(Fabro, *Introduzione all'ateismo moderno*, Roma, Studium, 1964, p.59). 파브로는 이렇게 계속한다. 이 질문은 "우리가 보기에는 '이후의' 것이어서, '존재자와 존재자의 존재가 무엇인지가 확립되기 전까지는 아무 의미도 가질 수 없다.' 우리에게 최초의 자명성은 존재자가 있다는 것이다. 그것은 의식의 첫 깨어남으로, 그것 너머에는 영(정신)의 어두움밖에 없다"(Fabro, *Introduzione all'ateismo moderno*, pp.59-60).

으로 다뤄진 것으로 확인되지 않는다. 그 까닭은 어쩌면 질송에 관한 상당한 연구물과 파브로에 관한 그리 많지 않은 연구 사이의 불균형에서 오는 것인지 모른다.[4]

철저하고 싶은 욕심과는 전혀 상관없이, 이하의 관찰들은 단지 하나의 메모쯤에 지나지 않는다. 가끔 어떤 정식들을 강조하더라도, 독자는 양해해주시기 바란다. 아직은 접근 단계에 불과해 어떤 설득력 있는 분석은 갈 길이 멀고, 이런저런 견해들 사이에는 상충이 생기기 마련이다. 따라서 여기서는 어떤 결론을 모색한다기보다는, 진일보된 해명을 촉진하기 위한 의문점의 정교화 작업 정도를 기대할 수 있을 것이다.

2. "질송과는 달리 파브로는 '존재'(esse)를 실존(existentia)으로부터 구별한다. 실상 스콜라학에 의해서 개념되는 실존을 파브로는 가능성으로부터 벗어나 존재에 이르는 것으로 보아 배격한다. 토마스의 존재는 존재하는 것의 현실이기 때문이다."[5] 이 말을 통해 소피아 로비기는 단순한 어휘 문제를 넘어가는 어떤 차이를 포착하고 있었음을 보여준다.

어떤 언어의 용어들이 그 어떤 용법들과도 무관한 자유로운 관습이 아니라는 점은 말할 필요도 없다. '사실로서의 존재(실존)'(esse in actu)와 '현실로서의 존재'(esse ut actus) 사이를 뚜렷이 구별하는 사람들 가운데서도 '실존' 개념에의 호소는 종종 적지 않은 모호성을

---

4. 파브로의 형이상학에 관한 그리 많지 않은 연구 가운데 하나는 이미 인용한 팡갈로 신부의 것이다. 질송에 관한 연구의 대부분이 명시적으로 그의 이론적·비판적 저술들로 향하고, 그렇게 할 때 대체로 '그리스도교 철학'이라는 (우리가 보기에는 다의적으로 설정된) 곤혹스런 문제로 한정된다는 점을 염두에 두어야 한다. 최근의 연구 가운데에서도 특히 파코의 분석적인 연구를 참조하라: M. L. Facco, *Étienne Gilson: Storia e metafisica*, L'Aquila, Japadre, 1992.
5. Sofia Vanni Rovighi, "La neo-scolastica", in ID., *Storia della filosofia contemporanea. Dall'Ottocento ai giorni nostri*, Brescia, La Scuola, 1980, p.743.

낳았다.[6]

  질송에 관해서는, 이 점과 관련해서 파브로가 명시적으로 마리탱에게 하는 비판들이 일부 적용될 수 있을 것이다.[7] 무엇보다 먼저, 영어의 'being'처럼 '존재'를 의미할 수도 있고 '존재자'(ens)를 의미할 수도 있는, 프랑스어 'etre'라는 용어의 어의적 불확실성을 지적할 수 있다. 애매함은 질송의 유명한 작품인 *L'etre et l'essence*[『존재자와 본질』]의 제목에서 명백하다.[8] 예컨대 질송이 (그것을 통해 다른 모든 인식이 점차적으로 획득될 수 있는) '첫 번째 지식'[9]으로서의

---

[6]. 이미 인용된 자콘의 연구 참조: Cf. Carlo Giacon, *Itinerario tomistico*, Roma, La Goliardica, 1983, pp.137-142. "한 존재자의 실존은 그것을 실존하게 만드는 것이다: [곧] 하나의 돌[石]이나 개[犬]인 존재자의 역량에 하나의 돌이나 개로서 실존하고 행동하도록 실존을 주는 것이다." 그런데 이 인용구에는 어떤 혼동이 없지 않은 것으로 보인다: 1) 원인은 결과와는 구별되어야 하기 때문에, '실존하게 만든 것'인 x는 x의 (사실상의) 실존과는 구별되어야 한다. 그런데 만일 우리가 이미 x의 원인을 '실존'이라고 확립하였다면, 그 x의 (사실상의) 실존을 어떻게 불러야 할 것인가? 2) '실존을 …실존하도록 준다'는 것은 무엇을 의미하는가? 혹시 실존이 본질(=역량)에 자기 자신을 주고, 그렇게 함으로써 그 본질을 존재하도록 확립하는가? 만일 그랬다면, 그때 '실존'은 '현실적/현실화된 본질'을 의미했을 것이다. 하지만 자콘은 그보다 조금 앞에서(p.139) 방금 전의 가정이 토마스의 것이 아니라 수아레스의 사상이라고 명시했다.
  자콘의 논문에 대해 달레돈네는 검토된 세 저자(파브로, 질송, 마리탱)의 형이상학적 전망에 대한 정확한 규정을 부각시키는 데 있어서의 역사적 무근거성과, 저자가 제언하는 '건설적 부분'의 이론적 무근거성이라는 "이중의 이론적 무근거"를 지적했다(Cf. A. Dalledonne, "L'autentico 'esse' tomistico e l'equivoco neoscolastico sulla esistenza come 'atto'" in Carlo Giacon", *Divus Thomas* 80(1978/1), 68-82[= ristamp.: in A. Dalledonne, *Problematica metafisica del tomismo essenziale*, Roma, Ed. Elia, 1980, pp.122-147]. 전용된 용어들에 대한 탐구가 혼동의 반복을 피하는 데 도움이 되리라고 믿는다: 성 토마스는 번역하는 데 있어서 설령 '담화를 변경해야'(mutare sermonem) 하더라도 '명제를 보존하는'(servare sententiam) 것이 본질적이라는 원리를 가르쳤다. 토마스의 용어 '존재'를 이탈리아어 '실존'으로 번역하는 것은 단지 용어적일 뿐만 아니라 개념적이기까지 한 일탈의 전조를 낳게 된다.

[7]. Cf. Fabro, *Problematica del tomismo di scuola*, p.191.

[8]. É. Gilson, *L'etre et l'essence*, Paris, Vrin, 2a ed., 1962. 프랑스어 초판은 1948년에 나왔다. 1949년에 광범위하게 개정 증보한 영어 번역본이 나왔다: *Being and Some Philosophers*. 이탈리아 번역본은 밀라노의 마씨모 출판사에서 1988년에 출간되었다.

[9]. Cf. É. Gilson, "The Nature and Unity of the Philosophical Experience", in ID., *The Unity of Philosophical Experience*, London, Sheed & Ward, 1938, pp.319-321. "존재자는 모든 인간 인식의 제일 원리다"(p.319). 지성은 "직접적 자명성의 빛으로 직관한다"(p.320). 저자는 좀 더 명확히 규정한다: "인내롭게도 …이성은 '존재자 및 그 속성의 지성적 자명성'에 무엇임에 대한 앎을 덧붙인다"(pp.320-321).

'etre'에 대해 말할 때, 그가 의도하고 있는 것은 정확히 무엇인가?

만일 'etre'가 (어떤 규정적 본질을 지니고 있고 '참여된 존재 현실'[actus essendi participatus]에 토대를 두고 있는 한에서) 구체적 존재자('etant')라면, 그때 우리는 파브로의 확신과 그리 멀리 떨어져 있지 않다. 하지만 빈번히 그렇게 보이는 것처럼, 만일 'etre(being)'가 '존재'를 가리키는 것이라면, 그때 그 귀결은 이탈리아 수도자[파브로]의 사상과는 동떨어져 있다.

1) 그것은 어떤 면에서 다른 모든 인식과 판단의 조건인 존재직관[10]일 것이다.

2) '모든 현실의 현실'이고 '완전성의 완전성'과는 거리가 먼 존재는 어떤 텅 빈, '가장 일반적인 유'(genus generalissimum) 또는 헤겔이 말하는 '공허한 존재'(leeres Sein) 역할을 한다. 이런 의미에서 존재

---

10. '존재자의 인식'(intellectus entis)이 아니라 '존재직관'을 지적하는 질송의 구절들은 다수화될 수도 있을 것이고, 우연하지도 않게 어떤 연구자는 그것에 대해 기정 사실처럼 말할 것이다: "'존재'(esse: 라틴어라 혼동의 여지가 없다에)에 대한 지성적 직관의 중심에서 우리는 동일성의 원리, 모순의 원리, 인과성의 원리를 발견한다. … 지성은 직접적인 방식으로 존재 자체에 유착하고, 그래서 모든 원리 또는 존재론적 토대의 구조적 요소는 분석적 방법으로는 연역될 수 없지만, 오로지 자기 자신에 대한 판단을 성찰한다는, 다시 말해 (그것을 통해 존재에 대해 오로지 존재만 서술될 수 있는) '존재의 본질적 동일성'인 자신의 실체적 동일성을 표현한다는 조건 아래서만 정의될 수 있는 어떤 구별되지 않는 총체성 안에서 드러난다"(M. L. Facco, Étienne Gilson, pp.90-91). 만일 파코의 해석이 맞다면, 질송은 토미스트라기보다는 스코투스주의자처럼 보일 것이다. 좀 더 부풀려진 방식으로 질송의 『그리스도교 철학 입문』의 안내를 받아 드 피낭스 신부는 이렇게 결론지었다: "그러므로 질송에게는, 마리탱에게도 그렇듯이, (그러나 마리탱이 그[질송]에게 전가하는 것과 같은 거의 신비적인 후광은 없이) 형이상학의 시작에 어떤 '존재직관'이 있다"(Joseph De Finance, "L'esse dans la philosophie chretienne d'Étienne Gilson", *Doctor Communis* 38(1985/3) p.278). '거의 신비적인 후광은 없이'에 관한 한, 독자는 「존재와의 만남」(Recontre de l'etre)이라는 논문의 초고에서 질송이 말하는 "신비적 행위와 접촉하고 있는 경탄"을 읽음으로써 아주 다른 관념을 형성할 수 있을 것이다. 이 내용은 질송의 『존재의 철학적 항수』 속에 삽입되어 출간되었다: Gilson, *Constantes philosophiques de l'etre*, Paris, Vrin, 1983, pp.145-147. 어쩌면 질송이 존재직관에 전가한 우위가, 이 프랑스 철학자가 모순율에 대해 동일률에 부여하고 있는 우위 역할을 하게 되는지가 입증될 수 있을지 모른다(Cf. Gilson, *Constantes philosophiques*, p.25). 이에 비해, 파브로는 저 우위 속에 타고난 형상주의적·일원주의적 위험에 경종을 울리는 데 결코 지치지 않는다.

는 '형상들의 형상'(forma formarum)이 아니라, 그저 '형상들의 조건' 일 뿐이다. 어떤 특수한 형상도 아니기 때문이다.[11]

3) 외양적 실존주의의 너머에는, 저 프랑스 학자[질송] 안에 어떤 실재적인 '실존주의'가 있다.[12] 말로 공격받으면 받을수록 그만큼 더 역설적이 된다. 그것은 두 가지 극 가운데 하나의 존재론적 구성이 '존재-본질'(esse-essentia)의 변증법적 긴장 해소에 의해서 사라짐과 더불어 촉발된다.

---

[11]. 성 토마스의 『원인론 주해』에 대한 번역서 앞머리에 붙인 크리스티나 당코나 코스타의 「입문」 마무리 부분에서 발견되는 부정확성은 가볍지만 의미가 깊다. 저자는 성 토마스에 따른, 존재에 대한 '농축적'(intensiva) 관념이 어떤 것인지를 잘 알고 있다. 실상 그녀는 『신학대전』 제1부 제4문 제1절 제3답을 인용한다: "존재 자체는 모든 것 가운데 가장 완전한 것이다. 실상 모든 것에 견주어볼 때 현실태(actus)이다. …존재 자체는 만물의 현실성이며, 또한 형상들 자체의 현실성이기도 하다. 그러므로 존재 자체는 다른 것들에 대해 수용자와 수용된 것 사이처럼 비교되는 것이 아니라, 수용된 것과 수용자 사이의 관계처럼 비교된다." 토마스의 가르침은 이를테면 다른 형상들의 수용자인 어떤 '초월적인' 존재를 배제한다. 반대로 그것은 만물 안에 있는 '가장 내밀한' 것으로서의 '존재'의 본원성을 강조한다. 하지만 당코나 코스타는 몇 페이지 앞에서(p.115) 다음과 같이 쓸 수 있었다(여기서 질송의 안내를 받고 있는 것은 우연이 아니다): "이 전망에서 존재는 모든 피조물에 '공통적'이다. 왜냐하면 존재를 구성하는 모든 완전성은 그것을 전제하기도 하고 또 그것을 '현실로서'(ut actus) 수용하기도 하기 때문이다. 그리고 오직 존재의 경우에만 이 두 가지 주장이 모순되지 않는다. 왜냐하면 존재는 '어떤 특수한 형상이 아니라, 모든 형상의 조건이고' 또 모든 현실화의 조건이기 때문이다"(Cf. Cristina D'Ancona Costa, "Introduzione", in Tommaso d'Aquino, *Commento al 'Libro delle Cause'*, Milano, Rusconi, 1986, pp.115 & 119).

코르넬리오 파브로는 당코나 코스타의 작업을 우호적으로 평가하면서도 몇 가지 유보를 표명하는데, 그 가운데 무엇보다 중요한 것은 바로 '존재자'(ens) 관념에 관한 것이다. 파브로는 이렇게 지적한다: "피조물 안에서 '참여'(participatio)의 근본적 명제인 '존재에 참여하는 본질'(essentia participans esse)과 '참여된 존재' 사이의 구별을 어둠 속에 내버려두고 있다." 우리가 강조한 측면(존재=형상들의 조건)에 관한 한, 그녀는 "방 스텐베르겐에 의해서 이미 반복적으로 지적되었던 것, 곧 프랑스에 뿌리를 두고 있는 형상주의적인 스콜라학적 토미즘의 일탈적 특성의 징후를 보이는 상대적인 다의성"을 표방하고 있는 것으로 보이는 파브로를 '지나치는 길에'(en passant) 언급하고 있다(Fabro, "Il commento di Tommaso d'Aquino al libro 'Delle Cause'", in *L'Osservatore Romano*, 23 agosto 1986, p.30).

[12]. 수많은 모호한 구절들 가운데에서 질송의 다음과 같은 지적을 보라: "어떤 실존적 형이상학에서는 둔스 스코투스가 하듯이 '어떤 본질의 실존'(essentia et ejus existentia)에 대해 말하는 것이 훨씬 더 정확할 것이다(Gilson, *Dio e la filosofia*, Milano, Massimo, 1984, p.72, n.17). 어떤 점에서 하나의 정식이 다른 정식보다 더 낫단 말인가? 질송이 선호한 것은 우리가 보기에는 두 가지 가운데 정작 더 현명하지 못한 쪽인 것으로 보인다.

질송이 예컨대 "존재 현실이란 어떤 본질이 존재자 안에 자리함이다"라고 말할 때,[13] 본질이 거의 진정한 존재(자)의 '바깥에' [있는 것으로] 간주하는 것처럼 보인다: 실상 오로지 존재 현실과 더불어서만 그것은 존재 안에 재정립된다. 이처럼 '본질'이 다만 존재의 (부정적) 한계이기만 한 것으로 생각해야 한다. 그렇다면 그것은 존재자의 존재론적 구조 안에서가 아니라 다만 (존재적) 실재의 "외피"(crosta) 위에서만 작용하는 셈이 될 것이다.[14]

질송 안에서 '존재' 관념을 둘러싼 우리의 이 담화는 정당화된 것으로 제시되기 전에, 아직도 결정적인 분석을 기다리고 있다. 그렇지만 그것은 파브로의 개념에 견주어 근본적 분기(分岐)의 가능성이 내다보인다.

우리는 의심의 여지없는 용어상 차이에서 실마리를 찾았다. 실상 파브로는 토마스의 '존재'를 (실존 또는 존재라는) '동일하지 않은' 두 양식으로 번역한다. 반면에 그의 프랑스 동료는 무차별적으로 '실존', '존재 현실', '실존 현실' 등에 대해 말한다.[15] 이 논란의 여지없

---

13. Gilson, *L'etre et l'essence*, p.287.
14. "실존적 형이상학은 실재의 외적인 변복(變服)인 본질의 외피(外皮)를 통해 길을 내는 데 성공한다"(Gilson, *Dio e la filosofia*, p.74). 질송 안에서 '범신주의'의 위험을 가정하는 것은 엉터리일 것이다. 하지만 '존재'와 '존재자'(창조주와 피조물) 사이의 무한한 '질적' 차이를 고려하지 않음으로써 존재자의 '참여된 현실'을 어떤 본질의 역량/한도 속에 제한되는 (순수) '현실'로 간주하는 질송의 독법을 결정적으로 논박하는 것이 절실할 것이다. 질송 자신은 (어쩌면) 모든 존재자의 토대로서의 '존재'(=신)와, 본질로부터 (실재적으로) 구별되는 원리로서의 참여된 '존재'(esse participatum)를 구별하기를 선호하지 않기 때문에 혼동을 자초한 셈이다. 후자의 경우에는 '그' 원리라고 말해서는 안 되고, '두 원리 가운데 하나'라고 말해야 한다. 드 피낭스 신부는 이 단순화의 위험을 깨닫지 못한 것으로 보인다. Cf. Joseph De Finance, SJ, *L'Esse' dans la philosophie chretienne d'Étienne Gilson*, pp.269-278.
15. 질송은 생애 말년에 이 점에 관한 진정하고 엄밀한 '재론고'(再論考)를 수행할 것이다. 여기서는 그가 1973년 9월 4일에 '조르지오 치니 베네치아기금'(Fondazione Giorgio Cini di Venezia) 주관으로 열렸던 제14차 국제 고등문화강좌에서 행한 강연을 기억할 가치가 있다. 여기서 89세의 프랑스 학술회원[질송]은 「토마스 아퀴나스 안에서의 언어와 존재 가르침」에 관해 발표하였다. 그때 질송은 이렇게 설명한다: "'존재자'(ens)라는 단어의 모호성은, 그것이 'etre'로 번역될 때 더 심각해진다. 성 토마스의 토미즘 해석에 미치는 그 결과는 파괴적이다. …혹자는 그것이 용어 문

는 구별로부터 질송의 '존재'(etre/being)라는 용어 자체의 모호성을 고려하면서, 그럼에도 알프스 이북 사상가의 '토미즘'과 관련된 몇 가지 혼란스러움이 전개된다.

우리에 앞서 다른 이들이 (훨씬 더 튼튼한 문헌적 근거를 대며) 질송의 형이상학의 역사적이고 이론적인 토대에 관한 꼼꼼한 비판들을 제시하였다. 이런 의미에서 아우구스티누스회 존 퀸(John M. Quinn) 수사 신부의 1971년도 연구는 명시적이었다.[16]

예컨대 '존재 현실'의 인식과 관련해서 퀸은 질송기, 현실의 '사고할 수 없음'(impensabilitas)을 제시하며 존재를 오로지 일종의 비-개념적 직관 안에서만 복원할 수밖에 없었다고 쓰면서 조금도 의심하지 않았다. 이렇게 함으로써 이 프랑스 사상가는 본질과 '실존' 사이의 실재적 구별은 견지하면서도 "사실상 그것이 하나의 균열이 되

제일 뿐이라고 말할지 모른다. 그러나 전혀 그렇지 않다. 왜냐하면 그것은 용어들의 의미 문제이기 때문이다(Gilson, "Langage et doctrine de l'etre chez Saint Thomas d'Aquin", in *Concetto, storia, miti e immagini del Medio Evo*, a cura di V. Branca, Firenze, Sansoni, 1973, pp.13 & 15-16). 지속적이고 방대한 탐구 역정의 막바지에, 자신의 가장 의미심장한 이론적 공헌들의 가치를 문제시하는 것을 두려워하지 않는 89세의 프랑스 학술회원의 지적 정직성이 우리에게는 참으로 모범적인 것으로 보인다. 우리가 방금 인용한 이 구절은, 혹자는 말의 근본적 모호성에 대한 고발 속에 이미 함축되어 있던 것이라고 말할지 모르지만, 실상 그것은 질송이 여러 기회에 표명했던 것이다. 하지만 철학은 문제의 어려움에 직면해서 편리하게 '포기'로 수행될 수 없다. 그래서 저 구절은 바로 그 글을 쓰고 있는 자를 전복시킬 수 있을지 모른다: "아무도, 그 희생물이 되지 않기 위해서 고발하는 것만으로 충분하지 않은 바로 여기서보다 더 잘 출발하려 들지는 않을 것이다"(Gilson, *L'etre et l'essence*, p.268). Cf. G. Prouvost, *Thomas d'Aquin*, p.102). 더 나아가 알랭 드 리베라(Allain de Libera)에 의해 (질송을 거슬러) 정식화된 비판적 정식화에 응답해서 프루보스트는 가감없이 이렇게 인정하고 있다: "만일 질송이 '실존'(l'existence)이라는 용어가 아니라 '존재'(l'etre)와 '존재자'(l'etant)라는 용어를 단호히 선택했더라면, 상당수의 모호성을 피할 수 있었을 것이다"(Prouvost, *Thomas d'Aquin*, p.124, n.1).

16. Cf. J. M. Quinn, *The Thomism of Étienne Gilson. A Critical Study*, Villanova, Villanova Univ. Press, 1971. 대서양 건너편에서 논의되었지만 유럽에는 잘 알려지지 않은 이 책은 페리니의 멋진 논문에서 정확하게 분석되었다: G. Perini, "Gilson: Un tomismo discusso", *Doctor Communis* 38(1985/3), pp.356-380. 페리니가 지적하는 것처럼, 그럼에도 불구하고 퀸 자신도 '존재 현실'을 가리키기 의해 '실존'(existence)이라는 용어를 채택하고 있다.

도록 만드는 데까지 확장한다."¹⁷ 퀸에 따르면, 바로 여기서부터 "하느님 안에서 본질과 실존이 동일하다는 인식에 뒤이어서가 아니라면, 피조물들 안에서 본질과 실존의 실재적 구별에 대한 어떤 증거가 제시될 수 없다는 질송의 견해"¹⁸가 태어난다. 실상 『존재자와 본질』에서 질송은 "실재적 구별"의 합리적 진리성이 먼저 제시되고 나중에 계시된 지식(탈출 3,14)에 의해서 보장된다고 여러 번 강조하고 있다.¹⁹ 퀸은 질송의 "신학주의적 가설"(hypotesis theologistica)

---

17. Perini, "Gilson: Un tomismo discusso", p.370. "실존의 장엄함(sovereignty)에 관해 대단히 열정적임에 있어서 질송은 본질과 실존 사이의 구별을 분리로 확장시키려는 경향이 있다. 하지만 그렇게 되면 실존은 비-본질화되어(de-essentialized) 가지성 너머로 빠져나갈 정도에 이르게 된다"(J. M. Quinn, *The Thomism*, p.54).
18. Perini, "Gilson: Un tomismo discusso", pp.372-373. "형이상학자는 흔히 주장되는 것처럼 하느님의 존재에 관한 어떤 지식을 가지기 전이 아니라 '그 이후에' 본질과 존재 사이의 핵심적 구별을 할 수 있게 된다"(Quinn, Ibid.).
19. 다음과 같은 구절도 모범적이다. 질송은 이렇게 단언한다: "철학자들은, 유다-그리스도교적 계시가 그들에게 '존재'가 최고의 존재에게 적합한 이름이라고 가르쳐주기 전까지는, 본질들을 넘어 그 원인인 실존적 에너지에 도달할 수 없었다"(Gilson, *Dio e la filosofia*, p.70). 같은 텍스트에서 조금 뒤에 또 다른 정밀한 지적을 한다: "명백히 우주를 모두 최고의 자기-존재와 연관되어 있는 특수한 실존적 현실들의 세계로 보도록[곧 세상을 '실존하는' 것으로 개념하도록] 우리에게 요구하는 것은 …우리 이성의 가능성들을 거의 파열될 지경으로까지 몰아간다는 것을 의미한다. [만일 우리가 그리스도인이라고 불리고자 한다면] 우리는 그렇게 해야 한다는 것을 알고 있지만, 과연 그렇게 할 수 있는지를 묻게 된다. 왜냐하면 그것이 참으로 실행 가능한지 확신할 수 없기 때문이다"(p.71). 그렇다면 질송에게 있어서 그리스도교 철학은 계시와 이성 사이의 어떤 '내밀하고' 적극적인 관계에서 비롯될 것이고, 그래서 하나의 진정한 "탈출"(Exodos)의 형이상학"에 대해 말해야 할 것이다. 이런 전망에 따라, '오직' 계시와 더불어서만 무대에 등장하는 정확한 철학적 '내용들'이 확인된다. 그래서 오직 형상적으로만, 곧 방법론적으로만 구별될 수 있는, 신학에 대한 철학의 (질료적 예속인 한에서) 본질적인 종속을 말할 수 있게 된다. 질송에게는 '존재' 관념이, 계시 '이전에' 살았던 철학자들에게는 본질적으로 이른바 '탈출의' 관념과는 다르게 제시된다. 특히 오로지 창조 관념과 더불어서만 '현실로서의 존재' 관념에 이르게 될 것이다. 이 주제에 관해 논하면서 방 스텐베르겐은 이의를 제기했다. 이 학자의 견해에 따르면, '그리스도교 철학'은 '그러한' 것으로는 실존하지 않는다(그런 것은 신학과 철학 사이의 사생아일 것이다). 거기에는 오직 간접적인 심리학적 영향만 주어질 뿐이다: (웅장한 통제인 한에서의) 철학에 대한 신학의 우연적 종속이다. 파브로는 질송의 착수에 민감하면서도, 친구 방 스텐베르겐의 사상에 근접하는 것으로 보인다. 실상 파브로는 후기 저술들 가운데 하나에서 다음과 같이 명료화한다: "'그리스도교 철학'의 첫걸음은 …'초자연적 신앙 이전에, 그리고 이쪽 편에서' 인간이 오직 이성만으로는 직감할 수 없는 제일 원리이자 궁극 목적으로서의 '하느님의 실존'에 대한 확신이다. …최고의 확실성이자 모든 근본적 성찰의 결론이다"(Fabro, *Per un progetto di filosofia cristiana*, Napoli, D'Auria, p.13). 만일 그렇다면, 상급 학문(신학)은 하급 학

을 선결 문제 요구의 오류(petitio principii)로 간주한다. "신적 속성들과 관련된 '부정의 길'(via negationis)은 유한한 구조들에 관한 '긍정의 길'(via affirmativa)을 전제한다."[20] 인간의 정신은 상대적으로 이미 인식된 피조물에 대해 긍정하지 않고서는 하느님 안에서 '존재'(esse)와 '본질'(essentia)의 '합성'(compositio)을 부정할 수 없다. 이와 다르다면, 당신에게는 하느님 안에 사물들이 어떻게 '있는지'를 보여주고 하느님의 '정의'인 존재를 (직관적으로) 드러내는 어떤 '존재론적 논증' 형식이 주효했어야 할 것이다….

문(철학)에 보조적이지만, 사변적 영역을 벗어나 있다. (이것은 합리적으로 정당화될 수 있다고 하더라도 아직 합리적으로 정당화되지 않은 규범과 원리들의 충실한 수용이 필요하도록 만들면서, 살림살이의 절박함이 힘겹고 오래 걸리는 철학적 탐구에 필요한 시간을 흡수해 버리는 경우와 같다.) 바로 그렇기 때문에 파브로의 『현대 무신주의 입문』(Introduzione sall'ateismo moderno) 20쪽에서 전형적인 한 구절을 읽게 되는 것이다: "은총의 상실 문제는, 예컨대 성 토마스가 이해한 것과 같은 본래적인 이론적 계기에는 끼어들지 못하는 것이다." 이렇게 도출될 수 있다고 믿어지는 결론은 다음과 같다: 한편에서는 파브로로 하여금 그리고 다른 편에서는 질송으로 하여금 '현실로서의 존재'(esse ut actus)의 발견을 정초하도록 이끈 것은 서로 다른 맥락들이다. 파브로에게는 탈출기 3장 14절의 '나는 존재하는 자이다'가 사변적으로 특전적인 자리를 차지하지 않는다.

『참여와 인과성』에서 파브로는 (벤티밀리아가 앞에서 인용한 논문에서 지적하고 있듯이) "탈출기 텍스트에 따른 하느님 규정의 무조건적인 수용"에 관해 길게 강조하고 있다(Fabro, *Partecipazione e causalita*, Torino, SEI, 1960, p.176. Cf. Ibid., pp.98, 179-186, 541, 650). 우리는 다음 두 가지를 지적하고 싶다: 1) 탈출기 3장 14절과의 연결은 '언제나' 성 토마스가 작업해낸 혁신의 (이론적이 아니라) 역사적·발생학적 중핵을 탐구할 때 삽입된다. 따라서 그것은 '오로지' 역사적 탐구의 분위기에서만 나타난다. 2) 『참여와 인과성』 651쪽에서 말하는 것처럼, "이토록 정초는 '성서적 관념을 넘어' 플라톤적이고 아리스토텔레스적인 대립적 원리들 사이에서" 보완적 종합에 이르러야 한다. 덧붙여서, 파브로는 사변 영역에서 아랍-중세적(특히 아비첸나의) 성찰이 가져온 기여를 의식하고 있었다는 점에 주목해야 한다. 하지만 아랍인들과 더불어 우리는 '탈출기'의 맥락으로부터 멀어진다. 마지막으로, 우리의 독법을 더 이상으로 확인해주는 것으로 보이는 파브로의 마지막 구절을 인용해 보자: "두 번째 요점인 '비판적·역사적'인 것을 통해서는 성 토마스가 '에네르게이아'(energheia)로서든 '엔텔레케이아'(enthelecheia)로서든, 가능태에 대한 현실태의 우위에 관해 아리스토텔레스 형이상학의 사변에 따라 받아들이고 전개하는… 탈출기(3,14)에서의 하느님의 이름이라는 맥락이 처음으로 온다. 그러므로 '이토록 단적으로' 탈출기의 형이상학'에 대해 말하는(질송) 것은 정확한 것이 아닌 것으로 보인다"(Fabro, "Alla ricerca della fondazione della metafisica", *Choros* 1(1986/1), p.18).

20. "신적 속성들에 관한 부정의 길은 유한한 구조들에 관한 긍정의 길을 전제하고 있다. 어떤 인간 정신도 하느님 안에서, 그분 이전에 알려진 존재자들 안에서는 미리 단언되지 않은, 존재와 본질의 합성을 부정할 수 없다"(Quinn, *The Thomism*, p.85).

비록 퀸은 성흔회(聖痕會, CSS: Congregatio Sacrarum Stigmata) 소속 사제[파브로]의 작품을 염두에 두고 있는 것 같지 않지만, 그의 몇 가지 관찰은 성 토마스에 대한 두 명의 연구자 사이의 거리를 좀 더 잘 규명할 수 있게 도와준다. 이 미국 저자는 자신의 연구를 토마스의 빛으로 질송을 비판하는 것으로 한정하고 있지만, 그럼에도 한편에서는 파브로의 논거들과 다른 편에서는 질송의 논거들이 토마스의 원천 텍스트들과 직접 대조되는 만큼 파브로의 주석은 담화의 진리성, 분석, 포용성 등에서 확실한 우위를 차지한다. 프랑스의 학자[질송]가 토마스의 어떤 간결한 정식으로 그치는 곳에서 플루미냐노의 철학자[파브로]는 지치지도 않고 전거를 제시하고 가설들을 논하며 (아무리 지나가는 암시 때문이라고 하더라도) 검토되는 문제들의 바닥까지 내려간다.[21]

3. '실존' 문제와 연결된 것으로, 파브로와 질송 사이에 또 하나의 분기점이 두드러진다. 바로 그들이 각각 판단(judicium) 행위에 돌리는 역할이다.[22]

---

21. 어쩌면 박식한 학술장치들의 심층적으로 다양한 구조를 상기하는 것도 무익하지만은 않을 것이다. 질송은, 드문 경우를 제외하고는 담화를 텍스트의 본체 안에서 완벽하게 발견되는 단일한 논증 노선에 따라 조직하고, 각주들은 논의되고 있는 텍스트나 작가를 정확히 직접적으로 지적한다. 반면에, 파브로는 종종 같은 담화를 전개하는 데 있어서 다수의 논증 노선을 유지한다. 텍스트 인용구들은 더 광범위하고, 드물게는 주석 작업을 하는 동안에 탐구되고 있는 작가의 '정식'이나 '명제'들의 사용에 호소한다. 그리고 파브로 안에서는 역사적, 사회적, 정치적 분석의 검토에 대한 지적이 한결같다. 반면에 질송은, 특히 슈뉘가 그를 비난한 것처럼 텍스트 소여를 맥락적 소여로부터 갈라내려는 경향이 있다(Cf. M.-D. Chenu, OP, "La fede nell'intelligenza e il vangelo nel tempo, o la teologia nel XIII secolo", in I. Biffi & C. Marabelli, *Invito al Medioevo*, Milano, Jaca, 1982, p.43).
22. 파브로는, 유일한 판단이 ('S는 P이다'와 같은 유형의) 논리적 '판단'이라고 생각하지 않는다. 파브로에게는 (조건으로 여겨지는 논리적 판단 외에) 주체 및 그 자유와 연루됨을 함축하는 '분해적 판단'도 있다(나중의 각주 29번 참조). 그럼에도 불구하고 우리는 지금 인식 차원에서 움직이고 있고, 따라서 의지의 '동의'(consensus)와 '나'의 모든 입장 취함 속에 함께 함축되어 있는 선택의 책임 문제에 대해서는 관심을 두지 않는다는 점을 염두에 두어야 한다. '분해적 판단'(judicium resolutivum)은 무엇보다도 질송의 작업 중에는 상응물이 없다. 질송은 마리탱의 호위를 받으며 '두' 가지

질송은 이렇게 말한다. "실존은 어떤 개념 안에서 도달할 수 있는 것이 아니기 때문에, 우리가 판단에 의해서 도달한다는 것이 귀결된다."[23] 하지만 판단은 어떤 방식으로 존재에 이르는 과제에 응할 수 있단 말인가? 판단의 근본 구조가 어떠한지에 주목해야 한다. 판단은 필연적으로 어떤 주체와 연계사 '~이다'(est)로 구성된다.

프랑스 저자에 따르면 (예컨대 '어떤 것이 있다'와 같은) 실존적 언명들은 논리적 명제에 대한 고전적 정의에 들지 않는다. 실상 '존재'는 모든 논리적 범주와 온갖 서술의 저 너머에 있다.[24] "S는 P이다"라는 고전적 정식을 갖추고 있는 "서술" 명제들이 있다. 질송은 이를 아리스토텔레스의 용어를 빌려 '제3항 명제'(de tertio adjecente)라고 부른다. (이렇게 불리는 이유는 P가 S와 연계사 다음으로 세 번째 자리에 오기 때문이다.) 하지만 그보다 앞서 '제2항 명제'(de secundo adjecente)가 있다. 여기서 'esse' 동사는 연계사 기능을 하는 것이 아니라, 그 주어에 대해 단순하고 절대적인 방식으로 결합된다.

실존 명제들은 어떤 방식으로도 논리적 명제들의 기준(canon)에 예속되는 것이 아니다. 하지만 이 프랑스 철학자의 눈에는, 실재가 다른 것들로 환원될 수 없는 어떤 정신적 행위라는 대단히 독특한

판단을 구별하지만, 그것들을 지성의 행위처럼 판단의 두 양식으로 이해하고 있다. 참고할 만한 질송의 입장에 대한 하나의 종합은 '존재 인식'이라는 의미 심장한 제목을 달고 있는, 『존재자와 본질』의 제9장이다(Cf. Gilson, *L'etre et l'essence*, pp.252-289[=국역본: '이재룡 다시읽기」, 「인식과 존재」, 『중세철학』 28(2022), 211-253쪽]). 흥미롭게도 이 마지막 요점과 관련해서는 라 플란트의 「에티엔 질송과 실존 개념」이 남아있다. Cf. H. La Plante, "Étienne Gilson and the Concept of Existence", *The Thomist* 27(1964/3), pp.302-337. 라 플란트는 『존재자와 몇몇 철학자들』의 초판(1948)과 제2판(1952)을 대조하고 의미 있는 모호성을 부각시킨다. 1952년판에서는 (이 연구자는 부각시킨다) "그 작품의 본체 안에서 유지되고 있는 입장은 명백히 특히 제2판을 위해 쓰인 부록에 의해서 모순된다"(p.302). 실상 부록에서 질송은 레지(Regis) 신부와 이사악(J. Isaac)에게 응답해서 이렇게 인정하고 있다: '어떤 토미스트도 …존재가 개념에 의해서 알려지지 않는다고 써서는 안 된다'(라 플란트로부터의 재인용: p.302).

23. Gilson, *L'etre et l'essence*, p.252.
24. Ibid., pp.267-268.

본성에 기초를 두고 있다는 것은, 반론의 여지없는 사실이다.[25] 특히 '제2항 명제들'도 합성의 판단인 채로 남아있지만, "합성"은 (S와 P라는) 두 개념 사이에 이루어지는 것이 아니라, 하나의 개념(S)과 '존재 현실력' 사이에 이루어진다.[26]

파브로는 무엇보다 먼저, 판단의 가장 단순하고 유일한 형상은 연계적인 것(S는 P이다)이라는 저 판단의 이분법에 이의를 제기한다.[27] 이 성흔회 사제에 따르면, 이것 역시 아리스토텔레스의 견해이다. 파리의 동료와 마찬가지로, 파브로도 'est' 동사를 '배타적으로' 연계적 기능으로만 간주하는 데서 오는 '본질주의'의 위험(곧 존재 망각)을 인정하지만,[28] 이 사실은 '두 가지' 인식 판단이라는 질송의 가설의 사려분별을 인정하는 것이 아니라, 판단 행위의 (영적) 주체에 관한, 본질적으로 질송에게는 없는 좀 더 광범위한 탐구로 되돌려보낸다.[29]

4. 요컨대 프랑스 학자에게는 존재가, 그가 가리키는 텍스트들에 따

---

25. Ibid., p.271.
26. Ibid., p.289. '2항 명제' 판단은 S를 그저 아무런 관념(P)과 결합시키는 것이 아니라, (S의 '현실'처럼) 논리적 차원에서든 아니면 (존재자 'x'의 '현실'로서) 물리적 차원에서든 '동일한' 저 현실 자체와 결합시킨다.
27. 질송은 이렇게 말한다. 연계사적 형식으로 환원될 수 없는 어떤 판단들이 '사실상' 있다. 예컨대 'A가 있다'고 단언할 때가 그러하다. 그것은 'A는 A이다'(이것은 여전히 연계사적 형식일 것이다)와 같은 동어반복에 상응하지 않고, 바로 A에 속하는 존재를 지적한다: '존재하는 A.' 질송이 자신의 논거를 지지하기 위해 산출하고자 시도하는 증명이 순환되고 있지만 설득력은 없어 보인다. 왜냐하면 존재가 (S와 P의 연결을 동의할 정도로) 단순한 연계사(連繫詞)이기 위해서는 "그것으로부터 고유한 실존적 의미를 박탈해야 하기"(il faut le depouiller de son sens existentiel propre) 때문이다. 다시 말해 그 '이다/있다'(est)가 또한 '존재한다'(existere)는 것도 의미해서는 안 되기 때문이다(p.260). 만일 그러하다면, 그는 단지, 그 출발의 규정이 배제한 것이 불가능하다는 것(그 역이 아니다!)을 입증할 뿐이었을 것이다.
28. Cf. Fabro, "Appunti di un itinerario", in *Esserte e Liberta*, pp.33-35.
29. Cf. Fabro, "Atto esistenziale ed impegno della liberta", *Divus Thomas* 86(1983/2-3), pp.125-160. 파브로의 매우 대담한 저술 가운데 하나이고, 비록 파브로의 사변을 둘러싼 여러 힘겨운 질문들이 제기되지만, 그럼에도 불구하고 (바로 여기서 관계되는 것처럼) 질송의 특징적인 개념적 변조들의 지평과 관련해서 근본적으로 분기될 가능성을 표시한다.

르면, 혹은 어떤 직접적 직관을 통해서거나(2번) 아니면 판단 행위 덕분에(3번, 그리고 가끔은 이 마지막의 것이 첫 번째 것으로 되돌려 보내져야 할 것으로 보인다) 포착되는 것처럼 보인다.

그에 못지않게, 질송이 (루슬로, 마레샬, 라너 등 다양한) 초월주의적 입장을 공유한다고 생각하는 것은 부정확할 것이다. 파브로 자신이 지적하는 것처럼, 질송의 경우에 '판단'에 호소하는 것은 구성적(constitutiva) 형식이 아니라 존재의 표현적-허명적(expressivo-explicativa) 형식(형상)으로 설명된다.[30]

마무리하자면, 하여간 우리는 프랑스 스승의 진정한 입장이 어떤 것이든 간에, 그것이 위에서 말한 두 가지 해결책 가운데 어느 하나에 근접하는 한, 파브로의 입장과는 거리가 있음을 부정할 수 없다고 단언할 수 있다.

5. 나는 여기서, 그것을 발전시킬 생각은 추호도 없지만, 우리 두 철학자의 역사기술적 전망들 사이의 상충점들을 짧게 시사하고 싶다. 파브로는 질송의 토마스 해석이 부당한 "역사적 관심"에 의해서 왜곡된 것으로 간주하였다.[31] 그리고 결과적으로 파브로가 프랑스 동료로부터 결정적으로 갈라서는 영역은 특히 역사적·철학적 해석 영역이다.

극단적 종합으로 요약하자면, (점점 더 아리스토텔레스화하는 쪽으

---

30. 누군가 지적한 것처럼, 질송과 마리탱도, 정초 형식이라기보다는 설명 형식으로 (적어도 나에게는 그렇게 보인다) 판단에 호소하고 있지만, 새로운 해석 조류의 대변자들인 칼 라너 신부와 로츠 신부의 경우는 정반대편에 서 있다.
31. Cf. Fabro, "Appunti di un itinerario", p.20. 질송의 경우에 '역사적 소여로부터 출발해서' 이론화하는 사상가와 어떤 관계를 맺을지를 기억한다는 것은 장황하다. 그래서 서양 사상 발전에 대한 하나의 다른 개념은 장차 형성될 수정 이론 속에 반영될 수밖에 없을 것이다. 아우구스토 델 노체는 질송과 여러 모로 흡사한 철학자였다(그는 질송으로부터 해가 거듭될수록 더 깊은 영향을 받았다). 델 노체와 파브로 사이의 몇몇 분기점이 프랑스의 스승 안에서도 그 설명이 얼마나 다시 발견될 수 있는지 입증할 수 있다고 믿는다. (델 노체와 질송에 따르면 모든 형이상학을 유보시키고도 남을 '선택'(optio)이라는 주제를 생각해 보라.)

로 이루어진) 질송의 토마스 독법은 두 개의 반대-대립으로 도식화될 수 있을 것이다.

1) 아우구스티누스에 반대하는 토마스.[32]
2) 디오니시우스 아레오파지타에게 반대되는 토마스.[33]

그리고 질송의 제자 중 하나인 블라디미르 로스키(Vladimir Lossky)는—스승의 안내를 받으며—(크리스토스 얀나라스[Christos Yannaras]가 추호도 의심없이 "존재-신학"[onto-theologia]이라고 정의한) 토마스 신학[34]과 초창기 교부들 및 동방 그리스도교 사이의 근본적 양립 불가능성을 단언하였다. 동방에서는 디오니시우스의 영성적 부정 신학 노선이 그대로 존속할 것이고, 서방에서는 토마스의 아리스토텔레스적·이성주의적 노선이 지배하는 셈이다.[35]

---

32. Gilson, *Dio e la filosofia*, p.67. 질송은 두 가지 서로 다른 '형이상학적 우주들'에 대해 말한다. 하지만 다음 논술도 보라: Gilson, "Pourquoi Saint Thomas a critique Saint Augustin", *Archives d'histoire doctrinale et litteraire du Moyen Age* 1926/1, pp.5-127. (헤센[J. Hessen]의 탐구 결과들을 공개적으로 받아들이는 질송에게는 아우구스티누스와 토마스 사이에 교량을 놓으려는 온갖 시도가 다 무익하다.) 반면에 파브로의 연구는 반대 방향으로 움직인다: Fabro, "Partecipazione agostiniana e partecipazione tomistica", *Doctor Communis* 39(1986/3), pp.282-291.

33. 어쩌면 가장 명시적인 텍스트는 로스키의 다음 저서에 실린 질송의 「머리글」일지 모른다: É. Gilson, "Preface", in V. Lossky, *Theologie negative et connaissance de Dieu chez Maitre Eckhart*, Paris, Vrin, 2a ed., 1973, p.10. 토마스와 디오니시우스 사이의 간명하고 실체적인 대립을 전제하지 않는다면, 여기서의 설명은 어떤 명시적인 의미도 지니지 못할 것이다. …그렇다면 과연 어디에 '오해받는다'는 고발이 있겠는가? 질송의 논거는 제자 로스키에 의해서 전폭적으로 받아들여진다: "토마스 아퀴나스는 『디오니시우스 전집』(*Ecrits areopagitiques*)의 존재론이 그가 고백하는 존재 관련 가르침에 반대되는 결론들에 여지를 준다는 점을 잘 납득하고 있었다"(Lossky, *Theologie negative*, p.23).

34. Cf. Ch. Yannaras, *Heidegger e Dionigi Areopagita. Assenza e Ignoranza di Dio*, a cura di A. Fyrigos, Roma, Citta Nuova, 1995, pp.18-19, 38-40. 어쩌면 질송에 의해서 배격되었을 수도 있는 입장들을 주장함에도 불구하고, 얀나라스는 토마스를 이성주의의 왕자요 '필증적 실증주의'의 옹호자로 보는 자신의 독법을 옹호하기 위해 의미심장하게도 질송의 권위를 다시 주장하고 있다(p.22). 그에게 부정주의(apophatismus)의 유일한 지지들은 필연적으로 회의주의의 불가지주의적 정식들로 해소될 수밖에 없다.

35. Cf. Lossky, *La teologia mistica della Chiesa d'Oriente*, Bologna, Dehoniane, 1985, p.21 et passim. 로스키의 세심하고 효과적인 설명들은, 때로는 일방적으로 이용됨에도 불구하고 원천들의 지식에 토대를 두고 있다. 그것들은 인내로운 명상을 감수할 가치가 있다. 반면에 위에 지적한 부분에서 얀나라스의 경우에는, 독자의 마음속에 역사-비판적이거나 이론적이거나 정중하지 못한 근사치의 의혹이 끊임없이 솟아오른다.

이것은 초창기 『형이상학적 참여 관념』(*La nozione metafisica di partecipazione*, 1939)에서부터 토마스를 아우구스티누스와 '함께' 그리고 디오니시우스와 '함께' 읽어온 파브로의 확신에 대립된다는 것은 말할 필요도 없다.

15. 파브로와 질송의 존재 인식

바티스타 몬딘

1. 파브로와 질송: 토마스 형이상학의 독창성 발견자들

토마스 아퀴나스는 신학자로서, 그리고 성경 주해자이자 아리스토텔레스 주해자로서 대단히 위대할 뿐만 아니라 철학자로서도 결코 덜 위대하지 않다. 결국 성 토마스는 모든 시대에 걸친 가장 위대한 형이상학자 가운데 하나다. 철학사가들은 일반적으로 성 토마스에게 단순히 아리스토텔레스를 복권시킨 공로, 곧 그를 라틴 유럽에 알리고 그의 가르침을 그리스도교적인 것으로 만들었으며 그의 방법과 언어를 자신의 놀라운 신학적 축조물 구성에 활용한 공로를 돌린다. 그런데 성 토마스의 철학적 독창성은 거의 아무것도 아닌 것일까? 하이데거에 따르면, 성 토마스는 아리스토텔레스가 주범인 오랜 '존재 망각'의 희생자이다.

20세기의 토미스트적 역사학은 하이데거의 비난과 성 토마스가 철학에 기여한 것이 없다는 단정이 사실이 아님을 밝혀냈다. 그것은 천사적 박사가 대단히 위대한 신학자요 주해자일 뿐만 아니라

---

* 이 글은 이탈리아의 대표적 토마스 연구자인 코르넬리오 파브로 신부의 서거 2주년을 맞아 우르바노대학이 기획한 『가서 가르쳐라』(*Euntes Docete*) 제50호 특집호에 실려 있는 바티스타 몬딘 신부의 논문을 완역한 것이다.

1. Cf. Battista Mondin, "Attualita di S. Tommaso", *Doctor Communis*, 1996, pp.27-44.

가장 위대한 철학자, 특히 가장 위대한 형이상학자 가운데 하나였다는 것을 확실하고 논란의 여지없는 방식으로 입증하였다. 그는 파르메니데스 이래로 존재 망각의 비난이 가해져서는 안 되는 유일한 사상가이다.[1]

의심의 여지없이 토마스 아퀴나스는 자신의 형이상학에 아리스토텔레스의 가르침을 광범위하게 끌어들였지만, 그뿐만 아니라 플라톤, 프로클루스, 디오니시우스 아레오파지타, 보에티우스, 아비첸나의 가르침도 적지 않게 받아들였다. 하지만 그는 모든 현실의 현실이자 최고의 현실로서의 농축된 존재(esse intensivum) 개념이라는, 새로우면서도 매우 튼튼한 토대를 갖춘 웅장한 지적 축조물을 구성하기 위해 선배들로부터 물려받은 모든 개념적 장치를 두루 활용하였다. 성 토마스의 철학적 위대함은 정확히 존재 형이상학의 노작(勞作)으로서 실상 세기들의 경과 속에서 한 번도 노작된 적이 없는 '독특한 존재 형이상학'(unica metafisica dell'essere)이다. 왜냐하면 파르메니데스와 하이데거가 우리에게 남겨준 것은 두 개의 형이상학이 아니라, 두 개의 강력한 존재론이기 때문이다. 실상 어떤 진정한 존재 형이상학을 가지기 위해서는 존재자들과 존재 사이의 '실재적인 존재론적 차이'(reale differenza ontologica)와 존재자들에 대한 존재의 초월성을 온전히 보존할 필요가 있다. 그런데 정확히 바로 이것이야말로 파르메니데스와 하이데거에게 결핍된 그것이다. 파르메니데스의 경우에는 그의 존재론에서 존재자들이 존재 속으로 사라져 버리고, 하이데거의 경우에는 그의 존재론에서 존재가 존재자들로 해체되기 때문이다.

반면에 성 토마스는 존재를 존재자 전체와 모든 존재자의 토대로 설정하고 있다. 그런데 그것을 '자립적 존재 자체'(esse ipsum subsistens)로 설정한다. 천사적 박사는 그 자립성을 (존재를 소유하고 있는 것은 사실이지만 그것과 동일시되지 않는) 존재자들 자체로부터 출발해서 입증하고 있다. 그것들의 본질은 존재가 아니다. 그것들은 유한하고, 참여적이며, (본질과 존재 현실로) 합성되어 있다. 한편 자기 존재 현실의 원인일 수가 없고, 그것을 '자립적 존재 자체'로부터 받는다. 이것이야말로, (존재가 그들의 본질에 속하지 않기 때문에) 존재에 대한 어떤 권리도 주장할 수 없고 다만 존재에 비해 일정한 역량(potenzialita)만 누릴 뿐인, '참여를 통한 존재자들'(entia per participationem)인 모든 유한한 존재자들이 존재를 사실상 자기의 현실로, 자기 본질의 실현이자 현실화로 소유하고 있다는 사실에 대한 유일하게 가능한 설명이다. 존재자들은 존재로부터 근본적으로 구별되며, 무한한 질적 차이로 멀리 떨어져 있다. 하지만 동시에 자기들의 모든 실재를 존재로부터 받는다. 성 토마스는 이렇게 선언한다: "존재자 안에서 가장 내밀한 요소는 존재이다."

 성 토마스의 존재 철학은 단순히 파르메니데스와 하이데거의 존재 철학에서처럼 존재론적인 것이 아니라, 하나의 진정한 형이상학이다. 그의 존재론적 사변은 존재자들을 넘어(meta) 나아가 그것들을 '자립적인 존재 자체' 속에 정초함으로써 그들에게 대단히 튼튼한 기초를 보장해준다. 토마스의 존재 철학에서 존재자들과 존재 사이에는 흔히 말하는 것처럼 단지 양적인 차이만이 아니라 심연, 곧 무한한 질적 차이가 있다. 이것은 파르메니데스와 하이데거의 존재론에서는 발견할 수 없는 차이들이다. 그렇기 때문에 우리는 정당하게 성 토마스의 형이상학이, (비록 체계적으로 이론화 된 적도 없고 또 모든 세부에 이르기까지 노작화된 적도 없지만) 일찍이 [다른 누구에 의해서도] 개념된 적이 없는, 유일하게 진정한 존재 형이상학이라고 단언할 수 있다.[2]

---

2. 필자는 성 토마스의 존재 형이상학에 대한 체계적 재구성을 두 차례 시도한 바 있다: *Filosofia dell'essere di S. Tommaso*, Roma, Herder, 1964; *Il sistema filosofico di Tommaso d'Aquino*, Milano, Massimo, 2a ed., 1992[=국역본: 강윤희·이재룡 옮김, 『토마스 아

14-15세기의 위대한 주해자인 페라렌시스(Ferrarensis)와 카예타누스를 포함해서 그의 제자들은 대단히 중요한 성 토마스의 이 철학적 혁신을 간과했다. 그들은 성 토마스를 아리스토텔레스의 열쇠로 읽음으로써 아퀴나스의 위대한 형이상학적 새로움을 놓쳐버렸다. 그리고 이것은 스코투스에 대한 최상급 연구자였지만 천사적 박사에 대해서는 기껏 피상적 지식밖에 가지고 있지 않았던 하이데거가 왜 그를 존재 망각의 지지자 가운데 포함시켰는지를 설명해준다. 이미 말한 것처럼, 성 토마스의 존재 형이상학의 발견은 비교적 최근에 이루어졌는데, 그것은 회칙 『영원하신 아버지』(1879)를 통해 레오 13세가 열망하던 '천사적 박사' 철학 복원의 가장 중요한 결실이다.

그런데 이 행운의 콜럼버스(Christopher Columbus), 다시 말해, 토마스의 존재의 '독창성'을 발견한 공로는 누구에게 돌아가는가?

토마스 형이상학이 독창적이고 또 (형상, 질료, 실체, 일성, 진리 등) 어떤 다른 원리의 형이상학이 아니라 바로 존재의 형이상학이라는 사실을 가장 먼저 깨달은 사람은 에티엔 질송이었다는 것이 널리 퍼져 있는 통설이다. 교황 바오로 6세도 그 공로가 중세철학사의 일인자에게 돌아가야 한다는 것을 공개적으로 인정하였다. 1975년에 질송에게 보낸 한 서한에서 바오로 6세는 이렇게 말했다:

> 이 [중세] 철학의 여러 대표자 가운데서도 당신은 단호히 성 토마스에게로 정향되는 것을 선호하셨지요. 당신은 어떻게 천사적 박사가 (특히 창조의 교리를 통해 그리고 당신이 '출애굽의 형이상학'이라고 부른 것을 통해, 그리스도교 계시의 비추임을 받아) '존재 현실'(l'acte d'etre), [곧] 존재 자체(ipsum esse)라는 천재적이고 정녕 혁신적인 관념에 이르게 되었는지를 밝히 드러냄으로써 토미즘의 독창성을 입증하셨습니다. 그때

퀴나스의 철학 체계』, 가톨릭출판사, 2012].

부터 그의 철학은 아리스토텔레스의 것과는 전혀 다른 차원(plan)에 놓이게 되었습니다.[3]

그런데 코르넬리오 파브로 신부의 근본적 도달점을 도외시한, 존재 형이상학을 발견한 공로의 이런 전가는 정확한 것이 되지 못한다. 실상 파브로와 질송은, 전적으로 자율적인 탐구를 통해 대체로 1940년을 전후해 성 토마스의 사상에서 존재, 곧 '현실로서의 존재'(esse ut actus)라는 범주가 차지하는 근본적 역할을 포착하기에 이르렀다.

질송과 관련해서는, (1919년에 초판이 간행된) 그의 유명한 『토미즘』 제3판까지에서는 아직 토마스 형이상학의 주축인 '현실로서의 존재'에 관한 어떤 흔적도 발견되지 않는다. 1942년의 제4판에 가서야 비로소 질송은 토마스의 '존재'의 중심 역할을 알아채고 그 독창성을 충만히 부각시키게 된다. 제4판에 새로 삽입한 "존재와 실재"라는 제목의 장에서 우리는 다음 구절을 발견한다: "이 관념이 직접적으로 소환하는, 성 토마스에게 고유한 철학이 존재한다."[4]

파브로 신부와 관련해서는, 그가 나의 『성 토마스의 존재 철학』 출판(1964) 기회에 보내온 소중한 편지에서, 성 토마스의 '존재'의 발견에서 [파브로] 자신의 역할을 밝힌 바 있다. 파브로는 다음과 같이 명확히 지적하고 있다:

…당신은 역사적 비판적인 전망으로 넘어가지도 않고 또 논쟁들을 시사하지도 않고 있습니다만, 좋습니다. 당신이 자신의 스승으로 간주하는 질송에게 호소할 때 그의 공로들에 이의를 제기할 생각은 없습니다. 하지만 질송이 대단히 강력한 영향력과 의심의 여지없는 소통 능력으

---

3. Paulus VI, PP., "Lettera del S. Padre al Prof. Étienne Gilson", in *L'Osservatore Romano* 1-9-1975, p.1.
4. Étienne Gilson, *Le Thomisme*, Paris, Vrin, 4a ed., 1942 p.45.

로 오늘날 '카예타누스 현상'(fenomeno Gaetano)을 쇄신하도록 놓아두고 싶지는 않습니다. 저에게는 늘 그의 작품의 '형이상학적 성격'에 관한 어떤 불확실한 뭔가가 남아있었습니다. 특히 1) '토마스의 존재'(esse tomistico) 형이상학의 원천에 대한 비판적·이론적 연구의 결핍(여기서 토마스의 존재[esse]에 대한 프랑스어 existence의 일관된 사용)과, 2) 그가 '흔히 말해지는 것들로부터'(ex communiter dictis) 접촉하는 근대철학에 대한 그의 노골적인 무관심이 그렇습니다. 그리고 저는 얼마간 저와 직접 관련된 두 가지 시사점을 지적하고 싶습니다:

1) 질송은 1942년에 가서야 토마스가 말한 존재의 진정한 본성을 어느 정도 포착한 것으로 보입니다. 그런데 저의 '참여'(participatio)에 관한 책에서 처음으로 존재 개념이 부상하는 현실로서 발견되는데(제1판 190쪽 이하 참조), 그것이 1939년의 일임을 당신은 알고 계십니다. 그 소개는 절대적으로 새로운 것이었고, 질송은 분명 그것을 보았는데(그는 그 책을 소장하고 있었습니다!), 아무말도 하지 않습니다.

2) 또 한 가지 유사한 경우는 성 토마스의 『요한복음서 강해』 "머리말"에 대한 평가입니다. 이것은 『(신학)대전』의 것과는 현저하게 다른 텍스트지요. 제가 아는 한, 아무도 그것에 대해 말한 적이 없습니다. 아마도 기억하시겠습니다만, 저 자신이 1954년 성토마스학회에서 처음으로 그것을 평가했습니다. 그런데 저는 질송의 『그리스도교 철학의 요소들』(*The Elements of Christian Philosophy*, 1960, tr. ital., p.148)에서 어떤 암시도 없이 그것이 인용된 것을 보았어요. 이런 자세는 매우 정중하지 못한 것으로 보이는데, 사람들은 제 경우에만 그런 것이 아니라고 하더군요. 성 토마스는 마땅히 해야 하는 것보다 훨씬 더 이상으로 자신의 원천들(fontes)을 기꺼이 인정하였습니다. 저는 (오늘날에는 어느 누구도 할 수 없는) 하나의 원천이라고 자부하고 싶습니다. 하지만 성 토마스를 조금이라도 본받아 그[질송] 자신처럼 토마스를 위해서 헌신하는 동시대 동료를 기억하는 것은 질송 자신에게 오히려 큰 영예가 될 것입니다….

추신: 『토미스트』(The Thomist 28[1964/3])지(誌)에는 질송에 관한 라 플란테(H. La Plante)의 한 논문이 실려 있는데, 그는 1942년까지 질송이 데코(P. Descoqs)와 마레샬로부터 영감을 받은 수아레스적 개념을 품고 있었다는 것을 입증하고 있습니다. (「1964년 12월 22일자 편지」)

이렇게 그리고 결정적인 방식으로 토마스의 '존재'를 발견한 공로 문제를 명료화하였으니, 이제는 이 대단히 독특한 실재의 인식 문제를, 파브로와 질송이 제시하는 두 가지 서로 다른 방식에 따라 고찰하는 데로 나아가자. 하지만 그들의 텍스트를 개진하기에 앞서 성 토마스가 존재자 및 존재 인식에 관해 말하고 있는 주요 텍스트들을 확인하는 것이 좋을 듯 싶다. 파브로 신부가 지적하는 것처럼, 그 텍스트들은 풍부하지 못하고, 그것들만으로는 '모든 현실들의 현실성'(actualitas omnium actuum)이자 '모든 완전성들의 완전성'(perfectio omnium perfectionum)으로 개념된 존재 인식에 관한 천사적 박사의 효과적인 관점을 충분히 명료화할 수 없다.

2. 존재자 및 존재 인식에 관한 토마스의 가르침

존재자의 존재에 관해 파브로는 그것이 "어떻게 알려지는지?"와 "무엇인지?"라는 두 가지 질문을 던질 필요가 있다고 말한다.[5] 실상 질문은 두 개가 아니라 세 개다: 존재란 무엇이고, 그것을 우리는 어떻게 알며, 또 그것을 어떻게 표현하는가? 동일한 것이 존재자에 대해서도 타당하다. 첫 번째 질문은 직접적으로 존재론에 관련되고, 둘째 것은 인식론, 그리고 셋째 것은 어의학에 관련된다.

토마스의 텍스트들에 대한 우리의 짧은 검토는 네 가지 요점으로

---

5. Cornelio Fabro, "Appunti di un itinerario", in *Essere e libertà. Studi in onore di C. Fabro*, Rimini, Maggiori Editore, 1984, p.37.

분절화된다: 1) 존재자 관념의 '우위성', 2) 존재자에 대한 '자연적' 인식, 3) 지성의 제1 및 제2작용의 최초 요소들(원리들)인 존재자와 존재, 4) 존재의 어의학.

2.1. 존재자 관념의 우위

성 토마스에게, 우리 지성적 인식의 첫 번째 대상이 존재자라는 것과, 존재자 관념은 우리 정신이 형성하는 첫 번째 관념이라는 것은 명백한 진리이다. 존재자는 '가지적인 최초'(primum intelligibile)이고, 이후의 모든 인식의 토대이다.

그런데 성 토마스는 우리의 정신이 어떻게 존재자 관념을 획득하게 되는지를 명료하게 설명하지 않는다. 분명 그에게는 이 관념조차 감각적 경험으로부터 분리되어 획득되는 것이 아니다. 왜냐하면 인간의 지성이 인식하는 모든 것은 감각(sensus)들을 통해 인식되기 때문이다. 그러나 어떤 과정을 거쳐 지성이 존재자 관념을 획득한단 말인가? 추상(abstractio)을 통해서인가, 아니면 직관(intuitio)을 통해서인가? 성 토마스는 이 점에 관해 명료하지 않다. 여기서 요한데 산토 토마가 "우리 지성에 최초로 인식되는 것과 관련된 귀결에 들어 있는 유명한 난점"이라 부른 것이 나온다.[6]

존재자 관념의 우위에 관한 성 토마스의 주요 텍스트들은 다음과 같다:

1) *In Sent.*, I, d.8, 1, 3: Primum quod cadit in imaginatione intellectus est ens, sine quo nihil potest apprehendi ab intellectu ⋯unde omnia alia includuntur quodammodo in ente unite et indistincte, sicut in principio.[7]

---

6. Johannes a Sancto Thoma, *Cursus Philosophicus, Phil. Nat.*, p.I, q.1, a.3.
7. "지성의 상상 안에 들어오는 최초의 것은 존재자다. 이 존재자가 없이는 그 어떤 것도

2) *In Sent.*, I, d.19, 5, 1, ad ultimum: ens est prima conceptio intellectus; unde enti non potest aliquid opponi per modum contrarietatis vel privationis, sed solum per modum negationis: quia sicut ipsum non fundatur in aliquo, ita nec oppositum suum.[8]

3) *De ver.*, 1, 1: Illud autem quod primo intellectus concipit quasi notissimum, et in quo omnes conceptiones resolvit, est ens···. Unde oportet quod omnes aliae conceptiones intellectus accipiantur ex additione ad ens. Sed enti non potest addi aliquid quasi extranea natura, per modum quo differentia additur generi, vel accidens subiecto, quia quaelibet natura essentialiter est ens; unde etiam probat Philosophus in *III Metaph.*, (com.10), quod ens non potest esse genus, sed secundum hoc aliqua dicuntur addere supra ens, in quantum exprimunt ipsius modum, qui nomine ipsius entis non exprimitur.[9]

4) *ST*, I, 5, 2: Primo in conceptione intellectus cadit ens, quia secundum hoc unumquodque cognoscibile est in quantum est actu; unde ens est proprium obiectum intellectus, et sic est primum intelligibile, sicut sonus est primum audibile.[10]

지성에 포착될 수 없다. ···따라서 다른 모든 것은 (윤리 안에서 그러하듯이) 존재자 안에 결합되고 구별되지 않는 방식으로 포함된다."
8. "존재자는 지성의 최초의 개념이다. 따라서 존재자에는 반대나 결핍의 양식으로는 그 어떤 것도 대립될 수 없고, 오직 부정의 양식으로만 대립될 수 있을 뿐이다. 왜냐하면 존재자가 어떤 것에 근거할 수 없는 것과 마찬가지로, 그 대립자도 역시 그러하기 때문이다."
9. "지성이 모든 것 가운데 가장 잘 알려져 있는 것으로 개념하는 것은 존재자다. ···그러므로 지성의 다른 모든 개념은 존재자와 연결되어서 받아들여진다. 그런데 (차이가 유에 추가되거나 우유가 주체에 추가되는 것과 같은 방식으로) 어떤 것이 외부에 있는 것으로서 존재자에 덧붙여질 수 없다. 왜냐하면 그 어떤 본성이든 다 본질적으로 존재자이며, 따라서 '철학자'가 『형이상학』 제3권 [제8장]에서 입증하는 것처럼, 존재자는 유(類)일 수 없기 때문이다. 그런데 이에 따르면, 어떤 것들은 존재자의 명칭으로 표현되지 않은, 그 동일한 존재자의 어떤 양식(양태)을 표현하는 한에서 그 존재자에 어떤 것을 추가한다고 일컬어진다."
10. "지성의 개념화 작업에 존재자가 가장 먼저 온다. 왜냐하면 어떠한 것이든 그것이 현실적으로 존재하는 한에서 인식될 수 있기 때문이다. 그러므로 존재자는 지성의 고

5) *ST*, I-II, 94, 2: Illud quod primo cadit in apprehensione est ens, cuius intellectus includitur in omnibus quaecumque quis apprehedit.[11]

6) *In Metaph.*, IV, lect.3, n.566: Primo igitur intelligitur ipsum ens, et ex consequenti non ens.[12]

2.2. 존재자 관념의 직접성과 일반성

플라톤주의자들과 아비첸나가 가르치던 것들과는 반대로, 성 토마스에 따르면 존재자 관념은 타고난 것도 아니고 외부(아비첸나의 제10 지성체)로부터 정신에 도입된 것도 아니다. 오히려 그것은 지성이 처음으로 실재와 직접 접촉할 때 파악된다. 하지만 그것은 명료하고 뚜렷한 관념이 아니라 혼란스럽고 불명료한 관념이다. 그것은 대단히 일반적인 관념이다. 왜냐하면 어떤 본성에도 적용될 수 있기 때문이다. 하지만 하나의 유(類)는 아니다. 왜냐하면 유는 이미 (물체나 말의) 어떤 규정된 본질을 묘사하기 때문이다. 잠재적으로는 대단히 풍요롭지만, 사실에 있어서는 모든 본질들 가운데 가장 초라하다.

이 점에 관한 토마스의 가장 중요한 텍스트들은 다음과 같다:

1) *In Sent.*, I, 8, 4, 2, ad2: Ens non dicit aliquid genus, quia in quolibet genere oportet significare quidditatem aliquam de cuius intellectu non est esse. Ens autem non dicit quidditatem, sed solum

---

유한 대상이고, 이렇게 해서 소리가 들릴 수 있는 최초의 [대상]이듯이, 존재자는 지성이 인식할 수 있는 최초의 [대상]이다."
11. "단순 포착 안에 가장 먼저 들어오는 것은 존재자다. 그 [존재자]에 대한 이해는 누가 무엇을 포착하든 그 모든 것 안에 포함된다."
12. "그러므로 먼저 존재자 자체가 지성적으로 인식되고, 이어서 비존재자도 인식된다."

actum essendi, cum sit principium ipsum.[13]

2) *ScG*, II, 83, n.1678: Naturaliter intellectus noster cognoscit ens et ea quae sunt per se entis inquantum huiusmodi, in una cognitione fundatur primorum principiorum notitia, ut non esse simul affirmare vel negare (vel oppositio inter ens et non ens) et alia huiusmodi.[14]

3) *De ver.*, 11, 1: Similiter etiam dicendum est de scientiae acquisitione, quod praeexistunt in nobis quaedam scientiarum, semina, scilicet primae conceptiones intellectus, quae statim lumine intellectus agentis cognoscuntur per species a sensibilibus abstractas, sive sint complexa, ut dignitates, sive incomplexa, sicut ratio entis, et unius, et huiusmodi, quae statim intellectus apprehendit.[15]

4) *ST*, I, 3, 5: Ens non potest esse genus alicuius; omne enim genus habet differentias quae sunt extra essentiam generis; nulla autem differentia posset inveniri, quae esset extra ens; quia non ens non potest esse differentia.[16]

5) *In Metaph.*, XI, lect.1, nn.2168-69: Unde unum et ens non possunt habere aliquas differentias. Et ita non possunt esse genera, cum

---

13. "존재자는 어떤 유(類)를 말하는 것이 아니다. 왜냐하면 어떤 유 안에서든 어떤 '무엇임'을 표시해야 하는데, 존재는 이 관념(무엇임)에 속하지 않기 때문이다. 존재자는 '무엇임'을 말하는 것이 아니라, 오로지 존재 현실만을 말한다. 왜냐하면 그 원리 자체이기 때문이다."
14. "우리의 지성은 본성적으로 존재자와 그러한 한에서 그 자체로 존재자에 속하는 것들을 인식한다. 이런 인식 안에 '긍정과 부정은 동시에 존재하지 않는다'[또는 존재자와 비존재자 사이의 대립]와 같은 제일 원리들에 대한 앎이 토대를 두고 있다."
15. "마찬가지로 또한 지식(학문)의 획득에 대해서도, 우리 안에 어떤 지식의 씨앗, 곧 감각 성질들로부터 추상된 상(像)을 통해 능동 지성의 빛에 의해서 즉각적으로 알려지는 지성의 최초의 개념들이 선재(先在)하고 있다고 말해야 한다. 그것들은 공리들(dignitates)처럼 복합적일 수도 있고, 존재자의 존재자 관념처럼 복합적이지 않을[단순할] 수도 있는데, 그것들은 두 가지 다 지성이 즉각적으로 도착하는 것들이다."
16. "존재자는 어떤 것의 유(類)일 수 없다. 사실 모든 유는 유의 본질 바깥에 있는 종차를 가지는 데 반해, 그 어떤 종차도 존재자 바깥에 있는 것으로서 발견될 수 없다. 왜냐하면 '비존재자'는 종차일 수 없기 때문이다."

omnes genus habet differentias. Est autem veritas, quod unum et ens non sunt genera, sed sunt omnibus communia analogice.[17]

2.3. 존재자와 존재: 추상 및 판단의 최초 요소들

인간 지성의 주요 작용은 추상(abstractio)과 판단(iudicium)이다. 성 토마스는 '존재자'(ens)를 직접적으로 추상과 연결시키고, '존재'(esse)는 언제나 판단과 연결시킨다. '존재자'는 이미 확인한 것처럼, 지성의 제1작용의 최초의 가지적 대상(intelligibile primum)인 데 반해, '존재'는 제2작용에 의해서 포착되고 표현된다. 천사적 박사가 이 명제를 정식화하고 있는 텍스트는 상당수에 이르고 그의 모든 주요 작품 속에 들어 있다. 그 가운데 핵심 텍스트는 다음과 같다:

1) *In Sent.*, I, 19, 5, 1: Similiter dico de veritate, quod habet fundamentum in re, sed ratio eius completur per actionem intellectus, quando scilicet apprehenditur eo modo quo est…. Cum autem in re sit quidditas eius et esse suum, veritas fundatur in esse rei magis quam in quidditate, sicut nomen entis ab esse imponitur: et in ipsa operatione intellectus accipientis esse rei sicut est per quamdam similationem ad ipsum, completur relatio adaequationis, in qua consistit ratio veritatis.[18]

---

[17]. "그러므로 '하나'와 존재자는 어떤 차이도 가질 수 없다. 그리고 모든 유(類)는 차이를 가지고 있기 때문에, '하나'와 존재자는 유일 수 없다. 그런데 진리는 '하나'와 존재가 유는 아니지만, 유비적으로 모든 것에 공통적이라는 것이다."
[18]. "마찬가지로 나는 진리에 대해서, 그것이 사물 안에 토대를 두고 있지만 그 관념은 지성의 행위에 뒤이어 (그것이 자리 잡고 있는 것의) 양식으로 포착될 때 완성된다고 말한다. …하지만 사물 안에는 그 본질과 그 존재가 있기 때문에, 진리는 '무엇임' 안에보다는 존재에 토대를 두고 있다. 이것은 존재자의 이름도 존재에 의해서 부과되는 것과 같다. 그리고 사물의 존재를 (그것의 어떤 유사상을 통해서 존재하는 것처럼) 받아들이는 지성의 작용 자체 안에서는 일치 관계가 이루어지는데, 여기서 진리의 관념이 성립된다."

2) *In De Trin.*, II, 1, 3: Duplex est operatio intellectus. Una quae dicitur intelligentia indivisibilium, qua cognoscitur de unaquaque re quid est. Alia vero est qua componit et dividit, scilicet enuntiationem negativam vel affirmativam formando: et haec quidem duae operationes duobus quae sunt in rebus respondent. Prima autem operatio respicit ipsam naturam rei, secundum quam aliqua res intellecta aliquem gradum in entibus obtinet, sive sit res completa ut totum aliquod, sive incompleta ut pars vel accidens. Secunda operatio respicit ipsum esse rei, quod quidem resultat ex aggregatione principiorum rei in compositis, vel ipsam simplicem naturam rei concomitatur ut in substantiis simplicibus.[19]

3) *In Met.*, IV, lect.6, n.605: Cum duplex sit operatio intellectus: una qua cognoscit quod quid est, quae vocatur indivisibilium intelligentia: alia, qua componit et dividit: in utroque est aliquod primum: in prima quidem operatione est aliquod primum, quod cadit in conceptione intellectus, scilicet hoc quod dico ens; nec aliquid hac operatione potest mente concipi, nisi intelligatur ens. Et quia hoc principium, impossibile est esse et non esse simul, dependet ex intellectu entis, sicut hoc principium, omne totum est maius sua parte, ex intellectu totius et partis; ideo hoc etiam principium est naturaliter primum in secunda operatione intellectus, silicet componentis et div-

---

19. "지성의 작용은 이중적이다. 첫 번째 작용은 불가분의 실재들에 대한 인식이라고 불리는데, 이 작용을 통해서 각 실재의 '무엇임'이 알려진다. 두 번째 작용, 곧 '합성하고 나누는' 작용을 통해서는 명백히 긍정 또는 부정의 진술을 형성한다. 그리고 이 두 작용은 실재 속에 있는 두 가지 특성에 상응한다. 실상 첫 번째 작용은 (완전한 사물[어떤 전체]에 대해서든, 아니면 불완전한 것[부분 또는 우유]에 대해서든) 사물의 본성에 관한 것이다. (이 본성 덕분에 지성에 의해서 포착된 사물은 존재자들 사이에 특정 등급을 차지한다.) 반면에, 두 번째 작용은 사물의 존재 자체에 관련된다. 그리고 이것은 그 사물의 원리들의 결합에 의해서 합성체들 안에 결과된다. 또는 단순 실체들의 경우에, 그 사물의 단순 실체 자체에 수반된다."

identis.[20]

2.4. 존재자 및 존재의 어의

'존재자'와 '존재'는 모든 인식의 커다란 주축을 구성하기 때문에, 또한 가장 많이 사용되는 단어 가운데 들어 있고, 의심의 여지없이 인간이 가장 많이 사용하는 단어들이다. 하지만 둘 다 상당수의 의미를 품고 있다. '존재자'와 '존재'라는 용어는 어떤 경우에는 사물을 가리키고, 다른 경우에는 생각을 가리키며, 또 다른 경우에는 언어를 가리키기도 한다.

그것들은 온갖 형이상학의 키워드이기 때문에, 성 토마스의 것과 같은 각 개별 형이상학의 내부에서는 강한 가치를 취할 수가 있지만, 다른 모든 본질주의적 형이상학 안에서는 약한 값을 지니고 있다.

성 토마스의 작품 속에서 마주칠 수 있는 '존재자'와 '존재'라는 용어의 분류는 다음과 같다:

1) *In Sent.*, I, 33, 1, ad1: Sciendum quod esse dicitur tripliciter. Uno modo dicitur esse ipsa quidditas vel natura rei, sicut dicitur quod definitio est oratio significans quid est esse; definitio enim quidditatem rei significat. Alio modo dicitur esse ipse actus essentiae; sicut vivere, quod est esse viventibus, est animae actus; non actus secundus, qui est operatio, sed actus primus. Tertio modo dicitur esse quod significat

---

20. "지성의 작용은 두 가지다. 하나는, 그것으로 '무엇임'을 인식하는 것으로, '불가분적인 것들의 이해'라고 불린다. 다른 것은 그것에 의해서 어떤 것이 합성하고 나누는 것이다. 이 두 가지 안에는 어떤 앞선 것이 있다. 첫 번째 작용에서는 지성의 개념적 활동의 대상으로 되돌아가는 어떤 첫째가 있는데, 나는 이것을 '존재자'라고 부른다. 그리고 만일 존재자가 지성적으로 인식되지 않는다면, 우리는 정신으로 이 작용에 의해 어떤 것도 개념할 수 없다. 그런데 예컨대 '모든 전체는 그 부분보다 크다'는 원리처럼, 이런 원리는 존재하면서 동시에 존재하지 않는 것이 불가능하기 때문에, 여기서 파생되는 것은 이 원리도 그 본성상 합성하고 나누는 정신의 두 번째 작용에서도 첫째라는 것이다."

veritatem compositionis in propositionibus, secundum quod est dicitur copula; et secundum hoc est in intellectu componente et dividente quantum ad sui complementum; sed fundatur in esse rei, quod est actus essentiae.[21]

2) *In Sent.*, III, 6, 2, 2: Secundum Philosophum Ⅴ *Metaph.*, (text. 6), esse duobus modis dicitur. Uno modo secundum quod significat veritatem propositionis, secundum quod est copula. ···Alio modo dicitur esse, quod pertinet ad naturam rei, secundum quod dividitur secundum decem genera; et hoc quidem esse est in re, et est actus entis resultans ex principiis rei, sicut lucere est actus lucentis. Aliquando tamen sumitur esse pro essentia, secundum quam res est.[22]

3) *ST*, I, 3, 4, ad1: Dicendum quod esse dupliciter dicitur: uno modo significat actum essendi, alio modo, significat compositionem propositionis, quam anima adinvenit coniungens praedicatum subiecto.[23]

4) *Quodl.*, IX, 2, 2: Dicendum quod esse dupliciter dicitur···. Uno

---

21. "존재는 세 가지 방식으로 일컬어진다는 것을 알아야 한다. 한 가지 방식으로는, 존재는 사물의 '무엇임' 자체 또 본성이라고 일컬어진다. 이것은 정의가 존재가 무엇인지를 표시하는 담화인 것과 마찬가지다. 실상 정의는 사물의 '무엇임'을 표시한다. 다른 방식으로 존재는 본질의 현실 자체를 가리킨다. 이것은 살아있는 것들에게는 존재함(esse)에 해당하는 영혼의 현실인 것과 같다. 그것은 작용이라 할 수 있는 제2현실이 아니라 제1현실이다. 세 번째 방식으로, 존재는 명제를 안에서 합성의 진리를 의미하는 것을 가리킨다. 이에 따르면, 'est'는 연계사를 가리킨다. 그리고 또 이에 따르면, 그 완성에 관한 한 합성하고 나누는 지성 안에 있지만, 그 토대는 본질의 현실인 사물의 존재 안에 두고 있다."
22. "'철학자'의 『형이상학』 제5권(text.6)에 따르면, 존재는 두 가지 방식으로 일컬어진다. 한 방식으로는, 어떤 명제를 의미하는 데 따른 것, 다시 말해, 연계사인 점에 따른 것이다. ···다른 방식으로는, 열 가지 유에 따라 나누어지는 데 따라 사물의 본성에 속하는 존재라고 일컬어진다. 그리고 이런 어떤 존재는 사물 안에 있고, 비춤이 비추는 자의 현실인 것과 마찬가지로, 사물의 원리들로부터 결과되는 존재자의 현실이다. 하지만 때로는 존재가 (사물이 그에 따라 존재하는) 본질로 받아들여지기도 한다."
23. "존재는 이중적으로 일컬어진다. 한 가지 방식으로는 존재 현실을 의미하고, 다른 방식으로는, 영혼이 술어를 주어와 결합함으로써 고안해내는 명제의 합성을 의미한다."

modo, secundum quod est copula verbalis significans compositionem cuiuslibet enuntiationis quam anima facit: unde hoc esse non est aliquid in rerum natura, sed tantum in actu animae componentis et dividentis. Et 'sic esse' attribuitur omni rei de quo potest propositio formari, sive sit ens, sive privatio entis; dicimus enim cecitatem esse. Alio modo esse dicitur actus entis inquantum est ens, idest quo denominatur aliquid ens actu in rerum natura. Et sic esse non attribuitur nisi rebus ipsis quae in decem generibus continentur; unde ens a tali esse dictum per decem genera dividitur.[24]

5) *In Metaph.*, VII, lect.1, n.1247: Ens dicitur multipliciter ⋯ quodam ens significat 'quid est et hoc aliquid', id est substantiam; ut per quid, intelligatur essentia substantiae, per hoc aliquid suppositum, ad quae duo omnes modi substantiae reducuntur. ⋯Et cum ens tot modis dicatur, palam est quod inter omnia entia, primum est quod quid est, idest ens quod significat substantiam.[25] (Cf. *In Metaph.*, IV, lect.1.)

---

24. "존재는 두 가지로 일컬어진다고 말해야 한다. 한 가지 방식으로는, 영혼이 표현하는 어떤 특정 언명의 합성을 의미하는 연계 동사인 점에 따른 것이다. 따라서 이 존재는 실재 속에 있는 어떤 것이 아니라, 오직 합성하고 나누는 영혼의 행위 안에만 있는 어떤 것이다. 이렇게 해서 존재는 (존재자이든, 존재자의 결핍이든) 그것에 대해 명제가 형성될 수 있는 모든 것에 속한다. 왜냐하면 우리는 맹목성(盲目性)이 존재한다고 말하기 때문이다. 다른 방식으로, 존재는 존재자인 한에서의 존재자의 현실, 곧 그것에 의해서 어떤 것이 사물들의 본성 안에 현실태로 있는 존재자를 가리킨다. 그리고 이렇게 해서 존재는 열 가지 유에 포함되는 사물들 자체에만 속하고, 따라서 그런 존재에 의해서 지칭되는 존재자는 열 가지 유로 구분된다."
25. "존재자는 여러 가지로 일컬어진다. ⋯어떤 존재자는 '무엇임과 이 어떤 것', 곧 실체를 의미한다. 따라서 '무엇임'을 통해서는 실체의 본질이 이해되고, '이 어떤 것'을 통해서는 기체(基體)가 인식된다. 실체의 모든 양식은 다 이 두 가지로 환원된다. ⋯ 그리고 존재자는 그만큼 많은 의미로 서술되기 때문에, 다른 모든 존재자 가운데 첫째는 본질, 곧 실체를 의미하는 존재자라는 것이 분명하다."

3. 토마스의 존재 인식에 관한 질송의 해석

우리는 질송이 토마스의 존재 발견에 비교적 늦게, [곧] 그의 근본적인 주저 『토미즘』 제4판에 가서야 도달하였다는 것을 확인하였다. 그때부터 존재 인식 문제를 피할 수 없게 되었다. 하지만 그는 성 토마스가 최초로 포착하고 평가한 이 놀라운 실재가 모든 이에게 접근 가능할 뿐만 아니라, 사실상 존재자들을 만나는 모든 이에게 인식되기도 한다는 것을 가벼이 여겼다. 나는 바로 이 점에 존재 인식에 관한 질송의 해설이 범하는 출발점의 악습이 있다고 생각한다.

어쨌든 존재 인식은 질송에게 오로지 판단에서만 주어진다. 따라서 존재에 대해서는 어떤 개념도 주어지지 않는다. '존재'에 대해서는, 하느님의 실존을 위해 오직 긍정이나 부정만 발설할 수 있는 것과 마찬가지로, 그 어떤 개념도 획득할 수 없다. 이것이 바로 질송이 『존재자와 본질』 및 직후의 『존재자와 몇몇 철학자들』(*Being and Some Philosophers*)에서 처음으로 명료하게 제시했고, 또 이어지는 작품에서도 사방에서 일게 된 비판들을 배격함으로써 지치지 않고 재론하는 명제이다.

질송은 『존재자와 몇몇 철학자들』에서 다음과 같이 말한다: "지각한다는 것은 존재를 경험하는 것이고, 판단을 통해 그런 경험이 참되다고 말하는 것은 존재를 아는(인식하는) 것이다. 그러므로 그 작용들이 어떤 다른 존재자로서의 존재자에 대한 생생한 경험을 전제하고 있는 지성에게 존재에 대한 지성적 인식은 가능하다. 다시 말해, 지성적 인식은 존재를 개념하지만, 그때 그 개념화의 열매는 어떤 본질의 표상이 아니다. 그것은 어떤 현실에 응답하는 현실이다. 정확히, 그것은 어떤 존재 현실에 응답하는 어떤 작용의 현실이고, 이런 작용은, 그것이 직접적으로 어떤 존재 현실로부터 흘러오기 때문에 그 자체로 하나의 현실이다. 존재가 현실성의 질서에서 지배하고 있는 형이상학은 필연적으로 추상이 아니라 판단이 지배하고 있는 인식론을 요구한다. …요컨대 실재는 전적으로 표현될 수 없는 신비가 아니지만, 그렇다고 단지 질료화한 개념들의 집합이기만 한 것도 아니다. 그것은 그 자체로 표상을 벗어나지만 개념될 수는 있는, 어떤 현실에 달려 있는 실재이다. 왜냐하면 그것은 모든 가지적 언사에 포함되어 있기 때문이다. 우리는 단순히 존재를 경험하는 것 이상을 한다. 우리는 그것을 현실적 존재자에 대한 모든 존재 판단을 통해서 알게 된다."[26]

질송의 명제는 강한 비판을 불러일으켰다. 특히 로마이어[27]와 사이페르트[28]와 퀸[29]의 작품을 지적하고 싶다. 이 저자들이 질송에게 지적하는 가장 심각한 비판은 세 가지다: 1) 본질 및 개념적 인식의 존재론적 중요성에 대한 경시, 2) '존재'가 개념될 수도 없고 서술될 수도 없다고 질송이 제시하고 있는 이론은 성 토마스의 이론이 아닐 뿐만 아니라, 또한 어떤 방식으로도 성 토마스에게 거슬러 올라갈 수 없는 이론이다. 3) '존재 현실'(actus essendi)이 그 용어의 토미스트적 의미에서도 또 일반적인 의미에서도 개념될 수 있고 서술될 수 있다는 것과, 앎(인식)의 대상이 될 수 있다는 것은, 질송이 부정적으로 상정하는 것과는 반대로, 하나의 사실이다. '존재'에 대해서도 우리는 어떤 식으로든 본성을 규정할 수 있을 뿐만 아니라, 간결하고 적합한 어떤 정의를 통해서가 아니라 광범위한 용어들로 규정할 수도 있다.

---

26. Gilson, *Being and Some Philosophers*, Toronto, Pontifical Institute of Mediaeval Studies, 1972, pp.207-209[=국역본: 이재룡 옮김, 「인식과 존재」, 『중세철학』 28(2022), 240-243쪽]. 똑같은 내용이 『존재자와 본질』에도 그대로 담겨 있다: Gilson, *L'etre et l'essence*, Paris, Vrin, 1948, pp.280-283.
27. B. Romeyer, "Ou va l'etre et l'essence de M. Gilson?", *Archives de philosophie* 18(1972), pp.83-115.
28. Josef Seifert, "Essence and Existence", *Aletheia* 1(1977), pp.398-412.
29. J. M. Quinn, *The Thomism of É. Gilson. A Critical Study*, Villanova, Villanova University Press, 1971.

내 판단으로도, '존재'가 개념화될 수 없고 오직 판단에서만 파악될 수 있다는 질송의 명제는 근거없는 주장이고 우리가 수집한 토마스의 텍스트 가운데에서 어떤 지지도 받을 수 없다. 성 토마스가 관념 형성과 판단이라는 지성의 두 가지 주요 작용 사이에 어떤 병행을 설정하고 있는 것은 분명 사실이다. 그러나 그는 이 병행을, 본질이 제1작용의 대상이고 '존재 현실'은 제2작용의 대상이라는 것을 입증하기 위해서 설정하는 것이 아니라, 그것들의 '최초의 인식 대상'(primum cognoscibile)이 무엇인지를 명료화하기 위해 설정한다. 제1작용에는 '존재자'가 있고, 제2작용에는 '존재와 비존재가 동시에 있을 수 없다'는 비모순율이 있다.

한편 판단에 의해서 표현되는 '존재'에는 실재적인 어떤 것이 상응하지 않을 수도 있는데, 성 토마스는 그것을 명시적으로 말하고 있다. 실상 '존재'는, 어떤 존재자를 다루든 아니면 어떤 존재자의 결핍을 다루든 상관없이 어떤 언명이 형성될 수 있는 모든 것에 적용될 수 있다. 실상 우리는 '맹목성'이 존재한다고 말한다.[30]

존재는 존재자의 현실이다. 성 토마스는 이 점을 지치지 않고 반복해서 표명한다. 그런데 존재자의 이 '존재 현실'은 두 가지 방식으로 개념될 수 있다. 첫째, 강한 방식으로: 실재를 존재자 안에서 발견되는 모든 것(질료, 형상, 실체, 우유 등)에 전해주는 '초-현실'로서 개념될 수도 있고, 둘째, 약한 방식으로: 유명한 수아레스의 입장에 따라 본질을 가능성 상태에서 현실성 상태로 옮겨놓음으로써 본질의 조건을 단순하게 변경하는 것으로 개념할 수도 있다. 이것은 모든 존재자들이 공유하고 있는 '공통 존재'(esse commune) 또는 '최소 현실'(actus minimus)이다. 우리가 판단 안에서 그런 현실에 도달하고 그것을 언명한다고 말하는 것은 결국 문제를 조금도 해결하지 못한다.

---

30. S. Thomas, *Quodl*. IX, 2, 2.

한편 질송은 농축적으로 개념된 '강한 존재'(esse forte), 다시 말해 성 토마스의 존재 인식 문제는 전혀 해결되지 않은 채 내버려둔다. '존재'에 대해서는 오로지 판단 차원에서의 지각과 표현만 있는 것이 아니라, 개념 차원의 파악도 있다. 의심의 여지없이 천사적 박사는 자신의 존재 개념을 가지고 있고, 특히 우리가 하느님에 관해 말할 때 그에게 일반적이고 모호하고 혼란스러운 공통의 존재 개념을 적용하는 것이 아니라, 특수하고 강력하며 농축적인 개념을 적용한다는 사실을 명료화하도록 압박을 받고 있다. 하느님은 '존재 자체'(esse ipsum)이고, '모든 현실들의 현실성'(actualitas omnium actuum)이며 '모든 완전성들의 완성'(perfectio omnium perfectionum)이다.

4. 토마스의 '존재'에 관한 파브로의 해석

이미 지적한 것처럼, 코르넬리오 파브로는 존재에 관련해서 그것이 "어떻게 알려지는가?"와 "그것은 무엇인가?"라는 두 가지 질문을 구별한다. 그는 자신의 작품들에서 첫째 질문보다는 둘째 질문에 더 관심을 기울였고, 성 토마스의 '존재'는 그 초월성 덕분에 파르메니데스, 헤겔, 그리고 하이데거의 존재와 공통점이 전혀 없다는 것을 보여줌으로써 토마스의 '존재'의 본성과 독창성을 간명화한 위대한 공로를 지니고 있다.

하지만 그는 천사적 박사가 말하고 있는 '강력한 농축적 존재는 어떻게 알려지는가?'라는 첫 번째 질문에 대해서도 주의를 소홀히 하지 않는다. 이것에 관해서는 『토미즘과 근대 사상』과 『존재로부터 실존자로』에 수집된 여러 논문에서 확인할 수 있다.

파브로는 '존재' 또는 '존재 현실'의 '지향적 자리'(locus intentionalis)를 판단이라고 보는 질송의 해석을 배격한다(하지만 질송을 명시적으로 거명하기를 꺼리고, 네오토미스트들이라는 묶음 속에 함께 처리한다). 파브로 신부는 다음과 같이 관찰한다: 질송과 그의 제자들이 호소하는 텍스트들은 "우리의 간명한 질문을 전혀 다루지 않는다. 그들은 존재자 관념의 이중 내용인 본질과 '존재 현실'을 나누는, 정신의 두 작용의 특징적 기능[만]을 다룬다."[31]

그러나 그때 만일 판단을 통해서 인식하게 되는 것이 아니라면, 다른 모든 지성적 인식처럼 '존재'가 추상을 통해 드달되고 지각되는 것이라고 결론지어야 하는가? 파브로는 이 해답도 배제하며, 단호하게 선언한다: "'존재'는 하나의 개념이 아니라, (그것을 통해 의식 속에서 존재자 및 그 내용과 개념들의 진리가 조명되는) 존재자의 '현존 현실'(atto di presenza)이다."[32] 파브로에 따르면, 토마스의 '존재'는 모든 본질들에 비해, 또한 추상 과정이 도달하고 머무는 인식에 비해 형이상학적으로 '타자'이기 때문에 '존재'가 "심층적이고 정지상태이며, 지각 영역에서든 형상 영역에서든 직접적으로 '접근할 수 없는' 현실이라는 것이 분명하다. 그것은 바로 형이상학적 숙고의 일이고, 토마스의 형이상학의 배타적인 작업이다."[33] 한편 "'존재 현실'로서의 '존재'에 도달함은 본질 포용으로서의 불가분적 파악에서 성립되는 것도 아니고, 또 여하한 추상 과정의 종점도 아니다. 존재는 어떤 내용이 아니라 온갖 현실의 현실(actus kat'exokon)이다."[34] 따라서 파브로 신부는 『형이상학적 참여 관념』 제3판(1960)의 "일러두기"에서 다음과 같이 지적하고 있다: "용어의 변경들 가운데에서, 토미즘의 형이상학적 성찰의 본원적 성격을 지적하기 위해, 그에 앞선 '농축적 추상'(astrazione intensiva)보다 더 선호되어야 하는 것으로 보이는 '농축적 성찰'(riflessione intensiva)이라는 표현을 지적

---

31. Fabro, *Tomismo e pensiero moderno*, Roma, 1969, p.356.
32. Fabro, *Dall'essere all'esistente*, Bresia, 1957, p.66.
33. Fabro, *Partecipazione e causalita secondo S. Tommaso d'Aquino*, Torino, 1960, p.60.
34. Ibid., p.233.

하고 싶다."³⁵

만일 토마스의 존재의 '지향적 자리'가 추상도 아니고 판단도 아니라면, 그것을 어디에 자리매김해야 한단 말인가? 혹시 자크 마리탱이 가르치듯이 직관과 직접적 경험에 자리매김해야 하는가? 파브로에 따르면, 이 해결책도 받아들일 수 없다. 왜냐하면 "직접적 경험은 …그 자체로 존재의 진리에 도달하지 못하기" 때문이다.³⁶ 존재가 존재론적 영역에서 누리는 절대적 우위성은 인간 정신 안에서 그와 유사한 인식론적 영역의 우위까지 제공해주는 것이 아니다. 인식론적 영역에서 우리는 성 토마스가 지치지 않고 반복적으로 강조하는 것처럼, 존재자를 만나는 것이지 존재를 만나는 것이 아니다. '최초의 가지적 대상'(primum intelligibile)은 존재자이다. 존재에는 오로지 성 토마스가 '해소'(resolutio)라고 부르고 파브로는 좀 더 유연한 언어로 '농축적 추상'이라고도 부르며, 때로는 '농축적 성찰'이나 '소급 과정'(processo regressivo)이라고도 부르는 과정을 통해서만 이를 수 있다.³⁷

파브로는 정신이 존재자로부터 출발해서 존재를 향해 오르는 힘겨운 상승 과정을 이렇게 설명하고 있다:

"존재는 존재자의 실재 근저에 있다. 왜냐하면 존재자의 존재적 확장, 구성적 얼개, 그리고 본성의 '목적'(telos)을 향한 발전이 존재로부터 출발하고, 존재로부터 움직여 존재로 돌아가기 때문이다. 이처럼 존재는 인식 자체의 근저에 자리 잡고 있다. 무엇보다도 존재자가 존재를 운반하는 주체로 개념되기 때문이고, 특히 인식의 본질이 존재자를 존재 안에서 '조명하여' 존재로 다시 옮겨가는 것이기 때문이다. 오직 바로 이 '귀환' 또는 '소급 과정'에서만 우리는 형이상학

---

35. Fabro, *La nozione metafisica di partecipazione secondo S. Tommaso d'Aquino*, Torino, 1963, p.viii.
36. Fabro, *Dall'essere all'esistente*, p.64.
37. Ibid., p.66.

적 존재 경험을 가질 수 있다. 그러므로 이것은 어떤 내용이나 특수한 행위에, '나는 사고한다'(cogito)나 '나는 원한다'(volo), 또는 '나는 실존한다'(existo) 등에 호소하는 어떤 특전적 경험이 아니다. 이것은 우리를 다시 활동적 규정성의 '닫힌 정원'(hortus conclusus)으로 데려갈 것이고, 파생되고 정초되고 엄밀한 의미로 추상된 상황인 종합(과 분석)이 돌아올 것이다. …존재는 한편으로 존재자의 실재를 정초하고 확증하면서도 한계를 고발하고 그 한계의 부정성을 설정한다: 이처럼 존재는 초월성 속에서 확증되면서 초월성을 정립한다. …존재 경험은 언제나 존재자에 대한 그것의 초월성, 존재자의 온갖 특수성을 무력화시키는 무궁무진함을 확증한다. …그러므로 존재 경험은 …영의 무한한 개방성의 경험으로 환원된다."

"결론적으로, 아무리 단순한 것일지라도 모든 인식의 뿌리에는 존재에 관한 혼란스러운 형이상학적 경험이 있다. 이 경험은 의식이, 존재자를 무한한 개방성으로 능가하는, 현실로서의 존재의 부상을 자각하는 데 따라 확증된다. 이러한 존재자에 대한 존재의 초월 경험은[38] 오로지 (더 이상 어떤 존재자의 현실이 아니라, 절대적인 현실이자 현실들의 현실이고 본질을 통한 존재 현실인) 존재를 향한 개방으로 인정될 때에야 비로소 존재론적 지위를 획득하게 된다. 이에 비해, (우리 자신처럼) 유한한 영을 실현하는 존재는 폐쇄되기 위해서 열리는 것이 아니라, 무한자에게로 확장되기 위해서 개방된다. 그런데 무한자에게 고유한 경험은 없고, 다만 존재자의 불충분성을 드러내고 그것을 극복하기 위해서 유한한 영을 움직이는 존재의 경험만 있다. 그리고 정확히 이것 안에서, 형이상학만큼이나 신비학도 인생의 완성을 설정하고 있는 '서술어 없는 존재'(essere senza

---

38. "존재의 존재자의 초월성"(trascendenza dell'ente dell'essere) 대신에 "존재자의 존재의 초월성"(trascendenza dell'essere dell'ente)이라고 말해야 한다. 왜냐하면 존재자를 초월하는 것이 존재이지, 그 반대가 아니기 때문이다.

predicati)를 열망한다. 이런 의미에서, 강한 의미에서의 유일한 경험은 존재 경험이다. 그리고 존재가 모든 개념을 벗어나는 현실이기 때문에, 강한 의미에서의 유일한 경험은 현실의 현존에 대한 자각이다. 그런데 존재는 존재자에 비해 초월화하는 것이고, 그것의 실현은 우리의 것과 같은 어떤 유한한 지성을 통해서, 대상에 대해서 뿐만 아니라 현실 자체에 대해서도 제한없이 성격 규정되고 전망되어야 하는 그런 능동적이고 수동적인 초월의 발전이다. 또한 이것은 절대자를 향한 유한한 실존자, 곧 인간의 적극적인 개방이다. 그리고 절대자를 향해 정향된 이런 개방의 경험은 유한한 의식이 '서술어 없는 존재'의 현존을 전망하고 희구할 수 있는 가장 높은 절정이다."[39]

코르넬리오 파브로는 에티엔 질송과 더불어 토마스의 '존재' 개념의 절대적 새로움과, 천사적 박사로 하여금 (존재의 붉은 실[filo rosso]을 통해 심층적으로 쇄신된 플라톤적 기획 속에 접목됨으로써) 아리스토텔레스의 형이상학을 처음부터 끝까지 쇄신하도록 해준, 이 사상의 대단히 위대한 풍요로움을 입증한 커다란 공로를 지니고 있다. 이것은 명백히, 2000년간의 존재 망각이라는 하이데거의 고발로부터 결과되는 것처럼, 극소수의 철학자들만이 도달한 관념이다. 이것은 토마스의 존재가 만민의 역량의 산물이 아니고, 어떤 편의점에서나 쉽게 구입할 수 있는 것이 아니라는 것을 의미한다. 그것은 독특하고 투신을 요하는 '인식 전개과정'(processus cognitivus)의 결과이다. 파브로는 천사적 박사가 걸었고 또 (농축적 존재에 도달하기 위해서는) 모든 인간적 이해가 따라 걸어야 하는 독특하고 투신을 요하는 올바른 길을 규명하였다. 바로 본질의 경우처럼 추상의 길이 아니라 '해소'(resolutio)의 길이다.

---

39. Ibid., pp.66-70.

그런데 힘겨운 상승의 결과에, 지금 지각되는 대상에 어떤 이름을 준단 말인가? 정신의 결과들(그의 지향적 대상들)은 언제나 '개념'(conceptus) 또는 (성 토마스가 자주 그렇게 부르듯이) 개념화들(conceptiones)이다: 이것은 근대 어법에 따른 관념들이다. 따라서 나는 존재 인식에 대한 이 호칭이 어떻게 부정될 수 있는지 알 수 없다. 그것은 총체적 부정주의(apofatism)로(질송에게도 파브로에게도 상당량의 부정주의가 있다) 마무리되거나(이때는 존재가 인식될 수 없는 것이라고 말해야 한다), 아니면 인식될 수 있다고 말해야 한다(이때는 토마스의 '존재'에 대해서도, 또는 강한 방식으로, 곧 농축적으로 개념된 존재에 대해서도 어떤 관념이 있다고 인정해야 한다).

그런데 이 대단히 위대한 두 토마스 연구자, 곧 질송과 파브로 안에서 내가 발견한 가장 이상한 점은, 성 토마스를 '자립적 존재 자체'(esse ipsum subsistens)로 인도한 존재 인식 문제를 마주해서 결코 『명제집 주해』(I, 1, 1, 1), 『존재자와 본질』(4, n.27), 『요한복음서 주해』("머리말", n.5)의 텍스트들을 인용하지 않는다는 사실이다. 이것이야말로 정확히 성 토마스가 우리가 경험하는 모든 존재자들에 수반되는 우연성과 유한성의 요소들(본질과 존재 현실의 합성, 존재 완전성에의 참여와 그 등급 등)이 바로 '존재'를 통해 어떻게 해소되고 극복되는지를 보여주고, 또 존재를 그들에게 내재하는 것으로 다뤄서는 안 되며 '자립하는 존재 자체'로 이해해야 한다는 것을 알려줌으로써, 환원을 실현시키고 있는 텍스트들인데도 말이다.[40]

의심의 여지없이 이 '환원'은 존재의 직관으로 인도하지 않고, 그렇다고 부정주의로 데려가는 것도 아니다. 직관과 부정주의 사이에

---

40. 성 토마스가 신의 존재를 증명하는 (대단히 유명한 다섯 가지 길이 아니라) 독창적인 길들은 존재자들에게는 결핍된 현존으로부터 충만한 자립에 이르기까지 존재의 여정 전체를 두루 통과한다는 점에 주목할 필요가 있다. Cf. Mondin, *Il sistema filosofico di Tommaso d'Aquino*, pp.99-104[=국역본: 강윤희·이재룡 옮김, 『성 토마스의 철학 체계』, 147-156쪽].

는 중도(中道)가 있는데, 바로 성 토마스가 '자립하는 존재 자체'를 포함해서 하느님의 모든 이름의 의미를 명료화하고자 할 때 (그의 신 존재 증명인) '환원' 이후에 접어드는 길이다.

5. 성 토마스에 따른 존재 인식

이쯤에서 이 유명한 농축적 존재 개념에 관한 토마스의 가르침이 어떤 것인지를 좀 더 잘 규정하는 것이 가능한지를 보기 위해 성 토마스에게로 돌아가는 것이 좋겠다.

무엇보다 먼저 성 토마스의 존재 형이상학에서 연구의 직접적 대상은 존재(esse)가 아니라 존재자(ens)라는 사실을 확인하게 된다. 왜냐하면 문제가 되는 것은 존재가 아니라 존재자이기 때문이다. 이해하고자 하는 것은 존재자 측으로부터의 존재 소유이다. 왜 무가 아니라 존재자가 있는 것일까? 이 지점에서 존재자의 실재를 해명하기 위해서는 존재가 무엇인지를 알 필요가 있다. 왜냐하면 오로지 존재의 빛을 통해서만 존재자를 무의 어두움에서 끌어낼 수 있기 때문이다. 따라서 형이상학의 첫걸음은 존재자를 설명하기 위해서 참조해야 하는 존재 개념에 대한 해명이 된다. 여기서 결정적인 걸음은 농축적 존재 개념의 획득이다.

그리고 우리는 성 토마스가 결코 자신의 존재 개념화에 대해 체계적인 추론을 펼치지는 않지만, 그의 가르침의 본질적 구도를 재구성하는 것을 가능하게 해줄 많은 텍스트를 우리에게 남겼다는 점을 관찰한다.

5.1. '존재'라는 용어 사용

성 토마스는 자기보다 훨씬 오래전에 이미 아리스토텔레스가 했던 것처럼, 존재라는 용어가 다의적(多義的)이라는 점을 관찰한다:

"'존재'라는 용어는 다양한 의미를 가지고 있다. 첫째, 사물의 본질(essentia rerum)이 존재라고 불린다. 둘째, '존재'라는 용어는 본질의 현실(actus essentiae)을 표현하기 위해 적용된다. 이는 생명체에 고유한 존재인 '살아있음'이 영혼의 현실(제2현실인 작용이 아니라, 제1현실)을 표현하기 위해 적용되는 것과 같다. 셋째, 그것은 명제적 종합의 진리를 표현한다. 그렇기 때문에 존재는 (이런 맥락에서) 계사(copula)라고 불린다. 이런 존재 유형은 합성하고 나누는 지성에 자리 잡고 있지만, 사물의 존재, 곧 본질의 현실에 정초된다."[41] '존재'라는 용어의 의미에 대한 성 토마스의 다른 분류에서는 최초의 '존재=본질' 도식이 탈락되고, 다른 두 도식, 곧 '존재론적인 의미'의 존재인 '존재=본질의 현실(또는 존재자의 현실)'과 (합성하고 나누는 존재에 자리 잡고 있지만 '논리적 의미'의 존재에 상응하는) '존재=판단 현실[행위]'이라는 도식만 보존된다.[42] 실상 아퀴나스는 최소한 젊은 시절의 작품들 속에서 '존재'를 '본질'의 동의어로서뿐만 아니라 '존재자'의 동의어로서도 사용한다.

그러나 (『명제집 주해』에서 거명되는 그 용어의 세 가지 의미 가운데 둘째인) '존재자의 현실'(actus entis)이나 '본질의 현실' 속에 성 토마스는 그의 형이상학에서 핵심적 역할을 하는 구별, 곧 '공통 존재'(esse commune) 또는 '보편적 존재'(esse universale)와 '절대 존재'(esse absolutum) 또는 '신적 존재'(esse divinum) 사이의 구별을 배치하고 있다. 첫 번째 의미에서는 최소한의 실재, 곧 무의 어둠으로부터 빠져나와 존재자들의 질서에 속하기 위해서 모든 사물에 불가결한 저 최소를 가리킨다. 두 번째 의미에서는 실재의 최대 농축성, 곧 모든 완전성이 완전히 채워지는 농축성이 표현된다. 천사적 박사가 이 근본적 구별을 제안하고 있는 몇몇 텍스트를 살펴보자. 하느님을 존재로 정의

---

41. *In Sent.*, I, 33, 1, 1, ad1.
42. Cf. *In Sent.*, III, 6, 2, 2; *ScG*, I, 12; *De ente et essentia*, 3, nn.18-19; *ST*, I, 3, 4, ad2.

하는 것, 곧 그분의 본질을 존재와 동일시하는 것은 올바르지 않다고 그에게 반론을 제기하는 자들에게는 거의 언제나 기회가 제공된다. 성 토마스는 존재 개념에 두 가지가 있다고 응수한다. 하나는 공통 존재, [곧] 모든 개념 가운데 가장 추상적인 개념으로 모든 부가와 무관하면서도 어떤 부가도 다 받아들일 수 있는 개념이고, 다른 하나는 이미 모든 규정을 다 포함하고 있지만 어떤 부가도 배제하는 대단히 특수한 존재이다. 그런데 하느님이 존재와 동일시되는 것은 두 번째 의미에서이고, 그분 안에서는 본질과 존재가 동일시된다. "'어떤 것도 부가될 수 없는 것'이라는 표현은 두 가지 방식으로 이해될 수 있다. 첫 번째 방식은 적극적으로 그 본성상 부가(또는 규정)에 대한 배제를 함축하고 있는 어떤 것이고, …두 번째 방식은 어떤 부가나 규정을 받지 않는 어떤 것이다. 왜냐하면 자기 자신의 것은 포함하지도 않고 배제하지도 않기 때문이다. …첫 번째 방식으로의 부가 없는 존재란 바로 신적인 존재에 해당된다. 반면에 두 번째 방식으로의 부가 없는 존재는 바로 공통 존재에 고유한 것이다."[43] 공통 존재는 하나의 추상, 만물에 공통적인 최소 실재와 관련되는, 모든 추상 가운데 최대 추상이다. 반면에 '존재 자체'(ipsum esse)라고도 불리는 신적인 존재는 모든 규정을 다 갖추고 있기 때문에, 지극히 구체적이고 대단히 개별적이다: "더욱이 여러 사물에 공통적인 것은 이성을 통해서가 아니라면 여러 사물의 바깥에 있는 어떤 것이 아니다. …그러므로 만일 하느님이 공통 존재였다면, 오직 지성 속에만 존재하는 어떤 것이었을 것이다. 그러나 앞에서 증명한 것처럼(I, 13), 하느님은 지성 안에뿐만 아니라 실재 세계에도 존재한다. 그러므로 하느님은 만물의 공통 존재 자체가 아니다(Non est igitur Deus ipsum esse commune

---

43. "primo igitur modo, esse sine additione, est esse divinum; secundo modo, esse sine additione, est esse commune"(*ST*, I, 3, 4, ad1. 이 텍스트는 『명제집 주해』에 들어 있는 유사 명제를 거의 글자 그대로 반복하고 있다: *In Sent.*, I, 8, 4, 1.).

omnium)."[44] 반면에 "신적인 존재는 규정되어 있다"(divinum esse est determinatum).[45] "하느님은 그 자체 안에서 규정된 어떤 것이다. 만일 그렇지 않다면 다른 존재자들의 조건이 그로부터 배제되지 않을 것이다."[46] "'존재하는 자'(qui est)라는 하느님의 이름은 '절대적 존재'(esse absolutum)를 가리키고, …마치 끝없는 실체의 무한한 대양(大洋)과도 같은 것을 의미한다."[47]

5.2. 구분

이미 '존재'라는 용어의 사용법을 탐구하면서 이 개념의 몇 가지 중요 구분, 특히 논리적 존재와 실재적 존재 사이의 구분과, 공통 존재와 절대(신적) 존재 사이의 구분을 확인하였다. 그런데 성 토마스는 여러 기회에, 거의 언제나 존재자들의 구분과 일치되는 다른 많은 구분을 언급한다. "하나의 사물 안에서는 2중의 존재를 고찰할 필요가 있다. 곧 하나는 그 자체로 그것에 속하는 존재, 곧 최초의 실체적 존재, 다시 말해 제1의 실재적 존재에 속하는 존재이고, 다른 하나는 2차적이고 우유적인 존재이다."[48] 그리고 본질을 통한 존재와 참여를 통한 존재의 구분이 있다: "그런데 모든 사물은 존재에 참여하기 때문에 실존하고, 따라서 참여를 통한 존재자들이기 때문에, 만물의 정상에는 본질을 통한[본질적으로] 어떤 존재자가 있어야 한다."[49] 또한 절대적(simpliciter) 존재와 상대적(secundum quid) 존재

---

44. *ScG*, I, 26, n.241.
45. *In Sent.*, I, 8, 4, 1.
46. *In Sent.*, I, 24, 1, 1, ad3.
47. *In Sent.*, I, 8, 1, 1, ad4.
48. "Est autem in re duplex esse considerare: scilicet esse quod est ipsius secundum se, quod est esse primum et substantiale; et esse quod est secundum et accidentale"(*In Sent.*, II, 40, 1, 4, sol.).
49. "Cum ergo omnia quae sunt, participent esse et sint per participationem entia, necesse est esse aliquid in cacumine omnium rerum quod sit ipsum esse per suam essentiam"(*In Johan,*, Prol. n.5.).

사이의 구분,[50] 현실태의 존재와 가능태의 존재 사이의 구분,[51] 무한 존재와 유한 존재 사이의 구분,[52] 자연의 존재(esse naturae)와 은총의 존재(esse gratiae) 사이의 구분이 있다. "두 겹의 존재가 있다. 곧 하나는 자연의 존재이고, 다른 하나는 은총의 존재이다. 첫 번째 창조는 피조물이 하느님에 의해서 무로부터(ex nihilo) '자연의 존재'로 창조될 때 일어났다. 그때 피조물은 새로웠지만, [곧] 죄로 인해 노후화되어버렸다. …그래서 새로운 창조가 필요하게 되었는데, 이를 통해 피조물들은 '은총의 존재'로 산출되었으며, 이것 역시 무로부터의 창조이다."[53] 성 토마스는 다른 많은 구분도 하고 있지만, 중요성이 그리 크지 않다고 판단되어 이만 그치고자 한다.

5.3. 유비

성 토마스는 명시적으로 존재 관념이 유비적 관념이라고 말한다. "창조주와 피조물은 하나로 환원될 수 있지만, 일의성(一義性, univocitas)의 공통성으로 하나가 아니라, 유비(類比, analogia)의 공통성으로 하나이다. 그런데 이런 공통성은 2중일 수 있다. 첫째는 그것이 똑같은 요소에 대해 우선성과 후속성에 따라 참여하는 사물에 대한 것이기 때문이다. 이는 예컨대 가능태와 현실태가 존재자 개념에 참여하고, 비슷하게 실체와 우유에도 참여하는 것과 같다. 둘째는 하나의 사물이 다른 사물로부터 존재도 수용하고 정의도 수용하기(esse et rationem ab altero recipit) 때문이다. 피조물과 창조주 사이의 유비는 두 번째 유형에 속한다. 실상 피조물은 제1존재자로부터 내려오기 때문이 아니라면 존재를 소유하지 못하고(non habet esse), 제1존재자를 모방하기 때문이 아니라면 존재자라고 불

---

50. *ST*, I, 5, 1, ad1; 45, 5.
51. *ScG*, I, 13; *ST*, I, 2, 3; 29, 2, ad2.
52. *In Sent.*, I, 8, 5, 1; *ScG*, II, 21.
53. *In Ep. II ad Cor.*, 5,17, lec.4.

리지도 않는다. 마찬가지로 지혜와 피조물들에 대해 언급되는 다른 모든 것의 이름에 대해서도 같은 일이 일어난다."[54] 동일한 작품에서 성 토마스는 다음과 같이 단언한다: "세 가지 양식이 있는데, 그에 따라 한 사물은 유비를 통해 말해질 수 있다. 첫째는 존재에 따른 것이 아니라, 그 지향에 따른 것이다(secundum intentionem et non secundum esse)…. 둘째는 지향에 따른 것이 아니라 존재에 따른 것이다(secundum esse et non secundum intentionem)…. 셋째로는 지향에 따른 것이기도 하고, 존재에 따른 것이기도 하다(secundum intentionem et secundum esse)."[55] 첫째 경우에 토마스는 '건강한'을 예로 들고 있고, 둘째에 대해서는 '물체'를 예로 들고 있으며, 셋째에 대해서는 '존재자'를 예로 들고 있다. 카예타누스가 토마스의 유비 이론에 대해 재구성하기 위해 활용한 이 유명한 텍스트로부터 결과되는 것처럼, '존재의 유비는 두 가지 구별되는 방식으로 실현될 수 있다.' 하나는 배타적으로 존재론적인 차원이고(이것은 논리적 차원에서는 일의적이지만, [생명체와 무생물, 천상 물체들과 지상 물체들 사이에 존재하는 차이 때문에] 존재론적 차원에서는 유비적인 '물체'의 경우다), 다른 하나는 존재론적 차원이기도 하고 논리적 차원이기도 하다(secundum esse et secundum rationem). 이것은 유비적인, 다시 말해 개념에서도 실재에서도 동일한 것이 아니라 유사한 '존재자'의 경우다.

5.4. 농축된 개념

이미 지적한 것처럼, 성 토마스 형이상학의 독창성은 온통 농축적 존재 개념의 발견에 있다. 여기서는 존재가 공통의 완전성으로 개념되는 것이 아니라 절대적 완전성으로 개념되고 있다. 그것은 다

---

54. *In Sent.*, I, Prol.1, 2, ad2.
55. *In Sent.*, I, 19, 5, 2, ad1.

른 모든 완전성들이 부가될 수 있는 최소 완전성이 아니고, 또 단순하게 (플라톤이 미[美]를 개념하고, 플로티누스가 일자[一者]를 개념하며 디오니시우스가 선[善]을 개념했듯이) 최고 절정의 완전성으로서도 아니며, 다른 모든 완전성을 포용하는 충만하고 대단히 농축적인 완전성이다. 이 새로운 존재 개념을 규정하기 위해 성 토마스는 강력하고 조각가다운 구절들을 활용하는데, 거기서는 1) 존재 현실의 절대적 우위, 2) 존재의 절대적인 풍요로움, 3) 존재의 내면성이라는 세 가지 근본 진리가 조명된다.

5.4.1. 존재 현실의 절대적 우위: 분리된 실체들, 곧 순수 현상인 천사들 안에서조차도 역시 현실임에 틀림없지만 결코 자기 스스로 자립할 수 없는 형상과는 달리, 존재 현실은 스스로의 힘으로 자립할 수 있는 한에서 대단히 독특하다. 그것은 참여적으로가 아니라 본질적으로 현실이다. "제1현실은 그 자체로 자립하는 존재이다 (primus autem actus est esse subsistens per se). 따라서 모든 것은 존재에 참여함으로써 최종적 완성을 받게 된다. 그러므로 존재는 모든 형상의 완성이다. 실상 형상은 오직 존재를 지니게 될 때만 완성에 이르게 되는데, 다만 현실태에 있을 때만 존재를 가지게 된다. 그러므로 존재를 통해서가 아니라면 어떤 형상도 실존하지 않는다. 그렇기 때문에 나는 어떤 사물의 실체적 존재는 하나의 우유가 아니라, 질료를 지니고 있든 그렇지 않든 모든 실존하는 형상의 현실성 (actualitas cujuslibet formae existentis)이라고 단언한다."[56] 현실성의 질서에서 첫째인 존재는 어떤 식으로든 현실태에 있는 모든 것의 원천이다. 따라서 존재는 존재 현실을 받고 거기에 참여하는 모든 존재자들의 원천이자 원인이 된다: "사물들 가운데에서 존재는 가장

---

56. *Quodl.*, XII, 4, 1.

완전하다(ipsum esse est perfectissimum omnium). 왜냐하면 다른 모든 것에 대해 현실의 역할을 하기 때문이다. 실상 어떤 것도 존재하는 한에서가 아니라면 현실성을 지니지 않는데, 이는 형상들 자체에 대해서도 마찬가지다(ipsum esse est actualitas omnium rerum, et etiam ipsarum formarum)."[57]

5.4.2. 존재의 엄청난 풍요로움: 존재는 단지 최고 절정의 완전성이기만 한 것이 아니다. 그것은 또한 모든 완전성의 수용자이기도 하다. 따라서 우주를 가득 메우고 있는 모든 완전성의 집합은 존재의 유일한 완전성 자체의 방사(放射) 외에 다른 것이 아니다. "모든 것 가운데에서 존재는 가장 완전하다(esse est inter omnia perfectissimum). 이것은 현실이 언제나 가능성보다 더 완전하다는 사실로부터 결과된다. 그런데 여하한 특수한 형상도 오직 그것에 존재가 부가될 때라야만 현실태에 있게 된다. 실상 인간성 또는 불성[火性]은 질료의 가능성 안에든 혹은 행위자의 역량이나 정신 안에든 실존하는 것으로 간주될 수 있다. 존재를 소유하고 있는 것은 현실적으로 실존자가 된다. 결과적으로 내가 존재라고 부르는 것은 모든 현실의 현실성이고, 따라서 모든 완전성의 완성이다(esse est actualitas omnium actuum et propter hoc est perfectio omnium perfectionum)."[58] "어떤 사물의 모든 고귀함이란 바로 그 사물의 존재에 따라 그 사물에 속하기 마련이다. 왜냐하면 한 인간이 자신의 지혜를 통해서 지혜로운 것이 아니라면, 그 지혜로부터 오는 어떤 고귀함도 그 인간의 것은 아닐 것이며, 다른 것에서도 마찬가지일 것이기 때문이다. 그러므로 한 사물이 가지는 고귀함의 방식은 그 사물이 어떻게 존재를 소유하느냐는 방식에 달려 있다. 한 사물은, 자신의 존재가 더 높은 고

---

57. *ST*, I, 4, 1, ad3.
58. *De pot.*, 7, 2, ad9.

귀함 또는 더 낮은 고귀함의 방식에 따라 제한되는 것에 준하여 더 고귀하거나 덜 고귀하다고 불리기 때문이다. 따라서 존재하게 만드는 힘 전체가 부여된 어떤 것이 있다면, 그것에는 다른 사물에 부합하는 어떤 고귀함도 결핍될 수 없다."[59] "존재는 그것에 수반되는 어떤 다른 요소보다 더 고귀하다. 따라서 절대적으로 말하자면, 인식이 존재로부터 추상하는 것으로 생각될 수 있다고 가정할 때, 존재는 인식보다도 더 고귀하다. 그러므로 존재 안에서 가장 완전한 것은 절대적으로, 단지 존재에 수반되는 다른 어느 측면에 대해서만 더 완전한 어떤 다른 것보다 더 고상하다."[60] 한편 성 토마스가 입증하는 것처럼, 존재는 참으로 절대적 완전성이자 다른 모든 완전성의 뿌리이다. 존재는 실재 안에서 가장 완전한 것이며, 아니, (결국 존재의 일부 측면들인) 다른 모든 완전성들의 완성이고, 존재에 참여하는 것일 뿐인 모든 존재자들의 원천이다. 존재의 탁월성은 바로 (어떤 다른 완전성이나 존재자도 존재에 참여하지 않고서는 개념될 수 없는 데 반해) 절대적 자율성 안에서 스스로 서 있는 것으로, 자립하는 것으로, (그 때문에 자신의 풍요로움과 충만함과 농축성을 조금도 상실하지 않는) 유일한 것으로 생각될 수 있다는 사실로부터 유래된다.

5.4.3. 존재의 내면성: 성 토마스가 존재 안에서 강조하는 세 번째 속성은 내면성(interioritas)이다. 존재는 사물들 안에서 가장 내밀하고 가장 심층적인 것이다. 존재는 사물의 가장 가려져 있는 비밀의 영역을 접촉하기까지, 가장 비밀스러운 조직에 이르기까지 내면화한다(intranea). 존재자의 모든 구성적 얼개, 그 모든 발전과 확장은 존재로부터 온다. "모든 것 가운데 존재는 가장 내밀하고 직접적으로 사물들에게 어울리는 것이다(immediatus et intimus convenit rebus).

---

59. *ScG*, I, 28, n.260.
60. *In Sent.*, I, 17, 1, 2, ad3.

따라서 형상을 통해 현실태로서의 존재를 질료로 가지고 있기 때문에, 형상이 질료에 존재를 줌으로써 다른 어느 요소보다도 질료와 가장 내밀하게 결합될 필요가 있다."[61] "한편 존재자 안에서 가장 내밀한 요소는 존재다. 존재 다음으로는 (내밀성의 질서에서) 형상이 오는데, 형상의 매개를 통해서 사물은 존재를 소유하게 된다. 마지막으로는 질료가 오는데, 그것은 사물의 토대를 구성하고 있음에도 불구하고 사물의 존재로부터 가장 멀리 떨어져 있다."[62]

종종 성 토마스는 존재의 탁월성을, 그것이 모든 존재자의 원천을 표상할 뿐만 아니라 또한 최종 목표이기도 하다는 사실로부터 도출하기도 한다. "존재는 모든 행위의 최종 목적이다."[63] "모든 행위와 움직임은 그것이 종이나 개체 안에 보존되기 위해서든 아니면 새로이 획득되도록 하기 위해서든 어떤 방식으로든 존재로 질서 지어져 있다."[64] "궁극적 현실은 존재이다. 그런데 운동이란 가능태로부터 현실태로 넘어간 결과이기 때문에, 존재가 모든 운동이 그리로 향하는 최종 현실일 필요가 있다. 그리고 자연적 운동은 본성적으로 갈망하는 것을 향해 기울도록 되어 있기 때문에, 존재가 모든 것이 갈구하는 최종 현실이어야 한다."[65]

5.5. 존재의 발견

농축적인 존재 개념의 발견은 오랜 철학 작업 과정의 결과다. 성 토마스 자신이 여러 기회에 매우 종합적인 방식으로 의미 있는 세 단계를 지적하고 있다: 1) 첫째는 소크라테스 이전 단계다. "말하자면 비교적 대충이었기 때문에, 그들은 오직 감각적 물체들만 존재한

---

61. *De anima*, 9.
62. *De nat. acc.*, 1.
63. *De sup. sep.*, c.7, n.16.
64. *ScG*, III, 2.
65. *Comp. Theol.*, 11, n.21.

다고 믿었다. 그들 가운데 운동을 받아들이는 사람들은 그것을 희박과 농축, 결합과 해소 같은 특정 우유적인 측면 아래서만 고찰하였다. 그리고 물체들의 실체 자체가 창조되지 않았다고 가정하였기 때문에 우유적 변형에 대한 원인들, 곧 우정과 다툼, 그리고 지성적 인식 같은 것을 확립하는 것으로 한정하였다."[66] 2) 둘째 단계는 플라톤과 아리스토텔레스로 대표된다: "그들은 합리적으로 실체적 형상을, 창조되지 않은 것으로 간주되던 질료로부터 구별하였고, 물체들 안에서 실체적 형상들의 변형이 일어난다는 것을 깨달았다. 이 변형에 대해서는 보편적 원인들, 곧 아리스토텔레스에게는 타원형이, 플라톤에게는 이데아가 확립되었다. …그런데도 그들은 둘 다 존재자를 어떤 특정 측면 아래서 고찰하거나(utrique igitur consideraverunt ens particulari quadam consideratione), 혹은 어떤 특정 종에 소속되는 한에서거나 그 우유들에 의해 규정되는 한에서 확립하였다. 따라서 그들은 사물에 오직 특수한 작용인들만 적용한 셈이다."[67] 3) 셋째 단계는 성 토마스 자신이 밟은 길이다(하지만 그는 이 공로를 자신에게 돌리는 것을 매우 경계하였다): 이것은 만물의 유일하고 보편적인 원리인 존재 자체의 발견에 관한 단계다. "대단히 단순한 어떤 제1원리가 존재할 필요가 있기 때문에, 그 존재 방식은 존재에 참여하는 어떤 것으로 개념되어서는 안 되고, 오히려 실존하는 존재 자체(quasi ipsum esse existens)로 개념되어야 한다. 그리고 자립적인 존재는 오직 하나밖에 존재할 수 없기 때문에, 그것에 기원을 두고 있는 다른 모든 것들은 존재에 참여하는(participate) 것으로서 존재한다는 결론이 나온다. 한편 (우유적, 실체적, 실존적 등) 모든 운동의 형상[형식]들은 모두 그들의 개념 속에 존재와 본질이라는 두 가지 요소를 함축하고 있기 때문에, 하나의 공통 해결책이 요

---

66. *ST*, I, 44, 2.
67. *ST*, I, 44, 2.

구된다. 따라서 형상의 도래로 [인한] 질료의 생성 방식을 넘어, 이미 사물들의 어떤 다른 기원, 곧 그 덕분에 존재가 (존재와 동일시되는) 제1존재자에 의해 온 실재적 우주에 주어지게 되는 기원을 인정해야 한다."[68]

존재 개념의 독특성은 이미 아우구스티누스가 하느님이 존재를 당신 고유의 이름으로 선택하였다는 사실에 주목할 때 그에 의해서도 지적되었지만, 이 히포의 주교의 사변 안에는 존재의 어의학적 농축성과 더더욱 존재 철학은 아직 발견되지 않았다. 이 단계는 아퀴나스가 존재자를 어느 특정 측면(본질과의 관계, 실체와의 관계, 우유들과의 관계, 질료와의 관계, 형상과의 관계 등)뿐만 아니라 바로 존재자인 한에서도, 다시 말해, 존재의 완전성에 참여하는 한에서도 (존재자는 '존재를 가진 것'[habens esse]이기 때문이다) 검토함으로써 완수되었다. 바로 이 순간에 그는 존재의 대단히 독특한 가치를 포착하였다: 오로지 존재만이 존재자를 어떤 실재적이고 현실적인 존재자로 만든다는 것, 오직 존재만이 존재자에게 현실성, 고귀성, 완전성, 역동성을 준다는 것이다. 결론적으로, 존재 방향을 향해 수행한 존재자에 대한 보다 주의깊고 날카로운 탐구가, 성 토마스로 하여금 농축적인 존재 개념을 발견하고 그것을 자신의 형이상학적 구도의 기초로 삼도록 이끌었다.

5.6. 존재 인식

우리는 성 토마스가 (가장 추상적이고 가장 유적인) 공통 존재와 (가장 구체적이고 모든 규정을 다 포용하는 한에서 가장 규정된) 농축적 존재라는 두 가지 존재 개념을 구별한다는 것을 알고 있다(여기서 규정이란 '본질적인 존재'[esse per essentiam]를 다룰 경우에는 절대적인 모든

---

68. *De sub. sep.*, c.9, n.94.

규정을, 그리고 '참여적인 존재'[esse per participationem]를 다룰 경우에는 어떤 특수한 존재자의 모든 규정을 가리킨다).

모든 인식의 기초에는 공통적이고 유적인 개념이 놓여 있고, 모든 다른 관념의 포착 속에 들어 있다. 하지만 1차적이고 직접적으로는 성 토마스의 인식론에서 '공통 존재' 개념조차도 직관적으로 포착될 수 없다. 왜냐하면 아퀴나스는 인간 인식에서 어떤 형식의 지성적 직관도 배제하기 때문이다. 모든 지성적 인식은 외부 감각 기관의 소여들을 수집하는 '감각상'(phantasmata)을 통과해야 한다. 따라서 지성이 인식하는 모든 것은, 아무리 존재와 존재자처럼 가장 기본적인 개념이라 할지라도, 추상적 작업 과정의 결과다. 그것이 '공통 존재'와 '존재자'의 경우에 더 이상의 규정을 배제하는 것이 아니라 그것들로부터 갈라서기만 하는 한에서, '간결화 추상'(abstractio precisiva)이라고 불리는 특수한 추상이라는 점은 분명하다.

그런데 다른 모든 개념 가운데 가장 부유하고 가장 농축적이며 가장 고양된 농축적 존재 개념에는 어떻게 도달하는가? 그것은 존재자로부터 추출되었지만 동시에 존재자 자체의 모든 한계와 규정들을 뛰어넘는 개념인 한에서, 추상 작업 과정과 성찰 과정의 결실, 다시 말해 고도의 사변 과정의 결실이라고 말해야 한다. 존재자들에 관해, 그것들을 존재자로 구성하지만 (본질은 그것을 온전히 다 포용하기에는 지나치게 작은 그릇이기 때문에) 결코 존재자들에 사로잡히도록 내맡기지 않는 것에 관해 성찰함으로써, 존재자들(그것들의 성질, 그것들의 실체, 그것들의 형상, 그것들의 본질)을 별도로 놓아두고, 존재자들 자체를 넘어 그 충만함과 무한한 지배의 풍요로움을 담고 있는 존재로 나아갈 필요가 있다. "여기서 거쳐가야 할 과정은 현실에서 현실로, 우유적 현실에서 실체적 현실로, 형상적 현실에서 '존재 현실', 궁극적 현실, 곧 진정한 존재로의 점진적 심화로 특징지어진다"(파브로). 이것이 바로 추상의 제3단계에 상응하는 추상적·해소적 과정, 곧 형이상학의 고유 전개 과정이다

우리의 지성적 인식이 농축적 존재 개념을 정복해 나갈 때 이어지는 궤적이 이러하다는 것을 성 토마스는 결코 명시적으로 말하지 않는다. 이것은 이 논제에 관한 토미스트들 사이의 상당히 다양한 견해들을 정당화시켜준다. 그럼에도 불구하고 천사적 박사의 가르침이 바로 이러하다는 것은 다음과 같은 텍스트로부터 추론될 수 있다. "인간 지성은 첫 번째 파악으로 즉시 대상에 대한 완전한 인식을 획득하는 것이 아니라, 처음에는 어느 한 측면, 곧 지성적 인식의 일차적이고 고유한 대상인 본질을 지각하고, 이어서 무엇임을 에워싸고 있는 속성, 우유들, 관계를 인식한다. 이렇게 해서 하나의 합성 또는 구분으로부터 더 이상의 합성이나 구분들로 나아간다. 다시 말해, 추론하는 것이다."[69] 우리가 하느님의 관념을 우리 안에 만들고자 할 때, "우리는 무엇보다 먼저 그에게서 물질적인 모든 것을 배제하고, 그런 다음에는 적어도 그 요소가, 예컨대 선성이나 지혜처럼 살아있는 피조물 안에 있다는 의미에서 영적인 또는 정신적인 것들을 제거한다. 그러면 우리 정신 안에는 진리, 곧 하느님만 남고 더 이상 아무것도 남아있지 않게 된다. 그리그 마지막으로, 우리는 존재 자체의 관념조차도, 그런 관념이 피조물 안에 있는 한에서 제거한다."[70]

한편 농축적인 의미에서의 존재는 (마리탱이 말하는 것처럼) 어떤 직관의 결과가 아니고, 그렇다고 (질송이 주장하듯이) 판단의 결과도 아니며, 오히려 당연히 판단도 추론도 함축하고 있는 수고스러운 사변적 작업과정의 결과이다. 그 과정은 (그 때문에 공통 존재 개념은 '간결한 개념'인 데 반해, '성찰적 개념'이라는 호칭이 타당할 수 있는) 독

---

69. *ST*, I, 85, 5.
70. *In Sent.*, I, 8, 1, 1, ad4.

특한 '개념'의 획득으로 마감된다.

많은 성 토마스 연구자들은 존재가 판단의 대상이고, 이 명제에 대한 지지로 수많은 천사적 박사의 텍스트들을 인증할 수 있다고 주장한다: 정신의 제1작용(파악)의 대상이 사물의 본질 또는 '무엇임'(quidditas)이라고 규칙적으로 반복한다. 반면에 제2작용(판단)의 대상은 사물의 존재(esse rei)라고 반복해서 말한다: "제1작용은 사물의 같은 본성을 바라보고, …제2작용은 사물의 존재 자체를 바라본다."[71]

그러나 필자의 견해로는, 존재의 표현과 그의 파악 사이를 구별할 필요가 있다. 분명 표현은 일반적으로 판단에서 발생한다. '존재 현실'을 반영하는 것은 판단이지 정의가 아니다. 그런데 농축적 존재 개념의 노작(勞作)은 판단의 결실이 아니라, 비교하고 해소하는 수고스러운 오랜 성찰의 결과이다.

이것이 바로 성 토마스가 『삼위일체론 주해』에서 말하고 있고 또 정당하게 파브로 신부도 토마스의 존재 인식에 관한 자신의 설명에서 호소하고 있는, 형이상학에 고유한 '해소의 길'(via resolutionis)이다.

5.7. 참여된 존재의, 자립적 존재로의 환원

존재자의 본성에 관한 성찰은 그것이 존재의 완전성에 참여한다는 것을 보여준다. 이것은 논리적 질서의 특성이라기보다는 존재론적 질서의 특성으로서 농축적 존재 개념의 노작으로 인도하지만, 그 자립성의 증명으로 인도하는 것은 아니다.

존재의 효과적 자립성을 입증하기 위해서는 개념이 아니라 실재적 존재자로부터, 곧 실재적 존재자들의 실재적 측면들(현상들)로부터 출발해야 한다. 이것이 정확히 성 토마스가 행하는 것이다. 사실상 실존하고 또 우리가 매일같이 경험하고 있는 존재자들 안에는

---

71. *In De Trin.*, 5, 3. Cf. *In Sent.*, I, 38, 1, 3; *De ver.*, 1, 9: *ST*, I, 14, 2, ad1.

우연성의 세 가지 측면이 있는데, 이것은 농축적인 존재 개념의 발견 이후에 그를 효과적인 자립성, 곧 '존재 자체'의 실존을 입증하는 데로 인도한다. 존재자의 우연성의 세 가지 측면(현상)은 참여, (본질과 존재 현실의) 실재적 합성, 그리고 존재자들 안에 있는 존재 완전성의 등급이다. 성 토마스의 세 가지 논거 골자는 다음과 같다:

1) [참여의 현상으로부터]: "'참여를 통해 어떤 것'인 모든 것들은, 그 최고 원리인 본질을 통해 동일한 것인 어떤 다른 것으로 돌려보내진다. …그런데 존재하는 모든 것은 존재에 참여하는, '참여를 통한 존재자들'이기 때문에, 만물의 정점에는 '자기 본질 덕분에 존재'인 어떤 것, 곧 본질이 존재 자체인 것이 존재해야 한다."[72]

2) [본질과 존재 사이의 실재적 구분(합성) 현상으로부터]: "…존재가 본성(본질)과 다른 모든 것은, 그 존재를 어떤 다른 것으로부터 받을 필요가 있다. 그리고 어떤 다른 것 덕분에 존재하는 모든 것은 그 자체로 존재하는 것을 제1원인으로 삼고 있기 때문에, 다른 모든 것의 존재 원인인 어떤 것이 있어야 한다. 그것은 바로 '그것이 단지 존재일 뿐'이기 때문이다. 그렇지 않으면, 원인 계열에서 무한히 전개되었을 것이다. 존재이기만 한 것이 아닌 모든 것은 어떤 원인을 가지고 있기 때문이다."[73]

3) [존재자들 안에 있는 존재 완전성의 등급]: "존재는 모든 사물들 안에 현존하고 있다. 어떤 것 안에서는 더 완전한 방식으로, 그리고 다른 것 안에서는 덜 완전한 방식으로, 하지만 그들의 본질과 동일시될 정도로 완전한 방식으로 현존하는 법은 없다. 그렇지 않았더라면 존재는 각 사물의 본질의 정의 일부가 되었을 터인데, 이것은 명백히 거짓이다. 어떤 사물의 본질도 존재와 분리되더라도 개

---

72. *In Johan.*, Prol., n.5. 동일한 논거의 요지를 『명제집 주해』에서도 만나볼 수 있다: *In Sent.*, II, 1, 1, 2, sol.
73. *De ente et essentia*, 4, n.27.

념될 수 있기 때문이다. 한편 사물들이 존재를 다른 것들로부터 받고, (원인 계열에서 소급적으로) 그 본질이 존재 자체로 구성되어 있는 어떤 것에 도달할 필요가 있다고 결론지어야 한다. 그렇지 않으면 무한 소급되어 갈 것이다."[74]

이제까지 개진된 것들로부터 농축적으로 개념된 존재가 의심의 여지없이 성 토마스 형이상학 전체의 근본적 주축이라는 것이 명백하게 드러난다. 그는 이런 개념으로부터 움직여 모든 우연적 실재들을 최종적이고 확실하며 튼튼한 토대인 존재로 환원시키는 작업을 수행한다. 이 환원 작업을 그는 『분리된 실체』라는 소품에서 환기시키고 있다: "생성의 주체인 모든 것의 보편적 환원이 필요하다."[75] 이것은 분명 단순하게 논리적이기만 한 것이 아니라, 형이상학적인 환원이다. 왜냐하면 '존재 자체'로 거슬러 올라가기 위해서는 구체적이고 대단히 실재적인 현상에서 출발하는 길을 취해야 하기 때문이다: 존재자들 안에 있는 존재의 우연성의 조건이다.

그리고 '자립하는 존재 자체'는 또한 하느님의 가장 고유한 이름이기도 하기 때문에(cf. *ST*, I, 13, 11), 참여된 존재들이 자립하는 존재로 소급되는 모든 환원은 하느님의 존재에 대한 같은 모양의 증명, 같은 모양의 길이 된다. 이것은 성 토마스가 신 존재 증명으로 제시한 존재 형이상학과 완전한 조화를 이루는 새롭고 개인적인 길들이다. 그리고 유명한 다섯 가지 길[五道]에서가 아니라 바로 여기, 존재자들로부터 존재로 소급해 올라가는 길에서 천사적 박사는 플라톤, 아리스토텔레스, 아비첸나, 마이모니데스의 가르침들을 차용해서 자연신학에 중요하고도 결정적인 기여를 하였다.

---

74. *In Sent.*, II, 1, 1, 1.
75. "oportet igitur communem quamdam resolutionem in omnibus huiusmodi fieri."(*De sub. sep.*, c.9, n.94.)

16. 마리 도미니크 슈뉘, OP(1895-1990)

퍼거스 커

학위논문 지도교수였던 가리구 라그랑주는 1920년 자신의 제자 슈뉘가 학위를 끝마쳤을 때 그가 안젤리쿰대학 조교수로 남아있기를 바랐다. 하지만 젊은 슈뉘는 르 솔슈아르에 있는 프랑스 도미니코회 대학기숙사로 되돌아가는 (그리고 나중에는 벨기에로 추방당하는) 길을 선택했다.[1] 이 젊은 학자는 안젤리쿰대학에서 숙지시킨 것과는 근본적으로 다른 방식으로 토마스 아퀴나스를 읽고 싶어 하였다. 그리고 오래지 않아 그들을 그토록 가혹하게 갈라놓은 해석 노선 투쟁이 발발했다.

마리 레옹 슈뉘(Marie-Leon Chenu)는 1895년 1월 7일 수아시쉬르센에서 태어났고, 1990년 2월 11일 파리에서 죽었다. 코르베이의 제빵사였던 그의 부모는 우연히 금속 가공업에 뛰어들었지만 재정 걱정에서 자유로운 적이 없었다. 그의 외조부모는 국가 교육공무원이

---

* 스코틀랜드 출신의 도미니코 회원인 퍼거스 커 신부는 2007년에 원숙한 필치로 도미니코 회원 3명(슈뉘, 콩가르, 스힐레벡스), 예수회원 4명(드 뤼박, 라너, 로너간, 폰 발타사르), 그리고 재속 신학자 3명(큉, 보이티야, 랏칭어) 등 20세기의 위대한 가톨릭 신학자를 엄선하여 평가한 『20세기 가톨릭 신학자들』을 출간하였는데, 이 글은 그 10명 가운데 첫 번째 신학자인 슈뉘에 관한 논설을 완역한 것이다.

1. 프랑스 가톨릭 신자들에게 공화국을 지지하라는 레오 13세의 호소에도 불구하고, 그들은 그렇게 하는 데 실패하였고, 특히 1902년부터 1905년까지 수상이었던 에밀 콩베(Émile Combes)의 주도하에 교회의 권력을 파괴하고 수도회들을 추방하는 심각한 국면을 맞이하게 된다.

었는데, 특히 외조모는 슈늬의 공부 적성을 칭찬하며 격려해주었다. 15세 때 르 솔슈아르를 방문한 슈뉘는 거기서 자신이 "매우 아름다운 전례와 면학생활과 공동체 규율"(a very beautiful liturgy with a life of study and a community discipline)이라고 본 것과 사랑에 빠지게 되었다.[2] 그는 이미 로마로 떠나간 가리구 라그랑주와의 만남을 아쉬워했다. 1913년 교구 신학교에서 몇 달을 지낸 뒤에, 당시 수도회 관례에 따라 '마리-도미니크'(Marie-Dominique)라는 이름으로 도미니코회에 입회하였다. 군복무 부적격 판정을 받은 그는 1914년 말, 독일군의 벨기에 진격으로 르 솔슈아르의 교육이 중단되었을 때, 다른 학생들과 함께 짐을 꾸려 로마로 갔다. 그리고 안젤리쿰 대학에서 7년간의 신스콜라학 철학 및 신학 과정을 모두 마쳤다. 가리구 라그랑주 신부가 그의 박사학위 논문을 지도했다. 물론 라틴어로 작성된 그 논문은, 영성이란 결국 하느님의 대상성(objectivity of God)에 대해 (관상적인 자기-순종이라기보다는) 일차적으로 자신의 영혼에 관심을 기울이고 죄를 극복하는 것이라는 [잘못된] 가정에 도전하려는 갈망으로 추동되어, 아퀴나스가 '관상'(contemplatio)에 관해 가르치고 있는 것을 분석한 것이었다.[3] 결국 아퀴나스의 관상 개념에 관한 그의 재구성은 개인의 영적 진보 상태에 집중하던 근대의(또는 어쨌든 19세기의) 관행을 거슬러 '신-중심적인 그리스도교 영성'(theocentric conception of Christian spirituality) 개념을 복원하려는 것이었다.

스승은 그를 안젤리쿰에 남게 하려고 애썼지만, 슈뉘는 자신이

---

2. 세부 내용을 보기 위해서는: Cf. Christophe F. Potworowski, *Contemplation and Incarnation: The Theology of Marie-Dominique Chenu*, Montreal and Kingdom, McGill-Queen's University Press, 2001, with bibliography listing 1,396 items.
3. "De contemplatione (Angelicum 1920): La These inedite du P. M.-D. Chenu." ed. by Carmelo Giuseppe Conticello, *Revue des sciences philosophiques et theologiques* 75(1991), 363-422(extracts, with commentary).

거기에 어울리지 않는다고 판단하고, 로마에서의 유학 시기가 끝나자 하루빨리 르 솔슈아르로 돌아가고 싶어 하였다. 이처럼 가리구라그랑주와 함께 일하는 것을 꺼림직하게 생각한 것은 그가 이미 마음속에 아퀴나스를 설명하는 다른 방식을 가지고 있었다는 사실을 시사한다. 르 솔슈아르로 돌아온 뒤에 가진 그의 첫 강좌는 〈성 토마스 사상의 교부적 원천〉(the patristic sources of the thought of St. Thomas)에 관한 것이었다. 이것은 전례가 없는 것도 아니었지만, 어쨌든 교의 및 도덕 신학의 주요 강좌 가운데 어느 하나가 아니라 교리사(history of doctrine) 교육에 대한 도전이었다. 물론 주요 강좌들은 좀 더 연륜이 있는 교수들이 가르쳤다. 그것들은 『신학대전』에 대하여 카예타누스의 주해는 참조하지만, 아퀴나스의 관점에 대한 교부학이나 다른 원천들에 대한 암시는 전혀 하지 않는 (1960년대에 나 잘 먹힐지 모를) 한 줄 한 줄의 개진 형식을 취하고 있었다.

10년 만에 한 신진 교수에 의해 보조 과목으로 시작되었던 것이 아퀴나스를 읽는 방식을 완전히 딴판으로 바꾸어놓았다. 1936-1937년 슈뉘는 보나벤투라의 『하느님께 이르는 정신의 여정』(*Itinerarium mentis in Deum*)에 관한 강연을 했다. 분명 아퀴나스를 그의 가장 위대한 동시대인과 연결시킬 뿐만 아니라 『신학대전』을 전혀 다른 방식으로 읽을 수 있고, 일종의 '하느님의 신비를 향한 정신의 여정'으로 읽어야 한다는 것을 함축하고 있었다.[4] 역시 도전적으로 슈뉘는 1938-1939년에 〈아우구스티누스와 디오니시우스: 성 토마스의 두 종류 플라톤주의〉라는 강좌를 열었다.[5] 아퀴나스 신학과 보나벤투라 신학의 차이는 '영성'의 차이를 표현하고 있었다. 디오니시우

---

4. 이 노선에 따른 대단히 정교한 설명을 보기 위해서는: Cf. A.N. Williams, "Mystical Theology Redux: The Pattern of Aquinas's Summa Theologiae", *Modern Theology* 13(1997), 53-74.
5. Cf. Fran O'Rourke, "Aquinas and Platonism", in Fergus Kerr, OP(ed.), *Contemplating Aquinas: On the Varieties of Interpretation*, London, SCM, 2003, pp.247-279.

스와 아우구스티누스의 기여는 아리스토텔레스의 기여만큼이나 아퀴나스의 사상 형성에 의미를 지니고 있었다. 이런 여러 방식으로 슈뉘의 보조 강좌는 아퀴나스를 개진하는 표준 방식을 서서히 밀어냈다. 처음부터 그는 가리구 라그랑주가 실천하고 있던 토마스의 신학적 종합을 개진하는 유형과 완전히 갈라섰다.

결과적으로 슈뉘는 아퀴나스의 작품 전체에 들어가기 전에 토마스 철학을 미리 숙달해야 할 어떤 필요성도 없다고 부정했다. 르 솔슈아르의 연장자 동료들은 가리구 라그랑주와 마찬가지로, 그가 역사적 박식만을 뽐내며 사변신학을 소홀히 하는 것이 상대주의적 진리 관념(relativistic notion of truth)으로(그리고 결국 근대주의로) 미끄러져 들어가는 것처럼 보여 당황스러워하였다. 하지만 슈뉘는 낙심하지 않았다. 1937년 그는 하나의 '마니페스토(manifesto)'를 출간했다: 『르 솔슈아르: 하나의 신학 학파』(Une Ecole de theologie: Le Saulchoir). 그는 막 도미니코회 안에서 최고 등급인 신학교수(STM) 자격시험을 통과한 상태였다. 그는 전임교수이자 기숙사[대학]의 책임자로 임명되었다. 42세에 그는 큰일들을 목전에 두고 있는 셈이었다. 기숙사[대학] 자체에는 도미니코 수도회 내 교수 자격 외에도 교황청 수여 학위를 받을 수 있는 권리가 막 인정되었다. 그렇지만 그의 마니페스토의 결과는 1938년 로마로 소환되어 가리구 라그랑주를 위시한 자신의 여러 동료 도미니코 회원들 앞에서 조사를 받는 것이었다. 그들은 그를 너무도 가혹하게 다루었고, 그래서 "나는 일종의 심리적 압박을 받고 겁을 집어먹게 되었다. 그들 가운데 하나가—분명히 로마의 동요를 진정시키기 위하여—나에게 열 가지 명제에 서명하기를 요구했다. 나는 그렇게 했다."[6]

---

6. 슈뉘가 서명한 10개의 명제는 다음과 같다: 1) 교의적 정식들은 절대적이고 불변적인 진리들을 표현한다(Formulae dogmaticae enunciant veritatem absolutam et immutabilem). 2. 철학에서든 신학에서든, 참되고 확실한 명제들은 확고하고 결코 부서질 수

분명히 그들을 흘낏 바라본 것이 알려주듯이, 동화(童話)와도 같은 부조리함에서, 이 명제들은 역사적 맥락을 재창조(recreating the historical context)하는 것에 대한 슈뉘의 강조가 진리는 "절대적이고 불변적인" 것이 아니라는 것을 의미한다는, 그리고 신학이란 "진정한 학문"이 아니라 단지 종교적 경험의 한 표현일 뿐이라는 것 등을 우려하는 중견 도미니코 회원들의 두려움을 드러내 보여준다. 사람

> 있는 것이 아니다(Propositiones verae et certae, sive in philosophia sive in theologia, firmae sunt et nullo modo fragiles). 3) 거룩한 전통은 새로운 진리들을 산출하지 않고, 계시의 유산들 또는 신적으로 계시된 진리 복합체가 마지막 사도의 죽음으로 완결되었다는 것이 확고하게 견지되어야 한다(Sacra Traditio novas veritates non creat, sed firmiter tenendum ut depositum revelationis, seu complexum veritatum divinitus revelatarum, clausum fuisse morte ultimi apostoli). 4) 거룩한 신학은 종교적 경험에 적합한 도구들을 찾아내는 영성이 아니라, 하느님으로부터 축복받고 연구를 통해 획득되는 진정한 학문으로서, 그 원리들은 신앙 조목들과 (신학자가 단지 활성화되지 않은[informis] 신앙만 갖추고 있더라도, 신적인 신앙에 의해서 신봉하게 되는) 모든 계시 진리들이다(Sacra Theologia non est quaedam spiritualitas quae invenit instrumenta suae experientiae religiosae adaequata; sed est vera scientia, Deo benedicente, studio acquisita, cujus principia sunt articuli Fidei et etiam omnes veritates revelatae quibus theologus fide divina, saltem informi, adhaeret). 5) 서로 상충되는, 사물들에 관한 서로 다른 신학 체계들은 동시에 참될 수 없다(Varia systema theologica, quoad ea in quibus ab invicem dissentiunt non sunt simul vera). 6) 매우 정통적인(다시 말해 신앙의 진리와 매우 합치되는) 성 토마스의 체계를 가지고 있다는 것은 교회의 영광이다(Gloriosum est Ecclesiam habere systema S. Thomae tamquam valde orthodoxum, i.e. veritatibus Fide valde conforme). 7) 신학적 진리들을 성경과 전승을 통해 증명하고, 또 그 본성과 내밀한 근거를 성 토마스의 원리들과 가르침에 의해서 설명하는 것이 필요하다(Necesse est veritates theologicas per S. Scripturam et traditionem demonstrare, necnon earum naturam et intimam rationem principiis et doctrina S. Thomae illustrare). 8) 성 토마스는 엄밀한 의미의 신학자였지만, 또한 엄밀한 의미의 철학자이기도 하였다. 따라서 그의 철학은 그 가지성과 진리성에 있어서 그의 신학에 의존하고 있지 않으며, 그것은 단지 상대적인 진리가 아니라, 절대적인 진리를 표현하고 있다(S. Thomas, etsi proprie theologus, proprie etiam philosophus fuit; proinde, philosophia ejus in sua intelligibilitate et veritate non pencet ab ejus theologia, nec enunciat veritates mere relativas sed absolutas). 9) 신학자는 특히 학문적 전개과정에서 성 토마스의 형이상학을 응용하고 근면하게 그 변증법적 규칙들에 주목하는 것이 매우 필요하다(Theologo in processu scientifico suo valde necessarium est metaphysicam S. Thomae adhibere et ad regulas dialecticae diligenter attendere). 10) 다른 검증된 저술과 학자들에 관해서는, 설령 그들이 어떤 부분에서는 결함이 있는 것으로 드러난다고 하더라도, 그들에 관해 말하고 쓰는 방식에 있어서 존중심을 유지해야 한다(De aliis scriptoribus et doctoribus probatis servandum est moderamen reverentiale in modo loquendi et scribendi, etiamsi in quibusdam defectum inveniuntur). Cf. M.-D. Chenu, OP, *Une Ecole de theologie: le Saulchoir*, Paris, Cerf, 1985, p.35.

의 성장이, "교회가 성 토마스의 체계를 정통적인 것으로 가지고 있다는 것은 참으로 영광스러운 일이다"와 같은 명제로 달성된다는 것을 믿을 수 있을까? 그러나 그것은 슈뉘로 하여금 그와 같은 터무니없는 것에 서명하도록 옥죄었다. 말하자면 그것은 그 당시 신학적 병리학(theological pathology)의 한 증상이었다.

슈뉘에 대한 비판은 가리구 라그랑주 외에도 당시에 막 교황의 개인 신학자인 성청 교수로 임명된 마리아노 코르도바니와 안젤리쿰의 총장(이자 미래의 도미니코회 총장이며 제2차 바티칸 공의회에서 소수파 교황주의자의 수장 역을 맡게 될) 마이클 브라우니(Michael Browne)를 포함하고 있었다. 이 세 명의 거물 신학자들은 아리스토텔레스-토마스주의적 종합의 매우 역량 있는 대변자들이었고, 근대주의라고 비난받을 수 있는 가톨릭 신학 내 그 어떤 경향에 대해서도 단호히 반대 입장을 취했다. 그들의 관점은 분명 당시 슈뉘의 동료 도미니코 회원들 대다수의 입장을 대변하고 있었다.

1942년 독일 점령 아래 파리에서 슈뉘는 라디오를 통해 자신의 작품 '마니페스토'가 금서목록(Index)[7]에 올랐다는 소식을 들었다. 전에 르 솔슈아르의 동료였으나 1936년부터 로마에서 가르치고 있던 토마스 필립(Thomas Philippe)이 총장에게서 받은 권한으로 슈뉘를 명시적으로 '근대주의자'라 칭하며 이성의 역할을 경시하고 튀빙겐 학파 신학자들, 그 가운데서도 특히 아담 묄러의 연구를 옹호한다는 이유로, 슈뉘에게서 르 솔슈아르의 상주 교수 자격을 박탈하기 위해 도착하였다.[8]

슈뉘는 다시는 르 솔슈아르에서 가르치지 못했다. 친구들이 (역사

---

7. 신앙검사성(Congregatio Inquisitionis)에서 1557년에 신앙과 도덕에 반대되는 저술들을 통제하기 위해 만들어졌다가 1966년에 폐기되었다.
8. 토마스 필립은 나중에 장애인들을 위한 조직의 책임을 맡게 되는데, 이것은 훗날 장 바니에(Jean Vanier, 1928-2019)가 그런 공동체들의 국제 연결망인 '라르쉬(L'Arche) 공동체'를 설립하는 데 영감을 주었다.

연구에는 적합할지 몰라도, 아퀴나스의 믿을 만한 대변자는 되지 못한다고 판단하고) 파리 고등연구학교(Ecole des Hautes Etudes)에 한 자리를 마련해주었다. 그렇지만 그때까지 그는 설교자들의 수도회(Ordo Praedicatorum, 도미니코회) 수도자로서 막 창립된 가톨릭노동청년회(JOC: Jeunesse Ouvriere Chretienne)와, 파리 교외의 반성직주의적 산업화 구역들을 복음화시키려는 시도에 연루되어 있었다. 슈뉘는 우연히 1953년에 그들을 바티칸의 부당한 대우로부터 구해내려 했다는 혐의로 수도회 총장(수아레스)에 의해 징계를 받는 프랑스 도미니코 회원들 가운데 포함되어 있었다.[9]

바티칸 공의회의 공식 '전문신학자'(Peritus)는 결코 아니지만 프랑스어를 구사하는 마다가스카르 주교의 고문으로 채용된 슈뉘는 공의회가 처음부터 교회가 자기 자신뿐만 아니라 주로 세상의 운명에 관심을 가지고 있다는 것을 드러내보여야 한다는 점에 기초해서 '세상을 향한 소식'(the Message to the World: 1962년 10월 20일)을 주창하였다. 그는 교회와 현대 세계에 관한 사목헌장인 『기쁨과 희망』(*Gaudium et spes*)의 '낙관주의'(optimism)에 깊이 관여하였다.

그 뒤에 슈뉘는 그의 세대 많은 이들을 괴롭히던 세속화의 매력에 굴복한 사실보다는 오히려 자신이 기대하던 혁신의 실패에 더욱 실망하였다. 그는 1990년 2월 11일 파리에서 죽어, 노트르담 대성당에서 많은 주교들이 참석한 가운데 성대한 장례를 치렀다.

1. 바로크 스콜라학

슈뉘는 당시 로마의 주도적 대학 가운데 하나[안젤리쿰]에서 의무적인 7년 과정의 토마스 철학 및 신학 공부를 끝마쳤다. 비오 10세

---

9. 이 부끄러운 이야기를 보기 위해서는: Cf. Francois Leprieur, *Quand Rome condamne: Dominicains et pretres-ouvriers*, Paris, Plon/Cerf, 1989.

가 죽고 1914년 베네딕토 15세가 교황직을 계승하였을 즈음에는 최악의 지나친 반근대주의(anti-modernism) 캠페인들이 막 고비를 넘기고 있었다.[10] 최근 그레고리오대학 강좌에서 퇴임한 예수회의 루이 비요(Louis Billot, SJ) 신부는 그때까지 로마에서 가장 권위 있는 신학자였다.[11] '반근대주의 서약'(Anti-modernist Oath)과 '토마스 24명제'(XXIV Thomistic Theses)'는 최근에(각각 1910년과 1914년) 의무적으로 부과되었다. 몇 년 뒤 슈뉘는 '24명제'에 충실히 남아있어야 한다는 것을 인정하게 될 것이었다. 그는 모든 박사학위 지망자에게 그 명제들을 부과하는 것을 가톨릭 신학을 왜곡시키는, 교황 권한의 최악의 남용 가운데 하나로 보았다. 일차적으로 역사가이고 결코 형이상학자가 아닌 그는 언제나 가리구 라그랑주에 의해 노작(勞作)된 것과는 다른 아퀴나스 독서법을 전개할 것이다. 슈뉘의 접근법은 상당히, 아퀴나스의 작품을 신학적이고 역사적인 맥락으로부터 갈라내어 (그가 자주 표현하던 것처럼) '거룩한 형이상학'(sacred metaphysics)을 창조함으로써 형이상학적 공리들을 도출하는 기획(그에게는 그렇게 보였다)에 반대되는 반응이었다.

슈뉘는 자주 자신이 가리구 라그랑주의 강의들을 활용한다고 말했다. 그렇지만 슈뉘는 라그랑주를 갈라진 정신(a divided mind)으로 간주하였다: 특히 스페인 가르멜회 신비가인 십자가의 성 요한에 정통한 영성 스승이지만, 철학에서는 고집스러운 아리스토텔레스주의자로서 영성과 사변신학을 완전히 분리된 채 유지하기로 작

---

10. 자코모 델라 키에사(Giacomo Della Chiesa, 1854-1922)는 귀족이자 외교관이었는데, 그가 교황[베네딕토 15세]의 자리에 앉게 되었을 때 '근대주의' 이단들을 고발하는 비밀스런 단서를 발견하였다고 전해진다.
11. 슈뉘에 따르면, 비요의 신학은 관념주의(idealism)이다. 그는 그리스도교 경륜의 역사성에 관해서는 완전히 무지하였고 조심성도 없었으며, 성서적 원천들에 대해 아무런 관심도 없었고, 교회와 그리스도교 백성의 사목적 경험에 무관심하였다: "신앙의 신학은 그럼에도 불구하고 그 대상인 신비로부터의 어떤 방법론적 안내도 받지 않은 채, 전적으로 개념적이고 사법적인 권위에 의해서만 정의된다"(*Jacques Duchesne interroge le Pere Chenu: Un theologien en liberte*, Paris, Centurion, 1975, p.31).

정한 사람이었다. 반대로 슈뉘에 따르면, 가톨릭 그리스도교 신학은 육화하신 하느님의 신비의 역사적 경륜(historical economy of the mystery of God incarnate)을 지속적으로 참조하지 않고서는 실천될 수 없다. 이것은 당연히 신학적 활동이 (그가 젊은이로서 사랑에 빠져 있는) 전례 생활과 관상적 금욕주의(contemplative asceticism)에 토대를 두고 있다는 것을 의미했다. 슈뉘는 가리구 라그랑주 이상으로 역사적 박학 그 자체에 관심을 기울이지 않았다. 그는 특히 동료 도미니코 회원인 마리 조셉 라그랑주 같은 성서학자들이 역사-비평적 방법을 적용함으로써 가톨릭 성경 연구를 재활성화시키는 것을 보았다.[12] 똑같은 접근법이 적절한 차이와 함께, 특히 아퀴나스 같은 중세 스콜라 학자들의 신학을, 신스콜라학적 토미즘이 일찍이 성공했던 것보다 훨씬 더 결실 풍부하게 열어젖힐 수 있을 것이라고 슈뉘는 믿었다. 하느님의 그리스도교적 계시에 관한 아퀴나스의 전망은 어떤 면에서는 그의 저술 속에 육화되어 있다. 그의 저술의 역사적 맥락, 기원과 조직을 모르는 것은 그 전망을 놓치는 것이다.

슈뉘는 다음과 같이 말한다:

스콜라학적 토미즘에 스스로 얽매이는 사람들은 거듭되는 교재와 교본들에 의해 경직되어 왔고(또 바로크 스콜라학의 엄청난 양의 유입으로 변방화되었으며), 따라서 그들이 폭넓게 알지 못하는 입장에 대해 요약적 단죄를 할 수밖에 없었다. 이것은 분명히 토마스 아퀴나스의 제자들이 걸어야 할 길은 아닐 것이다. 그리고 이상스럽게도 반근대주의와 결탁하여 그 중세 박사에 대한 위대한 기억을 실증주의적 지성주의

---

12. 라그랑주(Marie-Joseph Lagrange, OP)는 1890년에 '예루살렘 성서연구소'를 창설한 가장 위대한 가톨릭 성서학자였다. 근대주의를 지지한다는 명목으로 동료들에 의해 공격을 받은 그는 원래 구약을 연구했으나 의문을 제기하는 데 책임을 덜 져도 되는 신약 연구로 전향하였다.

(positivist intellectualism)에 건네주고, 자신들을 위해서는 다만 자기들 고유의 유사-종교적 통합주의적 입장(pseudo-religious integrist position)의 전형인 토미즘만을 간직하는 자들의 방식은 별로 도움 될 것이 없다. 그러나 이런 토미즘의 이용이(어떤 사람들은 순진하게 이것을 건강하다고 보기도 하지만) 토마스의 정신으로 그리고 학문적 또는 신학적 작업의 고도의 요구들로 관통되어 있는 사람들의 진정한 의도를 가려버릴 수는 없을 것이다. 이들은 종교철학, 성서주석학, 그리고 교의의 역사에 의해서 타당하게 제기된 문제들을 정직하게 직면한다. 이들은 자기들의 스승의 경험에 의하여 조명되어, 새로운 영역에서 이성과 신앙의 관계를 어떻게 식별할 것인지를 알고 있다. 정확히 이것이 바로 가톨릭교회의 지성적 정체성이다.[13]

슈뉘의 기여는 온통 거기에, 곧 이미 1931년에 있다. 그렇지만 가리구 라그랑주와 그 동조자들에게 있어서 슈뉘의 기획은 (그들이 두려워하던) 경건, 주관적 경험, 맹신주의의 곤경을 선호해서 준-과학적인 학문(quasi-scientific discipline)으로서 사변신학의 객관성을 몰수당하게 만들 위험을 무릅쓰는 일처럼 보였다.

2. 르 솔슈아르: 하나의 신학 학파?

르 솔슈아르가 언젠가, 그리고 특히 1937년에, 당시 교단에 있던 모든 도미니코 회원이 어떤 단일한 전망을 가지고 있기라도 하듯이, 어느 정도까지 '하나의 학파'였는지는 논란의 여지가 있다. 적어도

---

13. M.-D. Chenu, OP, "Le Sens et les lecons d'une crise religieuse", *La Vie intellectuelle* 13(1931), p.380. 슈뉘는 1954년에 노동 사제들을 위한 신학을 모색하고 있다고 해서 교수 자격을 박탈당한다. Cf. F. Leprieur, *Quand Rome condamne*, Paris, 1989; T. O'Meara, OP, "Raid on the Dominicans. The Repression of 1954", *America* 170 (1994), 8ff.

그의 몇몇 동료들은 그들이 집단적으로 편들고 서 있는 것을 대변하는 슈뉘의 대가적 개진에 격노하였다.

더욱이 회고적으로 볼 때 '하나의 신학 학파'(un ecole de theologie)라는 것 자체가, 말할 필요도 없이 논쟁적이다. 예컨대 슈뉘는 신학교와 (의심의 여지 없이 안젤리쿰을 포함해서) 대학들의 교과과정들을 비웃었다: 신스콜라학의 철학 및 신학 교재들은 '볼프의 이성주의'(Wolfian rationalism)에 물들어 있었다. 그는 볼프의 텍스트를 조롱하듯 대했다. 가톨릭 제도들에서 실천되고 있는 것과 같은 자연신학은 18세기의 이신주의(理神主義, Deism)보다도 종교적 색채를 적게 띠고 있었다. 아퀴나스의 신학으로부터 아우구스티누스적 수액과 디오니시우스적 신비주의가 새어나가는 것이 허용되었다. 가톨릭 신학은 "요제프 2세의 궁정에서 봉직하는 성직자들의 철학"[14]인 '바로크 스콜라학'(baroque Scholasticism)으로부터 치유될 필요가 있었다. 19세기 로마의 도미니코회 토마스주의자들 가운데 가장 위대한 칠리아라 추기경의 '정통 토마스주의'(Thomist orthodoxy)는 "볼프주의(Wolffianism)에 감염되어 있었다." 그것은 예컨대 알베르토 레피디(Alberto Lepidi)의 '플라톤적' 해석을 억압한다.[15] 슈뉘는 '그 결함들에도 불구하고' 피에르 루슬로의 『성 토마스의 주지주의』(L'intellectualisme de Saint Thomas)를 선호했을 것이다.[16] 지금은 건전한

---

14. 합스부르크 왕조의 황제이자 가톨릭 계몽운동의 지도자인 요제프 2세(Joseph II, 1741-1790)는 교회를 국가에 예속시켰다. 제1차 바티칸 공의회에서 바티칸에 출몰한 망령들 가운데 하나—참으로 복스러운 모욕이다!
15. 칠리아라는 1870년부터 1893년까지 로마에서 가르쳤는데, 그는 아리스토텔레스적 토미즘의 주요 대변인이었다. 이와는 반대로 레피디는 프랑스와 벨기에에서 가르쳤는데, 아퀴나스 안에 있는 아우구스티누스적 흐름을 강조하였다. 칠리아라와 레피디는 도미니코 수도회 내에서조차도 근본적으로 분기되는 전통을 대변하고 있다.
16. 도미니코 회원인 슈뉘가 예수회원이 쓴 책을 추천하는 것은 분명 일종의 도발이다. 루슬로는 아리스토텔레스적 토미즘을 부적절한 것으로 만들며, 아퀴나스의 작품에서 인식과 사랑에 대한 참여주의적 철학을 재발견하였다. 번역된 그의 1908년도 소르본 학위논문을 참조하라: The Intellectualism of St. Thomas, London, Sheed and Ward, 1935.

이 변덕들만큼이나 이상한 그들은 가리구 라그랑주를 비롯한 당시 대다수 가톨릭 신학자에게 분노하지 않을 수 없었다.

요컨대 슈뉘의 도전들은 그렇게 흘러갔고, 신스콜라 학자들은 "실존, 활동, 개체, 생성, 그리고 시간 등의 문제들"에 주의를 기울이지 않았으며, "정의하기에 매우 정교한 것들인 우연적이지 않은 것, 보편자, 이상적이고 불변적인 관계들을 중시하는 본질의 철학"을 선호하였다.

그가 자각하고 있었음에 틀림없는 것처럼 도발적으로, 슈뉘의 '마니페스토' 제2장은 조지 티렐(George Tyrrell)이 1904년 프리드리히 폰 휘겔(Friedrich von Huegel)에게 보낸 편지를 인용하는 것으로 시작한다. 거기서 그는 그들의 적수들과 차이가 나는 것이 '신경(Credo)'의 이 조목 또는 저 조목에 대해서가 아니라, [좀 더 근본적으로] '나는 믿는다'(credo)라는 단어와 교리에 적용되는 '참된(verum)'이라는 단어의 의미에 관해 서로 다른 것임을 지적한다. 슈뉘의 이 언급은 "당시 그리스도교가 직면하고 있던 지성적이고 종교적인 위기"가 의심의 여지 없이 사실이라는 것을 보여주기 위한 것이다. 그런데도 (그는 즉각적으로 말한다) 가톨릭 학계에서는 많은 성취가 있었다. 그는 루이 뒤셴(Louis Duchesne), 피에르 바티폴(Pierre Batiffol), 마리 조셉 라그랑주, 메르시에, 블롱델 같은 유명한 이름을 줄줄이 풀어낸다: "그들은 교황 레오 13세가 주도하던 대단히 풍부한 활동의 결실들이다."[17] 이 이름이 증명하고자 했던 것처럼, 가톨릭 학계가 그 '논쟁들과 사건들'을 벌인 지(슈뉘는 어디까지나 독설가가 아니라 격려자였다) 어언 반세기가 흘렀다.

흥미롭게도 슈뉘는 (티렐이 자기 자신과 폰 휘겔이 공유하고 있다고 가정한) 진리(veritas) 개념을 논의하려는 시도를 하지 않는다. 티렐은

---

17. Chenu, *Le Saulchoir: Une ecole de theologie*, Paris, Cerf, 1937, p.115.

철학적으로 자신의 진리 개념이 신스콜라학적 신학의 진리와는 매우 다르다는 것을 핵심 요점으로 삼는다. 슈뉘는 티렐의 언급을 보증하지 않는다. 그렇다고 그것을 의문에 부칠 만한 어떤 근거를 알고 있는 것 같지도 않다.

슈뉘의 '마니페스토'의 메시지는 매우 도발적으로 배치되어 있다: 철학에 관한 장(章)이 신학에 관한 장 이후에 온다. 토마스 아퀴나스는 처음부터 신학자로 읽혀야 한다. 신학 공부에 들어가도록 허용되기 전에 24명제를 옹호할 필요는 없다. 그의 신학의 기초에 짐작건대 놓여 있는 형이상학적 공리들을 숙지하는 것보다 아퀴나스의 역사적 맥락(historical context)을 재구성하는 것이 훨씬 더 중요하다.

핵심 구절은 다음과 같다:

> 신학 체계들은 영성에 대한 유일한 표현이다. …보나벤투라와 스코투스주의적 아우구스티누스주의의 위대성과 진리성은, 전적으로 성 프란치스코의 후손들 안에 영혼이 된 사부(師父)의 영적 경험에 있다. 몰리나주의(Molinism)의 위대성과 진리는 성 이냐시오의 '수련'의 영적 경험에 있다. 이름의 가치가 있는 신학은 그 종교적 경험에서 적절한 합리적 도구들을 발견하는 영성이다. 성 토마스가 도미니코회에 들어간 것은 역사의 행운이 아니다. 도미니코회가 성 토마스를 받아들인 것은 어떤 변덕스러운 은총(desultery grace)에 의해서가 아니다. 그 제도와 가르침은 서로 밀접하게 양자를 새로운 시대로 데려간 영감과, 양자의 목적이 그들 정신의 열정, 방법, 순수성, 그리고 자유를 보장하는 관상에 연결되어 있다.[18]

이것은 명백히 정확하게 가리구 라그랑주가 배격한 그것이다. 한

---

18. Ibid., pp.148-149.

신학자에게 (슈뉘는 계속한다) 관상이란 수시로 가담할 수 있는 실천, "마치 그 대상과 방법으로부터 도피하기라도 하듯이, 그의 연구를 뛰어넘는 열정의 폭발"이 아니다. 오히려 관상은 (그것이 없다면 신학이 건조하고 적절하지 못하게 되고 마는) 신학자의 일상의 환경이다. 이런 해석에 대해 가리구 라그랑주는 이의를 제기하지 않았을 것이다. 그렇지만 슈뉘가 말하고 있는 것의 이면에는 하루를 어떻게 구분할지에 대한 오래 계속되는 논쟁이 놓여 있다. 신학자는 자신의 무릎에 책이 없는 채 한 시간을 보내고 난 다음에 도서관에 공부하러 가거나 교실로 강의하러 가는가, 아니면 그 시간의 명상이 어떤 텍스트에 의존하고 있고 탐구와 교육은 언제나 관상적으로 실천되는가? 비판자들의 눈에는 슈뉘가 (그의 비판은 그럴싸했으나) 공부와 기도 사이를 적절히 구별하는 데 실패하였고, 이리하여 놀랍지도 않게 자칫 신학과 영성을 혼동시킬 수 있는 것으로 비쳤다.

철학에 관한 장에서 슈뉘는 그리스도교 내에서 철학의 지위(status of philosophy within Christianity)라는 영속적으로 까다로운 문제를 제기한다. 이것은 실천적이면서도 이론적인 문제이다. 신학교의 표준 교육학이 요구하는 것처럼, 철학 연구들이 신학 입문에 선행해야 하는가? 철학 강좌의 화관인 (그릇되게 '전통적'인 것으로 잘못 간주된) 신스콜라학의 호교론은 "마치 그것이 서로 상대방의 바깥에 있는 [그것에 대한 요행스러운 콩코르단스들이 발견되어야 하는] 두 세계 문제이기라도 하듯이" 이성과 신앙의 관계를 완전히 잘못 표상하고 있다. 의심의 여지 없이 이것은 계몽주의의 이신주의(Deism of the Enlightenment)에 대한 한 반응으로서 의미가 있는 것처럼 보였다. 그러나 그것은 잘못이다: "그리스도교적인 철학함은 그리스도교적이기를 그치지 않는다. 그리고 그리스도교 철학자는 철학자

---

19. Ibid., p.153.

이기를 중단하지 않는다."[19]

슈뉘는 '구원(久遠)의 철학'(philosophia perennis)이라는 관념에 대해 회의적이다. '구원의 철학'이라는 구절 자체는 (슈뉘는 우리에게 정보를 알려준다) 자조적인 박식을 뽐내던 아고스티노 스테우코(Agostino Steuco)라는 사람에 의해 창안된 것인데, "이 르네상스 철학자는 이 구절을 통해 파도바의 이신주의와 중세 스콜라학을 화해시키고 싶어 하였다."[20]

그렇지만 그 구절의 문제는 그것이 철학을 일련의 "특징도 없고 모양도 없는 원리들"(enonces depersonnalises et avachis), 다시 말해 실제로는 "직관에 있어서나 체계화에 있어서" 상당히 다른 철학적 기획들에 대한 최소 공통분모(common denominator)로 간주한다는 점이다. 요컨대 신스콜라 철학은, "라이프니츠의 후견 아래" 거짓된 "가지성(可知性)이라는 이상"(false ideal of intelligibility)을 채택하였다.[21]

3. 토마스의 신앙관에 대한 슈뉘의 해석

슈뉘는 토마스 아퀴나스를 역사적 맥락 안에서 현대의 신학적 문제들에 빛을 던지는 방식으로 연구한다는 야심 찬 계획이 있었다. 어쩌면 1939년 전쟁 발발이 그를 가로막은 셈이지만, 교회의 제재도 이것을 막지는 못했다. 1923년으로 거슬러 올라가는 그의 첫 번째 출판물이 그가 어떤 종류의 일을 하고 싶어 하였는지 보여준다.

이 논문에서 슈뉘는 『신학대전』에서 아퀴나스가 신앙의 대상에

---

20. 스테우코는 라테라노 대성당의 정규 참사위원으로 '바티칸 도서관'(Vatican Library)을 관장하였다. 그의 작품 중에는 『구원(久遠)의 철학』(Philosophia Perennis, 1540)도 들어 있는데, 거기서 그는 모든 종교를 하나이자 영원한 '구원의 철학'의 현현들로 보고 있다. 이 구절은 라이프니츠가 처음으로 사용했다.
21. Chenu, Le Saulchoir, pp.154-155.

관해 고찰하는 것에 대한 독법을 제공한다.[22] 문제는 신앙의 대상이 "어떤 발설될 수 있는 방식으로(per modum enuntiabilis)" 합성된 것인가, 아니면 '제1진리'(veritas prima), 곧 어떤 부분으로도 합성되지 않은 하느님이신가 하는 것이다. 신앙은 명제에 대한 것인가, 아니면 하느님에 대한 것인가?

슈뉘에 따르면, 이것에 대한 관심은 간과되었다. 왜냐하면 역사가들이 그것을 역사적 맥락 속에 자리매김하지 않았기 때문이다. 만일 우리가 그 논쟁을 다시 시작한다면 우리는 아퀴나스가 취하는 입장의 영속적인 중요성을 볼 수 있을 것이다. 그 논쟁은 구약과 신약 사이의 신앙의 정체성 문제에서 비롯되었다. 아퀴나스에게 그리스도교와 유다교의 신앙 사이에는 연속성이 있었다. 그의 몇몇 선배들은 신앙이 일종의 지식이기에 명제를 대상으로 삼아야 한다고 주장했다. 그는 기꺼이 동의한다. 왜냐하면 이것은 그로 하여금 신앙 행위의 인간적 조건들을 강조하도록 허용하기 때문이다: "인간 정신에 고유한 진리 인식 방식은 결합하고 분리하는 방식에 의해서이다." 슈뉘에게 이것은 신앙의 심리학적 조건들에 대한 우리의 현대적 관심을 정당화할 것이기 때문이다. 그것은 또한 영성에 관한 작가들에게 (모든 계몽주의를 거슬러) 성령의 선물들조차도 그리스도인들을 점진적이고 끝없으며 확산적인 계몽(the regime of gradual, unending and expanding enlightenment)으로부터 면제시키지 않는다는 점을 상기시킬 것이다. 신앙은 즉각적인 이해(short-circuit intelligence)가 아니다. 반대로 신앙은 신적 진리를 우리 정신의 바로 실체 안에 육화시킨다.

그렇지만 다른 이들은 신앙의 대상이 절대적으로 하느님이라고

---

22. "Contribution a l'histoire du traite de la foi: Commentaire historique de IIa IIae, q.1, a.2", *Melanges thomistes*, Kain, Le Saulchoir, 1923, 123-40; Repr., in Chenu, *La Parole de Dieu I: La Foi dans l'intelligence*, Paris, Cerf, 1964, pp.31-50.

주장하였다. 물론 그들은 정확하다. 그래서 아퀴나스는 동의한다: 그의 인식 이론에 따르면, 알려지는 실재는 인식자 바깥에 자기 고유의 존재를 가지고 있는 것으로서의 인식 대상이다. 그러나 그가 계속해서 말하는 것처럼, 인식자 안에 있는, 실재의 어떤 것을 통하지 않고서는 그 실재에 관한 인식은 없다. 마찬가지로 신적 실재는 명백히 우리와는 무관하게 존재한다. 그러나 우리의 정신은 그것을 우리 자신의 방식으로, 다시 말해 합성하고 나누는 방식으로, 그리고 (그런 다음) 명제의 방식으로 수용한다.

역사가로서 슈뉘는 아퀴나스가 한 번도 거명한 적이 없는 논적들을 지명하며 부지런히 그 논쟁을 재현한다. 그렇지만 분명 그의 동기는 (역사적 탐구의 먼지 속에서, 또는 상대주의의 늪에서 사변신학을 상실하기는커녕 실제로 19세기에 대한 아퀴나스의 해결책이 현대의 논쟁을 감당할 수 있게 만드는 방식으로) 아퀴나스를 읽는 방법을 입증하는 것이다. 우리는 우리의 신앙이 명제에 관한 것이라고 말하는 것과, 그것이 신적 말씀의 실재에 관한 것이라고 말하는 것 사이에 선택을 해서는 안 된다. 1920년대에는, 오늘날처럼 우리의 정신이 언어의 테두리 내로 제한되는지[유아주의(solipsism)], 아니면 ㅈ접적으로 실제로 초월할 수 있는지에 대해 논쟁을 벌였다. 가톨릭 신앙인들은 명제를 믿는 데 반해, 개신교도들은 인격에 대한 믿음을 가지고 있다고 종종 주장되었다. 슈뉘에게 있어서 아퀴나스는 이미 오래전에 이 외양적 딜레마를 전형적인 방식으로 해결하였다. 여기에, 로마를 떠나온 지 3년이 채 안 된 슈뉘가 아퀴나스의 텍스트를 (언급할 필요도 없었지만) 가리구 라그랑주가 실행하고 있던 것과는 전혀 다르게 연구하는 방식을 보여주는 것이다. 이것은 (슈뉘는 태연하게 덧붙인다) 데니플[23]이 꿈꾸던 일종의 역사 신학(historical theology)이다.

---

23. 데니플(Heinrich Seuse Denifle, OP)은 중세 전문가로서 (비록 루터에 대한 가톨릭의 평가를 앞당겼지만) 당시 가장 위대한 도미니코회 역사가였다.

4. 『성 토마스 연구 입문』

이상하게도 슈뉘가 자신의 『성 토마스 연구 입문』[24]을 출판하기 위해서는 교회의 어떤 조치가 필요했다. '고위 권위자들'은 그것을 막으려 했다. 왜냐하면 아직도 그의 작은 '마니페스토'가 '금서목록'에 올라가 있었기 때문이다.

슈뉘는 반세기가 지난 다음에, "아직까지 최상의 안내서들 가운데 하나로 남아있는" 이 책 안에서, 그것이 속한 역사적 맥락, 그것이 작성된 역사적 조건들(도미니코 수도회, 파리대학, 당시의 대학 제도와 문학 형식들, 아우구스티누스와 디오니시우스와 플라톤 전통의 유산 등과 당시 막 발견된 아리스토텔레스의 작품들과 아퀴나스의 비판적 만남)을 떠나서는 아퀴나스를 제대로 이해할 수 없다고 강력히 주장한다. 그는 아퀴나스 작품의 다양성을 강조한다: 아리스토텔레스에 대한 주해서들, 성경 주해서들, 토론문제들, 여러『대전』등은 각기 다른 문학 유형들에 더하여 자기 고유의 논리와 영적 관련성을 지니고 있다. 사상과 텍스트, 표현과 진리는 함께 간다. 그렇지만 무엇보다도 아퀴나스는 자신의 사상을 (모든 쟁점이 질문을 제기하는 것으로 간주하는) 고전적인 '문제' 형식(classical form of the *quaestio*) 안에서 가장 특징적으로 작업해 냈다. 그 문제에 대한 아퀴나스의 해결책이 (마치 그가 자신의 관점에 대한 것으로 간주하는 반론들이 옆으로 치워질 수 있는 것처럼) 하나의 '명제'(sententia)로 재정식화될 때, 그것은 동일한 사상이 아니라고 슈뉘는 생각했다.

슈뉘는 말하자면 그 안에서 아퀴나스의 작품이 자신의 풍요로움을 드러낼 수 있도록 드라마와도 같은 역사를 집중 조명하려는 최

---

24. Chenu, *Introduction a l'etude de S. Thomas d'Aquin*, Paris, Vrin, 1950; 2a ed., 1954; tr. A.-M. Landry and D. Hughes, *Towards Understanding Saint Thomas*, Chicago, Regnery, 1964.

초의 커다란 노력을 기울였다. 『신학대전』은 더 이상 모든 역사와 시간을 뛰어넘는, 스스로 서 있는 체계로 취급될 수 없다. 오히려 다른 고전(古典)들처럼 그것이 작성된 배경에 속하는 것이어서, 그것이 얼마나 항구하게 활기차고 값진 것인지를 계속해서 노출시킨다. 우리는 어떤 텍스트의 생성과 합성에 더 깊이 도달하게 될수록 상대주의로 미끄러지게 될 경사가 더 가팔라질 것이라고 두려워할 필요가 없다. 오히려 정반대다: "진리가 시간 속에 아로새겨진다고 덜 진실해지는 것이 결코 아니다."[25]

슈뉘는 『신학대전』을 개진하는 데 있어서 당시 작품의 표준 구분법과 전투를 벌인다. 오직 계시 덕분에만 말해질 수 있는 것을 고찰하기 전에 하느님에 관해 증명될 수 있는 것을 이성에 의해 완성하겠다는 결심을 성찰하기는커녕 아퀴나스가 '한 분이신 하느님'(de Deo uno)을 다루고 그다음에 '삼위이신 하느님'(de Deo trino)을 다룬다는 사실은 "라틴 신학의 특징적인 선택으로부터 귀결되는데, 이것은 계시의 하느님을 향한 여정을 함축하고 있다."[26] 아무리 형이상학으로 물들었더라도 (그는 인정한다) '한 분이신 하느님'에 대한 질문들은 아리스토텔레스 『자연학』의 하느님이 아니라 창세기의 하느님, 곧 우리에게 그리스도를 손가락으로 가리키는 아브라함과 이사악과 야곱의 하느님을 다룬다. 우리는 이 텍스트를 '이신주의' 신학으로 환원시키는 것이 아니라 그것의 종교적 성격을 간직해야 한다고 슈뉘는 강조한다. 그는 우리에게 자기 동료 르네 모트(Rene Motte)의 (소홀히 취급된) 고전적 논문[27]을 참조시킨다.

하느님에 관한 질문과 창조 신학 사이의, 그리고 신적 신비와 시공(時空)의 세계 사이의 연결은 아드님과 영의 '파견'(missio)에 관한

---

25. Chenu, *Introduction*, p.6.
26. Ibid., p.275.
27. R. A. Motte, "Theodicee et theologie chez S. Thomas d'Aquin", *Revue des sciences philosophiques et theologiques* 21(1937), 5-26.

핵심 질문(ST, I, 43)에 의해서 만들어진다. 『신학대전』 제1부 전반에 걸쳐서 아퀴나스는 창조(creatio)에 관한 성경 소재들을 계속해서 편입시킨다. 이것은 교리의 분류에 관한 개진(expositions in class of the doctrine)에서 일반적으로 생략되던 것이었음을 슈뉘는 지적한다. 슈뉘는 종교, 헌신, 그리고 경건 등을 정의(正義)라는 도덕적 덕의 맥락 속에서 고찰하는 것이 우리의 영성 개념을 얼마나 예기치 않은 방향으로 향하게 하는지에 주목하도록 초대한다.

요컨대 한 실례들의 목록에서 슈뉘는 '토마스의 정신에 따라'(ad mentem Sancti Thomae) 편찬되었다고 가정되는 강좌나 교재들에서 가르쳐지는 것과는 전혀 다르게 접근하는 『신학대전』 독법을 펼쳐보인다. 그가 기정사실로 받아들이는 맥락, 곧 전례적으로 실행되고 훈련된 관상으로 살아내는 그리스도교 신비(Christian mystery, liturgically performed, lived in disciplined contemplation)를 허용하는 데 실패하는 것은 『신학대전』을 대다수 신학생이 받아들이는 것과 같은 메마른 훈련으로 남겨놓게 된다. 슈뉘는 『신학대전』의 엄격하게 지성적인 성취를 축소하기는커녕 오히려 (그 명상의 결실들이 우리가 물려받은 텍스트들 안에 육화되어 있는) 그 정신을 제대로 알지 않고서는 그 성취를 몽땅 놓치게 된다는 것을 입증하려고 애쓰고 있었다.

아리스토텔레스의 중요성에도 불구하고 (슈뉘는 강조한다) 아퀴나스가 아우구스티누스로부터 오는 유산을 거부한 것처럼 읽혀서는 안 된다. 비록 '플라톤주의자들'에 대한 참조가 흔히 부정적이기는 하지만, 이것이 그가 신플라톤 전통으로부터 얼마나 많은 것을 기정사실로 받아들이고 있는지를 막아버려서는 안 된다. 그는 디오니시우스를 아리스토텔레스만큼이나 자주 인용한다. 우리는 12세기 르네상스, 이슬람 문화의 현존, 탁발수도자들의 복음중심주의(evangelism)와 그 밖에도 토마스 아퀴나스의 제자들이 지금은 그의 작품을 이해하는 데 본질적인 부분으로 간주하는 많은 것들을 기억할 필요가 있다.

슈뉘가 50년 전에 선구적으로 시도했던 접근법들이 당시에는 토미즘에 대한 표준적인 신스콜라학적 개진과 가톨릭 신학 내에서 정통성을 유지하는 데 하나의 위협으로 간주됐다는 점을 기억하는 것이 건전할 것이다.

5. 제2차 바티칸 공의회의 볼프주의

1973년 제2차 바티칸 공의회에서 성취된 것을 성찰하는 중에 슈뉘는 신스콜라학적 신학이 '볼프주의'에 물들어 있었다는 도전으로 되돌아갔다. 1962년 11월, 그가 '볼프적 형이상학'(Wolffian metaphysics)의 표지들을 감지했던 《공의회 의안들》에 대한, 대다수 주교들이 예기치 못하게 거절했던 것은 (그가 젊은 시절 로마에서 복종하였던) 신스콜라학적 토미즘(neoscholastic Thomism)의 최종적 좌절이었다. 18세기 이성주의의 정신은 가톨릭 신학으로부터 단호히 추방되었다.[28] 이것은 그것이 효력을 다 발휘하는 데 아무리 오래 걸린다고 하더라도 엄청나게 중요한 함축들과 함께 신학적 감수성의 돌이킬 수 없는 변동이었다.

독일 루터교 신학자인 크리스티안 볼프의 내용 풍부한 작품들을 슈뉘가 얼마나 읽었는지는 확실하지 않다. 하지만 의심의 여지 없이 그는 볼프가 신학적 진리들을 거의 산술적인 확실성을 지닌 증거 위에 정초하고 싶어 하였다는 것을 알고 있었다. 잘 알려져 있듯이 볼프의 경건주의적 루터교(Pietist Lutheran) 동료들은 그가 1721년에 행한 한 강연에서 공자(孔子)의 도덕적 가르침들을, 인간 이성이 자신의 힘만으로 도덕적 진리를 획득할 수 있는 증거로 예증한

---

28. Chenu, "Verite evangelique et metaphysique wolffienne a Vatican II", *Revue des sciences philosophiques et theologiques* 57(1973), 632-640.

것에 격분하였다.

볼프는 논리학, 존재론, 이성 심리학, 자연신학, 도덕 철학 등의 강좌들을 창안하였는데, 이것이 1960년대 가톨릭 신학교들과 전 세계 대학 철학부의 교과과정을 구성하였다. 이런 작업 구분은 지혜 훈련 또는 '지혜 사랑'이라는 의미의 철학을 단편화시켰고, 오늘날 우리가 대학에서 가르치는 직업 철학에서 친숙하게 알고 있는 '전공'(專功, specialism)들의 기원이 되었다.

여러 해 동안 에티엔 질송은 '볼프주의'가 가리구 라그랑주의 업적에 침투하였다고 주장하였는데, 이것은 많은 이들이 생각했듯이 지나친 암시였다. 이것은 페디코드의 표현처럼 '터무니없는'(preposterous) 것이다.[29] 질송의 주장의 기초는 가리구 라그랑주가 자신의 첫 번째 대작인 『공통 감각』(Le sens commune, 1908)에서 아프리칸 스피르(Afrikan Spir)에게 진 빚을 선언한 데에서 기인하는 것으로 보인다. 라그랑주는 스피르의 『사고와 실재: 비판 철학의 개혁을 위하여』(Denken und Wirklichkeit: Versuch einer Erneuerung der kritischen Philosophie, 1873)의 프랑스어 번역본에서 그가 볼프적 이성주의를 흡수한 것으로 보이는 유도관(conduit)을 읽었다. 진정한 토마스의 (본질이 아니라 존재로서의) 존재 이해는 1729년 볼프의 『존재론』(Ontologia)이 출간되었을 때 상실되었다. 아퀴나스의 형이상학에서 중심적인 존재 현실(actus essendi), 곧 "자립적 존재 자체"(ipsum esse subsistens)는 근대철학에서 사라졌고, 그래서 질송의 종종 반복된 이야기가 전개된다. 이 모든 것을 여기서 세세하게 다루는 것은 우리를 너무 멀리까지 데려갈 것이다. 요점은 다만 가리구 라그랑주가 이성주의자, 곧 근본적 토마스의 직관을 파악하는 데 실패한 자

---

29. Richard Peddicord, *The Sacred Monster of Thomism: An Introduction to the Life and Legacy of Reginald Garrigou-Lagrange*, OP, South Bend(IN), St. Augustine's Press, 2005, p.103, n.70.

기류(自己類)의 토마스주의자(sui generis thomist)로서 해고되고 있다는 점이다.

참으로 가리구 라그랑주는 "존재하는 모든 것은 존재하기에 충분한 이유를 가지고 있다"는 충족이유율(Principle of sufficient reason)에 커다란 비중을 두었다. 이것은 충분히 라이프니츠적인 것으로 들리지만, 라그랑주는 언제나 우리가 이 원리를 정식화하는 데에 라이프니츠를 필요로 하는 것은 아니라고 주장하였다. 이것[충족이유율]이 바로 '토미스트 명제들' 안에서 신 존재 증명이 그 위에 정초되는 원리다.

어쨌든 그 주장의 전거를 대는 데 질송보다 별로 나은 것이 없는 슈뉘는, 자신이 1914년부터 1920년까지 안젤리쿰에서 배운 토미즘이 이 계몽주의적 이성주의(Enlightenment rationalism)에 물들어 있었다고 주장한다. 참으로 이것은 프랑스 도미니코 회원들과 예수회원들이 신학의 '원천으로 돌아가기'(Ressourcement)를 거슬러 과학자연(然)하는 연역주의(deductivism)를, 구원의 역사와 경륜에 관한 연구와, 하느님 말씀의 교회 내 선교적이고 사목적인 현존에서 발견되어야 한다고 보는 신스콜라학적 신학에 대해 논쟁을 벌이는 중에 교권 당국으로부터 박해를 받고 강단에서 축출되며 출판 금지를 당하는 1940년대와 1950년대의 신랄한 논쟁들을 설명해준다. '신-신학'(Nouvelle Theologie)이라는 용어는 가리구 라그랑주와 그 로마 동료들이 (가톨릭 신학자들을 그들의 유산, 곧 이른바 '신-신학자들'이 현재 복원시키고 있는 '전통 신학'으로부터 도려내는) 신스콜라학적 이성주의를 문제 삼는 (슈뉘나 드 뤼박 같은) 이들에게 적용(남용)한 것이다.

6. 철학 없는 신학?

슈뉘는 제2차 바티칸 공의회의 의안(초고)인 《순수하게 수호되어야 하는 신앙의 유산》(*De deposito fidei pure custodiendo*)에서 〈진리 인식〉(De cognitione veritatis)이라는 장의 본문을 검토하도록 우리를 초대한다. 여기서 우리는 "신앙의 보화를 진정성 있게 보존하는" 것에 관한 예비 열쇠가 되는 텍스트에서 어떤 '진리 인식' 이론(인식론)이 작동하고 있음을 발견한다: 진리는 불변성, 필연성, 보편적 합리성 등과 동맹을 맺는다. 더욱이 존재 철학은 생성의 철학과 우호적으로 대조되고 있다. 여기에서는 진리 인식에서 시간과 역사의 차원이 전적으로 부재(不在)한다. 요컨대 공의회 교부들이 이 초고들을 일괄적으로 거부한 것이 "[볼프적 이성주의가 그 최소한의 계승(avatar)이 아니었던] 신스콜라학의 부조리들(aporias)을 넘어" 가톨릭 신학의 쇄신의 길을 열었다.30 마침내 결정적으로 제2차 바티칸 공의회에서 가톨릭교회는 토마스 아퀴나스에 대한 진정한 이해와 현대적 삶의 문제들에 대한 신학적 관여를 가로막던 이성주의를 배격하였다고 슈뉘는 주장한다.

그렇지만 슈뉘가 그때 말하고 있는 것을 살펴보라. 성서적 계시 진리는 그것을 말하는 명제들의 형식적 진리로 환원될 수 없다. 하느님은 활동들과 사건들, 그리고 말씀들 안에서 계시된다. 이 사건들은 (누군가 생각하였듯이?) 신적 관념들을 조명하는 거친 사실들이 아니다. 그것들은 하느님의 역사 내 활동들이다. 가리구 라그랑주가 "진리에 대한 형이상학적 개념화의 틀 안에서" 했듯이 "계시 가능성의 추상적 조건들을 환원적으로 연구하는 것"만으로는 충분하지 못하다.31 "이 분석은 인간의 역사적 조건은 물론 구원하는 진리와도 연결되지 않는다." 그것은 "공의회에 의해서 폐기된 어떤 특정 기초신학의 순전히 외적인 방법"이다.32

---

30. Chenu, "Verite evangelique", p.636.
31. Ibid., p.637.
32. Ibid.

우리가 원하는 것은 (슈뉘는 계속한다) "히브리 정신에 따른 성서적 진리, 복음적 진리"의 개념이다. 그것은 "직접적으로 '무엇인지'(quid est)와 연결되는 것이 아니라 발생하는 것, 곧 우리가 경험한 것과 연결된다."[33] "그리스 사상은 존재자들의 실체에 관한 성찰에 의해서 발전되었고, 결국 불변성과 영속성의 철학이 된다. 그것은 성서적 사고에 고유한 특징인 시간과 사물들 및 사람들의 나약성을 제쳐두었다. 성서적 사고는 본질이 아니라 운명으로 향하고, 생명의 나약성과 약속에 관해 질문한다."[34]

참으로 복음의 역사적이고 구체적인 진리를 (하나의 명제를 존재자로서 존재자의 진리와 연관시키는, 판단에서의 '사물과 지성의 일치'[adaequatio rei et intellectus]라고 정의되는) 그리스-라틴 철학의 추상적 진리에 대립시키는 것은 위험하고 역사적으로 논쟁적인 이원주의에 내맡기는 셈이 될 것이다. 그리고 그는 계속해서 이 노선으로 나아가, 고대 그리스 철학으로부터 물려받은 진리 개념을 거슬러 복음적이라고 가정되는 진리 개념을 내세운다. 명백히 30년 전에 히브리적 사고방식과 그리스적 사고방식, 그리고 성서적 진리 개념과 형이상학적 진리 개념 사이의 차이는 가톨릭 신학자들 사이에서도 상식에 속하는 것이었다. 의심의 여지 없이 그것은 신스콜라학적 이성주의의 판세 장악이 무너지는 순간이었다. 그러나 슈뉘가 형이상학적 진리 개념을 거슬러 성서적 진리 개념을 선택한 것이, 가리구 라그랑주의 전혀 부당하지만은 않은 의심을 사는 동기가 되었다.

---

33. Ibid.
34. Ibid., pp.637-638.

7. 마무리

슈뉘의 지속되는 성취는 내부로부터 『신학대전』의 독법에 도전하는 것이었다. 다른 교회 전통에 속하는 신학자들이나 제2차 바티칸 공의회 이후 시대의 가톨릭 신학자들에게조차 믿을 수 없는 것처럼 보이겠지만, 그의 접근법이 상대주의로, 그리고 결국 근대주의로 이끌 것이라는 두려움이 동료 도미니코 회원들 사이에 그토록 지배적이어서, 그는 단지 토마스 아퀴나스를 그 역사적 맥락 속에서 읽을 때 그리스도 신앙의 진리에 대한 그의 개진이 훨씬 더 조명적이 된다는 것을 강조했다는 한 가지 이유만으로, 도미니코 수도회의 어떤 조직 안에서도 가르칠 수 없는 처지에 놓이게 되었다.

아퀴나스에 대한 슈뉘의 특징적인 접근법에 이르는 최선의 통로는 최근에 [영어로] 번역된 책에서 만나볼 수 있다.[35] 거기에서 그는 그 역사적 맥락을 재구성함으로써 아퀴나스의 복음적 지향과 오늘날을 위한 그의 적시성(適時性)을 드러냈다. 슈뉘의 유산에 관한 한, 그것은 지금 장 피에르 토렐(Jean-Pierre Torrell), 질 에머리(Gilles Emery), 그레고리 로카(Gregory P. Rocca), 매튜 레버링(Matthew Levering) 등 아퀴나스가 역사적 맥락 속에서 연구되어야 한다는 것을 기정사실화하는(이것은 그가 오늘날 커다란 신학적 관심을 끄는 문제들에 대해서 아무 할 말이 없다는 것을 뜻하는 것이 아니라, 오히려 그 반대이다) 많은 신학자의 업적에서 추적될 수 있다.[36] 토렐의 대작

---

35. 원래 1959년에 프랑스어로 출판되었으나, 최근에 영역본으로 번역되었다: Chenu, *Aquinas and His Role in Theology*, tr. and Introd., Paul J. Philibert, OP, Collegeville(MN), The Liturgical Press, 2002. [*바로 우리의 이 한글 번역본이다.]
36. Jean-Pierre Torrell, OP, *Saint Thomas Aquinas*, vol.2: *Spiritual Master*, Washington, Catholic University of America Press, 2003; Gilles Emery, OP, *Trinity in Aquinas*, Ypsilanti(MI), Sapientia Press, 2002; Gregory P. Rocca, OP, *Speaking the Incomprehensible God: Thomas Aquinas on the Interplay of Positive and Negative Theology*, Washington, Catholic University of America Press, 2004; Matthew Levering, *Christ's Fulfillment of Torah and Temple*, Notre Dame(IN), University of Notre Dame Press, 2002; *Scripture*

(magnum opus) 제2권은 아퀴나스를 '영적 스승'(spiritual master)으로 소개한다. 아퀴나스의 영성이 그의 신학 안에서 자신을 드러내듯이 그의 신학은 명백히 관상(觀想)으로 정향되어 있다. 비록 그가 명백히 슈뉘에게 훨씬 더 많이 빚지고 있겠지만, 슈뉘의 토미즘과 가리구 라그랑주의 토미즘이 어쩌면 토렐의 작품에서 일정 정도 화해에 이른 것인지 모른다.

그렇다면 영어권의 도덕 철학과 그리스도교 윤리학에서 가장 현대적인 신-아리스토텔레스적인 '덕 윤리학'(Virtue Ethics)의 자리를 전제할 때, 아퀴나스의 사상을 창조적으로 복원하고 전용하는 길로서 슈뉘의 역사적·맥락적 연구를 옹호하고 있다는 최선의 증거는 벨기에 도미니코 회원인 세르베 핑케어스(Servais Pinckaers, OP)의 작업에서 발견할 수 있다.[37] 그의 박사학위 논문인 『롬바르두스로부터 토마스 아퀴나스에 이르는 희망의 덕』(*La vertu d'esperance de Pierre Lombard a St. Thomas d'Aquin*, 1958)은 가리구 라그랑주의 지도 아래 이루어졌고,[38] 슈뉘에게는 자신의 최초 대작인 『도덕의 쇄신』(*Le renouveau de la morale*, 1960) "머리말"을 써달라고 부탁했다

그렇지만 대다수의 가톨릭 신학자는 아퀴나스를 슈뉘나 어느 누군가의 방식으로 연구하는 것을 매력적이라거나 심지어 필요하다고조차 느끼지 않았다. 영어권 바깥에서는 특히 아퀴나스에 호소하는 것이 단순한 복고주의거나 근대-이후의 불가피한 함축을 직면하

---

and Metaphysics: Aquinas and the Renewal of Trinitarian Theology, Oxford, Blackwell, 2004.

37. 세르베 핑케어스는 1925년 벨기에에서 태어났고, 1945년에 도미니코회에 입회하였으며, 1973년부터 스위스 프리부르대학에서 가르쳤다. Cf. Pinckaers, *The Sources of Christian Ethics*, Washington, Catholic University of America Press, 1995; John Berkman and C.S. Titus(eds.), *The Pinckaers Reader: Renewing Thomistic Moral Theology*, Washington, Catholic University of America Press, 2005.

38. [*역자주] 티터스는 최근 한 논문에서 핑케어스의 논문 지도교수가 가리구 라그랑주가 아니라 루이 베에트랑 지용(Louis-Bertrand Gillons)이라고 바로잡고 있다: 크랙 S. 티터스, 「세르베 핑케어스와 가톨릭 윤리신학의 쇄신」, 세르베 핑케어스, 『정념과 덕』, 이재룡 옮김, 한국성토마스연구소, 2023, 172쪽, 각주 13번.

는 데 대한 실패의 표지인 것처럼 보인다. 가톨릭 신학 내에서 현재 가장 영향력 있는 운동에서는 아가서와 그것에 대한 교부신학적이고 스콜라학적인 주해서들이 토마스 아퀴나스의 작품보다 더 의미 있는 역할을 하고 있는 것으로 보인다.

17. 슈뉘에 대한 짧은 회상

에드워드 스힐레벡스

마리 도미니크 슈뉘는 파리의 생자크 수도원에서 95세의 나이로 선종하였습니다. 실상 그는 10여 년 전부터 장님이나 다름없어서, 가까스로 걸음을 옮겨야만 했어요. 하지만 정신만큼은 끝까지 날카로웠지요. 장례식은 파리의 노트르담 대성당에서 거행되었는데, 루스티제 드 파리(Lustiger de Paris) 추기경과 도미니코 수도회 총장인 다미안 바이른(Damian Byrne) 신부, 그리고 파리 관구장 마르네프(Marneffe) 신부와 여섯 명의 주교가 공동 집전하였어요. 프랑스와 외국에서 모여온 100여 명의 도미니코 회원들이 대성당의 양 날개 경당 공간을 가득 채웠고, 중앙 신자석은 감동에 젖은 신자들이 메웠지요. 장례식이 시작되자 아고스티노 카사롤리(Agostino Casaroli) 추기경이 서명한 요한 바오로 2세 교황의 조전이 낭송되었어요. 교황은 교회를 위해 슈뉘가 헌신한 모든 것에 대한 감사의 뜻을 전했습니다.

'희망의 신학', '정치신학', '경제신학'을 비롯한 해방신학의 다양한 갈래들이 생기기도 전에 슈뉘는 신학 쇄신 작업에 착수하였어

---

* 이 인상적인 글은 스힐레벡스가 고희(古稀)를 내다보면서 프란체스코 스트라차리라는 이탈리아의 한 신문기자와 나눈 대담집 『나는 참으로 행복한 신학자입니다』에 실려 있는 한 짧은 회상이다.

요. 에티엔 질송은 언젠가 그를 두고 "슈뉘 같은 사람은 세기에 한 명도 없을 겁니다!"(Di padre Chenu, ce n'e uno solo al secolo)라고 말한 적이 있지요. 슈뉘의 창조적 천재성을 칭찬한 것인지, 그의 인간적이고 따뜻한 마음을 기린 것인지는 알 수 없지만요. 클로드 제프레(Claude Geffre)는 슈뉘가 죽었을 때 "슈뉘는 신학의 스승이자 인간성의 스승이었다"라고 적었지요(Temoignage Chretien, n.2380, 19-25 febbr. 1990).

1913년 슈뉘는 당시 벨기에의 카앵(Kain)에 자리 잡고 있던, 프랑스 도미니코 회원들의 르 솔슈아르 수도원(우리끼리는 '비탈 위의 집'이라고도 불렀지요)에 입회하였습니다. 잘 아시다시피, 당시 프랑스에서는 수도회 활동이 금지되고 있었지요. 그는 한동안 로마에서 공부한 다음 1920년에 카앵으로 돌아왔어요. 슈뉘는 망도네 신부, 그리고 당시 르 솔슈아르의 책임자였던 앙투안 르모녜 신부 등과 함께 '역사 감각'을 품고 있었지요. 위대한 성서 주석학자인 마리 조셉 라그랑주 신부도 거기에서 가르치고 있었고요. 1932년에 연구교수(regens studiorum)로 임명되었고, 얼마 뒤에는 두 개 학부의 학부장이 되었습니다. 제1차 세계대전이 일어나기 직전에, 르 솔슈아르 수도원은 파리 근교의 에투아예(Etoiles)로 이전하였는데, 허름한 건물을 성채 모양의 새로운 건물로 리모델링해 입주하게 되었어요. 1942년에 슈뉘는 뜻밖의 큰 타격을 입게 됩니다. 순수하고 빛나는 소책자 『르 솔슈아르: 하나의 신학 학파』가 로마로부터 단죄되었지요. 슈뉘가 잘 알고 있었던 것처럼, 그것은 '좌익 도구화'(sinistre strumentalizzazioni)의 결과였어요. 결국 그때 이후로 그는 다시는 르 솔슈아르에 발을 들여놓지 못하게 되었습니다.

여러 해가 지난 뒤에 소르본고등연구학교(Ecole des Hautes Etudes de la Sorbonne)에서 그에게 중세에 관한 한 강좌를 맡아달라고 요청했습니다. 저도 1945-1946학년도에 그의 강의를 들었지요. 중세에 관한 그의 출판물들은 모두 이 강의의 결실들이에요. 위대한 중세학 교수인 자크 르 고프(Jacques Le Goff)도 거기에서 가르치고 있었습니다. 그는 장례식장에서 소르본과 아날 학파, 그리고 파리 중세학자들의 이름으로 슈뉘 신부에게 조의를 표했어요. 그의 조사를 한 구절 인용하고 싶습니다. "슈뉘 신부님은, 어쩌면 수많은 역사가가 그럴 자격도 없으면서 밝히려 했던, 신학 및 종교 사상의 역사 내 활동과 발전상을, 보편역사의 중심에 자리매김함으로써 명료하게 밝히는 법을 저에게 가르쳐주었습니다. 보편역사 안에서 종교와 신학은 그 모든 질료적이고 영적인 차원을 지닌 채 경지사와 사회사, 사상사와 교회사 사이에 자리매김할 수 있었거든요." 르 고프는 신자가 아니면서도 노트르담 대성당에서 열렬한 박수를 받은 유일한 사람이었지요. 장례미사에 참석한 모든 이들은 위대한 스승 슈뉘에게 바쳐지는 사후의 영예가 그의 당당한 자격을 훨씬 능가하고 있다는 사실을 온몸으로 느끼고 있었습니다. 르 고프는 이렇게 마무리지었어요. "신부님, 부디 안녕히 가십시오. 고맙습니다. 당신이 우리 곁에 현존하시면서 말과 글과 행동으로 가르쳐주신 모든 것에 대해 깊이 감사드립니다. 하지만 당신은 언제까지나 우리의 마음과 정신 속에 함께 남아있을 것입니다. 왜냐하면 우리에겐 늘 당신이 필요하기 때문입니다!"

우리는 슈뉘가 이 세상과 어울리지 않는 괴짜 학자가 전혀 아니었다는 점을 잊어서는 안 됩니다. 그는 프랑스 노동 사제들의 위대한 선각자이기도 하였습니다. 바로 이 사실 때문에 그는 1954년 바티칸의 개입으로 파리로부터 유배를 떠나야 했어요. 최근에 이르러서야 프랑수아 르프리외(Francois Leprieur, OP) 신부의 한 연구를 통해 이 고통스러운 이야기가 세밀하게 분석되고 평가될 수 있었습

니다: 『로마가 단죄한 도미니코 회원들과 노동 사제들』(*Quand Rome condamne. Dominicains et pretres-ouvriers*, Paris, 1989). 슈뉘는 '사변신학'을 실천한 것이 아니에요. 그는 과거나 현재의 사실, 사건, 그리고 운동들에 입각한 신학자였습니다. 그는 탐구자예요. 그는 언제나 다른 그 누구도 하지 않은 "시대의 징표"(signum temporis)를 탐구했어요(Cf. "Les signes du temps", in *Nouvelle Revue Theologie* 97(1965), 29-39). 그렇기 때문에 그의 신학은 매우 생생했고, 늘 주요 현장에 있었지요. 카르댕(Joseph Cardin) 신부의 주도로 '가톨릭노동청년회'(JOC)가 탄생하던 1933년에 슈뉘는 벨기에에 살고 있었어요. 『정신』(*Esprit*)지, 『일곱』(*Sept*)지, 『그리스도교 목격자』(*Temoignage Chretien*)지가 창간되던 때에도, 그리고 〈파리의 사명〉(Mission de Paris)과 〈프랑스의 사명〉(Mission de France)이 설립되던 때도, 또 마지막으로 『공의회』(*Concilium*)지가 창간되던 1962년에도 늘 현장에 함께 있었고요. 그는 원숙한 나이에도 지치지 않고 펴낸 조그만 걸작 『이데올로기로서의 교회의 사회 교리』(*La doctrine siciale de l'Eglise comme ideologie*, 1979)에서 교황의 모든 사회 회칙을 면밀히 분석하였습니다. 제2차 바티칸 공의회가 한창 진행 중이던 때는 같은 수도회 소속 동료인 이브 콩가르 신부와 함께 《공의회 교부들의 세상을 향한 메시지》(*Messaggio dei Padri del Concilio al mondo*)라는 텍스트를 편집하며 '가난한 교회'에 대해 역설했습니다. 그 메시지는 많은 교정을 거쳐 상당히 누그러진 어조로 세상에 내보내게 되었지요. 그럼에도 불구하고 그 메시지는 라틴 아메리카의 초창기 해방신학자들, 그 가운데서도 특히 구스타보 구티에레즈(Gustavo Gutierrez)에게 강한 영감을 주게 됩니다.

단죄가 내려진 뒤에 슈뉘는 생자크 수도원에서 지내기로 결심했고, 그렇게 해서 그는 그 대학 도시[파리]의 지성적이고 영적인 삶의 지주가 되었습니다. 매주 토요일 오후가 되면 파리 성직자의 절반이 생자크로 몰려왔고, 그러면 슈뉘는 새로 출간되어 나온 책들에 대해 말하면서, 어떤 책을 읽고 또 어떤 책을 피해야 할지에 대해 권위 있는 조언을 들려주었어요. 그것은 오래전에 성 토마스가 〈자유토론회〉(Quodlibeta)에서 하던 것과 같은 일종의 포럼이었는데, 거기에서 슈뉘는 파리 성직자들의 각종 질문에 대해 능숙하게 응답하였지요. 나 자신도 여러 차례 이 모임에 참석하였어요. 그것은 참으로 중세의 한 마상경기(torneo medievale)와도 같은, 누구에게나 용인될 만한 약간의 허세와 순진함이 섞인 채 유쾌하지 전개되는 하나의 사건이었습니다.

슈뉘로부터 나는 '사유'가 거룩하다는 것, '지성적인 것은 영성적인 것을 포함하고 있다'는 것을 배웠습니다. 그렇지만 다른 무엇보다도 슈뉘 신부에 대해 아직도 못다 한 이야기가 남아있음을 느낍니다. 그는 참으로 희망의 사람이었고, 은총에 대한 낙관주의자였습니다. 바로 그래서 나는 그가 뼛속까지 토미스트였다고 말할 수 있어요.

슈뉘가 70세가 되었을 때, 펠탱(Maurice Feltin) 추기경도 참석한 자리에서 축하식이 열렸습니다. 추기경은 슈뉘가 로마에서 내려진 제재에 대해 겸손하게 받아들이고 묵묵히 순종한 준을 높이 칭송했어요. 그러자 슈뉘는 벌떡 일어나, 이렇게 말했습니다. "추기경님, 대단히 감사합니다만, 사실 그것은 순종이 아니었어요. 왜냐고요? 순종이란 본디 다소 평범한 도덕적 덕인 데 반해, 저가 선택한 것은 하느님의 말씀에 대해 제가 품고 있던 신앙이었기 때문이지요. 이 하느님의 말씀에 비하면 제가 겪은 사건이나 쓰라린 몇 차례 심문들은 그야말로 아무것도 아니었어요. 외람되게도 다시 한번 말씀드리자면, 그것은 저에게 예수 그리스도와 교회에 대한 확고한 믿음이 있었기에 가능했던 일입니다." 바로 이것이 사랑스러운 사람 슈뉘의 참모습입니다!

18. 요셉 피퍼(1904-1997)

지그프리드 바티스티

1. 생애와 작품

요셉 피퍼만큼 생애와 작품이 밀접하게 연결되어 있는 작가를 찾기는 어렵다. 그는 1904년 독일 뮌스터란트의 엘테(Elte)에서 태어났고, 뮌스터대학과 베를린대학에서 철학, 법, 그리고 사회학을 공부하였다. 철학박사 학위를 취득한 다음에 몇 년간(1928-1932) 사회학 연구소에서 조교로 있었지만, 그 뒤부터는 10년 이상을 자유기고가로 살았다. 1945년에는 뮌스터대학의 철학과에서 교수자격시험으로 자신의 학술적 역정을 계속하였다. 그리고 1년 뒤에는 에센교육대학에서 강좌를 얻었다. 그는 노트르담대학, 인디애나대학, 마인츠대학, 뮌헨대학 등의 초빙 요청을 거절하였으나, 베를린자유대학과 미국, 캐나다, 스페인에서는 객원교수로서 가르쳤다. 그는 인도와 일본에서도 강연회를 가졌다. 피퍼는 '라인-베스트팔리아 학회', '국제 펜클럽', '독일 언어와 시 학회', '탐구모임' 등의 회원이다. 1968년에는 '뉴올리언스철학회'에서 "아퀴나스 메달"(Aquinas Medal)을 수상하였다. 그밖에 뮌헨대학과 아이흐수타트대학에서는 그에게 명예 박사학위를 수여하였다. 1929년 박사학위 논문인 『토마스 아퀴나스에 따른 도덕의 존재적 토대』(*Die ontische Grundlage des Sittlichen nach Thomas von Aquin*) 출간을 시작으로 여러 나라 언어로 번역된 그의 수많은 작품들은 이미 100만 부를 넘도록 판을 거듭하고 있다. 피퍼가 박사학위 주제를 그렇게 택한 것은 우연이 아니었다. 왜냐하면 그의 마음속에는 피히테의 다음과 같은 말이 깊이 새겨져 있었기 때문이다: "어떤 철학을 선택하느냐 하는 것은 …그가 어떤 사람이냐에 달려 있다." 피퍼는 자신이 그리스도교 전통에 깊이 연결돼 있다고 느끼고 있었고 또 이 귀중한 과거 사상의 유산으로부터 현재와 미래를 위해서도 탁월한 방식으로 결실을 끌어낼 줄 아는, 신앙심이 깊은 사상가다. 그러므로 누군가가 그의 정신적 활동 속에서 전통과 현대의 유럽 정신 사이를 매개하려는 시도를 본다고 해서 결코 잘못되었다는 평을 듣지 않을 것이다. 반면에 그의 광범위한 저술의 풍요로움 속에서 어떤 선택을 하여 몇 페이지로 그의 사상의 핵심적 내용을 개진하기는 참으로 힘들다. 이런 요구를 만족시킬 수 있는 최상의 방법은 아마도 먼저 그의 '전통' 개념을, 그 다음에는 '철학과 신앙 사이의 상관관계'를, 그리고 마지막으로 그의 '덕' 이론을 자세히 살펴보는 것이 될 것이다.

2. 전통의 의미

"점점 더 빠른 속도로 그리고 점점 더 심층적으로 변하고 있는 세상에서 인간이 '어떻게 될 것인지'에 대한 염려의 상당 부분은, 이 모든 요란한 변화를 통해서 건전하게 유지되는 어떤 것의 보존을 지향하고 있다."[1] 이 말로 피퍼는 사람들의 관심을, 그가 보기에는 그토록 의미로 가득 차 있는 전통으로부터 그에게 전해진, 경험과 진리들로 돌리기를 바라고 있다. 분명 전통은, 특히 비판적 질문이 권위에 대한 맹목적인 믿음에 자리를 물려주게 될 때 부담이 될 수도

---

1. Pieper, *Tradition als Herausforderung. Aufsaetze und Reden*, München, 1973, p.17.

있다. 이 점에 대해서 피퍼 자신이 다음과 같이 주장하고 있다. "왜 그리고 무엇에 기초해서, 물려받은 어떤 것을 계속해서 보존하고 현실화시키느냐고 비판적인 질문을 제기하는 젊은이에게는 다음과 같이 답변하는 길 외에는 어쩌면 다른 길이 없을지도 모른다: 그것이 바로 '전통'(traditio)이라고."[2] 전통에 대한 호소는, 그 자체만으로는 결코 하나의 논거가 아니다. 이것은 진리에 대한 증거(검증, 위증)로 어떤 권위에 대한 단순한 호소 이상을 요구하고 있는 실험 과학의 영역에서는 더 말할 나위도 없다. 그럼에도 불구하고 전통을 값지게 만드는 것은 아무러한 어떤 측면이 아니라 "인간 삶의 유산, 인간 자신과 세상에 관한 본래적 진리의 성품을 순수하고도 때묻지 않게 유지함이 문제가 되는 것이다. 다시 말해 인간이, 인식에 헌신한 사람뿐만 아니라 행위에 헌신한 사람까지도 근본적으로 그것으로 자라나고 그것으로 사는 그 유산을 보존하는 것에 관한 것이다."[3] 많은 것이 전통의 대상이 될 수 있다. 그러나 모든 것이 다 취득되고 전해질 가치가 있는 것은 아니다. 피퍼는 전통의 무게가 서로 다르다고 말하고 있다. 이것은, 생일 축하나 사격 연습은 그것을 할 시간이 없을 때는 얼마든지 그만둘 수도 있지만, 예컨대 부활절을 지내지 않는 것은 전혀 다른 차원의 문제라는 것을 말하려는 것이다.

이처럼 "세속적"인 전통과 "거룩한" 전통이 구별된다. 제도, 법적 원칙, 관습, 화법, 처신법 등 세상의 전통은 인간의 공존을 위해서 분명 중요한 의미를 지니고 있다. 왜냐하면 우리를 지속적인 결정의 강요로부터 해방시키기 때문이다. 그럼에도 불구하고 외부 여건들의 변화는 전통으로부터의 일탈이나 그와는 다른 해석을 필요한 것으로 만들 수도 있다. 그것은 전통의 내용을 현재와 미래와 대조

---

2. Ibid., p.25.
3. Ibid., p.17.

하는 것이 필요하기 때문이다. 생생한 전달로서의 전통은 실상 역동적이어야 하고, "만일 지속하는 것으로서의 '전통'이 변화의 핵심으로서의 '역사'와 대립된다면" 오류에 떨어지게 된다.[4] 이것은 "거룩한" 전통 개념에 대해서도 타당하다. 전통 속에 있는 거룩한 특성은 우리에게 전달된 그토록 값진 유산이 존경과 존중의 의무를 지우는 '과거'의 지혜(계시 내용들, 영감들, 원초적인 개념과 관념들) 속에서 성립된다는 사실로부터 주어진다. "과거"라는 말로 피퍼는 낡거나 늙은 것을 가리키지 않고, 오히려 기원에 좀 더 가까운 사람들, "처음 시작할 때 살았던 사람들"을 가리킨다.[5] 그들은 전통의 연쇄에서 이어지는 모든 고리들이 그것에 의존하는 첫 번째 고리다. "'과거'에 속하는 사람들의 역할은 사상의 천재성이나 열정에 기초하고 있는 것이 아니라, 그들이 온통 비범한 방식으로 온통 비범한 선물의 수신인들이었다는 사실에 기초하고 있다."[6] 그들에 대해서는 이름이 따로 만들어지지 않았으며, 우리는 그들의 메시지가 기원에 가깝고 따라서 "거룩하다"는 것을 "먼 과거에 뿌리를 내리고 있는 것"이라는 표현 속에서 감지한다. 그렇지만 이것은 일종의 고고학적 낭만주의와는 아무런 상관도 없으며, 비판적인 사상가들이 전달된 것을 보장해주는 것은 결국 무엇이냐고 묻는 것을 막을 필요는 전혀 없다. 그러나 피퍼에 따르면, 진리의 전통이 오직 결국 그것을 신적 담화로 다시 인도할 때라야만 결정적인 것으로 간주되는 어떤 것이 될 수 있다는 사실이 명료화되어야 한다. 오직 전통이 신적 권위의 보장이라는 전제 아래에서만 전통은 심층적으로 구속력을 지닐 수 있다. 거룩한 전통이든 '속된' 전통이든 간에 인간을 위한 전통의 거부할 수 없는 의미는 인간 존재가 "포착하는 것을 성장

---

4. Pieper, *Überlieferung: Begriff und Anspruch*, München, 1970.
5. Pieper, *Tradition*, p.32.
6. Pieper, *Überlieferung*, pp.47s.

시키기를 게을리할 뿐만 아니라 불가결한 어떤 것을 망각하거나 상실함으로써도" 죄를 범할 수 있다는 것이다.[7]

3. 철학과 신앙

피퍼의 철학 개념은 특히 철학과 신앙(계시)의 상호 소속이라는 문제의 관점에서, 실증주의적 또는 마르크스주의적 성향이 있는 사상가들과 엄격한 과학 이론을 주창하는 사람들의 철학 개념뿐만 아니라 하이데거나 야스퍼스 같은 사상가들의 철학 개념과도 구별된다. 하이데거에 따르면 철학적 질문들은 신앙인에게는 이질적인 것으로 남아있어야 한다. 왜냐하면 신앙은 철학의 특수한 질문, 즉 존재하는 모든 것의 토대 문제에 대한 대답을 미리 알고 있기 때문이다. 따라서 "그리스도교적 철학"은 하이데거에게는 "나무로 된 철"과 같고, "오해에서 비롯된 것"이다.[8] 어떤 진지한 사람도 종교와 철학 사이의 결단에서 면제되지 않는다고 말할 때, 야스퍼스의 논거도 비슷하다. "혹은 …독립을 거부하거나, 아니면 …계시를 거부한다."[9] 하이데거에 관한 한 피퍼는 신앙에 관한 그의 주장들이 문제의 핵심을 비켜 지나가고 있는 것으로 간주한다. 실상 "신앙은 온갖 '계시'에도 불구하고 어떤 확실한 앎의 소유를 의미하는 것이 아니라"[10] 오히려 원칙적으로 전통과 계시로부터 유래되는 진리를 지각하는 데로 개방되어 있음을 의미한다. 따라서 피퍼와 하이데거에게서 철학과 신앙 사이의 관계에 대한 상이한 개념화의 동기들 가운데 하나는, 그들이 철학 고유의 질문의 특성을 서로 다른 방식으

---

7. Ibid., p.41.
8. M. Heidegger, *Einfuerung in die Metaphysik*, Tuebingen, 1953, p.6[=국역본: 박휘근 옮김].
9. Pieper, *Verteidigungsrede fuer die Philosophie*, München, 1966, p.128에서 재인용.
10. Ibid., p.129.

로 이해하고 있다는 사실에 있다. 피퍼에게 있어서 '질문한다'는 것은 다음 사실을 의미한다. "설사 결국에는 이해할 수 없는 것이 자리 잡고 있다는 것을 알게 되더라도, 하나의 답변을 추구하고 그것에 개방된 태도를 취하는 것이지만, 하이데거에게는 질문이라는 것이 원칙상 여하한 가능한 대답도 거부하고 그 앞에서 폐쇄된 태도를 취하는 것을 의미한다(왜냐하면 그것은 사실상 철학의 질문의 특성을 침해하기 때문이다)."[11] 야스퍼스 앞에서 취하는 피퍼의 태도는 만일 계시가 "신이 사람들에게 말씀하셨다"는 것을 의미한다면 "계시에 대한 배격"이라는 표현을 어떻게 이해해야 하는지 알 수 없다는 비판적 관측에서부터 시작한다.[12] 그러나 철학을 하는 사람의 독립성이라는 특성은 분명 어떤 대답을 요구한다. 하지만 이것은 그것을 어떤 다른 사람이 말하도록 놔둘 수 있다는 것을 배제하지는 않는다. 그래서 예컨대 플라톤의 소크라테스도 "존재를 규정하는 궁극적 진리들을 스스로의 힘만으로는 알지 못하고 오직 '들음으로써'(ex akoes) 안다고 인정하는 것을" 결코 부끄러워하지 않았다.[13] 이것은 결국 철학을 하는 사람은 참된 것으로 인정되는 어떤 거룩한 전통에 호소할 수밖에 없다는 것을 의미하는 것이다.

피퍼에 따르면, 철학과 신학 사이에 어떤 상관관계가 있다는 것이 철학 개념의 본질적 일부를 이룬다. "피타고라스의 전설적 표현들 속에서나 플라톤의 『파이드로스』에서, 그리고 아리스토텔레스에게서도 마찬가지이지만, '인간 철학자'(philosophos anthropos)가 '신적 현자'(sophos theos)에 대립되고 있다."[14] 그러므로 철학은 어떤 지혜로 향하는 것이 아니라, 신이 소유하고 있는 대로의 지혜로

---

11. Ibid., p.130.
12. Ibid.
13. Ibid., p.132.
14. Pieper, *Was heisst Philosophieren? Vier Vorlesungen*, München, 1949, p.83[=국역본: 허재윤 옮김].

향한다. 비록 철학이 원칙상 결코 이 목표에 도달할 수 없다고 하더라도, 그럼에도 불구하고 이 목적을 향한 "도정에" 있는 것, 다시 말해 어떤 궁극적인 단일 원리로부터 출발해서 실재를 개념하는 것은 철학의 본질에 속한다. 피퍼에 따르면, 철학자는 '순수' 철학의 이론적이고 방법론적이기만 한 영역의 저 너머로 나아가 신학적 입장을 취하는 것이 불가피하다. 실상 오직 "(궁극적 입장 취함도 결국 그것의 일부를 이루는) 인간 존재자의 총체성으로부터 출발할" 때에만 실재에 직면하여 인간의 근본적 태도를 취하는 것이 가능하다.[15]

4. 그리스도교적 인간상과 덕 이론

덕 개념이 우리 시대에 질서, 순결, 검소, 시간 준수, 근면 같은 18-19세기의 부르주아 덕들에 대한 과대평가 덕분에 겪게 된 의미 변화에 대해 피퍼는 철학 전통에 대한 성찰로 돌아가면서 진정한 덕 개념을 대립시키고자 한다. 덕은 "따로따로의 어떤 행함이나 행하지 않음에서의 '잘함'과 '정돈되어 있음'을 의미하지 않는다. 덕은 오히려 초자연적인 의미에서든 자연적인 의미에서든 인간이 올바'르다'(est)는 것을 의미한다."[16] 그러나 피퍼에게는 올바른 덕 개념만큼이나 덕의 올바른 위계질서도 중요하다. 그래서 네 개의 추요덕 가운데 첫 번째 자리는 "현명"에 돌아간다. 왜냐하면 선의 실현은 언제나 그것에 대한 인식을 전제하고 있기 때문이다. 오직 현명한 사람만이 또한 정의롭고 용감하며 절제할 수 있다. 그러나 현명은, 정확하게 이해될 때, 언어학적 용법이 그것에 돌리는 "약삭빠름", 즉 우리에게 유리한 것에 대한 지식이라는 의미와는 아무런 상

---

15. Ibid., p.102.
16. Pieper, *Über das christliche Menschenbild*, München, 6a ed., 1955, p.19[=국역본: 김형수 옮김, 『그리스도교의 인간상: 덕에 대하여』, 가톨릭대학교출판부, 2018].

관도 없다. 이 개념은 단순히 (정의롭고 용감하며 절제할 줄 아는 사람들이 언제나 현명하다는 것을 이해하지 못하는) 공리주의적인 사상에서 나온 것이다.

두 번째 추요덕인 "정의"의 의미는 피퍼에 따르면, "그것이 선한 사람들 자체의 가장 고유한 최고의 형상"이라는 사실에 있다.[17] 실상 어떤 사람을 선하다고 말하는 것은 특히 정의에 기초해서이다. 정의의 덕은 집단적 존재로서의 인간에 관한 것이다. 그 안에서는 '각자에게 고유한 것을 각자에게 돌려주는 것'(suum cuique)을 다루고 있다. 이 정의는 서구 전통의 공동 유산이 되어버렸지만, 그에 대한 비판이 없었던 것도 아니다. 실상 각자에게 "자기의 것"을 준다는 것은 무엇을 의미하는가? 그것은 무엇에 기초하고 있는가? 피퍼에게는 인간이 권리(특히 생명권)를 지니고 있다는 것, 그러나 그것들의 토대는 어떤 대여나 동의, 또는 어떤 계약이나 약속에 있지 않다는 것이 의심의 여지가 없었다. 인간은 인격이기 때문에, 다시 말해 "그 자체로 하나의 전체이고, 자기 자신을 위해서 그리고 자기 자신과 자기의 완성을 목표로 존재하는 영적인 존재"이기 때문에,[18] 그 자체로 그에게는 소외될 수 없는 어떤 "그의 것"이 있다. 하지만 인간은 자신의 토대를 자기 자신 안에 가지고 있지 못하기 때문에, 그에게 속하는 "그의 것"은 어떤 궁극적 정초를 요구한다. 이것은 피퍼에게 다음과 같은 것을 의미한다. "인간이 소외될 수 없는 권리들을 가지는 것은 바로 이 때문이다. 왜냐하면 어떠한 인간적 논의도 벗어나는 …어떤 신적 결단에 의해서 창조되었기 때문이다."[19] 그리고 창조된 한, 그는 타자에게도 그에게 속하는 것을 주어야 한다.

---

17. Ibid., p.31(=김형수 옮김).
18. Pieper, *Das Viergespann. Klugheit-Gerechtigkeit-Tapferkeit-Mass*, München, 1964, p.76.
19. Ibid., pp.77s.

세 번째 추요덕인 "용기"는 "선의 실현이라는 이름으로 모욕을 받아들일" 용의를 표현하고자 한다.[20] 인간은 오직 그의 취약성 덕분에 용감할 수도 있다. 그러나 여기서도 이 개념에 대한 그릇된 해석을 경계해야 한다. 실상 용기는 공격적인 겁-없음이나 자기부과적 순교와는 아무런 상관이 없다. "현명과 정의가 용기에 앞선다."[21] 용기는 위험을 추구하지 않고, 오직 선의 실현만을 추구한다. 그러나 이것은 이번에는 그가 선을 알고 있어야 한다는 것을 전제한다. 현명이 그에게 그가 투신해야 할 것을 알려주는 것이다. 하지만 마찬가지로 용기는 정의에도 봉사해야 한다. 왜냐하면 피퍼에 따르면, 정의롭고자 하는 사람은 또한 용감하기도 해야 하기 때문이다.

피퍼는 절제를 가리키는 라틴어의 '템페란시아'(temperantia)를 적절하게 번역할 수 있는 용어가 독일어에는 없다는 확인과 더불어 네 번째 추요덕인 "수양(修養) 또는 절도(節度)"[22] 개념을 논하기 시작한다. 그것은 인간의 내면적 질서로 향하고 있고, 그래서 네 가지 추요덕 가운데 가장 "사밀(私密)하다." 즉 우리 자신과 가장 깊이 연관되는 덕인 것이다. "절제"의 덕은 엄밀한 의미에서 선의 실현을 의미하지 않지만, 오히려 간접적으로 그 전제를 만들어낸다.

그럼에도 불구하고 피퍼에 따르면, 그리스도교적 인간상을 위해서는 추요덕들을 신앙, 소망, 참사랑이라는 신학적 덕들 속에 뿌리박도록 하는 것에 어떤 결정적인 의미가 있다. 그리고 그 안에서는 또한 그리스도인의 초자연적 성품(ethos)이 자연적으로 고상한 인간의 자연적 성품으로부터 구별된다. 그리스도인과 오직 현세에서의 삶의 실천만을 지향하고 있는 인간 사이의 이런 차이는 특별히 용기의 덕에서 분명하게 드러난다. 실상 그리스도인의 용기를 '자

---

20. Pieper, *Über das christliche Menschenbild*, p.37.
21. Pieper, *Viergespann*, p.172.
22. Ibid., pp.201s.

연적' 용기로부터 가르는 것은 결국 희망이라는 신학적 덕 위에 정초된다. 다시 말해, "만일 …가끔 모든 자연적 희망들이 의미 없게 된다면, 그것은 가끔 초자연적 희망이 인간이 존재로 향할 유일한 가능성으로 남아있다는 것을 의미한다."[23] "거룩한" 전통에 의해서 성장하고 초자연적이고 완전한 희망으로 정향된 이런 인간상과 더불어, 피퍼는 의심의 여지없이 이 시대 그리스도교 철학의 가장 의미 있는 인물들 가운데 하나로 기록되어야 한다.

---

23. Pieper, *Über das christliche Menschenbild*, p.65.

19. 우주적 은자(隱者) 요셉 피퍼

버나드 슈마커

독일 철학자 요셉 피퍼는 그의 동시대인들에게 인간학적이고 윤리학적인 문제들에 있어서 건설적이고 비판적이며 특히 결실 풍부한 토론을 계속해서 촉발하고 있다. 그는 인격을, 특별한 역할과 기능으로, 곧 프롤레타리아적 지위로 환원시키는 실용적 사고방식과는 대비되는 문화에 대한 옹호를 정식화함으로써, 그렇게 촉발하고 있다. 그의 사상은, 오늘날 대학가에서 나오는 매우 학자적인 저술과는 대조적으로, 어떤 전문용어나 기술 용어로부터도 해방된 생생한 유형으로 표현된다: 이런 언어 사용은 그의 사상의 독창성을 수반하고 있고, 다른 어느 누구보다도, 유명한 영국 작가 클리브 루이스(Clive S. Lewis)의 칭송을 자아냈으며, 1982년에는 유명한 발잔상(Balzan Prize)을 수상하게 해주었다.[1] 그는 1933년에 결혼해서 세 자녀의 아버지다. 이 "우주적 은자"[2]는 70권 이상의 책을 집필하였고 (그것들은 16개의 언어로 번역되었다), 수많은 강연을 하였다. 그는 노트르담대학(1950), 마인츠대학(1954), 뮌헨대학(1958) 등 여러 대학으로부터 강좌 제의를 받았지만 거절하였는데, 그것은 그의 강좌들이

---

1. Cf. Josef Pieper, *Eine Geschichte wie ein Strahl*, pp.639-640.
2. 페르디난도 인챠르트(Ferdinando Inciarte)가 1984년 5월 피퍼의 80세 생일 축하식에서 그를 그렇게 불렀다. Cf. Pieper, "Gottgeschichte Entrueckung, Eine Platon-Interpretation", p.147.

(그의 일부 동료들의 질투를 부르기도 하였지만) 큰 호응을 얻은 뮌스터대학을 떠나고 싶지 않았기 때문이었다. 피퍼의 독창적인 사상은 그리스와 그리스도교로부터 나오는 것인데, 그는 동시대인들과 계속적인 토론을 즐겼다.

요셉 피퍼는 서구 전통의 위대한 철학자들에 관심을 집중하였다. 그것은 그들이 철학의 황금기를 대변하고 있어서가 아니라, 그들이 현대인에게, 그가 자기 자신에게 묻고 있는 근본적 질문들에 대한 해답을 찾도록 도움을 줄 수 있기 때문이다. 피퍼는 우리가 거인의 목말을 탄 덕분에 그보다 더 멀리 볼 수 있게 되었다는, 다시 말해 존재의 신비를 좀 더 심층적으로 탐구할 수 있게 되었다는 표현으로 유명한 베르나르두스 드 샤르트르(Bernardus de Chartres)의 태도에 적극적으로 동조한다. 이 뮌스터의 철학자는 이 인간적 사상의 거인들에게 지도 받기를 거절한 일부 동시대인들의 입장을 비난한다.[3] 이런 태도는 에티엔 질송에 의해 잘 요약된다: "우리의 많은 동시대인들은 그 바닥에 그대로 남아있기를 선호한다. 그들은 자기 자신의 노력으로 어떤 것을 볼 수 없는 한 전혀 아무것도 알지 못한다는 데에 자기들의 자부심을 걸고 있고, [서로서로 자신들이 더 낫다고 보증함으로써] 자신들의 변변찮은 재능에 우쭐하고 있다. 그것에 대한 모든 기억을 상실한다는 것은 참으로 서글픈 [노년의] 일이다."[4] 그와는 대조적으로 고대 철학자들에 대한 피퍼의 관심은 그들 사상의 진리성에 바탕을 두고 있다. 그의 평생의 좌우명은 '소

---

3. 토마스 네이글은 예컨대 자신의 『타인의 마음: 1969-1994의 비판적 논문집』의 "머리말"에서, 과거의 가장 철학적인 작품들 안에서 독창성이나 논증적 증거가 결여되었다고 여겨지는 것을, 그것들을 연구하거나 수고할 가치가 없다는 자기 주장의 구실로 지적한다. Thomas Nagel, *Other Minds: Critical Essays 1969-1994*, Oxford, Oxford University Press, 1995, p.10.
4. Étienne Gilson, *The Spirit of Medieval Philosophy*, South Bend(IN), University of Notre Dame Press, 1991, pp.425-426[402].

크라테스에 관해 염려할 것이 아니라,[5] 먼저 우선적으로 진리에 관해 염려하라'는 단 한 문장으로 요약될 수 있을 것이다: "나는 '다른 이들이 어떻게 생각하는지'를 알고 싶은 것이 아니라, '사물들의 진리가 무엇인지'를 알고 싶다."[6] 그는 루이스가 "역사적 관점"(the historical point of view)이라고 묘사한 것[7]에 맹렬하게 반대하였다. 이것은 그의 사상의 '진리성'에 관한 물음과는 별개로, 1차적으로 한 사상가가 의존하고 있는 원천, 그의 사상이 생겨나게 된 맥락, 그리고 그의 생애 전반에 걸친 사상의 일관성에 대한 분석에 관심을 기울인다는 데서 성립된다. 피퍼는 특별히 제2차 세계대전 이후에, 모든 입장을 똑같이 유효한 것으로 간주하는 상대주의적이고 역사주의적인 선택을 선호하여 진리를 그 자체로 추구하기를 포기하는 것은, 이성을 배타적으로 "특수하고 국지적인 문제들과, 때로는 심지어 순전히 형식적인 문제들"만을 취급하는[8] 한 단순한 도구적 활동으로 환원할 위험을 무릅쓰는 일이라고 끊임없이 단언하였다. 뮌스터의 철학자는 철학 활동에 시인 엘리엇(T.S. Eliot)이 그토록 함축적으로 표현한 것과 같은[9] 그 '지혜 사랑' 차원을 복원하고자 하였다. 왜냐하면 철학은 경탄의 태도와 비-이해타산적 감수성, 그리고 지혜에 도달할 수 있으리라는 희망을 함축하고 있기 때문이다. 60년 이상을 집필한 피퍼의 중요한 철학적 작업은 제2차 세계대전을 분기점으로 두 주요 시기로 나뉠 수 있을 것이다.

---

5. Pieper, *Kuemmert euch nicht nd Sokrates!*
6. Pieper, *No One Could Have Known. An Autobiography: The Early Years*, San Francisco, Ignatius Press, 1987, p.62[76]. 피퍼의 문장의 두 번째 부분은 토마스 아퀴나스의 『천지론 주해』로부터의 인용이다: St. Thomas, *In De cael,*, I, c.22.
7. Clive Staples Lewis, *The Screwtape Letters*, rev. ed., New York, Macmillan, 1982, letter 27, p.128.
8. John Paul II, *Fides et Ratio*, nn.61 & 81[=이재룡 옮김, 『신앙과 이성』, 한국천주교중앙협의회, 1999, 75-76; 95-96쪽]. Cf. nn.55 & 74; 5 & 11.
9. Cf. Thomas Stearns Eliot, "Introduction", in Pieper, *Leisure-The Basic Culture*, South Bend(IN), St. Augustine Press, 1998, p.16[74][=김진태 옮김, 『여가와 경신』, 가톨릭대학교출판부, 2007, 13쪽].

1. 그의 청년기에 깊은 영향을 미친 세 만남

피퍼는 1923년 여름학기 동안에 뮌스터대학 신학부에서 자신의 철학 연구를 시작하였다. 그는 철학 자율학습 강좌에 열정적으로 헌신하였다. 왜냐하면 그 학부가 가르치는 강좌에 크게 실망했기 때문이다. 이 실망감은 이후 그의 연구 전반에 걸쳐 지속되게 된다. 이리하여 뮌스터대학과 베를린대학에서 법학과 사회학을 공부하는 젊은 대학생이 『신학대전』에 대한 체계적 독서로 토마스 아퀴나스의 제자가 되는 것은 아주 자연스러운 일이었다. 이 독서 덕분에 그는 점차, 아직은 뚜렷이 구별되지 않지만 그로 하여금 그냥 지나칠 수 없게 만든 한 가지 문제를 식별하게 된다. 그것은 그가 박사학위 논문과 교수자격 논문(Habilitation)의 주제로 삼게 된 문제, 곧 '인간의 도덕적 행위의 기초'와 '사물들의 진리' 문제이다. 피퍼는 이미 여러 해 전에 토마스 아퀴나스를 발견하였다. 그는 청소년기에 아리스토파네스와 플라톤의 대화편을 탐독하였는데, 그의 생애 후반기에는 더욱 깊이 연구하게 된다. 참으로 플라톤은 피퍼의 전통, 해석, 신화, 철학 등의 관념 형성에 영감을 주었고, 또 피퍼는 근대인들이 제기한 특정 문제들에 응수하며, 궤변과 현대 상대주의, 그리고 오직 배타적으로 생산과 성과로만 정향되어 있는 인간 개념에 대한 비판을 형성할 수 있도록 도움을 준 플라톤에게 자신의 여러 작품을 헌정한다. 청년 피퍼는 또한 도스토예프스키와 해커 같은 저자들의 작품을 독서하는 데에도 탐닉하였다. 그는 점점 더 해커를 선호하게 되는데, 그것은 그의 사상의 실재적 의미 때문이라기보다는 오히려 그의 아이러닉하고 공격적인 문체 때문이었다. 그리고 이것은 이 17세 청년으로 하여금 덴마크 철학자 키에르케고르를 읽도록 이끌었다. 어느 날 그는 (프랑스의 신토미즘 방식으로 양성 받은 전직 도미니코회 사제였던) 한 교수에게 『아들러에 관한 책』[10]의 이런저런 구절을 읽어드리고 있었는데, 이 교수는 그런 것은 지적 양성에 아무런 도움이 되지 않는다고 응수하였다. 교수는 바로 그 자리에서 피퍼에게 요한복음서 서론에 대한 토가스 아퀴나스의 주해를 (당시에는 아직 독일어 번역본이 없었기 때문에) 라틴어로 직접 읽어야 한다고 제언하였다. 이 청년은 즉각적으로 그것을 (비록 반쯤밖에 이해하지 못하면서도) 탐독하기 시작하였다. 그것은 그의 첫 사랑이자 평생 지속될 매혹의 시작이었다. 이렇게 해서 그는 새로운 세상과 올바른 사고방식을 가르쳐준 스승의 존재를 발견하게 되었다.

청년 피퍼의 두 번째 만남은 프랑스식 로텐펠스(Rothenfels) 성(城)에서 이루어졌다. 거기서 그는 로마노 과르디니(Romano Guardini)를 알게 되었는데, 그는 피퍼를 매료시켰고, 피퍼 자신이 이미 접어들고 있던 해방하는 반항적 성격으로 그를 물들였다.[11] 특별한 교육학적 재능을 타고난 이 철학자는 규칙적으로 강연을 하였는데, 매번 독일 전국으로부터 수백 명의 젊은이들이 몰려들었다. 피퍼는 로텐펠스에서 젊은이들을 위한 강연회의 마지막 회기에 참여하여, 자신의 박사학위 주제인 '인간의 활동과 인간 복지 사이의 관계'를 되새겼다. 그는 또한 1924년 8월 28일 과르디니가 괴테 탄생 175주년이자 성 토마스 탄생 700주년을 기념하여 연 강연회에도 참여하였다. 과르디니는 위대한 독일 시인과 아퀴나스가 둘 다, '그 본성상 참된 실재가 인간 사고와 활동의 척도'라고 가르쳤음을 지적하였다. 그 순간 젊은 철학자의 정신에 불이 켜졌고, 모든 것이 그에게, 그 자신

---

10. Soeren Kierkegaard, *Das Buch ueber Adler*, Guetersloh, Gerd Mohn, 1986.
11. 이 두 사람 사이의 관계를 보기 위해서는: Cf. Pieper, *No One Could Have Known*, pp.39 & 123[53f., 135]; "Philosophie in Selbstdarstellungen", p.3; "Bedeutende Foerdernis durch ein einziges Wort."

의 표현처럼 "크리스털처럼 맑아졌다."[12] 그가 마침내 도덕적 상대주의에 대한 한 응답으로, 토마스 아퀴나스 안에서의 도덕적 활동의 정초에 관한 박사학위 논문을 작성할 길을 발견하게 된 것은 그 강연회 덕분이었다.[13] 그 논문에서 그는 선이 참을 전제한다는 것, 선은 실재에 합치되는 것이라는 사실을 입증한다. 이것은 인간의 모든 선한 도덕적 활동이 사물들의 진리에 관한 침묵의 관상 속에 그 최초의 기원을 두고 있다고 말하는 것이다.

세 번째 만남은 그의 양성기 동안에 영향을 미쳤다. 1925년 여름에 그는 스타니슬라우스(Stanislaus von Dunin-Borkowski) 신부의 지도 아래 매년 스위스 바젤 근처에서 만나 일종의 '열린 연구'(studium universale)인 철학 및 신학 강좌를 개최하는 한 무리의 학생들(이 가운데에는 한스 폰 발타사르[Hans Urs von Balthasar]도 있었다)과 합류하였다. 프로그램의 목적은 참된 사색가를 양성하는 데 있어서 대학의 어떤 미비점을 보충하고 젊은 학생들에게 철학 및 신학의 토대를 다져주기 위한 것이었다.[14] 그가 자신의 실재 지각 방식에 깊은 영향을 끼친 새로운 사상가를 알게 된 것은 바로 이 자리에서였다. 그는 바로 에리히 프르치바라였다.[15] 역사적 발견과 체계적 발

---

12. Cf. Pieper, "Philosophie in Selbstdarstellungen", p.3; "Bedeutende Foerdernis durch ein einziges Wort", p.323; *No One Could Have Known*, pp.62-63[76-77].
13. Cf. Pieper, *Reality and the Good*[=김진태 옮김, 『실재와 선』, 가톨릭대학교출판부, 2005].
14. Pieper, *No One Could Have Known*, pp.64ff.[78ff] 이 모임을 통해서 이 젊은이는 당시 독일 문학을 공부하고 있던, 장차 스위스의 신학자가 될 한스 폰 발타사르를 알게 된다(Cf. Pieper, *Noch nicht aller Tage Abend*, p.269). Cf. Alfred Stoecklin, *Schweizer Katholicismus*, Zuerich, Benzinger, 1978, p.75.
15. "그 전날 나는 다시 한 번 더 (솔직히 나의 세계관을 바닥에서 위까지 형성해준 스승들 가운데 하나라고 할 수 있는) 철학자이기도 한 신학자를 만났다"(Pieper, "Philosophie in Selbstdarstellungen", p.4). "역사적이고 체계적인 세부 사항들을 보편적 개관과 기막히게 결합시킨 기초 교육을 통해서, 나는 마침내, 어떤 자기 폐쇄적인 진리 체계를 고안해내려는 모든 시도는 실상 유한한 정신의 실존적 상황, 그 피조됨과 모순된다는 것과, 그 심층적인 개념적 질서에도 불구하고 토마스 아퀴나스의 사상을, 명제들을 가르칠 수 있음에서 성립되는 하나의 학파로 환원하려는 온갖 시도에 저항하는 것은 바로 위대한 사상가들, 특히 토마스 아퀴나스의 실재적 작업이라는 것을

견 사이의 종합을 발전시키려고 시도하던 그의 가르침은 (피퍼가 맞서 끈질기게 투쟁하고 있던) 스콜라 철학과 전혀 달랐다. 프르치바라는 이 젊은 철학자로 하여금 실재가 어떤 사고 체계의 테두리 안에 갇힐 수 없다는 것을 이해할 수 있게 도와주었다. 왜냐하면 그것은 거듭거듭 그것을 넘어 신비의 경계에 도달하는, 어떤 더 이상을 향해 계속해서 개방되기 때문이다.

1928년 2월 하순에 막스 에틀링거(Max Ettlinger)의 지도 아래 철학박사 학위를 취득한 뒤에, 피퍼는 당시 뮌스터대학의 조직적 탐구 및 사회학 연구소를 책임지고 있던 요한 플렝게(Johann Plenge)의 조교로 4년간 일했다. 거기서 그는 페르디난트 퇴니에스(Ferdinand Tönnies), 폰 비제(Leopold von Wiese), 리하르트 트른발트(Richard Thurnwald) 같은 많은 사회학자들을 만났다. 세 차례에 걸쳐, 이 젊은 철학자는 한 주간 동안 열리는 다보스고등연구소(Hautes Ecoles in Davos)의 유명한 국제 콘퍼런스에 참여하였는데, 거기서는 아인슈타인, 루돌프 카르납(Rudolf Carnap), 에른스트 카시러(Ernst Cassirer), 하이데거 같은 유명인사들을 만났다. 피퍼는 지적으로든 사적으로든 재빠르게 플렝게로부터 거리를 두면서도 사회학, 정치학, 그리고 교회의 사회교육 관련 주제들에 대해 여러 연구물을 발표하였다. 그런데 그의 작품 『사회정치에 관한 명제』[16]에 대한 정부의 1934년 판매금지처분은 피퍼로 하여금 강제로 연구를 중단하도록 만들었다.

2. 철학과 덕의 현대적 선구자

이런 배경에 몰려 피퍼는 (나중에 그가 한 말이지만) "다행히" 다시 한

처음으로 깨닫게 되었다"(p.5).
16. Pieper, *Thesen zur Gesellschaftspolitik*.

번 더 방향을 바꾸기로 결심한다. 그가 철학, 특히 (그가 어느 정도 시야에서 놓쳤던) 토마스 아퀴나스로 돌아오는 것은 아주 자연스러운 일이었다. 그는 즉각적으로 다시 한 번 더 자신의 최초의 철학적 직관에 몰두하였다: 곧 서방 그리스 및 그리스도교적 전통에 의지함으로써 자신의 동시대인들에게 의무가 존재에 의존한다는 것, 인간의 도덕적 활동은 참된 실재에 의해 측정되어야 한다는 것을 재발견하도록 도와주었다. 이리하여 그는 특별히 토마스 아퀴나스에 의존해서 서방 전통에서 이해되고 있는 대로의 '용기'라는 사추덕에 관한 논설을 작성하였는데, 토마스의 사상은 다시 한 번 더 그 간명함과 깊이로 그를 사로잡았다. 그는 상당수의 동시대인들이 내세우고 있던 거짓된 용기 관념을 지적하며, 나치 정권이 앞세우고 있는 용기의 모델에 대한 혐오를 표출하였다.[17] 여러 출판사로부터 거절을 당한 뒤에 그는 거의 절망 상태에서 『용기의 의미에 관하여』(*Vom Sinn der Tapferkeit*)라는 제목의 초고를 라이프치히의 야콥 헤그너(Jakob Hegner)에게 보냈다. 헤그너는 그 작품에 매료된 나머지, 피퍼가 다른 세 가지 사추덕(四樞德) 각각에 대해서도 집필해야 하고, 더 나아가 세 가지 대신덕(對神德)에 대해서도 집필해야 한다는 회신을 보냈다. 피퍼는 그 프로젝트를 가동시켜, 1972년 『사랑에 관하여』(*Über die Liebe*)를 끝으로 모두 완성하였다.[18]

1934년 출간된 용기에 관한 그의 책은 주목을 받았다. 제목에서

---

17. Pieper, *No One Could Have Known*, pp.98ff.[111ff.]; "Philosophie in Selbstdarstellungen", pp.9-10; *Noch nicht aller Tage Abend*, pp.346-347; "Die Aktualitaet der Kardinaltugenden: Klugkeit, Gerechtigkeit, Tapferkeit, Mass", p.300; *Lieben, hoffen, glauben*, p.9.
18. Cf. Pieper, *The Four Cardinal Virtues; Faith, Hope, Love*. 피퍼의 작품들 안에 들어있는 덕들에 관한 논의를 보기 위해서는: Cf. Gilbert Meilaender, "Josef Pieper: Explorations in the Thought of a Philosopher of Virtue", *Journal of Religious Ethics* 11/1(1983), pp.114-134; Thomas S. Hibbs, "Josef Pieper and the Ethics of Virtue", in Bernard N. Schumacher(ed.), *A Cosmopolitan Hermit: Modernity and Tradition in the Philosophy of Josef Pieper*, Washington, Catholic University of America Press, 2009, pp.116-140.

오는 오해 덕분에 그것은 심지어 나치 정권에 의해서 승인되고 권장되는 공식 도서목록에도 들어 있었다(하지만 그들은 곧 그 실수를 알아차렸다). 편집자의 권유로 피퍼는, 1934년 어느 여름날 자전거를 타고 가며 자신의 미래 설계를 꿈꾸고 있던 중에, '희망'의 덕에 관한 책을 쓰기로 결심하였다. 그 안에서 그는 '현존재'(Dasein)의 시간성과 역사성에 관한 하이데거의 분석을 바짝 뒤따르는 '아직 아니'(not-yet-being)의 존재론을 발전시켰고, 이 작품은 신-마르크스주의자인 에른스트 블로흐(Ernst Bloch)가 1956년에 출간한 대가적인 작품 『희망의 원리』(Das Prinzip der Hoffnung)의 선구적 작품이 되었다.[19] 피퍼는 나중에 그때를 회상하며, 어떻게 자신이 아직도 지적으로뿐만 아니라 경험적으로도 부족함이 많던 때에 용감하게도 감히 그런 거대하고도 소진될 수 없는 주제에 관해 책을 쓸 수 있었는지 놀라워했다. 나중에 아우슈비츠(Auschwitz)와 히로시마(Hiroshima) 사건을 목도하게 된 제2차 세계대전이 끝난 뒤에, 그는 아직도 개인과 인류의 미래, 다시 말해 이제는 지속적인 자기 파괴에 의해 위협받고 있는 미래와 관련된 희망에 관한 합리적 정초를 좀 더 심층적으로 검토하는 한편, 부조리의 철학과 사회-종교적 운동들과는 거리를 두게 될 것이었다.[20] 일상의 희망(espoir)과 근본적 희망(esperance)을 구별하고, 인간적 희망에 고유한 특성들과 희망의 덕의 지위에 관해 노작한 다음에, 피퍼는 유토피아의 반대(anti-utopia)로 간주되는 인격적 죽음과 인간성의 죽음에 관련된 문제들을 대조하고 있다. 역사의 끝에 관한 자신의 철학적 분석이라는 맥락의 테두리 안에서 피퍼는 헤겔과 칸트뿐만 아니라 자신의 동시대

---

19. Cf. Bernard N. Schumacher, *A Philosophy of Hope: Josef Pieper and the Contemporary Debate on Hope*, New York, Fordham University Press, 2003; Ernst Bloch, *The Principle of Hope*, Cambridge, MIT, 1986, 3 vols.
20. Pieper, *The End of Time: A Meditation on the Philosophy of History*; *Hope and History*.

인인 블로흐, 야스퍼스, 마리탱의 입장과도 거리를 둠으로써 독창적인 해결책을 작업해낸다.[21] 피퍼는 초시간적 차원으로 개방되는 "초월로서 [이루는] 초월"(transcendence with transcendence)의 형이상학을 발전시키고, (시간성 안에서 발생하는 어떤 총체적 재앙의 사건에도 불구하고) 역사를 그 결론으로 이끌어갈 어떤 절대적 상대에 대한 본원적 신뢰에 정초된 희망을 견지한다.

뮌스터의 철학자가 윤리학에서 그리고 인격 완성에서 덕의 중요성을 재발견하는 데 선구적 역할을 했다는 사실과 엘리자베스 앤스콤(Elizabeth Anscombe, 1958), 블라디미르 장켈레비치(Vladimir Jankelevitch, 1968), 피터 기치(Peter Geach, 1977)의 선구적 작품들에 이어 1981년 알래스데어 매킨타이어(Alasdair MacIntyre)의 『덕의 상실』(*After Virtue*)이 발간된 이래[22] 덕들에 관한 성찰이 1980년대에 주된 주제가 되기 이전에, 피퍼가 사추덕과 대신덕들에 관한 탁월한 철학적 종합 작업을 해냈다는 사실이 종종 망각된다. 피퍼는 덕 관념을 그리스-그리스도교적 전통 노선을 따라 발전시키고, 자신의 주제에 대한 특정 해석들을 명료화하며, 그것을 현대인이 직면한 도전들의 맥락 테두리 안에서 논한다. 나는 그의 현대적 전망에 대한 증거로, 그가 근본적 덕들에 헌정한 이 일곱 작품을 어떤 전반적 계획에 따라 집필한 것이 아니라는 사실을 지적하고 싶다. 대신에, 각 권들은 간명한 역사적 맥락의 테두리 안에서 발생했다: 『용기』(1934)는 히틀러 정권에 대한 응답으로 집필한 것이고, 『현명』(1937)

---

21. Cf. Jacques Maritain, *On the Philosophy of History*, New York, Scribner's Sons, 1967; Karl Jaspers, *Vom Ursprung und Ziel der Geschichte; Die Atombombe und die Zukunft des Menschen-Politisches Bewusstzein in unsere Zeit*, München, Pieper, 1958.
22. Cf. Alasdair MacIntyre, *After Virtue: A Study in Moral Theory*, Notre Dame(IN), University of Notre Dame Press, 1984[=국역본: 이진우 옮김, 『덕의 상실』, 문예출판사, 1997]; Elizabeth Anscombe, "Modern Moral Philosophy", *Philosophy* 33(1958), pp.1-19; Vladimir Jankelevitch, *Traite des virtus*, Paris, Bordas, 1947; Peter Geach, *The Virtues*, Cambridge, Cambridge University Press, 1977; Andre Comte-Sponville, *Petit traite des grandes vertus*, Paris, Presses Universitaires de France, 1995.

은 극단적인 결의론적 전통에 대한 응답으로, 『정의』(1953)는 의로운 것이 선한 것보다 우위를 점한다는 관념(이것은 자유주의와 공산주의에 관한 현재의 논쟁에 상응한다)에 직면해서, 그리고 『절제』(1939)는 특히 호기심이나, 하이데거에 의해서 그토록 잘 묘사된 '호기심 또는 실없는 이야기'와 관련해서, 『희망』(1953)은 히로시마에 의해서 야기된 역사적 절망과 진보 이데올로기의 끝에 저항해서, 『참사랑』(1972)은 사람들이 가지고 있는 거짓된 개념과 '에로스'(eros) 및 '아가페'(agape) 사이의 분리에 비추어서, 그리고 『신앙』(1962)은 합리적이고 과학적인 담화와 어떤 특정 맹신주의에 의한 부정에 직면해서 집필하게 되었다.

1930년대부터 계속해서 피퍼의 목표는 (19세기 부르주아의 덕 개념과, 칸트의 형식적인 법 및 의무의 윤리학, 그리고 공리주의적 윤리학에 대안을 제공할) 시대에 발맞춘, 덕에 기초한 윤리학을 작업해 내는 것이었다. 그렇지만 이것을 하기 위해서 그는 막스 셸러의 가치 개념을 참조하는 것이 아니라, 아리스토텔레스의 웅장한 선인 '에우다이모니아'(eudaimonia), 곧 "삶 전체" 관념을 참조하고 있다. 그는 덕에 기초한 윤리학을, 인간 존재자가 그 안에서 기계적이거나 환원주의적 용어들로가 아니라 실재적인 것의 총체성, 초월에 개방되어 있고 신적인 것에 자리를 허용하는 우주적 전망 안에 자리 잡고 있는 방식으로 개념되는 간결한 질서를 반영하는, 우주에 대한 포괄적 이해의 테두리 안에 위치시킨다. 피퍼의 윤리학 토대를 이루는 인간관은, 그의 자유가 절대적으로 자율적이어서 그 어떤 미리 확립된 선 관념으로부터도 독립적이라고 보아 그를 자족적 자의식으로 간주하는 관점과는 전혀 다르다. 후자의 관점은 때로는 중립성의 원리(principle of neutrality)라고도 불렸는데, 사르트르나 좀 더 최근에는 존 롤스(John Rawls)가 제언하는 관점이다. 이미 1930년대 동안에 피퍼는 성 토마스, 프르치바라, 하이데거로부터 영감을 받아 마르셀의 '나그네 인간'(homo viator)²³을 선취하는 철학적 인간학을 발전시켰다. 그것은 덕의 실천을 통해 총체적 완성을 향하여 자신의 '존재할 역량'을 실현시키는 '도중에 있는' 자유로운 인간 존재자의 인간학이었다.²⁴ 이것은 역량의 궁극적 완성, 또는 한 사람을 그 자신의 존재 잠재력의 궁극으로 인도하는, 자신의 본성에 의해서 이룰 수 있는 것의 최대치를 구성한다. 이 인간학은 장차 와야 할 (가능성들이 실현될) 미래를 향해 기우는 인간 본성의 내면적 구조를 표현하는 종말론적 차원을 동반하는 '아직-아니'의 존재론을 전제하고 있다. 하이데거, 사르트르, 블로흐와는 달리, 피퍼는 이 미래가 초월을 통해 이루어지는 초월의 움직임에 개방되어 있다고 주장한다. 여기서 초월이란 실재 전체를 구성하는 것이 아닌 내재적인 시간적 유한성을 돌파하는 행위로 이해될 수 있다.

3. 사물들의 진리와 창조 형이상학

제2차 세계대전 동안 피퍼는 웨스트팔리아 지역 행정의 심리전 부대와 항공부대의 학술 조교로서 일했다.²⁵ 그는 자신의 자유시간을

---

23. Cf. Gabriel Marcel, *Homo Viator: Prolegomenes a une metaphysique de l'esperance*, Paris, Aubier Montaigne, 1944.
24. 피퍼는 덕에 대한 요약적 소책자를 출간한 적이 있다: Pieper, *Über das christliche Meschenbild*[=국역본: 김형수 옮김, 『그리스도교의 인간상: 덕에 대하여』, 가톨릭대학교출판부, 2018].
25. 이 시기에 대해 좀 더 상세한 설명을 보기 위해서는: Cf. Pieper, *No One Could Have Known*; "Philosophie in Selbstdarstellungen", pp.11f. 이 시기 전반에 걸쳐서 그는 권력을 쥐고 있던 당과 관련해서 큰 어려움을 겪지 않았다. 하지만 그가 그들의 인간관에 동조했다는 뜻은 전혀 아니다. 피퍼와 국가 사이의 관계와 관련해서, 그의 입장은 전쟁 이전 작품들에서나 (출판이나 재쇄가 엄격히 통제되던) 전쟁 중에 집필된 작품들에서나 명백하다. Cf. Pieper, *No One Could Have Known*, pp.94ff.; 156ff. [107ff., 164ff.] 당은 피퍼에 대해 두 가지 불만을 품고 있었다: 하나는 그의 형의 아내가 유다인이었다는 것이었고, 다른 하나는 그의 다양한 작품이 마음에 들지 않는다는 점이었다. Cf. Ibid., 158ff.[166ff.] 그는 자신의 의지와 상관없이 알지도 못한 채, 그의 장상인 막스 시모나잇(Max Simoneit)에 의해 나치당 명부에 올랐다. Ibid., p.154[163]. 당은 그가 다른 이들의 세계관에 조금이라도 영향을 미칠 수 있을 만한

여러 프로젝트에 썼다: 그는 토마스 아퀴나스의 다양한 텍스트들을 수집하고 번역하였고,[26] 전쟁이 끝날 때에『교수자격논문: 사물의 진리』(Habilitationschrift: Wahrheit der Dinge. Eine Untersuchung zur Anthropologie des Hochmittelalters)[27]라는 제목으로 출간된 작품을 집필하였다(첫 초고는 콜마르 출판사 편집자에 의해서 분실되었다).[28] 사물들의 실재라는 주제는 이 젊은이가 그의 학생이 된 날부터 내내 그를 사로잡았다.[29] 체계적이고 인간학적인 접근법을 통해서, 그리고 토마스 아퀴나스를 인용함으로써, 피퍼는 (인간 활동의 기초이자 세상을 충만하게 포용할 수 없는 우리의 무능함의 기초인) 사물들의 진리에 관한 초기의 심층적 의미를 식별해낸다. 자신의 입장을, 사물의 진리를 의미가 없는 텅빈 개념으로 보는 칸트와 구별함으로써, 그는 그 개념을 하나의 사물과 하나의 지성 사이의 비례를 통해 묘사한다. 신적 지성은 (그것이 구체적인 역사적 실존 위에 기획하는) 그 사물의 형상, 본질 관념을 개념한다. 그 형상이 [바로] 자연적이라는 말을 듣는 이 사물의 척도이다. 후자, 곧 그 사물이 그것을 지각하는 인간 지성을 측정한다. 그렇지만 이 지성은 어떤 '사전 형상'(prae-forma) 또

직장에 취업하는 것을 금했다. Ibid., p.161[169]. 피퍼와 유다인 문제 사이의 관계와 관련해서, 이 독일 철학자는 근본적으로 반(反)-셈족주의 정책과는 거리를 두었다. Cf. Ibid., 155f., 159ff.[164, 167ff.]. 여기서 피퍼는 유다인 문제뿐만 아니라 공무원들에 대해서도 논한다. Cf. Pieper, Eine Geschichte wie ein Strahl, pp.630f.; 636f. Cf. Bertold Wald, "'Aktualisierung durch Enthistorisierung': Zu einem Brief von Josef Pieper an Gustav Gundlach aus der Zeit der NS-Diktatur", Philosophisches Jahrbuch 104(1997), pp.175-181, esp. 180.
26. Cf. Pieper, Thomas-Brevier.
27. Cf. Pieper, The Truth of All Things: An Inquiry into the Anthropology of the High Middle Ages[=국역본: 김진태 옮김,『사물들의 진리성』, 가톨릭대학교출판부, 2005].
28. 그가 2쇄를 출판하지 않았기 때문에, 그 작품은 재판되어야 했다. 전쟁 중에 뮌스터 대학에 제출했던 교수자격 지원은, 자신의 논문 지도교수 가운데 하나인 막스 에틀링거의 후임자인 피터 부스트의 또다시 후임자인 철학자 게르하르트 크뤼거가 적극적으로 지지했는데도 학부로부터 받아들여지지 않았다. Cf. Pieper, No One Could Have Known, pp.163ff.[171ff.].
29. 프르치바라는 그에게 토마스 아퀴나스의『진리론』제1문을 해석할 과제를 맡겼다. Cf. Piper, No One Could Have Known, p.138[149].

는 그것이 구체적인 역사적 실존 위에 기획하는 어떤 형상의 관념을 형성할 수 있다. 이런 식으로 지성은 인공적이라는 말을 듣는 사물들의 척도가 된다. 이 측정함의 관계에 기초해서 피퍼는 "그로부터 우리의 정신이 그에 대한 지식을 갖게 되는 자연 사물들은 우리 정신의 척도인데, 그것들은 이번에는 하느님의 인식하는 정신을 자기 척도로 삼고 있다"고 마무리 짓는다.[30] 사물들의 진리는 또한 명제를 포함하고 있기도 하다. 피퍼는 알려지는 사물의 형상을 받아들임을 의미하는, 어떤 사물을 '아는 것'과, 알려지는 사물에 관하여 알 수 있는 모든 것을 포괄하는 지식을 가리키는, 어떤 사물의 포용(comprehensio)을 구별한다. 확실히 인간 존재자는 모든 것을 일정 정도 알 수 있다. 왜냐하면 그의 지성은 '우주를 감당할 수 있기'(capax universi) 때문이다.[31] 비록 그는 (그가 그 후속 형상들을 파악하는) 실존하는 사물들의 본질을 알기는 하지만, 그럼에도 불구하고 인간 지성은 후속 형상(apres-formes)과 (창조적 지성 안에 자리 잡고 있는) 선행 형상 사이의 유비를 파악할 수 없다. 다시 말하자면, 그는 실제로 그 어떤 것도 제대로 이해[포용]할 수 없다. "그러나 유한한 정신은 결코 실존하는 실재가 제공하는 모든 잠재적 지식을 실제로 다 포용할 수 없다. 오히려 어떤 대상 자체 안에서 그 대상에 대해 알 수 있는 것은 무엇이든지 언제나 그리고 필연적으로 실제로 알려질 수 있는 것을 능가한다."[32] 관조되고 있는 그 사물로부터 흘러나오는 빛남과 밝음은 인간 지성을 압도한다.

결코 인간은 사물들의 내밀한 본성을 충분히 포용할 수 없을 것이다. 다시 말해 총체적으로 그리고 완전하게 알지 못한다. 또한 인간의 정신은

---

30. Pieper, *The Truth of All Things*, p.52[136].
31. Cf. Ibid., pp.77ff.[158ff.]; Pieper, *Welt und Umwelt*, esp. pp.180ff.
32. Pieper, *The Truth of All Things*, p.58[141].

결코 우주의 총체성을 완벽하게 측량해내지 못할 것이다. …사물의 '본질'과 '총체성'에 관한 지식은 '희망의 약속'의 테두리 안에 있는 인간의 특전이다.[33]

어떤 것에 대한 궁극적 이해에 도달할 수 없는 이 불가능성, 이 '부정 철학'(philosophia negativa)은 그 기원을 (피퍼에 따르면, 지성에 의한 앎이라는 합리적 행위[이때 이성에 의한 인식 행위로 구현된다]의 대상을 구성하는) '창조의 형이상학'에 두고 있다. 피퍼에 따르면 세상을 창조로 보는 이 이해는 "존재자의 의미 전체"(das gesamte Daseinsgefuehl)를 물들인다. 이것이 바로 그의 철학의 비밀의 열쇠이다: "이 피조됨이 피조물의 내밀 구조를 전적으로 그리고 철저하게 규정한다."[34] 그의 논설 『소진될 수 없는 빛』(Unaustrinkbares Licht)에서 피퍼는 자신의 철학 탐구 노선과 창조 사실의 수용 사이의 관계를 묘사하고 있다.

이 질문을 진정한 철학적 의미로 던지자마자 나는 즉각적으로 그리고 형상적으로 헤아릴 길 없고 측량할 길 없는 것을 다루게 된다. 이것은 사물들의 뿌리에 접근하는 것, 다시 말해 존재의 원천, 곧 창안 및 형상을 주는 설계의 차원, 피조물의 차원으로 전진하는 것이 내 질문의 본성 안에 있기 때문이다.[35]

피퍼의 철학은 가브리엘 마르셀이 "반(反)창조의 의지"(will for de-creation)라고 묘사한[36] 특정 경향과는 대립되는, 창조의 존재론을 출

---

33. Ibid., p.93[174].
34. Pieper, "Negative Element in the Philosophy of St. Thomas Aquinas", p.47[114].
35. Pieper, "The Timeliness of Thomism", p.97[143-44]. Cf. Pieper, *Faith, Hope, Love. On Love*, pp.176ff., 233f.[325f., 374f.].
36. Gabriel Marcel, *The Mystery of Being*, vol.2, *Faith and Reality*, London, Harvill Press,

발점으로 삼는 그의 결단의 구전적(俱全的) 일부이다. 창조에 대한 철학자들의 이 배격은 바로 존재자 개념의 빈곤화를 낳게 된다.[37] 피퍼는 인간 본성의 차원에 대한 창조의 형이상학의 궁극적 귀결들, 곧 죽음, 희망, 사랑, 축제(거행), 여가, 덕, 전통, 그리고 철학을 철저하게 파헤치고 싶어 하였다.

어쨌든 우주가 창조되었다는 확신은 존재의 어느 특정 '측면'에 한정지어진 채로 남아있을 수 없다. ―만일 그것이 머릿속 언저리에서 수행된 추상적 주의주장 이상의 어떤 것이어야 하는 것이 아니라면 말이다. 우리는 그것을 단지 어떤 '철학적이고 종교적인' 선반에 보존할 수 없다. 일단 끝까지 생각된 다음에는, 그것은 필시 끈질기게 그리고 심각하게, 우리의 존재자 감각에 영향을 미치게 된다. 왜냐하면 그때 모든 실재(사물, 사람, 우리 자신)가 창조적으로 이해된 어떤 것으로, 어떤 기획된 것으로, 따라서 처음부터 뚜렷한 목적을 가지고 있던 어떤 것으로 우리에게 제시되기 때문이다(이런 관념은, 잘 알려져 있듯이, 사르트르가 열정적으로 거부한 것이다). 무엇보다 먼저 우리는 (또다시 우리 자신을 포함해서) 모든 실재를 창조적으로 원해지고 긍정된 것으로 바라봐야 하는데, 그것의 실존은 오직 그렇게 긍정되고 사랑받은 존재자에만 의존한다.[38]

그의 교수자격논문 집필은 부드럽게 넘어가지 않았다. 왜냐하면

1951, p.152[vol.2, p.153].
37. "세상의 피조됨에 대한 직선적 부정은 또한 어쩌면 참으로 단계적으로만 '실현되는' 세상에 대한 철학적 이해에 뜻밖의 귀결을 낳는다. 이 부정과 함께 혹자는 그리스도교의 거룩한 전통에서뿐만 아니라 그리스 세계관으로부터도 멀어지게 된다"(*Ueber die platonischen Mythen*, pp.336f). 이것은 또한 자기 자신의 사고를 불가피하게 저 기원들로부터 그 문제 및 그 용어 양쪽과 관련하여 형성한다는 것을 의미한다(Cf. Pieper, *A Plea for Philosophy*, p.125[122]). Cf. Pieper, *What Does It Mean to Philosophize?*, p.40[28].
38. Pieper, *Faith, Hope, Love. On Love*, p.177[325-326].

그가 철학사를 탐구하는 대신에 철학을 하고 있다고 질책을 받았기 때문이다.[39] 교수자격논문 지도교수인 게하르트 크뤼거(Gerhart Krueger)는 그를 해커나 과르디니 같은 '아웃사이더' 철학자들(Outsider philosophers)과 비교하였다. 1946년 1월 중순에, '하이데거의 진리 개념'에 관한 강연으로 성공적으로 교수자격논문 발표를 마친 뒤,[40] 피퍼는 1946년 7월 5일 42세의 나이에 '강의 자격'(venia legendi)을 취득하였다. 그 기회에 그는 "교육과 지적 노동"[41]이라는 제목의 강연회를 가졌는데, 이것은 그의 작업의 두 번째 국면의 시작을 알리는 신호였다. 그 강연에서 그는 '인간 인격을 옹호하고 증진시키기 위한 문화 철학'이라고 묘사할 수 있는, 여러 가지 자신의 미래 사유 주제들을 전개하였다. 덕에 기초를 둔 윤리학과 연결된 인간학을 옹호함으로써 독일 전체주의(totalitarianism)에 반대한 피퍼는 또 다른 전체주의, 곧 인격체를 도구로 환원하는 '노동세계와 기능주의적 사고의 전체주의'의 발흥을 통찰력 있게 고발하였다. 이 새로운 전체주의에 대응하기 위해서 그는 자유롭고 진정 자율적인 인격적 삶의 개화를 허용해줄 문화철학을 발전시켰다.

1946-1947년 겨울학기에 자신의 첫 번째 대학강의를 준비할 때 피퍼는 전쟁터에서 막 돌아온, 배우기를 열망하는 젊은이들에게, 단순히 역사적 지식에 지나지 않는 체계적이고 추상적인 주제를 가르치는 데 투신할 수는 없었다. 따라서 그는 철학을 한다는 것이 무엇을 의미하는지를 논의하기로 결심하였다. 그는 1948년에 이 강의

---

39. "어쨌든 그 당시에는 이 반론이 겨냥하고 있는 것이 무엇인지 나에게 충분히 명료하지 않았다: 개인적으로 나의 관심을 끌던 문제에 대해서가 아니라, 대학의 교수 활동 전반에서의 철학의 위치와 관련해서 그러했다. 철학 영역에서 '탐구'란 결국 궁극적으로 '지성사'로, 이리하여 기본적으로 '역사편찬'으로, 그리고 토마스가 말하는 것처럼, 철학함의 실재적 의미와는 전혀 아무 관계가 없는 '다른 이들이 생각했던 것을 배우려는' 노력으로 이끌리게 된다"(Pieper, *Noch nicht aller Tage Abend*, p.239). Cf. Pieper, "Philosophie in Selbstdarstellungen", pp.12-13.
40. Cf. Pieper, "Heidegger's Conception of Truth".
41. Cf. Pieper, "Philosophical Education and Intellectual Labor."

들을 모아 『철학을 한다는 것은 무엇을 의미하는가』라는 제목으로 출판하였다. 이 작품은 대학강단에 섰던 기회에 말로 표현했던 통찰들을 발전시킨 것이었다. 피퍼는 철학 행위를 뉴먼이 "신사의 활동"(gentleman's activity)이라고 불렀던 것, 곧 그 자체가 목적인 관상적(觀想的) 성격의 자유로운 활동과 연관지어 규정한다. 그는 이것을, 어떤 다른 것의 관점에서 유용한 '노예적'(servile) 활동과 대조한다. 다시 말해, 그것의 목적은 그것에 외부적인 어떤 것이었다. 피퍼는 제2차 세계대전이 끝난 이래 인간의 세계를 1차원으로, [곧] 일을 최고의 가치로 삼는 도구적 활동으로, (너무도 그래서 모든 '자유로운' 활동이 생산성의 틀 안에서 구현되는) 일을 목적 그 자체로 삼으려는 새로운 "문화"의 발생을 의식하고 있었다. 이 문화는 자유로운 활동들에 재갈을 물리고 이용하려고 하며 인간 삶의 다양한 영역을 지배하려 시도하는 활동주의(activism)를 조장한다. 피퍼는 인간 인격을 일상의 노동에 속박하고 개개인을 공리적이고 노예적인 활동에 얽어매는 예속화를 '새로운 프롤레타리아 양성'(formation of a new proletariat)이라고 부른다. 이런 기능적 정신 자세에 대립하는 진정한 문화는 덕에 기초를 둔 윤리학과 여가의 옹호를 통해서 촉진될 수 있다.

4. 인간 인격을 옹호하고 증진시키는 문화 철학

제2차 세계대전 직후에 피퍼는 유럽이 온통 재건에 몰두했음을 지적하였다: "우리가 집의 재건에 돌입하고 있고, 우리의 손에 모든 자재를 갖추고 있다면, 우리의 모든 노력이 오직 그 집에 대한 관상(觀想)으로 향해야 하지 않겠는가?"[42] 이 질문을 자신의 것으로 삼

---

42. Pieper, *Leisure-The Basic Culture*, p.3[3].

고, 피퍼는 동시대인들에게 인격적 삶을 위협할 수 있는 "활동주의"가 호시탐탐 노리는 위험을 경고함으로써, 자신의 초창기 강좌들과 작품들에서와는 사뭇 다른 응답을 제시하고 있다. 일을 최고의 가치이자 하나의 목적 자체로 증진함으로써 '활동주의'는 인간 인격을 생산성과 유익성의 척도에 예속시키는 위험을 므릅쓰고 있었다. 하지만 아무리 유럽을 재건하라는 소명이 모든 시민에게 공동선과, (인간 인격 그 자체를 옹호하고 증진시킬) 어떤 새롭고 진정한 여가 문화의 발흥에 어떤 기여를 하도록 촉구하려는 의도가 있었다고 하더라도, 그 당시는 분명 여가에 대해 말할 최적의 시기가 아니었다. 전후에 피퍼의 철학적 사유의 핵심 주제 가운데 하나는 정확히 (여러 방식으로 사라져가고 있던) 진정한 여가와 개별 인격의 행복과 번영, 그리고 따라서 문명 전체의 번영의 절대적 필요, 다시 말해 진정한 문화의 필요에 대한 단언이다. 점점 더 인간 인격보다는 일에 높은 가치를 매기는 오늘날의 세계에서 이런 단언을 옹호한다는 것은 쉬운 일이 아니다. 인간은 하나의 수단의 지위로 환원되어, 그 자체로 하나의 목적이기를 그친 것처럼 보인다. 여가를 옹호하는 데 투신하는 철학자는 사람들을 게으름에 빠뜨리고 있고, 보다 정의롭고 보다 인간적인 미래 사회 건설에 요구되는 중요한 노력에서 벗어나는 도피로 몰아간다는 비난을 듣는다. 또는 역설적으로 그 철학자는 사람들을 개개인으로 하여금 자신의 일을 계속할 수 있도록 재충전시키고 그로 하여금 현실로부터 벗어날 수 있도록 도와주는 전통적인 오락을 허용하는 대신에 삭막함으로 몰아가고 있다고 비난한다. 이런 비난들은 어제오늘 고안된 것이 아니다. 우리는 다만 상당수의 그의 동료 시민들이 소크라테스에게 들이댄 수많은 강력한 공격을 상기하는 것으로 족하다. 피퍼는 플라톤 철학에 대한 자신의 성찰과, 궤변론자들과 '실용적'(pragmatic) 인간에 대한 그의 대립에서 그것을 멋지게 분석하는 데 성공한 바 있다.

오늘날의 세계에서 여가는 '오락 자체를 위한 오락'으로 전락했고, 일은 과대평가되고 고양되었으며 심지어 인격 완성을 위한 최고의 규범이 되기까지 예찬되고 있다. 이것은 피퍼가 직면했던 70년 전의 세계와 다르지 않다.[43] 이런 맥락 속에서, 오락과는 반대되는 진정한 여가는 "전혀 예견하지 못한 어떤 것, 까닭도 이유도 없는 완전히 낯선 어떤 것, 사실상 게으름과 나태와 동의어"로 이해되고 있다.[44] 그가 『여가: 문화의 기초』를 출간한 지 40년 뒤에, 이 독일 철학자는 진정한 여가에 대해 현재 통용되는 태도를 두고 이렇게 멋지게 표현하였다: "이 메마른 시대에 시가 무슨 소용이란 말인가?"[45] 시란 시간과 생산성의 낭비가 아닌가? 진정한 여가를 옹호하며 그것에 투신하는 사람은 내쫓아버리거나 심지어 제거되어야 할 사람이 아닌가? 결코 그렇지 않다. 오히려 실제로 세상을 좀 더 낫게 바꿀 수 있는, 행복하고 충만한 인격적 삶의 열쇠는 진정한 여가의 즐거움이 아닌가?

피퍼는 끊임없이 그 자체로 '자유로운' 활동들의 정당성을 옹호한다. 왜냐하면 그것들은 생산성과 유익성의 척도로 환원되거나 기능적 정신자세와 연계되어 설명될 수 없는 것인 인격 완성에 필수 불가결하기 때문이다. 자유로운 활동만이 진정으로 인간적인 문화 발전을 허용한다. 우리의 철학자는 도시의 심장부에서 일의 전체주의가 감당할 수 없고 유익성과 생산성의 척도로는 규제될 수 없는, 심층적으로 자유롭고 자율적인 장소들의 창조를 요구함으로써 한 걸음 더 나아간다. 피퍼는 이렇게 지적한다.

단지 공리주의적이기만 한 것의 절대적 요구가 우리의 실존 전체를 몰수

---

43. Cf. Pieper, "Das Gesellungsideal der industriellen Arbeitswelt: Aufriss einer sozialpaedagogischen Grundfrage", pp.374-375.
44. Pieper, *Leisure-The Basic Culture*, p.27[20].
45. Pieper, "Three Talks in a Sculptor's Studio. Those 'Guests at the Festival'", p.64[513].

하겠다고 위협할수록, 그만큼 더 인간 존재자는 (만일 그가 진정 인간적인 삶을 영위하고 있는 중이라면,) 우연히 보이는 것들과 들리는 것들의 이 소요(이것을 사고 저것을 마시고 저것들을 먹으며 여기서 즐기고 저것을 증명하는 등)로부터, 이 끊임없이 소리지르는 경험으로부터 한걸음 물러나, 침묵이 지배하고 실재적인 들음, 곧 우리의 존재가 의존하고 그로부터 지속적으로 자양분을 얻어 쇄신되는 저 실재어 대한 경청이 가능해지는 곳에서 나타날 기회를 필요로 할 것이다.[46]

일의 전체주의의 온갖 잠식으로부터 벗어나 있는, 충만하게 자유롭고 자율적인 영역을 보존하고 창조하라는 피퍼의 호소는 오늘날에도 그 긴급성을 조금도 잃지 않고 있다. 이런 '생활 공간'의 정당화는 인간 인격이 일에 봉사하는 어떤 역할 또는 기능, 다시 말해 생산자이자 시민으로서의 역할로 환원되는 것을 허용하지 않는 인간학에서 발견된다. 반면에, 인격은 살도록 그리고 인격체로서 연루되도록, 즉 충만하게 자유롭고 책임지는 방식으로 행동하도록, 다시 말해 무니에(Emmanuel Munier)의 말을 빌리자면[47] 자신의 생각을 남들에게 '위임'하는 것이 아니라 스스로 비판적으로 생각하도록 부름 받았다. 비판적 성찰, 독립적인 판단, 그리고 스스로 생각할 용기가 없는 삶은 "살만한 가치가 없을" 것이다.[48] 진정한 여가 형식들과 '테오리아'[이론]에 속하는 모든 활동의 증진은 인간 인격이 (다른 무엇보다도) 그가 효력, 곧 피퍼에 따르면 새로운 프롤레타리아를 창조하는 역할과 기능의 차원으로 환원될 수 없다는 사실을 깨닫게

---

46. Cf. Pieper, "Was ist eine Kirche?", p.555.
47. Cf. Emmanuel Munier, *A Personalist Manifesto*, London, Longmans, pp.111ff.[98ff.].
48. 이것은 결코 성찰이 빠진 삶은 살아지거나 계속되도록 허용되어서는 안 된다고 선언하는 윤리적 판단이 아니다. 반면에 한나 아렌트(Hannah Arendt)는 「사고와 도덕적 고찰」(pp.431ff.)에서 소크라테스를 따라, 그런 사람들은 실제로 인간 본성이 그들을 부르는 그 이상(理想)에 따라 살지 않는다고 주장한다. Cf. Plato, *Apologia of Socrates*, 38a.

해준다. 그는 이렇게 설명한다.

> 여가는, 직장인이 일을 하는 데 있어서 가급적 비가동시간은 최소한으로 하면서도 '어려움을 겪지 않도록'(trouble-free) 만드는 데서 정당화되는 것이 아니라, 그 직장인을 '인간적'으로(혹은 뉴먼이 말하는 것처럼, 그래서 '신사'로 남아있을 수 있도록) 유지하는 데서 정당화된다. 그리고 이것은 인간 존재자가 그의 한정된 평일 기능의 세분된 세계 속으로 사라져버리는 것이 아니라, 전체로서의 세계를 이해할 수 있는 채로 남아있고, 따라서 존재 전체를 향해 정향된 존재자로서 자기 자신을 실현한다는 것을 의미한다.[49]

오로지 휴식, 오락 또는 기분전환으로만 성립되는 여가는 그 자체로 진정한 여가가 아니다. 진정한 여가는 일을 더 하기, 다시 말해 효과의 증대를 가져오거나 단순하게 속도의 변화를 초래하기 위해 피로 회복을 목표로 삼고 있는 소일(消日)이나 두 일 사이의 단순한 간격인 것이 아니다. 만일 그랬더라면, 여가는 작업세계의 통합적이지만 구별되는 일부가 되었을 것이다. 그때 사람들은 단순히 그 활동의 환경이나 종류를 변경함으로써 일로부터 오락으로 넘어갈 것이다. 우리가 단지 주말의 휴가이거나 일로부터 물러날 때, 우리는 진정한 여가에 대해 말할 수 없다. 그렇다고 돈을 대가로, 기술을 통해서, 또는 많은 레크리에이션 전문가와 활동 지도자들이 가르치는 것처럼 특수한 방법을 통해서 얻을 수 있는 것도 아니다. 진정한 여가는 단순한 자유시간이나 오락보다는 훨씬 더 중요하고 훨씬 더 실존적이다. 그것은 행위나 소유를 능가하고 자신이 결실 풍부하도록 허용하며, 실재에 대한 탄력적인 '사랑하는 관조'의 태도로

---

49. Pieper, *Leisure-The Basic Culture*, p.35[26].

남들의 뜻에 따르도록 허용한다. 더욱이 이런 태도는 참으로 완성되고 행복한 인간적인 삶을 영위하고자 하는 이에게는 본질적이다. 그 본성상 어떤 목적에 이르는 수단으로 전환되기를 거부하는 진정한 사랑에 대해서도 마찬가지다. 진정한 여가는, 인간 인격처럼 '실천'(praxis)의 후견 아래 놓일 수 없다. 왜냐하면 그것은 오직 우연적으로만 실천적 유용성을 지니고 있는 가치를 향해 정향되기 때문이다. 그것이 더 이상 하나의 목적 자체가 아닌 순간, 그것은 '그 사실 자체로'(ipso facto) 하나의 진정한 여가이기를 그친다.

피퍼에 따르면, 진정한 여가의 기원이자 모든 '이론'(theoria)의 기원은 궁극적으로 축제 거행의 원초적 원리에서 발견되어야 한다. 이것은 하나의 오락, 즉 시간을 보내기 위한 기분전환으로 이해되어서는 안 되고, 실재에 대한 심층적인 동의의 태도, 곧 세계를 본질적으로 선한 것으로 간주하는 "세계에 대한 긍정적 접근"으로 이해되어야 한다.[50]

> 실재를 근본적으로 '선하고' '질서 지어져 있다'고 생각하지 않는 사람은 스스로 "여가를 궁리할" 수 있는 그 이상으로 경축할 수 없다. 이것은 여가가, 인간이 세계와 자기 자신의 본성에 동의한다는 전제와 연결되어 있다는 것을 의미한다.[51]

실재, 세상, 그리고 자기 자신을 향한 이런 태도는(이것은 필시 언제나 의식하고 있는 것은 아니지만 가장 기본적인 인간적 활동이나 반응들을 통해서 드러나게 된다) 피퍼에 따르면 또 다른 긍정, 곧 사랑으로부터 솟아난다. 어떤 사물이나 사람을 사랑한다는 것은 그 존재가 어떤 선한 것, 멋진 것임을 전제하는 것이다. 한마디로 말해, 그

---

50. Pieper, "Was heisst 'christliches Abendland'?", p.447.
51. Pieper, "Musse und menschliche Existenz", p.457.

것은 사랑의 대상인 그 사물 또는 그 사람의 존재에 대한 포용적인 긍정과 자신을 그 실재를 향해 개방함, 세상 안에서 묵인함을 함축하고 있다.

사랑 및 창조의 형이상학에 기초해서 피퍼는, 존재에 대한 감사를 의미하는 경신례보다 더 경축적인 축제가 있을 수 없다는 명제를 제언한다. 이 독일 철학자는 이 결론이 자신의 동시대인들에게 얼마나 도전적인지를 의식하고 있지만, 그것이 불가피한 것으로 간주한다: "세상 전체에 대해 동의하는 가장 고상한 형식은 하느님의 영광을 찬미함, 창조주에 대한 예찬, 경배이다. 그로써 우리는 또한 여가의 궁극적 기원을 규정하였다."[52] 축제 거행과 경신례의 심장부에 노동세계의 착취에 예속되지 않은 한 공간이 창조되고, 그래서 진정한 여가는 가장 다행스러운 방식으로 전개될 수 있다. 일의 전체주의적 상태는 여가가 축제에 뿌리박고 있다는 것을 아주 잘 이해하고 있었다. 바로 그렇기 때문에 그것은 다양한 인위적 축제일들, '실천' 안에서의 붙박이 축제를 제언하고, 심지어 일 자체를 하나의 '컬트'[숭배]로 만들기까지 하는 것이다.[53] 진정한 여가를 축제와 경신례에 뿌리박고 있는 것으로 간주하는 것은 그리스도교 사상에만 고유한 것은 아니다. 왜냐하면 우리는 피퍼가 지적하는 것처럼 플라톤이나 아리스토텔레스 같은, 그리스도교 이전 사상가들 안에서도 그것을 발견하기 때문이다. 아리스토텔레스는 인간이 스스로 여가 생활을 꾸려나갈 수 없음을 안다고 주장한다. 인간은 오로지 "어떤 신적인 것이 자기 자신 안에 현존하는 한에서"만 그것을 할 수 있다.[54]

쓰인 지 60년도 더 지난 말들 안에서 피퍼는, 우리에게 매일매일

---

52. Ibid.
53. "일 자체가 하나의 컬트가 된다": Pieper, *Leisure-The Basic Culture*, p.55[40].
54. Aristoteles, *Ethic. Nic.*, X, c.7, 1177b26s.; 432b.

의 진정한 여가 생활을 통해 이루어지는 인간 인격의 완성이 진정한 문화의 번영에 기여하고, 이것이 다시 인간 공동체의 공동선에 기여한다는 것을 상기시켜준다. 이 질서가 뒤집힐 대, 다시 말해 일이 인격적 존재에 수단이 아니라 목적으로 설정될 때, 그리고 그 사람이 하나의 도구로 이용될 때, 인간 인격이 완성되는 것은 불가능할 뿐만 아니라 문화 자체도 질식하게 된다. 그러므로 우리는 "진정한 문화는 오직 여가라는 토양 안에서만 번창한다'고 결론지을 수 있다.[55]

---

55. Pieper, "Musse und menschliche Existenz", p.456.

20. 세르베 핑케어스와 가톨릭 윤리신학의 쇄신

크랙 티터스

세르베 핑케어스의 지성적·영적 유산과 그가 가톨릭 윤리신학 쇄신에 기여한 공로를 조사한다는 것은 결코 만만한 과제가 아니다. 그는 성서학, 교부학, 전례신학의 쇄신에 기여한 '원천으로 돌아가기'(ressourcement) 운동의 정신 안에서 양성되었다. 더욱이 그는 풍요로운 도미니코회 유산으로부터 도출한 '덕 부흥'(Virtue Revival) 운동의 선구자이다. 이 운동과 이 부흥은 제2차 바티칸 공의회를 준비했고 또 오늘날까지 지속해온 쇄신과정의 핵심부분이다.

특히 핑케어스는 교회에 만연되어 있는, 결의론(casuistica)과 도덕 교본들이라는 근대적 틀과 계몽주의적 정신으로부터 탈출해야 할 필요를 역설한다. 그는 단순히 비밀 고해에 도움을 주는 것으로 이해하는, 트리엔트 공의회 이후 축소된 윤리신학의 역할이 참사랑과 다른 덕들의 내면화나 참행복과 성령의 선물들에 대한 주의 기울임은 희생한 채, 책무(duty)와 의무(obligation)에 초점을 맞추는 윤리철학의 추세를 따랐다는 사실을 인정한다. 여러 종류의 결의론이 결과주의(consequentialism)와 공리주의(utilitarianism)의 다양한 형식 안에서 지속되는 데 반해, 핑케어스는 그것이 성경과 교의신학뿐만 아니라 자연철학과 형이상학에 뿌리를 두고 있다는 것을 인정하는, 도덕 이론에 대한 비-결의론적 접근법을 제시한다. 그렇지만 덕 교육 안에서의 의무를 위한 자리나 사례 탐구의 자리를 부정하는 것은 아니다. 그의 전망은 제2차 바티칸 공의회 이후의 가톨릭 윤리신학에, 특히 요한 바오로 2세 교황의 회칙 『진리의 광채』[1]와 『가톨릭교회 교리서』[2]로 집약되는 '원천으로 돌아가기' 정신을 도입하는 데 도구 역할을 하는 것이었다.

나는 첫째, 이 쇄신 운동에 미친 핑케어스의 영향의 중요성을 알려주는 몇 가지 주제들을 살펴보고 싶다. 그의 기여를 이해함으로써 우리는 그가 어떻게 현대적 무대에 받아들여졌는지를 더 잘 볼 수 있을 것이다. 둘째, 나는 핑케어스의 업적을 역사적 맥락 속에 자리매김함으로써 그의 노력과 이 쇄신의 병행을 입증할 것이다. 마지막으로, 나는 법과 사랑, 그리고 (핑케어스의 이해에서는 1차적으로 하느님과 함께하는 참행복과 우애, 그리고 이웃 사랑을 목표로 삼고 있는) 계명과 덕의 관계에 대한 그의 접근법이 가톨릭 윤리신학에 미친 영향을 탐색할 것이다.

1. 가톨릭 윤리신학 쇄신에 대한 기여

핑케어스 신부의 업적을 공의회를 전후한 [시대의 다른 학자들의] 업적과 비교함으로써, 우리는 그가 가톨릭 윤리신학을 쇄신으로 이끈 발전을 모델로 삼을 뿐만 아니라, 더욱 흥미롭게도 그가 실제로 그것을 육성하고 그 성장을 촉진한다는 것을 발견한다. 그는 회칙 『진리의 광채』와 『가톨릭교회 교리서』의 중심 주제들을 그것의 출판 이전에 이미 다루고 있는데, 특히 윤리신학의 원천인 그리스도와 성경에 집중할 뿐만 아니라 덕과 은총의 새 법이라는 핵심 주제

---

1. John Paul II, *Veritatis Splendor*, Vatican, Lib. Ed. Vaticana, 1993(정승현 옮김, 『진리의 광채』, 1994).
2. *Catechism of the Catholic Church*, Lib. Ed. Vaticana, 1994; 2a ed. 1997(『가톨릭교회 교리서』, 1994).

들도 발전시키고 있다.

윤리신학의 원천에 관한 그의 관심은 초기 작품에서부터 명백히 드러난다. 「드 뤼박 신부의 '초자연'」에 관한 그의 신학석사 논문(1952)의 지도교수는 훗날 추기경이 된 아머(Jean Jerome Hamer)였다.³ 그리고 그가 출판한 첫 번째 책은 희망의 덕에 관한 성서적 성찰이었다. 이 논설은 구약에서의 희망의 신학을 성경에 대한 그리스도교적 접근법과 대화시키고 있는, 성경 연구를 포함하고 있다.⁴ 슈뉘 신부는, 핑케어스의 첫 번째 작품인 『윤리의 쇄신』⁵에 쓴 "머리말"에서 핑케어스가 성경과 신학 전통의 스승들, 특히 성 토마스에 관해 다루는 자신의 책에서 역사적 방법을 사용하고 있는 것의 중요성에 주목한다. 프랑스의 '원천으로 돌아가기' 운동을 주도하는 가장 주목할 만한 신학자 가운데 하나인 슈뉘는 신학에서 역사적 방법을 활용한 선구자였고, 그 때문에 1942년 로마로부터 제재를 받은 바 있다.⁶ 20여 년이 지나 슈뉘는 이 운동과 그것을 윤리신학에 활용하는 핑케어스를 얼마든지 예찬할 수 있는 위치에 와 있었다. 그는 핑케어스가 다양한 수준에서 역사적 방법을 채택한 것이 "순수한 교리적(이론적) 이해를 차려내고, 가장 최근의 연구들을 산출한다"고 말한다. 그것은 "맥락들이 텍스트의 틀 속으로 들어오

---

3. 이 작품에서 핑케어스는 드 뤼박 신부의 유명한 작품에 대한 자신의 찬사와 비판에서 미묘한 차이를 덧붙이고 있다. 핑케어스는 하느님을 알고자 하는 자연적 경향이 신앙, 희망, 참사랑이라는 대신덕(對神德)들의 형식으로 된 은총의 업적을 통해서 완성된다고 주장한다. 그렇게 해서 그는 자연적인 것과 초자연적인 것을 뒤섞는 것을 피하고 있다.
4. Pinckaers, "L'esperance de l'Ancien Testament est-elle la meme que la notre", *Nouveau Revue Theologique* 77(1955), pp.785-799.
5. M.-D. Chenu, OP, "Preface", in S. Pinckaers, *Le renouveau de la morale: Etudes pour une morale fidele a ses sources et a sa mission presente*, Paris, Tequi, 1979, orig. 1964. 나는 아직 영역되지 않은 이 작품을 인용할 때, 괄호 속에 프랑스어 제목을 병기할 것이다.
6. 회칙 『인류』(*Humani generis*) 시절에 신학에서 통용되던 역사적 방법의 활용에 관해서는: Cf. R. Guellut, "Les antecedents de l'encyclique 'Humanae generis' dans les sanctiones de 1942: Chenu, Charlier, Draguet", *Revue d'histoire ecclesiastique* 81(1986), pp. 421-497.

는 분석에서 영적 감수성 교육"의 결과다. "이처럼 위대한 고전 신학의 스승들에게 호소하는 것은 분명 『윤리학 쇄신』의 한 도구이자 한 보증이다."[7]

성서적·교부적·중세적 원천들로 되돌아가는 윤리학 쇄신의 의미가 과대평가 되어서는 안 된다. 이전 세대에 봉사했던 교본들로부터 단서를 얻는 대신에 핑케어스는 단순히 역사적이기만 한 것이 아니라 현대적이고 엄밀하게 그 의도에 있어서 신학적이기도 한 대화를 위해 1차적 원전(原典)들을 수집한다. 그는 거기서 교본들의 결의론적 접근법의 곤경으로부터 벗어나기 위한 지침을 발견한다. 핑케어스의 초기 작품들에서는 원천들에 관한 관심이 두드러진다. 그의 최초의 논문과 『윤리 쇄신』은 이미 여러 방식으로 자신의 필생의 작품을 개관하고 있다. "그 원천과 현재의 사명에 충실한 윤리 탐구"라는 후자의 부제(副題)는 자신의 '그리스도교적 윤리학의 원천들'에 관한 확장된 연구와 (특히 우애에 기초를 두고 있는 신학적 덕 이론으로서) 가톨릭 윤리신학의 쇄신을 위한 노력을 선언하고 있다. 그 주제들이 어떻게 그 작품을 함께 묶는지를 보는 것은 흥미롭다. 의무 윤리학(morale de l'obligation)의 체계에 대한 그의 최초의 비판은 그 체계를 "우정의 윤리"(morale de l'amitie)를 향한 성서적·교도권적·토미스트적 접근법과 대조시킨다.[8] 나중에 그는 후자를 '행복 또는 참행복의 윤리'라고 부를 것이다.[9]

윤리신학을 위한 덕의 중요성의 제안자로서 그는 요셉 피퍼[10]의

---

7. Pinckaers, *Le renouveau de la morale*, p.8.
8. Pinckaers, *Le renouveau de la morale*, pp.26-43.
9. Pinckaers, *The Sources of Christian Ethics*, Washington, The Catholic University of America Press, 1995[orig. French 1985]; *Morality: The Catholic View*, pref. Alasdair MacIntyre, tr. Michael Sherwin, South Bend(IN), St. Augustine's Press, 2001, orig. French 1991.
10. Josef Pieper, *Zucht und Mass: Über die vierte Kardinaltugend*, Leipzig, Hegner, 1939. 그의 사추덕에 관한 작품들은 처음 영어로 번역 출판되었다: *Fortitude and Temperance*(1954); *Justice*(1955); and *Prudence*(1959).

작품들과 더불어 이미 철학에서 시작되었고, 앤스콤[11]과 좀 더 후대에는 매킨타이어[12]와 더불어 전개될 덕 이론의 쇄신에 참여하였다. 영국 철학자 퍼거스 커는 세르베 핑케어스를 신학에서 덕 전통의 "가장 위대한 해설자"(the greatest exponent of this tradition)라고 평가하면서, 그의 강력한 힘은 "성 토마스 아퀴나스의 신학에 대한 깊은 이해와 가톨릭의 그리스도교적 유산 전체에" 의존하고 있는 덕분이이라고 지적한다.[13] 덕에 대한 핑케어스의 신학적 접근법은 이미 『윤리 쇄신』뿐만 아니라 덕 이론에 관한 그의 초창기 논문 네 편 안에서도 명백해졌다. 더욱이 덕에 대한 이 신학적 접근법은 (십자가의 성 요한과 같은 신비가[14]의 경험도 포함하는) 경험, 계시(성서적 원

---

11. Cf. Elizabeth Anscombe, *Intention*, Oxford, Blackwell, 1957; "Modern Moral Philosophy", *Philosophy* 33, no.124(1958), pp.1-19.
12. MacIntyre, *After Virtue: A Study in Moral Theory*, Notre Dame(IN), Notre Dame University Press, 1981(이진우 옮김, 『덕의 상실』, 문예출판사, 1997).
13. Fergus Kerr, cover blurb for J. Berkman and C.S. Titus(eds.), *The Pinckaers Reader*, Wasington, The Catholic University of America Press, 2005. 보통 표지 뒷면의 홍보문은 인용되지 않지만, 핑케어스의 영향력과 수용이 어떠한지를 전하도록 이 논문에 위탁된 과제를 채우기 위해서 이후에도 가끔 인용될 것이다. 이 내용을 동일한 평가자의 보다 이른 시기의 평가와 비교해 보라: Fergus Kerr, OP, *After Aquinas: An Introduction to His Life, Work, and Influence*, Grand Rapids(MI), Eerdmans, 2003, p.111. 여기서 그는 핑케어스가 자연법 문제에 관해 취하는 입장에 대해 확신을 가지고 있지 않았다. 그는 이렇게 말한다: "그렇지만 나는 토마스의 자연법에 관한 문(問)들을 옛 법과 새 법에 관한 문들로부터, 그리고 참행복과 덕에 관한 문들로부터 분리(추상)함으로써 그저 혼란만 낳았다는, 그리고 그의 날이 오기 전에 무슨 일이 벌어졌든지 간에 그는 결코 자연법을 (창조주 외에 다른 것이 아닌) 영원법으로부터 독립적으로 작용하는 것으로 본 적이 없다는 세르베 핑케어스에게 동의하고 싶은 유혹이 인다. 그렇지만 현재 토마스의 업적에서 가장 논란의 중심이 되고 있는 쟁점과 관련해서 다른 많은 이들의 해석이 아니라 어느 한 해석을 선택하는 것은 미숙한 처신이 될 것이다." 그런데 커는 그 날카로운 박식함 가운데서(*Twentieth-Century Catholic Theologians*, Oxford, Blackwell, 2007, p.33) (나중에 추기경이 된 장 해머와 마리오 치아피, 폴 필립 등과 더불어 핑케어스의 스승 가운데 하나인) 가리구 라그랑주 신부를 『페트루스 롬바르두스로부터 성 토마스 아퀴나스에 이르는 희망의 덕』(*La Vertu d'esperance de Pierre Lombard a St. Thomas d'Aquin*, Roma, Angelicum STD Thesis, 1954)이라는 제목의 핑케어스의 논문 지도교수로 잘못 지적하고 있다. 그렇지만 핑케어스의 논문 지도교수는 루이-버트랑 지옹(Louis-Bertrand Gillon)이었다. 이 오류는 『핑케어스 읽기』(*The Pinckaers Reader*, 2005) "서론"에서도 반복되고 있다.
14. 핑케어스는 영성신학에 관한 그의 많은 논문 가운데 기도와 가르멜 신비가들, 특히 십자가의 성 요한, 아빌라의 성녀 데레사, 그리고 아기 예수의 성녀 데레사에 관

천), 그리고 체계적이고 사변적인 신학적 성찰들[15]을 통해 가능해지는 새로운 연관성을 도출할 수 있었다.

기초윤리신학(fundamental moral theology) 전문가로서 그의 평생의 업적은 특수윤리신학(special moral theology)을 위한 확실한 발판을 마련하는 것이었다. (비록 그는 젊은 교수로서 그것에 초점을 맞춘 특수윤리신학을 강의하기는 했지만, 그것을 그의 긴 프리부르대학 재임기간 동안에는 가르치지 않았다.) 비록 그의 초점이 참된 행복, 도덕적 행위에서의 목적성, 자유의 본성 등에 맞추어져 있었지만, 자연법과 행위 이론 연구에 미친 그의 공헌이 저평가되어서는 안 된다.[16] 더욱이 비록 핑케어스가 그 특수한 덕들에 관해 체계적인 단행본을 집필하지는 않았지만, 우리는 그가 남겨준 28권의 저서와 300편의 논문들 도처에서 그 모든 것을 발견할 수 있다.

그 이상의, 그리고 어쩌면 가장 독특한 공헌은 윤리신학에서 성령의 선물들과 은총의 새 법의 복원, 그리고 거기에 자리 잡고 있는 자발성을 포함하고 있다.[17] 그의 작품들 속에서는 삼위일체적 전망이 매우 활기차다. 그리스도에 대한 신앙은 덕들의 유기적 조직에 영감을 불어넣고 있다. 그 중심에는 그리스도가 자리 잡고 있다.[18]

한 작품들을 출판하였다. 그의 완전한 참고문헌 목록은 핑케어스 문서고 웹사이트(http://www.unifr.ch/tmf/-Archives-Pinckaers)와 조금 오래된 것으로는 『핑케어스 읽기』에서 만날 수 있다.

15. Pinckaers, "Dominican Moral Theology in the 20th Century", in *Pinckaers Reader*, pp.73-89, esp. pp.86-89.

16. 예컨대 윌리엄 메이(William May)와 존 커드백(John Cuddeback)은 핑케어스의 사상에서 법의 위치를 최소화하고 있다. 더욱이 영어로 번역된 핑케어스의 작품들이 행위와 덕의 본성에 관한 그 논거들에 대해 언제나 인정을 받은 것은 아니었다. 나는 그것만 뺀다면 훌륭한 "서론"인 존 버크만(John Berkman)의 다음과 같은 주장에 동조하고 싶지 않다: "핑케어스는 결국 자연법의 요구들을 이해하거나 행위와 덕의 본성을 해명하는 데로 정향된 것이 아니라, 인간 인격의 '목적'(telos)에 대한 이해를 상설하는 데로 정향되어 있다"("Introduction", in *Pinckaers Reader*, p.16).

17. 다른 곳에서 나는 핑케어스의 작품들 안에서 그리스도론적이고 성령-중심적인 전망의 중요성을 입증한 바 있다: C. S. Titus, "Passions in Christ: Spontaneity, Development, and Virtue", *The Thomist* 73.1(2009), pp.53-87.

18. 핑케어스는 「그리스도의 몸: 아퀴나스 윤리학의 성체성사적이고 교회적인 맥락」

복음적 법은 (그리스도를 믿는 이들 안에서 사랑을 통해 작동하는 성령의 은총과 마찬가지로) 덕들의 그리스도론적 차원과 같이, 소홀히 취급된 『신학대전』의 통찰들을 복원하고 있는 핑케어스 작품들의 영향의 '쐐기돌'[宗石, keystone]이다.[19]

일부 관찰자들은 현대의 윤리 이론들과 결의론적 접근법 때문에, 그리고 다른 이들은 윤리신학을 교의신학 및 영성신학으로부터 분리시키는 신학의 구분 방식 때문에, 신앙인의 유덕한 삶과 그리스도 사이의 연결을 놓치고 있다. 그럼에도 불구하고 핑케어스는 윤리신학에서 덕 이론과 그리스도 중심성의 상호연관성을 입증해주는, 아퀴나스로부터 도출한[20] 세 가지 날카로운 통찰에 주목한다. 첫째, 핑케어스가 말하는 것처럼, "덕, 선물, 카리스마를 통해 작용하는 그리스도의 은총의 충만함이, 머리이신 그리스도를 통해 교회 구성원들에게 널리 퍼져나가는 영적 광맥(spiritual reserve)을 구성한다."[21] 둘째, 그리스도는 만민을 위해 이룬 구속을 통해 참사랑을 촉발하고 도덕성을 활성화시킨다.[22] 셋째, 그리스도교적 윤리의 중심인 새 법(lex nova)은 "주로 그리스도를 믿고"[23] 참사랑을 통해 일하

("The Body of Christ: The Eucharistic and Ecclesial Context of Aquinas's Ethics", in *Pinckaers Reader*, pp.26-45)에서, 그의 사상에서 예수 그리스도와 교회가 차지하는 중요성을 보여준다. Cf. Pinckaers, *L'Evangile et la morale*, Fribourg, Editions Universitaires, pp.48ff.
19. '새 법'에 관한 그의 논거는 아퀴나스의 『신학대전』 제2부 제1편 제106문부터 제108문까지에 의존하고 있다. 참조: 『신학대전 제30권: 새 법과 은총』, 이재룡 옮김, 한국성토마스연구소, 2022. 새 법의 두 번째 요소는 기록된 하느님의 말씀, 특히 산상 설교이다.
20. 핑케어스는 (제3부의 "머리말"에서 발견되는 것과 같은) 도덕적 분석의 끝에 오는 이 연결의 수많은 다른 사례들을 규정하고 있다. Cf. Pinckaers, "The Body of Christ", in *Pinckaers Reader*, pp.26-45.
21. 이 텍스트(「그리스도의 몸」, 42)에서 핑케어스는 제3부, 특히 제7문과 제8문을 지적하고 있다. 그는 덕들과 교회 사이의 상호연관성을 논한다. 각각의 덕은 고립되어 있기는커녕 그 개인적 차원과 연결되어 있는 교회적 차원을 지니고 있다.
22. Thomas Aquinas, *ST* III, q.48, a.4.
23. Thomas Aquinas, *ST* I-II, q.106, a.1(『신학대전 제30권: 새법과 은총』, 7쪽).

는[24] "이들에게 주어지는 성령의 은총 자체이다." 그리스도는 교회의 머리요 참사랑의 수원(水源, well-spring)으로서 엄밀히 개인주의적인 방식으로 이해되어서는 안 되는 모든 덕들을 결합시키는 데 봉사한다. 더욱이 사회생활을 향한 자연적 경향은 우애, 정의, 그리고 모든 덕이 친사회적 행위와 관계를 활성화하는 한에서 그것들을 통해 발전한다.

쇄신에 대한 또 다른 중요한 공헌은 의지(voluntas) 개념에 관한 핑케어스의 업적이다. 그는 의지 안에서 "우리 안에 있는 진정한 하느님의 모상"의 표현을 발견한다. "왜냐하면 그것은 우리가 그분의 모상임을 보여주는, 우리의 활동들에 대한 우리의 지배력(dominium)에 있기 때문이다."[25] 핑케어스는 자신의 학술 연구의 상당수에서 도덕적 행위와 윤리 이론의 핵심 요점인 목적(finis) 또는 목적성에 초점을 맞추었다. 그는 이렇게 묻는다: 윤리 이론이 1차적으로 의무를 겨냥하느냐 아니면 참행복을 겨냥하느냐 하는 것은 어떤 차이를 내는가? 1차적 차이들 가운데 하나는 이성과 의지 개념과 그로부터 흘러나오는 자유(libertas) 개념에서 발견된다. 비록 인간 본성이라는 보편적 관념이 확립되었다고 하더라도, [그것이] 1차적으로 의무와 연관지어 해석될 때에는, 자유는 (그것이 선한지 악한지 여부와는 상관없이, 그리고 그리스도교적 참행복으로의 소명과는 상관없이) 사람이 원하는 것을 행할 수 있는 역량에 초점이 맞추어지게 된다. 그 결과는 인간 인격을 1차적으로 억압과 강제로부터 자율 또는 자유를 추구하는 자로 해석하는 것이다.[26] 반면에, 사람이 원하고 또 그리스도교적 소명을 완수하는 선을 행할 수 있는 역량과 연관지어 바라볼 때는, 그것은 탁월함을 향한, 그리고 더 나아가 성성(성덕)을 향

---

24. Thomas Aquinas, *ST* I-II, q.108(『신학대전 제30권: 새법과 은총』, 85쪽 이하).
25. Pinckaers, *The Sources of Christian Ethics*, p.327.
26. Cf. Pinckaers, "Aquinas and Agency: Beyond Autonomy and Heteronomy", in *Pinckaers Reader*, pp.167-184; *The Sources of Christian Ethics*, pp.330-353.

한 자유가 된다. 강제로부터의 자유의 필요를 부정하지 않으면서도 "탁월함을 향한 자유"(freedom for excellence)에 초점을 맞추는 것은 도덕적·영적 번영을 의식적으로 추구하는 삶을 포함하고 있다.[27]

핑케어스는 궁극적 행복에 중심을 두고 있는 복음적 윤리를 복원하려는 노력이, 자유주의(libertarianism)와 율법주의(legalism)라는 상이한 양측 모두로부터 오해되어 왔다는 것을 깨닫고 있다. 첫째, 자유주의적 전망은 한편으로는 인간적 덕과 참된 행복 사이의 상관관계와 다른 한편으로는 계명과 도덕적 발전, 올바른 행위, 그리고 선한 생활의 소로를 상세히 설명하는 훈계(교훈) 사이의 상관관계를 놓치고 있다. 무관심의 자유에 기초를 둔 이런 자유는 의무, 법, 계명의 보다 넓은 교육학적 목적을 건너뛰거나 상대화하고 있다. 이런 도덕적 자유주의는 그 사람을, 우리의 천상 아버지가 완전한 것처럼 완전해져야 하는(마태 5,48), 그리스도교적 윤리 생활의 목적으로 안내할 (은총과 성령의 선물들뿐만 아니라 계명과 훈계들까지 포함하는) 접근 가능한 수단들을 차단한다. 둘째, (도덕 교본들을 헤쳐나온) 율법주의 또는 의무 위주의 윤리는 행복에 대해 의문을 제기하고, 그것이 공리주의적이고 쾌락주의적인 윤리로 이끈다고 잘못 믿고 있다.[28] 지향과 의무감의 순수성에 의지하고 있는 이 의무 윤리는 칸트주의나 정치적 공리주의의 다양한 형식들의 한 결과다. 도덕적 행위에서의 의무, 훈계, 지향 또는 감정을 위한 어떤 의미 있는 자리매김을 부정하지 않으면서도, 핑케어스는 참행복의 윤리와 탁월성을 향한 자유(곧 복음적인 성령의 자유)가 그 목적인 그리스도를 모방한다는 것을 인정하고 있다. 『진리의 광채』 제26항을 해설하면서 그는 이렇게 말한다:

---

27. Pinckaers, "Ethics in the Image of God", in *Pinckaers Reader*, ⊃p.130-143; *The Sources of Christian Ethics*, pp.327-329.
28. Cf. Pinckaers, "Aquinas and Agency: Beyond Autonomy and Heteronomy", p.177.

각각의 그리스도인은 하느님 아드님의 위격에 대한 신앙을 통해 새로운 계약에 들어간다. 각 그리스도인은 사도들과 그 계승자들에게 위탁된 살아있는 전통으로부터, 역사 전체에 걸쳐 상이한 문화 안에서 충실하게 보존되고 항구하게 실현될 필요가 있는 도덕적 규정을 받는다. 이 훈계는 그리스도를 따르고 모방하는 것으로 요약된다. 사도 바오로의 말에 따르면 "나에게는 삶이 곧 그리스도"(필리 1,21)이다.[29]

그의 삼위일체적 전망 때문에 핑케어스는 계속해서 "그리스도인의 도덕 생활은 성령에 힘입어 당신의 몸인 교회를 형성하는 그리스도의 위격(位格)에 묶여 있다"고 단언할 수 있다.[30]

그는 자신의 도미니코회 수도생활 초기부터 말씀과 성사(聖事) 안에 현존하는 그리스도를 향한 사랑에 깊은 감동을 받았다. 이 원천은 수도자, 사제, 신학자로서 삶의 토대가 되고 그것을 조직하는 데 봉사할 것이다. 그것은 또한 그로 하여금 도미니코회 전통에 따른 '원천으로 돌아가기' 신학 노선을 따르고, 가톨릭 윤리신학 쇄신에 기여하고 영향을 미칠 토대를 구성할 것이다.

그는 수련기 피정을 통해 (동방교회와 서방교회의 일치를 촉진하기 위해 설립된) 슈브토뉴 베네딕토회 수도원의 명망 있는 수사 돔 올리비에 루소(Dom Olivier Rousseau)의 영향을 받았다. 이 수사는 젊은 핑케어스에게 성경의 의미와 그것을 신학적으로 읽을 필요라는 두 가지 점을 각인시켰다. 그리하여 핑케어스는 첫째, 하느님의 말씀이 인간의 말보다 훨씬 더 무게가 있다는 것을 깨닫고 자신의 독서의 초점을 성경에 맞추었다.[31] 둘째, 슈브토뉴의 신학적 영향에 의해서 전해진 것처럼 교부들의 신학적 특전을 따라 성경에 대한 "영

---

29. Pinckaers, "Body of Christ", p.26.
30. Ibid., p.25.
31. Pinckaers, "My Sources", Communio 26(1999), p.913.

적 독서"(lectio divina)에 집중하였다.[32]

핑케어스는 자신의 원천 사용 및 자신이 성경에 초점을 맞춘 것과 관련해서 아퀴나스가 자신의 '멘토'였다고 단언한다.[33] 그는 아퀴나스를, 주로 성경을 토대로 삼아 세워지지만 그리스도교적 삶에 필요한 인간적 요소들을 통합하는 윤리신학의 모델로 이해한다. 이 성서적 모델은 핑케어스가 단언하는 것처럼, "우리로 하여금 복음서와 성경에 호소하도록 격려하고 돕는다. 그것들로부터 우리는 그리스도교 윤리학을, 우리에게 가용한 특수한 원천들을 활용해서 오늘날에 맞는 유형으로 세울 빛, 영감, 그리고 소재들을 발견한다."[34]

토마스 오미어러,[35] 매튜 레버링,[36] 트레이시 로울랜드[37]를 비롯한 많은 중요 가톨릭 사상가들이 핑케어스를 "성서적 토미스트"(Biblical Thomist)라고 부른다. 그것은 그가 토미스트 윤리신학의 부흥과, 은총과 덕을 해석하는 데 있어서 성경에 큰 비중을 두기 때문이다. 토마스 오미어러는 이 호칭이, 핑케어스가 자신의 첫 번째 논문들(1955년과 1956년)에서 성경에 관한 것을 주제로 삼았다는 사실에

---

32. 동시에 그는 하느님의 말씀과 도덕성에 관한 그의 논문에서 잘 드러나는 것처럼 역사적 비판적 연구를 대단히 높게 평가하고 있었다: "La parole de Dieu et la morale", *Le Supplement de la vie spirituelle* 200(march 1997), pp.21-38.
33. Cf. Pinckaers, "My Sources", pp.913-915.
34. Pinckaers, *L'Evangile et la morale*, p.10. 그는 더욱이 그리스도교 사상이 교회의 풍부한 유산에 충실한 채로 남아있으면서도 표현의 차원에서 창조적일 수 있다고 믿는 용감한 신뢰를 요청한다.
35. 토마스 오미어러의 논문 「토마스 아퀴나스 해석: 20세기 윤리신학의 도미니코 학파의 여러 측면들」 가운데 '성서적 토미스트: 세르베 핑케어스'(363-366쪽)라는 제목을 달고 있는 절을 참조하라: Thomas O'Meara, OP, "Interpreting Thomas Aquinas: Aspects of the Dominican School of Moral Theology in the Twentieth Century", in Stephen Pope(ed.), *The Ethics of Aquinas*, Washington, Georgetown University Press, 2002, pp.355-373(『아퀴나스의 윤리학』, 이재룡 외 옮김, 한국성토마스연구소, 2021, 479-504쪽).
36. Matthew Levering, *Biblical Natural Law*, Oxford, Oxford University Press, 2008. 여기서 레버링은 핑케어스의 자연법에 관한 가르침을 론하이머(Martin Rhonheimer)와 맥알리어(Graham McAleer)의 가르침과 비교하고 있다. 저자는 또한 핑케어스를 '원천으로 돌아가기 토미스트'(Ressourcement Thomist)라고 부르고 있다.
37. Tracey Rowland, *Ratzinger's Faith: The Theology of Pope Benedict XVI*, Oxford, Oxford University Press, 2008, p.26.

의해서 정당화된다고 설명한다. 한 논문은 '희망'에 관한 성서적 이해를 포함하고 있고,[38] 다른 논문은 예언적으로 가톨릭 윤리신학을 쇄신하는 데 '원천으로 돌아가기' 모델을 사용할 것을 요청하고 있다.[39] 핑케어스는 하느님의 말씀이 교회의 신학적이고 윤리적인 기획의 구전적(俱全的) 부분이고, 윤리신학의 쇄신은 성경의 사용을 복원할 필요가 있다고 논한다. 그는 이와 관련해서 성경에 대한 역사적 탐구가 도움이 된다는 것을 인정한다.[40] 애브리 덜레스 추기경은 핑케어스가 아퀴나스 윤리신학의 성서적이고 교부적인 정초를 현대 그리스도교적 윤리학을 위한 한 모델로 삼고 있음을 관찰하였다.[41]

핑케어스는 말씀뿐만 아니라 성사, 특히 성체성사 안에 현존하는 그리스도에 대한 가톨릭의 강조에 있어서의 전례적 쇄신을 살았다. 그는 그리스도가 자신의 교회를 성사, 특히 성체성사를 통해 세운다는 입장을 옹호한다.[42] 핑케어스는 사도 바오로의 로마서 성찰(12,1)에 기대어 이렇게 말한다: "윤리는 직접적으로 주님의 몸과 피의 성사인 성체성사를 상기시키는 일종의 산 제물로 나타난다."[43] 그 안에 있는 그리스도의 실재적 현존 때문에 핑케어스는 성체성사

---

38. Pinckaers, "L'esperance de l'Ancien Testament est-elle la meme que la notre?", *Nouvelle Revue Theologique* 77(1955), pp.785-799(repr., in *Renouveau de la morale*, 1964).
39. Pinckaers, "Le renouveau de la theologie morale", *Vie intellectuelle* 27(October 1956), pp.1-21.
40. 특히 논문 모음집인 『복음과 도덕』(*L'evangile et la morale*, 1990)을 보라. 성경에 관심을 기울이지 않는 논문이나 책을 발견하기 어렵다.
41. Avery Dulles, "John Paul II and the Renewal of Thomism", in *John Paul II and St. Thomas Aquinas*, ed. Michael Dauphinais and Matthew Levering, Ann Arbor(MI), Sapientia Press, 2006, pp.15-29, at p.16.
42. Pinckaers, "The Body of Christ". 그의 윤리신학에서 성체성사의 중요성에 관해서는 1955년의 첫 논문들과 다음 글들을 참조하라: *Renouveau de la morale*(1964); *The Sources of Christian Ethics*(orig. 1985); *La vie selon l'Esprit: Essai de theologie spirituelle selon saint Paul et saint Thomas d'Aquin*(Luxembourg, Editions Saint-Paul, 1996), esp. pp.249-259; *Spiritualite du martyre*(2000); "My Sources."
43. Pinckaers, "The Body of Christ", p.32. 여기서 핑케어스는 1코린 10,16-17을 참조하고 있다.

를 성사들의 정점이자 도덕 생활의 시작으로 인정한다. 사도 바오로를 따라 그는 전례적 도덕성에 대해 말한다: "전례적 기도와 도덕 생활 사이에는 밀접한 유대[와] 생생한 접촉이 있다. 모든 이론과 교리 이전에 도덕 생활은 먼저 성체 안의 그의 현존인 그리스도의 몸에 의해서 양육된다."[44] 그는 계속해서 "도덕 생활은 이처럼 우리의 일상생활에서 우리가 세례에 의해 결합된 그리스도의 몸 안에서 소통하는 성체성사적 전례의 연장과 활성화가 된다."고 설명한다.[45] 핑케어스는 또한 성체성사와 (그리스도교적 용기의 축소판인) 순교자들의 신앙의 상관관계를 인정한다.

성체 안에 있는 그리스도께 대한 그의 헌신은 그가 심층적으로 관상적이었다는 사실을 입증한다. 그는 "관상한 것을 남들에게 전하라"(contemplata aliis tradere)는 모토를, 성 토마스가 이해했던 것처럼[46] 관상의 결실을 남들과 나누라는 것으로 이해하고 살았다. 그의 사도적 활동들과 대학 교육은 관상적 기도와 연구로부터 자라났다. 그의 저술은 이 네 가지 모두로부터 자라났다. 그는 철학적이고 신학적인 모든 것들에 대해 기도로 충만하고 면학적인 관상을 향하고 있었다. 일식과 월식에 관한 그의 논문은, 그가 계절 및 자연의 요소들과의 접촉을 유지하게 해주는 프리부르의 시골길을 규칙적으로 걸었던 것처럼, 자연에 대한 그의 경탄을 보여준다.[47] 그러나 그가 성체 안의 그리스도와의 사귐과 그에 대한 흠숭이 도덕적 힘과 덕

---

44. Pinckaers, "Conscience and Christian Tradition", in *Pinckaers Reader*, p.325.
45. Ibid. 핑케어스는 「그리스도의 몸」(p.45)에서 신학을 위한 성체성사의 중요성을 다음과 같이 요약하고 있다: "이처럼 우리는 감히 성체와 그분의 교회적 몸 안에서의 그리스도의 몸에 대한 신앙과 신심이, 가장 강한 의미에서, 성 토마스 신학의 1차적 영감이자 원천이라고 말하고 싶다. 그것은 마치 (성령이 우리 안에서 그것들을 형성하기 때문에) 기도와 영적 매력의 영역에 속하는 성찰이라는 토양 아래 숨겨져 있는 1차적 경험과 같다."
46. Thomas Aquinas, *ST* II-II, q.188, a.6.
47. Pinckaers, "L'eclipse ou le reveil de l'admiration", in *A l'ecole de l'admiration*, Versailles, Saint-Paul, 2001, pp.7-12.

의 원천임을 발견했다고 말해야 한다. 그는 죽기 직전에 출간된 마지막 작품들 가운데 하나에서 이렇게 말한다: "주님의 독특한 현존에 아직도 주의를 기울이는 가운데, 침묵의 신앙 안에서, 흠숭은 뚜렷이 그리고 확실하게 그리스도인의 도덕 생활과 그 덕들을 일깨우고 활성화한다."[48] 성체 안에 위격적으로 현존하는 그리스도께 대한 이 헌신은 그가 「나의 원천들」에서 증언하는 것처럼, 그의 젊은 시절부터의 영감이었다.[49]

도미니코회 사제요 신학자로서 핑케어스는 그리스도교 전통의 원천들을 함께 읽는다. 곧 성경을 그 맥락 속에서, 다시 말해 교부들의 성경 해석과 교회 교도권을 포함하기도 하는 그리스도교적 전통의 일부로서 읽는다.[50] 핑케어스는 일관되게, 더 나아가 가톨릭 윤리신학이 교의신학(삼위일체론, 그리스도론, 은총론), 영성, 그리고 교도권과 분리될 수 없다고 논한다. 그것은 또한 역사적 탐구나 철학적 연구(그리고 과학)와도 분리될 수 없다.[51] 그는 학문들의 구분이 유명주의(Nominalism), 계몽주의(Enlightenment), 바로크 신학(Baroque Theology)의 영향들의 한 결과로 과장되기에 이르렀다는 것을 입증한 것으로 널리 알려지게 되었다. 현대신학에 대한 그의 주요 비판들 가운데 하나는, 그것이 분석된 것들을 종합화하는 것을 희생한 대가로 구획하는 특수화 때문에 활력을 상실했다는 것이다.

---

48. Pinckaers, *Plaidoyer pour la vertu*, Paris, Paroles et Silence, 2007, p.56.
49. Pinckaers, "My Sources", pp.913-915.
50. 핑케어스는 또한 성경이 가톨릭 윤리신학에서 펼쳐야 하는 주요 역할을 강조한다: "The Sources of the Ethics of St. Thomas Aquinas", in *The Ethics of Aquinas*, ed. Pope, pp.17-29(『아퀴나스의 윤리학』, 23-39쪽).
51. 핑케어스는 「나의 원천」(p.915)에서 자신이 회칙 『진리의 광채』(1993) 및 『신앙과 이성』(1998)에 일관된다는 것을 보여준다. 성체, 성경과 아퀴나스의 작품들에 대한 연구 안에서 든든하게 토대를 다진 다음에, 그는 자신의 연구들이 통용되도록 철학 연구로 넘어간다. 그는 이렇게 말한다: "나의 신앙을 든든히 유지한 채 나는 고대철학 및 근대철학에 대한 연구에 착수할 수 있었다…. 이 연구는 만일 누가 경험에 의해서 풍요로워지고 인간적인 모든 것에 개방되어 있는 정신을 획득하기를 갈망한다면, 꼭 필요하다."

이와는 대조적으로, 그는 교부적이고 교도권적인 전통뿐만 아니라 거의 8세기에 이르는 도미니코회 전통도, 조직적이고 영성적인 신학과 윤리적으로 고찰되고 있는 실천적 쟁점들을 통합한다는 것을 보여주었다.[52] 핑케어스는 다양한 성서적, 신학적이고 역사적인 분과들의 기여를 칭찬하는 한편, 이 신학 분과들을 그리스도교적 윤리학 작업 속에 철저히 통합할 것을 요청하고 있다. 제2차 바티칸 공의회 이전의 도덕 교본들에서 발견되는 건조한 논설 이후에 오늘날의 윤리학자들과 교회 지도자들은 윤리신학이 단적으로 영성으로부터 분리될 수 없다는 그의 확신을 새롭게 확인하였다.[53] 『진리의 광채』와 그 안에서 논의되고 있는 새로운 복음화의 상당 부분인 이 통찰은[54] 윤리신학의 참으로 신학적인 본성과, 특히 그리스도가 말씀과 성사 안에서 스승이자 교사 역할을 담당하고 있는 그 위치를 인정한다.[55]

---

52. Pinckaers, "L'enseignement de la theologie morale a Fribourg"(p.433). 베네딕트 애슐리(Benedict Ashley, 1915-2013) 신부는 평온하면서도 경쟁력 있게 과학과 대화하는 '리버 포레스트(River Forest) 토미즘' 학파와 긴밀히 연결되어 있다. 그렇지만 핑케어스는 근대과학에 대한 광범위한 논술 없이 근대철학을 다룬다.
53. 예컨대 프랜시스 조지 추기경(Francis Card. George, OMI)은 핑케어스의 작품들이 "제2차 바티칸 공의회에 의해서 요청되는 윤리신학의 쇄신에 …건전하고 본질적인 기여"를 한다는 것을 인정한다(『핑케어스 읽기』 책등 홍보문). 그는 핑케어스가 "복음의 새 법이 얼마나 그리스도교 윤리에 신선한 마음과 통찰을 주는 (전통적이면서도 미래적인) 필요한 재발견인지를 보여준다"고 단언한다. 조지 추기경은 한걸음 더 나아가 핑케어스가 "도덕과 영성을, 윤리신학의 교사를 안내하고 사변 신학자를 위한 새로운 길을 제시하는 방식으로 통합하고 있다"고 지적한다.
54. 요한 바오로 2세 교황은 『진리의 광채』에서 다음과 같이 말한다: 그리스도인들의 "도덕 생활이 성사들, 특히 성체성사 안에서 발견되는 하느님의 성성과 영광이 저 소진될 수 없는 원천으로부터 흘러나오고 그 원천에서 자양분을 얻는 '영적인 경배'(로마 12,1; 참조: 필리 3,3)의 가치를 지니고 있다.": "실자가의 희생제사에 참여함으로써 그리스도인은 그리스도의 자기-증여적 사랑에 참여하고, 그의 모든 사상들과 업적들 안에서 이 동일한 참사랑을 살 수 있는 역량을 갖추고 있고, 그것에 투신한다"(제21항). (『진리의 광채』, 5, 26, 107항 참조. 그 가운데 107항은 새로운 복음화를 도덕성 및 성사들, 특히 성체성사와 연결시킨다.)
55. 핑케어스는 예컨대 『그리스도교 윤리학의 원천들』 359-374쪽과 120-122쪽, 그리고 「『진리의 광채』: 미래를 위한 회칙」에서 그리스도를 '스승'으로 다루고 있다: "An Encyclical for the Future: Veritatis Splendor", in *Veritatis Splendor and the Renewal of Moral Theology*, ed. J. A. DiNoia & Romanus Cessario(eds.), Princeton(NJ), Septer

우리는 이처럼 핑케어스가 그의 작품의 주요 주제들(이것들은 모두 윤리신학의 쇄신에 핵심적이다)에 대한 면밀한 검토를 통해서 가톨릭 윤리신학의 쇄신에 기여한 공헌을 포착할 수 있다. 특히 영향력을 발휘한 주제들은 가톨릭 윤리신학의 원천 복귀, 예수 그리스도와 덕의 중심성, 성령의 은총과 선물들이라는 새 법의 필요성, 무관심의 자유와 탁월성의 자유 사이의 구별, 윤리신학의 실천을 위한 말씀과 성사의 중요성을 포함한다. 여기서 설명된 것들 외에도 그는 또한 그 쇄신에 기여하고 좀 더 면밀한 검토를 필요로 하는 다른 주제들, 곧 '하느님의 모상', 인간 인격과 존엄성, 궁극 목적과 참행복, 성화(聖化)와 참행복, 그리고 사랑과 법이라는 주제(이 법에 대해서는 이 논문의 제3절에서 다룰 것이다)도 다루었다.

2. 역사적 자리매김

위에서 언급된 주제들과 그에 대한 핑케어스의 기여는 가톨릭 윤리신학의 쇄신을 위해 대단히 중요했다. 세르베 핑케어스의 지적·영적 유산과 (제2차 바티칸 공의회 이전뿐만 아니라 『진리의 광채』와 『가톨릭교회 교리서』에 이르는 시기의) 쇄신을 위한 그의 업적의 중요성을 평가하기 위해서, 나는 그의 업적을 역사적 맥락 속에 자리매김함으로써 그의 노력과 쇄신 사이의 병행을 입증할 것이다. 나는 먼저 저명한 사상가로서의 그의 업적이 끼친 영향에 대한 좀 더 일반적인 평가를 검토할 것이고, 그런 연후에 그의 업적이 가톨릭 윤리신학 쇄신에 어떻게 병행했는지를 추적할 것이다.[56]

Publications, 1999, pp.11-71, spec. pp.20-22.
56. 이 과제에 대한 커다란 기여는 체사리오 신부의 다섯 가지 매우 다양한 출판물에 의해 제공되었다: "On the Place of Servais Pinckaers(+7 April 2008) in the Renewal of Catholic Theology", *The Thomist* 73(2009), pp.1-27; "Homage au Pere Pinckaers, OP: The Significance of His Work", *Nova et Vetera*(English Edition) 5.1(2007), 1-15;

수많은 현대 사상가들은 핑케어스의 작품들에 커다란 비중을 두었다. 조지 웨이겔과 리처드 노이하우스는 탁월함을 위한 자유에 대한 핑케어스의 해석의 적시성을 집중 조명하였는데,[57] 특히 후자는 핑케어스의 "그리스도교 윤리학의 역사와 다른 작품들이 (그리고 특히 '무관심의 자유'와 '탁월함의 자유' 사이의 그의 날카로운 구별이) 토미스트들 가운데서뿐만 아니라 가톨릭을 넘어 그리스도교권 전체에 강력한 영향을 미쳤다"고 단언한다.[58] 매킨타이어도 윤리신학에 미친 핑케어스의 공헌의 지속되는 중요성과, 특히 현대의 지나친 단순화와 오류들에 대한 그의 저항을 묘사하였다.[59] 로마누스 체사리오(Romanus Cessario) 신부는 윤리신학을, 그것이 갇혀 있는 바티칸 이전의 종교적 법체계 형식으로부터 해방시키는 핑케어스의 역할에 초점을 맞춘다.[60] 이 영향은 핑케어스의 업적에 대한 스탠리 하우어워스의 관심에 의해서 명료화되는 것처럼 가톨릭의 범위를 넘어선다.[61] 그의 국제적 영향의 증거로서 핑케어스의 작품은 현

"Forword", in *The Sources of Christian Ethics*, 1995; "Theology at Fribourg", *The Thomist* 51(1987), 325-366; *A Short History of Thomism*, Washington, The Catholic University of America Press, 2005, pp.78-79. 「핑케어스에 대한 헌사」는 벨기에 신학자의 80세 생신기념 학술대회의 기조강연이었고, 이 행사에서 배부된 논문들은 프랑스에서 기념논총으로 출판되었다: M. Sherwin and C.S. Titus(eds.), *Renouveler toutes choses en Christ: Vers un renouveau thomiste de la theologie morale*, Fribourg, Academic Press, 2009.
57. Cf. George Weigel, "A Better Concept of Freedom". *First Things* 121(March 2002), pp.14-20.
58. Richard John Neuhaus, "A Giant Moves On", *First Things*(April, 2007).
59. Cf. Alasdair MacIntyre, "Preface", in Pinckaers, *Morality: The Catholic View*. Cf. Michael Sherwin, OP, "Eulogy for Fr. Theodore Pinckaers, OP", *Nova et Vetera*(English Edition) 7.1(2009), pp.549-553.
60. 체사리오는 이렇게 말한다: "핑케어스는 결의론이 윤리신학의 새로운 형식으로 부상한 것이 성 토마스 아퀴나스의 가르침으로부터의 완전한 결별을 구성한다는 것을 명백히 보여주었다"(*A Short History of Thomism*, pp.78-79). 그리고 「세르베 핑케어스의 위치」(On the Place of Servais Pinckaers)에서는 핑케어스의 업적을 퍼거스 커가 그의 『20세기 가톨릭 신학자들』에서 선정한 주요 신학자들의 업적과 대조하고 있다.
61. 하우어워스는 "세르베 핑케어스의 작품은 윤리신학의 쇄신에 본질적이고, 가톨릭 윤리신학뿐만 아니라 개신교 윤리신학을 위해서도 중요하다"고 평하고 있다(책등 홍보문). 그는 또한 통찰력 있게 지적한다: "핑케어스는 참행복과 덕에 대한 아퀴나스의 이해에 대한 심층적 복원으로, 가톨릭 윤리신학에서의 최근 논쟁들에서 바람직

재 영어 외에도 스페인어, 이탈리아어, 폴란드어를 비롯한 일곱 개 언어로 번역되었다.[62] 그의 작품은 두 권의 축제기념논총과 두 권의 학술지 특집에서 조명받았다.[63] 핑케어스의 영향력에 대한 이런 증거는 그의 작품들이 왜 오래 지속되는 유산인지를 시사해준다.

핑케어스 자신도 「20세기 도미니코회의 윤리신학」[64]과 「나의 원천들」[65]이라는 두 편의 자전적 논문을 통해 윤리신학 쇄신에서의 자신의 역사적 위치와 관련된 언급을 하고 있다. 거기서 그는 자신의 멘토들과 자신의 지적·영적 원천들을 규정하고 있다. 핑케어스는 공의회가 개막되던 1961년에 36세로 비교적 젊은 나이였지만, 이미 자신의 관구신학교, 곧 벨기에 위(Huy) 지역의 라 사르트 도미니코회 신학대학에서는 튼튼한 입지를 다지고 있었다. 비록 '전문가'(peritus)로 참가하기에는 너무 젊었지만, 그는 《윤리에 관한 헌장(초안)》(*De re morali*)에 관해 자문을 하였다.[66] 그것은 공의회 당시 윤리신학이 처했던 상황과, 공의회 교부들이 윤리 문제에 관한 헌장을 끝마칠 수 없도록 사전에 진행되고 있던 쇄신 유형을 알려주는 지표이다. 핑케어스는 자신이 멀리서 따랐던 이 이야기의 핵심

하지 못한 대안들을 매우 단호하게 회피하고 있다." Cf. Stanley Hauerwas's Review of *The Sources of Christian Ethics*, in *First Things*(May 1996).
62. 우리는 또한 2000년에 핑케어스가 로마 라테란대학에서 대학총장인 카밀로 루이니 추기경(Camilo Card. Ruini)과 바티칸 국무성 장관인 안젤로 소다노 추기경(Angelo Card. Sodano)의 임석 하에 "혼배 및 가정 신학"(Theology of Marriage and Family) 명예박사 학위(Honoris Causa)를 받았다는 점에 주목해야 한다.
63. Cf. Festschrifts for his 65th Birthday: *Novitas et Veritas Vitae: Aux sources du renouveau de la morale chretienne*, ed. Carlos-Josephat Pinto de Oliveira, Fribourg, Ed. Universitaires, 1991; for his 80th Birthday: *Renouveler toutes choses en Christ: Vers un renouveau thomiste de la theologie morale*, Sherwin and Titus(eds.); *The Thomist* 73.1(2009); *Josephinum Journal of Theology* 17.2(2010).
64. 이 논문은 원래 『토미스트지』(*Revue Thomiste*) 100주년 기념 학술대회 때 발표되었고, 「프리부르대학교에서의 윤리신학 교육」이라는 제목으로 출판되었다: Pinckaers, "L'enseignement de la theologie morale a Fribourg", *Revue Thomiste* 93(1993), pp.430-442.
65. Pinckaers, "My Soueces", pp.913-915.
66. 《윤리에 관한 헌장(초안)》과 관련된 주해 기록들은 프리부르대학의 핑케어스 문서고에서 찾아볼 수 있다.

을 말해준다.[67] 윤리신학 내의 새 법의 복원이라는 관점에서 《윤리에 관한 헌장(초안)》의 실패를 보는 것은 특히 흥미롭다. 핑케어스는 영리하게, 도덕성(윤리)에 대한 트리엔트 공의회 이후의 고정 개념을 극복하는 작업이 공의회 교부들의 숙고에서 (불충분하기는 하지만) 어떤 진전이 있었다는 것을 인정한다. 당시 성숙하지 못했던 한 문헌을 공표하기에는 기초윤리신학과 특수윤리신학의 중요성이 너무도 컸다. 쇄신을 향한 공의회와 다른 노력들의 영향[68]은 25년 이상이 지난 뒤에야 비로소 권위있게 윤리 문제들을 다루는 교도권의 두 문헌, 곧 『진리의 광채』와 『가톨릭교회 교리서』를 통해 맛보게 될 것이다.

이 문헌들에 대한 핑케어스의 결과적인 영향력은 상당 부분, 그의 작품이 공의회가 윤리신학 쇄신의 필요성을 표명한 세 가지 방식에 미친 영향을 통해 확인될 수 있다. 첫째, 그는 『계시헌장』에서 성경을 모든 그리스도인들이 충만하게 접근할 수 있도록 만들라는 호소를 발견한다.[69] 이 호소는 성경이, 전승과 더불어, 그리스도에 관한 지식의 일차적 원천임을 인정한다.[70] 둘째, 핑케어스는 『사제양성교령』을 안내로 삼는데, 그 텍스트는 이미 핑케어스 자신의 학술 작업을 안내했고 그의 마지막 말까지도 안내할, 윤리신학의 세 가지 주제들을 강조하고 있다: 곧 모두 윤리신학을 "완성시키는" 데

---

67. Pinckaers, "The Return of the New Law to Moral Theology", in *Pinckaers Reader*, pp.369-384. 피에르 도르넬라스는 기각된 《윤리에 관한 헌장(초안)》에 대한 논쟁을 둘러싼 사건들의 보다 충분한 역사를 전해주고 있다: Pierre D'Ornellas, *Liberte, que dis-tu de toi-meme? Une lecture des travaux du Concile Vatican II, 25 janvier 1959 - 8 decembre 1965*, Saint Maur[Paris], Paroles et Silence, 1999.
68. 이 사례들은 1981년 장 아메(Jean Jerome Hamer)를 간사로 신앙교리성 주관으로 다양한 전망을 가진 주요 윤리신학자들을 함께 불러 모은 실패한 회의도 포함하고 있다. Cf. Pinckaers, "Un symposium de moral inconnu", *Nova et Vetera* 76(2001), pp.19-34.
69. 『계시헌장』(*Dei Verbum*), 제21항과 제24-25항.
70. 『계시헌장』(25항)은 윤리신학과 사제 및 신학생 양성 과정에서 성경을 좀 더 많이 활용할 것을 요구하고 있다. Cf. Pinckaers, *The Sources of Christian Ethics*, pp.292-293.

봉사하는 것들인, 그리스도께 대한 신앙, 성경에 대한 사랑, 그리고 결실 풍부한 참사랑이다.[71] 셋째, 그는 공의회의 교회에 관한 두 헌장에서 윤리신학의 쇄신을 위한 추가 지침들을 발견한다. 한편 『기쁨과 희망』(사목헌장)은 덕 이론과 행위에 관한 규범적 이해에 그토록 중요한 현명(prudentia)의 덕에 관한 핑케어스의 이해를 활성화시키고(inform) 있는 (하느님이 인간의 마음속에 설정하신 법으로서의) 양심(conscientia)에 관한 전승의 가르침을 강조한다.[72] 다른 한편, 『인류의 빛』(교회헌장)은 윤리신학과 영성을 하나로 유지하는 것에 관한 지침을 제공한다. 핑케어스는 『인류의 빛』(40항)의 다음과 같은 관찰에서, 도덕성을 금욕주의 및 신비주의(신비신학)로부터 분리하던 트리엔트 이후의 관행을 극복할 지주(支柱)를 발견한다: "어떠한 신분이나 계층이든 모든 그리스도인이 그리스도교 생활의 충만함[plenitudo; 국역본: 완성]과 사랑의 완덕으로 부름 받고 있다는 것은 누구에게나 자명한 일이다."[73] 비록 『인간 생명』과 교황 레오 13세의 『새로운 사태』 이래로 가톨릭 사회교리에 관한 회칙들에서 발견되는 교도권의 다른 가르침들은 당면한 사회 쟁점들에 대해 그때마다 적절히 대응하며 계승해 왔지만, 핑케어스는 1993년의 『진리의 광채』 이전까지는 기초윤리신학이 교도권의 가르침으로부터 분명한 지침을 받지 못했다는 것을 인정하였다.

핑케어스의 작품들을 연구하고 그 문헌들의 역사를 알고 있는 학

---

71. 핑케어스는 『사제양성교령』(Optatam Totius, 1965, no.16)에서 거듭거듭 영감을 길어내고 있다: "특히 윤리신학을 보완하는 데에 특별한 관심을 기울여, 그 학문적 해설을 성경의 가르침으로 더욱 풍요롭게 하고, 그리스도를 믿는 신자들의 고귀한 성소를 깨우쳐 주며, 세상의 삶을 위하여 참사랑의 열매를 맺어야 할 신자들의 의무를 밝혀주어야 한다." 이 텍스트에 대한 그의 활용 사례들: Pinckaers, *The Sources of Christian Ethics*, pp.293 & 302; "The Return of the New Law to Moral Thgeology", p.372.
72. 양심(conscientia)에 관해서는: Cf. *Gaudium et Spes*(『사목헌장』), no.16; Pinckaers, "Conscience and the Virtue of Prudence", in *Pinckaers Reader*, p.347.
73. 『교회헌장』 제40항. Cf. Pinckaers, "The Return of the New Law to Moral Theology", p.381.

자들은 핑케어스가 회칙 『진리의 광채』와 『가톨릭교회 교리서』 편찬에 내밀하게 연루되어 있었음을 깨닫게 된다.[74] 예컨대 『가톨릭교회 교리서』 제3부 제1편(국역본: 제3편 그리스도인의 삶, 제1부 그리스도인의 소명은 성령 안에 사는 삶)은 핑케어스 자신의 강좌와 저술의 구조 안에서 지각되었던 기초윤리신학의 구조를 그대로 지니고 있다.[75] 더욱이 『진리의 광채』와 『가톨릭교회 교리서』 안에서 발견되는 중심 주제들은 핑케어스의 책들에서, 교도권 문헌들에서보다 더 발전된 상태로 출판된 것으로 발견된다. 그의 논문들에서 발견되는 특수한 연구들 외에도, 핑케어스의 세 권의 책이 기초윤리신학에 관한 그의 사상의 완전한 소개 역할을 하며, 『진리의 광채』와 『가톨릭교회 교리서』에서 발견되는 가르침에 선행하고 그것에 기여했다는 분명한 표지 역할을 한다. 첫째, 1985년에 초판이 출간된 그의 주저(opus magnus) 『그리스도교 윤리학의 원천들』은 1995년의 영역본과 더불어 그가 서둘러 미국 무대에 등장하도록 촉진하였다. 왜냐하면 그것은 가톨릭 윤리신학의 지혜적 특성을, 도덕적 행위자를 인간의 완전한 참행복이자 궁극 목적으로서의 하느님 아버지께 인도하는 그리스도의 능력 및 성령의 영향과 연관지어 말했기 때문이다. 둘째, 1990년에 초판이 출간된 『복음과 도덕』은 복음서의 내용을 윤리

---

74. 웨이젤은 그의 『희망에의 증언』(p.691)에서 회칙 『진리의 광채』에 미친 핑케어스의 영향을 규명하고 있다. 『진리의 광채』와 『가톨릭교회 교리서』에서 핑케어스의 부분과 관련된 상세한 내용을 밝히는 논문들: John Corbett, "Pinckaers et le nouveau catechisme", in *Renouveler toutes choses en Christ*, Fribourg, Academic Press, 2009, pp.173-189; John Berkman, "Introduction", in *Pinckaers Reader*; Articles of Romanus Cessario(see footnote 56). 『가톨릭교회 교리서』는 부분적으로 프리부르에서 초안이 만들어졌다. 크리스토프 쇤보른 추기경(Christoph Card. Schoenborn, OP)은 당시 프리부르대학 윤리신학 교수이자 『교리서』 초안작성위원회 간사였다. 두 교수 사이의 친밀성과 (1990년 국제신학위원회에 그가 초대받은 사실과 그의 점증하는 국제적 영향력에서 명백히 드러나는 것처럼) 핑케어스의 작품들에 대한 교회 안팎에서의 존중이 교도권의 이 기획에 핑케어스를 연루시키는 도구가 되었다는 데는 의심의 여지가 없다.
75. Cf. especially, Pinckaers, "Conscience and the Christian Tradition"; "Conscience and the Virtue of Prudence", in *Pinckaers Reader*, pp.321-341; pp.342-355.

학, 법, 특별히 성령의 새 법, 산상 설교, 참행복, 사랑, 교회, 그리고 양심과 연결시켜 제시한다. 셋째, 『도덕성: 가톨릭의 관점』에서 발견되는 대가적인 짧은 개관은 가톨릭 윤리신학을 좀 더 대중적인 형식으로 제시하고 있다. 더욱이 『핑케어스 읽기』(Pinckaers Readers)는 그가 『원천들』 이후에 출판한, 쇄신에 기여한 그의 공헌과 기초윤리신학에 관한 성숙한 성찰의 수집본이다. 이 작품들은 우리에게 그의 사상의 넓이와 깊이, 그리고 함축에 관한 감각을 제공한다. 『진리의 광채』와 『가톨릭교회 교리서』에 미친 그의 영향력의 또 다른 특수한 측면은 동시에 내가 이제 다루려고 하는 특정 문제들을 제기하기도 하는 법과 사랑, 계명과 덕에 관한 그의 논설에서 발견된다.

3. 법과 사랑, 계명과 덕

『진리의 광채』와 『가톨릭교회 교리서』를 가톨릭 윤리신학 쇄신의 요약이자 핑케어스의 업적과 영향의 모범으로 제시하는 것은 어딘가 이상하게 보일지 모른다. 특히 덕의 부흥과 핑케어스의 작품들을 멀리서 추적한 일부 사람들이 『진리의 광채』와 『가톨릭교회 교리서』 양측의 구조를 보고 깜짝 놀랐을 때가 그러했다. 회칙과 관련해서, 제1장 "교회 생활과 세계 생활을 위한 도덕적 선"은 제2장 "교회와 현대 윤리신학의 일부 경향들에 관한 식별"과 연결되지 않는 듯이 보였다. 제1장에서의 자유와 진리에 관한 강조는 제2장의 규칙과 계명과는 거리가 먼 것처럼 보인다. 그래서 그 논거가 제시된다. 『교리서』와 관련해서는 그리스도교 윤리에 관한 제3부의 두 편, 곧 제1편 "인간의 소명: 성령 안에서의 삶"과 제2편 "십계명"도 비슷한 긴장을 보여주는 것 같다. 만일 핑케어스가 제1편에 어떤 영향을 미쳤다면, 왜 제2편은 핑케어스가 노골적으로 비판한 교본 전통에 그토록 흔했던 십계명의 구조를 따랐단 말인가? 왜 『신학대전』

에 있는 아퀴나스의 성숙한 윤리적 논고인 도덕 부분 제2편의 구조, 곧 대신덕들에서 출발하고 나중에 추요덕들을 다루며, 주요 덕들에 관한 논고의 끄트머리에 가서야 계명들을 배치하는 구조를 따르지 않은 것일까?[76] 이것은 핑케어스를 도덕적 의무와 순종을 희생하면서 단적으로 성격(character)에 초점을 맞추는 덕 이론가로 읽은 사람들에게는 괴로운 지점이다.[77] 이 텍스트들의 구조가, 핑케어스의 작품 속에 들어 있는 명백한 비일관성 또는 불완전한 쇄신 단계, 또는 심지어 그 작품에 대한 비난을 드러내는 것일까? 이 반론들의 뒤에는 두 가지 연결된 가정이 있는데, 하나는 덕 윤리학에 법과 계명들을 위한 의미 있는 자리가 없다는 것이고, 다른 하나는 윤리신학이 덕에 관한 문제라기보다는 법에 관한 문제라는 것이다.

철학자들과 신학자들 가운데에는 덕 윤리학 일반과 관련해서 연관된 공통의 가정이 있다. 그들은 그것을, 규범적 이론에 대한 확실한 발판이 없이 상대주의를 향해 기울고, 윤리신학에서 계명과 자연법의 중요한 역할에 적대적인 것으로 본다. 도덕성(윤리)에 관한 이 완화된 접근법은, 50년도 더 전에 앤스콤에 의해서 인정된 이유들 때문에 법과 사랑, 계명과 덕에 대한 핑케어스의 신학적 접근법에 대한 오해로 이끌었다.[78] 핑케어스는 내밀하게 악한 행위들에 관

---

76. 자넷 스미스는 『핑케어스 읽기』에 대한 그녀의 서평(p.641)에서 이 긴장(그리고 어쩌면 핑케어스가 『교리서』에 영향을 미치는 데 실패한 사정)에 대해 이렇게 말하고 있다: "그는 『가톨릭교회 교리서』의 도덕 부분의 구조를 제공하는 데 있어서 계명들을 활용할 수 있다는 데 마지못해 동의하기는 하지만, 끊임없이 법과 의무보다는 참행복, 덕, 은총, 영성, 그리고 성령의 선물들이 그리스도교 도덕성을 규정한다고 강조하였다"(Janet E. Smith, "The Pinckaers Reader: Renewing Thomistic Moral Theology", *American Catholic Philosophical Quarterly* 80.4(2006) pp.638-641).
77. 이 전망은 예컨대 로저 크리스프와 마이클 슬로트가 편집한 논총에서 발견된다: Roger Crisp & Michael Slote(eds.), *Virtue Ethics*, Oxford, Oxford University Press, 1997, p.2.
78. Cf. Elizabeth Anscombe, "Modern Moral Philosophy", pp.1-19. 앤스콤이 1950년대에 마주했던 근대 윤리철학은 적절한 심리 철학을 결(缺)하고 있었다. 특히 그녀는 도덕성을, 인간적 행위들과 실재적 세계와는 동떨어진 '의무', '옳음', '잘못' 같은 개념 분석으로 해석하려는 경향을 배격한다. 이 개념들은 배타적으로 마음속에 현

한 그의 작품에서 엿보이는 것처럼,[79] '의무'와 '올바른' 개념과 그의 행위를 희생하고 그 행위자와 그의 성품에 초점을 맞추려는 경향을 바르게 세우려고 하고 있다. 핑케어스는 (신앙, 지식, 자연법, 그리고 참사랑을 형상화시키는 현명한 판단이 없지 않으면서도) 참사랑-우정의 우위와 효과적인 도덕적·영적 동인이자 참행복을 향한 그리스도교적 소명의 중심으로서 탁월함을 위한 자유를 강조한 것으로 잘 알려져 있다.[80] 그의 관점에서 볼 때, 엄격한 의무에 바탕을 둔 도덕 체계들은 복음 메시지(특히 산상 설교와 참행복들)에 참되지 않을 뿐만 아니라 인간 심리에도 참되지 않다. 핑케어스와는 달리 도덕적 체계들과 덕 사이에 어떤 내재적인 갈등이 있다고 주장하는 사상가들은, 한편으로는 십계명과 도덕적 훈계를 가르고, 다른 한편으로는 산상 설교와 신약의 파라클레시스(paraclesis: 권고) 사이를 가르는 구분을 본다.[81] 자연법을 덕 이론과 대립시키는 추론은 가끔 도덕성에 대한 근대적 반-목적론적 접근법들 안에 뿌리를 두고 있다.[82] 특히 어떤 자연법 옹호자들은 핑케어스의 작품들 안에서 윤리

상이나 심리적 사실들로 실존하는 것이 아니다. 그녀는 부분적으로는 비트겐슈타인에 힘입어서, 심리학이 사고와 느낌들로 환원될 수 없고, 지향적 행위들과 도덕적 덕들의 상호관계 안에서 인간 심리학, 행위, 태세들 사이의 상호관계를 고찰해야 한다고 지적한다. Cf. also Kevin Flannery, "Anscombe's Philosophy of Psychology", in *Philosophical Psychology: Psychology, Emotions, and Freedom*, ed. C. S. Titus, Arlington(VA), The Institute for the Psychological Sciences Press, 2009, pp.38-54.
79. 『핑케어스 읽기』에 들어 있는, 내밀하게 악한 행위들에 관한 그의 논문 두 편 참조: "A Historical Perspective on Intrinsically Evil Acts"(pp.185-235); "Revisionist Understanding of Actions in the Wake of Vatican II"(pp.236-270).
80. Thomas Aquinas, *ST*, II-II, q.23, a.1. Cf. Michael Sherwin, *By Knowledge and By Love: Charity and Knowledge in the Moral Theology of St. Thomas Aquinas*, Washington, The Catholic University of America Press, 2005.
81. Pinckaers, "An Encyclical for the Future", p.27.
82. 러셀 히팅거는 고대와 고전의 목적론적 이론들에서 자연법 분석이 인간 행위들 안에 포함된 선과 덕들 안에서의 완성을 조명하고 있다고 논한다. 고전적 목적론적 사고에 대한 배격이, 올바른 이성의 숙고가 자연적 선과 가치들에 관심을 기울이는 것을 제한한다. Cf. Russell Hittinger, "Natural Law and Virtue: Theories at Cross Purposes", in *Natural Law Theory: Contemporary Essays*, ed. Robert P. George, Oxford, Oxford University Press, 1995, pp.42-70. 매튜 레버링은 자신의 『성경의 자연법』(*Biblical Natural Law*, p.43)에서 자연법과 덕 사이의 양립가능성과 상호의존성을 규

신학의 가벼운 번안, 곧 윤리적 상대주의에 직면할 수 없는 덕 이론을 발견할 수 있다고 생각하였다.[83] 마찬가지로 다른 이들은 핑케어스가 덕, 선물들, 참행복들, 은총의 새 법에 할당하고 있는 관심을 자연법에 대한 거절 또는 적어도 경시라고 오해하였다.[84] 이 입장들은, 덕의 규범적 성격을 이해하고 또 『진리의 광채』와 『가톨릭교회교리서』가 왜 그런 방식으로 구조화되어 있으며, 또 왜 그것들이 핑케어스의 윤리신학과 전혀 긴장관계에 있지 않은지를 이해하는 데 요구되는 핑케어스 사상의 중요 요소들을 놓쳤다.

첫째, 우리는 회칙에 초점을 맞출 것이다. 핑케어스는 "삶에서 선이란 무엇인가?"라는 도덕성(윤리)의 가장 기본적인 질문이, 무엇이 허용되거나 금지되는지에 초점을 맞추는 한정된 결의론적 접근법을 벗어나는 지평을 열어젖혔다.[85] 산상 설교와 교부들의 작품들, 성 토마스, 교황 요한 바오로 2세, 『가톨릭교회 교리서』(1716-1729

명하였다.
83. 여러 비판들이, 핑케어스가 도덕적 규범들과 의무를 (유명주의와 율법주의를 비판하는) 가톨릭 윤리신학에 대한 그의 전망 속으로 통합할 길을 찾지 못한다고 지적한다. 특히 『그리스도교 윤리학의 원천들』에 대한 윌리엄 메이의 서평이 그러하다: William May, "Recent Moral Theology: Servais Pinckaers and Benedict Ashley", *The Thomist* 62.1(1998), pp.117-131. 이 서평은 벨기에 윤리신학자의 업적에는 공감과 경의를 표하면서도 그의 『원천』의 도덕적 강세(robustness)에 대해서는 비판하고 있다. 하지만 메이의 서평이 직접적으로 핑케어스의 자연법 사상을 겨냥하고 있는 것은 아니다.
84. 존 커드백의 논문은 『그리스도교 윤리학의 원천들』에서, 핑케어스가 윤리신학에 대한 그의 "간결한 정의"에서 법을 언급하지 않는다는 점을 지적한다: John Cuddeback, "Law, Pinckaers, and the Definition of Christian Ethics", *Nova et Vetera* 7.2(2009), pp.301-326. 그렇지만 핑케어스는 자연법을 광범위하게 다루며(*The Sources of Christian Ethics*, pp.327-456), 윤리신학에 대한 자신의 좀 더 긴 정의에서 법의 중요성을 명시적으로 언급하고 있다. 그의 긴 정의는 다음과 같이 끝난다: "그리스도교 윤리학은 …하느님의 길을 우리에게 밝히는 '행위의 법'과 계명들에 의해서 충족된다"(p.44). '행위의 법'에 관한 프랑스어 원어의 표현("le loi morale")이 명백히 보여주는 것처럼, 핑케어스는 이 "행위의 법"이 그 기원에 있어서 신적이고, 사람들이 해야 하는 것에 적용되는 데 있어서는 도덕적이라고 가르친다. 핑케어스의 자연법 논고를 직접적으로 다루고 있는 레버링의 최근 책이 윌리엄 메이와 존 커드백의 서평을 부드럽게 교정하는 데 도움이 될 것이다: Matthew Levering, *Biblical Natural Law*, Oxford, Oxford University Press, 2008.
85. Pinckaers, *The Sources of Christian Ethics*, pp.327-353.

항) 속에서 발견되는 것처럼, 이 선에 대한 질문은 남자와 여자를 하느님의 모상으로 창조하시고 예수가 복음서에서 참행복들로 요약한(마태 5장과 루카 6장) 참행복으로 우리를 부르시는 하느님께 그 기원을 두고 있다. 이 토대 위에서 핑케어스는 용감하게, 규칙에 의해서만 도덕적으로 행동하는 것은 "선이란 무엇이냐?"는 질문과 참된 행복에 관한 질문에 적절하게 대답하지 못할 것이라고 단언한다. 하느님께 대한 숙고와 하느님의 사랑과 심지어 순교에서 생명을 내어놓으라는 호소 역시 필요하다.[86] 『진리의 광채』를 논하면서 핑케어스는 이렇게 말한다:

> 사실상 하느님은 무엇이 선이냐는 질문에 대해 대답할 수 있는 유일한 분이시다. 왜냐하면 그분은 '하느님 이외에는 아무도 선하지 않다'라는 예수의 말에 따르면 선 자체이시기 때문이다. 이리하여 회칙은 도덕성(윤리)을 '인간의 행복이자 …인간적 활동의 궁극 목적'인 하느님 사랑과 연결시킴으로써 그것에 그 종교적 차원을 복원시키고 있다. (『진리의 광채』, 제8-9항)[87]

선과 참사랑 사이의 상호관계 때문에 '선이란 무엇인가?'라는 질문은 법을 포함한 그리스도교적 윤리학 전체를 위한 맥락을 설정한다.

"자연법을, 이성적 피조물 안에 영원법이 참여한 것"으로 보는 핑케어스의 논고는 1) 숙고와 고찰, 2) 결단, 3) 활동으로 움직이라는 실천적 명령을 포함하는 자연적 경향들과 현명의 덕에 의존하고 있

---

86. 순교의 영성에 관한 핑케어스의 책: *La spiritualite du martyre*, Versailles, Editions Saint-Paul, 2000. 여덟 번째 참행복과 순교 사이의 상호연관성에 대한 그의 논술에 관해서: Cf. Patrick M. Clark, "Servais Pinckaers's Retrieval of Martyrdom as the Culmination of Christian Life", *Josephinum Journal of Theology* 17.2(2010), pp.1-27.
87. Pinckaers, "An Encyclical for the Future", pp.21-22.

다.[88] 그렇지만 신학적 행위(agency)는 참사랑이나 교도권에 대한 충실과 동떨어져서 이해될 수 없다.[89] 핑케어스는 이처럼, 만일 그것이 자연적 경향, 이성, 자연법뿐만 아니라 또한 (십계명과 성경의 나머지 도덕적 가르침을 포함하는) 신법, (은총의) 새 법, (현명, 정의, 참사랑을 포함하는) 덕들, 그리고 성령의 선물들(특히 슬기[cor.silium])까지 다루는 논고를 포함하지 않는다면, 도덕적 판단이 완전하게 이해될 수 없다고 주장한다.

핑케어스에 따르면, 『진리의 광채』는 "우리로 하여금 참사랑의 결정적 우위를 보장하기 위해서 십계명을 다시 읽음으로써 우리의 도덕성(윤리) 관념을 수정하도록" 초대한다.[90] 이 십계명 해석은 참사랑을 출발점으로 삼는다. 궁극적으로 규칙과 계명에 정초되는 대신에, 이 참사랑은 성경과 특히 (그 심장부에 그리스도의 위격이 자리 잡고 있는) 복음서에 뿌리를 내리고 있다. 그것은 "바로 예수의 위격에 매달려 …아버지의 뜻에 자유와 사랑으로 바친 그의 순종에 동참하고자" 한다. 핑케어스는 "그리스도를 따르는 것이 그리스도교 윤리의 본질적이고 본래적인 기초"라는 요한 바오로 2세의 단언을 지지한다.[91] 마태오복음서(19,16)의 부유한 청년은 예수께 원초적인 도덕적 질문을 던진다: "영원한 생명을 얻으려면 제가 무슨 선한 일을 해야 합니까?" 궁극적 선에 대한 인간의 갈망을 전해주는 부유한

---

88. 핑케어스는 아퀴나스의 자연법과 자연적 경향들에 관한 수많은 논술에서 이 인용문(*ST*, I-II, q.91, a.2)뿐만 아니라 제94문 제2절에도 의존하고 있다: Pinckaers, *The Sources of Christian Ethics*, pp.327-456; "Conscience and the Virtue of Prudence", pp.342-355(여기서 그는 『진리의 광채』 제51항을 인용하고 있다); "The Sources of the Ethics of St. Thomas Aquinas"(in *Pinckaers Reader*, pp.10-11: 여기서는 『진리의 광채』 제43.2항이 인용되고 있다); "Esquisse d'une morale chretienne. Ses bases: Le Loi evangelique et la loi naturelle", *Nova et Vetera* 55(1980), pp.102-125.
89. Pinckaers, "An Encyclical for the Future", pp.60-67.
90. Ibid., p.23. 여기서 핑케어스는 『진리의 광채』 제22.3항을 인용하면서, "『가톨릭교회 교리서』도 똑같은 일을 한다"고, 다시 말해 그것이 우리의 도덕성 관념을 교정한다고 지적한다.
91. *Veritatis Splendor*, no.19.

청년의 이야기는 우리로 하여금 십계명이 도덕 생활에 핵심적이지만, 그 내면적인 역동성을 다 소진하지 못한다는 것을 이해하게 해 준다. 그리스도교적 완성의 길은 소유의 포기와 그리스도를 따름으로 계속 이어지는 하느님 사랑과 이웃 사랑으로 인도한다. 그러므로 삶의 충만한 의미는 규제 자체에 있는 것이 아니라, "인간 삶의 기원이자 목표인" 하느님 사랑에 있다.[92]

핑케어스는 율법주의적 주의주의(主意主義)에 대한 수정이, 자연법을 "하느님에 의해서 우리 안에 주입된 지성의 빛"으로 보는 성 토마스의 정의를 회칙이 활용한 것에서 발견된다고 주장한다.[93] 그는 법을 하느님이 당신 백성과 맺으신 계약이라는 성서적 배경으로 되돌려보내려고 한다. 계명은 이리하여 악에 대한 확실한 방책과 하느님 나라를 향한 지침을 둘 다 제공한다. 노예적 복종 대신에 자녀적 순종의 전망은, 의무를 복종의 심장부에 놓는 전망을 뒤집는다. 성경은 한편으로는 계명들이 두려움이 아니라 사랑에 닻을 내리고 있다는 것을 이해하고, 다른 한편 새 법을 종이 아니라 친구들 사이의 자발적인 활동을 낳는 자유의 법으로 이해할 수 있는 길을 제공한다. 사랑의 두 계명은, 사도 요한과 공관 복음서들의 가르침에 그토록 소중한, 예수가 하느님 사랑과 이웃 사랑으로 요약한 두 돌판(tablets)에 의해서 상세히 드러난다.[94] 더욱이 『진리의 광채』는 핑케어스가 말하는 것처럼, 법에 대한 교육학적 접근법을 취하고 있다:

회칙은 영적 자유를 향한 여정에서, 도덕적 인격성의 발달 첫 단계에 십

---

92. Ibid., no.7.
93. Pinckaers, "An Encyclical for the Future", p.22.
94. 참조: 신명 6,4-5; 요한 13,34; 마태 22,37-40; 마르 12,28-34; 루카 10,25-28. Cf. Pinckaers, "An Encyclical for the Future", pp.23-25. 이 맥락에서 핑케어스는 요한 바오로 2세가 그 회칙에서 채택하고 있는 인격주의적 주제들(cf. *Veritatis Splendor*, no.13.2; Pinckaers, "An Encyclical for the Future", p.24)에 특별히 주목한다. Cf. also *Veritatis Splendor*, nos.10&14.2; *Catechism*, 1965-1974.

계명의 역할이 얼마나 필요한지를 설명해준다. 성 아우구스티누스가 단언하는 것처럼 계명에 의해서 금지된 중대한 죄들을 피하는 것은 우리 안에 '자유의 실마리'를 형성한다. '하지만 이것은 완전한 자유가 아니라 단지 자유의 시작에 불과하다.' (Augustinus, *In Joan. evang.*, 41, 10: CCL 36, 363. Cf. VS 13.4)[95]

핑케어스는 윤리신학이, 십계명을 산상 설교 및 (근본적으로 내면적 법인) 은총의 새 법과 재통합할 때만 쇄신을 달성하게 될 것이라고 설명한다. 성령이 그리스도의 은총을 전하는 수단인 2차적이고 물질적인 요소들은 성사들과 성경 텍스트들을 포함한다. 십계명 외에도 윤리신학을 위한 기본적인 성서적 원천들은 특히 주님의 설교(마태 5-7장; 루카 6장)와 사도 바오로의 서간들(로마 12-15장, 코린토 1서, 갈라 5장, 에페 4-5장, 필리 2-3장, 콜로 3장, 1테살 4-5장)을 포함한다. 핑케어스는 신약이 도덕적 권위를 지니고 있는 권고(paraclesis)를 제공하고, 더 나아가 십계명과 자연법의 1차적 계명들을 완성한다고 설명한다.[96] 그에 따르면, "새 법 또는 복음의 법은 …바로, 의화시키고 성화시키는 참사랑을 통해 작용하는, 그리스도께 대한 신앙을 통해 수용되는 성령의 은총이다."[97] 새 법은 십계명을 채우고 완성함으로써 "인간의 내면적 행위를 (신앙과 참사랑이 다른 덕들과 함께 작용하는) 그 '심장'의 차원에서 규제하는 데 반해, 십

---

95. Pinckaers, "An Encyclical for the Future", p.24.
96. Pinckaers, *The Sources of Christian Ethics*, pp.164-167; "An Encyclical for the Future", p.27. Cf. Aquinas, *ST* I-II, q.97, a.4, ad3; q.100, a.8; John Corbett, OP, "The Functions of Paraclesis", *The Thomist* 73(2009), pp.85-107. 아우구스티누스의 것(*Commentary on the Sermon on the Mountain*)과 같은 교부들의 가르침도 성경에 대한 이 도덕적 독법을 위한 중요한 원천을 제공한다.
97. Pinckaers, "An Encyclical for the Future", pp.25-26. 그는 성화의 원천으로서의 성령에 초점을 맞추고 있다. 왜냐하면 "이 법의 모든 에너지는 성령으로부터 오기" 때문이다. "이리하여 의화와 성화, 용서와 완성의 능동적 원리는 우리 안에 있다"(Pinckaers, "The Return of the New Law to Moral Theology", p.378).

계명은 외적 행위를 직접적으로 담당한다."[98] 이 '심장'의 차원은 핑케어스가 도덕적 행위와 현명의 덕과 양심에 관한 그의 작품들에서 입증한 것처럼, (인식과 사랑이 상호의존적이고 도덕적 판단과 행위를 위해 함께 작용하는) 토미스트적인 완전한 인간학을 연계시킨다.[99]

둘째, 회칙에 대한 이 논설 외에도 법과 사랑, 계명과 덕의 관계에 관한 동일한 질문이 『가톨릭교회 교리서』의 구조와 교육학의 맥락에서 제기되었다. 십계명이 규칙적으로 교회의 옛 교리교육 전통의 결실 풍부한 중핵 역할을 했다는 사실은, 십계명이 최근의 『가톨릭교회 교리서』의 중심 구조 역할을 하는 한 가지 근거를 제공한다.[100] 그런데 우리는 도덕적 발전에 관한 핑케어스의 작품에 비추어서 『가톨릭교회 교리서』를 검토할 때, 그 전통을 계속하는 또 하나의 이유를 발견하게 된다. 그것은 내가 『진리의 광채』를 다루면서 설명한 것처럼, 핑케어스가 의무와 복종이 윤리신학에서 적극적인 역할을 한다고 주장한다는 사실이다.[101] 그는 신적 교육학이 그리스도인의 도덕적·영적 성장에서 십계명, 참행복, 성령의 선물, 그리고 덕들 사이에 어떤 질서를 설정했다는 점을 관찰한다. 이 질서는 세 단계를 거쳐 전개되는 참사랑의 성장에 관한 그의 논고에서 명백하

---

98. Pinckaers, "An Encyclical for the Future", p.26. 그는 여기서 성 토마스의 『신학대전』 제2부 제1편 제106문 제1절과 제107문, 그리고 제108문 제1절과 제3절에서 발견되는 새 법에 관한 논설을 활용한다.
99. 『핑케어스 읽기』에 들어 있는 현명과 양심에 관한 두 편의 논문 외에 핑케어스는 『신학대전』에 대한 자신의 프랑스어 번역본에 실은 광범위한 각주에서 도덕적 행위에 관해 다룬다: *Les actes humains. Somme theologiques*, I-II, qq.6-17(vol.I); qq.18-21(vol. II), Paris, Cerf, 1965.
100. 확장된 번역본은 십계명 외에도 참행복, 성령의 선물들, 주님의 기도, 그리고 덕들을 포함시키고 있다. Cf. John Corbett, OP, "Pinckaers et le nouveau catechisme", p.188.
101. 그는 다음의 연구들에서, 덕의 발전에서 순종과 의무의 적극적 역할에 관해 논하고 있다: Pinckaers, *The Sources of Christian Ethics*, pp.354-378; *L'Evangile et la morale*, pp.30-34. Cf. C. S. Titus, "Moral Development and Making All Things New in Christ", *The Thomist* 72.2(2008), pp.233-258.

다.[102] 첫째, 초심자는 훈련과 정화를 통해, 참사랑을 무너뜨리는 죄와 경향들에 맞서 싸워야 한다. 핑케어스는 이렇게 설명한다: "십계명의 부정적 계명들은, 특히 우리 안에 이식된 하느님 사랑과 이웃 사랑의 씨앗이 미래의 성장을 위해 보호를 필요로 하는 도덕 생활의 이 초기 단계 동안에 적합하다."[103] 둘째, 중급자들은 산상설교의 지도 아래 있는 덕분에 진보한다. 마지막으로, 성숙한 이들은 성령의 새 법에 의해 지도되는 영적 자발성의 유형에 도달한다. 성숙의 단계는 (내면화된) 십계명과 (하느님을 향한 보다 깊은 사랑과 그분과의 결합 안에서 완성되는) 덕에 대한 지속적인 의존을 연관시킨다.

핑케어스는 이처럼 계명의 적극적인 역할을 단언한다. 그는 반복해서 다음과 같이 말한다: 첫째, 계명과 의무들은 덕의 힘과 자유의 진리를 보장하기 위해서 처음부터 (그리고 내내) 요구된다. 둘째, 의무 없이 또는 죄에 대한 인정 없이, 그리스도교 윤리를 구성하려 시도하는 것은 하나의 착각일 것이다. 셋째, 아퀴나스를 따를 때, 계명들은 이성의 한 행위로서, 그다음으로는 의지의 한 행위로서, 의무의 충만한 힘을 지니고 있다. 그런데도 의무는 그것이 도덕 생활의 초기 교육 단계에서 중요 역할을 하는 한에서, 덕에 예속되어 있다.[104] 그것의 목적은 그 사람으로 하여금 (은총의 도움을 받아, 다시 말해 복음적 법 또는 성령의 새 법의 도움을 받아) 사회적이고 개인적인 무질서한 경향들에 맞서 싸우고, 사랑과 행복 문제에 응답하는, 적극적인 도덕적 덕들과 신학적인 덕들을 발전시키도록 도와주는 것이다.[105] 그러므로 『가톨릭교회 교리서』의 질서는 보다 넓은 가톨릭

---

102. Pinckaers, *The Sources of Christian Ethics*, pp.362-368. 그는 아퀴나스의 『신학대전』 제2부 제2편 제24문 제9절에 들어 있는 참사랑의 덕에서의 성장에 관한 논고에서 자신의 영감을 길어 올린다.
103. Ibid., p.363.
104. Pinckaers, *L'Evangile et la morale*, p.33.
105. 그리스도교 윤리학과 도덕적 훈계들에 관한 『복음과 도덕』(*L'Evangile et la morale*) 제5장도 보라. 그는 아퀴나스의 『신학대전』과 (덕이 아니라 계명에 우선권을 두는) 프

전통에서 지지를 발견할 뿐만 아니라, 또한 (한편으로는 우리를 아버지께로 인도하는 그리스도를 따르는 데 있어서 신앙, 희망, 참사랑과 성령의 움직임의 우위를 인정하면서도) 십계명에 대한 지속적인 충실함 속에 포함되어 있는 도덕적·영적 교육학에 대한 핑케어스의 전망 안에서도 지지를 발견한다.[106]

요컨대 이 영적이고 신학적인 원천들과 그 교회적 사명에 충실한 가톨릭 윤리신학을 통해서 핑케어스는 참행복, 참사랑, 그리고 덕들과 성령의 선물들을 거슬러 계명, 의무, 그리고 복종을 내세우는 경향을 바로잡고자 하였다. 이 맥락 속에는 하느님이 인간의 마음 속에 각인시키신(로마 2,15) 자연법과 "생명의 길을 보여주고 그리로 인도하시는" 하느님의 선물인 십계명에 대한 영속적이고 교육학적인 중요성이 자리 잡고 있다.[107] 그것들은 둘 다 하느님께 기원을 두고 있다. 자연법은 피조물과 창조주 사이의 계속적인 관계 속에 확립되어 있다(그리고 인간 인격을 하느님과 이웃을 향해 질서 지우는 것과도 연관된다). 십계명은 "거룩한 민족"으로서의 이스라엘 백성을 존재로 부르신 하느님의 계약의 선물이다. 그 백성에게 하신 하느님의 약속은 영원한 삶을 상징하는 '약속된 땅'으로 한정되지 않는다. 그렇지만 계명들은 그 백성을 극단으로부터 보호할 뿐만 아니라 하느님 나라에 이르는 길을 가리키는 적극적인 역할을 수행하기도 한다. 이렇게 해서 십계명은 더 이상 제2차 바티칸 공의회 이전의 교본과 교리서

란치스코 회원인 알렉산더 할레스의 『신학대전』의 차이에 주목한다(66쪽).
106. 핑케어스는 이렇게 말한다: "나는 채택된 (계명들에 따른 구분을 보존하는) 해결책이 궁극적으로 보편 교회에 적용되고 따라서 상이한 전통들을 해명할 『교리서』를 위한 최선책이었다고 느낀다. 무엇보다 먼저, 『교리서』는 교회가 그토록 오랫동안 그리스도교 도덕적 가르침의 주춧돌을 구성해온 십계명을 포기하고 있다는 인상을 줄 수 없었다. 더욱이 지나치게 정적이고 부정적으로 변해버린 계명들에 대한 이해를 재활성화할 필요가 있었다. 이처럼 『교리서』는 십계명을 다시 한번 그것들에 상응하는 덕들과 접촉하도록 만듦으로써 그것에 대한 해명 속에 새로운 활력을 주입하려고 시도하였다"(Pinckaers, "The Return of the New Law to Moral Theology", pp.381-382).
107. 『진리의 광채』, 제12항 제2절.

들의 경우에 그러했던 것처럼 의무, 명령, 금지의 요약으로 간주되지 않는다. 이 맥락 속에서 우리는 결의론에 대한 핑케어스의 저항이, 현명의 덕과 양심의 훈련에 있어서 사례들이나 계명들의 연구에 대한 저항으로 이해되어서는 안 된다는 것을 이해할 수 있다.[108]

마무리

매킨타이어에 따르면, 핑케어스의 주저인 『그리스도교 윤리학의 원천들』은 "가톨릭 교회공동체 내에서 지난 40년 간의 논쟁에 새로운 빛을 비추었고, 논쟁들의 오해를 극복한, 그리스도교 윤리학의 대안적 길을 제공하였다."[109] 그는 핑케어스가 "부적절하게 대안들이라고 간주된 것들 사이에 [어느 한쪽 편을 드는] 현대의 거짓 선택들"에 떨어지지 않았음을 지적한다:

> 도덕적 삶은 규칙에 관련되는가, 아니면 결과에 관련되는가? 권위와 자율 가운데 과연 어느 것이 우위를 점하고 있는가? 우리의 언어는 교부적인 것인가, 아니면 스콜라학적인 것인가? 우리는 스콜라학과 교부들의 가르침을 따라야 하는가, 아니면 그것들을 버리고 신약성경으로 돌아가야 하는가? 우리는 제2차 바티칸 공의회를 따라야 하는가, 아니면 이전의 가르침을 따라야 하는가? 핑케어스 신부가 제공한 것은 (교부들이든

---

108. Pinckaers, "An Encyclical for the Future", p.17. 핑케어스는 자신의 글들을 (그의 가르치는 직분 때문에) 1차적으로 기초윤리신학에 초점을 맞추고 있다. 특수윤리신학 또는 응용윤리신학에서는 (배타적으로까지는 아니더라도) 특히 사례들의 활용이 요구된다. 법과 순종의 중요성에 대한 그의 단언에서와 마찬가지로, 그는 현명의 덕을, 단지 이론적으로뿐만 아니라 실천적으로 평화냐 전쟁이냐, 충실함이냐 간통이냐, 출산이냐 낙태냐, 삶이냐 죽음이냐와 같은 실재적 쟁점들과 관련해서 사용할 필요도 단언한다. 이런 사례들에 대한 쇄신된 전망에의 호소에 관해서는: Cf. Edward T. Oakes, "A Return to Casuistry?" *Nova et Vetera*(English Edition) 2.1(2004), pp.182-204.
109. Alasdair MacIntyre, "Preface", in Pinckaers, *Morality: The Catholic View*, pp.vii-viii.

스콜라 학자들이든 아니면 근대 사상가들이든) 후대의 그리스도교 사상가들이 우리의 성경 읽기에 기여하고 그것을 풍요롭게 만드는 것으로 이해된 역사적 전망이다. 그의 논거의 절정은 인간의 자유와 자연법 사이의 관계에 대한 대단히 조명적인 탐구이다.[110]

바로 그렇기 때문에 핑케어스의 작품에 대한 연구는 제2차 바티칸 공의회 이후 윤리신학 쇄신에 모범으로서, 그리고 한 자극으로서 많은 이들에게 큰 도움이 되고 있다. 그것은 또한 그의 작품이 전 세계, 특히 영어권에 잘 받아들여지는 이유이기도 하다.

세르베 핑케어스는 그리스도, 법, 그리고 교회에 중심을 둔 덕 이론에서의 신학적 접근법에 대한 그의 기여 덕분에 영어권 가톨릭 윤리신학의 무대에 갑자기 등장하였다. 법에 관한 그의 논고는 은총의 새 법에 초점을 맞추고 있지만 자연법이나 교도권을 배제하지 않는다. 그의 작품은 제2차 바티칸 공의회를 준비하는 데 도움을 주었고 『진리의 광채』와 『가톨릭교회 교리서』에서 그 요약(epitome)을 발견하게 되는 '원천으로 돌아가기'적 쇄신 운동의 모범이다. 마지막으로 성서적, 교부적, 교도권적, 그리고 철학적 원천들을 읽는 핑케어스의 '원천으로 돌아가기'적 방법은 인간적 행위의 지혜적, 인격적, 사회적 차원들을 삼위일체적 전망 안에 통합하는, 기초윤리신학과 그리스도교적 덕 윤리를 위한 가톨릭 접근법의 한 강력한 모범을 제공하고 있다.

---

110. Ibid.

21. 현대 윤리신학 쇄신의 한 정점: 핑케어스 심포지엄

윌리엄 매티슨 3세 · 매튜 레버링

2018년 5월 노트르담대학의 모로 신학대학에서 20여 명의 윤리신학자가 모여 〈제1차 핑케어스 심포지엄〉을 개최하였다.[1] 『윤리신학지』(*Journal of Moral Theology*) 이번 호 논문들은 그 심포지엄에서 발표된 논문들을 다듬은 것이다. "서론"에서 우리 편집자들은 무엇이 이 논문들을 하나로 묶고 있고 또 어떻게 그것들이 현대 윤리신학의 한 기획에 기여하는지를 설명하기 위해 심포지엄이 생겨나게 된 경위를 설명할 것이다.

심포지엄은 레버링과 매티슨의 머리에서 나왔다. 레버링은 2017년에 윤리신학에 관한 책을 한 권 완성하자마자 매티슨에게 세르베 핑케어스 신부의 업적이 얼마나 중요한지를 이야기하며, 그의 작업을 계속 이어가고 있는 윤리신학자들을 어떻게 하나로 모을 것인지를 의논하였다. 만일 네덜란드 출신의 안톤 텐 클로스터(Anton ten Klooster) 신부를 만나지 못했더라면 그것은 그저 하나의 생각으로 남아있었을 것이다. 당시 클로스터는 아퀴나스의 『마태오복음서 강해』에 대한 박사학위 완성 작업에 몰두하고 있었는데, 미시건주 칼라마조에서 열리는 연례 중세학회에 가는 길에 이야기를 함께 나누

---

[1]. 우리는 이 심포지엄이 가능하게 후원을 해준 센터와 카터 스니드에게 깊은 감사의 뜻을 전한다.

자고 노트르담으로 초청되었다. 텐 클로스터의 작업은 대략적으로 말해 윤리신학에 대한 "핑케어스의 접근법"이라 부름직한 것에 적합한 것이었고, 그의 시도(제언)는 매티슨으로 하여금 일단의 윤리신학자를 모으려던 당초 계획에 관해 레버링에게로 되돌아가도록 만들었다. 비용은 카터 스니드(Carter Snead)가 관장하고 있던 노트르담대학의 드니콜라 윤리-문화센터(DeNicola Center for Ethics and Culture)에서 부담하겠다고 나섰다. 초대 범위는 이런 유형의 작업을 하고 있는 윤리신학자들로 확대되었고, 이렇게 해서 〈핑케어스 심포지엄〉이 성사되었다.

이 서론에서 우리는 그 모임에서 무엇이 추구되었는지를 성찰할 것이고, 이 호에 실려 있는 논문들을 활용해서 일종의 더 이상의 "기획", 곧 〈핑케어스 심포지엄〉을 스케치해 보려 시도할 것이다.

사람들을 초대하기 위해서 우리는 우리가 무엇을 하고 있는지 설명할 필요가 있었다. 우리는 다음과 같이 초대장을 작성하였다.

이 심포지엄의 목적은 도미니코회 세르베 핑케어스 신부님의 영향을 받아 그의 유산을 계속 발전시켜 나가는 데 투신하고 있는 윤리신학자들의 작업을 지지하고 촉진하려는 것입니다. 비록 이 심포지엄이 그리스도교적 윤리 생활을 이해하는 핑케어스 신부님의 성서적·토마스적·교회적·영성적 방식의 유형과 그 근본 실체를 영예롭게 부각시키고 계속하려는 것이지만, 핑케어스 자신의 작업이 심포지엄 발표문들의 [직접적] 참조점이 될 필요까지는 없습니다. 참으로 학자 여러분께서는 이 작업을 확장하거나 비판할 수 있고, 또는 간단히 그것과 연관된 주제를 논할 수도 있습니다. 우리의 기대는 심포지엄 발표문들이 핑케어스 신부님과 마찬가지로 "성서적·교회적 신앙 투신에 강하게 뿌리박고 또 세계 속에 기꺼이 참여하는 방식으로 '원천으로 돌아가기' 윤리신학을 전개하였으면 좋겠다"는 것입니다.

이 기획에 대한 한 가지 직접적인 관측은 핑케어스 신부의 작업이 그 자체로 회합의 일차적 초점이 되지 않으리라는 것이었다. 비록 우리는 신학자들에게 미친 그의 영향 때문에 그가 두드러진 역할을 하기를 기대하였지만, 핑케어스 신부는 주로 모임에 의해서 지지되고 계승되는 윤리신학 유형의 한 지표 역할을 할 것이다. 그런 유형의 신학을 어떻게 묘사할 수 있을까?

초대장은 그런 종류의 신학에 대한 얼마간의 묘사를 담고 있는데, 우리는 그것을 여기서 좀 펼쳐서 정리하려고 한다.

첫째, 이 기획은 일차적으로 윤리신학에 관한 것이다. 그렇지만 핑케어스 신부의 가장 일관된 주제들 가운데 하나와 조화롭게, 그것은 '영성신학 및 성서신학과 통합된 윤리신학'이다. 핑케어스는 자주 윤리신학이 영성신학, 성서신학, 조직신학, 그리고 신비신학으로부터 분리되었음을 개탄하였다.[2] 이리하여 이 기획은 윤리신학을 신학의 다른 측면들과 통합된 방식으로 전개하기를 열망한다.

둘째, 첫째와 긴밀히 연결된 것으로, 그것은 교회적인 윤리신학이다. 성서적이고 성사적으로 활성화된 도덕성에 필요한 것과 마찬가지로, 핑케어스의 정신을 따르는 윤리신학도 '생생한 신앙공동체인 교회에 의해서 또 교회에 봉사하기 위해서 수행되어야' 한다.

셋째, 교회의 신앙에 굳게 뿌리를 내리고 있는가 하면, 이런 윤리신학은 또한 "기꺼이 세계 속에 참여한다." 핑케어스로부터 영감을 받은 윤리신학은 "세계"를 경계하지도 않고 거부하지도 않는다. 그렇다고 세계가 제공하는 모든 것을 무비판적으로 포용하거나 편을 들지도 않는다. 왜냐하면 (세계 내에, 그리고 슬프지도 교회 내에도) 일

---

2. 핑케어스의 이런 잦은 주장의 두 가지 예만 들자면: Cf. Pinckaers, *Sources of Christian Ethics*, tr. Mary Thomas Noble, OP, Washington, The Catholic University of America Press, 1995, p.xix; *Morality : The Catholic View*, tr. Michael Sherwin, OP, South Bend, St. Augustine's Press, 2001, pp.40-41.

그러진 죄악의 현존 역시 너무도 명백하기 때문이다. 오히려 우리가 증진하고자 하는 윤리신학은 기꺼이 그리고 희망에 차서 교회 바깥의 사람들 및 자원들에 참여한다. 이 참여는 부분적으로는 '자연을 완성하는 은총에 대한 신학적 투신'으로부터 흘러나온다. 이것이 의미하는 것은, 제자됨의 은혜로운 삶과 (의도적으로 여기서 '모호한' 채로 남겨지는) '세계' 사이에는 언제나 창조(그리고 특히 인간 본성)에 뿌리박고 있는 계승들이 있으리라는 것이다.

넷째, 핑케어스로부터 영감을 받은 윤리신학은 널리 '천사적 박사'의 사상에 토대를 두면서 그 원천들(특히 성서와 교부 사상)에 깊이 의존하는 '원천으로 돌아가기' 토미즘이다. 이것은 어떤 향수에 젖은 복고적 방식이 아니라 가톨릭 지적 전통과의 예속성을 견지하고, 현대의 맹점들을 점검하는 것을 돕기 위해 근대 이전의 자원을 채택하는 방식이다.

현행 프로젝트의 이런 특성들은 〈제1차 핑케어스 심포지엄〉의 초대장으로부터 하나하나 찾아낼 수 있을 것이다.

이 서론은 우리에게, 우리가 도미니코회의 세르베 핑케어스 신부를 '제2차 바티칸 공의회 이후 가장 중요한 가톨릭 윤리신학자'라고 분명하게 언급할 기회를 제공해준다. 그는 공의회 이후 사반세기에 회칙 『진리의 광채』와 더불어 도약하였고 오늘날까지도 계속되는 쇄신 과제를 위한 미래 청사진을 설정하는 데 있어서 '열쇠가 되는 인물'이다. 윤리신학에서 그의 업적에 기초해 이 작업을 수행하고자 하는, 핑케어스에 기대는 최근 학자들이 있다.[3] 이 자리가 일

---

[3] 제2차 바티칸 공의회가 호소하고 있는 쇄신에서 핑케어스의 업적의 중요성을 잘 보여주는 탁월한 논술을 보기 위해서는: Cf. Craig S. Titus, "Servais Pinckaers and the Renewal of Catholic Moral Theology", *Journal of Moral Theology* 1/1(2012), 43-68. 또한 핑케어스의 『그리스도교 윤리학의 원천들』이 가톨릭 윤리신학자들에게 얼마나 궤적 설정(trajectory-setting) 역할을 하는지를 보기 위해서는: Cf. Willam C. Mattison III, "The Resurgence of Virtue in Recent Moral Theology", *Journal of Moral Theology* 3/1(2014), 228-259, at 238-241.

련의 논문들의 '서론'이라는 맥락이기 때문에, 우리는 이 경우를 이번 호에 포함된 논문들에 기초해서 확인하고 싶다. 우리는 주로 논문들 자체에 대한 평가를 통해 이 작업을 하겠다. 그러나 먼저 그 논문들을 묶는 것을 도와줄 몇 가지 전반적 관찰을 제공하려고 한다.

  이번 호의 첫 번째 부분은 윤리신학 쇄신의 현재 상태를 프란치스코 교황을 살펴봄으로써 평가하고, 핑케어스의 사상의 자원들도 그렇게 하도록 전개시키고 있는 두 편의 논문을 포함하고 있다. 제2차 바티칸 공의회와 회칙 『인간 생명』(*Humanae Vitae*, 1968) 이후 거의 반세기이자 『진리의 광채』 이후 사반세기를 맞고 있는 오늘날은 가톨릭 윤리신학에 있어서 참으로 중요한 순간이다. 가톨릭 윤리신학의 진정한 쇄신책은 무엇이며, 그것은 이런 자원들의 빛 속에서 어떻게 이야기되고 또 가동될 수 있을까? 이 질문들은 특히 오늘날 중요하다. 제2차 바티칸 공의회에서 요청된 진정한 윤리신학(그리고 그리스도교 윤리신학) 쇄신책의 후보자들이 여럿 존재하기 때문이다. 이 첫 부분의 두 논문 저자들은 프란치스코 교황을 특별한 경우로 만들고 있지만, 오늘날 가톨릭 윤리신학에서 핑케어스 신부의 작업과의 상관성, 또는 더 정확히는 그 작업의 필요성을 입증하는 방식으로 그렇게 하고 있다. 그들은 주로 '핑케어스의 행복의 도덕성 개념'을 통해 핑케어스와 교황 사이의 조화를 보고 있다. 그 개념에 따르면, 도덕적 규범들은 윤리신학에 매우 중요하고, 그런 규범에 따른 활동은 심지어 도덕성의 목적의 구성요인이기도 하다. 그런데도 행복의 도덕성에서 그런 규범들은 목적 그 자체가 아니다. 핑케어스의 고유 특징 가운데 하나, 곧 (절대적 규범들의 존재를 포함하는) 도덕적 규범들의 역할을 (자연적이고 초자연적인) 인간의 번영이라는 더 이상의 목적에 봉사하는 방식으로 옹호하는 것은 이 저자들에 의해서 우리가 프란치스코 교황과 가톨릭 윤리신학의 진정한 쇄신을 좀 더 잘 이해하도록 도와주는 데 활용된다.

핑케어스의 또 하나의 핵심적 공헌은 근대 윤리 교본들에서 소홀히 취급되어 온 그리스도교적 영성생활의 전통적 특성을 포함하는 "초자연적 유기체"(supernatural organism)에 대한 그의 강조이다.[4] 이 유기체의 측면들은 주입된 덕, 성령의 선물, 참행복들, 그리고 성령의 열매들을 포함하고 있다. 그리스도의 제자됨의 이 측면들에 기초해서 지난 20년 동안 상당히 많은 학자들이 배출되었다는 점을 감안한다면, 핑케어스의 재정위(再定位)가 왜 그토록 중요한지 상기하는 것이 중요하다. 이유야 더 많이 있을 수 있겠지만, 우리는 두 가지 이유를 제시할 것이다. 첫째, 이것은 '원천으로 돌아가기 토미즘'(ressourcement thomism)의 고전적 사례이다. 그리스도교적 삶의 이 모든 특성은 토마스의 작품 안에서 두드러지고, 전통 속에 매우 중요한 선구자들을 두고 있다. 그 힘이 무엇이든지 간에, 윤리신학에 대한 교본주의적 접근법은 그리스도교적 윤리생활에서 이 실재들의 의미로부터 벗어났다.

둘째, 핑케어스는 (도덕 영역뿐만 아니라 다른 영역에서도) 교회 바깥 자원들에 대한 개방성이 활짝 열린 제2차 바티칸 공의회 직후에 책을 썼다. 이 '현대화'(aggiornamento)는 그리스도교 윤리학과 보다 널리 이해되고 있는 윤리학 사이의 중요한 공통성을 널리 인정하였다. 공통성에 대한 단순한 인정을 넘어 공의회 이후 20년 내의 논쟁은 과연 뚜렷이 구별되는 그리스도교적 윤리학이라는 것이 있는지 여부였다.[5] 결국 가톨릭 전통은 언제나 자연법의 실재를 인정해 왔고, 따라서 공의회 이후 많은 가톨릭 윤리신학자들에게 그리스도교 윤리학이란 실제로 단적으로 "인간적 윤리학", 다시 말해 (뚜렷하게

---

4. 핑케어스의 제자들은 성령이 전해주는 덕과 선물들을 통해 인간의 활동이 지복직관을 향하도록 영감을 주는 성령의 은총에 대해 대단히 단순하지만 그럼에도 깊이 꿰뚫어보는 도표를 기꺼이 상기할 것이다. Cf. *Sources of Christian Ethics*, p.179.
5. 이에 대한 증거를 보기 위해서는: Cf. Charles Curran & Richard McCormick, *Reading in Moral Theology, vol.2: The Distinctiveness of Christian Ethics*(1980).

그리스도교적인) 종교적 [계명] 준수의 지지를 받는 윤리학이다. 핑케어스 자신의 『그리스도교 윤리학의 원천들』의 앞머리에는 바로 이 쟁점을 다루는 한 장(章)이 있다.[6]

그리스도교 윤리학이 기본적으로 '인간적 윤리학'과 등가적이라는 주장은 오늘날 사람들에게 이상스럽게 들릴지 도른다. 그렇지만 그것이 당시 논쟁의 상태였고, 그런 맥락에서 우리는 제자됨의 삶에서 (명백히 '뚜렷이 그리스도교적'인) 은총을 입은 덕들, 선물들, 참 행복들, 열매들 같은 쟁점에 대한 핑케어스의 '원천으로 돌아가기'가 얼마나 중요하고 또 근본적이었는지를 알아볼 수 있다. 핑케어스에게 은총은 제자됨의 그리스도교적 삶 전체를 변화시킨다. 이리하여 우리의 두 번째 부분으로 묶인 논문들의 저자들은 모두 (아무도 단적으로 '인간적 윤리학'이라 부르지 않을) 그리스도교적 윤리생활의 특성을 다룬다. 특히 제임스 스트라우드(James Stroud)와 텐 클로스터 신부는 각각 성령의 선물들과 열매들에 의존하고 있는 최근의 학자들을 조사하고 있다.

그리스도교적 도덕성의 독특성에 대한 핑케어스의 강조는 오늘날 많은 이들의 마음을 사로잡을 수 있을 것이다. 하지만 그것은 또한 앞에서 언급한 비그리스도교적 윤리학과의 공통성에 관한 문제를 야기한다. 윤리생활의 "자연적" 특성이 그리스도교적 제자됨의 안팎에서 어떻게 작동하는지에 대해서는 뭐라고 말할 수 있을까? 핑케어스는 그리스도교 윤리학의 독특성에 대한 널리 알려진 그의 단언에도 불구하고 이 쟁점을 뚜렷이 자각하고 있었다. 그의 『그리스도교 윤리학의 원천들』의 상당 부분은, 인간의 자유와 자연적 경향들을 포함하는 바로 이런 쟁점들을 다룬다.

이번 호 세 번째 부분의 논문들은 다양한 주제를 다루고 있다.

---

6. Cf. Pinckaers, *Sources of Christian Ethics*, pp.95-103.

그 각각은 그리스도교적 특질의 안팎에 적용될 수 있는 윤리생활의 어떤 측면과 연관된다. 매티슨, 엘리자베스 킨케이드(Elisabeth Kincaid), 레버링은 각각 '최종 목적', '에피케이아(epikeia)와 정의', 그리고 '양심'을 다룬다. 각 논문은 자기 나름의 근거 위에 서 있으면서, 제자됨을 그것이 다루고 있는 쟁점과 연루시키고 있다. 하지만 '윤리신학의 쇄신에 대한 핑케어스 신부의 중요한 기여'라는 맥락 속에서 이 세 편의 논문은 한 가지 공통 주제를 공유하고 있다. 그것은 각각, 은총을 입은 제자됨의 삶과 아무런 연결없이 홀로 서 있을 수 있는 (그리고 어쩌면 종종 그렇게 하는) 윤리생활의 한 특성을 다룬다. 이 특성들은 또한 그리스도교적 삶 안에서 지속된다. 핑케어스 신부를 환기시키는 방식으로 각 저자는 여기서, 똑같은 이름들(예컨대 최종 목적, 에피케이아, 양심)에 의해 계속 불리기 위해서 비그리스도교적인 사례와 함께 계속되는 채로 남아있는 동안에라도, 그들이 다루는 특성이 그리스도교적 제자됨의 삶에서 어떻게 진정으로 구별되고 변형되는지를 알려주는 한 사례가 된다.

그러므로 이어지는 논문들은 핑케어스의 작품이 가톨릭 윤리신학의 계속되는 진정한 쇄신 안에서 핑케어스 신부 작업의 중요성에 대한 의미있는 증언들에 봉사한다.[7] 그들은 각각 오늘날 중요한 것으로 남아있는 그의 작업의 특성들을 보여주는데, 첫 번째 두 논문은 작업을 전개하여 교회 내 '진정한 윤리신학의 쇄신'을 규정하는 것을 도와줄 것이다. 이어지는 두 논문은 각각 '원천으로 돌아가기 토미즘'을 모범으로 삼아 윤리생활에서 뚜렷하게 그리스도교적인 특성을 검사한다. 그리고 그 이후 세 편의 논문은 각각, 그것이 어

---

7. 핑케어스의 작업이 이 잡지의 여러 논문에서 입증되는 여러 방식으로 '궤도 설정'이라는 주장을 지지해서, 이 잡지의 각각의 논문에 우리는 핑케어스로부터의 주제에 관한 하나의 중요한 원천 텍스트를 인용한다. 각각의 논문은 또한 나름대로 해당 주제에 관해 접근이 가능한 핑케어스로부터의 영향력 있는 텍스트들도 인용한다.

떻게 제자됨의 삶으로 변형되는지에 주목하면서, 그리고 은총을 입은 삶이 자연을 완성한다는 것을 부정하지 않으면서도, 윤리생활의 "자연적" 측면을 검토한다. 〈핑케어스 심포지엄〉에서 발표되었던 마지막 논문은 지속되는 윤리신학의 쇄신에서 핑키어스 신부의 중요성을 증언하는 역할을 하지 않는다. 톰 앤지어(Tom Angier)는 핑케어스에 대해 날카로운 비판을 가하는데, 그의 논문은 학술대회에서 발표되고 여기에 출판되는 그룹을 마무리 짓는다. 앤지어의 논문은 우리의 기획이 핑케어스의 접근법이 지니고 있는 잠재적 약점이나 한계에 관해서 억압하려는 의도를 포함하고 있지 않다. 비록 우리가 그 방대한 대답이 앤지어의 관심사에 주어질 수 있는 것으로 간주하더라도, 그것들은 오늘날 핑케어스의 망토를 걸친 윤리신학자들로부터 건설적 주의를 요하는 영역들의 지표로서 중요하고 가치가 있다.

이제 각각의 논문을 좀 더 상세히 살펴보기로 하자. 데이비드 클라우티어(David Cloutier)의 논문은 윤리신학의 계속되는 쇄신에 대한 핑케어스 신부의 영향을 다루는 우리의 일련의 논문들에 대한 탁월한 개막 강연이다. 왜냐하면 그는 핑케어스의 작품을 프란치스코 교황과의 대화 속에 자리매김하기 때문이다. 클라우티어는 그 안에서 두 사람이 핑케어스가 "의무의 도덕성"이라고 묘사하는 것을 초월하는 그들 양측의 작업 안에 있는 명백한 공통성을 도덕성의 중심 부분으로서의 법임을 규명한다.[8] 그는 이런 법에 대한 초점보다는 "두 사람을 추동하는 관심사가 그리스도교적 윤리생활의 핵심으로서 사람들의 삶 안에서 하느님의 활동에 관한 확신을 포함하

---

[8] 행복, 탁월함을 위한 자유, 기쁨을 포함해서 핑케어스의 사상에서 열쇠가 되는 주제들에 관해 어쩌면 가장 도움이 되고 짧으며 접근이 가능한 텍스트를 보기 위해서는: Cf. Pinckaers, *Morality: The Catholic View*, pp.65-81. 클라우티어의 논문과 이어지는 엘리엇의 논문은 둘 다 도덕성과 행복 사이의 관계에 관한 핑케어스의 기본 주장에 깊이 의존하고 있다.

고 있다고 논한다. 이 '영성' 또는 영적 관계는 치명적인 중심이다."
두 사상가 안에서는 (이 영적인 관계로부터 분리되기에 이르는) 율법주의 또는 법의 왜곡에 대한 비판이 발견된다. 이리하여 클라우티어는 두 인물 안에서 법에 대한 어떤 거부를 보는 것이 아니라, 하느님이 사람들의 삶속에서 활동하심을 윤리신학의 중심으로 복권시키는 것을 본다. 그는 또한 프란치스코 교황과 핑케어스 사이의 차이도 탐색한다. 그는 이렇게 말한다.

> 핑케어스의 작업은 특히 바로 성서적이고 교부학적인 원천들로부터 그리스도 중심적 영성을 발전시키는 데 의지하고 있는 일종의 '원천으로 돌아가기'를 기초로 삼고 있다. 이에 반해, 프란치스코 교황의 작업은 좀 더 그 영성이 개개인의 체험과 세계로부터 감지되는 가능한 사명들의 지속적인 신중한 식별을 특징으로 삼고 있는 이냐시우스적 접근법을 따르는 경향이 있다.

이 서로 다른 접근법은 클라우티어로 하여금 그들의 사상을 '조화시키'도록(공통성과 차이에 따른 하나의 은유이다), 그리고 두 사상가가 서로 보완할 수 있도록 촉발한다. 클라우티어는 "핑케어스를 보완하고 확장하지만 또한 핑케어스의 좀 더 특별한 주장들로부터 도움을 받는, 하느님의 활동에 대한 [프란치스코 교황의] 감각에 대한 이해를 제공한다"고 주장한다. 그는 계속해서 말한다.

> 우리에게는 복음과 우리 안에서 작동하고 있는 성령의 작업에 대해 핑케어스가 하고 있는 조심스러운 구획정리뿐만 아니라 우리 자신과 타인 안에서 '자족적이고' 하느님께 '문을 닫아버리게' 됨의 역동성에 대한 베르골리오/프란치스코 교황의 관통하는 질문들도 필요하다. …이런 종합은 …두 사상가의 실재적 목적인 성덕에서의 성장과는 거리가 먼 것으로

보이는 논쟁의 엄격주의/이완주의 프레임 씌우기에 대한 하나의 대안을 제공한다.

이것은 의무의 도덕성에 대한 이완주의/엄격주의 독법이라는 풍토병을 넘어 독자로 하여금 다음 논문을 완벽하게 준비할 수 있게 해준다.

데이비드 엘리엇(David Elliot)은 핑케어스 신부의 사상을 현대 윤리신학의 진정한 쇄신을 평가하는 데 활용하고 있다. 그의 평가는 클라우티어의 노선과 방향을 같이하지만, 그것의 전체를 관통하는 방법을 검토함으로써가 아니라 그 방법들을 매우 특수한 쟁점에 적용함으로써 그렇게 하고 있다. 그의 직접적 과제는 『사랑의 기쁨』(*Amoris Laetitia*) 제8장을 분석하는 일이다. 엘리엇은 "비정상적인 결합"을 살고 있는 자들을 동반하라는 프란치스코 교황의 잘 알려져 있는 호소를, 그러한 결합에는 중요한 것이 결핍되어 있다는 교황의 진술 테두리 안에서 맥락화한다. 그러므로 엘리엇은 동반하라는 교황의 호소가 그런 "유사 결합들"에 대한 어떤 지지로(또는 심지어 그런 유사 결합의 무기한적인 버팀에 대한 포기로) 이해되어서는 안 된다고 주장한다. 오히려 성사적 결혼이라는 "이상"에 대한 프란치스코 교황의 강조는 명령 자체에 초점이 맞추어져 있는 (교황의 경우에는 "느슨하거나 허용적인 다양성" 가운데 하나인) 의무의 도덕성이라는 접근법의 테두리 안에서보다는, 핑케어스로 대표되는 행복의 도덕성이라는 접근법에 비추어볼 때 가장 잘 이해될 수 있다. 이 논거를 지지하기 위해 그는 먼저, 어떻게 사람들이 흔히 "이상"을 일종의 구속력이 없는 어떤 가능성을 시사하는 것으로 오해하는지에 대해 한 비판을 제공하기 위해 『사랑의 기쁨』의 권위있는 라틴어 텍스트에 호소한다. 그런 다음에는 교황이 혼인의 '이상적' 충만을 향한 성장을 어떻게 가능하다고 보고 있는지에 대한 구성적 설명, 곧 영상들, 매력적인 증언들, 그리고 "상징, 활동, 이야기"를 포함하는 "새로운 비유의 언어"라는 평가를 제시한다. 이것들은 실상 사람들을 더 잘 움직일 수 있고, "그들의 순수한 아름다움에 의해 그들을 설득할" 수 있다. 엘리엇은 핑케어스 신부를 상기하면서, 명령들과 절대적 규범들을 중심으로 삼으면서도 동시에 그 규범들이 봉사하는 그리스도 안에서의 아름다운 삶에 초점을 맞추고 있는 윤리신학에의 접근법을 제공한다.

이 두 논문은 핑케어스 신부와 프란치스코 교황이 궁극적으로 성령으로 가득 찬 그리스도 안에서의 삶으로 변형되는 그리스도 제자됨의 삶을 분절화한다고 논한다. 이것은 각각 "초자연적 유기체"의 어떤 측면을 심층적으로 검토하는, 이어지는 부류의 논문들을 위한 주제를 지시한다. 제임스 스트라우드는 성령의 선물들에 관련된 용어 'instinctus'(충동)를 사용하는 데 있어서 토마스의 발전을 검토하는 것으로 은총을 입은 생활에 대한 이 초점을 열고 있다. (아리스토텔레스의 '행운의 책'에 대한 토마스의 인용과의 연결을 포함해서) 토마스의 '충동'(본능) 사용의 발전에 대한 그의 도표만들기는 당당한 권리로서의 토마스의 학문성에 대한 값진 기여이고 핑케어스 자신의 학문성의 한 확장이다.[9] 스트라우드는 아퀴나스에 의해서 분절화된 것과 같은 은총을 입은 생활에 대한 이해에 영향을 미치는 두 가지 더 이상의 논거를 댄다. 첫째, 그는 '충동' 사용에 있어서의 이 성장을, 반펠라기우스주의에 대한 그의 새로운 자각에 부응해서 은총 및 의화에 관한 토마스의 논고 본문들의 잘 알려져 있는 발전과 병행시키고 있다. 둘째, 스트라우드는 토마스의 『명제집 주해』 같은

---

[9]. '본능적 충동'(instinctus)에 관한 핑케어스의 궤도설정적 작품을 보기 위해서는: Cf. Pinckaers, "Morality and the Movement of the Holy Spirit: Aquinas' Doctrine of Instinctus", in *The Pinckaers Reader: Renewing Thomistic Moral Theology*, ed. John Berkman and Craig Steven Titus, Washington, The Catholic University of America Press, 2005, pp.385-395.

초기 작품들로부터 『신학대전』 안에서의 그 주제에 관한 성숙한 사상으로 이어지는, 성령의 선물들에 대한 토마스의 이해에 있어서의 중요한 발전을 강조한다. 그는 그 두 가지 발전이 '충동' 개념에 대한 토마스의 점증하는 사용 빈도에 의해 명료하게 드러난다는 것을 입증하고 있다.

텐 클로스터 신부의 논문은 최근 논쟁에서 (의심의 여지없이 적어도 부분적으로는 핑케어스 신부에게 빚지고 있는) 토마스 윤리신학의 은총을 입은 측면들에 초점을 맞추어 주입된 도덕적 덕들, 성령의 선물들, 그리고 참행복들(진복팔단들)에 대한 점증하는 주목을 부각시키며 그 성장을 묘사하고 있다. 하지만 그는 공의회 이후 가톨릭 윤리신학에서 성령의 열매들에 대한 관상의 거의 완전한 부재를 올바르게 지적한다. 텐 클로스터의 논문은 단지 이 결핍(또는 드물지만 어떤 경우에는 부적절한 논의)을 묘사할 뿐만 아니라, 은총의 삶에서 성령의 열매들의 뚜렷한 역할에 대하여, 현대 윤리신학에서 가장 완벽한 설명을 제공하고 있다. 열매들에 대한 그의 설명은 아우구스티누스의 '향유' 사상에서부터 행복에서의 쾌락의 역할에 관한 아리스토텔레스의 묘사에 이르기까지 다양한 도덕적 자원들에 의존하고 있다. 그는 그 열매들을 참행복들에 수반되는 덮쳐오는 환희의 (정념들이 아니라) 활동들로 제시하고 있다. 『신학대전』 제2부 제1편 제69문에서의 참행복들에 대한 토마스의 논의가 (은총을 입은 전망으로부터) 제2부 제1편 앞머리(qq.1-5)에서의 초기 논의를 어떻게 완성하는지와 유사하게(이 점은 핑케어스 신부가 처음으로 지적한 내용이다),[10] 텐 클로스터는 제2부 제1편 제70문에서의 열매들에 관한 논의가 제2부 제1편 제11문에서의 향유 또는 즐김에 관한 토마스의 논의를 완성한다는 것을 시사하고 있다. 그의 선구적 논문은

---

10. Cf. Pinckaers, "Beatitude and the Beatitudes in Aquinas's Summa Theologiae", in *The Pinckaers Reader*, pp.115-129.

분명 열매들에 대한 더 이상의 연구를 촉발할 것이고, 이제까지 소홀히 취급되어온, 은총을 입은 제자됨의 삶이라는 초자연적 유기체에 대한 질문을 도와줄 것이다.[11]

비록 핑케어스 신부가 그리스도교 윤리학이 하느님의 은총에 의해서 철저하게 초자연적 삶으로 변형된다는 점을 강조하고 있기는 하지만, 그는 은총이 자연을 (말소하거나 건드리지 않은 채 남겨두는 것이 아니라) 완성한다는 스콜라학적 표어에 확고하게 투신하였다. 그러므로 우리는 핑케어스의 전작품(corpus) 안에서 자연적 경향, 자연법, 양심, '신데레시스'(synderesis), 도덕 규범 등과 같은 주제에 대한 광범위한 관심을 발견한다. 이것들은 모두 자연적인 인간적 도덕성들의 특성으로, 따라서 그리스도교적 윤리학에 독특한 것들이 아니다. 그럼에도 불구하고 공의회 이후 윤리신학에 대한 핑케어스의 중요한 공헌 가운데 하나는 도덕성의 이 측면들에 대해 그가 참으로 자연적이면서 또한 제자됨의 은총의 생활의 맥락 속으로 변형될 수 있는 방식으로 묘사했다는 점이다. 이번 호의 마지막 부분 각 논문들은 핑케어스의 특성을 이 차원에서 잘 지니고 있다. 왜냐하면 그것들은 인간 본성의 도덕적으로 중요한 특성들을, 그것들이 은총의 맥락 속에서 어떻게 다르게 작용하는지에 주목하면서 검토하고 있기 때문이다.

윌리엄 매티슨은 도덕성에 대한 그 어떤 덕 중심의 접근법에도 핵심적인 주제인 최종 목적을 발표한다. 그는 아퀴나스가 (아리스토텔레스에 기초해서) 각 사람이 최종 목적을 지니고 있다는 것, 그

---

11. 안톤 텐 클로스터 신부가 자신의 논문에서 지적하는 것처럼, 핑케어스 자신조차도 성령의 열매들에 관한 부적절한 논술이라는 비난을 받을 수 있다. 그의 어떤 작품도 그 열매들을 상당한 정도로 다루고 있지 않고, 그것들은 『그리스도교 윤리학의 원천들』에서 그의 "초자연적 유기체"(supernatural organism)에 관한 소묘에도 나타나지 않는다. 그는 한 절에서 그 결실들이 참행복의 맥락에서 적절하게 논의될 수 있을 것이라고 언급한다: Cf. "Beatude and the Beatudes in Aquinas's Summa Theologiae", p.129.

리고 최종 목적은 하나라는 것, 또한 (어쩌면 가장 멋지게) 사람은 자기가 행하는 모든 것을 자신의 최종 목적을 위해서 행한다는 것을 어떻게 주장하는지에 주목한다. 이 마지막 주장은 자주 오해되었고, 그래서 매티슨은 (활동으로서의 그것에 대한 구성적 설명을 포함해서) 그 최종 목적에 대한 얼마간의 설명을 제공한다. 그것은 도덕성에 관한 덕 중심 접근법의 이 근본 특성에 도전장을 내려고 의도한 것이다. 비록 이 논문이 최종 목적에 대한 한 분석으로서 자기 자신의 [접근법]을 고집하고는 있지만, 그것은 세 가지 이유 때문에 이번 호에 적합하다. 첫째, 비록 그 주제가 토미즘 내부의 학술 토론에서의 한 낡은 훈련처럼 보일 수 있지만, 매티슨은 핑케어스 신부와 같은 노선에서 어떻게 그것이 영성신학과 밀접히 연관되는지를 보여준다.[12] 하느님을 믿고 다른 어느 것보다 더 하느님을 사랑하며 나머지 모든 것을 하느님 안에서 사랑하게 해주는 신앙과 사랑의 소유뿐만 아니라 신앙과 사랑 안에서 성장하는 것도 복음을 사는 데 중심적이다. 이것은 단적으로 하느님을 자신의 궁극 목적으로 삼는 것이고, 더 나아가 그분을 향해 성장하는 것이다. 이 주제는 영성신학(그리고 성사신학)에 직접적인 함의를 지니고 있다. 둘째, 이 논문은 핑케어스의 이름을 걸고 핑케어스에 의해 시작되었지만, 좀 더 심화시키는 작업은 계승자들에게 남겨져 있는 전망을 이어가는 한 사례이다. 이것은 이전 부분뿐만 아니라 이어질 부분의 논문들 각각에도 해당된다. 이 주제들 하나하나에 대해서 우리는 핑케어스의 작업 안에 그 주제의 어떤 착수적 논의가 더 이상의 탐험을 기다리며 방향설정의 방식으로 담겨 있음을 발견하지 된다. 셋째, 이어지는 두 논문에서 볼 수 있듯이, 여기서는 은총을 입은 제자됨의 삶 바깥에서 널리 이해되고 있지만 초자연적 삶 안에도 현존하고 있고

---

12. 핑케어스는 『그리스도교 윤리학의 원천들』(pp.47-74)에서 덕 윤리학과 궁극 목적에 대한 1인칭 전망의 중요성에 대하여, 종종 소홀히 취급되는 논의를 제공하고 있다.

또 그리로 변형되어 들어가는 도덕성의 주요 특성을 주제로 삼고 있다.

'에피케이아'(epikeia)에 관한 엘리자베스 킨케이드의 논문은 언뜻 토미스트들에게만 흥미있는 어떤 전문적 주제에 초점이 맞추어져 있는 것으로 보이지만, 그녀는 기쁨으로 참여하는 핑케어스의 '원천으로 돌아가기'를 세계 내의 현대적 쟁점들과 더불어 완벽하게 범례화하고 있다. 그녀는 아퀴나스에게서 유래되는 것이 아니라 아리스토텔레스에게서 유래되는 정의의 이 전통적 측면에 대한 놀라운 소홀함을 묘사하고 있다. 킨케이드는 (오스카 로메로에 의지해서) 최근 사회 정의의 쟁점들을 이용해 정의의 한 특성으로서의 '에피케이아'의 중요성을 위한 그녀의 경우로 만들고 있다. 그녀의 논문에 대한 두 가지 더 이상의 관찰이 이번 호에서의 그 중요성을 지지해준다. 첫째, 킨케이드는 아리스토텔레스 안에서의 그 논의에서 입증되는 것처럼 '자연적인' 의미에서 널리 이해되고 있는 도덕성의 한 특징으로 남아있으면서도 그리스도교적 제자됨의 맥락 속으로 변형되는 에피케이아에 대한 관점을 지지한다. 이 주장은 핑케어스의 제자들에게서 공통으로 발견된다. 하지만 킨케이드는 이것이 실제로 무엇처럼 보이는지를 묘사함으로써, 곧 ('이성적 수단'과는 구별되는 '실재적 수단'에 달려 있는) 정의가 어떻게 은총의 맥락 속으로 변형되는지를 묘사하는 특수한 도전들에 주어진 적지않은 공적을 묘사함으로써 그 영역에 기여하고 있다. 둘째, 그녀는 한편에서는 푹스와 해링에 의해서, 그리고 다른 한편에서는 핑케어스에 의해서 제공된 '에피케이아'에 대한 뚜렷이 구별되는 접근법을 이야기하고 있다. 그들의 차이는, 에피케이아가 법을 대체하는 것이 자연법에 기초하고 있는 인정법에 적용되는 것인지, 아니면 자연법 자체에 적용되는 것인지 여부와 연관된다. 그녀는 핑케어스의 노선에 서서 첫 번째 입장을 지지한다. 다시 한 번 더 우리는 현대 윤리신학에서의 진정한 쇄신을 위해 가능한 상이한 후보들을 마주하고 있는데, 이 주제는 이어지는, 세 번째 섹션의 마지막 논문도 다루고 있는 쟁점이다.

매튜 레버링의 강연은 세 번째 섹션의 마감 논문으로서, 그들의 일관된 주제를 계속하고 있으면서 동시에 클라우티어와 엘리엇의 개막 강연을 상기시키고 있다. 레버링은 제2차 바티칸 공의회 이후에 다양하게 이해되어 온 윤리신학의 한 쟁점인 '양심'이라는 주제를 검토한다.[13] 해링과 핑케어스의 작업을 비교하는 그는 자신의 논문을, 공의회 이전 교본주의 윤리신학의 몇몇 부적절함에 대한 양자의 공통적인 비판을 지적하는 것으로 시작하고 있다. 그런 다음, 각각의 사상가가 공의회 이후에 제시한 서로 다른 양심관을 해명하는 데로 나아간다. 비록 이 논문이 1차적으로는 그들의 차이를 진술하는 것임에도 불구하고, 레버링은 양심에 대한 핑케어스의 설명이 훨씬 더 신앙인의 양심이 그리스도교적 제자됨이라는 은총을 입은 삶에 의해서 어떻게 배양되고 고양되는지에 주목하고 있다는 점을 명백히 드러내고 있다. 이 논문이 비록 단지 양심에 대한 구별되는 관점들을 비교하는 차원에서 현대 윤리신학에 중요한 기여를 하고 있지만, 레버링의 작업은 윤리신학에서의 진정한 쇄신을 위한 현대적 후보들을 묘사하는 이번 호의 주제를 계속한다. 핑케어스의 '원천으로 돌아가기'와 『진리의 광채』에 대한 지지는 단지 해링(및 몇몇 현대 윤리신학자들)이 제안하는 것과 같은 교본주의적 제한적 도덕성으로의 격식을 갖춘 회귀에 지나지 않는 것일까? 아니면 해링은 (핑케어스가 시사하는 것처럼) 바로 (다른 각도에서이기는 하지만) 교

---

13. 양심에 관한 핑케어스의 사상을 보기 위해서는 『핑케어스 읽기』(*The Pinckaers Reader*)에 들어 있는 다음 두 편의 논문을 보라: "Conscience and Christian Tradition"(pp.321-341); "Conscience and the Virtue of Prudence"(pp.342-455). 레버링은 이 두 편의 논문을 검토하고 있다.

본주의자들이 행한 것과 같은 방식으로 양심을 지나치게 강조하였기 때문에, 정작 진정한 쇄신으로부터 벗어나는 것은 양심에 뿌리박고 있는 해링의 창조적이고 충실한 자유인가? 레버링의 논문은 우리에게, 양심에 관한 논쟁들이 프란치스코 교황의 재위기간 동안 새로 시작되었기 때문에도, 현대 윤리신학에서의 진정한 쇄신을 날카롭게 규명하는 일종의 공개 경연(stakes)을 상기시켜준다.

핑케어스 심포지엄에서 발표되었던 마지막 논문은 핑케어스 사상의 여러 측면에 날카로운 질문을 던지는 톰 앤지어의 비판이다. 그는 핑케어스의 사상에서 특히 두 가지를 비판한다. 첫 번째 것은 그가 "덕 정초주의"(virtue foundationalism)라고 부르는 것으로, 그는 이 첫 번째 전투를 두 전선에서 치른다. 그는 핑케어스가 법과 명령들에 대해 부적절한 주의를 기울이고 있다고 보며, 특히 그리스도교와 복음적 도덕성의 유다교적 뿌리를 소홀히 하고 있다는 점을 비난한다. 그도 핑케어스의 작업을 거슬러 덕 윤리학에 늘 가해지는 이기주의라는 비판을 지렛대로 삼고 있다. 두 번째 비판은 핑케어스가 죄와 악습에 부적절하게 주목하고 있다는 것이다. 앤지어는 핑케어스 기획의 그 어떤 지지자도 핑케어스 사상에 대한 어떤 옹호, 확장 또는 심지어 교정으로 응답을 제공할 수 있어야 하는 비판의 몇 가지 요지를 제시함으로써 학술지 독자들에게 큰 기여를 하고 있다.[14]

이 서론에서 우리의 직접적 과제는 이 경우에 왜 핑케어스 신부의 작업이 특히 오늘날 제2차 바티칸 공의회 이후 윤리신학의 지속적인 쇄신에 적시적인지를 논하는 데 논문들을 활용하는 것이었다.

---

14. 그 한 가지 예를 보기 위해서는: Cf. Matthew Levering, "Supplementing Pinckaers: The Old Testament in Aquinas's Ethics", in *Reading Sacred Scripture with Thomas Aquinas. Hermeneutical Tools, Theological Questions and New Perspectives*, ed. Piotr Roszak and Joergen Vijgen, Turnhout, Brepols, 2015, pp.349-373.

우리는 지금 핑케어스의 작업이 현대에 적시적이라고 주장하고 있지만, 우리의 근본적 주장은 핑케어스의 작업이 그리스도교적 신앙과 삶이라는 실재에 근거를 두고 있는 까닭에 영구히 적시적인 것이라고 설명하는 것으로 마무리 짓고 싶다. 그것은 도덕성에 관한 성경의 가르침(예컨대 산상설교, 사도 바오로의 가르침들, 율법의 부정이 아니라 그 충만으로서의 사랑, 당신 백성과 계약을 맺으시고 그들을 거룩함으로 이끄시는 창조주 하느님에 대한 구약의 초점 등)에 확고하게 뿌리박고 있을 뿐만 아니라 그리스도교 이전 철학자들로부터 흘러나오고 특히 아우구스티누스와 아퀴나스에 의해 그리스도교 서구에서 계속해 도덕적 성찰을 형성하는 방식들로 고전적으로 설명된 덕 윤리학(Virtue Ethics) 전통을 구현하기도 한다. 더욱이 핑케어스 신부의 작업은, 실재적이고 변형적인 그리스도교적인 삶의 활동적 원천들, 곧 성령, 기도생활, 그리고 구세주이면서 동시에 순교의 모범인 예수 그리스도에 면밀한 주의를 기울이고 있다. 도덕성에 대한 핑케어스 신부의 접근법은 (현대 문화에 대해) 적응주의적(accomodationistic)인 것도 아니고, 그렇다고 (현대 문화를 거슬러) 반동적(reactionary)인 것도 아니다. 그것은 단적으로, 아직도 그리스도인을 괴롭히는 나약함과 죄많음을 모르지 않으면서도, 그리스도교적 윤리생활이라는 생생한 실재에 대한 풍부한 초상화이다.

22. 바티스타 몬딘:
그리스도교 철학자이자 문화 복음화의 선교사

마리오 팡갈로

교황청립 우르바노대학은 2001년 5월 6일을 자기 소속의 가장 저명한 학자에게 헌정하였다. 그는 우르바노대학에서 30년 이상을 봉직하고 교수 활동을 은퇴하는 조반니 바티스타 몬딘(Giovanni Battista Mondin, CMX) 신부다. 그것은 친교, 우정, 축제의 장이었고, 특히 제3천년기의 첫해를 맞으며 세상에서의 교회 선교와 문화 선교에 관한 활발한 담화가 오갔다. 대학총장인 몬시뇰 암브로지오 스프레아피코의 축사에 이어 부총장이자 몬딘의 후임 철학부장인 몬시뇰 귀도 마초타가 대학에서의 몬딘의 공헌을 소개했다. 이어서 마리오 팡갈로 교수가 몬딘 신부의 인품과 업적을 학술적 예찬 형식으로 소개했다.

몬딘 신부는 1926년 이탈리아 비첸차 지방의 몬테 디 말로(Monte di Malo)에서 태어났다. 사베리오선교회(Congregatio Missionaria Xaverianorum)에서 철학과 신학의 정규 교육을 받고, 1952년 사제 서품을 받았다. 미국 보스턴 예수회대학에서 철학석사 학위를 받은 후 이어서 하버드대학에서 종교철학 박사학위를 받았다(1959).

귀국 후 1966년 밀라노가톨릭대학에서 중세철학사 강좌를 맡다가, 1968년 교황청립 우르바노대학의 중세철학사 강좌를 수락해, 철학과 학부장과 부총장 등 직책을 수행하며 30년이 넘도록 중단없이 봉사했다. 로마에서 그는 성청과 중요한 협력 작업을 펼쳤고, 제2차 바티칸 공의회 전문신학자로 참여했으며, 성직자성, 시성심사 및 가톨릭교육성 자문위원을 역임했다. 오래도록 이탈리아 철학교수협회(ADIF: Associazione dei Docenti Italiani di Filosofia)와 국제성토마스학회(SITA: Societa Internazionale Tommaso d'Aquino) 학회장을 역임하였고, 수많은 각종 학회와 이탈리아철학회, 국제철학회 회원이며, 특히 교황청립성토마스학회(PATA: Pontificia Accademia di S. Tommaso d'Aquino)의 학술자문위원이다. 1967년부터 1992년까지 25년 동안 『로세르바토레 로마노』(L'Osservatore Romano)의 논객으로 협력하며 500개가 넘는 논설을 발표하였다.

몬딘은 철학과 신학 영역의 모든 주요 분야에 관심을 기울였고 깊은 자질과 역량을 쌓았다. 그는 폴 틸리히의 제자로서 1967년에 매우 흥미 있는 연구서 『폴 틸리히와 그리스도교의 탈신화화』(Paul Tillich e la trasmittizzazione del Cristianesimo)를 헌정하였지만, 그보다는 훨씬 더 성 토마스 아퀴나스의 제자로서 20세기 주요 신토미스트들 가운데 한 사람으로 평가받고 있다.

몬딘 신부가 역사 영역과 이론 영역을 불문하고 펼친 방대하고 심원한 철학적이고 신학적인 지식은 여러 나라 언어로 번역된 70여 권의 저서와 1,000여 개에 달하는 연구논문이라는 학술 업적으로 구체화되었다. 역사 영역에서 몬딘 신부의 관심은 그리스도교 초창기부터 우리 시대까지 이르는 철학 및 신학 사상의 흐름 전체에 두루 미친다. 신학의 역사와 관련해서는 1996-1997년에 발간된 4권짜리 방대한 기념비적 작품 『신학사』(Storia della Teologia)가 있는데, 이것은 신학자들과 신학들, 그리고 특히 현대신학에 관한 일련의 역사적이고 체계적인 탐구 전체의 집대성으로 평가될 수 있을 것이다.[1] 이전에 그가 발표했던 관련 서적을 떠오르는 대로 열거해보자면 『20세기의 위대한 신학자들』(전2권, 1972), 『신의 죽음의 신학자들』(1970), 『희망의 신학자들』(1974), 『실천신학』(1973), 『해방신학』(1977), 폴 틸리히(1967), 하비 콕스(1970)에 관한 단행본, 『현대 그리스도론』(1976), 『현대 교회론』(1980)을 들 수 있다.

그밖에도 몬딘은 신학사와 교회사에 관심을 집중하여 1989년에는 『신학자 사전』(*Dizionario dei Teologi*)과 『철학, 신학, 윤리에 관한 백과사전적 사전』(*Dizionario enciclopedico di filosofia, teologia e morale*), 그리고 1996년에는 『교황에 관한 백과사전적 사전』(*Dizionario enciclopedico dei Papi*) 같은 방대하고 유익한 사전들을 연달아 출판하였다.

조직신학 작품 가운데에는 1998년 『성 토마스의 그리스도론』(*La cristologia di S. Tommaso d'Aquino*) 같은 중요한 연구서를, 그리고 1993년에는 삼위일체론, 신학적 인간학, 그리스도론, 교회론, 종말론-천상교회론 등 교본 성격의 조직신학 교재 5권을 발간했다. 사변적 천품을 발휘하고 그 역사적 측면에 주의를 기울여 신학 문제들을 검토하는 범상치 않은 역량은 몬딘 신부의 모든 작품이 지니고 있는 특성으로 드러난다. 신학의 역사성에 대한 발견은, 몬딘에 따르면 두 가지 중요한 결과를 낳았다. 한편으로는, 신학 자체를 부동주의(immobilism)와 그리스도교 신비에 관한 성찰 전체를 한꺼번에 해방할 수 있다는 자만으로부터 구해냈다. 다른 한편, 그것은 '시대의 징표'(signum temporis)에 주의를 기울이는 신학자들로 하여금 하느님 말씀에 대한 해석을 제2차 바티칸 공의회의 메시지와 조화를 이루는 가운데 지속적으로 혁신할 수 있게 해주었다.

그 결과 신학에는 두 가지 특별한 과제가 위임되어 있다. 첫째는, 몬딘이 '이성적 모태'(grembo razionale)라고 부르는 것의 규정, 다시

---

1. (*역자주) 국역본: 바티스타 몬딘, 『신학사』(전4권), 가톨릭출판사, 2012-2020. 일곱 명이 분량을 나누어 번역한 이 방대한 작품은 제25회 한국가톨릭학술상 본상을 수상하는 영예를 안았는데, 관심 있는 독자는 학술지에 실린 수원가톨릭대학교 곽진상 신부의 '서평'을 참조하라: 『가톨릭 신학과 사상』 84(2021/여름), 308-323쪽.

말해 다양한 신학들을 구조화하고 다채롭게 특징짓는 개념 체계의 간명화에서 성립된다. 두 번째 과제는, 신학자가 연구하고 작업하는 환경에서 오는 문화적 계기들과 도전들을 특정하는 것이다. 신학자는 다른 어느 때보다도 오늘날 특히, 포스트-모던의 경우에서 잘 드러나듯이 실존적 무질서의 국면에 처해 있다. 그들은, 몬딘에 따르면, '착한 사마리아인'의 구조 작업을 수행하도록 불렸다. 그렇게 인간성에 고개를 숙여 주의 깊게 듣고, 그 악을 진단하며, 그것을 초자연적 계시의 안내를 받아 빛으로, 구원으로 이끌어야 한다. 몬딘은 중단없이 신학에, 모든 신학 논술에서 본원적 그리스도론, 본원적 교회론, 본원적 인간학 등 '본래적인 것'의 절대적 우위성을 환기시킨다. '본래적인 것'은 은총의 질서에서 첫째이고, 인간을 당신의 모상으로 기획하고 원하고 창조하였으며 그를 이 기획의 자연적이고 초자연적인 완성으로 이끄시는 하느님의 사랑에서 솟아오른다. 한편, 신학에서 본원적인 것은 기록되고 교회의 생생한 전승에 의해 전수된 하느님의 말씀을 통한 신적인 구원적 기획의 계시로 구성된다.

마찬가지로 풍부하고 자극적인 것은 몬딘이 일반적으로 철학사와 특히 중세철학사에 헌정한 연구 영역이다. 이 분야에서도 몬딘의 학술적 결실은 『가톨릭과 프로테스탄트 신학에서의 철학과 그리스도교』(1974), 『서구의 신학자들』(1977), 『필론과 클레멘스』(1984), 『중세철학사』(1985), 『성 아우구스티누스의 사상』(1988) 등 중요한 단행본들로 이루어졌다.

몬딘 신부의 역사학적 작업의 절정은 1997년의 전 3권으로 이루어진 『형이상학사』(*Storia della Metafisica*)이다. 이것은 존재의 신비를 추적하는 복잡한 서구 철학 사상의 여정을 제시하는 특전을 지니고 있는 유일한 작품이다. 몬딘은 이 작품에서 철학에서 형이상학적 요구의 영속성을 입증하고자 한다. 형이상학을 해소하려는 수많은 시도, 다시 말해 다양한 방식으로 실재를 '1차원적인 것으로' 만들고 감각적 경험의 초월과 자기-초월성을 금지하려는 내재주의적 전망을 통해 그 어떤 '제2항진'(secunda navigatio)[2]도 불가능하게 만들려는 수많은 시도에도 불구하고, 형이상학은 영과 문명의 전진으로부터 결코 제거될 수 없었다. 이 이론적 전망은 스콜라 철학의 모든 논고에 관해 최근 출판된 여섯 권의 교본과 같은, 몬딘의 체계적 철학 작품 속에 언제나 반영되고 있고, 어의학(semantica), 해석학, 종교철학, 문화철학, 교육철학 등 최근에 발전된 철학 분과들에 개방되어 있다. 만일 이 작품과 다른 작품들에서 몬딘의 종합하려는 태도가 드러난다면, 분석적 태도는 특히 언어철학의 주도 노선 속에서 표명되고 있다. 여기서 철학자 몬딘은 신학적 언어 문제에 대한 그의 접근법의 독창성으로 두드러진다. 이 영역에서는 성 토마스의 '유비'(analogia)에 관한 연구 『신학적 언어 문제: 기원에서 오늘에 이르기까지』(*Il problema del linguaggio teologico dalle origini ad oggi*, 1974)가 돋보인다.

성 토마스 안에서의 유비와 철학 및 신학의 근본 주제로서의 유비에 관해서 몬딘은 (박사논문 주제로 선택한 이래 늘) 특히 깊이 꿰뚫고 있었다. 잘 알려져 있는 논거들은 『토마스 아퀴나스의 철학체계』(*Il sistema filosofico di Tommaso d'Aquino*, 1992), 『성 토마스의 해석학, 형이

---

2. (*역자주) 서양 고대 그리스 문학에서부터 널리 활용되어 온 은유로, 흔히 그렇듯이, 자녀나 제자가 자기 자신의 힘이라기보다는 부모나 스승 등 다른 사람들의 도움 덕분에 어렵지 않게 출범(出帆)할 수 있지만, 한동안 그렇게 순항하다가(제1항진), 거친 파도와 폭풍우가 몰려와 사투를 벌이는 동안 거의 모든 장비와 방책들을 소진하고 난 다음에, 이제 오롯이 자기 자신만의 힘으로 나머지 항로를 헤쳐나가는 단계를 '제2항진'이라고 부른다. 예컨대 고대철학 연구의 이탈리아 최고 권위자로 널리 인정받고 있는 조반니 레알레(Giovanni Reale)는 학계의 찬사를 받은 (모두 4부로 구성되어 있는) 연구서 『플라톤의 새로운 해석 모색』의 제2부 제목을 「'제2항진'과 플라톤 형이상학의 두 차원. 이데아론(존재론)과 제일원리론(착수론)」("Parte seconda: La 'seconda navigazione' e i due liveli della metafisica di Platone. La teoria delle idee(ontologia) e la teoria dei principi primi(protologia)")이라고 적고 있다. Cf. Giovanni Reale, *Per nuova interpretazione di Platone*, Milano, Vita e Pensiero, 1987, pp.145-293.

상학, 유비』(*Ermeneutica, metafisica e analogia in S. Tommaso*, 1995), 『성 토마스 개념사전』(*Dizionario enciclopedico del pensiero di S. Tommaso d'Aquino*, 1998), 『성 토마스의 형이상학과 그 해설자들』(*La metafisica di S. Tommaso e I suoi interpreti*, 2003), 그리고 특히 1975년에 영어로 집필된 심층적 연구서 『'명제집 주해'에서의 성 토마스의 철학』(*The Philosophy of St. Thomas Aquinas in the Commentary of the Sentences*)을 들 수 있다. 그가 이처럼 1970년대까지는 아직 잘 알려져 있지 않았던 성 토마스의 『명제집 주해』에 대해 간결하고 날카로운 분석을 전개한 것은 그 어떤 토마스 연구자도 무시할 수 없고 또 무시해서도 안 되는, 토미즘 역사에 당당히 들어가는 값진 공헌이다.

 토마스의 유비(類比) 해석에 잠깐 머물자면, 몬딘의 입장은 다음과 같이 종합될 수 있을 것이다. 신학적 언어에 대한 적절한 해석을 위해서는 비단 (고유하고 비유적인) 비례성의 유비와 외적 부가의 유비뿐만 아니라 내밀한 부가의 유비도 함께 살펴보아야 한다. 내밀한 부가의 유비의 존재론적 토대는 '모든 행위자는 자기와 비슷한 것을 행한다'(omne agens agit simile sibi)는 원리이다. 이 원리는 하느님과 피조물 사이의 관계 차원에서도 타당하고, 한편으로는 신학적 언어의 궁극적 정당화를 구성한다. 하느님에 관한 언어에서 긍정의 길과 부정의 길을 결합할 필요에 관해서 몬딘은 이렇게 말한다: "부정의 길과 긍정의 길은 자전거의 바퀴와 유사하다. 두 바퀴가 함께 움직이지 않으면 자전거가 앞으로 나아갈 수 없는 것과 마찬가지로 신학적 언어도 부정의 길과 긍정의 길을 동시에 밟지 않는다면 정확하게 사용될 수 없다." 긍정의 길만으로는 의인화(antrophomorphism), 우상숭배(idolatria), 신성모독(bestemmia)을 향해 나아간다. 그리고 부정의 길만으로는 불가지주의(agnosticism)와 무신주의(atheism)로 나아간다.

 자전거의 예가 언급되는 까닭은 몬딘 신부에게 자전거타기는 스포츠계에서도 그를 유명하게 만든, 오늘까지도 이어지는 평생에 걸친 그의 열정적 기호 스포츠가 바로 자전거였기 때문이다.

방금 말한 것들은, 1967년 영어로 발표한 연구서 『개신교와 가톨릭 신학에서의 유비 원리』(The Principle of Analogy in Protestant and Catholic Theology) 같은 초창기 작품부터 최근의 『성 토마스의 해석학, 형이상학, 유비』에 이르기까지 몬딘을 사로잡았던, 유비와 신학적 언어에 관한 논술 전체에 대한 주마간산격 눈길에 지나지 않는다.

몬딘의 방대한 양의 철학적이고 신학적인 작품을 하나로 꿰는 끈이 있다면 그것은 인간학이다: 인간에 관한 몬딘의 관심은 신학적이고 철학적인 수많은 인간학 연구서들에 의해서 입증된다. 그 가운데 몇 가지만 보자: 『인간 그는 누구인가?』(L'uomo: chi e? 1977), 『신학적 인간학』(Antropologia teologica, 1977), 『그리스도교적 인문주의』(Umanesimo cristiano, 1980), 『철학적 인간학』(Antropologia filosofica, 1983), 『인간 가치』(Il valore uomo, 1987), 『자유인』(L'uomo libero, 1989), 『하느님의 설계에 따른 인간』(L'uomo secondo il disegno di Dio, 1992).

몬딘은 자신의 신학적 인간학을 소개하면서, 모든 신학적 주제 가운데 인간학적 주제는 가장 까다로운 주제이고 또 자신의 가장 특수한 철학적 역량을 구성한다고 단언한다.

몬딘은 인간을 문화적 존재로 개념하고, 따라서 절대적 가치들의 배양을 통해 실현되는 자유로운 기획으로 이해한다: 이런 의미에서 인간학과 가치론은 함께 가고, 서로서로 밝혀주며, 그리스도교적 계시와 참 하느님이자 참 인간인 그리스도께 대한 인간의 개방성을 함께 포용한다. 인간에 대한 몬딘의 관심은 자신의 저술에 실존적 여백과 남다른 문화적 감각을 전해준다. 몬딘은 문화에 대한 철학적 이해 문제를 꾸준히 다각도로 추적하였다. 특히 중요한 작품들로 『세속화, 하느님의 죽음?』(La secolarizzazione, morte di Dio?, 1969), 『문화, 마르크스주의, 그리스도교』(Cultura, marxismo e cristianesimo, 1979),

『전환기의 새로운 문화 모색』(*Una nuova cultura per una nuova societa*, 1982), 『인간학과 문화철학』(*Antropologia e filosofia della cultura*, 2000)을 들 수 있다.

문화라는 주제가 몬딘에게는 단지 철학적 주제이기만 한 것이 아니라, 또한 신학적 주제이기도 하다는 점에 주목할 필요가 있다. 실상 그리스도인은 특수한 모든 역사적 문화를 초월하는, 상급 질서의 문화를 인정하는 문화적 존재자다. 몬딘은 이렇게 쓰고 있다: "이미 그 본성에 있어서 본질적으로 문화적인 그리스도인은 은총에 의해서 문화적으로 중첩화된다. 그는 상급 문화인 하느님 백성의 문화를 수용하고 그것으로 풍요로워지며 변형된다. 그것은 언제나 인간의 충만한 실현을 지향하고 있다. …그리스도교적 문화는 인류를 향한 하느님의 무한하고 자애로운 사랑과 (궁극적으로 인간-기획을 규정하는 분으로서 그를 궁극적 완성으로 데려가는) 그리스도의 구원 업적을 원천으로 삼고 있다." 그리고 여기서 몬딘은 『기쁨과 희망』(사목헌장) 22항을 인용한다: "사람이 되신 말씀의 신비 안에서만 참으로 인간의 신비가 밝혀진다." 몬딘은 이렇게 덧붙인다: "한편 신학은 인간의 새로운 특성을 제시하고, 새로운 인간학을 실행에 옮긴다: 그것은 하느님이 설계하시고 구원의 역사의 기막힌 사건들을 통해서 현실화되는 인간학이다."

그러므로 몬딘 신부는 20세기 그리스도교 문화의, 그리고 특히 몬딘 자신이 명시적으로 자신의 철학 여정의 주요 참조점으로 삼는 소피아 로비기, 드 피낭스, 에티엔 질송, 코르넬리오 파브로 같은 신스콜라학의 위대한 대변자들과 함께 1900년대 후반 토미즘의 한 권위로 간주될 수 있다.

대학가에서 일하는 몬딘 신부의 사베리오 수도회 정신은 자신의 문화적 사도직의 보편성과 선교사 정신 안에서 충만히 구현된다. 실상 몬딘은 문자 그대로 세계를 제집처럼 드나들며 이탈리아, 스페인, 영국, 헝가리, 폴란드, 리투아니아, 미국, 멕시코, 브라질, 콜롬비아, 페루, 에콰도르, 아르헨티나, 하와이 등지에서 개최된 30개 가까운 국제회의와 수많은 학회에 참여한 참되고 고유한 의미에서 진리의 사도였다.

하지만 그의 지치지 않는 학자로서의 직분은 주로 포교성의 대학이자 교회의 선교사들의 대학인 교황청립 우르바노대학에서의 온통 선교 차원의 활동에서 실현되었다. 여기서 몬딘은 이미 우리가 지적한 것처럼, 30년 동안 전 세계 5대륙에서 모여온 무수한 사제, 수사, 수녀, 평신도들을 양성했고, 그들 가운데 상당수는 선교 지방에서 새로운 복음화를 위해 일하고 가르쳤다.

그러므로 몬딘이 우르바노대학에서 펼친 진리와 교회에 대한 봉사 사도직은 그의 사제적이고 선교사적인 열정, 그리스도-중심적이고 교회-중심적인 영성, 토미즘에 대한 충만하고 확신에 찬 일치, 그리고 '새로 시작되는 천년기에'(novo millennio ineunte) (오늘날 그리스도교 공동체가 맞닥뜨려야 하는 문화적 도전들에 대한) 보편적으로 개방되어 있고 역사적으로 자리 잡은 그의 광대한 전망 등 몬딘의 풍부한 인격성의 모든 측면을 기가 막힌 종합으로 모으고 표현한다.

"칭송"(Laudatio)이 끝난 뒤에 다시 마이크를 잡은 몬시뇰 마초타(Mons. Mazzotta)는 '하느님'에 관한 몬딘 신부의 마지막 작품을 소개했다. 그것은 디노출판사(Dino Edittore)에서 기획하고 출판한 것으로, 비단 몬딘 신부의 손끝에서 나오는 철학적이고 신학적인 농축된 내용들뿐만 아니라 책을 값지게 만드는 예술품도 가세하였다. 즉 거장 단테 리치(Maestro Dante Ricci)가 패널 전폭에 그린 일련의 유화가 그 책을 특징짓는 230쪽짜리 눈부신 작품이다. 몬시뇰 마초타는 수작업으로 특수 제작된 종이에, 이리데 디 로마(Iride di Roma)의 석판 기술, 그리고 사진합성과 구성을 담당한 '마르첼로 로싸네

시의 국제 서예'(Grafica Internazionale di Marcello Rossanesi)가 만든 (도서 제작 기법적으로 진정한 걸작 제작의 정교한 거장적 전문성을 영예롭게 드러내는) 화려한 순금 표지로 되어 있는 499권짜리 한정판인 이 작품의 높은 가치를 일일이 설명했다. 단테 리치는 또한 그 표지를, 왼쪽에서는 하느님의 얼굴이, 그리고 오른쪽에서는 창조를 펼치는 그분의 힘찬 팔뚝이 도드라지도록 부조(浮彫) 방식으로 장식했다.

분명 디노출판사의 진귀한 출판 작품 수집가들이 욕심낼 만한 이 독창적인 예술품의 안쪽에서는 하느님의 신비에 관한 몬딘 신부의 주옥같은 성찰들을 깊이 감상할 수 있다. 본질적으로 고전적인 이론적 설계의 영역에서 몇 가지 새로움이 드러난다: 첫 번째 새로움은 신비가들의 텍스트에 유보된 광범위한 영역에 관한 것으로, 그것은 몬딘을 파스칼과 베르그송의 정교한 분석에 근접시키고 있다. 두 번째 새로움은 하느님의 인간적 얼굴과 신적 얼굴에 관한 논설로, 여기서 몬딘은 신적 속성들에 관한 아우구스티누스의 연역을 재해석하고 있다. 몬시뇰 마초타는 종교들과 말씀의 신비와 육화의 유일성에 관한 몬딘의 성찰의 중요성을 부각시켰다. 하느님의 지혜적 경륜과 성사적 경륜을 구별하면서, 몬딘은 그리스도의 대체할 수 없는 유일한 원천적 성격과 비그리스도교적 종교들의 구원적 기여를 둘 다 보존할 수 있는 해결책을 제시한다.

마지막으로는 〈성 토마스 형이상학의 위대성〉이라는 주제로 몬딘 신부의 우르바노대학에서의 마지막 학술강연이 이어졌다. 권위 있는 모두에서 몬딘 신부는 성 토마스의 천품과 업적의 가장 중요한 측면들을 모두 환기시켰다: 성 토마스를 가장 위대한 신학자요 가장 위대한 주석가이며, 가장 위대한 형이상학자라 규정하면서, 특히 성 토마스의 독창적 발견인 존재 현실력의 형이상학과 자립적 존재(Ipsum esse subsistens) 안에서의 존재자들의 해소를 허용하는,

본질과 존재 사이의 실재적 구별을 강조했다. 그러므로 몬딘의 박학한 해설은 회칙 『신앙과 이성』의 메시지와 유기적으로 연결되어 있었다. 이 회칙에서 교황 요한 바오로 2세는 존재 철학의 힘과 영속성이 "모든 한계를 뛰어넘어 모든 것을 완성으로 이끄시는 분께 이르기까지 실재 전체를 향한 충만하고 보편적인 개방성을 허용하는 존재 현실(actus essendi) 자체"에 토대를 두고 있다고 단언한다.

몬딘을 향한 총장의 애정어린 말씀과 〈교회와 교황에 헌신한 십자가 훈장〉(Crux pro Ecclesia et Pontifex) 수여로, 고별사를 훨씬 넘어가는 저명한 학자와의 강렬하고 진지했던 축제와 친교의 순간이 마감되었다.

23. 몬딘의 형이상학적 증명은 성공했는가

다리오 안티세리

몬딘은 이렇게 말한다: "형이상학은 본질적으로 우연성의 의미와 토대에 관한 탐구이다."[1] 과학의 역량으로부터 문제들이 솟아나온다. 그런데 이 문제들은 "'의미' 외에도 존재 문제, 진리 문제, 선 문제, 가치 문제, 시간 문제, 역사 문제이다."[2] 그리고 최근의 한 논설에서는 이렇게 말한다. "이 문제들을 해결하기 위해서는 형이상학의 원리와 방법들을 활용해야 한다."[3] 그런데 형이상학은 "대상, 원리, 방법에 있어서" 과학과는 구별된다.[4]

무엇보다 먼저 형이상학은 그 대상에 있어서 과학과 구별된다. 왜냐하면 형이상학은 "절대적인 것을 겨냥하고 있기 때문이다. 그것은 '절대자'에 대한 탐구이고 (적어도 아리스토텔레스와 성 토마스의 것과 같은 실재주의적 형이상학의 경우에 그러하듯이) 우연적 존재자를 출발점으로 삼아 수행한다."[5] 분명 과학도 우연적인 것을 다루지만, 그 우연자를 "순수한 사실로, 어떤 객관적 소여(所與, data)로, 더 이상의 어떤 나머지가 없는(esaustivo) 현상으로" 간주한다. 요컨

---

1. B. Mondin, "Metafisica e cristianesimo", in *L'Osservatore Romano*, 20 maggio 1982, col.4.
2. B. Mondin, "Scienza, metafisica, conoscenza di Dio", *Per la filosofia. Filosofia e insegnamento* 11/4(1985), p.20.
3. B. Mondin, "Metafisica e cristianesimo", col.3.
4. Ibid.
5. B. Mondin, "Scienza, metafisica, conoscenza di Dio", pp.10-11.

대 과학은 자연의 장관을 바라보며 "감탄하고, 직접적으로 드러나는 것을 마치 그 자체로 완전한 것처럼 연구한다."[6] 하지만 세상을 대면하는 형이상학자가 취하는 태도는 전혀 다르다. 형이상학자는 "그것을 우연적 존재자로, 무의 심연 위에서 도처에서 솟아오르는 것으로 바라보고, 그 우연성의 까닭에 관해 묻는다. 형이상학자는 사물을 넘어 사물 자체의 토대로 나아가기 위해 사물의 우연성을 출발점으로 삼는다."[7] 이로부터 "형이상학이 본질적으로 우연성에 대한 해석학이라는 사실이" 잘 드러나게 된다.[8] 형이상학은 "본질적으로 우연성에 관한 명상이다."[9] 우연자는 바로 우연자라는 사실 때문에 "정당화되지 못하고, 자기충족적이지 못하며, 자기 자신에 대해 해명하지 못하고, 어떤 설명을 필요로 한다: '모든 우연자는 원인을 가지고 있다.'"(omne contingens habet causam)"[10] 이것은 성 토마스가 제안하는 신을 향해 올라가는 모든 길이 왜 "출발점, 입구, 우연성인지"를 잘 보여준다.[11] 그리고 형이상학으로서의 형이상학이 왜 과학으로서의 자연학을 필요로 하지 않는지도 보여준다. 몬딘은 이렇게 말한다. "형이상학자가 사물을 필요로 하는 이유는 사물들이 그 형이상학자로 하여금 그것 자체를 넘어 나아가도록 초대하기 때문이다. 하지만 형이상학자는 핵물리학, 천문학, 천체물리학 등을 필요로 하지 않는다. 결국 대단히 강력한 정밀 도구를 통한 매우 날카롭고 엄밀한 탐구에 의해서 발가벗겨지게 되는 실재는, 우연성의 측면에 관한 한 가정주부나 농부, 노동자나 어부의 눈길에 나타나는 실재에 비해 그 어떤 유익이나 특전도 누리지 못한다. 실재 전체

---

6. Ibid., p.11.
7. Ibid.
8. Ibid.
9. Ibid., p.13.
10. Ibid., p.11.
11. Ibid.

는 사변적이고 형이상학적인 눈길로 후행적이고 상징적이며 해소적(解消的, risolutivo) 전망에서 바라볼 수 있다. 그리고 이런 사변적, 형이상학적, 근사치 접근적(tangenziale), 후행적 눈길은 과학자들의 특전이 아니라, 보편적 기관(facultas), 다시 말해 모든 사람이 지니고 있는 눈길이다. 이 기관은 종종 과학자보다 거리의 사람에게서 더 날카롭고 맑게 빛날 수 있다."[12]

형이상학은 "우연적인 것을 출발점으로 삼는다." 형이상학자는 "세상을 무의 심연 위에 도처에서 솟아오르는 우연적 존재자로 보고, 그 우연성에 관해 따져묻는다." 형이상학자는 "사물들을 넘어 사물 자체의 '토대'로 나아가기 위해 사물들의 우연성을 출발점으로 삼는다." 이렇게 출발점으로 삼은 형이상학자의 ("흔히는 대단히 짧은")[13] 사변적 발걸음은 "우연자로부터 절대자로, 실존자로부터 자립자로, 원리에서 '파생된' 것으로부터 원리로, 토대에 근거하고 있는 것으로부터 토대로, 2차적이고 단편적인 인과성으로부터 1차적이고 총체적인 인과성으로, 상징과 모상으로부터 본원적인 것으로" 나아간다.[14] 그렇다면 이런 넘어감 또는 이월은 '어떻게' 완수되는가? "이 넘어감을 완수하기 위해서는 두 가지 작업이 이루어져야 한다. 1) 이해(통찰, intelligentia)의 미사일을 수평적 차원에서부터 수직적 차원으로, 곧 범주적, 대상적, 대면적, 물리적 차원으로부터 초월적, 후행적, 근사치 접근적, 형이상학적 차원으로 정위(定位)시켜야 한다. 2) 이해력에 합리성의 적절한 짐을 장착해야 하는데, 고도로 폭발적이고 역량있는 이 짐은 제1원리들로부터 온다."[15] 그리고 "우연자를 절대자로 해소하는 작업을 허용해주는"[16] 이 제1원리들을, 몬딘이 보

---

12. Ibid., p.12.
13. Ibid.
14. Ibid., p.13.
15. Ibid.
16. Ibid.

기에, 우리는 이미 수중에 지니고 있다: "형이상학은 특수한 원리들을 필요로 하지 않는다. 다만 이미 인간 인식이 통상적으로 활용하고 있는 모순율, 인과율, 충족이유율 등 원리들을 '엄밀화'하기만 하면 된다."[17] 그리고 "모든 합리성의 제1원리이자 형이상학의 제1원리는 …모순율이다. 그것을 우연성의 현상에 적용하는 것은 형이상학적 기획을 정당화하고 탁월하게 지지한다. …우연성은 토대를 필요로 한다. 왜냐하면 한편으로는 어떤 것이 우연자라는 것을 인정하기 때문이고, 다른 한편으로 그것이 토대를 필요로 한다는 것을 부정하는 것은 모순으로 접어드는 것이기 때문이다."[18]

그러므로 모든 것이 단순하다. 형이상학적인 논증은 몬딘에게 있어서, 가정주부와 어부를 위한 장난감이다. 하지만 사정이 그토록 단순하고 명료하다는 것은 참인가? 몬딘은, 신앙 경험의 맥락으로부터 '증거들'을 도출하고 그렇게 해서 찬란한 전통을 왜곡하며, 형이상학자가 세상을 우연자로 '보고' 실재를 "어떤 부적절하고 조락적(凋落的)이며 불충분하고 토대가 없는" 것으로 '다루며', "사물들을 넘어 토대로 나아가기 위해 사물들의 우연성을 [출발점으로] '취한다'"고 단언한다. 그렇지만 실재를 우연자로 '보고' '다루고' '취하는' 것은 '아직은 그 실재가 우연자라는 것을 의미하거나, 그것이 어떤 토대를 필요로 한다는 것을 의미하지 않는다.' 과학이 말할 수 있는 세상 또는 실재는 실재 '전체'인가, 또는 다른 어떤 것이 더 있는가? 이것은 그 문제, 다시 말해 형이상학적 문제에 대한 훌륭한 정식화이다. 하지만 몬딘은 이 문제를 해결하지 않는다. '그는 입증해야 하는 것을 기정사실로 삼고 있다.' 그는 입증되지 않은 우연성으로부터 출발하는데, 그렇게 되면 사태는 너무도 쉬워진다. 경험 세계는

---

17. Ibid.
18. Ibid.
19. A. Piolanti, *Il tomismo come filosofia cristiana nel pensiero di Leone XIII*, Citta del Vaticano, Lib. Ed. Vaticana, 1982, p.70.

실재 전체인가, 아닌가? 내재주의적(immanentista) 철학자는 경험 세계가 실재 전부'이다'라고 응답한다. 초월주의적(transcedentalista) 철학자는 경험 세계가 실재의 전부가 '아니'라고 응답한다. 이 두 가지 개념 가운데 어느 것이 논박될 수 있고, 또 그것은 어떻게 가능한가? 혹은 우리는 이성적으로 결정을 내릴 수 없는 문제에 직면하고 있는가? 혹시 내재주의적 대답이든 초월주의적 대답이든 그들의 유일한 동기가 어떤 신앙 행위에서 발견된다는 것이 참이 아닌가? 또 어쩌면 무신주의든 유신주의든 모두 '두 개의' 신앙(신념)이라는 것이 참이 아닌가? 그리고 몬딘 신부는, 만일 실재와 역사의 '토대'와 '궁극적 의미'가 이성에 의해서 정복될 수 있는 영역이라면, 그때 "분만은 마리아의 본업이 아니었던가?"라는 회의가 스쳐 지나간 적은 결코 없었던 것일까? 유형무형의 만물의 창조주 하느님의 실존에 관한 신앙은 그리스도교의 교의(教義)가 아니었던가? 그리고 만일 그리스도인이 그러하다면, 그리스도교 교의들을 '믿기' 때문이지 분명 그것을 '증명'하기 때문이 아니라면, 도대체 왜 창조주 하느님의 실존에 관해 증명하는 데 그토록 염려해야 한단 말인가? 초월주의적 형이상학(metaphysica transcendentalis)은, 그 의도에 있어서 성공했다고 전제할 때, 그리고 예컨대 파스칼과 칸트가 틀렸다고 전제한다면, 그것은 무한히 반복할 일이 아니라 입증되어야 할 일이라는 것을 전제할 때, 신앙으로 더 이상 믿지 않는 궁극적 의미와 절대적 토대를 이성으로 발견하려는 노력은 믿지 않는 이들의 영광일 수는 있을지 몰라도, 그리스도교의 질병 또는 그리스도인의 질병은 아니다. 그리고 만일 "세련된 철학자이자 평온한 토미스트"[16]인 루이지 볼리올로(Luigi Bogliolo)가 말하는 것처럼, 그리스도교 철학이 "계시의 고등한 빛에 의해서 시사된 방향으로 들어서기로 한" 철학이라면, 그리스도교는 일단 철학적 지식의 한계를 정확히 확인한 이상, "하느님, 인간, 그리고 악이라는 세 가지 심각한 문제"의 해결에 결정적으로 기여하기 때문에,[20] 왜 '그리스도교 철학' 위에서 모호함을 추구하고 '그리스도교 신앙', '순수 신앙'(pura fides)에 요구되고 가능한 온통 명료함으로 말하지 않는단 말인가? 분명 '이성'은 이미 "서론"에서 말한 것처럼, 인간의 가장 값진 선이다. 하지만 왜 그 남용을 강조한단 말인가? 참으로 그 누구를 위해서도 아무것도 입증하지 못하는(혹은 기껏해야 '이미' 믿고 있는 자들만 위로할 뿐인) "증명들" 안에서, 다시 말해, 종교적 신앙의 금지나 대체나 토대로서 내세워지는 (형이상학적) 이성의 구실들을 파괴하는 곳에서, 진정 '신앙의 현관'(praeambula fidei)을 구성하는 곳은 어디란 말인가? 도대체 왜 이성의 한계들에 대한 인식에서조차도 그것을 지성적으로 사용하는 대신에 그 남용을 추적한단 말인가?

몇 년 전 볼리올로는 이렇게 쓴 적이 있다: "충만하게 그리스도교적 삶을 살아가는 그리스도인은 그 때문에 철학자가 아니라, 똑같은 여건 속에서 그리스도교 바깥에서 사는 자보다 철학을 더 잘 이해할 처지에 있다."[21] 그러므로 여기서 사태는 뒤바뀐다: 더 이상 신앙을 구조하러 오는 것이 철학이 아니라 그리스도교가 인간으로 하여금 보다 나은 철학자가 되도록 미리 준비시켜주는 것이다. 내가 볼리올로에게 묻는 것은 이것이다: 도대체 '어떤' 철학을 그리스도인이 그리스도교 바깥에서 살아가는 자보다 더 잘 이해한단 말인가? 그리스도교가 자신의 것으로 삼는 '단 하나의' 철학이 있단 말인가? 그리고 만일 그렇다면, 오늘날 그 철학을 통해 어떤 '이성적 증명들'이 도출될 수 있단 말인가? 또한 그 철학은 신앙과 일치하기 때문에 '참된가', 아니면 신앙이 그 철학과 일치하기 때문에 근거 있는 것으로 발견되는가?

---

20. L. Bogliolo, *La filosofia cristiana. Il problema, la storia, la struttura*, Citta del Vaticano, Lib. Ed. Vaticana, 1986, p.186.
21. L. Bogliolo, "Metafisica e antropologia" *Renovatio* 6/1(1971).

24. 레오 엘더스(1926-2019)

바티스타 몬딘

레오 엘더스(Leo Elders)는 네덜란드의 역량 있는 철학자로 성토마스학술원(Academia di S. Tommaso) 회원이고, 아리스토텔레스에 대한 값진 연구서들(*Aristotle's Cosmology*, Assen, 1966; *Aristotle's Theology*, Assen, 1972)의 저자이다. 하지만 특히 성 토마스에 대해서는 10여 권의 연구서를 냈는데, 그 가운데서도 그의 두루 미치는 광범위한 박식함과 깊이 꿰뚫는 통찰로 단연 돋보이는 성 토마스의 형이상학에 관한 기념비적 저서는 『역사적 전망에서 본 토마스 아퀴나스의 존재 형이상학』이다. 제목이 말해주듯이, 성 토마스의 형이상학적 사상에 대한 역사적 전망에서의 연구이고, 그 역사적 배경은 철학사 전체를 두루 포괄하고 있다. 천사적 박사 이전 시대를 위해서 그의 역사적 탐구는 성 토마스의 가르침의 뿌리를 그의 선배들 안에서 확인하려는 것이고, 그 이후 시대를 위해서는 근대와 현대의 새로운 사상 조류들과 관련해서 그의 가르침의 유익성과 가치를 확인하려는 목적을 가지고 있다.

엘더스는 성 토마스가 "모든 시대에 걸쳐 가장 위대한 체계적 철학자"라고 굳게 확신하고 있다.[1] 그의 위대성은 주로 존재 형이상

---

1. Leo Elders, SVD, *La metafisica dell'essere di S. Tommaso d'Aquino in una prospettiva storica*, Citta del Vaticano, 2 vols., 1995, vol.II, p.114[=국역본: 박승찬 옮김, 『토마스 아퀴나스의 형이상학』, 가톨릭출판사, 2003]. 박승찬 교수의 번역본은 두 권으로 되어 있는

학의 절대적 독창성(originalitas)에 있다. 엘더스는 성 토마스의 존재 철학이 플라톤의 것도 아니고 아리스토텔레스의 것도 아니며, 토마스의 고유한 것임을 지적한다. 아퀴나스는 자신이 존재의 완전성에 관한 새로운 가르침을 도입하고 있다는 것을 의식하고 있었다. 왜냐하면 자신의 용어 사용을 부각시키기 위해 1인칭으로 말하고 있기 때문이다.

내가 '존재'라고 부르는 것은 모든 사물 가운데 가장 완전하다.[2]

그는 아리스토텔레스의 『형이상학』 텍스트를 날카롭고 심층적인 방식으로 주해하지만, 그럼에도 아리스토텔레스 철학의 확장이자 전이이자 부분적인 교정인, 존재 철학의 독창적인 이론을 노작해낸다.[3]

어떤 의미에서 성 토마스의 형이상학은 이 학문에 새로운 기초와 새로운 내용들을 제공하였기 때문에, 전통과의 단절을 구성한다. 이처럼 자신만의 형이상학에 도달하는 데 있어서 그는 아리스토텔레스의 결론들, 그리스 주해자들, 그리고 아비첸나와 알베르투스 마뉴스의 주해서들을 활용했다. 토마스는 자신의 저명한 선배들에 대한 예의와 존중 때문에 자기 가르침의 새로움을 가능한 한 드러나지 않게 표현하려고 노력했다.[4]

성 토마스는 정당하게도, 아리스토텔레스가 개별적인 존재자들인 한에서의 실체에 관한 연구를 넘어가지 않았고 존재 자체를 탐구하지 않았는

원작품의 제1권, 또는 여기서 몬딘이 말하는 제1부에 대한 번역이다. 대수롭지 않은 일이지만, 몬딘이 이 글에서 지적하는 장(章)과 우리글 번역본의 장 사이에는 약간 차이가 있는 것처럼 보인다.
2. Ibid., vol.I, pp.233-234.
3. Ibid., p.21.
4. Ibid., p.33.

데, 그것은 스타게이로스의 철학자가 우리가 인식하는 사물들의 유한한 존재가 그 자체로 존재하는 존재 자체에 참여하는 것으로 설명되어야 한다는 것을 깨닫지 못했기 때문이라고 단언하였다.[5]

엘더스는 성 토마스 형이상학의 독창성이 (아퀴나스가 공통 존재자 [ens commune] 개념이 아니라 '농축적인 존재'[Esse ipsum] 개념 속에 기초를 두는 한에서) 그의 기초에 있다고 올바르게 지적하고 있다. 하지만 사실상 그가 그런 개념이 형이상학 내에서 펼치는 절대적으로 독창적인 역할까지 의식하고 있는 것은 아니다. 그는 이 위대한 새로움을, 형이상학의 구도를 혁신하는 데 활용하지 않고, '존재 자체'로부터가 아니라 전통적인 방법에 따라 '공통 존재자'로부터 출발해서 개진하고 있다. 그는 프란시스코 수아레스를 따라 형이상학을 두 부분으로 구분한다: 존재론에 유보된 첫 번째 부분에서는 일반적 존재자, 그 초월적 속성들, 그리고 내밀한 구성 원리들을 묘사하고, 철학적 신학에 헌정된 두 번째 부분에서는 존재자의 외부적 원인을 탐구하고, 신 존재를 증명하며 신의 본성, 속성, 작용을 탐구한다.

형이상학의 의미는 '자연학을 넘어감'(meta ta physika)에 있다. 따라서 존재자 연구가 자립적인 그 자체 존재를 향한 출발점이어야 한다. 형이상학은 본질적으로 "제2항진"[6]이지만, 존재자 내에서의 항진(航進)이 아니라, 우리의 경험 영역에 들어오는 존재자가 전부가 아니라는 사실을 깨닫고 나서 존재자 너머로 이끌어가는 항진이다. 한편, 항진은 존재를 농축적으로 포착하는 자에게 즉각적으로 부과된다. 왜냐하면 '존재'가 전부이고 따라서 존재자의 존재 근거이기도 하다는 것을 납득하기 때문이다. 그러므로 형이상학은 존

---

5. Ibid., p.44.
6. (*역자주) '제2항진'에 대해서는 앞의 545쪽 각주 2번 참조.

재자 일반에 관한 연구이지만, 또한 그리고 특히 '존재 자체'(Esse ipsum)에 대한 탐구이기도 하다. 형이상학적 항진은 정확히 이 사실에서 성립된다. 엘더스는 옳게도 "형이상학은 우리 자신과 우리를 에워싸고 있는 것의 심층부를 향한 여행"이라고 단언하고 있지만,[7] 그것은 우리 자신과 우리를 에워싸고 있는 세계 너머를 향해 나아가는 여행이고 항진이다. 따라서 존재자의 속성과 구조를 측정하기 위해 존재자 내에서의 지나치게 오랜 항진은 도달해야 할 목표에 대한 하나의 회피 또는 일탈이다. 형이상학은 이 세상에 대한 오래 지속되는 세밀한 검토가 아니라 이 세상 바깥으로의 대담한 모험이고, 다른 세상, '존재 자체'의 세상에 대한 열정적인 탐구이다.

어쨌든 엘더스는 형이상학을 수아레스적 구도에 따라 개진함에도 불구하고, 번번이 성 토마스의 존재 철학이 전통적인 형이상학에 가져오는 위대한 혁신, 그 심층적인 변경들을 명시한 공로가 있다.

엘더스가 성 토마스의 형이상학의 독창성을 크게 부각시키는 장들은 제1부의 제12장부터 제14장까지이다. 제12장에서 그는 존재와 본질 사이의 실재적 구별에 관한 토마스의 가르침을 조명한다. 이것은 그리스 철학이 전혀 알지 못했던 대단히 중요한 구별이다: "그리스 철학의 고전시대에는 존재인 한에서의 존재에 대한 분석을 그 어디에서도 찾아볼 수 없다."[8] 엘더스에 따르면,

> 피조물의 우연성에 기초하고 있는, 본질과 존재 현실력 사이의 실재적 구별에 대한 성 토마스의 증명은 다음과 같이 정식화된다: 그 존재가 자기 자신으로부터 오지 않는 존재자는 모두 자기 고유의 존재가 아니지만, 존재를 지니고 있다. 그 어떤 우연한 존재자도 존재를 자기 스스로 가지고 있지 않다. 한편, 우연한 사물들에서 존재와 본질('기체'[基體,

---

7. Ibid., p.43.
8. Ibid., p.197.

suppositum]로서의 본질)은 실재적으로 구별된다.[9]

성 토마스가 사물들의 우연성으로부터 출발해서 이 실재적 구별을 증명한다는 것은 참으로 사실이다. 하지만 사실은 그 정반대가 아닐까? 다시 말해, 실재적 구별이 우연성의 설명 원리인 것이 아닐까?

성 토마스처럼 더 높고 절대적인 완전성을 직관하는 사람에게는 모든 현실의 현실성이 '존재 자체'이고, 이 '존재'가 결코 존재자들의 본질과 동일시되지 않는다는 것 역시 명백하다. 그것들의 본질은 그것들의 존재가 아니고, 존재에 참여한다. 본질과 존재 현실 사이의 이 실재적 구별은 동시에 사물들의 우연성과 다수성도 설명해준다. 본질과 존재는 가능태와 현실태로 연결되어 있다. 존재자는 어떤 특수한 본질을 실현하지만, 이 본질은 존재를 자기의 가장 심층의 현실로 소유하고 실행한다. 성 토마스는 존재가 '본질의 현실'(actus essentiae)이고 본질 또는 '무엇임'(quidditas) 자체가 그것의 존재와 함께 창조된다고 명시적으로 단언한다.

제13장은 성 토마스 형이상학의 근본 주제인 존재를 집중적으로 탐색한다. 저자는 천사적 박사가 어떤 방식으로 이 대단히 독창적인 개념을 발견하게 되었는지를 설명하려 한다. 그는 무엇보다 먼저 "존재가 중심을 차지하고 형이상학이 존재의 학문이 된 것"은 파브로, 마리탱, 질송, 드 피낭스의 덕분이었다고 인정하고 있다.[10] 그리고 도대체 무엇이 성 토마스에게 이토록 풍요롭고 비옥한 관념을 시사하였을지를 묻는다. 그는 그 발견이 탈출기 13장 14절의 "나는 존재하는 자이다"라는 유명한 텍스트로부터의 착상이었을 수 있다고 인정한다. 하지만 그것은 성 토마스가 신앙으로 받아들인 진

---

9. Ibid., p.205.
10. Ibid., p.220.

리 덕분이 아니라 그 내밀한 자명성 덕분이다. 이것은 엘더스가 존재 개념에 대한 검토로부터 도출해내려고 하는 바로 그 자명성이다. '존재'(esse) 동사의 근본적 의미에 대한 성 토마스의 분석, 곧 실재의 의미에 대한 분석은, 그를 모든 존재자가 다 질료적인 것이 아니라는 점을 발견하도록 해주었고, 이것은 그에게 새로운 '존재' 개념인 존재로서의 존재 개념을 제공했다.[11]

하지만 나의 소견으로는, 농축적인 존재 개념에 대한 이 설명은 그것이 아무리 시사적이라 하더라도 진실에 부합하지 않는다. 그것은 이 개념이 독창성이라는 사실, 곧 그것이 성 토마스 안에서만 발견되고 그 어떤 선배 안에서도, 예컨대 아리스토텔레스나 플로티누스, 아우구스티누스나 아비첸나 안에서도 발견되지 않는다는 사실을 무시한다. 이것은 존재 개념에 대한 어떤 심화 작업에서 기인하는 발견이 아니다. 그것은 존재를 그 자체 안에서 그 방대한 크기 전체 안에서 포착하는 직관이다. 이 번득이는 관념에 비추어서 성 토마스는 즉각적으로 존재자에 대한 새로운 통찰도 획득한다: 곧 존재자를 본질과 존재 현실력의 합성으로 보고, 그 실재가 존재에의 참여에서 성립된다는 것을 직관한다. 그렇기 때문에 논리적 질서는 다음과 같다: 먼저 성 토마스는 '존재 자체'의 충만함을 꿰뚫어보고, 이어서 존재자들 안에서 본질과 존재의 합성을 깨닫는다.

제14장은 토마스의 '본질'(essentia) 개념에 유보되어 있다. 엘더스는 모든 형이상학에 근본적인 이 개념의 기원과 발전을 둘러싼 풍부하고 전거에 입각한 역사적 파노라마를 제공한다. 그리고 토마스의 가르침을 소개하는데, 이에 따르면 "가능태가 현실태에서 출발해서 터득되는 것과 마찬가지로, 본질은 존재에서 출발해서 터득된다. 본질은, 어떤 존재자 안에 실현되기 이전에는 그 어떤 고유한 실

---

11. Ibid., p.232.

재도 가지고 있지 않다."¹² 어떤 토미스트들이 본질을 사물화(事物化)하려는 시도를 거슬러, 다시 말해 그것에 존재와는 독립적으로 어떤 고유의 실재를 주려는 시도를 거슬러, 엘더스는 그것이 존재자의 형이상학적인 공동 원리(comprincipium)이고 본질은 존재에서 동떨어져서는 그 어떤 실재도 지니고 있지 않지만 존재자 안에서는 어떤 고유한 역할을 펼친다고 지적한다:

> 한편, 그것[본질]은 실현되어 실재적으로 실존하는 본질이 되고, 가능태가 현실태를 수용하듯이 존재를 수용한다. (질료적 인과성으로 환원될 수 있는) 본질의 기본적인 이 인과성을 넘어, 본질은 또한 종별화하고 규정하는 기능도 가지고 있다. 이것은 그것이 수용하는 존재 현실력이 바로 이 본질의 실현을 향하고 있고, 이 때문에 특수한 존재 방식이라는 의미이다.¹³

제15장은 성 토마스 형이상학의 또 다른 열쇠 원리로, 성 토마스가 존재자와 '존재 자체'의 관계를 설명하기 위해 (농축적 존재 개념과 존재자들 안에서의 본질과 존재 현실의 합성이라는) 앞의 두 원리 옆에 나란히 놓고 있는, 분명한 플라톤적 배경을 가진 '참여'(participatio)에 대해 다룬다. 엘더스는 이렇게 관찰한다:

> 참여에 관한 질문은 성 토마스 형이상학에서 대단히 중요하다. 정작 우리는, 어떤 의미에서, 존재자의 참여에 관한 그의 가르침이 그의 철학의 특성을 규정한다고 단언할 수 있다.¹⁴

---

12. Ibid., p.243.
13. Ibid., p.249.
14. Ibid., p.256.

그리고 그는 플라톤 철학으로부터의 참여 원리에 변경을 가하면서도 성 토마스가 그것을 (존재 형이상학 속에서) 고유한 방식으로 발전시켜 자기 철학의 기초로 삼는다는 것을 보여준다.

[성 토마스의 출발점들은] 한편으로는 존재로서의 실체라는 아리스토텔레스의 개념과 형상과 질료의 가르침이고, 다른 한편으로는 모든 존재자들의 신(神) 의존성이다. 이 의존성을 표현하기 위해서 성 토마스는 플라톤의 참여 관념에 호소하고 있지만 그것에 새롭고 더욱 심층적인 의미를 주고 있다.[15]

엘더스는 논리적 참여와 초월적인 존재론적 참여의 구별이 있음을 상기한다. 성 토마스가 시도하는 참여 원리의 새로운 적용은 존재자가 '존재 자체'와 맺고 있는 인과적 의존관계를 설명하기 위한 초월적 참여 원리다.

초월적 참여는 하나의 존재자가 다른 것에 의해 산출되는데, 이 다른 것에는 본질적으로 참여된 완전성들이 속한다. 따라서 결국 이 참여는 '창조되었음'을 의미한다.[16]

작품의 제2부의 제목은 "철학적 신학"이다. 광범위하고 박식한 "서론"에서 엘더스는 철학적 신학이 고유하고 내밀하게 형이상학에 속한다고 지적한다. 왜냐하면 형이상학의 고유 대상을 구성하는 존재자 일반에 대한 결론적 설명을 제공하기 때문이다. 그리고 또한 철학적 신학이, 신이 하나의 환상이나 인간 실재의 공허한 위격화(位格化)가 아니라 최고의 실재라는 것을 보여줌으로써 그 실체적

---

15. Ibid., p.257.
16. Ibid., p.264.

인 진리를 입증하는 한에서 종교와 매우 중요한 관계를 맺고 있기는 하지만, 종교 철학과는 구별된다는 것을 보여주기도 한다.

이어서 저자는 신에 관한 토마스의 가르침을, 뛰어난 역량을 발휘하며 해설하는 데로 넘어간다. 그는 무엇보다 먼저 '다섯 가지 길'(五道, quinquae viae)을 소개하는데, 그 기원을 조명하고 의미를 설명하며 그 가치를 입증하고 그것들을 무너뜨리려는 여러 공격들로부터 변론하고 있다. 이 다섯 가지 길과 존재 철학 사이의 관계와 연관된 고찰들은 흥미롭다. 엘더스는 첫 번째 길의 배경 역할을 하는 현실태와 가능태 사이의 구별이 성 토마스의 사상에서 근본적이라는 점을 상기시킨다. 두 번째 길과 관련해서 토마스는 그의 저술 여러 곳에서 단호히 존재자들의 인과성을 단언한다. 그리고 세 번째 길과 관련해서는 존재와 본질 사이의 실재적 구별, 곧 피조된 사물들은 그것들의 존재 자체가 아니라는 사실의 근본적 중요성을 강조한다. 세 번째 길은 바로 이 직관에 호소한다.

[참여에 관한 가르침의 중요성은] 네 번째 길의 중심축으로서, 우주 전체가 신적 완전성의 한 반영임을 보여준다. 심지어 인간의 진리와 그의 사랑조차도 신적 존재에 참여한다. 마지막으로 목적인이 모든 과정의 최종적 설명을 제공한다는 것이 성 토마스의 확신이다. 성 토마스의 우주관은 질서와 목적성에 대한 강조로 특징지어져 있다. 사물들은 그 모든 활동 안에서 어떤 목적을 갈망하고 하느님을 모방하려는 경향이 있다. 이렇게 이 목적성을 출발점으로 삼는 다섯 번째 길은 물리적 세계와 인간 세계에 관한 우리의 연구를 동반하고 있다.[17]

다섯 가지 길에 관한 장의 마지막에서 엘더스는 성 토마스 안에

---

17. Ibid., vol.II, pp.169-170.

다섯 가지 길을 넘어 다른 논거들이 더 있는지를 묻는다.[18] 여기서 우리는 놀랍게도 그가 아퀴나스의 "존재론적" 증명들 안에서 특히 『존재자와 본질』(4, 27)에서의 본질과 존재 현실력의 실재적 합성에 기초한 길과, 『요한복음서 강해』("머리말", n.5)에서 말하는 존재자들 측에서의 존재에의 참여에 기초한 길에 대해서 아무 말도 하지 않는다는 사실을 발견한다. 이것은 엘더스의 작품 전체를 어지럽히는 비일관성의 또 하나의 표지다. 그는 토마스의 존재 개념의 절대적인 독창성을 명확히 깨닫고 있음에도 불구하고, 이후 사실상 그것을 새로운 형이상학의 기초로 삼지 않고 일반적인 노선에서 언제나 수아레스적 착수에 충실한 채로 남아있는 것이다.

신의 속성에 관한 토마스의 가르침을 해설하고 있는 제4장에서 우리는 "부정 신학"(theologia negativa)에 대한 그의 지나친 강조를 본다. 실상 우리가 하느님 안에 있는 그런 속성의 존재 방식을 알지 못한다는 것은 사실이지만, 성 토마스는 우리가 '설교된 것들'을 안다는 것, 그리고 단순한 완전성들의 경우에 그것을 먼저 하느님께 적용하고 그다음에 피조물들에 적용한다고 가르치고 있다. 또한 엘더스는 천사적 박사가 존재적 속성들의 특성으로 지적하고 있는 존재론적 여백에 주의를 기울이지 않는다.

마지막으로, 저자가 토마스의 유비에 관한 가르침을 해석하는 방식에 주목할 필요가 있다. 논거는 제1부에서는 존재자 일반과의 연관 속에서 다뤄지고, 제2부에서는 신과의 연관 속에서 다뤄지고 있다. 최근의 모든 토미스트들과 함께 엘더스는 카예타누스의 고전적 해석을 배격한다. 카예타누스는 잘 알려져 있다시피 하느님의 이름들에 고유한 의미를 표현할 수 있는 유일한 유비가 '비례성의 유비'(analogia proportionalitatis)라고 주장한다. 카예타누스의 오류

---

18. Cf. Ibid., pp.174-181.

는 자신의 해석을 젊은 시절의 작품인 『명제집 주해』의 한 텍스트에 정초하고 있다는 점이다. 하지만 좀 더 성숙한 작품들, 곧 두 개의 『대전』과 『권능론』에서 성 토마스는 유비의 새로운 구분, 곧 '여럿과 하나'(plurimum ad unum)의 유비와 '하나와 다른 것'(unius ad alterum)의 유비 사이의 구분을 제시한다. 이것은 모두 '부가의 유비'(analogia attributionis)들이지만, '여럿과 하나'의 유비는 외부적 부가의 유비인 데 반해, '하나와 다른 것'의 유비는 내밀한 부가의 유비이다. 엘더스는 다음과 같이 설명한다:

> [하느님과 인간 사이의 유비는] '비례성'의 유비로 표시될 수 없다. 그렇기 때문에 성 토마스는 『대이교도대전』, 『권능론』, 그리고 『신학대전』에서 새로운 용어에 호소하는 것이다. 이 새로운 용어는 우리가 하느님 안에서 어떤 비례성을 검증할 수단을 가지고 있지 않다는 단순한 동기 때문에 선호할 만하다. 우리가 하느님을 알지 못하고 그분을 직접 관찰할 수 없기 때문이다.[19]

결론적으로, 엘더스가 제시하는 토마스의 존재 형이상학에 대한 재구성은 그것이 토대로 삼고 있는 세 가지 근본 원리, 곧 농축적 존재 개념, 존재자 안에서의 본질과 존재 현실력의 실재적 합성, 그리고 참여 원리의 절대적인 독창성을 명시하고 있는 만큼 의심의 여지 없이 타당하다. 하지만 엘더스의 재구성에는 중대한 결함이 남아있다. 곧 그것을 전통적인 형이상학의 구조 내에서 작업한다는 점이다. 그는 성 토마스의 전망 속에서 중심을 차지하고 있는 '존재 자체'(esse ipsum)로부터 출발하는 것이 아니라, '공통 존재자'(ens commune)에서 출발하고 있다. 그래서 그 내용에 있어서 엘더스의

---

19. Ibid., p.272.

존재 형이상학은 분명하게 신토미즘적 특성을 드러내고 있지만, 형식에 있어서는 아직도 아리스토텔레스의 인장(印章)을 달고 있는 셈이다.

25. 토렐의 성 토마스 연구

토마스 오미어러

[**요약**: 20세기에 성 토마스가 재발견되는 동안 에틔엔 질송, 자크 마리탱, 마리 도미니크 슈뉘, 로너간, 이브 콩가르 같은 학자들의 작업은 중세를 탐색하였고, 성 토마스의 신학적 깊이에 관한 우리의 지식을 확장시켜주었다. 아퀴나스의 선종 700주년(1974) 이래로 제임스 와이스헤이플(James A. Weisheipl, OP)의 『토마스 아퀴나스 수사』(*Friar Thomas d'Aquino*, 1974)를 비롯하여 풍성한 연구 결실들이 출판되었는데, 토렐의 『성 토마스 아퀴나스 연구 착수』(*Initiation a saint Thomas d'Aquin*, 2 vols., 1993, 1996)는 지난 세기의 이 모든 탐구의 화관과도 같은 것이었다. 토렐은 아퀴나스에 관한 다른 값진 연구서들도 출판하였다. 이 검토의 목적은 아퀴나스에 관한 토렐의 저술들(그중 일부만 영어로 번역)의 폭을 알리는 것이다.]

20세기는 토마스 아퀴나스를 재발견한 세기였다. 다양한 신토미즘의 시대였을 뿐만 아니라 그 수고와 용기는 탁월한 중세 신학자의 관념과 전망들에 대한 좀 더 깊은 이해를 제공하였다. 슈뉘와 질송, 로너간과 콩가르처럼 다양한 학자들의 작업은 우리에게 중세에 대한 광범위한 역사적 연구성과를 제공할 뿐만 아니라 아퀴나스의 신학적 깊이에 대한 지식도 확장시켜주었다. 피에르 망도네, 마틴 그랍

---

* 도미니코회 소속의 토마스 오미어러(Thomas F. O'Meara, OP) 신부는 노트르담대학 교수로, 뮌헨의 루드비히-막스밀리안대학에서 박사학위를 받았다. 그의 주저는 *Thomas Aquinas: Theologian*(Notre Dame, 1997)과 *Erich Przywara, SJ: His Theology and His World*(Notre Dame, 2002)인데, 앞의 작품은 졸역으로『신학자 토마스 아퀴나스』(가톨릭출판사, 2002)라는 제목으로 번역되었다.

만, 길비(Thomas Gilby, OP)로부터 보일(Leonard Boyle, OP), 호르스트(Ulrich Horst, OP), 보니노(Serge-Thomas Bonino, OP), 그리고 이 짧은 연구의 주인공인 토렐에 이르는 탐구의 세기에, 신앙의 심리학 영역이나 성사의 실재 영역에 대해서도 신학적 적용들이 세워졌다.

슈뉘, 스힐레벡스, 라너 같은 많은 제2차 바티칸 공의회 신학자들은 아퀴나스에 대한 신학적 이해를 강화하였다. 공의회는 성서적, 교부적, 그리고 근대 신학들을 그 원천들로 인정하고 1860년부터 1960년까지에 이르는, 로마 가톨릭교회 내에서의 신스콜라학의 독점적 지위를 끝장냄으로써 토미즘에 대한 급격한 흥미 상실을 초래하였다.[1] 하지만 1974년에 있었던 아퀴나스 선종 700주년 이래로 풍성한 새로운 연구들이 쏟아져 나왔다. 페쉬(Otto-Hermann Pesch, OP)는 아퀴나스에 관한 저서와 논문들이 최근에 "우후죽순처럼 솟아났다"고 말한다. 혹자는 페쉬 자신의 출판물들과 프린시프(Walter Principe)와 웨버(Edouard-Henri Weber, OP)의 논문들, 그리고 기념대회들로부터 나온 연구결과물들과 특히 로마에서 발간되는 50권이 넘는 〈토미스트 연구총서〉(Studi thomistici)와 『토미스트지』의 특별판을 떠올릴 수 있을 것이다. 20년에 걸친 잉가르디아(Richard Ingardia)의 『토마스 아퀴나스 연구도서목록』(*Thomas Aquinas: International Bibliography, 1977-1990*)에는 4,000개 이상의 연구물 목록이 수록되어 있다.[2]

---

1. 이브 콩가르는 "성 토마스의 광범위한 전망에 대해서는 조금밖에 언급하지 않고 오로지 질료적인 방식으로만 확인되는 그의 권위에 대해 더 많이 말하는 [20]세기의 초기 부분의 교본들"에 대해서 말했다("Introduction", in *Thomas d'Aquin: Sa vision de theologie et de l'Eglise* [London, Variorum, 1984], p.ii.).
2. Richard Ingardia, *Thomas Aquinas: International Bibliography, 1977-1990*(Bowling Green, Ohio, Philosophy Documentation Center, 1993).

1. 토렐의 최근 실적

토렐의 두 권짜리 연구『성 토마스 아퀴나스 연구착수』는 지난 세기의 모든 성 토마스 연구의 화관과도 같았다. 토렐은 아퀴나스에 관한 다른 값진 연구들도 집필하였는데, 이 짧은 검토의 목적은 토렐의 작품들의 폭을 알리는 것이다. 왜냐하면 겨우『연구착수』의 제1권인『성 토마스 아퀴나스: 인품과 작업』만 영어권 독자들이 널리 이용할 수 있을 뿐이기 때문이다. 토렐은 붙어 학술지와 유럽 학술대회들로부터 도출되는 논총들에도 기고하고 있지만, 적어도 미국에서는 토마스 아퀴나스의 생애, 작품, 신학에 관한 그의 종합적 작품이 출판되기 전까지는 일반적으로 알려지지 않은 학자였다.

1927년에 태어난 토렐은 툴루즈 관구 소속 도디니코 회원이고, 파리에 있는 르 솔슈아르와 몬트리올 중세연구소에서 각각 박사학위를 취득하였다. 1970년 말에는 로마의 그레고리오대학에서 가르쳤고, 1981년부터는 스위스 프리부르의 교수로 봉직했으며, 지금은 은퇴하였다. 그는 또한 아퀴나스 작품들의 비판본을 준비하는 레오위원회의 회원이다. 1992년까지 그의 저술 총목록은 60편 이상의 비판본, 단행본, 연구논문들을 제시하고 있다. 그리고 1993년부터 1999년까지의 제2차 목록에서는 30편 이상을 제시하고 있다.[3] 가톨릭 교회와 가톨릭 신학에 관한 최근 개관에 따르면, 토렐은 1960년대 이래[4] 예컨대 주교직의 본성과 교회의 권위와 같은 교회론과 관련

---

3. 토렐의 1992년도까지의 저술에 대한 참고문헌 목록은『기념논총』(*Festschrift*)을 위해 작업한 질 에머리에 의해서 출판되었다. Cf. Carlos-Josephat Pinto de Oliveira(ed.), *Ordo sapientiae et amoris: Image et message de Saint Thomas d'Aquin a travers les recentes etudes historiques et doctrinales* (Fribourg, Editions Universitaires, 1993).
4. 『가톨릭신학』(*La theologie catholique*, Paris: Presses Universitaires de France, 1993)에 실려 있는 신학의 원천, 주제, 방법에 관한 연구와 최근의 개인적인 명상을 담은 책『하느님 당신은 누구십니까? 한 인간과 그의 하느님』(*Dieu qui es-tu? Un homme et son Dieu*, Paris, Cerf, 1999)을 참조하라. 아퀴나스의 작품으로부터의 텍스트 선정과 그 '입문'은 토렐의 인간학적 전망을 요약적으로 보여준다: Thomas d'Aquin, *L'homme chretien*,

된 12개 정도의 연구논문[5]과, 가경자 페트루스 베네라빌리스(Petrus Venerabilis)와 후고 생셰르(Hugo de Saint-Cher) 같은 중세 연구의 다른 영역에서의 중요한 연구물들과 중세의 예언에 대한 이해를 출판하였다.[6] 하지만 나는 아퀴나스의 연구에 초점을 맞추고 싶다.

토렐의 대가적 연구의 제1권인 『성 토마스 아퀴나스: 인품과 작업』은 그가 묘사하고 있는 것처럼, 그의 인품과 작업에 대한 안내서이다. 아퀴나스의 많은 저술의 연대기, 맥락, 목적과 같은 수많은 문제들은 생애와 신학에 대한 전기적 여정을 제공하기 위해서 평가된다. 토렐은 학문의 역사와 과학철학을 전망으로 삼고 있던 와이스헤이플이 『토마스 아퀴나스 수사』(1974; 1983)에서 했던 것보다 더 많은 시간을 중세 종교 한가운데에서의 아퀴나스 신학과 경력에 배정한다. 토렐의 책은 레오위원회에서의 작업과 대학 교육 양측을 포함하는 특수한 경력의 결과이다. 그것은 집필연대에 대한 세밀한 논쟁뿐만 아니라 (신학이 공적인 봉사에 이르게 된 데 따르는) 아퀴나스의 강렬한 수고의 시기의 인간적 측면에도 관심을 기울이는 학자의 창안물이다. 와이스헤이플의 작품이 최근의 지속적인 탐구를, 성체 축일(Feast of Corpus Christi)에 관한 기(Pierre-Marie Gy)의 연구, 아퀴나스의 텍스트 집필에 관한 질스(P.-M. Gils)의 연구, 『신학대전』의 기원들에 관한 보일의 연구, 『대이교도대전』에 관한 고티에(René A. Gauthier)의 연구 등에서 드러나는 아퀴나스에게 편입시킨

---

ed. A.-I. Mennessier & J.-P. Torrell, Paris, Cerf, 1998.
5. 예컨대 아퀴나스의 교회적 권위와 관련해서는: Cf. Torrell, "Autorites theologiques et liberte du theologien: L'example de saint Thomas d'Aquin", *Les Echtos de Saint Maurice* 18(1988), pp.7-24.
6. 이 세 영역에 속하는 토렐의 저술들: *Theorie de la prophetie de la connaissance aux environs de 1230: La contribution d'Hugues de Saint-Cher* (Louvain, Spicilegium Sacrum Lovaniense, 1977); *Pierre le Venerable. Abbe de Cluny: Le courage de la measure* (Chambray-les-Tours, C.L.D, 1988); *Pierre le Venerable et sa vision du monde* (Louvain, Spicilegium Sacrum Lovaniense, 1986); *Recherches sur la theorie de la prophetie au moyen age, XIIe-XIVe siecles: etudes et textes* (Fribourg, Editions Universitaires, 1992).

다면, 토렐은 자신의 통찰과 해결책을 역사가이자 신학자의 전망에서 제시하고 있다.

토마스의 생애와 작품을 다루는 『연구착수』 제1권에서 토렐은 주요 논의에 이어 아퀴나스의 죽음 이후 시기의 논쟁들과 시성 절차에 관한 두 개의 장으로 마무리 짓고 있다. 주요 연보 다음에는 질 에머리가 덧붙인 두 가지 추가사항, 곧 라틴어로 출판된 수사본 증거들을 달고 있는, 아퀴나스의 (친저성이 의심되는 작품들을 포함하는) 저작 총목록과 불어 번역본들이 달려 있다. 이는 국제적인 것이라고 주장할 법한 참고문헌 목록이다.

논의된 영역들의 범위를 알려주는 지표는 『토마스 아퀴나스: 인품과 작업』의 제7장이다. 『대이교도대전』의 복잡한 역사와 로마에서의 『신학대전』 착수 사이에는 '오르비에토 체류기'를 다루는 논술이 있는데, 우리는 여기서 관구 회합에 아퀴나스가 어떻게 연루되어 있는지와 선임 강사로서의 그의 활동에 관해 많은 것을 배운다. 오르비에토에서 그는 욥기에 관해 주해하였고, 교황 우르바노 4세가 서방 그리스도교와 동방 그리스도교를 가르는 특정 교회일치적 쟁점과 관련해서 요청한 연구를 진행하였다. 철학과 교회법에 관한 흥미있는 소품들은 철저한 것으로 간주되었고, 성체 대축일에 대한 전례적 직무와 교부적 원천들로부터 도출한 복음서 주해인 『황금사슬』(*Catena aurea*) 같은 두 가지 특이 작품에도 지면이 할애되고 있다.

그 정보에 있어서 전형적으로 풍부한 추가 부분인 "아리스토텔레스의 주해자"에서 토렐은 1268년 이후에 어떻게 일련의 아리스토텔레스 주해서를 집필했는지 메모해 놓고 있다. 이것은 로마에서 시작되었고 파리에서 계속된 관심이다. 아퀴나스는 그리스 철학자를, 그의 사상이 새로운 영역과 방향에 개방되어 있는 그런 방식으로 설명하고자 하였다. "이 주해서들은 학생들에게 하려던 강의가 아니었다. 오히려 윤리를 다루는 『신학대전』 제2부 편찬을 준비하기 위해 아리스토텔레스의 텍스트를 자신이 관통하도록 강요하기 위해 손에 펜을 들고 읽는 개인적인 독서와 같다."[7] 토렐은 활기 넘치게 아퀴나스의 비서진으로 넘어가고, 그다음 장에서는 사도 바오로의 서간들에 대한 아퀴나스의 주해 작업으로부터 결과되는 수사본 유형과 연대기라는 까다로운 쟁점을 다룬다. 그는 힘들이지 않고 특정 저술들의 연대와 그것에 대한 아퀴나스의 목적, 그리고 그것들의 문화적이고 지성적인 배경과 중요한 주제들을 에워싸고 있는 철학적이고 신학적인 쟁점들을 요약한다.

아퀴나스에 관한 토렐의 핵심 연구 제2권은 "영적 스승"이라는 부제를 달고 있다.[8] 그는 제2권의 소재인 아퀴나스의 신학을 우리가 오늘날 '영성'으로 이해하고 있는 것의 형식(format)으로 소개하기로 결심하였다.[9] 영성이란 신학 체계와 정확히 똑같은 것이 아니다. 그리고 토렐의 접근법이 아퀴나스의 신학에 관한 개진으로 한계를 설정하는지가 숙고될 수 있다. 여하튼 목표는 스콜라 신학이 논쟁이나 언어 분석을 통해서가 아니라, 신학적 재-표현을 통해서 어떤 활력을 되찾도록 하는 일이다. 토렐은 아퀴나스의 신학이, 성서적 소재들을 체계적 저술과 토론 작품 양측에서 종합하는 데 있어서 얼마나 비범한지를 보여주는 한편, 어쩌면 토미즘 안에서는

---

7. Torrell, *Saint Thomas Aquinas: The Person and His Work*, Washington, Catholic University of America Press, 1996, p.228. 이 작품은 독일 헤르더(Herder)출판사에서 『스승 토마스』(*Magister Thomas*)라는 제목으로 출간되었다.
8. Jean-Pierre Torrell, OP, *Saint Thomas d'Aquin: Maitre Spirituel* [Initiation 2], Paris, Cerf, 1996. 저자 자신의 요약을 보기 위해서는: Torrell, "Thomas d'Aquin", in *Dictionnaire critique de la theologie*, ed. Jean-Yves Lacoste (Paris, Presses Universitaires de France, 1998), pp.1138-1141. Cf. 『연구 착수』(*Initiation*)에 대한 로렌스 커닝햄의 서평: Lawrence Cunningham, "A Trinitarian Vision", *Christian Spirituality Bulletin* 5/1(1997), pp.29-30.
9. 제2권의 이 영역에 관한 요약은 다음 글에서 발견된다: "Thomas d'Aquin", in *Dictionnaire de spiritualite* 15(Paris, Beauchesne, 1990), coll.718-773. 전반적 개관을 보기 위해서는: Torrell, "Saint Thomas d'Aquin: Maitre de vie spirituelle", *Revue des sciences religieuses* 71(1997), pp.440-457.

유일하게, 주해서들과 체계적 작품들이 사도 요한과 바오로의 신약 성경의 관념들을 얼마나 포함하고 있는지를 논하는 섹션들을 제공하고 있다. 이런 성서적 탐구는 인격성과 덕이, 은총이라고 부르는 성령의 새롭고 내면적인 법이라는 사도 바오로의 동기 안에서 절정에 이르는, 『대전』 제2부의 점증하는 역동성을 이해하는 데 도움이 된다. 『성 토마스 아퀴나스: 영적 스승』은 "삼위일체적 영성"과 "세계 내에서, 하느님 앞에 서 있는 인간 인격"이라는 두 섹션을 가지고 있다. 이것들은 둘 다 제1부에서의 하느님에 관한 신학이 얼마나 계시된 삼위일체에 대해 예비적인지, 그리고 말씀과 영의 파견에 관한 절정의 문(問)이 얼마나 바깥쪽으로 움직여 (아퀴나스의 표현대로) "질료적인 것과 영적인 것 사이의 지평"인 인간 존재자, 곧 은총으로 불리고 또 은총을 부여받은 하느님의 모상을 접촉하게 되었는지를 보여준다. 첫 번째 부분은 모든 것을 넘는 하느님에 관한 우리 인식의 한계를 보여준 다음에, 하느님과 세상. 인간의 하느님 모상성과 그 미래 행복, 인간의 길이자 모상인 예수, 그리고 성령에 대해 논한다. (성)령의 삶은 교회 심장부의 은총으로 제시되고, 그 은총 안에서 그것이 그리스도교적 삶에 대한 그 개인의 안내자가 된다. 두 번째 부분은 같은 과정을, 그러나 좀 더 내밀한 전망에서 바라본다: 창조와 세상의 테두리 내에서 인간과 하느님의 관계, 인생, 친지들의 사회, 법과 은사, 양심과 참으로 하느님께 인도하는 길들.

토렐은 선물들과 같은 전통적인 토미스트 영성 주제들뿐만 아니라 교회론의 측면들도 고찰한다. 창조와 정치가 다뤄지는 데 따라 창조적 상호작용이 있는 데 반해, 흥미롭게도 교회는 그의 책 양쪽 부분에서 다 고찰되고 있다. 삼위일체적 부분에서는 인간 존재자를, 종말론적 행복과 그 길 및 여정이라는 동안들 안에서 성취된 하느님의 모상으로서 논한다. 이리하여 토렐의 사려깊은 유형(pattern)은 그 자체로 통찰이자 개진, 다시 말해 아퀴나스의 신학과 현대 신학에 대한 개진이다.

그리스도교적 제자됨에 대한 심리학적 이해와 성령론적인 이해는 결코 멀리 떨어져 있지 않다. 근대성의 개별적인 것과 동방 그리스도교 신학의 삼위일체가 여기서 둘 다 그 반향을 발견한다. "성 토마스 학파의 영성신학에서 인격은 그 자신 안에서 활동의 규범을 발견한다. 비록 (성)령이 그 안에 거처하기는 하지만, 인간 본성의 인격성은 그의 삶을 위한 고유한 법칙이다. 궁극적으로, 권고를 깨닫고 스스로 활성화됨으로써 개별적 인격은 결단한다. 만일 토미스트 영성 안에 어떤 영적 스승의 자문을 위한 자리가 있다면, (다른 영성들 안에서는 결정적인 자리를 가지고 있을) 영적 지도자의 중심적 역할은 거기에서는 발견되지 않는다."[10]

토렐의 책에 대한 한 서평에서 기(Gy)는 이 작품이 아퀴나스와의 성숙한 지성적·영적 접촉을 얼마나 보장하고 있는지에 대해 말하고 있다. "분명 한 인격은 연대기적 위치와 어떤 텍스트의 한두 줄로 시작할 수 있고, …아퀴나스 사상의 몇몇 심층적 사실들을 발견할 수 있게 해준다. 그러나 곧, 그리고 계속 토마스의 전기와 그의 작품들의 역사적 상황에 관한 질문들에 친숙해질 필요가 있다."[11] 기는 토렐의 책을 슈뉘의 노선에 있는 것으로 자리매김하며, 호교론적이거나 전투적인 어조의 결핍을 언급하고 있다. 그 참여적 유형은 독자가 자신의 고유한 전망을 상실함 없이 토렐의 풍부한 자료와 판단으로부터 배우는 것을 가능하게 해준다. 기는 아퀴나스의 신속한 영적·지성적 발전, 그의 성인기 동안 이곳에서 저곳으로의 이동, 교회 직무를 면하고자 하는 그의 갈망, 교육과 저술이라는 상이한 문학유형에서 성공적으로 작업할 수 있는 그의 역량 등을 관

---

10. Torrell, *Saint Thomas d'Aquin: Maitre spirituel* [Initiation 2], p.511.
11. 『성 토마스 아퀴나스 연구 착수』에 대한 기(Gy)의 서평: *Revue thomiste* 98(1998), pp.307-309.

찰한다. 이것은 "성 토마스를 깊이 연구하는 이들이 수중에 넣고 싶어 하는 책"이다.[12]

2. 이어지는 출판물들

『연구착수』를 출판한 이후에 토렐은 『성 토마스의 신학대전』(*La 'Somme' de theologie de saint Thomas*)이라는 200쪽이 안 되는 입문서를 출간하였는데, 여기서는 아퀴나스의 생애와 작품, 『신학대전』의 구조와 그리스도교적·비그리스도교적 원천들, 그리고 아퀴나스의 다른 종류의 작품들도 다룬다.[13] 『신학대전』의 해석 역사를 다루는 두 장(두 번째 장은 오로지 20세기 해석학에 관해서만 다룬다)이, 영어로 번역될 자격이 충분한 훌륭한 이 입문서를 완성하고 있다.

아퀴나스에 관한 두 권으로 된 개관의 완성 이러 토렐은 예수 그리스도 생애의 사건들 또는 신비를 다루는 『신학대전』 제3부에서의 아퀴나스의 소개에 관한 두 권짜리 연구서도 출판하였다.[14] 이것은 종종 소홀히 취급되는 『신학대전』의 한 부분(제3부)에 대한 정밀 개진으로, 13세기 다른 저자들의 작품에 견주어 길이나 구체성에 있어서 단연 돋보이는 작품이다. 토렐은 나름의 독보적인 공로를 지니고 있는 중세 신학을 제공한다: 그는 이것이 현대의 성서비평주의나 어떤 사변적 그리스도론에 대한 한 대안이라고 논하지 않는다. 제1권은 복되신 동정녀의 변용을 통한 성화, 다시 말해, 특수한 육화의 은총이 그리스도의 생애[그러나 업적과 관련된 것은 아니다]의 절정의 신비와 최초로 접목(entry)됨을 에워싼 사건들을 포괄

---

12. Ibid., p.309.
13. Torrell, *La Somme de theologie de saint Thomas d'Aquin* (Paris, Cerf, 1998) [*본 역서이다.]
14. Torrell, *Le Christ en ses mysteres: La vie et l'oeuvre de Jesus selon saint Thomas d'Aquin*, Paris, Desclee, 1999-2000. 이 영역에서 선정된 텍스트 선집을 활용할 수 있을 것이다: *Saint Thomas d'Aquin: Le mystere du Christ*, Paris, Cerf, 1999.

하고 있다. 제2권은 구세주의 수난, 부활, 떠나감(승천)을 다룬다. 토렐은 흥미로운 중세의 쟁점들을 감추려 들지 않으며(그는 그들의 '이상함'을 지적한다),[15] 그것들의 상당수가 교훈적임을 보여준다.

토렐은 여기서든, 다른 곳에서든, 『신학대전』을 어떤 방식으로 소개하는가? 우선 각각의 문(quaestio)이 역사적이고 구조적으로 고찰된다. "저자가 제시하는 계획에 주의를 기울임으로써 우리는 어떤 종합적 개진의 틀을 확보할 수 있을 것이며, 이것은 그 기획을 좀 더 잘 이해할 수 있게 해준다. 모든 것이 나로 하여금 아퀴나스를 사상사 안에 자리매김하도록 이끌고 있는 데 반해, 내 목적은 다소 고고학적인, 순수한 중세 학문에 대한 독서법을 그려내는 것이 아니다. 나는 이것을 오늘날을 위해 유익한 것으로 만들고, 한계를 가리지 않은 채 우리 시대로부터 이 노고에 대한 관심을 도출하고 싶다. 그 풍부함은 무엇보다도 예수라는 인물과 (또한) 이것이 그리스도교적 삶에 미치는 반향에 주어지는 쇄신된 관심에 있다."[16] 목표는 두 가지다. 하나는 아퀴나스의 통찰을 형상적이고 질료적으로 추려내는 것이고, 다른 하나는 그것들이 어떻게 오늘날의 신학에 기여할 수 있는지를 보여주는 것이다.

예수의 삶을 다루는 아퀴나스를 지켜보면서, 토렐은 마태오복음서와 요한복음서의 두드러진 현존(중세의 교수는 『대전』에서 그리스도에 관한 이 부분을 집필하고 있을 때, 대학생들의 강좌에서 이에 대해 주해하였다.)과 요한 크리소스토무스와 같은 그리스 출신 교부들의 영향에 주목한다. 아퀴나스는 이렇게 적고 있다. "마태오복음서는 그리스도의 인성에 주목하는 것이 특징이다 …참으로 그리스도가 세상 속에 편입되어 그 안에서 살고, 마침내 거기서 떠나는 것은

---

15. Torrell, "Introduction", *Le Christ en ses mysteres*, I, p.19.
16. Torrell, "Avant-Propos", *Le Christ en ses mysteres*, I, p.11; "Introduction", Ibid., I, p.38.

바로 그의 인성을 통해서이다."[17] 토마스는 광범위하지 신학적 원천들을 추적하였고, 그것들을 자신의 통찰과 설계에 비추어 해석하였다.[18] 어떤 구조가 작동하고 있는가? 『대전』 전체를 두루 흐르고 있는 "발원-귀환"(exitus-reditus)이라는 주제가 예수 그리스도의 탄생과 승천 안에도 현존하고 있다. 그리스도 신학은 (위대한 작품 전체 안에서 주요 주제들이 각 부에 현존하고 있는) 『대전』의 여백 안에 있는 문제와 쟁점의 논고들과 다발들의 상호작용을 조명한다.[19] 열쇠가 되는 문들은 다른 영역을 반향하고 미리 계획한다. "『대전』의 다른 많은 곳에서처럼, 그리고 특히 여기서도 [그리스도의 사제직에 관한] 이 문(III, 22)은 하나의 실재적 교차점이다. 그것은 (예컨대 종교와 희생제사의 정의에 관한 부분과 같은) 특정 영역들을 이미 알려져 있는 것으로 전제하고, 즉각적으로 (일차적으로 구속이라든가, 성체성사와 성품성사 등과 같은) 다른 영역들로 넘어간다."[20] 예수의 사제직은 인성과 위격적 결합을 전제한다. 그의 사제직은 유다교나 그리스도교의 교회적 사제직이 아니라 육화적 교환에 기초하고 있는 갈바리아의 중재(중개)의 사제직이다.

예수 그리스도에 관한 토렐의 연구는 예수 생애의 사건에 관한 이 두 권뿐만 아니라 그리스도의 지식, 직무, 사제직에 관한 논설이

---

17. Aquinas, *In Matth.*, I, lect.1, §11.
18. 예컨대 아퀴나스의 계획은 마리아와 예수 사이를 분리하고 있지 않고, 마리아에 대한 독립된 섹션이 없다: "만일 그가 동정녀 마리아에 대해 말한다면, 그것은 그녀가 구세주의 어머니이기 때문이다"(Torrell, "Introduction", *Le Christ en ses mysteres*, I, p.20).
19. Torrell, "Introduction", I, p.33.
20. Torrell, "Le sacerdoce du Christ dans la Somme de theologie", *Saint Thomas d'Aquin et la Sacerdoce, Revue Thomiste* 99(1999), p.97. 토렐은 『신학대전』의 새로운 불어판 그리스도론 부분의 "입문"과 각주를 준비하였다: "Le Mystere de l'Incarnation", in Thomas d'Aquin, *Somme theologique 4*, Paris, Cerf, 1986, pp.13ff. Cf. Torrell, "Le thomisme dans la debat christologique contemporain" & "Saint Thomas d'Aquin et la science du Christ: Un relecture des questions 9-12 de la *Tertia Pars* de la *Somme theologique*", in *Saint Thomas au XXe siecle: Colloque du centenaire de la 'Revue thomiste'(1893-1992)*, Paris, Saint-Paul, 1994, pp.379-409.

고, 또한 현대 그리스도론의 선구이기도 하다. "중세 도미니코 회원들 사이에서의 그리스도"를 주제로 개최된 학술대회를 위해 그는 그리스도를 영성과 연결시켰다. 그 논문의 서두에서는 『신학대전』을 해석하는 데 있어서 가장 까다로운 문제 가운데 하나에 대해 시비를 걸고 있다. 곧 왜 예수 그리스도는 은총을 입은 인간의 삶 이후에 오게 되었는가? 이 쟁점은 어떤 이들에게는 혼란스러울 것이다. 그들 가운데 두세 명은 최근 아퀴나스를 다소 바르트주의자처럼 만듦으로써 그것을 해결하려고 하였다. 실상 육화된 말씀은 『신학대전』에서 파견, 길, 모델로서의 예수에 관해 다루고 있는 제3부의 신학 이전에도 여러 차례 언급된다. 하지만 이 우연한 배경적 언급들은 그 작업에 그리스도론적 포맷을 주지 않는다. 그리스도는 단순히 신학의 어느 한 논고나 중요한 영역에서 조명되고 해석되어야 하는 것이 아니다. 하느님의 모상이자 은총의 수용자로서의 인간 존재자에 대한 이전 신학은 그리스도론과 성령론에서 활동적인 여러 측면을 노정시킨다. 그리스도가 길이라면, 그 길은 삼위일체와 하느님 모상의 창조로 시작되고, 인간을 신적 충만으로 인도하는 말씀과 영 안에서 계속된다.[21] 예수 생애의 사건들에서 토렐은 "그리스도의 모범성"을 발견한다. 그것은 어떤 장황한 성서적 구경거리나 갈릴리에서의 어떤 동작에 대한 충동적 모방이 아니라 그 신비가 신적 현존 안에서 존재론적 토대를 발견하는 데에서, 그리고 삶을 위한 교육학적 의미에서 성립되는 사건들의 삶(life of events)이다. 예수의 모범적 활동과 가르침들은 그것이 구세주의 구원 활동 안에 터를 잡고 있기 때문에도 윤리적으로 교훈적이다. 일치, 제자됨, 모방은 부활하신 '머리'로부터 모든 지체에게 전해진 한 개인의 능력을 통해 남녀 인간들에게 흘러 들어간다. 이 이중의 모범성, 은

---

21. Torrell, "Le Christ dans la 'spiritualite' de saint Thomas", in *Christ among the Medieval Dominicans*, Notre Dame, University of Notre Dame Press, 1998, pp.198-202.

총 안에 있는 윤리적 심리학도, 어떻게 말이 실재로부터 오는지를 보여주는 모범이다. 아퀴나스의 계획 안에는, 예수 안에서 명백한 것이 인간의 삶 속에 있는 보이지 않는 (성)령의 다양한 현존들에 대해 가지는 정교한 관계들이 있다. 이로써 예수는 생명의 역사에서 종말(eschaton)을 향해 움직이는 인간 여정 전체에 참여하고 그것을 표현한다.[22]

최근에 파리의 유명한 출판사 브랭(J. Vrin)은 토렐의 논문 모음집과 '입문'이 달려 있는 십계명에 관한 아퀴나스의 설교 비판본을 발간하였다. 이 텍스트, 곧 『십계명 강해』(Collationes de decem praeceptis)는 중세 설교자 형제의 설교의 한 안내서이다.[23] 『토마스 연구』(Recherches Thomasiennes)에는 신학적 인식(토렐은 슈뉘, 패트포르, 콩가르 이후에도 '거룩한 가르침'[sacra doctrina]을 숙고할 여지가 남아있다고 말한다), 신직관과 그리스도의 인식, 부활의 인과성, 그리고 이사야서 해석을 다루는 논문들이 포함되어 있고, 영성, 사목 직무, 설교에 관한 여섯 개의 논문이 뒤따른다. 나는 이 설교들과 신학의 본성에 관한 논문들을 건너뛰어, 토렐이 선구자인 아퀴나스 안의 두 영역, 곧 교육과 사목생활, 이론과 실천을 한데 모으는 영역을 살필 것이다.

첫째는 아퀴나스를 중세 사목생활의 한 봉사자, 곧 한 설교자로 바라본다. 우리는 교회 생활의 이 영역에 대한 '입문'으로, 이브 콩가르의 교회론에서 아퀴나스가 차지하는 역할에 대한 토렐의 연구를 살펴볼 수 있을 것이다. 그는 콩가르가 아퀴나스 신학의 근본적

---

22. Ibid., pp.202-205.
23. "L'edition critique du De Decem Praeceptis", *Recherches Thomasiennes*, Paris, Vrin, 2000, p.47. 불어의 "Thomasien"과 독일어의 "Thomanisch"는 ("Thomist"나 "Thomistisch"와는 달리) 영어에는 없는, 아퀴나스의 사상과 그에 대한 탐구를 가리키는 형용사형을 가리킨다. 영어에서 "Thomist"는 아퀴나스의 사상을 가리킬 수 있다. 하지만 그것은 또한 어쩌면 너무도 기꺼이, 다소간에 그에게 충실하거나 얼마간의 불모적 엄격성 색채를 포함하는, 한 인물이나 학파의 해석적 사상을 가리킬 수도 있다.

역동성을 구세 경륜으로 표현한, 40년 이상에 걸쳐 발표되었던 아퀴나스에 관한 연구의 숫자를 관찰한다. 이것은 디오니시우스의 정적인 형이상학적 계층구조가 아리스토텔레스의 사상이라고 자처하던 시기였다. 『신학대전』은 창조에서 육화로, 성령의 내적인 법으로부터 "하느님의 지혜의 엄밀하게 '경륜적'이고 '역사적'인 길"인 성사들로 전개되는 소박한 역사성을 지니고 있다.[24] 콩가르는 그리스도의 신비체라는 주제를, 은총을 입은 남녀 교우들이 모인 교회로서의 '일치'(communio)로서의 교회론을 지지하기 위한, 그 중세적이고 현대적인 의미들로 발전시켰다. 콩가르와 아퀴나스의 언어는 때로는 직설적이고, 또 때로는 모호하다. 그들은 가시적인 교회의 몸인 지상 교회, 그러나 또한 그리스도의 영의 은총의 내적 자리이기도 한 지상 교회를 소개한다. 교회의 가시성과 주교들의 사법권에 관한 논문들은 이 교회 신학의 실천적 모범들이다. 토렐은 이렇게 결론짓는다. "콩가르의 주요 작품들을, 그것들이 토마스의 영감에 빚지고 있는 것에 비추어서 읽는 것은 흥미있는 조명과 한걸음 더 나아가 성 토마스의 구절들에 대한 좀 더 나은 이해를 가져다줄 수 있다. …그는 20세기에 신학의 역사에서 아퀴나스에 관한 가장 빛나는 독자들 가운데 하나로 남아있다."[25]

곧바로 사목 영역에 관한 아퀴나스의 관점으로 들어가는 것은 두 번째 영역, 곧 설교자로서의 대학교수를 만나는 것이다. 예컨대, 그는 예수의 유혹들에서 복음 설교자들을 위한 특수한 의미를 발견하였다. 예수가 이처럼 스스로를 규제하는 것은 "정화되고 덕의 수련을 쌓기 전에는 아무도 설교자의 직분을 취해서는 안 되기 때문이

---

24. Congar, "Le sens de 'l'economie' salutaire dans la 'theologie' de S. Thomas d'Aquin (*Somme theologique*)", *Festgabe Joseph Lortz*, ed. Erwin Iserloh, Baden-Baden, Grimm, 1957, II, p.118.
25. Torrell, "Yves Congar et l'ecclesiologie de S. Thomas", *Revue des sciences philosophiques et theologiques* 82(1998), p.241.

다"(III, 41, 3, ad1). 더욱이 설교자는 보이기 위해 설교해서는 안 된다. "토마스는 언제 어디에서나 지켜야 할 설교의 법을 선포한다: 모두에게 그는 파견받은 자의 첫 번째 특질이 '투명성'이라고 지치지 않고 강조한다: 설교란 자기 자신에게 주의를 집중하는 것이 아니라 그를 파견한 분에게 집중하는 것이다."[26] 아퀴나스를 설교자로 바라보는 것은 진정한 설교를 식별하는 수고스러운 과제를 요구하고, 토렐이 설교의 특성들과 설교 주제들을 지적한 이후에야 가능한 일이다.[27] 여러 가지 특성들이 두드러진다. 이상성, 곧 일상생활에 대한 주의가 있고, 성경의 탁월한 역할이 있다. 성경이 어떻게 인간의 삶을 해석하고 비추는지를 보여주기 위해서 아퀴나스는 친절하게 자신의 청중들을 기적적이고 별난 종교의 지엽적인 부분들로부터 물러서도록 안내하였다. 그는 자신의 사례들을 중세의 일상생활과 예수의 생애로부터 끌어냈다. 사람들의 감정의 결과나 올바른 판단의 중요성을 관찰했기 때문에, 그는 일종의 심리학자였다고 할 수 있다. 그는 천국의 기쁨을 조명하기 위해 심지어 중독자의 예를 들기까지 한다. 사회적 편견에서 벗어나지 못했던 그는 유다인들을 두고 탐욕으로 기운다고 말하지만, 또한 그들의 성경 연구를 모범으로 내세우기도 한다. 그는 남성이 그를 데워싼 사회에서 지배적 인물이라고 가정한다.[28] 그는 속이는 가게 주인들과 가난한 이

---

26. Torrell, "Avant-Propos", *Recherches Thomasiennes*, p.15.
27. Torrell, "La pratique pastorale d'un theologien du XIIIe siecle", *Recherches Thomasiennes*, p.291.
28. 최근 연구에서 토렐은『토마스 색인』(*Index Thomisticus*)의 도움을 받아 유다인에 대한 아퀴나스의 태도를 검토하고, 당대의 선입견과 구원사에서의 그들을 위한 높은 위치의 조합을 발견한다. 자기들이 무슨 일을 저지르고 있었는지를 의식하고 있던 유다인 지도자들은 하느님의 아들을 특별한 방식으로 죽인 탓이 있지만, 백성 전체는 그렇지 않다. 그들은 하느님의 축복을 받은 이들이고, 일종의 정의에 의해서 구원을 받았으며, 십자가 위에 새겨짐으로써 영광스러운 표지를 얻었다. 그들은 그리스도인들과 신앙을 공유한다: "*Ecclesia judaeorum* - quelques jugements positif de Saint Thomas d'Aquin a l'egard des juifs et du judaisme", *Philosophies morales et politiques au Moyen Age*, ed. Bernard C. Bazan, New York, Legas, 1996, III, pp.1732-1741.

들이나 보통 시민들에 대한 불의한 통치자들에 대해 분개한다. 토마스는 아리스토텔레스 사상을 설교한 것이 아니라 성경을 설교하였고, 흔히 전례 안에 담겨 있는 성경에 대해 설교하였다. 그는 영감 받은 선포된 말씀과 삼위일체의 말씀 사이의 연결을 보고 있다. 아퀴나스의 설교 주제들은 교훈적이다: 먼저 복음에서 본질적인 것이 온다. 이상한 외경적인 정보가 아니라 그리스도 안에서의 은총, 사랑, 믿음과 같은 기초적인 것에 대한 그 자신의 신학적 전망이다. 그리스도를 본받는 것도 언급된다. 그리스도는 최상의 모범이다. 과거의 도덕적 태도에 대한 기억으로서가 아니라 그리스도의 활동들이 백성의 속량과 은총을 낳고, 남녀 인간들 안에서 하느님의 모상을 복원하였기 때문이다. 이 두 가지 주제들은 때때로 성령과 놀랍게도 위계조직에 방점이 찍힌 교회가 아니라 "신앙인들의 모임으로서의 교회의 정의를 살아가는 사람들의 일치"에 방점이 찍힌 교회를 소환한다.[29]

3. 아퀴나스의 영성

아퀴나스의 '영성'(이 단어는 오늘날 너무도 널리 퍼져 있는 단어다)에 관한 토렐의 저술에는 실천적이고 사목적인 것도 나타난다.[30] 토렐은 아퀴나스의 '영성'을 다루는 데 있어서, 그가 신심 있는 태도나 기도 방법 등에 관해 말하고 있는 것이 아니라는 점을 보여주려고

---

29. Torrell, "La pratique pastorale d'un theologien du XIIIe siecle", p.306. 『토마스 탐구』에 실려 있는 설교에 관한 다른 논문들: "Jean-Baptiste, figure du precheur chez Thomas d'Aquin", pp.336-356; "Le semeur est sorti pour semer: L'image du Christ precheur chez frere Thomas d'Aquin", pp.357-366. 그리고 "Frere Thomas d'Aquin predicateur", *Freiburger Zeitschrift fuer Philosophie und Theologie* 28(1982), pp.175-188.
30. 아퀴나스의 작품들 안에서 "spiritualitas"라는 단어의 의미에 관해: Cf. "*Spiritualitas chez S. Thomas d'Aquin. Contribution a l'histoire d'un mot*", *Recherches Thomasiennes*, pp.315-324.

애쓰고 있다. 이것들은 도미니코수도회적 영성의, 여러 세기에 걸쳐 형성된 형식들에 현존하고 있지 않거나 이질적이다. 『영성사전』(Dictionnaire de spiritualite)에 기고한 그의 논문(이것은 『연구 착수』 제2권에서 확장적으로 다뤄지고 있다)은 토마스의 영성의 특징을 개괄하고 있다. 그 원천들은 성경, 전례, 그리고 아우구스티누스와 같은 과거의 위대한 신학자들과 "고대의 지혜"이다. 이 영성은, 말씀과 영의 파견이 남녀 인간을 은총의 삶과 신화(deificatio)로 인도하기 때문에 삼위일체적이다. 둘째, 그것은 대상적(objective)이다. 왜냐하면 하느님은 창조주이자 궁극 목적으로서 우위를 점하고 있기 때문이다. 셋째, 그것은 현실 세계에 대한 긍정에서 실재주의적이고, 육체적이고 우주적인 영역 안에 살아있는 인간의 영(정신)을 발견한다. 넷째, 그것은 두려움과 예속이 없고 기쁨과 사랑으로 충만하며 신적인 삶에 개방되어 있는, 인간성 증진의 영성이다. 하지만 그것은 기도의 방법이나 상태에 관한 것이 아니라 인간적 덕과 죄와 자유에 관한 영성이다. 마지막으로, 그것은 그리스도의 몸인 교회, 다시 말해 (각각의 남녀가 "하나의 조각이 아니라 하나의 지체인"), 전례에 의해서 활성화된 집단에 속하는 은총을 입은 백성 안에 있는 교회적 영성이다.[31] 영성 생활은 위에서 언급한 바 있는 "존재론적이고 윤리적인 2중의 그리스도적 모범성" 덕분에 "그리스도적"(Christic)이다.[32] 토렐은 아퀴나스의 영성을 "향주적"(向主的, theologale)이라고 지칭하는데, 그것은 그것이 엄격하게 형이상학적 신에 고정되어 있기 때문이 아니라 삼위일체 하느님에 의해서 주입되기 때문이다. 그는 성숙기의 토마스 작품들이 얼마나 그리스도의 파견 및 내적인

---

31. Torrell, "Thomas d'Aquin", in *Dictionnaire de spiritualité 15*, Paris, Beauchesne, 1990, p.771.
32. Torrell, "Avant-Propos", *Le Christ en ses mystères*, I, 15; "La philosophie morale de Thomas d'Aquin", in M. Canto-Sperberg(ed.), *Dictionnaire d'ethique et de la philosophie morale*, Paris, Press Universitaires de France, 1996, pp.1517-1523.

복음적 법과 연관되는지, 그리고 『신학대전』 안에서 얼마나 구조적으로 그리스도의 일이 성령을 전제하고 표명하는지를 보여준다.[33]

그리스도교적 삶에서 신학은 행동으로 인도한다. 아퀴나스는 거룩한 가르침의 모든 유형에서 실천적인 것과 사변적인 것의 상호작용을 강조한다. "신학에 대해서 아퀴나스는 사변적 목적만 규정하는 것이 아니다. …한 자유토론문제에서 대학교수는 신학자로서의 자기 고유 업무를, 건축가가 서로 다른 수준의 작업자들에게 교회를 건축하기 위해 어떻게 일해야 하는지를 가르치는 작업과 비슷한 것으로 규정하였다. 토마스는 분명 자신의 소명을 대단히 뚜렷하게 깨닫고 있었지만, 그 사목적 목적을 두드러지게 하는 것 이상으로 그것을 강조할 수는 없었다."[34] 『신학대전』의 한 건조하고 어두운 부분일 수 있는 것에 대해서 토렐은 제2부의 마지막에 있는 문(問)들이 세 영역에 관한 것임을 보여준다: ① 공동체의 선익을 위한 서로 다른 사람들에게 주어지는 은사들, ② 남녀 수도생활의 상이한 형태들, ③ 직무와 관련된 다양한 지위와 활동들. 예언에 관한 부분(토렐의 전공 분야다)에 관해서, 아퀴나스는 동시대인들이 영감 및 예언의 심리학에 집중하던 것보다 더 큰 주의를 기울였다. 그는 아리스토텔레스의 실재주의적 심리학에도 의존했지만, 동시에 "예언적 경험에 관한 성서 자료들에 비범한 주의"를 기울이며 알베르투스 폰 라오잉겐, 곧 알베르투스 마뉴스나 후고 생셰르보다 네댓 배나 많은 성서 인용구를 제공했다. "아퀴나스는 예언적 은사를 계시

---

33. Torrell, "Saint Thomas d'Aquin. Maitre de vie spirituelle", *Revue des sciences religieuses* 71(1997), p.444. 최근의 한 논문은 아퀴나스 안에서 자연과 은총을 연구하는데, 은총과 인간의 인격성의 능동적 상호작용이라는 통상적 전망으로부터가 아니라 인간 존재자의 기원 안에서, 그리고 죄로 상실된 것으로서의 은총과 관련해서 탐구한다: Torrell, "Nature et grace chez Thomas d'Aquin", *Revue thomiste* 101(2001), pp.167-202.
34. Torrell, "(Introduction:) Lire Saint Thomas autrement", in Leonad E. Boyle, *Facing History: A Different Thomas Aquinas*, Louvain-la Neuve: Federation Internationale des Instituts d'Etudes Medievales, 2000, p.xv.

의 역사 속에 충만히 통합하였는데, 이것은 13세기 신학적 개진들의 독서에서 전혀 명백하지 않던 것이다.[35]

4. 마무리

장 피에르 토렐의 박식함은, 그것이 토마스 아퀴나스의 세상과 사고형식들을 제시하고 있기 때문에 통합하는 전망과 준거틀을 가지고 있다. 왜냐하면 그는 20세기의 신학적이고 역사적인 탐구의 가톨릭적이고 프로테스탄트적이며 도미니코수도회적이고 레오적인 전통들을 물려받아 계속했기 때문이다. 핀토 데 올리베이라(Pinto de Oliveira)는 토렐에게 헌정된 '기념작'의 "서론"에서 다음과 같이 적고 있다: "포용력, 실천적 경험, 이 신학의 교사, 광범위하게 근본적인 탐구 정신으로 특징지어지는 지식과 지혜, (세세한 데까지 충만한 주의를 기울이지만 역사적 발전과 해석학적 발견들 안에서 이 가르침을 이해하는 데 개방되어 있는) 엄격한 체계적 성찰 등은 성숙한 작품의 몇몇 특성들이다."[36]

첫째, 역사가 있다. 중세 텍스트들과 결론을 다루는 학자는 아퀴나스의 작품들과 사상의 역사적 맥락에 대한 탐구자이다. 그는 슈뉘가 오늘날 우리가 기정사실로 받아들이고 있는 것의 가치, 곧 아퀴나스의 역사적 세계를 아는 것의 가치에 대해 그토록 많은 토미스트들을 설득한 것이 수년 간의 투쟁이었다는 사실을 상기시킨다.[37] 아퀴나스의 자료들과 역사적 맥락뿐만 아니라 그의 개인적 창조성도 각 쟁점을 그것이 그리스도의 지식인지 아니면 아리스토텔

---

35. Torrell, "Les Charismes au service de la revelation", in Thomas d'Aquin, *Somme theologiques*, Paris, Cerf, 1985, III, pp.963f.
36. "Avant-Propos", *Ordo sapientiae et amoris*, p.11.
37. Torrell, "Lire Saint Thomas autrement", p.ix.

레스의 영향인지를 규정한다.[38] 토렐은 아퀴나스의 모든 저작에 대해 그 연대와 목적에 유념하여 매우 세심하게 살피고, 지난 연구 결실들을 평가하고 몇몇 간명한 교정도 제공하며, 토마스와 굴리엘모 모에르베케 사이의 관계 같은 측면들을 깊이 있게 논한다. 그는 슈뉘, 와이스헤이플, 보일 등의 결론을 조심스럽게 숙고하지만, 그들과 의견을 달리하기도 하고 그들을 넘어가기도 한다. 토렐은 그들이 누락하고 있는 어떤 쟁점을 다룰 때나 어떤 쟁점에 대해 다른 설명과 다른 방향을 가리키는 곳에서, 아퀴나스가 자기 동료들로부터 물러서서 어디에 서 있는지에 특별한 주의를 기울인다.[39] 성찰과 연결되어 있는 이 탐구는 독자로 하여금 독창적이고 통찰력이 번득이는 채로 남아있는 중세의 아퀴나스가 '다른 성 토마스'임을 발견하도록 도와준다.[40]

둘째, 전반적인 신학적 맥락이 있다. 그것은 그리스도교적인 신학적 원천과 목적이 삼위일체적이고 성서적이지만, 또한 사목적이기도 한 신학적 맥락이다. "스승 아퀴나스를 향해 취할 수 있는 입장은 다양하다. 흔히 신학적이고 철학적인 사상사에서 그의 비중을 생각하는데, 이것은 실상 [이 논문들의] 관점이다."[41] 만일 아퀴나스가 매우 분명하게 신학자라면, 불행히도 어떤 영역에 대한 아퀴나스의 새로운 흥미 유발은 협소하게 또는 관념주의적으로 철학적이다. "나의 '연구 착수'에 관한 한 서평자는 다소 유머러스하게 자신의 독자들에게, 토마스 아퀴나스가 또한 철학자이기도 했다는 것을 알고는 깜짝 놀랄 것이라고 말했다."[42] 신학은 그리스도의 가르침을

---

38. Torrell, "Saint Thomas d'Aquin et la science du Christ", *Recherches Thomasiennes*, pp.212f.
39. Torrell, "Le sacerdoce su Christ dans la Somme de theologie", *Saint Thomas d'Aquin et le Sacerdoce, Revue Thomiste* 99(1999), pp.76f.
40. Torrell, "Lire Saint Thomas autrement", p.xxxiv.
41. "Avant-Propos", in *Recherches Thomasiennes*, p.11.
42. Review on *Thomas Aquinas Theologian*(by Thomas F. O'Meara, Notre Dame, University of Notre Dame Press, 1998), in *Freiburger Zeitschrift fuer Philosophie und Theologie*

표현할 뿐만 아니라 백성들을 향한 균형잡힌 복음적 활동도 함축하고 있다. 예수의 생애를 다루는 아퀴나스의 논고에 대한 '소개의 글'은 바로 이 접근법을 조명하고 있다. 그것은 슈뉘와 더불어, 여러 세기에 걸친 토미스트 저작들에서 이 그리스도론이 사라졌다는 것을 지적하고, 라너로부터의 인용구를 통해 주석학과 조직신학 사이의 구분을 개탄하는 것으로 시작한다.[43] "토마스의 진리를, 그가 말하고자 하는 것에 최대한 가깝게, 하지만 현대 문화의 언어로 표현하려는 이중의 관심"은 오늘날 자연(본성), 백성, 그리고 인간 경험에 주의를 기울인다는 것을 의미한다. "이것은 토마스 자신의 창조관, 모든 실재가 하느님의 손으로부터 발생하는 것에 관한 그의 단호하게 실증적인 사상을 전해준다."[44] 그의 사고의 신학적 형상과 목적을 염두에 두어야 하는 것처럼, "강조해야 할 기회를 놓치지 말아야 한다: 토마스 아퀴나스 수사는 고상한 사상가일 뿐만 아니라 또한 성서 주해자, 설교하는 형제, 그리고 기도의 사람이기도 하였다."[45]

아퀴나스의 신학에서, 나중에 도미니코수도회의 신학과 영성의 전통적 특성들이 된 것이 발생한다: 우주의 현실, 피조물의 가치, 은총의 초자연적 질서, 그리고 인간 존엄성이다. 토렐은 『신학대전』에 들어 있는 삼위일체, 예수 그리스도, 성령이 하느님의 모상을, 은총을 누리는 여정으로 인도하는 잊혀진 길들을 보여준다. 구분의 논리학이 아니라 그리스 교부들의 경륜적(경제적) 역동성이 아퀴나스의 정신을 활성화시키고, 역사는 그의 신학이 다른 시대에도 말할 수 있다는 것을 보여주었다.[46]

오늘날 토마스 아퀴나스에 대한 관심이 어디에서나 어떤 건전한

45(1998), p.315.
43. "Avant-Propos", in *Le Christe en ses mysteres*, I, p.9.
44. O'Meara, Review on *Thomas Aquinas Theologian*, p.317.
45. "Avant-Propos", in *Recherches Thomasiennes*, p.11.
46. Torrell, "Saint Thomas d'Aquin. Maitre de vie spirituelle", p.446.

사건이기만 한 것은 아니다. 토렐이 지적하는 것처럼, 옛 철학적인 신아리스토텔레스주의는 호교론적이고 비역사적이며 논리적이거나 또는 개신교적인 유형의 극소수 정신들 가운데 되돌아왔다. "논쟁적이고 수세적인 토미즘은 …모든 것에도 불구하고 많은 영역에서 실천되고 있고, 역사적이고 비판적인 작업들에 의해서 획득되는 거대한 실증적 결과들을 도외시하고 있다(ignore)."[47] 2차 문헌으로부터, 그 역사적이고 신학적인 풍요로움으로부터 배우지 않고 아퀴나스에 관해 새로운 글쓰기를 추구하고, 그래서 60년 전의 신토미즘을 닮은 영어권의 몇몇 작가들이 있다. 아퀴나스의 덕 심리학과 전통의 한 탁월한 변호인은 역사적 전통과 해석 학파들을 의식하지 못하는 것 같다. 인식론이나 법에 관한 작가들은 종종, 영어로 인용된 특정 구절이 그것이 주는 의미를 아퀴나스 신학이라는 좀 더 넓은 맥락 속에서 견지하지 않는다는 것을 지적하는 자기들 출판물에 대한 서평을 발견한다. 예전에 통용되던 어떤 의미는 부정확한 것으로 밝혀지기도 한다. 최근의 한 작가는 너무도 많은 사람들이 종종 텍스트에 대한 차츰차츰의 전유(appropriatio)를 초월할 수 없고, 토마스의 교육학의 역사적 맥락이나 복잡한 구조를 발견하는 도구를 지니고 있지 않다는 것을 발견한다. 그런가 하면 다른 사람은 영국의 "분석적 토미즘"에서 미래를 발견하고, 흥미롭게도 "신스콜라학적"인 것으로 알려진, 아퀴나스에 이르는 다른 모든 접근법들을 기각한다. 토렐의 저술들은 전통과 해석, 역사적 맥락과 신학적 목적에 대한 호소이다. 토렐과 같은 인물을 읽고 전유하지 않는다면, 20세기 전반부터 널리 퍼졌지만 피상적인 신스콜라학(종종 신토미즘이 아니다)의 지루한 강의들과 먼지 앉은 홀(hall)로 되돌아가는 위험을 무릅쓰는 일이다.

---

47. O'Meara, Review on *Thomas Aquinas Theologian*, p.318.

문제의 일부는 언어, 다시 말해 다른 언어에 대한 무시다. 1850년까지 아퀴나스를 해석하는 강의는 라틴어로 표현되었다. 하지만 그 이후로는 불어, 독일어, 스페인어, 이탈리아어, 네덜란드어로 발표되었다. 아퀴나스의 저술과 사상을 따르기 위해서는 어떤 자극적인 번역 텍스트를 발견하는 것 이상이 요구되고, 그것들을 엄청난 양의 통찰력 있는 탐구와 별도로 연구할 필요가 있다. 종종 단편적이고 기술적인 토미즘은 수십 년 또는 수 세기 전에 해결된 쟁점이나 논쟁들을 해설하고 있다.

장 피에르 토렐의 작품들은 지혜 자체와 마찬가지로, 오래되었지만 소홀히 취급된 것이나 현존하지만 눈치채지 못하고 있는 것을 제시한 마틴 그랍만과 앙토냉 세르티양주를 위시해 한 세기 간의 값진 결론을 제공한다. 그 저술들이 통찰력 가득한 것으로 남아있는 역사적 토마스 아퀴나스에 관해 배워온 모든 것을 생각하는 것은 참으로 놀라운 일이다. 중세 도미니코 회원은 옛것도 꺼내고 새것도 꺼내는(마태 13,52) 보물을 거룩한 계시의 가르침과 신학이라고 해석하였다. 마니교와 같은 거짓 종교는 제공할 것이 오직 낡은 것뿐인 데 반해, 그리스도교는 현재의 매 순간을 위한, 그리고 종말론적 완성을 위한, 지혜와 은총의 생생하고 결실 풍부한 새로움을 견지한다.[48]

---

48. Aquinas, *In Matth.*, I, lect.4, nn.1205-1207.

| 인명 색인 |

[ㄱ]

가르데이, 앙브루아즈(Ambroise Gardeil, OP, 1859-1931) 50, 107, 108
가리구 라그랑주, 레지날드(Réginald Garrigou-Lagrange, OP, 1877-1964) 47, 50, 51, 59, 108, 417, 418, 419, 420, 422, 424, 425, 426, 428, 429, 430, 433, 438, 439, 440, 441, 443, 491
갈루피, 파스콸레(Pasquale Galluppi, 1770-1846) 176
고티에, 르네(René A. Gauthier, 1913-1999) 574
곤잘레스(C. Gonzalez, 1831-1894) 19
과르디니, 로마노(Romano Guardini, 1885-1968) 465, 477
구티에레즈, 구스타보(Gustavo Gutierrez, OP, 1928-2004) 448
그랍만, 마틴(Martin Grabmann, 1875-1949) 24, 571, 593
그레고아르(A. Gregoire, 1890-1949) 44
기, 피에르 마리(Pierre-Marie Gy, OP, 1922-2004) 574, 578
기욤 도베르뉴(Guillaume d'Auvergne, 1180-1249) 303
기치, 피터(Peter Geach, 1916-2013) 470
길비, 토마스(Thomas Gilby, OP, 1902-1975) 572

[ㄴ]

노엘, 레옹(Léon Noël, 1878-1953) 32, 33, 34, 35, 324, 325, 336
뉴먼, 존 헨리(John Henry Newman, 1801-1890) 77, 478, 482
니버, 라인홀트(Reinhold Niebuhr, 1892-1971) 287
니스(D. Nys, 1859-1927) 23, 32
니체, 프리드리히(Friedrich Nietzsche, 1844-1900) 17, 92, 94

[ㄷ]

데 올리베이라, 핀토(Pinto de Oliveira) 589

데니플(H. Denifle, OP, 1844-1905) 433
데모크리토스(Democritus, BC 460-370) 317
데카르트, 르네(René Descartes, 1596-1650) 19, 30, 33, 35, 43, 52, 53, 57, 59, 89, 90, 91, 94, 128, 138, 139, 165, 166, 185, 202, 261, 262, 263, 266, 272, 283, 284, 288, 292, 295, 309, 311, 316, 324, 325, 333, 335, 337, 340, 341, 345, 351
데푸르니(M. Defourny, 1878-1953) 32
데플로아즈(A. Deploige, 1868-1927) 32
델 노체, 아우구스토(Augusto Del Noce, OP, 1910-1989) 345, 346, 371
돈데인, 알베르(Albert Dondeyne, 1901-1985) 32
뒤르켐, 에밀(Émile Durkheim, 1858-1917) 291
뒤셴, 루이(Louis Duchesne, 1843-1922) 428
듀발, 앙드레(Andre Dubal) 106
드 뤼박, 앙리(Henri de Lubac, SJ, 1896-1991) 45, 274, 417, 439, 489
드 불프, 모리스(Maurice De Wulf, 1867-1947) 23, 24, 25, 32, 300, 309
드 샤르댕, 테이야르(Theilhard de Chardin, SJ, 1881-1955) 115, 116, 125
드 프리스(J. de Vries, SJ, 1898-1989) 46
드 피낭스, 조셉(Joseph de Finance, SJ, 1904-2000) 45, 358, 362, 364, 548, 563
드페베(J. Defever, 1899-1964) 44
디르벙(E. Dirven, 1925-) 44
디오니시우스 아레오파지타(Dionysius de Areopagita, fl. 5c) 372, 376

[ㄹ]

라그랑주, 마리 조셉(Marie-Joseph Lagrange, OP, 1855-1938) 425, 428, 446
라너, 칼(Karl Rahner, SJ, 1904-1984) 45, 47, 46, 48, 49, 68, 109, 371, 417, 572, 591
라므네(H.F.R. de Lamennais, 1782-1854) 75
라이문두스 룰루스(Raimundus Rullus, 1232-1316) 305
라이프니츠(G.W. Leibniz, 1646-1716) 91, 156, 180, 341, 345, 359, 431, 439, 468
라케브링크(B. Lakebrink, 1904-1991) 47
래이메커(L. De Raeymaeker, 1895-1970) 32, 33, 35, 36, 358
레버링, 매튜(Matthew Levering, 1971-) 442, 497, 510, 511, 521, 522, 528, 537, 538
레비브륄, 뤼시앙(Lucien Lévy-Bruhl, 1857-1939) 291, 292, 337

레오 13세(Leo XIII, PP, 재위: 1878-1903) 15, **16-28**, 67, 81, 196, 257, 258, 267, 275, 299, 313, 378, 417, 428, 506

레피디 알베르토(Alberto Lepidi, OP, 1838-1925) 427

로너간, 버나드(Bernard Lonergan, SJ, 1904-1984) 46, 417, 571

로비기, 소피아(Sofia Rovighi, 1908-1990) 60, 360, 548

로스미니, 안토니오(Antonio Rosmini, 1797-1855) 19, 76, 123, 131, 176, 177, 184

로스키, 블라디미르(Vladimir Lossky, 1903-1958) 372

로울랜드, 트레이시(Rowland Tracey, 1963-) 497

로츠(J.B. Lotz, 1903-1992) 45, 83, 345, 371

로카, 그레고리(Gregory P. Rocca, 1949-) 442

로크(John Locke, 1632-1704) 128, 131, 176, 184, 192

롤랑 고슬랭(M.-D. Roland-Gosselin, 1886-1962) 108, 326

롤스, 존(John Rawls, 1921-2002) 471

루소, 돔 올리비에(Dom Olivier Rousseau, OSB) 496

루슬로, 피에르(Pierre Rousselot, SJ, 1878-1915) 109, 371, 427

루이스, 클리브(Clive S. Lewis, 1898-1963) 461, 463

루터, 마르틴(Martin Luther, 1483-1546) 47, 278, 285, 285, 433

르 고프, 자크(Jacques Le Goff, 1924-2014) 447

르 로아(Eduard Le Roy, 1870-1954) 277

르메트르, 조르주(Georges Lemaitre, 1883-1957) 44

르모녜, 앙투안(Antoine Lemonnyer) 108, 446

르클레르(J. Leclerq, 1891-1971) 24, 33

르프리외, 프랑수아(Francois Leprieur, OP) 447

리베라토레(M. Liberatore, 1810-1892) 19

[ㅁ]

마레샬, 조셉(Joseph Marechal, SJ, 1878-1944) 27, 28, **38-44**, **44-49**, 50, 68, 83, 268, 326, 345, 371, 381

마르네프(Marneffe) 445

마르셀, 가브리엘(Gabriel Marcel, 1889-1973) 280, 341, 472, 475

마르크, 앙드레(André Marc, 1892-1961) 45

마르크스, 칼(Karl Marx, 1818-1883) 17, 83, 92, 94, 345

마리탱, 자크(Jaques Maritain, 1882-1973) 28, 47, 50, 51, 52, 53, 54, 55, 56, 59, 68, **195-199**, **201-219**, **221-243**, **245-270**, 274, 277, 280, 298, 312, 320, 321,

326, 327, 328, 334, 336, 342, 358, 361, 362, 368, 371, 413, 170, 563, 571
마스노보(A. Masnovo, 1880-1955) 60, 130, 131, 133,
마우러, 아먼드(Armand Maurer, CSB, 1915-2008) 274, 291
마이모니데스(Moses Maimonides, 1135-1204) 307, 416
마이어(H. Meyer, 1884-1966) 46
만셀(G. Manser, 1866-1950) 46
말레베즈(L. Malevez, 1904-1973) 44
망도네, 피에르(Pierre Mandonnet, OP, 1858-1936) 24, 108, 276, 300, 446, 571
망시옹(A. Mansion, 1882-1966) 24, 25, 33
망시옹(S. Mansion, 1916-1981) 24
매킨타이어, 알래스데어(Alasdair MacIntyre, 1929-2025) 470, 491, 503, 519
매티슨, 윌리엄(William Mattison III, 1971-) 521, 522, 528, 534, 535
맥도날드, 랄프(Ralph McDonald) 289
맥쿨, 제랄드(Gerald McCool, SJ, 1918-2005) 245, 246, 248, 254, 255, 268, 269
맥키너니, 랄프(Ralph McInerny) 195, 271
메르시에, 데시레(Désiré Mercier, 1851-1926) 23, 24, 27, **28-32**, **32-38**, 46, 59, 61, 68, 128, 129, 131, 183, 185, 186, 287, 288, 289, 324, 428
몬딘, 바티스타(Battista Mondin, CMX, 1926-2015) 60, 375, **541-551**, **553-558**, 559, 560
몬태그(W.P. Montague) 283
묄러, 아담(Adam Möhler, 1796-1838) 120, 422
무니에, 에마뉘엘(Emmanuel Mounier, 1905-1950) 481
뮐러, 막스(Max Müller, 1906-1994) 45
미쇼트(A. Michotte, 1881-1965) 23, 33

[ㅂ]
바르트, 칼(Karl Barth, 1852-1912) 44, 285, 286
바이른, 다미안(Damian Byrne) 445
바티폴, 피에르(Pierre Batiffol, 1861-1929) 428
반 브레다(H. van Breda, 1911-1974) 23
발메스(Jaime Balmes, 1810-1848) 77
방 리에(G. van Riet, 1916-1998) 33, 35
방 스텐베르겐, 페르낭(Fernand van Steenberghen, 1904-1993) 24, 33, 35, 36, 37, 280, 288, 302, 306, 307, 312, 336, 359, 363, 366
베넷, 조지(George Benett) 284, 285

베르그송, 앙리(Henri Bergson, 1859-1941) 52, 53, 105, 125, 196 202, 203, 204, **205-213**, 215, 216, 217, 218, 271, 277, 291, 317, 333, 340, 341, 342, 344, 353, 354, 355, 550

베르나르두스 드 샤르트르(Bernardus de Chartres) 462

베르나르두스(St. Bernardus, 1090-1153) 284, 305

베르티, 엔리코(Enrico Berti, 1935-2022) 342, 343, 344, 345

베이컨, 로저(Roger Bacon, 1219-1292) 90, 94

벨테(B. Welte, SJ, 1906-1983) 46

보나벤투라(St. Bonaventura, OFM, 1217/21-1274) 15, 23, 178, 258, 282, 292, 293, 294, **299-300**, 301, 307, 310, 313, 316, 337, 419, 429

보나텔리, 프란체스코(Francesco Bonatelli, 1830-1911) 183

보니노, 세르주 토마스(Serge-Thomas Bonino, OP, 1961-) 572

보에티우스 데 다치아(Boethius de Dacia, fl. 13c) 305, 376

보일, 레오나르드(Leonard Boyle, OP, 1923-1999) 572, 574, 590

보임커(C. Beaumker, 1853-1924) 24

본타디니, 구스타보(Gustavo Bontadini, 1903-1990) 60, 344, 345

볼리올로, 루이지(Luigi Bogliolo) 201, 557, 558

볼프, 크리스티안(Christian Wolff, 1678-1754) 58, 94, 156, 322, 427, 437, 438

브루거(Walter Brugger, SJ, 1904-1990) 45

부르크, 버논(Vernon Bourke, OP, 1907-1998) 270

부스트, 피터(Peter Wust, 1884-1940) 286, 473

부체티(V. Buzzetti, 1777-1824) 19

브라우니, 마이클(Michael Browne, 1887-1971) 422

브랑슈빅(Leon Brunschvicg, 1869-1944) 277, 291, 337, 359

브레이에, 에밀(Emile Brehier, 1876-1952) 276, 277, 312

브와예, 샤를(Charles Boyer, SJ, 1884-1980) 60, 326

블로흐, 에른스트(Ernst Bloch, 1885-1977) 469, 470, 472

블롱델, 모리스(Maurice Blondel, 1861-1949) 75, 109, 110, 277, 278, 279, 280, 428

블루아, 레옹(Leon Bloy, 1846-1917) 53, 196, 203

비요, 루이(Louis Billot, SJ, 1846-1931) 424

[ㅅ]

사르트르, 장 폴(Jean Paul Sartre, 1905-1980) 318, 321, 341, 471, 472, 476

산세베리노(G. Sanseverino, 1811-1865) 19

세르티양주, 앙토냉 길베르(Antonin-Gilbert Sertillanges, OP, 1863-1948) **103-125**, 593
셸러, 막스(Max Scheler, 1874-1928) 83, 109, 471
셸링(F.W.J. Scheling, 1775-1854) 74, 83
소르디, 도메니코(Domenico Sordi, SJ, 1790-1880) 19
소르디, 세라피노(Serafino Sordi, SJ, 1793-1865) 19
수아레스, 앙마뉘엘(Emmanuel Suarez, OP) 109, 423
수아레스, 프란시스코(Francisco Suarez, SJ, 1548-1617) 66, 81, 156, 180, 333, 341, 350, 361, 393, 561
슈뉘, 마리 도미니크(Marie-Dominique Chenu, OP, 1895-1990) 103, 107, 108, 109, 280, ,281, 368, **417-444**, **445-449**, 489, 571, 572, 578, 583, 591
슈발리에(Jacques Chevalier, 1882-1962) 277
스코투스, 둔스(Duns Scotus, OFM, 1266-1308) 15, 66, 156, 180, 258, 308, 333, 337, 341, 363, 378
스테우코, 아고스티노(Agostino Steuco, 1496-1549) 431
스피노자(Baruch de Spinoza, 1632-1677) 90, 91, 345
스피르, 아프리칸(Afrikan Spir, 1837-1890) 438
스힐레벡스, 에드워드(Edward Schillebeeckx, OP, 1914-2009) 46, 417, 445, 572
시제 브라방(Siger Brabant, 1240-1281/4) 305, 306, 307

[ㅇ]

아르디고, 로베르토(Roberto Ardigo, 1828-1920) 183
아리스토텔레스(Aristoteles, BC 384-322) 26, 27, 50, 51, 63, 64, 65, 67, 108, 118, 175, 178, 185, 253, 259, 263, 277, 282, 284, 296, 298, 300, 302, 303, 306, 310, 317, 320, 333, 338, 340, 341, 342, 367, 369, 370, 371, 372, 375, 376, 378, 379, 398, 400, 410, 416, 420, 422, 424, 427, 434, 435, 436, 443, 456, 471, 484, 533, 534, 536, 553, 559, 560, 564, 566, 570, 575, 576, 584, 586, 588, 589, 592
아메트, 레온(Leon Amette, 1850-1920) 106
아믈랭, 옥타브(Octave Hamelin, 1856-1907) 57, 292
아베로에스(Averroes, 1126-1198) 261, 305, 306, 333
아비첸나(Avicenna, 980-1037) 67, 303, 308, 318, 333, 341, 367, 376, 384, 416, 560, 564
아영, 앙드레(Andre Hayen, 1906-1988) 44
아우구스티누스(St. Augustinus, 354-430) 15, 20, 26, 128, 178, 207, 250, 258,

275, 276, 277, 282, 294, 299, 300, **301-303**, 304, 305, 310, 313, 365, 372, 373, 411, 419, 420, 427, 429, 434, 436, 515, 533, 539, 550, 564, 587
안셀무스(St. Anselmus, 1033-1109) 15, 178, 277, 283, 286, 305
알베르투스(St. Albertus Magnus, OP, †1280) 307, 560, 588
앤스콤, 엘리자베스(Elizabeth Anscombe, 1919-2001) 470, 491, 509
앤지어, 톰(Tom Angier) 529, 538
야스퍼스, 칼(Karl Jaspers, 1883-1969) 46, 83, 341, 455, 456, 470
얀나라스, 크리스토스(Christos Yannaras, 1935-2024) 372
얀센(B. Jansen, 1877-1942) 46
에를레(F. Ehrle, SJ, 1845-1934) 24
에머리, 질(Gilles Emery, OP, 1962-) 442, 573, 575
에틀링거, 막스(Max Ettlinger) 467, 473
엘더스, 레오(Leo Elders, SVD, 1926-2019) **559-570**
엘리엇, 데이비드(David Elliot) 529, 531, 532, 537
엘핀스톤, 윌리엄(William Elphinstone) 285
오도넬(Robert O'Donnell) 286
오웬스, 조셉(Joseph Owens, CSsR, 1908-2005) 221, 222, 238, 242
올리비에(M.-J. Olivier, OP, 1835-1910) 103, 104
올자티, 프란체스코(Francesco Olgiati, 1886-1962) 60, 130, 131, 156, 164, 186, 268
와이스헤이플, 제임스(James A. Weisheipl, OP, 1923-1984) 571, 574, 590
요한 데 산토 토마(Johannes de Sancto Thoma, OP, 1589-1644) 267, 382
웨버(Edouard-Henri Weber, OP, 1922-2023) 572
위펠, 존(John Wippel, 1933-2023) 221, 222, 223, 224, 225, 228, 242, 265
이사예(G. Isaye, 1903-1984) 44
잉가르디아, 리처드(Richard Ingardia, 1942-2023) 572

[ㅈ]

자보(J. Javaux, 1904-) 44
자카르, 피에르(Pierre Jaccard) 286, 287
자콘, 카를로(Carlo Giacon, SJ, 1900-1984) 60, 358, 361
잠보니, 주세페(Giuseppe Zamboni, 1875-1950) 28, 59, 60, 61, 62, 63, 64, 65, 68, **127-181**, **183-194**
장켈레비치, 블라디미르(Vladimir Jankelevitch, 1903-1985) 470
제멜리(A. Gemelli, 1878-1959) 59, 60, 129, 130, 131, 132, 133

제프레, 클로드(Claude Geffre, 1926-2017) 446
젠틸레, 조반니(Giovanni Gentile, 1875-1944) 345, 346, 353
조베르티(Vincenzo Gioberti, 1801-1852)
지베르트(G. Siewerth, 1903-1963) 45, 46
질송, 에티엔(Étienne Gilson, 1884-1978) 24, 26, 47, 51, 52, 57, 58, 59, 68, **245-270, 271-274, 275-289, 291-332, 333-355, 357-373, 375-416**, 438, 439, 446, 462, 548, 563, 571
질스(P.-M. Gils) 574

[ㅊ]
체사리오, 로마누스(Romanus Cessario, OP, 1944-) 502, 503
칠리아라, 토마소(Tommaso Zigliara, OP, 1833-1893) 19, 427

[ㅋ]
카넬라(G. Canella, 1881-1915) 59, 129
카르납, 루돌프(Rudolf Carnap, 1891-1970) 467
카르댕(Joseph Cardin, 1882-1967) 448
카사롤리, 아고스티노(Agostino Casaroli, 1914-1998) 445
카술라(M. Casula) 46
카시러, 에른스트(Ernst Cassirer, 1874-1945) 467
카예타누스(Cajetanus, OP. 1387-1465) 267, 359, 378, 405, 419, 568
칸트, 임마누엘(Immanuel Kant, 1724-1804) 17, 19, 26, 27, 28, 30, 31, 33, 35, 38, 39, 41, 42, 43, 44, 45, 46, 47, 48, 53, 57, 59, 73, 74, 83, 90, 92, 94, 105, 131, 156, 159, 177, 181, 184, 210, 211, 212, 283, 288, 309, 316, 317, 324, 325, 326, 333, 335, 337, 469, 471, 473, 557
칼뱅, 장(Jean Calvin, 1509-1564) 275, 286
코레트, 에머리히(Emerich Coreth, SJ, 1919-2006) 46, 71
코르도바니, 마리아노(Mariano Cordovani, 1883-1950) 60, 422
코르테스, 도노소(J. Donoso Cortes, 1809-1853) 77
콤포스타, 다리오(Dario Composta, 1917-2002) 47, 78
콩가르, 이브(Yves Congar, OP, 1904-1995) 103, 107, 109, 417, 448, 571, 572, 583, 584
쿤, 토머스(T.S. Kuhn, 1922-1996) 49
퀸, 존(John M. Quinn) 365, 366, 368, 392
큉, 한스(Hans Küng, 1928-2021) 46, 49, 417

크라우제, 칼(Karl Krause, 1781-1832) 77
크뤼거, 게하르트(Gerhart Krueger, 1902-1972) 473, 477
클라우티어, 데이비드(David Cloutier) 529, 530, 531, 537
클로이트젠(Joseph Kleutgen, SJ, 1811-1883) 19, 80
키에르케고르, 쇠렌(Søren Kierkegaard, 1813-1885) 64, 83, 319, 321, 333, 464
키오케티(E. Chiocchetti, 1880-1951) 60, 133
킨케이드, 엘리자베스(Elisabeth Kincaid) 528, 536

[ㅌ]

타티아누스(Tatianus, 120-180) 305
탈라모, 살바토레(Salvatore Talamo, 1844-1932) 23
테르툴리아누스(Tertullianus, 155-220) 305
테리, 가브리엘(Gabriel Thery, OP) 293
텐 클로스터, 안톤(Anton ten Klooster) 521, 522, 527, 533, 534
토렐, 장 피에르(Jean-Pierre Torrell, OP, 1927-) 442, 443, **571-593**
퇴니에스, 페르디난트(Ferdinand Tönnies, 1855-1936) 467
튀른발트, 리하르트(Richard Thurnwald, 1869-1954) 467
티렐, 조지(George Tyrrell, 1861-1909) 428, 429
티에리(A. Thiery, 1868-1955) 23

[ㅍ]

파르메니데스(Parmenides, fl. 5c BC) 65, 318, 348, 376 377, 394
파리, 제라르(Gerard Paris) 118
파브로, 코르넬리오(Cornelio Fabro, CSS, 1911-1995) 26, 27, 28, 47, 51, 60, 64,
    65, 66, **357-373**, **375-416**, 548
파스칼, 블레즈(Blaise Pascal, 1623-1662) 103, 284, 550, 557
팡갈로, 마리오(Mario Pangallo, 1962-) 358, 360, 541
페기, 샤를(Charles Peguy, 1873-1914) 52, 202, 203
페라, 체슬라오(Ceslao Pera, OP) 359
페라렌시스(Francesco de Sylvestris/Ferrarensis, 1474-1528) 378
페쉬, 오토 헤르만(Otto Hermann Pesch, OP, 1931-2014) 572
페이(R. Feys, 1889-1961) 33
페치, 주세페(Giuseppe Pecci, 1807-1889) 19
페트루스 다미아니(St. Petrus Damiani, OSB, 1007-1072) 305
페트루스 베네라빌리스(Petrus Venerabilis, OSB, 1092-1156) 574

펠탱, 모리스(Maurice Feltin, 1883-1975) 449
포이어바흐, 루트비히(Ludwig Feuerbach, 1804-1872) 17, 83, 92, 94
폰 발타사르, 한스(Hans Urs von Balthasar, SJ, 1905-1988) 46, 466
폰 비제, 레오폴트(Leopold von Wiese, 1876-1969) 467
폰 휘겔, 프리드리히(Friedrich von Huegel, 1852-1925) 428
프로클루스(Proclus, 412-485) 376
프르치바라, 에리히(Erich Przywara, 1889-1972) 46, 466, 467, 471, 473
프린시프, 월터(Walter Principe, OP, 1922-1996) 572
플라톤(Plato, BC 428/23-348/7) 26, 27, 51, 57, 64, 65, 67, 175, 179, 230, 282, 299, 308, 317, 338, 341, 343, 406, 410, 434, 456, 464, 479, 484, 560, 566
플렝게, 요한(Johann Plenge, 1874-1963) 467
플로티누스(Plotinus, 204/5-270) 301, 303, 317, 338, 406, 564
피퍼, 요셉(Josef Pieper, 1904-1997) 46, **451-460**, **461-485**, 490
피히테(Johann Gottlieb Fichte, 1762-1814) 42, 83, 90, 92, 452
필립, 토마스(Thomas Philippe, 1905-1993) 422
핑케어스, 세르베(Servais Pinckaers, OP, 1925-2008) 443, **487-520**, **521-539**

[ㅎ]
하르트만, 니콜라이(Nicolai Hartmann, 1882-1950) 83
하이데거, 마르틴(Martin Heidegger, 1886-1976) 17, ,45, 65, 67, 83, 91, 92, 93, 156, 181, 322, 323, 333, 336, 341, 348, 353, 375, 376, 377, 378, 394, 398, 455, 456, 467, 469, 471, 472, 477
해믈린, 데이비드(David Hamlyn, 1924-2012) 69
헤겔(G.W.F. Hegel, 1770-1831) 16, 17, 19, 26, 53, 56, 65, 66, 73, 77, 83, 90, 92, 94, 144, 156, 210, 317, 333, 335, 341, 345, 353, 362, 394, 369
호르스트, 울리히(Ulrich Horst, OP, 1931-) 572
호르크하이머(M. Horkheimer, 1895-1973) 355
횔덜린(Friedrich Hölderlin, 1770-1843) 323
후고 생셰르(Hugo de Saint-Cher) 574, 588
후설, 에드문트(Edmund Husserl, 1859-1938) 17, 23, 83
흄, 데이비드(David Hume, 1711-1776) 90, 92, 128, 335

토마스 아퀴나스의 신학대전

- 제22권(I-II, qq.49-54), 『습성』, 이재룡 옮김, 2020, lviii-234쪽, 15,000원.
- 제23권(I-II, qq.55-67), 『덕』, 이재룡 옮김, 2020, lxxvi-558쪽, 40,000원.
- 제24권(I-II, qq.68-70), 『성령의 선물』, 채이병 옮김, 2020, liv-152쪽, 15,000원.
- 제25권(I-II, qq.71-80), 『죄』, 안소근 옮김, 2020, l-452쪽, 35,000원.
- 제26권(I-II, qq.81-85), 『원죄』, 정현석 옮김, 2021, lii-191쪽, 20,000원.
- 제27권(I-II, qq.86-89), 『죄의 결과』, 윤주현 옮김, 2021, xlviii-164쪽, 15,000원.
- 제29권(I-II, qq.98-105) 『옛 법』, 이경상 옮김, 2021, 40,000원, lxiv-608쪽, 40,000원.
- 제30권(I-II, qq.106-114), 『새 법과 은총』, 이재룡 옮김, 2021, lxxviii-570쪽, 40,000원.
- 제31권(II-II, qq.1-7), 『신앙』, 박승찬 옮김, 2022, cxiv-412쪽, 40,000원.
- 제32권(II-II, qq.8-16), 『신앙(II)』, 박승찬 옮김, 2022, xlix-366쪽, 32,000원.
- 제33권(II-II, qq.17-22), 『희망』, 이재룡 옮김, 2022, lviii-266쪽, 20,000원.
- 제34권(II-II, qq.23-33), 『참사랑』, 안소근 옮김, 2022, lvi-604쪽, 40,000원.
- 제35권(II-II, qq.34-44), 『참사랑(II)』, 안소근 옮김, 2022, lii-322쪽, 20,000원.
- 제36권(II-II, qq.45-56), 『지혜와 현명』, 이상섭 옮김, 2023, lxxiv-410쪽, 35,000원.
- 제37권(II-II, qq.57-62), 『정의』, 이재룡 옮김, 2023, lxiv-307쪽, 18,000원.
- 제38권(II-II, qq.63-79), 『불의』, 박동호 옮김, 2023, lix-544쪽, 40,000원.
- 제39권(II-II, qq.80-91), 『종교와 경신』, 윤주현 옮김, 2023, lxxxvii-548쪽, 40,000원.
- 제40권(II-II, qq.92-100), 『종교와 경신(II)』, 윤주현 옮김, 2024, lxxxvii-332쪽, 30,000원.
- 제41권(II-II, qq.101-122), 『사회적 덕』, 김성수 옮김, 2024, lxv-620쪽, 40,000원.
- 제42권(II-II, qq.123-140), 『용기』, 임경헌 옮김, 2024, lxii-466쪽, 37,000원.
- 제43권(II-II, qq.141-154), 『절제』, 이재룡 옮김, 2024, lxxv-548쪽, 40,000원.
- 제44권(II-II, qq.155-170), 『절제(II)』, 이재룡 옮김, 근간.
- 제45권(II-II, qq.171-178), 『예언과 은사』, 안소근 옮김, 2025, l-302쪽, 25,000원.

※ 제1권(하느님의 존재: I, 1-12, 1985)부터 제21권(두려움과 분노: I-II, 40-48, 2020)까지, 그리고 제28권(법: I-II, 90-97)은 바오로딸에서 출간.

사전류

- **성 토마스 개념사전**
  바티스타 몬딘, 이재룡 · 안소근 · 윤주현 옮김, 2020, 2단 882쪽, 75,000원.
- **아퀴나스의 윤리학**
  스테픈 포프(편), 이재룡 · 김도형 · 안소근 · 윤주현 옮김, 2021, 2단 668쪽, 70,000원.
- **교부학 사전**
  지그마르 되프 · 빌헬름 게어링스(편), 하성수 · 노성기 · 최원오 옮김, 2022, 2단 1283쪽, 110,000원.
- **라-한사전**
  이재룡 책임편찬, 2022, 2단 2102쪽, 200,000원.

토미즘소책

01. **안락의자용 토마스 아퀴나스**
    티모시 레닉 지음, 이재룡 옮김, 2019, 15,000원, 191쪽.
02. **성 토마스의 지혜와 사랑**
    에티엔 질송 지음, 이재룡 엮음, 2022, 17,000원, 206쪽.
03. **정념과 덕**
    세르베 핑케어스 지음, 이재룡 옮김, 2023, 17,000원, 240쪽.
04. **성 토마스의 침묵**
    요셉 피퍼 지음, 이재룡 옮김, 2023, 15,000원, 176쪽.
05. **성 토마스의 윤리철학**
    랄프 매키너니 지음, 이재룡 · 김성수 옮김, 2023, 18,000원, 239쪽.
06. **아퀴나스의 신학대전**
    장 피에르 토렐 지음, 이재룡 옮김, 2024, 16,000원, 218쪽.
07. **성 토마스와 신학**
    마리 도미니크 슈뉘 지음, 이재룡 · 권영파 옮김, 2024, 18,000원, 284쪽.
08. **20세기 성 토마스 연구자들**
    이재룡 엮음, 2025, 32,000원, 604쪽.

성 토마스 탄생 800주년 기념총서

801. 성 토마스 소사전
박승찬 · 이재룡 · 임경헌(편), 2025, 640쪽, 40,000원.

800. 토미즘: 성 토마스 철학 입문
É. Gilson, *Le Thomisme*, Paris, Vrin, [6a 1965/Dixieme tirage 2020] pp.454.

800. 한국의 성 토마스 연구 어제와 오늘
이재룡 · 임경헌

800. 아퀴나스의 철학 사상
한국중세철학회 논총

800. 성 토마스의 신학
R. van Nieuwenhove et al.(eds.) *The Theology of Thomas Aquinas*, Notre Dame, 2005, pp.472.

800. 그리스도교 윤리학의 원천
S. Pinckaers, OP, *Le sources de la morale chretienne*, Paris, Cerf, [1985/5a 2012] pp.489.

800. 성 토마스 연구 입문
M.-D. Chenu, OP, *Introduction a l'etude de saint Thomas d'Aquin*, Paris, Vrin,, 1950, pp.386.

800. 성 토마스 법철학
R. Pizzorni, OP, *La filosofia del diritto secondo S. Tommaso d'Aquino*, Bologna, ESD, 2003, 4a ed., pp.839.

800. 삼위일체론 주해[대역]
St. Thomas, *Super Boetium De Trinitate*, Torino, Marietti, 1954, in *Opusc. Theol.* II, pp.313-389.

800. 요한복음서 주해[대역]
St. Thomas, *Lectura super Ioannem*, Bologna, ESD, 2019, pp.1431+1663.